山东建设年鉴 2011

SHANDONG JIAN SHE NIAN JIAN

山东省住房和城乡建设厅 编

黄河出版社

责任编辑：葛春亮
封面设计：尹　超

图书在版编目（CIP）数据

山东建设年鉴．2011/山东省住房和城乡建设厅编．—济南：黄河出版社，2011
ISBN 978-7-5460-0260-6

Ⅰ.①山...　Ⅱ.①山...　Ⅲ.①城市建设-山东省-2011-年鉴　Ⅳ.①F299.275.2-54

中国版本图书馆CIP数据核字（2011）第201202号

山东建设年鉴
2011
山东省住房和城乡建设厅 编

出　　版：黄河出版社
发　　行：黄河出版社发行部
（济南市英雄山路21号　250002）
制　　作：山东省建设发展研究院
济南志鉴图文设计制作有限公司
印　　刷：利丰雅高印刷（深圳）有限公司
规　　格：889毫米×1194毫米　16开本
印　　张：44.75印张
字　　数：1168千字
版　　次：2011年10月第1版
印　　次：2011年10月第1次印刷
插　　页：270
印　　数：1—5000册
书　　号：978－7－5460－0260－6
定　　价：280.00元

《山东建设年鉴》2011

编纂委员会成员名单

贾凤兴	张广奎	刘玉涛	田　庄	高立文
贾玉良	王新文	宋永祥	万　里	韩晓光
汤吉庆	单强炜	王亚军	陈培新	邓云锋
刘永林	刘东军	杨继明	鹿斌佐	赵衍杰
刘丙伦	孙忠廷	张　杰	潘　强	姜　山
潘业华	崔建华	孙庆荣	常淮诚	王建军
邹长清	张志勇	杜伟平	田　炜	于政国
李广东	张恒道	王文俊	董　波	祝清荣
信登攀	胡良民	李际山	牛玉忠	王　峰
隋永华	周永迪	周艳斌	颜祥布	许传东
赵久成	徐东高	张绪忠	孔祥义	赵　涛
田敬德	吕德胜	李作良	彭林东	李凤兰
张希彦	徐化国	张永琪	邵自升	杨　毅
王圣华	蔺新河	孙九鹏	王　红	蒋玉尚
李猷滨	袁炳臣	岳建国	朱学东	刘来河
周　军	及建冰	马良德	王乃光	王立言
姜守民	练建军	蔡文厚	张宪春	

序　　言

存史以资政，通鉴明教化。

作为历史的见证，《山东建设年鉴》（2011）以平实的文字、生动的图片、翔实的数据全面展示了2010年山东省住房和城乡建设事业发展取得的突出成就——2010年，全省住房城乡建设系统以科学发展观统领全局，深入贯彻落实中央和省转方式、调结构重大决策部署，各项工作扎实推进，住房城乡建设事业保持了健康发展的良好态势，为全省经济社会平稳较快发展做出了积极贡献。

新型城镇化战略实施迈出新步伐，城乡规划覆盖面进一步扩大。省委办公厅、省政府办公厅联合出台了《关于开展和谐城乡建设行动的实施意见》，大力推进新型城镇化进程；城镇体系规划和区域性规划编制扎实推进，启动了《山东省城镇体系规划》编制工作，完成了《黄河三角洲城镇体系规划》《鲁南城镇带规划》《山东半岛蓝色经济区城镇体系规划》《山东省“十二五”城镇体系建设规划》的编制；全省有75个市、县的城市总体规划获国家、省、市政府审批，有16个市、县编制了城乡统筹规划，城乡规划覆盖面进一步扩大。

保障性安居工程建设进展顺利，住宅与房地产业保持平稳发展态势。省及各部门积极支持保障性安居工程建设，年内，全省开工建设各类保障性安居工程19.33万套（户），竣工12.05万套（户），超额完成国家下达的目标任务。房地产投资持续增长，房地产开发投资首次突破3 000亿大关，达3 251.8亿元，比上年增长33.9%；商品房销售保持平稳，销售面积9 291.2万平方米，销售额3 666.4亿元，比上年分别增长32.4%、49.1%。

农房建设与危房改造大力推进，村镇环境显著改善。全省各级财政安排资金38亿元支持农房建设工作，农房建设呈现出由城中村、城边村向乡镇驻地和普通农村纵深发展，由集中连片建设与零星建设相结合向集中连片建设为主转变的良好局面，农民的生活居住条件明显改善。积极争取全国“建材下乡”试点工作，成为全国两个试点省之一。大力推进农村生活垃圾“户集、村收、镇运、县处理”的城乡一体化处理模式，村镇环境显著提升。

工程建设管理水平实现新提升，建筑业保持稳定增长。扎实开展住宅工程质量通病专项治理活动，积极开展工程建设领域突出问题专项治理和工程招投标领域突出问题专项治理，加快工程建设标准化进程和工程建设计价方式改革，普遍建立了招标控制价、合同价和竣工结算价备案管理制度。全省建筑业保持稳定增长，全社会建筑业完成总产值8 500亿元，实现增加值2 000亿元，实现税收160亿元，比上年分别增长25.1%、23.8%、25.0%。

节能减排成效显著，市容市貌明显改观。全面加强新建建筑节能工作，积极发展绿色建筑和低能耗建筑，既有居住建筑供热计量及节能改造扎实推进，国家可再生能源建筑应用示范工作成效显著。污水和垃圾处理水平进一步提高，城市和县城污水集中处理率达87.85%，生活垃圾无害化处理率达79.65%。城市环境面貌明显改观，全省新增国家园林城市5个、国家园林县城3个、国家园林城镇1个，国家园林城市数量居全国第一。

党风政风行风建设扎实推进，建设领域保持和谐稳定。全面落实党风廉政建设责任制，扎实推进科技防腐；以创建学习型党组织为抓手，深入开展党风党性党纪教育；组织开展“创先争优、争做齐鲁先锋”和文明行业创建活动，行业精神文明建设进一步加强。深入开展“安全生产基层基础年”活动，全面治理违章指挥、违规作业、违反劳动纪律等行为；合理确定城镇房屋拆迁规模，加强拆迁管理，群众合法权益得到切实维护。

2010年，是“十一五”的收官之年。“十一五”期间，全省住房城乡建设系统深入贯彻落实科学发展观，认真执行中央和省委、省政府的各项决策部署，取得了显著成绩：城镇化进程扎实推进，初步形成了以山东半岛城市群、济南都市圈、黄河三角洲城镇培育区、鲁南城镇带为主体，以济南和青岛为核心、大中城市为中坚、小城市和小城镇为基础的城镇体系；房地产业稳定健康发展，住房供应结构不断优化；住房保障工作成效显著，多层次、广覆盖的住房保障体系基本建立；城市环境面貌明显改观，国家园林城市和节水型城市数量均居全国第一；全省村镇建设完成投资4 102亿元，是“十五”时期的2.2倍，农村生产生活条件显著改善；建筑节能和科技创新卓有成效，在全国率先全面推行建筑节能新标准，超额完成国家下达的既有居住建筑节能改造任务；抗震救灾和恢复重建贡献突出，实现了“三年援建任务两年基本完成”的任务目标。

秉笔直书是史书的基本要求，也是年鉴的生命线。自2006年创办以来，《山东建设年鉴》在对山东省住房和城乡建设事业发展的记述中，一直坚持直陈其事，力求客观公正，较好地发挥了“资政、存史、通鉴、警示、教化”的重要作用，在全省乃至全国建设领域内产生了广泛影响。在此，我谨代表省住房城乡建设厅和年鉴编委会向为《山东建设年鉴》付出辛勤汗水的领导、专家、编辑以及各相关单位表示衷心感谢！希望《山东建设年鉴》继续发挥好“知往鉴来”的重要作用，办出水平，办出特色，为在新起点上实现住房城乡建设事业又好又快发展做出更大的贡献！

山东省住房和城乡建设厅党组书记、厅长 杨焕彩

二〇一一年九月二日

2010年10月11日，中共山东省委书记、省人大常委会主任姜异康（中）视察莱芜市城市建设工作

（莱芜市住房城乡建设委供稿）

2010年4月18日，中共山东省委副书记、省长姜大明到兖州市新兖镇金村社区群众家中了解农房建设情况
（济宁市住房城乡建设委供稿）

2010年7月9日，住房城乡建设部部长姜伟新出席山东省房地产市场形势分析座谈会并作重要讲话

（摄影：岳川东）

2010年6月24日，住房城乡建设部副部长齐骥、山东省副省长郭兆信（左一）共同开通全省房地产市场信息系统

（山东建设报供稿）

2010年9月17日，原建设部副部长、全国政协人口资源环境委员会副主任刘志峰（中）、省住房城乡建设厅厅长杨焕彩（左二）等领导共同启动“2010中国(潍坊)住宅产业暨房地产科学发展高峰论坛”开幕式

（潍坊市住房城乡建设局供稿）

2010年9月1日，副省长郭兆信（中）视察荣成市农村住房与城市保障性安居工程建设工作
（摄影：杨志礼）

2010年11月5日，省住房城乡建设厅厅长杨焕彩出席“共建低碳生态示范城市”签约仪式

（东营市住房城乡建设委供稿）

2010年5月25日，省住房城乡建设厅厅长杨焕彩（前中）视察诸城市园林绿化建设工作
（摄影：王德荣）

2010年4月21日，省住房城乡建设厅副厅长万利国出席全省勘察设计工作会议并作重要讲话
（摄影：盛　谊）

2010年11月23日，省住房城乡建设厅副厅长张俊乾(右一)到东营市视察指导农村住房建设和危房改造工作（摄影：韩荣华）

2010年7月23日，省住房城乡建设厅副厅长吴英出席2010中国（烟台）国际住宅产业博览会开幕式并作重要讲话（摄影：牛立志）

2010年8月6日，省住房城乡建设厅副厅长宋守军出席当代著名建筑设计师作品展开幕式并作重要讲话

（摄影：史振伟）

2010年11月2日，省住房城乡建设厅纪检组长李绍增（前左一）到临沂市调研住房城乡建设系统纪检监察工作

（厅办公室供稿）

2010年10月，省住房城乡建设厅副厅长李力（右三）在援疆示范项目——麦盖提县亚胡木丹·英叶儿村安居工程建设现场指导工作

（厅办公室供稿）

2010年9月25日，省住房城乡建设厅巡视员昝龙亮参加第三届山东省园博会开幕式并致辞

（厅办公室供稿）

省纪委巡视员丛吉东（前中）视察临沂城市建设工作　（临沂市住房城乡建设局供稿）

2010年10月9日，省住房城乡建设厅副巡视员耿庆海（前中）带领分管单位领导班子到中国重汽集团参观学习　（摄影：张新华）

省住房城乡建设厅副巡视员李兴军（右二）视察潍坊市可再生能源建筑应用工作

（潍坊市住房城乡建设局供稿）

2010年11月26日，省建管局局长宋瑞乾（前右一）在辽宁开展建筑企业转型升级调研活动

（省建管局供稿）

2010年5月12日，省住房城乡建设厅厅长杨焕彩、香港地产行政师学会会长邬满海共同出席“鲁港房地产合作交流”签署仪式

（摄影：胡新杰）

编辑说明

一、《山东建设年鉴》（2011）是由山东省住房和城乡建设厅组织编纂的综合反映山东省住房和城乡建设事业发展与改革的大型文献年刊，具有权威性、政策性、指导性。按年度编纂，内容丰富，资料翔实可靠，为领导决策提供参考，为地区和行业规划发展提供借鉴，为各界人士了解山东省住房和城乡建设情况提供信息，具有重要的史料价值、实用价值和收藏价值。

二、《山东建设年鉴》（2011）主体内容采用栏目、类目、分目、条目四级结构，栏目为年鉴内容的最大单元，其下按照业务内容或地区设置类目，类目下设分目，最小单元为条目，条目为年鉴内容的基本单元，标题置于条目内容之首。本年鉴内容分设六个栏目：全省建设工作、各市建设工作、领导讲话、政策文件、建设大事记、统计资料。

三、本年鉴主要内容的记述时限原则上为2010年1月1日至12月31日，为反映事物全貌，给读者以完整印象，有的资料作了适当上溯和下延。

四、本年鉴刊载彩页，形象直观地反映各地建设主管部门和部分优秀企事业单位的工作成就、建设业绩和重点工程项目风采。

五、本年鉴由编辑部负责组稿和编纂成书，资料由省住房城乡建设厅机关各处室、厅属有关单位，省建管局，各市住房城乡建设行业主管部门负责提供，并经单位领导审定。撰稿人署名于各分目或条目之后。

六、本年鉴的数字、单位、标点等执行国家有关规范，力求符合要求或约定俗成。

七、本年鉴得到了各有关单位和个人的大力支持和帮助，在此谨表衷心感谢。由于编者水平有限，疏漏之处在所难免，恳请批评指正。

《山东建设年鉴》编辑部

目 录

第一篇 全省建设工作

第二篇 各市建设工作

第三篇　领导讲话

第四篇 政策文件

第五篇　建设大事记

第六篇　统计资料

成就展示

图片专版（前）

图片专版（中）

行业风采

图片专版（后）

图片专版（前）

青岛市城乡建设委员会

市城乡建设委主任汤吉庆陪同时任省委组织部长李玉妹视察深入学习实践科学发展观活动

市城乡建设委主任汤吉庆陪同省委常委、市委书记李群视察城建重点工程现场

青岛市城乡建设委承担着“三建四业一管理”的职责（三建：基础设施建设、住房建设、城镇化建设；四业：建筑业、房地产业、勘察设计行业、园林绿化行业；一管：城市管理），下设建筑工程管理局、房地产开发管理局、城市园林局3个二级局，与市城市管理行政执法局合署办公，直属事业单位30个，全委干部职工1700余人。

“十一五”时期，城乡建设委认真贯彻落实市委、市政府的各项决策部署，团结奋斗，开拓创新，城市建设有了跨越式的发展，建设行业实现税收占地方财政一般预算收入的比重年均达到25.2%；房地产业完成投资 1974亿元，年均递增19.7%。我市特级资质建筑企业由1家增加到4家，建筑业埠外产值占总产值的比例由9%增加到42.4%，8项工程获鲁班奖，40个建设科技项目获得国家级科技计划立项。无论是城市基础设施建设、住房建设还是生态环境改善，都走在全国前列。杭鞍快速路、环湾大道拓宽改造等一批道路基础设施工程建成投入使用，海湾大桥、海底隧道接线等工程开工建设。到2010年底，市区人均道路面积21.33平方米，列副省级以上城市第一位。累计建设农村住房15.1万套，改造农村危房1.67万户。2010

城市亮化

年全市城镇化率66%，比“十五”末提高7.5个百分点。启动“两改”（旧城区和城中村改造）项目77个、拆迁居民6.3万户，规划建筑面积2281万平方米，已回迁44片、3.6万户。建成全国第一个集中建设的租赁住房建设项目3000套。新建民用建筑中节能建筑所占比例由66%提高到接近100%，累计开工建设可再生能源建筑应用项目近100个，面积1200万平方米，其中18个项目列入国家示范，位居同类城市第一，被列为国家可再生能源建筑应用示范城市、首批能效测评试点城市。人均公园绿地面积14.5平方米，建成区绿化覆盖率43.48%，均位居副省级城市前三名。建立完善了“两级政府，三级管理，四级网络”条块结合、以块为主、责权统一的城市管理模式，城市管理数字化监管体系运行良好，城市管理综合考核体系在全国率先建立，基本实现了城市管理的网格化、精细化、信息化，为奥帆赛、全运会、海军节等重大活动提供了保障。

第九届中国赏石展览会、第三届山东省城市园林绿化博览会开幕式

全国第一个集中建设的租赁住房项目——河马石租赁住房项目

奥帆场馆

东营市住房和城乡建设委员会

2010年，市住房城乡建设委认真落实“新起点、新阶段、新目标、新局面”的工作要求，以思想、作风、纪律“三整顿”活动为抓手，紧紧围绕“重点工程铸精品，优质服务塑形象，严格执法树权威，提高素质强保障”的工作思路，迅速推进内设机构融合，大力推进各项工作创新，抢抓机遇，积极作为，率先实施了行政审批“两集中、两到位”改革试点工作，实现了行政审批职能与日常管理职能的彻底分离，67项事项的办理时限平均提速105%。在市直部门单位创新执法检查模式，实行了综合执法，提高了执法水平；圆满完成了各项年度工作任务。全市建筑业实现总产值190亿元、增加值40亿元、利税18亿元，分别完成年度目标任务的127%、114%和150%；累计完成房地产开发各类房屋施工面积532万平方米，同比增长9%。突出民生保障这一主题，加快推进住房保障体系建设和农村城镇化进程，建立和完善“建设、补贴、改造”三位一体的城市住房保障模式，年内开工建设市直廉租住房200套，发放廉租住房租赁补贴500户、经济适用住房补贴500户。推进中心城棚户区改造，在2009年开工170套安置房的基础上，2010年再规划建

副省长郭兆信视察东营市保障性住房和农房建设情况

省住房城乡建设厅与东营市政府共建低碳生态示范城市签约仪式

省住房城乡建设厅厅长杨焕彩调研东营市低碳生态城市创建工作

东营市住房城乡建设委主任崔建华到定点帮扶村调研

设二期工程500套，力争三年内完成棚户区改造。加快推进农村住房建设与危房改造。年内新建农房28642户，任务完成率261%；改造危房4988户，任务完成率125%。我市与省住房城乡建设厅签署共建低碳生态示范城市协议，成为全省目前唯一以低碳生态为主题的创建市。逐步规范中心城社区物业管理，积极探索建立适合中心城实际的物业管理运行机制，组织实施了府前、辽河和海河北3个旧小区维修改造，广受住户好评。扎实开展中心城社区集中整治，完成了市直安居工程等17个小区维修改造工程并通过竣工验收，中心城社区物业管理水平明显提升。全力抓好重点项目建设，加快推进揽翠湖旅游度假区、水城雪莲大剧院、市金融商务区等重点项目建设完成年度计划。发起成立了市城市建设开发投资有限公司，首期融资5亿元。建筑业、房地产业均实现了平稳较快发展。征收政府非税收入4.4亿元，任务完成率133%；争取上级无偿资金6111万元，任务完成率194%；全市未发生工程质量事故和建筑施工人员死亡事故。

先后被授予“2010年度目标管理一等奖”“黄河三角洲开发建设排头兵”“2010年度全市高效生态经济区建设先进单位一等奖”“2010年度全市‘三争’活动先进单位”“富民兴鲁劳动奖状”“全省住房城乡建设系统行政执法责任制先进单位”“2010年度全国‘安康杯’竞赛优秀组织单位”等荣誉称号。

援建干部调研工程建设进展情况

东营市第一期公共租赁住房奠基仪式

城市夜景

东城鸟瞰图

烟台市住房和城乡建设局

全国政协常委、中国房地产业协会会长刘志峰，烟台市市长张江清，烟台市住房和城乡建设局局长邹长清参观2010中国（烟台）国际住宅产业博览会

烟台市住房和城乡建设局工委书记、局长　邹长清

烟台市住房和城乡建设局是2010年烟台市政府机构改革中新组建的重要工作部门，内设17个职能科室，辖属31个事业单位，主要承担全市城乡建设、住房保障、房地产开发、建筑业管理、建筑节能和房屋产权产籍管理等职责。

近年来，烟台市住房和城乡建设局坚持以科学发展观为指导，认真贯彻落实省、市党委、政府的决策部署，解放思想、积极作为，干事创业、开拓进取，住房城乡建设事业持续健康快速发展。“十一五”以来，中心城市建设累计完成投资500多亿元，新建扩建了红旗路、化工路、北马路等40多条主次干道，打通了魁星楼、黄金顶、璜山等3条隧道，建成区面积扩展到265平方公里；累计为1.3万余户城市中低收入家庭解决了住房困难；投资13亿元建成了火车新站，投资10亿元建成了融6项设施于一体的文化中心，城市承载功能进一步完善，城市对外形象显著提升，市民群众的幸福感和满意度明显增强。

2010年，烟台市中心城市建设全面提速，特别是“一山两河”“一线两湾三岛”等重大景观项目相继启动，滨海城市魅力特

烟台文化中心

色更加凸显；住房保障工作成效显著，全市共落实经济适用住房项目25个、1.8万套，新建廉租住房项目10个、1123套，筹集公共租赁住房420套，各项指标均超额完成省里下达计划指标；房地产开发、建筑施工继续保持良好发展态势，两大产业合计完成税收超过52亿元，约占全市地税总收入的33%，对财税增收贡献进一步扩大；顺利创建“国家可再生能源建筑应用示范城市”，获得中央财政8000万元奖励补助，有力地推动了绿色、低碳城市建设步伐。

下一步，烟台市住房和城乡建设局将紧紧围绕烟台市委、市政府的决策部署，全力加快基础设施建设，进一步做大做强做美中心城市，努力打造魅力烟台、和谐烟台、生态烟台。

烟台火车站

烟台体育公园

烟台金都广场

烟台栈桥

泰安市规划局

市委书记杨鲁豫、市长李洪峰、副市长宋鲁等领导视察指导规划工作

局长牛玉忠在泰山区宣讲规划

年内，在泰安市委、市政府的正确领导下，泰安市规划局紧紧围绕“建设经济文化强市，打造国际旅游名城”目标，坚持以科学发展观为指导，充分发挥规划宏观调控职能，科学编制规划，加强规划管理，强化规划执法，狠抓行风建设，为推进“强市名城”创建步伐做出了应有贡献。

去年以来，泰安市规划局先后被省住建厅授予全省城乡建设系统先进集体、行风建设示范单位、诚信服务示范单位称号；被泰安市委、市政府授予“泰山先锋”基层党组织、市级文明机关、创建文明行业先进单位、援川先进集体、2010年度便民电话服务工作先进单位等多项荣誉称号；被泰安市政协授予政协提案办理先进单位。

严肃查处违法建设

市规划局开展文明城市志愿者服务活动

发挥规划龙头作用　创建国际旅游名城

年内，泰安市规划局紧紧围绕市委、市政府提出的“建设经济文化强市、创建国际旅游名城”目标，充分发挥规划宏观调控作用，超前组织编制了六大方面二十六项城市设计或详细规划，科学引领“创城”重点工程建设；按照市委、市政府部署，抽调精兵强将积极参与市重点工程建设，为创建国际旅游名城做出了突出贡献。

市“创城”领导小组专题听取市规划局“创城”规划工作情况汇报

科学规划，引领“创城”重点工程建设。泰安市规划局组织国内高水平的规划设计单位超前编制了《时代发展线二期、三期工程详细规划》《泰安市火车站广场及财源商业街周边地区城市设计》《“十二条路河”整治规划》《泰安市城市规划区城乡统筹总体规划》等多项规划，为科学引领“创城”重点工程建设发挥了重要作用。

积极参与市重点工程建设，助推“创城”步伐。按照市委、市政府部署，市规划局抽调包括六位局领导班子成员在内的近三分之一的骨干力量到市里十个重点工程指挥部任副指挥或成员，在各指挥部的领导下，协助做好项目策划、规划设计、选址定点、拆迁安置和征地等具体工作，促进了重点工程的顺利进行，为创建国际旅游名城做出了突出贡献。

财源大街西段及火车站广场改造规划

时代发展线三期工程城市设计

泰山火车站广场效果图

财源大街西段规划效果图

文化艺术中心——会展中心效果图

《泰安市城市总体规划（2011—2020年）》获国务院批复实施

泰安市市委书记杨鲁豫视察总体规划展览

泰安市市长李洪峰、副市长宋鲁视察总体规划展览

泰安市举办国务院批复实施泰安市总体规划新闻发布会

2011年1月28日，国务院批复了《泰安市城市总体规划（2011-2020年）》，泰安市成为山东省首个获国务院批复总体规划的城市。新一版城市总体规划，为泰安市未来十年的大发展和"强市名城"建设提供了科学依据。

总体规划确定的城市的性质是：以泰山为依托的国家历史文化名城和国际旅游名城，鲁中地区中心城市之一。主要职能为：山东省科教中心之一，山东省旅游度假、现代制造、商贸物流基地。到2020年，中心城人口规模控制在135万人，用地规模控制在147平方公里。城市发展目标是：将泰安建成泰山文化与现代文明交相辉映的文化名城，以旅游业与现代制造业为主导的经济强市；天蓝、水碧、山青的最佳人居城市；独具特色的国际性旅游城市。总体规划确定了"一主一副"两大版块。"一主"为泰城中心城区，在主城区内，确定了"保护历史文化轴，建设时代发展线"的保护与发展战略。"一副"为南部新城区，使城市第二产业离山发展，城市向南扩展，严格保护老城区。总体规划还进一步突出了"两轴（联结山与城的历史文化轴和体现城市现代化风貌的时代发展轴）""两带（环山景观带和泮河风光带）""七湖（七大城市湖面）""九河（九条河流绿化带）"的城市特色，展现了山水园林城市的风貌。

城市总体规划全面贯彻了科学发展观，正确处理了加快城市化进程、加快经济社会发展和国家实行最严格的土地管理制度三大关系，增强了总体规划的前瞻性和科学性；着重强调了保护和发展。提出了以融入济南都市圈为目标的区域一体化战略，并从整个市域空间进行了统筹规划，打破城乡二元结构，构筑城乡一体化、统筹协调发展的格局。通过以上举措，将泰安市委、市政府提出的"强市名城"目标，落实到总体规划之中。

总规批复后，泰安市通过规划展览馆公示，在市政大楼举办展览，在泰安日报、泰安电视台开设专版专栏等多种形式进行了广泛宣传，为全面实施总体规划奠定了良好基础。4月5日，在临沂召开的全省规划工作会议上，省住建厅对泰安市高度重视规划编制和实施的做法进行了表扬，并安排泰安市作了典型发言。

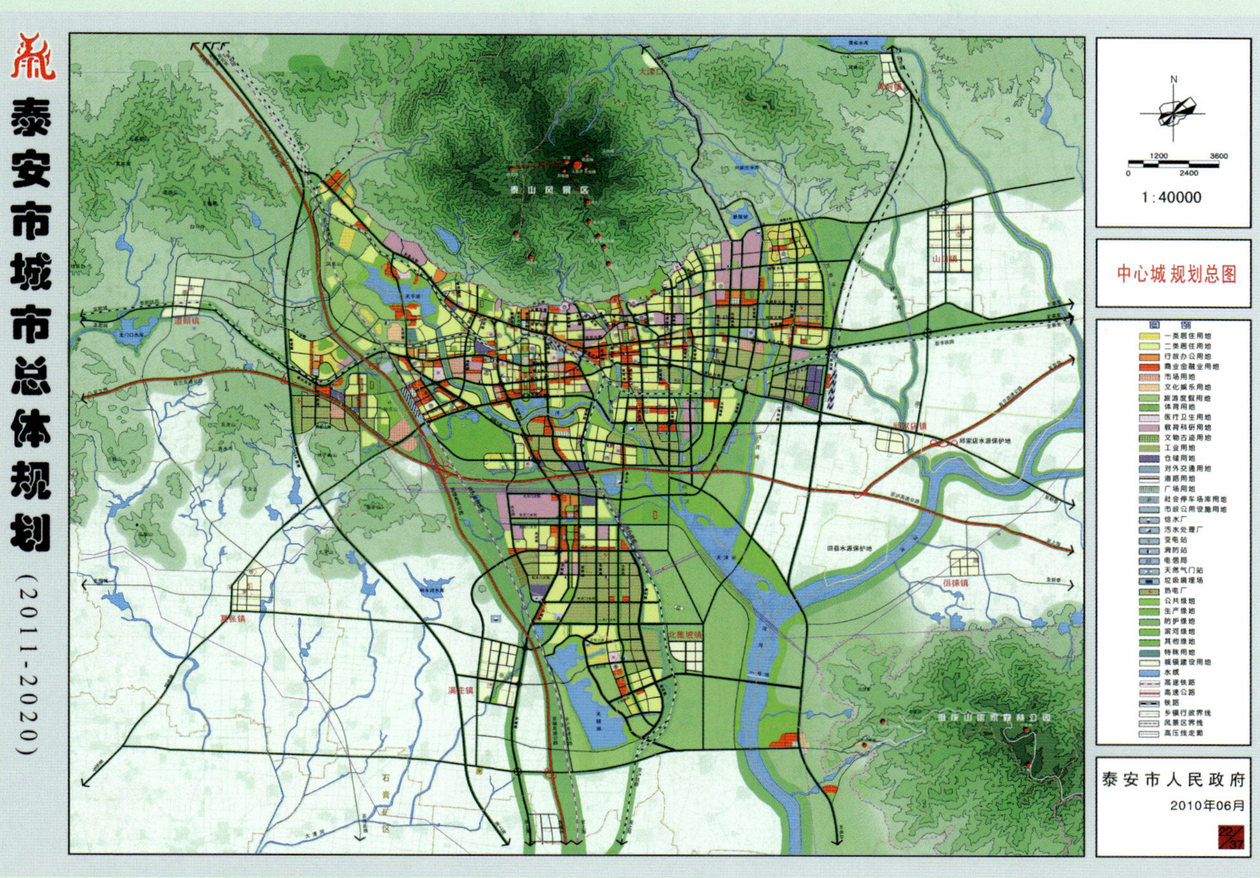

泰山广场

迎潮而上勇拼搏　浓墨重彩绘蓝图

东营市城乡规划局

——发挥职能作用推动经济社会和谐发展

住房城乡建设部向我市派驻城乡规划督察员

全市加强重点区域规划管理工作会议召开

近年来，在东营市委、市政府的正确领导和高度重视下，东营市城乡规划局紧紧围绕经济社会发展大局，进一步树立和强化科学发展观，确保规划的科学性，充分发挥了规划的指导和调控作用。单位被评为省级文明机关、全省建设系统先进单位、全市政务督查考核先进单位、行政审批工作先进单位，在社会上树立起了勤廉高效、奋发有为的良好形象。

结合黄蓝战略的推进，东营市城乡规划局以“黄河水城”建设为规划工作的重中之重，提出了“以水为脉、以绿为衣、以文为蕴、以人为本”的规划思路，通过引黄河水入城，建设“九横十纵”的水系循环系统，理水造绿、亲水近绿，构建生态和谐的水环境，有效提升了城市建设品位和水平，拉开了城市发展的新格局。经过近4年的倾心打造，“河湖水系绕城转，名桥流水荡波帆。巍巍楼宇显山脊，浓浓绿荫映河畔。人居车行水城里，鱼游鸟翔河海间”的城市新貌基本形成。为适应新的发展形势，将黄河水城建设深入推进，市城乡规划局在城市总体规划修改中提出了“东扩、西疏、南展、北延、中优”的发展战略。目前，以建设东

召开全市城市管理工作会议。2010年3月18日，市委、市政府召开全市城市管理工作会议，济南市各级城管部门，按照“拓展城市发展空间、打造现代产业体系、建设宜业宜居环境”的总体要求，牢固树立为人民管理城市的思想，依据《济南市城市管理工作综合考核办法（试行）》，全面加强违法违章建设整治、渣土整治和城市道路保洁、占道经营和广告牌匾管理等综合整治行动，不断提高城市管理社会服务水平，努力打造“洁、靓、谐”城市环境，用3年时间构建人民满意的城管品牌。

实施“十大行动，百件实事”。实行违法违章建设百分考核通报，共拆除违法违章建设101.8万平方米，取缔户外经营13.6万余处，城区环境卫生覆盖率达到100%，组织完成了市区4座新建过街天桥广告设置拍卖，《济南市户外广告设置管理条例》颁布实施，渣土处置工地规范化率达96.9%，全国50余个城市前来考察学习；完成全市280个社区3.7万余个开放式小区化粪池免费清疏任务，实现全市日均3000吨生活垃圾无害化、减量化、资源化处理；全市数字化城管平台主动发现案件6.68万件，热线受理案件2.82万件，同比减少32.02%。组织开展了行风建设、“城管十进”“每周四垃圾减排日”、向社会公开征集洒水曲等活动，组建了百姓义务城管队，形成全民城管浓厚氛围。编制推出了“西瓜地图”“扬尘地图”“便民自行车修理点地图”等，在全国城管系统中形成独有的济南“地图思维”。

济南城管推出西瓜销售点地图

泉城百姓义务城管队成立

济南城管免费清疏开放式小区化粪池

中国（济南）城市管理高峰论坛

济 南 城 建 集

各级领导触动水晶球为集团成立揭牌

济南城建集团有限公司是具有80余年发展历史的国有大型企业。拥有市政公用工程施工总承包壹级资质、城市轨道交通工程专业承包资质、桥梁工程专业承包壹级资质、公路工程施工总承包、爆破与拆除专业承包、园林绿化资质以及招标代理甲级资质、政府采购甲级资质及工程前期咨询、市政工程设计、工程见证取样检测等专项资质。通过了质量管理、环境管理、职业健康安全管理三大体系认证。

公司辖有独立核算单位近20个，现有职工1700余人，其中各类专业技术人员1000余人，国家一级注册建造师、注册造价工程师、注册监理工程师、注册安全工程师等各类国家注册工程师300余

经十路道路及环境建设工程

团　有　限　公　司

人。公司拥有各类大型专业配套施工机械设备1000多台（套）。经营范围涵盖市政、公路、桥梁、轨道交通、基础工程、爆破、污水处理、园林绿化、工程技术研发、工程咨询、设计、工程检测、项目管理等多个领域，年综合施工能力50亿元以上。企业综合实力位居山东省市政行业龙头、全国市政行业领先地位。

公司近年来先后承建了几百项省内外重点工程项目。施工范围涵盖了山东、江苏、福建、安徽、河北、 内蒙古、新疆、青海、四川、广东、浙江等十余个省的60多个市地。承建的工程荣获中国建筑鲁班奖、中国市政金杯奖、全国市政样板工程、山东省市政金杯示范工程等各类奖项200余项。公司被列入全国“铁路、公路、隧道、桥梁建筑业100家最佳经济效益建筑业企业”“100家最大经营规模建筑业企业”多次荣获“全国优秀市政工程施工企业”“全国工程质量优秀企业”“山东省优秀市政工程施工企业”“山东省建设技术创新示范企业”等称号，近十年来连续被评为“山东省守合同重信用单位”。

济南市领导授予集团“城建铁军”旗帜

黑虎泉西路道路改造工程

济南四建（集团）有限责任公司

董事长、党委书记、总经理　曹晓岩

济南四建（集团）有限责任公司是一家有30多年历史的企业，现在已经形成以建筑施工为主业，兼营房地产开发、国际工程、安装工程、装饰工程等建筑相关产业，年产值40亿元，年施工面积450万平方米，业务遍及济南、青岛、潍坊、淄博、日照、枣庄、东营、滨州、泰安、莱芜等地的现代化、跨地区的大型建筑企业集团。

集团公司注册资本3亿元，固定资产3.6亿元，拥有8家控股子公司，30多个直属项目部，20多个专业分公司，一个省级技术研发中心，具备建筑工程设计、施工、设备安装、装饰装修等全方位的总承包能力。集团公司具有房屋建筑施工总承包一级、地基与基础工程专业承包一级、建筑装修装饰设计与施工一级、钢结构工程专业承包一级、机电设备安装专业承包一级、消防设施工程专业承包一级、建筑幕墙工程设计与施工一级等25项企业资质。此外，集团公司还具有国家外经贸部批准的对外经济技术合作和工程承包权、劳务合作经营权。

集团公司坚持走质量兴业和可持续发展之路。集团公司拥有3000多人的员工队伍，形成了坚实而合理的人才梯队，其中全国优秀项目经理14名，国家一级建造师120名，二级建造师138名，高级职称人员66名，中级职称人员236名，拥有600多台（套）施工设备，总计9.5亿元的银行授信额度，成为保证施工顺利进行的坚强后盾；集团公司早在1996年就通过ISO9002质量管理体系认证，2002年依据ISO9001、ISO14001和OHS18001标准，建立了质量、环境和职业健康安全管理体系，完善而科学的管理体系为创建精品工程形成了保障；诚信为核心的企业文化是四建人在市场中制胜的法宝；良好的银行信誉为企业的发展奠定了坚实的资金基础；完善的工程回访体系解除了业主的后顾之忧。

30多年的艰苦奋斗，四建集团先后参与了2000多项国家和省市重点工程建设，并远赴波兰、佛得角、蒙古、巴基斯坦、塞尔维亚、东帝汶等国承建大使馆工程。集团公司工程优良率连年保持在70%以上，先后获得了中国建筑工程质量最高奖—“鲁班奖”十项（其中1999年到2003年连续五年获得该奖）、“国家优质工程银质奖”两项、“中国土木工程詹天佑奖”一项、“泰山杯”工程奖28项、“泉城杯”工程奖101项，还先后获得“中华质量信誉宝鼎”“全国用户满意企业”“全国优秀施工企业”“全国守合同重信用企业”“山东省文明单位”等多项荣誉。

方米，现已清盘；

2007年11月，临朐分公司成立，其项目“弘盛华庭”，位于临朐县文化教育中心，占地53亩，建筑面积4.7万平方米，现已清盘；

2007年12月，文登分公司成立，其项目“弘盛现代城”位于文登高新技术开发区，占地185亩，建筑面积20万平方米；

2008年11月，莱阳分公司成立，其项目“弘盛现代城”位于莱阳市军民路86号，占地200亩，建筑面积15万平方米；

2009年5月，梁山分公司成立，其项目“宋城名郡”位于梁山县，占地面积约30万平方米，建筑面积约45万平方米；

2009年6月，禹城分公司成立，其项目“弘盛华庭”位于禹城市东城区华昊路中段，占地面积约3万平方米，建筑面积约6万平方米；

2009年7月，临清分公司成立，其项目“弘盛华庭”位于繁华的新华路，建筑面积约10万平方米；

2009年8月，牟平分公司成立，其项目“弘盛华庭”位于牟平区师范路，占地面积70万平方米，建筑面积100万平方米；

2009年11月，栖霞分公司成立，其项目“丽景园”位于民生路83号，总占地面积为10万平方米，建筑面积15平方米；

2010年3月，海阳分公司成立，其项目“弘盛华庭”位于海阳市海阳路北，盛竹路东，总占地面积5万平方米，总建筑面积8万平方米；

2010年5月，泰安分公司成立，其项目“弘盛现代城”位于泰安市京沪铁路以东，潘河大街以北，总占地面积约50万平米，建筑面积约100万平方米；

2010年6月，东平分公司成立，其项目“弘盛华庭”位于佛山街以南，博物馆、图书馆以东，占地面积约2.6万平方米，建筑面积4.3万平方米；

2010年11月5日，滨州惠民分公司成立，其项目“月亮湾”位于武圣大道以北，姜家村以西，占地面积约39万平方米，建筑面积约56万平方米；

2011年5月，临沂蒙阴分公司成立；

2011年6月，德州齐河分公司成立；

2011年9月，泰安新泰分公司成立。

今天，弘盛人的足迹遍布齐鲁大地，弘盛人正站在泰山之巅，从鲁西南的宁阳，挥师鲁西北的高唐，然后深入鲁中腹地的临朐，直指胶东半岛的文登，10年21个分公司的多盘联动标志着弘盛公司在山东的胜利布局。

“登泰山，而小天下”，放眼神州、面向世界，弘盛人已经做好了准备，向着新目标、新挑战发起冲击。奋进中的弘盛人，以“立志把弘盛事业做大做强，立志为社会提供精品住宅，立志为员工提供成功平台，立志为城市建设做出卓越的贡献，立志为社会贡献真诚的爱”的企业誓言，在董事长王安年的带领下，将一如继往，齐心协力，共同开创弘盛公司的美好明天，弘盛的事业也将如旭日东升的太阳越走越辉煌！

环境优美的住宅小区

弘盛现代城项目

弘盛现代城项目

环境优美的住宅小区

中启控股集团股份公司

中启控股集团董事局主席、总裁
中启胶建集团董事长 张启荣

全国劳动模范，全国五一劳动奖章获得者，全国优秀企业家，山东省劳动模范，山东省第八、九、十、十一届人大代表

中共中央政治局委员、中华全国总工会主席王兆国祝贺张启荣荣获全国劳动模范称号

中启控股集团股份公司是以原青岛市胶州建设集团作为发起人，于2010年7月创立的股份公司。集团位于山东半岛胶州湾畔，年销售收入达60亿元，是全国优秀企业、全国重合同守信用企业、山东省先进企业。集团旗下拥有中启胶建集团、中启凯建集团、中启盛建集团三大产业集团，以对外投资及投资管理为主，经营领域涵盖建筑业、工业和第三产业。

中启胶建集团 房屋建筑工程施工总承包特级、市政公用工程施工总承包和装修装饰、钢结构、机电设备安装、建筑智能化、消防安装、土石方、起重设备安装、建筑幕墙、金属门窗等专业承包，对外经济技术合作及国际工程承包等。

中启凯建集团 石油化工、发电供热、铝业加工以及钢结构、商品混凝土、板式家具、建设安全电器设备生产制造等。

中启盛建集团 房地产开发、物业管理、项目设计、仓储物流、水产养殖、酒店餐饮、建材供销、花卉园艺、农业科技、购物商场等。

多年来，集团始终遵循“以质量求生存，靠信誉促发展”的经营宗旨，紧扣市场经济脉搏，抢抓机遇，多业并举，实现了企业经济跨行业、多领域持续快速稳步发展。创出“鲁班奖”“国家优质工程奖”“全国建筑工程装饰奖”“国家AAA级安全文

内蒙古自治区党委书记储波视察中启控股集团在内蒙古通辽市投资建设的年产10万吨铝型材加工项目

山东省建管局局长宋瑞乾在公司房屋建筑工程施工总承包特级资质新闻发布会上向中启胶建集团颁发特级资质证书

胶州市市级机关办公大楼（国家优质工程）

青岛市东海路绿化美化工程（国家“鲁班奖”工程、中国市政“金杯奖”工程）

明标准化诚信工地”“中国市政金杯奖”“全国建筑施工安全文明工地之最”等30余项国家级奖项，“泰山杯”“草原杯”“扬子杯”“天府杯”和省级“建筑施工现场标准化管理示范工地”“建筑施工安全文明优良工地”等200余项省级奖项。

中启控股集团股份公司以全新的企业理念，雄厚的资金、设备、技术力量和完善科学的管理机制享誉青岛、山东和全国各地。

胶州市新城大厦（国家“鲁班奖”工程）

通辽胶建蒙东商贸中心（国家“鲁班奖”工程）

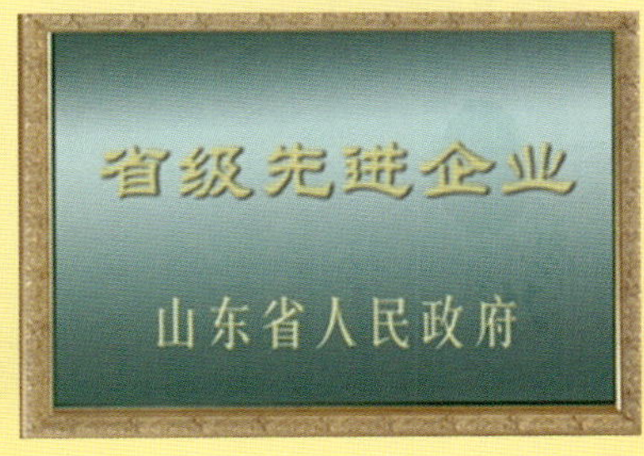

SHANDONG GAOSU QILU JIANSHE JITUAN GONGSI

山东高速齐鲁建设集团公司

全国人大常委会委员长吴邦国视察巴哈马体育场

国务院副总理回良玉视察巴哈马体育场

商务部部长陈德铭视察马尔代夫国家博物馆

山东高速齐鲁建设集团公司是1992年经山东省人民政府批准成立的国家大型一类企业，隶属山东高速集团有限公司，是山东省建筑业重点企业之一，注册资本2.13亿元。公司主要业务涉及国家经援项目建设、国内外工程承包和房地产项目的开发经营等。公司技术力量雄厚、施工经验丰富、专业资质齐全，管理科学、严格、标准，已通过ISO9001、ISO14001、OHSMS18001质量、环境、职业健康三项管理体系认证。公司多次被评为省级重合同守信用荣誉单位，荣获省外出施工先进单位、全省建筑工程安全管理先进单位等荣誉称号。

公司海外及国内业务开展顺利，成绩斐然。

海外方面：（一）由公司承建的中国援巴哈马国家体育场项目于2009年7月10日开工，2011年4月底竣工。该项目位于巴哈马首都拿骚伊丽莎白女王体育中心，可容纳15000位观众，体育场总建筑面积约17420平方米，工程总承包金额为2.6亿元人民币。该项目作为加勒比地区的标志性建筑，受到国家和我省的高度重

SHANDONG GAOSU QILU JIANSHE JITUAN GONGSI 山东高速齐鲁建设集团公司 SHANDONG GAOSU QILU JIANSHE JITUAN GONGSI 山东高速齐鲁建设集团公司 SHANDONG GAOSU QILU JIANSHE JITUAN GONGSI 山东高速齐鲁建设集团公

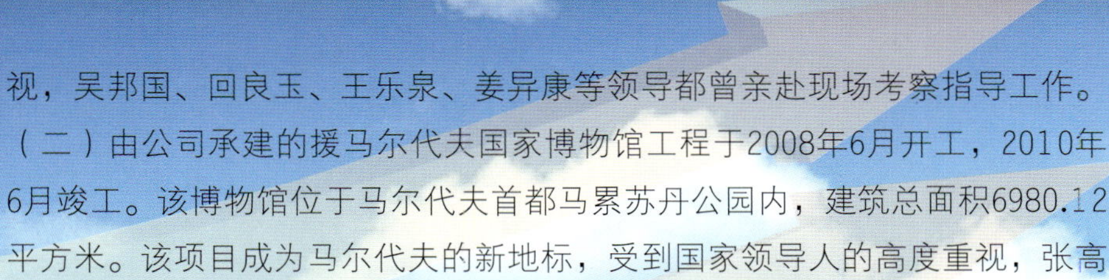

视，吴邦国、回良玉、王乐泉、姜异康等领导都曾亲赴现场考察指导工作。（二）由公司承建的援马尔代夫国家博物馆工程于2008年6月开工，2010年6月竣工。该博物馆位于马尔代夫首都马累苏丹公园内，建筑总面积6980.12平方米。该项目成为马尔代夫的新地标，受到国家领导人的高度重视，张高丽、陈德铭等领导都曾亲赴现场考察指导工作。

国内方面：(一)山东高速集团科研综合楼项目主楼封顶。该项目总建筑面积约为45000平方米，工程总承包金额约为1.07亿元。工程于2009年11月9日开工，计划2012年1月竣工，力争将其建为高新区新的标志性建筑；(二)潍坊仁和盛庭项目一期基本完工，项目占地约120亩，工程总额约1.5亿元，包括写字楼、住宅楼、商铺、幼儿园等配套设施，截至2010年底，完成销售9600余万元，二期将于2011年7月开工建设。公司奉行经济效益与社会责任并重的宗旨，坚持“以质量求生存，以信誉求发展，坚持质量终生制，创优质一流”的质量方针，多年来通过一个个工程的圆满完成，树立起了良好的社会形象，公司愿与社会各界真诚合作，共创辉煌！

潍坊仁和盛庭住宅小区

潍坊仁和大厦

SHANDONG GAOSU QILU JIANSHE JITUAN GONGSI 山东高速齐鲁建设集团公司 SHANDONG GAOSU QILU JIANSHE JITUAN GONGSI 山东高速齐鲁建设集团公司

上海绿地集团山东置业有限公司

2011年3月31日，济南市人大常委会主任雷建国，市委常委、市中区区委书记雷杰一行视察绿地·普利中心项目

2011年5月3日，济南市委常委、市长张建国一行视察绿地·普利中心项目

2011年4月12日，由财政部部长助理王保安带队的国务院房地产调控督察组视察绿地在济投资建设的旧城改造项目——卢浮公馆

上海绿地集团是中国综合性地产领军企业和中国百强企业，集团创立19年来，建设项目遍及上海、北京、济南等全国23个省、45个城市，总资产超千亿元。2009年9月绿地正式进驻济南，成立山东房地产事业部（以下简称山东事业部）。2010年、2011年连续两年山东事业部以无与伦比的成绩在济南市场一枝独秀。成熟的发展理念、领先的设计思路、高效的发展速度，赢得了山东省委、省政府和广大群众的一致认可和高度赞誉。目前，山东事业部已经正式进入烟台、青岛市场，拉开了事业部以青岛为中心的半岛城市群和以济南为中心的省会都市圈双核发展、双轮驱动的战略序幕。

绿地·普利中心。作为济南第一高楼，项目位于济南市经四路高端金融商务商贸的黄金地带，北邻历史老街普利街，南邻共青团路，西邻顺河高架路，该地块规划用地面积3.33万平方米，总规划建筑面积约20万平方米，建筑高度将达300多米。项目设计将中国传统建筑元素与现代商业服务功能相结合，规划建设集国际甲级办公、高档公寓、高端商业于一体的城市综合体。

绿地·卢浮公馆。济南市中心旧城改造项目，总规划建筑面积约49万平方米，将建设以高层、小高层住宅为主，辅以配套商业和办公楼的大型高档居住和商务社区，项目的惠民开发赢得了政府和百姓的一致认可和高度评价。

绿地·缤纷城。作为西客站站前广场北综合体，总规划建筑面积20.8万平方米，以京沪高铁为依托，规划建设集大型旗舰百货店、地下商业街、中小企业办公、高星级酒店等于一体的大型交通枢纽型站前广场综合体。

绿地·国际花都。作为160万平方米的“花都”品牌高尚住宅社区，外拥腊山生态公园、濒临京沪高铁，位于济南西部中央生态居住区，正在建设成为西部第一生态大盘。

绿地·滨河世纪城。济南市重点工程项目，总占地面积近4000亩，其中公共租赁房和安置房所占

初登齐鲁 横空出世 披荆斩棘 勇攀高峰

整体房源面积接近120万平方米，是绿地在济南投资开发的大型城市综合体项目，在山东乃至全国都有非常大的辐射影响力。

绿地·正大滨海国际中心。项目位于烟台市东部高新技术产业园内，西距烟台市政府约5公里，北距海边约1500米，紧邻在建的高新区管委会。占地16.15公顷，总建筑面积约60万平方米，拟建设成高层住宅、联排别墅、高层公寓办公、超市商铺及配套幼儿园等大型综合高档社区。

绿地·滨河世纪城

绿地·普利中心

绿地·缤纷城

绿地·国际花都

绿地·卢浮公馆

山东火炬置业有限公司

—东第篇

企业简介

火炬地产是以房地产开发经营为主的大型现代化企业集团，现为国家一级房地产开发资质企业，企业资产30多亿元。代表性项目有杨柳国际新城、泗水西侯幽谷生态度假综合体、九州方圆、上海多媒体谷、北京火炬大厦等。

项目概况

火炬东第是火炬地产在济南东部精心打造的低密度高品质楼盘，项目位于历城区，邢村立交桥东北约500米，南距经十东路约400米，北距世纪大道100米，是“中美可持续发展示范项目”，国际极简主义人文社区，总用地面积232亩，容积率1.8，户数2300余户，地上总建筑面积27.84万平方米。20分钟至机场，15分钟至市中心，8分钟至济南奥体中心，与历城区政府新址隔街相望。

火炬东第荣誉

2011年1月6日，火炬东第东山院被中国地产新视角评为“极简主义别墅典范金奖”。

在第七届上海中国别墅节上成功突围，摘得“2010中国城市别墅金奖”桂冠，火炬东第东山院是山东省在此次别墅节唯一获得金奖的项目。

电梯别墅

花园洋房

高层

产品简介

火炬东第除了高层、洋房，更拥有济南东区绝版电梯别墅群。该项目用建筑的不完全围合形式构成“院落”的概念，提出邻里之间守望相助的社区文化。

火炬东第拥有别墅131套，高层11栋、1882套，洋房5栋、192套。别墅户型面积介于286~450平方米之间，赠送最大300平方米私家庭院和50平方米转角露台。高层住宅面积介于54~116平方米之间。

西侯幽谷生态度假综合体

由火炬地产投资开发的西侯幽谷生态度假综合体是山东省重点生态旅游项目，总投资10亿元，于2008年开工建设。主要包括六大项目：18洞标准高尔夫球场、300亩葡萄酒庄园、温泉度假酒店、特色风味餐饮、生态养生会所、海岱国际会展中心等。目前已完成投资近5亿元，整体规划坚持“曲水流觞”的理念，建筑与景观由加拿大排名第一的IBI设计公司整体设计，其风格在全国独树一帜。

目前，温泉度假酒店的招商工作已全面展开，其它各大项目的招商工作也在同步进行。

山东大顺集团公司

党委书记、总裁　李嘉才

山东大顺集团成立于1993年，其前身为山东省淄博市临淄区雪宫街道单家社区居委会（现有住户2860户，人口8750人，党员161人），是一个集房地产开发、石油化工、机电通讯设备销售、建材销售、建筑安装、广告传媒、演出策划、礼宾车队、酒业、生物科技、物业管理、餐饮为一体的村办现代化大型集体企业。集团下属企业28家，资产达66.1亿；集团公司现有职工1.86万人，高级工程师56人、经济师43人、会计师22人，在香港、广州、北京、上海设有办事处。

淄博临淄大顺置业有限公司是山东大顺集团的子公司，全权管理集团的房地产运营工作，开发资质为二级，注册资金7500万元。现开发建设的项目有：高唐大顺花园、巨野大顺花园、滨州大顺花园、惠民大顺花园、临清大顺花园、淄江大顺花园、威海大顺花园、嘉祥大顺花园。大顺置业现有员工220人，其中高级职称32人、中级职称22人、经济师18人，是一个集开发、建设、销售、设计、策划、物业管理为一体的大型置业有限公司。

置业公司成立以来，先后开发建设了临淄单家新村一区、二区、单家沿街商住楼、齐都文化体育城、威海荣成大顺花园别墅区、舒舍家园、鸿苑小区、临淄齐都花园C区仕府苑1#、2#商住楼。在搞好本地开发的同时，积极开拓外埠市场，先后开发建设了高唐大顺花园、高唐大顺体育场、巨野明珠花园、滨

惠民大顺花园

临清大顺花园

巨野大顺花园

州水岸华庭、惠民大顺花园，临清大顺花园、嘉祥大顺花园，总开发面积320万平方米。公司2009年被评为“山东省十佳经济管理先进企业”、淄博市文明信用企业，被山东省企业信用促进会评为“AAAA级信用企业”，2010年被中共高唐县委、高唐县人民政府评为功勋企业，国家注册高级经济师、总裁李嘉才被评为2008年度“山东省十佳经济风云人物”。

大顺置业有限公司在房地产开发长足发展的同时不断加强企业文化建设，秉承“投资在哪里，收益在哪里，回报在哪里”的经营理念，“让政府放心、让社会满意、人民得实惠”的创业宗旨，坚持以客户需求为设计准则，以质量就是生命和追求零投诉为营销思路，勤奋做事、诚实做人，让社会了解大顺、认知大顺、信任大顺，致力于打造最具实力的房地产开发企业，真正把“大顺品牌”做大做强。

成绩只能代表过去，山东大顺集团一直放眼于未来的发展和成功。新时期、新形势下的中国·山东大顺集团，将勇敢地迎接新挑战、抢抓新机遇、展示新形象、开拓新局面，秉承包容、务实、忠厚、善良、热情、好客、勤劳、朴实、敬业、向上、诚信、友谊的优良传统，向着更高更远的目标迈进，科学发展、和谐发展、造福社会，为推动房地产行业和谐发展、健康发展做出应有的贡献。

山东大顺集团党委书记、总裁李嘉才先生，携全体员工，真诚欢迎各级领导及社会各界朋友莅临集团总部做客指导工作，共谋发展大计！

嘉祥大顺花园机场路沿街效果图

嘉祥大顺花园

高唐大顺花园

滨州大顺花园

威海大顺花园

枣庄市市政工程总公司

zao zhuang shi shi zheng gong cheng zong gong si

总经理 赵 峰

枣庄市市政工程总公司成立于1994年5月，隶属枣庄市城市管理局。公司具有市政公用工程施工总承包壹级资质、城市及道路照明工程专业承包贰级资质、混凝土预制构件专业承包叁级资质、测绘丙级资质，2005年通过了ISO9001：2000国际质量体系认证，省级“守合同重信用”企业，“AAA”资信等级，多次被评为“省优秀施工企业”，先后荣获省富民兴鲁劳动奖状、省城建行业规范化管理先进单位等荣誉称号。公司年施工能力在3亿元以上，是鲁南地区市政行业实力最强的企业之一。

公司主营城市道路桥梁、排水污水处理、防洪、集中供热、供水、煤气工程、路灯安装维修、园林绿化等各类市政公用工程的施工，兼营路面材料、各类混凝土预制构件的生产销售及机械设备和模板租赁等业务。

公司人力资源配备结构合理，拥有一支懂技术、会管理、善经营的高素质队伍。现有职工434人，各类专业技术人员263人，高级职称21人，中级职称64人；壹级注册建造师20人，贰级注册建造师33人，注册造价师3人，注册质量工程师1人。总公司现下设：办公室、人力资源部、生产经营部、企管部、质安部、财务部等

凤鸣湖工程

光明大道

文化西路桥

BRT工程

荣誉证书
枣庄市市政工程总公司：
被评为2008年度山东省优秀市政工程施工企业。特发此证，以资鼓励。
山东省市政工程协会
二○○九年三月

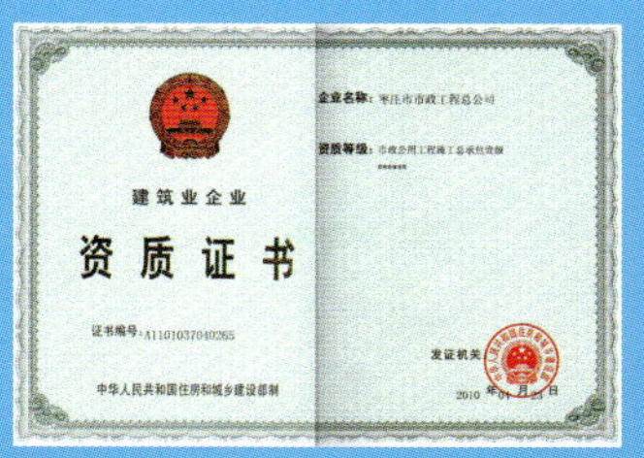
建筑业企业
资质证书
证书编号：A1101037040265
中华人民共和国住房和城乡建设部制
企业名称：枣庄市市政工程总公司
发证机关
2010年 月 日

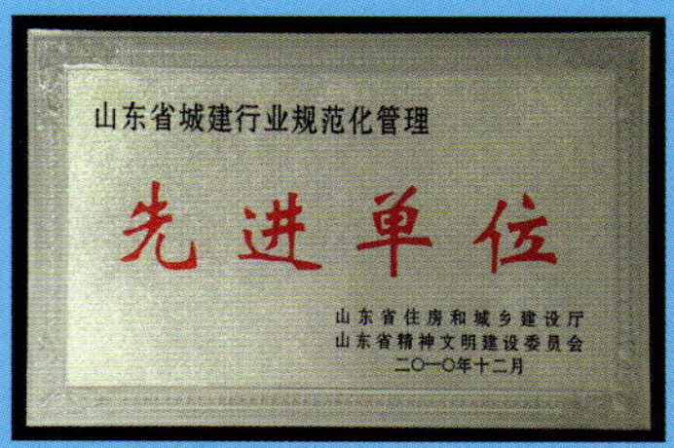
山东省城建行业规范化管理
先进单位
山东省住房和城乡建设厅
山东省精神文明建设委员会
二○一○年十二月

十一个职能部门；路桥一分公司、路桥二分公司、路面材料分公司、配套产品分公司、工程机械分公司和路灯安装分公司等六个专业分公司。

近年来，公司承建的新城市政广场工程获山东省建筑工程“泰山杯”奖，解放南路改造工程获省“市政金杯示范工程”，枣薛复线路灯工程获“中国市政金杯示范工程”，文化路改建工程获“山东省市政金杯示范工程”，枣庄市南方植物园工程获“山东省精品建设工程”和“山东省人居环境范例奖”，解放北路道路建设工程获山东省“市政金杯示范工程”，多项工程被评为市级“优良工程”。

“团结奋斗、勤俭建业、开拓求实、争创一流”是我们的企业精神，“科学管理、规范施工、求真务实、信守承诺、质量为本，建市政精品工程，是我们的质量方针。以科学发展观统领全局，引导企业向着更高的目标奋进，为城市建设再立新功！

台儿庄月河公园

解放北路

燕山路

威海城建集团有限公司

董事长、总经理　王伟兵

山东省三卡管理法推广现场会

威海城建集团有限公司成立于1981年，隶属于威海市国资委，通过ISO9001：2001国际质量管理体系认证，具有二级开发资质，年开发能力20万平方米。公司秉承"铸人才、建精品、创优质、树品牌"的质量方针，累计完成开发总量150万平方米，资产总额11亿元。公司内设10个职能部门，下辖金属制品、物业服务、园林绿化、新农苗木公司等直属企业，形成以房地产开发为主、多种经营并举的集团化公司，先后被国家、省、市授予"全国首届房地产开发综合效益百强企业""省级文明单位""山东省房地产开发50强企业""山东省明星企业""山东省消费者满意单位""山东省员工参与管理典范企业"等荣誉称号。王伟兵总经理首创并推行的"三卡管理法"开创了企业发展的新局面，被山东省创先评优办公室和山东省企业管理学会授奖并在全省企业界推广。

公司董事长、党委书记、总经理王伟兵热忱欢迎社会各界朋友和用户光临指导，寻求合作，共谋发展，实现多赢！

威海市市管企业"三卡"管理法现场会

公司内部综合管理培训

望海园中心广场鸟瞰

凤凰城

山东枣建建筑集团有限公司

山东枣建
SHANDONGZAOJIAN

Shan Dong Zao Jian Jian Zhu Ji Tuan You Xian Gong Si

山东枣建建筑集团有限公司（以下简称山东枣建集团）创始于1965年，原为省属国营施工企业，历经几十年的改革发展和积淀升级，现已拥有各专业配套子公司六家，区域性分公司七家，八个直属项目管理公司和一个海外工程公司，出国援建至吉布提、莫桑比克、苏里南等非洲国家，施工区域跨北京、上海、济南、青岛、威海、绵阳、新疆等全国10余省、市以及商务部对外援建的国家和地区。

公司具有房屋建筑、机电安装和钢结构三个壹级资质，装饰装修、市政工程、炉窑工程、公路工程等增项贰级、叁级资质12项以及专业劳务资质13项，具备国家对外承包工程经营资格。拥有各类专业技术人员500余人，高中级专业技术人员186人，一、二建造师或项目经理126人，年均完成建安产值13亿元以上，其中出省完成产值5.5亿元，出国完成产值1.1亿元。

近年来，公司坚持以和谐促进发展，以诚信铸造辉煌，以质量树立品牌，以管理树立形象，以品质建设未来，为社会经济发展做出应有的贡献，得到政府和社会各界的认可，获得国家级和省部级荣誉近百项：2002年省“AAA”级资信企业，省建筑行业二十强品牌企业；2005年7月通过三合一国际标准管理体系认证；2004年 “全国守合同重信用企业”；2006年“全国优秀施工企业”；2007年省建筑业外出施工先进企业、先进集体企业；兖矿集团国泰化工项目2006年获化工部优质奖、2007年国家优质工程金质奖、2009年“新中国成立六十周年百项经典暨精品工程奖”及“河南省结构中州杯工程”；2010年“全省建筑工程安全管理先进单位”“全省建筑业企业先进集体”。

公司办公大楼

兖矿国泰气化框架系统工程（荣获化工部优质奖、国家金质奖、新中国成立六十周年百项经典暨精品工程奖）

中国驻吉布提使馆经商参处新建馆舍工程（2009年建成）

烟台海风置业有限公司

烟台海风置业有限公司，前身为烟台海风建业有限公司，成立于1996年12月，于2008年4月更名为烟台海风置业有限公司。是以房地产开发为主，兼营室内外装修、饮用水加工、高新技术产品加工等产业的现代化企业，注册资本5000万元，资产达5亿元。

公司创建以来，以“以人为本，诚信求实，勇于创新，追求卓越”的经营理念，科学决策，强化管理，公司快速发展壮大。公司于2002年6月开始，投资约1亿元在烟台卧龙经济园区开发建设了海风工业园，建筑面积达6万平方米。公司还以合作的形式开发建设了三环锁厂老厂区住宅小区和三干所住宅小区，建筑面积约6万平方米。目前，公司正在开发建设庙后旧村改造项目—凤凰山庄。该项目位于烟台市莱山区庙后村，建筑面积约103万平方米，总投资约21亿元。凤凰山庄，将被打造成集居住、购物、休闲、娱乐于一体的精致尊贵的高档住宅小区，成为点缀烟台城市的一道亮丽风景。

公司的发展犹如鲲鹏展翅，以扶摇直上九万里的气势朝气蓬勃地向前向高处腾飞。

荣誉

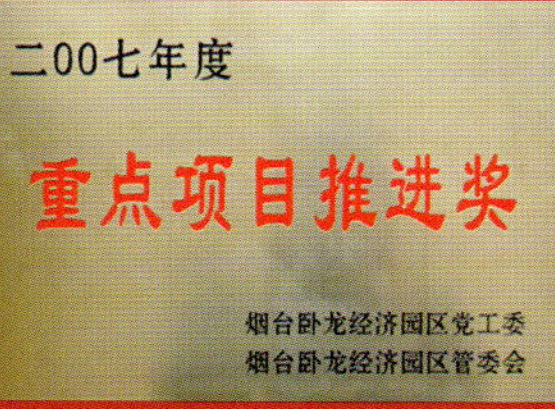

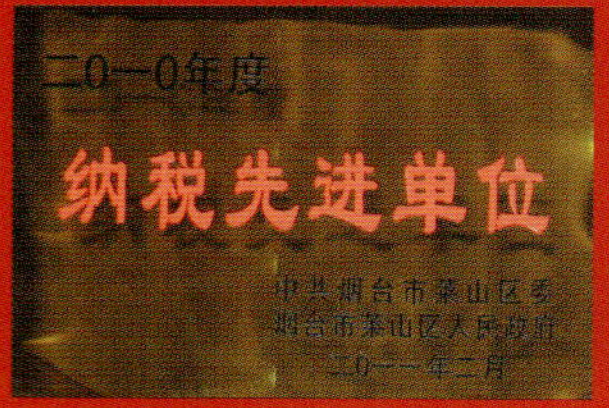

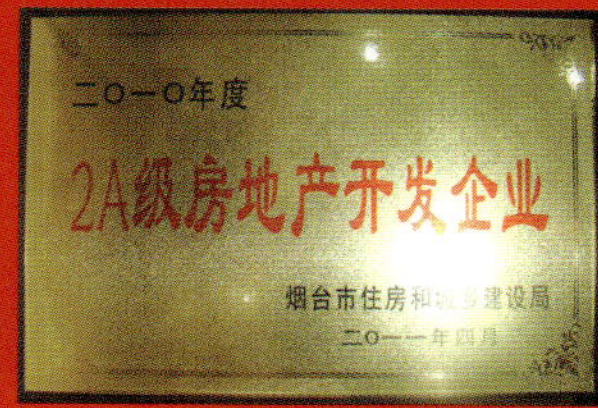

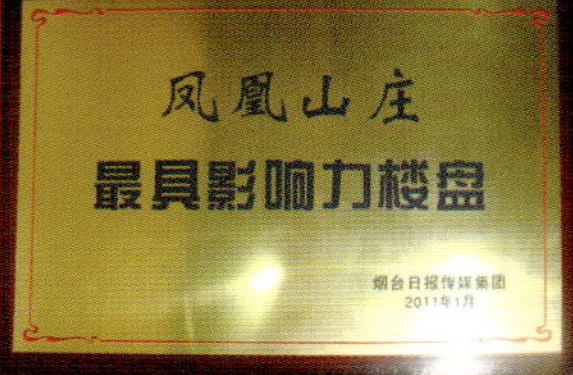

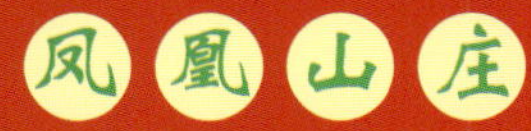

凤凰山庄：胶东首席山水人文大盘

凤凰山庄是滨海城市——烟台的一朵奇葩，是胶东地区首席山水人文大盘。它以“山水、人文、尊贵、和谐”为建筑理念，开启了中国山水人居新模式，实现天人合一的居住理想。

城市山水大盘：凤凰山庄占地约45.3公顷，可建设用地约34.67公顷。由烟台海风置业有限公司倾力打造。项目规划总建筑面积约104万平方米，容积率2.29，建筑密度13.8％，绿地率43％。凤凰山庄充分利用城市山水，创造新型人文生态居住社区。

凤凰山庄鸟瞰图

天赋地理环境：凤凰山庄位于烟台新城市中心——莱山区，南临凤凰湖公园，北靠庙后水库，东依凤凰山，西接虎头山公园，背靠大南山森林公园，拥有三山环抱、两湖涵养、四园簇拥的先天优势，是少有的理想人居宝地。

悠久岳石文化：在凤凰山庄所在地，发现了最古老的城市文明遗迹——距今4000多年的岳石文化，海风置业将其发掘、保护并传承，在凤凰山庄内建设约5000平方米岳石文化遗址公园，它不仅是中华文化的历史见证，更表明凤凰山庄所在地是烟台城市原点的见证，同时也是一个社区厚德载物博大胸襟的体现。

小学设计方案

繁华人文氛围：从凤凰山庄到莱山区繁华商圈车行不到5分钟，到烟台市区仅10分钟，东侧不远处是莱山区实验中小学以及琉璜顶分院，再往东，可达体育公园、滨海休闲带。凤凰山庄不仅拥有学区优势，还具有都市商业配套的便利，颠覆了传统人文山水社区的单一化和偏僻感，既远离城市喧嚣，却可享都市便利，无论是居住还是商务，可以左右逢源。

生态规划理念：在“山水交融、生态宜居”的理念下，凤凰山庄整体采用北高南低、东高西低的布局，内部采用双拼高层，外围布置短板高层，视线通透，社区内外环境完美融合，人居住其中，感受清风从水面拂来，又悄然消失于山林间，诗意地栖居成为现实。

凤凰雕塑及跌落水（水库北岸）

尊贵建筑风格：在青山绿水间，凤凰山庄以简约欧式风格彰显自己的品味，建筑底部采用高档花岗岩石材贴面，中部采用同一色系暗红色面砖，顶部为深灰色瓦屋顶，整体色调统一协调，凝重大方，与大自然浑然一体，建筑仿佛只是山水间的一个符号，而人，却成为绝对的主角。

高尚景观设计： 凤凰山庄不仅具备三山两湖的天赋自然景观，同时结合地形，打造出独一无二的社区景观。整个山庄的园林呈“丰”字形格局，结合地形形成贯穿社区的生态水系。景观设计体现尊贵的欧洲古典园林精华，简洁大气而不失细节，遵循“共享、均质、均好”原则，处处山光水影，流水潺潺，人在灵动、唯美的多重景色里，悠然自得。

凤凰山庄规划设计商业街透视图

优质配套服务：凤凰山庄不只是一个社区，而是一个城市的缩影。这里，小学、幼儿园、酒店、超市、休闲、商务会所、游泳池一应俱全。而管家式物业服务也将给业主增添舒适尊贵的居住享受。

和谐社区文化：凤凰山庄从建设之初就遵循中华“和”文化，无论从规划设计还是社区文化建设都以“和谐”为基础，力求让建筑具有传统文化的内涵，并成为烟台新的城市标志。

居住于此，将不再简单地满足居住的需求，而将是一种尊贵、典雅的身份体现。

这里，将是一个城市的尊品。

这里，将是一个心情盛开的精神家园。

潍坊永安房地产开发有限公司

潍坊市奎文区区委书记边峰视察北下河棚户区拆迁情况

潍坊永安房地产开发有限公司位于闻名遐迩的世界风筝都山东潍坊，是一家正在蓬勃发展的，以房地产综合开发为主，兼营节能环保建材、IT智慧家园安装、房屋销售、物业管理等业务的房地产开发企业。公司自2003年8月组建以来，坚持“走品质创新之路，创诚信地产品牌”的工作目标，以质量求生存，以诚信求发展，积极参与城市开发建设和社会公益事业，取得了良好的社会效益和经济效益。

公司全力塑造“团队和谐、正直诚信、激情创新、追求卓越”的企业文化精神，遵从“绿色、低碳、环保、健康”的特性需求，打造人与自然环境和谐共生浑然一体的养生建筑，实现企业和谐、稳定、健康、可持续发展。公司积极参与城市旧城旧村改造与商品房开发工程，已完成开发面积28.7万平方米，全部被评为优秀住宅小区，其中“新新家园”小区荣获省级“物业管理优秀项目”，市级“业主最满意楼盘奖”“最佳诚信楼盘奖”“优秀物业管理小区”和“花园式小区”等多项荣誉称号，在提升城市功能品质和文化内涵，为潍坊市创建中国人居环境范例奖、国家园林城市等方面做出了突出贡献。公司先后荣获省、市两级“守合同重信

荣 誉

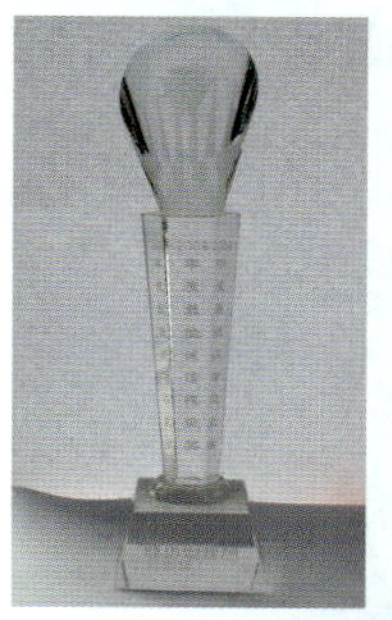

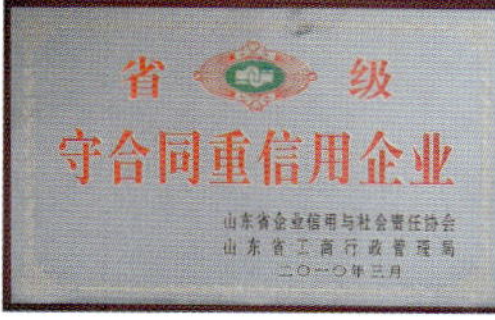

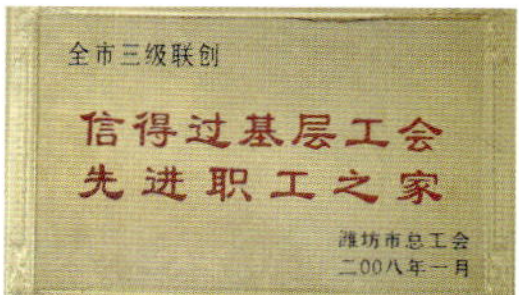

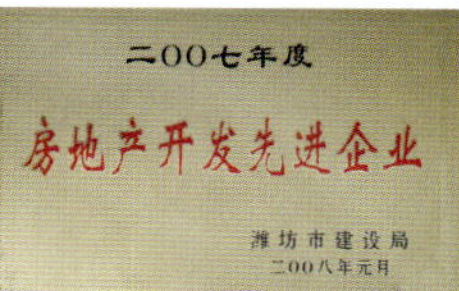

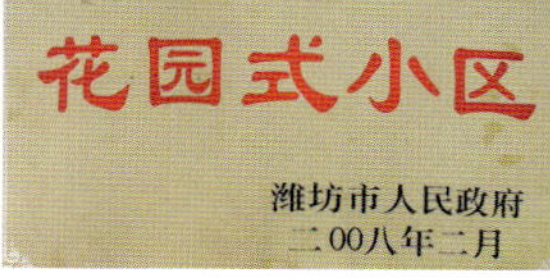

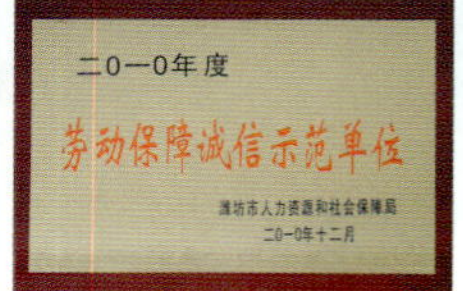

用企业”，“山东省十大杰出青年志愿服务集体”“市先进职工之家”“市青年志愿者服务站”“市劳动保障诚信单位”“市劳动关系和谐企业”“市诚信企业奖”“市房地产开发先进企业”“市十佳青年和谐号”等多项荣誉。

作为潍坊市城市建设综合开发协会会员单位、潍坊市城市节水协会理事单位、潍坊市奎文区人文自然遗产与开发促进会副会长单位、潍坊市奎文区房地产业协会副会长单位，潍坊永安房地产开发有限公司在进行房地产开发的同时，热心参与公益事业，几年来，公司累计为辖区贫困党员、孤寡老人、烈军属、社区建设和灾区捐款97.75万元，救助贫困、残疾儿童19人。公司的青年志愿者便民服务队，长期帮扶困难户5户，义务为辖区居民提供专业的志愿者公益性服务达35300小时，出动便民服务1700余人次，维修房屋2.1万平方米，输通管道11400多米，受到上级领导和广大群众的高度赞扬，感人事迹多次被省、市等多家新闻媒体报道，树立了良好的社会形象和商业信誉。

永安大厦

东方名居

枫情水岸

新新家园

新新家园

会馆

潍坊晟鑫置业有限公司

WEIFANGSHENGXIN

汇景名城 16万平米纯生态人文社区盛大开启 “文明、富足、诗意、和谐”

董事长　吴永强

高层住宅效果图

汇景名城造就16万平米纯生态人文社区，集多层5+1、小高层、高层、星级酒店、主题商业街为一体。深度考量城市建筑渊源，尊重原生地块固有的景观生态及文化元素，合理组织景观通廊，通过丰富多变的天际轮廓与社区规划布局的层次感营造，将最为纯正的生态人文社区呈现于此。

抚今追昔，汇景名城以其独特的地理环境创造了以“水”“景”为独特的生活环境和生活方式，充分体现了追求智慧的美德。“天人合一”的中国传统居住思想与自然环境、经济氛围的完美结合塑造了中国人理想的“文明、富足、诗意、和谐”。

人们在实用、感官、心理的需求都能获得满足的情况下，最后需要的是离自己最近的蓝天、绿树和有生命的水，没有污染，没有喧嚣。那么，首先人们最理想的家园应是最贴近自然的家园。在这样的家园里，自然的景观少了几分人工雕琢的精细，多了几分浑然天成的质朴。空气是流动的，因为有鸟飞；水是流动的，因为有鱼跃。

如果你是含蓄的，那么你会喜欢汇景名城，在这里你会触到因水面而起的风；

如果你是外敛的，那么你会喜欢汇景名城，在这里你更会洞晰过去、把握未来！

丰华·星河苑大门效果图

住宅北立面效果图

晟鑫大酒店效果图

商务中心效果图

鸟瞰新图

威海东港房地产开发有限公司

董事长、总裁　邵茂智

在美丽的海滨城市威海，有一家遐迩闻名的房地产企业——威海东港房地产开发有限公司。它诞生于1993年1月，是由山东顺得实业集团有限公司与香港国际新光源研发投资有限公司合资成立，注册资本金380万美元，为三级开发资质企业。公司从小到大，从弱到强，步步为赢，稳步向前发展，现公司总资产达5亿元。

公司创业以来，始终坚持“社会效益、经济效益、环境效益”相统一的原则，坚持“以人为本、以德育人”的企业管理理念，倡导“做一个真正的人”为企业文化的内涵，全面调动职工工作积极性和创造性。公司先后在威海市区开发建设了“万福大厦”（办公、娱乐大酒店）、“万福公寓”（酒店式家庭商务公寓）、“茂铭大厦”（写字楼、商务酒店）等工程，特别是成片改造开发戚东夼村建成的“万福山庄”封闭式生活小区，该区总占地面积约26.6公顷，总建筑面积达23万平方米，共分三期开发，总入住户数现达1800余户，已成为威海市区住宅小区面积最大、设施齐全、交通方便、卫生整洁、环境优美的住宅生活小区，被市政府评为“住在威海·2005最有价值楼盘”奖。

万福公寓

公司所开发的工程合格率为100%，优良率为52%，房屋销售率及客户满意率达98%以上，达到了“开发一方、造福一方”经营目的，得到了社会各界的广泛赞扬和好评，1998年被评为“山东省房地产开发百强企业”，2007年被评为“中国房地产诚信品牌百强企业”。

顺得国际娱乐城餐厅

顺得国际新光源大功率LED灯

万福大厦

万福山庄

威海豪业房地产

中国城市商业网点建设管理联合会会长荀培路，市人大常务副主任马世和，市政府常务副市长董进友，市经区党工委书记、主任马建军等领导参加豪业圣迪广场开业典礼并讲话

2006年豪业圣迪广场首次亮相威海国际人居节，省建设厅厅长杨焕彩在现场视察指导

威海豪业房地产开发有限公司创立于1993年，为国家三级资质房地产开发专营企业及威海市房地产协会会员。公司管理缜密，技术力量雄厚，资金充足，现有员工120人，其中各类高、中级专业技术和10年以上开发经验的管理人员30人，从事商业经营人员80余人。公司注册资本为5658万元。

公司自成立以来始终坚持“以人为本，诚信经营”的经营理念，以房地产业住宅及商业地产项目开发、经营为主，2005年投资2.4亿元开发建设总面积72000平方米的豪业·圣迪广场项目，于2007年底投入使用。豪 业·圣迪广场位于威海市青岛中路与上海路交汇处，西距威海火车站及正在建设的铁路轻轨总站400米，北与汽车站相毗邻，地处名副其实的三总站中心商圈黄金地段，是集办公、百货商场、超市、餐饮、电影、娱乐休闲为一体的大型综合性商场，建筑物为两栋24层双塔楼和4层商场裙楼组成，造型设计新颖美观，为威海门户工程的标志性建筑。

豪业·圣迪广场商场分为五层经营。负一层家家悦超市，一楼肯德基餐厅24小时营业纳客。一至三层购物中心，主要经营时尚、休闲、运动、家居类服饰，化妆品，黄金珠宝，箱包，家居用品，鞋，

开发有限公司

童装，童玩等，可满足不同年龄段、不同人群的各种需求。四层：豪业电影城，胶片、数字、3D放映，温馨情侣厅、豪华数码厅、大阵容3D及胶片厅、应有尽有；豪业美食城汇聚四海八方名吃，品偿美味佳肴。

公司自成立以来共累计开发土地面积30万平方米，开发总面积40万平方米，工程合格率为100%。公司及开发的项目先后获得了“最具影响力房地产开发商”“最受欢迎楼盘”“最理想户型”“诚信房地产开发企业”“精品楼盘”“威海市优秀房地产开发企业”“2010年度热心公益慈善捐助及支持新农村建设委员会先进企业“‘威海市安全生产工作先进单位”“经济发展突出贡献奖”“2010年度建筑房地产业纳税明星企业”等20多项奖项及荣誉称号。

豪业电影城

豪业圣迪广场夜景

2007年12月28日，豪业圣迪广场盛大开业

豪业美食城

威海环建工程集团有限公司

银滩上一颗璀璨的明珠

2009年11月参加中非论坛时董事长陈书明与温家宝总理合影

乳山市因境内“大乳山”而得名，位于山东半岛东南端，地处威海、青岛、烟台三市的中间地带，是全国综合发展百强县、全国县域经济基本竞争力百强县和全国中小城市综合实力百强县。这里生态环境优美宜人，拥有被誉为“天下第一滩”的国家AAAA级银滩旅游度假区。乳山市着力打造“母爱圣地、幸福乳山”的理念，这里依山傍海，环境优美，属典型的暖温带海洋性季风气候，冬无严寒，夏无酷暑，具有气候温和、温差较小、雨水丰沛、光照充足、无霜期长的特点，是最适合人类居住的城市之一。城市名片和“寿比南山在海南、福如东海在乳山，冬去三亚、夏到银滩”旅游品牌，大力繁荣文化事业，发展文化产业。

董事长陈书明现任山东省工商联合会会员、威海市政协委员、乳山市政协常委，还兼任中国民营企业家协会理事、威海市工商联合会常委、乳山市工商联副会长、威海市商会副会长、乳山市慈善总会常委、乳山市拥军协会秘书长等社会职务。

威海环建工程集团现有固定资产3亿多元，职工1200余人，工程技术人员340余人。下设建筑工程公司、房地产开发公司、饮食服务公司、轻钢结构公司、物业管理公司五个子公司。连续5年来，集团公司共缴纳税金过亿元，集团公司拥有建筑工程资

董事长　陈书明

2010年出席APEC会议董事长陈书明与企业家合影

2010年3月参加“中国—瑞典、合作与创新论坛”时习近平副主席与陈书明董事长及全体参会代表合影

质、开发资质、钢结构资质均为三级。

多年来，公司为农村建设修路投资55万余元，为支援当地灾区捐款捐物20余万元，救助当地困难失学儿童共8万余元。资助威海市人居节20万元，拥军15万元，几年来仅为乳山市的社会公益事业共投入资金120多万元。2007—2008年在乳山市发动的慈善捐款活动中，共认购200万元的捐助基金。2009年为汶川地震灾区捐款20万元，2010年为玉树地震灾区捐款56万元，2010年为乳山市文教事业捐款40万元，为乳山市公共事业捐款300万元。环建工程集团公司董事长陈书明多年来共计为社会捐款1100余万元。

董事长陈书明先后获得中国杰出企业家、共和国杰出人物、2010中国人居建设事业杰出贡献人物、乳山市慈善先进个人、山东省关爱职工优秀企业家、威海市优秀民营企业家、乳山市优秀民营企业家等荣誉称号。威海环建集团公司也连续多年被评为威海市优秀民营企业、重合同守信用企业、威海市百佳诚信企业、威海市百强民营企业、三星级劳动关系和谐企业、乳山市五星级民营企业、纳税先进企业、三A级诚信企业、慈善先进单位等。集团公司的党组织，也多次获得威海市优秀基层党组织、威海市党建工作示范点等荣誉称号。威海环建集团公司被称为“银滩上一颗璀璨的明珠”。

富绅海苑生活小区

明珠海苑生活小区

明珠海苑小区高层效果图

明珠海苑生活小区鸟瞰图

东海集团

总经理　魏建民

东海集团始建于1998年，是一家具有房地产开发国家二级资质、房屋建筑工程施工国家一级资质和钢结构工程、桥梁工程、建筑装饰工程、防水工程、地基基础工程施工等多元化经营于一体的综合性企业集团，也是德州市建筑行业唯一一家在国家工商总局注册的企业。

集团下辖7个子公司，12个分公司，在册员工3000余人，其中具有各类职称的520人。集团坚持“以德为基、以信为本、以和为贵”的经营理念，遵循改革创新，加快转型升级和科技兴企的进程，严格按照“质量、环境、职业健康安全”三标一体的要求科学管理，形成了一套独具特色的现代化企业管理体系。

集团先后被评为省、市级“守合同重信用企业”，山东省“十佳儒商单位”，省级“二级档案管理先进单位”“消费者满意单位”，“德州市房地产开发实力十强企业”“德州市建筑业综合实力十强企业”“德州市精神文明先进单位”，市级“诚实守信民营企业”“安全生产先进单位”“银行信用AA级单位”“德州市2010年度依法纳税先进企业第一名”等荣誉称号。集团董事长魏建国多次被评为省、市级“中国特色社会主义建设者”“山东省十佳儒商”“德州市建筑业十强企业家”等荣誉称号，现任山东省第十届政协委员、德州市十二届政协常委、德州市工商联副主席等职务。

展望未来，东海集团将以“十二五”规划为指导，实施品牌企业发展战略；进一步提高信息化管理水平和建筑产品品质，持续推进建筑节能减排，走绿色低碳经济发展之路；继续坚持“高起点规划、高品位开发、高质量建设”的经营思路，立足国内市场，开拓外埠市场；以更优的质量、更高的效率、更规范的服务回报社会，奉献社会，再创更大辉煌。

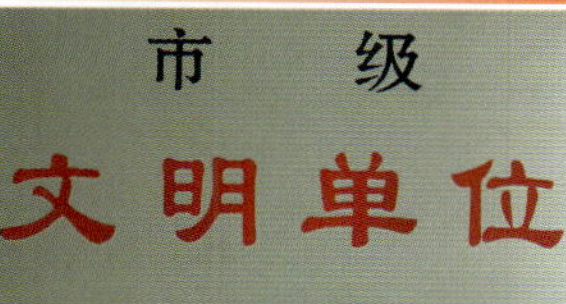

东海凤凰城鸟瞰图

东海现代城

东海现代城鸟瞰图

东海金马商城鸟瞰图

东海巴黎城鸟瞰图

东海香港城鸟瞰图

东海天玉铭城鸟瞰图

中国房地产品牌企业

山东兆光集团德州置业有限公司

董事长　王光连

总经理　荣振国

省市领导出席董子文化街开街仪式

山东兆光集团德州置业有限公司成立于1998年10月，注册资金为2000万元，总资产逾3亿元，三级房地产开发资质，拥有员工118人，其中中高级职称30多人。公司一贯坚持“诚实做人、诚信经营”的企业精神，科学决策，务实发展，得到了社会各界的肯定和认可，荣获“中国房地产品牌企业”“全国服务质量满意单位”，德州市第五届、第六届“消费者满意单位”和市级“诚信单位”、德州市“十佳诚信地产企业”“全市纳税先进企业”等称号，董事长王兆连被评为德州市十大地产风云人物。

兆光综合商贸城。2002至2005年，投资1亿元建成德州经济开发区兆光综合商贸城，近500经营户入城经营，安置失地农民及下岗职工2000多人，解决了开发区百姓、学生、职工购物、消费之困难，填补了开发区第三产业空白。

兆光·水岸华园。2006至2008年，投资1.8亿元，在老城与新城结合部建设兆光·水岸华园住宅小区，凭其节能、绿化之特色，入选建设部“绿色健康楼盘”。

中国德州董子文化街。2008年，适逢国家推动文化繁荣发展，山东建设文化强省，德州打造“区域经济文化高地”之际，投资2.5亿元，董事长王兆连、总经理荣振国率全体员工精心设计，倾心建设，历时一年，建成“规模最大，档次最高，功能最全”的中国德州董子文化街，并被省旅游局、齐鲁文化研究中心、齐鲁晚报评为“齐鲁文化特色新地标”。

七星美食街。2009年，为打造德州的秦淮河，开工建设“七星美食街”。七星美食街全长3公里，西起董子读书台，东达碱河湿地公园，其中一期工程已投入使用，二期工程正在建设中。

董子文化街二期工程、陈段庄安置小区。2010年分别投资1.5亿元和1.8亿元开工建设董子文化街二期工程和陈段庄安置小区，目前两项工程全部封顶，计划2011年九月全部竣工投入使用。

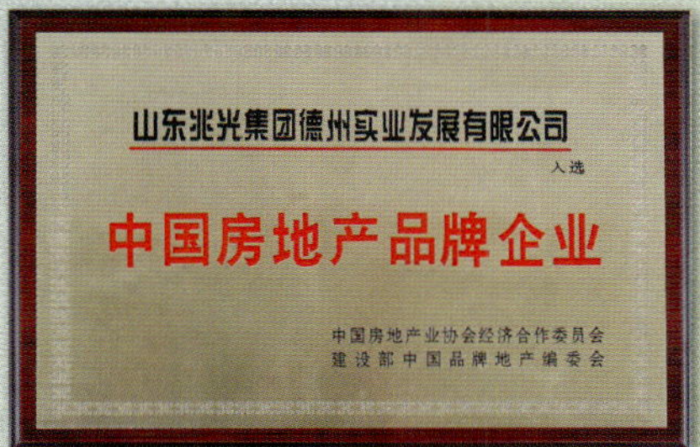

董子文化街一期工程

董子文化街二期工程夜景

董子文化街二期工程

菏泽大剧院鸟瞰图
赵王河公园新世纪规划设计方案
菏泽图书馆鸟瞰图

菏泽市规划局

菏泽市规划局是市政府规划管理行政主管部门，内设9个职能科室，直属牡丹区、菏泽开发区2个规划分局，下辖5个科级事业单位。

2003年以来，全局牢固坚持科学发展观，解放思想，真抓实干，使城市规划管理工作取得历史性突破。名家高手云集，一流业绩彰显，大手笔完成《菏泽市城市总体规划（2003—2020）》《环城公园详细规划》《赵王河公园景观带详细规划》等重点规划成果，荣膺国家级奖励3项，省级表彰27项；市中心城区控制性详规覆盖率达100%；组织实施曹州牡丹园、大剧院、演武楼、赵王河公园等重点工程，使城市基础功能日趋完善，品位持续提升；打造精品，精心规划南华康城、奥斯卡春城、水岸嘉园等一批高档居住小区，使城市面貌大为改观；与时俱进，积极构建“数字菏泽”；提速提效，实行电话公开、工作承诺制、限时办结制，大力实施新农村规划建设等惠民工程，成效凸显。

风雨兼程拼搏路，硕果累累铸辉煌。我局先后荣获“2006年度全省规划先进集体”“2007年全省规划工作先进单位”等荣誉称号。

曹州牡丹园提升改造效果图

第 一 篇

全省建设工作

建设事业发展综述

【全省建设事业发展概况】 2010年，在省委、省政府和住房城乡建设部的正确领导下，全省住房城乡建设系统以党的十七届五中全会和省委九届十次、十一次全会精神为指导，以科学发展观统领全局，深入贯彻落实中央和省转方式、调结构重大决策部署，按照年初确定的“一二三四五”的工作布局，突出重点，狠抓落实，各项工作扎实推进，住房城乡建设事业保持了健康发展的良好态势，为全省经济社会平稳较快发展做出了积极贡献。

一、新型城镇化战略实施迈出新步伐。一是和谐城乡建设行动正式启动。省政府下发了和谐城乡建设行动实施方案，制定了考核办法。省住房城乡建设厅会同省民政厅等在潍坊市开展了强镇扩权试点。青岛市组织开展了小城镇建设考核，拿出1 000万元专项资金进行表彰奖励。二是城镇体系规划和区域性规划编制扎实推进。启动了《山东省城镇体系规划（2011－2020年）》编制，组织评审了《黄河三角洲城镇体系规划》和《鲁南城镇带规划》，调整完善了《山东半岛蓝色经济区城镇体系规划》，完成了《山东省“十二五”城镇体系建设规划》。三是城乡规划全覆盖基本实现。城市总体规划审批进程加快，济南市、临沂市总体规划通过部级审查，泰安市总体规划已报国务院待批，日照市、滨州市、平度市总体规划已报省政府待批，完成了枣庄市总体规划省级行政审查和德州市总体规划纲要评审。加强村镇规划修编，省住房城乡建设厅组织开展了灾后重建项目2009年度全省优秀村镇规划设计评选，编制了《新型农村社区建设技术导则》。四是规划管理和设计水平进一步提高。加强规划督查，省住房城乡建设厅会同省监察厅开展了容积率专项治理活动。修订了《山东省开发区规划管理办法》《山东省城市临时建设、临时用地规划管理办法》《山东省城市控制性详细规划管理办法》等3项政府规章，以第228号省政府令公布实施，形成了《山东省城乡规划条例》草案。对195家城乡规划编制单位资质进行审核换证，新增甲级规划编制资质单位3家，总数达到16家。

2010年1月8日，全省建设工作会议在滨州召开 （摄影：张国强 刘海泉）

二、城市住房保障工作收到新成效。一是资金和土地政策得到有效落实。省住房城乡建设厅会同省发展改革委、省财政厅，组织各地及时筛选和申报项目，积极争取中央资金支持；全年累计争取中央资金6.4亿元，省财政安排廉租住房、公共租赁住房和城市棚改奖补资金1.3亿元。济南、青岛积极开展住房公积金贷款支持保障性住房建设试点，安排贷款20亿元，拓宽了资金来源。各级认真落实财政预算安排、住房公积金增值净收益和土地出让净收益提取政策，多渠道筹集廉租住房保障资金15.5亿元。对廉租住房、经济适用住房建设用地通过行政划拨方式确保供应，对列入省计划的经济适用住房项目，新增建设用地随计划直接下达，不占用城市用地指标。年内全省投资286.6亿元，开工建设各类保障性安居工程19.33万套（户），完成国家下达年度任务的174.1%；竣工12.05万套（户），占年度任务量的108.6%，超额完成国家"任务开工率100%、竣工率60%"的目标任务。二是经济适用住房和廉租住房建设步伐加快。联合省发展改革和国土部门审批下达经济适用住房建设投资计划，积极扩大廉租住房保障覆盖面，济南、东营、威海、莱芜、日照等市实现廉租住房和经济适用住房保障准入标准并轨，莱芜将城中村居民及在本市工作满一定年限的农民工家庭纳入了保障范围。年内，全省投资96.5亿元，新建经济适用住房5.68万套、廉租住房2.05万套，新增廉租住房租赁补贴1.02万户，分别完成年度任务的142.1%、150.6%、127.1%；竣工经济适用住房4.68万套、廉租住房2.04万套；廉租住房保障户数达到10.7万户，比上年增加2.7万户。三是公共租赁住房试点全面启动。为解决城市中等偏下收入家庭及新就业职工、残疾人等特殊群体的住房困难，省政府召开了公共租赁住房工作会议，省6部门制定《关于加快发展公共租赁住房的实施办法》（鲁政办发〔2010〕45号），确定按照"政府组织、社会参与，因地制宜、分类指导，积极试点、稳妥推进，统筹规划、分步实施"的原则，加快发展公共租赁住房。各市制定了实施细则，全面启动公共租赁住房试点。年内，全省投资12亿元，新建公共租赁住房2.56万套，完成年度任务的248.5%，竣工1.63万套。青岛市建成并向社会配租公共租赁住房3 000套；济南市一次性启动6个公共租赁住房项目，可建设公共租赁住房项目2.3万套。四是限价商品住房发展迅速。各地坚持"因地制宜、自主决策"，从实际出发自行决定是否发展限价商品住房及建设规模。青岛、济宁、泰安3市年内投资26.2亿元，新建限价商品住房0.3万套，完成年度任务的268.6%，竣工0.93万套。五是棚户区改造扎实推进。省政府召开全省棚户区改造暨住房保障工作会议，下发了《关于进一步加快城市和国有工矿棚户区改造工作的通知》（鲁政办发〔2010〕10号），明确了棚户区改造的工作目标和支持政策。编制了棚改三年规划和年度计划，资金投入和工作力度不断加大，城市和国有工矿棚户区改造加快推进。年内，全省投资153.4亿元，签订城市棚户区改造协议7.84万户，启动国有工矿棚户区改造0.74万户、林区棚户区改造0.16万户，分别完成年度任务的223.9%、106%、40.6%，棚户区改造安置住房竣工2.77万套。六是住房公积金制度不断完善。扩大住房公积金制度覆盖面，严格规范个人公积金住房贷款，合理引导居民住房消费，提高资金使用效率。坚持"控高保低"，鼓励有条件的城市逐步提高公积金缴存比例，增强职工购房能力。启动利用公积金贷款支持保障性住房建设试点，济南、青岛两市各计划利用公积金贷款10亿元。年内，全省实现住房公积金增值收益13.03亿元，提取城市廉租住房建设补充资金9.07亿元。建立完善住房公积金行政监管制度，扎实开展专项治理，纠正和查处违纪违法行为，确保资金安全。

*三、农村住房建设与危房改造取得新进展。*一是农房建设与危房改造超额完成年度计划。4月，省政府在济宁市召开农村住房建设与危房改

造工作现场会，全省形成了新一轮农房建设热潮。省财政安排“以奖代补”资金1亿元，各市、县共安排财政资金36亿元支持农房建设。年内，全省集中建设农村住房126万户，改造农村危房25万户，1 000多万农民的生活居住条件得以根本改善。二是全国“建材下乡”试点开始启动。6月，国家六部委在临沂召开全国建材下乡现场会，推广了山东省的经验做法，省里制定了建材下乡工作试点方案，计划在各市规划区以外，已纳入省政府2011年农村住房建设与危房改造规划和年度计划、新开工的农村集中改造建设的村庄农户，不包括压煤搬迁村庄和土地增减挂钩项目区范围内的农房建设项目范围内开展试点。三是村镇环境建设进一步加强。组织开展特色景观旅游名镇（村）评选，择优推荐18个镇（村）参加全国特色景观旅游名镇（村）评选。省财政从村镇规划建设资金中拿出3 900万元，支持36个县（市）建设农村新型社区小型污水处理设施170余个，完善了新型农村社区建设配套。

四、建设领域节能减排实现新突破。一是既有居住建筑供热计量及节能改造任务全面完成。开展了既有民用建筑基本情况摸底调查，建立节能改造月调度、月通报制度，全省完成既有居住建筑节能改造1 010万平方米。省政府成立全省供热计量改革工作领导小组，起草了《关于加快推进供热计量改革的意见》；各市建立供热计量改革资金筹措机制，完善相关配套政策，供热计量改革工作稳步推进，14个设区市和18个县（市）制定了计量热价收费政策，10个设区市出台了供热计量改造资金补贴奖励政策，冬季采暖期全省居住建筑试行按用热量计价收费面积达2 800万平方米。积极开展供热系统节能技术改造，加大热源和管网“汽改水”建设投资，新增供热面积4 219万平方米。二是新建建筑节能和墙材革新工作扎实推进。制定了《山东省建筑节能外墙外保温工程专业承包企业资质等级标准》，发布了《地源热泵系统工程技术规程》等11部有关建设节能的省工程建设标准，建立了相关从业人员岗位资格培训制度。年内全省县城以上城市规划区新建节能建筑竣工面积6 203万平方米，施工阶段节能标准执行率达到96.6%。积极发展绿色建筑和低能耗建筑，4个项目获省级绿色建筑示范工程立项。从省建筑节能专项资金中列支600万元，支持机关办公和大型公共建筑节能监管体系建设，对400多栋重点建筑进行了能源审计，3所高校被列为国家节约型校园建设示范单位。全省所有市、县和部分建制镇基本实现“禁实”，近50个市、县已经实现“禁粘”。全年新型墙材产量340亿标砖，应用量223亿标砖，生产和应用比例分别达到84%、97.5%。三是可再生能源建筑应用迅速发展。建成太阳能光热建筑一体化应用项目1 800万平方米，超额完成省下达的目标任务。国家可再生能源建筑应用示范工作扎实推进，青岛、烟台和即墨、兖州、垦利、巨野成为国家第二批可再生能源建筑应用示范市（县），12个项目被列为国家光电建筑应用示范项目。省住房城乡建设厅与东营市政府签署建设低碳生态示范城市框架协议，指导潍坊市开展了低碳生态社区建设。青岛市举办了2010中国·国际新能源论坛，德州市举办了第四届世界太阳城大会。四是污水和垃圾处理水平进一步提高。争取淮河和海河流域城市污水垃圾处理及中央财政污水管网专项补助资金5.4亿元，以贷款贴息和奖励方式下达省级财政污水和垃圾处理资金1.3亿元。截至年底，全省建成污水处理厂203座，处理能力980万立方米/日，列全国第2位，年内处理城市污水29.04亿吨，削减COD96.9万吨，比上年分别增长17.1%、10%，城市和县城污水集中处理率达87.85%；全省建有城市生活垃圾无害化处理场72座，处理能力3.2万吨/日，清运生活垃圾1 337万吨，处理1 065万吨，城市和县城生活垃圾无害化处理率达79.65%。

五、城市环境面貌和服务功能有了新提升。一是城市基础设施建设不断加强。各地以城市道桥、供排水设施建设和旧城改造、水系整治等为重点，大规模进行城市基础设施建设，全省共完成城建投资945亿元，比上年增长14.7%，济南小清河治理、青岛地铁和环湾大道改造、泰安环山带、聊城古城保护与改造等一批重点工程相继实施。积极推进无障碍城市创建，济南、青岛、东营、烟台、临沂、邹城6城市通过国家总体验收，被列入全国100个无障碍建设示范城市。二是园林绿化和历史文化遗产保护成效显著。园林城市创建取得新突破，全省新增国家园林城市5个、国家园林县城3个、国家园林城镇1个，总数分别达到20个、5个、2个，国家园林城市数量居全国第一；截至年底，全省79%的设市城市、68%的县级市、25%的县城是国家级或省级园林城市（县城），形成了设区城市全覆盖，市、县、镇三级完整的园林城市体系；济南、青岛分别成功举办了第七届中国园博会、第三届省园博会。召开了全省城乡历史文化遗产保护与利用工作现场会，推广了枣庄市台儿庄古城重建的经验。三是城市管理水平大幅提升。行业法规建设不断加强，省政府下发了《山东省城镇容貌和环境卫生管理办法》（第218号令）。积极推行城市管理执法与服务有机合一的工作模式，10个设区城市成立了独立的城管执法局。继续推广数字化城市管理，烟台、青岛、临沂3市通过国家验收，济南、莱芜、寿光建成数字化城管系统。17个设区市和滕州等县（市）开通了12319热线，青岛率先实现全市12319热线全覆盖。四是市政公用设施运营安全稳定。突出抓好城市防汛，建立了信息报告制度和短信平台，省住房城乡建设厅两次召开会议进行部署，组织开展了防汛工作检查和汛期安全教育。抓好城市供水安全，积极推进水专项研究，“济南市保障全运饮用水水质预警监控网络化系统”被国家水专项办确定为饮用水主题重要创新性研究成果并向国务院汇报。制定了新的《山东省超限建筑工程抗震设防专项审查实施细则》，组织各市开始编制新一轮城市抗震防灾规划。积极争取落实天然气气源，新增管道天然气用户80万户，指导督促供热单位搞好热煤储备，加强运行情况调度，健全安全应急预警机制，确保了用气安全和冬季供热稳定。

六、房地产业发展取得新成绩。一是房地产市场监管进一步加强。认真执行国家房地产市场调控政策，落实国发10号和国办发4号文件要求，提请省政府出台了《关于保持房地产市场平稳健康发展的意见》（鲁政发〔2010〕57号）。建立了联接省和设区城市的SDH专网，房地产市场信息系统实现全省联网。住房城乡建设部在青岛召开全国加快推进全国个人住房信息系统建设工作现场会议，推广了山东省经验。组织开展房地产市场检查，覆盖面达在建和在售商品住房项目的85%，查处违法违规违约房地产经营行为381起，退还违规收取资金3 135万元，强制公开被捂盘房源4 223套、52万平方米。二是物业管理进一步规范。认真贯彻《山东省物业管理条例》，编写出版了条例释义，制定实施了《山东省物业质量保修金管理办法（试行）》和《山东省住宅专项维修资金管理办法》，会同省物价局起草了《山东省物业服务收费管理办法》，会同省质监局起草了《山东省物业管理服务规范系列标准》。截至年底，全省共有物业管理企业3 500余家，物业管理面积超过6亿平方米，新建商品住宅小区物业服务覆盖面达到95%，从业人员30多万人，筹集专项维修资金60亿元，11个项目获得2009年度国家物业管理示范项目称号。三是住宅产业现代化快速发展。烟台万华集团成为山东省第三个国家住宅产业化基地，滕州、寿光成功申报国家性能认定试点城市，4个项目通过国家康居示范工程达标验收，10个项目通过A级住宅性能认定终审。截至年底，全省通过国家康居示范工程和性能认定预审的项目分别达到28个、100个，总建筑面积超过2 800万平方米，位居全国前列。

七、工程建设和质量安全管理水平实现新提升。一是住宅工程质量管理全面加强。部署开展为期3年的住宅工程质量通病专项治理活动，制定了技术措施和《山东省住宅工程质量分户验收管理办法》，要求所有住宅工程竣工验收前，必须对每户住宅及相关公共部位进行检查验收。二是工程建设领域突出问题专项治理初见成效。认真贯彻中央专项治理领导小组《进一步加强工程建设实施和工程质量管理的意见》，对8个市32个项目进行重点抽查，对发现的问题积极督促落实整改，截至年底，累计整改问题861项，涉及项目503个，补办建设手续287项，补缴各类规费1 306万元，对52家单位进行通报批评或行政处罚，经济处罚95万元，三是工程建设管理水平进一步提高。积极开展工程招投标领域突出问题专项治理，全省应招标工程实际招标率、应公开招标工程实际公开招标率均达到99%。加强房屋建筑和市政基础设施工程招投标管理，起草了招标投标办法，制定了全省统一的招标评标办法，公开招标工程进场交易率达到100%。加快工程建设标准化进程，组织编制国家标准1项和国家行业标准3项，发布了省地方标准11项。加快工程建设计价方式改革，制定了《山东省工程建设工程量清单计价规则》，各市国有投资或以国有投资为主的建设工程普遍实行了工程量清单计价。普遍建立了招标控制价、合同价和竣工结算价备案管理制度。全面加强建设执业资格考试、注册和继续教育管理，全省累计14.5万人取得建设执业资格，其中12.7万人完成注册，为建设事业发展提供了重要的人才支撑和智力支持。加强建筑企业养老保障金管理，劳保金增收11亿元，增幅达到174%。积极维护建筑务工人员合法权益，省清欠办累计受理群众投诉175件，涉及农民工4 073人、涉及拖欠工资4 518万元，案件数和拖欠工资金额比上年分别下降63.5%和31.1%。四是勘察设计和建设机械行业稳步发展。省人大发布了《山东省建设工程勘察设计管理条例》，于12月1日起施行。开展勘察设计市场监督检查，共检查省内外勘察设计单位337家，其中，243家省内单位被吊销或注销资质，予以不良行为记录73家；14家省外进鲁单位受到警告，10家被逐出全省市场，2年内不予备案。截至年底，全省共有勘察设计企业1 130家，工程勘察和工程设计合同额分别完成11亿元、85亿元，比上年分别增长5%、8%，企业营业收入323亿元，比上年增长10%。评选出“山东省工程勘察设计大师”10名，开展了第二届山东省城市设计精品工程评选活动，举办了第四届全国建筑设计创新高峰论坛暨第二届山东省

2010年9月29日，在全省十一届人大常委会第十九次会议上，《山东省建设工程勘察设计管理条例（修订草案）》获全票审议通过　（摄影：孙丽华）

绿色建筑设计高峰论坛，在2009年度全国工程勘察设计行业优秀工程勘察设计行业奖评选中获奖20项，5个QC小组获得全国工程建设优秀质量管理小组称号。推进建机强省建设，大力扶持骨干企业发展，108家企业入选行业百强；全省有1 749家建机企业纳入备案管理，全年完成产值500多亿，比上年增长11%。五是行业安全形势保持平稳。深入开展“安全生产基层基础年”活动，严厉查处违法违规建设和非法生产运营等问题，全面治理违章指挥、违规作业、违反劳动纪律等行为，全省累计检查在建工程1.6万个，发现各类隐患7万多条，下达隐患整改通知书4 000多份，责令318个存在重大隐患的工程停工整改。合理确定城镇房屋拆迁规模，加强拆迁管理，切实维护群众合法权益，全省受理拆迁裁决申请379件、行政强迁8户，比上年分别下降7%、90%。

八、依法行政、对外开放水平和管理服务效率有新提高。一是党风廉政建设不断加强。全面落实党风廉政建设责任制，加强惩防体系建设，扎实推进科技防腐，组织开展了反腐倡廉“制度创新年”、扩内需促增长政策落实监督检查和各项专项治理活动。以创建学习型党组织为抓手，进一步加强基层党组织建设，深入开展党风党性党纪教育，制定了统一的党务工作规范化流程。二是大力推进行风建设。组织开展“创先争优、争做齐鲁先锋”和文明行业创建活动，行业精神文明建设进一步加强。开展全省建设重点工程立功竞赛和“安康杯”竞赛活动，全系统44人获“富民兴鲁”劳动奖章，6个单位获“富民兴鲁”劳动奖状，12个单位被评为“山东省工人先锋号”，在全国“安康杯”竞赛中获得优胜企业、优胜班组各1个，19家集体被中国海员建设工会授予“工人先锋号”。三是人才队伍建设进一步强化。持续开展“岗位大练兵、技术大比武、素质大提高”活动，组织了“温暖工程”“阳光工程”“三年四千新技师”等系列培训，培训从业人员5.4万人。四是对外交流合作不断深化。贯彻“走出去”发展战略，积极引导和鼓励更多的建设企业走出国门，对外承包工程劳务合作取得较好业绩，全年，共有43家具有对外经营权的建设企业实现了国际经济合作业务，累计新签合同178份，新签合同额81.15亿美元，实际完成营业额45.89亿美元，共计派出各类工程技术和劳务人员13 709人，期末在外21 630人，分别比上年增长9.87%、14%、36%、17%和18%。五是建设法制工作扎实推进。认真执行“三定一保”立法责任制，配合省人大出台条例1件，修改地方性法规3部，出台部门规范性文件36件。做好行政执法工作，组织了建设行政执法责任制考核，省厅清理保留了25项行政审批事项。六是体制机制改革逐步完善。做好省厅机构改革后续工作，分设住房保障处、住房公积金监管处，设立执法监察处；关注系统机构改革，掌握各市住房城乡建设系统机构设置、职责调整、关系理顺等情况，部门协作能力进一步增强。

（于秀敏）

【全省住房城乡建设事业经济运行分析】 在省委、省政府的领导及住房城乡建设部的指导下，全省住房城乡建设系统认真学习党的十七届五中全会和省委工作会议精神，深入落实科学发展观，积极贯彻中央和省委、省政府关于扩内需、保增长和转方式、调结构的决策部署，突出抓好房地产市场调控、保障性安居工程建设、城市基础设施建设、农村住房建设和危房改造、建设领域节能减排和城乡环境综合整治，各项工作进展顺利，全省住房城乡建设事业保持了健康发展的良好态势。年内，全省城市建设、住宅与房地产业、村镇建设共完成投资6 065亿元，占全省全社会固定资产投资的26%，对GDP的贡献率为21.6%，拉动GDP增长2.7个百分点；全省房地产业、建筑业实现税收835.7亿元，比上年增长45.1%，占全省财政和地税系统税收收入的

42.8%，比上年提高5.4个百分点，为全省经济增长、结构调整和改善民生做出了突出贡献。

城乡规划覆盖面进一步扩大。启动了《山东省城镇体系规划》编制工作，完成了《黄河三角洲城镇体系规划》《鲁南城镇带规划》《山东半岛蓝色经济区城镇体系规划》《山东省“十二五”城镇体系建设规划》的编制。全省有16个市、县编制了城乡统筹规划，有75个市、县的城市总体规划获国家、省、市政府审批，未审批的33个市、县中，2个已上报国务院待批，12个已上报省政府待批，1个在省国土资源厅等待会签；全省完成各类专业规划258项，有40个市、县实现了规划建设区控规全覆盖，城市控制性详细规划覆盖率比上年提高5个百分点。

住宅与房地产业保持平稳发展态势。房地产投资持续增长，全省完成房地产开发投资3 251.8亿元，首次突破3 000亿大关，比上年增长33.9%，增幅比上年提高14.8个百分点。商品房销售保持平稳，商品房销售面积9 291.2万平方米，比上年增长32.4%；商品房销售额3 666.4亿元，比上年增长49.1%；商品房待售面积983.8万平方米，比上年下降6.4%；12月，全省商品房销售价格同比上涨6%，环比上涨0.4%，其中，商品住宅价格同比上涨6.3%，环比上涨0.4%。

保障性安居工程建设力度明显加大。全省开工建设各类城市保障性安居工程19.33万套（户），完成国家下达年度任务的174.1%，竣工12.05万套（户），占年度任务量的108.6%。新建（购改租）廉租住房2.05万套，增加廉租住房租赁补贴2.22万户，全省廉租住房累计保障户数达到12.76万户；新建经济适用住房（含纳入经济适用住房管理的困难企业集资合作建房）5.68万套；17个设区城市全面启动公共租赁住房试点，新建公共租赁住房2.56万套；城市棚户区改造签订补偿安置协议7.84万户，国有工矿棚户区改造开工建设安置住房7 421套。全年住房公积金缴存额333.9亿元，提取额155.1亿元，分别比上年增长15.1%、16.2%；全年发放住房公积金个人贷款256.3亿元，比上年增长14.8%，个贷率达到59.1%，比上年提高7.1个百分点。

城市基础设施建设力度进一步加大。全省完成城建投资945亿元，比上年增长14.7%。全省共建成城市污水处理厂203座，总处理能力达到980万吨/日，共处理城市污水29.04亿吨，削减COD96.9万吨，分别比上年增长17.1%和10%；共建成城市垃圾处理场72座，总规模3.2万吨/日。省城市环保二期世行项目、海河流域亚行贷款项目累计完成投资19.04亿元，实际利用贷款1.27亿美元；截至年底，18个子项目中的12个已经建成投入运行，发挥了明显的投资和环境效益。会同省财政厅下达中央三河三湖污染治理专项补助资金和污水管网以奖代补资金5.4亿元、省级城市污水和垃圾处理专项资金1.3亿元。园林城市创建工作取得新进展，新增国家级园林城市5个、国家级园林县城3个、国家级园林城镇1个；全省共有国家园林城市20个，园林县城5个，园林城镇2个，省级园林城市28个，国家园林城市数量居全国第一位。

村镇建设快速推进。全省各级财政安排资金38亿元，其中省财政“以奖代补”资金1亿元支持农房建设工作，农房建设呈现出由城中村、城边村向乡镇驻地和普通农村纵深发展，由集中连片建设与零星建设相结合向集中连片建设为主转变的良好局面。积极争取全国“建材下乡”试点工作，成为全国两个试点省之一。省财政安排资金3 900万元，支持36个县（市）建设农村新型社区小型污水处理设施170余个，大力推进农村生活垃圾“户集、村收、镇运、县处理”的城乡一体化处理模式。年内，全省完成村镇建设投资1 251亿元，比上年增长38%，农房整村新建126万户，危房改造25万户，超额完成年度计划任务，《人民日报》（8月30日）在头版头条予以专题报道。

建筑业持续稳定增长。全省建筑业保持稳定增长，全社会建筑业完成总产值8 500亿元，实现增加值2 000亿元，实现税收160亿元，比上年分别增长25.1%、23.8%、25.0%；其中，三级以上建筑业企业完成建安总产值6 000亿元，比上年增长25.5%。房屋建筑施工面积4.6亿平方米，竣工面积2.1亿平方米，比上年分别增长17.9%、16.7%。建筑业从业人员370万人，劳动生产率17.3万元/人，比上年分别增长4.2%、20.1%。安全生产形势保持平稳，累计发生死亡事故19起、死亡30人，与上年基本持平。省清欠办累计受理群众投诉175件，涉及农民工4 073人，涉及拖欠工资4 518万元，案件数和拖欠工资金额比上年分别下降63.5%和31.1%。

新型墙材与建筑节能稳步推进。全省县城以上城市规划区新建节能建筑竣工面积6 203万平方米，施工阶段节能强制性标准执行率达到96.6%。积极发展绿色建筑和低能耗建筑，有4个项目获得省级绿色建筑示范工程立项。既有居住建筑供热计量及节能改造累计完成2 120.77万平方米，超额完成国家下达的“十一五”1 900万平方米改造任务；机关办公建筑和大型公共建筑节能工作取得积极进展，完成公共建筑能源审计400多栋和节能改造140多万平方米，在40余栋大型公共建筑建立节能监测系统，3所高校被列为全国节约型校园示范单位。积极做好国家可再生能源建筑应用示范工作，可再生能源建筑应用有力推进，已完工太阳能光热建筑一体化应用面积1 800万平方米。墙材革新工作不断深化，全年新型墙材产量达340亿标砖，县城以上规划区工程应用量223亿标砖，生产、应用比例分别达到84%、97.5%。

（汤　群）

【全省住房城乡建设“十二五”规划编制启动】 根据省政府的部署，启动了《山东省住房和城乡建设事业发展第十二个五年规划》编制工作。成立了“十二五”规划编制领导小组，编制工作由省住房城乡建设厅综合财务处牵头，各相关处室配合，委托省建设发展研究院具体编写，已形成《规划》（征求意见稿）。同时组织编制住宅与房地产业、城镇住房保障、城镇住房公积金、村镇建设、建筑节能（含可再生能源建筑利用）、城镇污水处理及再生利用设施、城镇生活垃圾处理设施、城镇体系、城市供水安全、城镇燃气、城镇热力、建筑业发展等12个专项规划。

（张玉蕙　张玉兆）

【“十一五”建设事业发展成就】 “十一五”期间，全省建设系统深入贯彻科学发展观，认真执行国家和省的一系列重大决策部署，坚持服务大局、推动发展，坚持以人为本、关注民生，坚持城乡统筹、改革创新，特别是在应对国际金融危机和抗震援川工作中勇挑重担、攻坚克难，各项工作扎实推进，主要指标超额完成，建设事业保持了持续快速健康发展的良好态势，为全省经济社会发展做出了积极贡献。

城镇化进程扎实推进。省委、省政府召开了高规格的全省城镇化工作会议，出台了推进新型城镇化的意见，各市相继召开会议、制定政策，加快推进新型城镇化上升到全局和战略层面，在全省上下形成浓厚氛围。“十一五”期间，全省城镇化水平年均提高0.8个百分点，2010年达到49%左右，发展质量明显提高，初步形成了以山东半岛城市群、济南都市圈、黄河三角洲城镇培育区、鲁南城镇带为主体，以济南和青岛为核心、大中城市为中坚、小城市和小城镇为基础的城镇体系。

住房保障工作成效显著。全省共投入住房保障资金800多亿元，基本建立起多层次、广覆盖的住房保障体系，解决了52.5万户城镇低收入家庭的住房困难。廉租住房制度全面建立，为10万户提供了廉租住房保障，符合条件、提出申请

的低保家庭实现应保尽保；新建经济适用住房25万套，改造城市和国有工矿棚户区1 450万平方米、15.8万户；17市全面启动公共租赁住房试点，新建公共租赁住房1.7万套。住房公积金缴存人数达600万人，缴存总额1 219亿元，提取廉租住房建设补充资金32亿元。

城乡规划的调控指导作用进一步增强。山东半岛城市群、半岛蓝色经济区、山东省海岸带、黄河三角洲和鲁南城镇带等城市群规划的编制实施，对于优化城镇空间布局、促进区域经济发展发挥了重要作用。108个市、县全部编制完成了新一轮城市总体规划，75个已批准实施，有力推动了城市空间的科学拓展和城镇化有序推进。17个市、县编制了城乡统筹规划，35个市、县实现城市规划建成区控规全覆盖，县域村镇体系规划、农房建设与危房改造三年规划全面完成。城市规划委员会和“阳光规划”制度进一步完善，规划工作的政务公开和民主决策水平进一步提高。

城市环境面貌明显改观。全省设市城市和县城累计完成城建投资3 330亿元，2010年底，污水集中处理率、生活垃圾无害化处理率和集中供热普及率分别为87.85%、79.65%和45%，城市人均道路、公园绿地面积分别为20.5平方米、15平方米，国家园林城市和节水型城市数量均居全国第一。扎实开展迎奥运、迎全运环境综合整治，城市面貌特别是旧城区、近郊区形象大为改观，打造了一批新亮点。城市管理规范化、精细化、人性化、数字化步伐加快，在全国率先建立了城市地下管线安全管理机制，城市管理效能和水平明显提高。新建了一大批文化设施和体育场馆，历史文化名城、名镇、名村和风景名胜区保护与管理工作进一步加强，为文化产业和旅游业发展提供了良好载体。

农村生产生活条件显著改善。全省村镇建设完成投资4 102亿元，是“十五”时期的2.2倍，村镇自来水普及率83%，小城镇污水处理率14.9%、垃圾处理率69.4%。“百镇千村”建设示范活动深入开展，新增省级中心镇21个。村庄和省际边界地区环境整治扎实推进，4 000多个村庄面貌发生较大变化。2009年在全国率先开展政府主导下的农村住房建设与危房改造，两年间整体改造村庄7 800多个，完成农房建设投资2 700亿元，230万农户的居住条件明显改善，有力推动了城乡一体化发展。

工程建设管理日趋规范。工程建设程序和标准管理进一步加强，招标投标、施工图审查、施工许可、质量安全监督、竣工验收及备案、建设工业产品备案、建设执业注册、工程档案归集等制度逐步完善，防止拖欠工程款和农民工工资的长效机制基本形成，建筑市场规范化程度显著提高。勘察设计责任保险制度全面推行，繁荣建筑设计创作成效明显。招标代理、造价咨询、建设监理和项目管理行业发展加快，服务水平进一步提高。安全生产常抓不懈，安全事故和伤亡人数逐年下降。深入开展工程质量通病治理和创“质量诚信、用户满意”工程活动，工程质量稳步提高，获“鲁班奖”41项、国家优质工程奖62项、全国建筑工程装饰奖88项，创优总量居全国前列。

房地产业稳定健康发展。房地产开发投资年均递增23%，累计超过1万亿元，住房供应结构不断优化，住房二级市场日趋活跃，人均住房建筑面积达到31.8平方米。在全国率先推行房地产开发项目建设条件意见书制度，率先完成房地产市场信息系统省级联网，对于提高开发项目综合品质、调控房地产市场发挥了重要作用。在全国率先大幅度提高拆迁补偿标准，率先实行住宅小区内公用设施投资和维护费用由专营单位承担，有力维护了群众切身利益。住宅产业化走在全国前列，3家企业被命名为国家住宅产业化基地，实施国家康居示范工程24个。住房品质稳步提升，24个项目获“广厦奖”。物业管理行业发展迅速，实行物业管理的面积比“十五”末增加近1倍。

建筑业发展再上新台阶。做大做强建筑业成效突出，支柱产业地位进一步强化。培育大企业、品牌企业取得突破性进展，年产值过百亿企业2家、过50亿5家、过20亿17家，特级企业达到13家，产业集中度和市场竞争力大幅提高。开拓外埠建筑市场创出佳绩，出省出国施工人数累计突破150万人，完成施工产值2 200亿元，比“十五”期间翻了一番。完成全社会建筑业总产值2.9万亿元，居全国第三；实现增加值8 165亿元，约占全省GDP的7%；年均从业人数322万人，每年吸纳250多万农民工就业，为缓解就业压力、促进农民增收做出了重要贡献。

建筑节能和科技创新卓有成效。在全国率先全面推行建筑节能新标准，建立建筑节能闭合管理机制，建成节能建筑2.2亿平方米，超额完成国家下达的1 900万既有居住建筑节能改造任务。集中供热系统节能技改全面展开，供热计量改革取得阶段性成果。所有设市城市、县城和部分建制镇已禁用实心粘土砖，新型墙材生产和应用比例分别达到84%、97.5%。可再生能源建筑应用规模迅速扩大，2市、4县被列为国家示范城市和示范县。扶持开发新技术、新产品300余项，获国家科技进步二等奖2项，省科技进步一、二等奖7项。建设教育培训力度加大，各类建设执业注册师达到14.5万人，培训各类管理和专业技术人员20万人，资格性岗位和职业技能培训70万人，培训建筑农民工150万人次。

建设领域改革开放不断深化。省和各市规划建设管理行政机构改革已基本到位，各地城市管理执法体制进一步理顺。城建投融资体制改革迈出新步伐，30多个设市城市成立了城建投融资机构，在筹集城建资金方面发挥了重要作用。市政公用事业改革进一步深化，运营和服务效率明显提高。建设领域对外开放水平不断提高，累计吸引外商直接投资项目463个，实际利用外资41亿美元，利用世行、亚行贷款项目进展顺利；新签对外工程承包和劳务合作合同额147亿美元，施工地点涉及20多个国家和地区。

党风廉政、依法行政、精神文明和行业作风建设水平明显提高。深入开展了学习实践科学发展观活动，党员干部的理论素养和行政能力进一步提高。深入落实党风廉政建设责任制，努力从源头上治理腐败现象，党员干部廉洁自律意识不断增强。提请省人大、省政府制定和修订地方性法规和省政府规章8件，出台部门规范性文件57件，颁布工程建设标准80项，建设法规体系进一步完善。全面实行建设行政执法责任制，深入开展各类执法检查，查处了一批违法违规行为。“四五”依法行政工作成效显著。拆迁管理和信访工作得到加强，进京、到省上访案件进一步减少。各类精神文明创建活动、重点工程立功和“安康杯”竞赛深入开展，创建了一大批文明工地、文明小区、文明村镇、文明服务窗口。

2010年4月10日，省住房城乡建设厅副厅长吴英到北川看望厅援建人员

（供稿：娄保来）

抗震救灾和恢复重建贡献突出。汶川地震后，按照中央和省委、省政府的部署，全省建设系统勇挑重担，先后组织8 000多人奔赴灾区，建成过渡性安置房3.3万套，提前超额完成国家下达的任务。全系统积极参与北川灾后恢复重建，编制了北川县城乡住房建设规划和17个乡镇重建规划，200多名干部、300多家企业、3.5万名职工奋战在一线，在新县城建设中发挥了主力军作用，涌现出崔学选等一批英模人物，为实现"三年援建任务两年基本完成"做出了突出贡献。

（厅办公室）

城镇化与城乡规划

【和谐城乡建设行动】 根据《中共山东省委山东省人民政府关于大力推进新型城镇化的意见》（鲁发〔2009〕21号）精神，确定从2010年起开展为期3年的和谐城乡建设行动，作为推进城镇化发展的重大举措。为切实落实省委、省政府的决策部署，组织开展好和谐城乡建设行动，先后开展了省内外实地调研，代省政府拟定了《和谐城乡建设行动实施方案》，从城乡规划、设施建设、环境整治、城乡管理、节能减排、房地产业和住房保障、公共服务和社会保障、城镇化水平等方面，分和谐城市、和谐乡镇、和谐村庄（社区）三个层次每年考核一次，第三年进行总评表彰。举办和谐城乡建设行动专题培训班，邀请国内知名专家，对全省建设、规划、房管、城管等系统干部职工进行详细培训。提请省委办公厅、省政府办公厅联合出台了《关于开展和谐城乡建设行动的实施意见》，提出了总体要求、工作目标、活动内容和考核评比办法，确立了统筹城乡规划、推进住有所居、实施节能减排、加快中小城市和小城镇发展、完善设施建设、深化城乡环境综合整治、加强城乡管理、强化公共服务和社会保障八个方面的重点，对工作目标进行细化量化，对各地城镇化工作进行绩效考核，对工作成效显著的市（县）、项目和个人进行表彰，有力推动了和谐城乡建设行动的顺利开展。

【城镇化监测评价】 根据省城镇化监测评价协调小组安排，6月，省住房城乡建设厅、省统计局联合下发《关于做好2010年度全省城镇化统计监测工作的通知》，部署了县及县以下城镇人口专项调查、城镇化缺口指标统计调查任务。8月，省住房城乡建设厅委托山东省建设发展研究院开展了监测评价数据的整理分析工作，编写了《2010山东省城镇化发展报告》。10月19日，省城镇化监测评价协调小组办公室在济南召开《2010山东省城镇化发展报告》专家论证会，会议由省住房城乡建设厅巡视员张俊乾主持，省住房城乡建设厅厅长杨焕彩到会作重要讲话。省委政策研究室副主任孙建生、山东行政学院副院长高焕喜、山东省社会科学院社会学研究所所长李善峰等9位专家应邀参加会议，省统计局副局长潘振文、省住房城乡建设厅办公室主任崔秀顺、省统计局人口处处长孙明清、省建设发展研究院院长朱洪祥等出席会议。与会专家审议通过了《2010山东省城镇化发展报告》。

【2010山东省城镇化发展报告】 12月，山东省住房和城乡建设厅、山东省统计局联合发布了

《2010山东省城镇化发展报告》。该报告由黄河出版社出版。

报告的指导思想。以邓小平理论和“三个代表”重要思想为指导，坚持以人为本，深入贯彻全面、协调、可持续的科学发展观，认真落实省委、省政府确定的城镇化战略，准确、客观、公正地监测全省城镇化发展进程，促进资源节约和经济发展方式的转变，促进城乡统筹和区域协调，促进生态建设，构建和谐社会，促进全省全面建设小康社会宏伟目标的实现。

报告的指标体系。纳入本年度监测评价范围的指标，全省和设区市共有监测指标172个、评价指标32个，县级市和县共有监测指标133个、评价指标25个，建制镇共有监测指标119个，均涵盖了人口就业、经济发展、城市建设、社会发展、居民生活和生态环境六大方面。

报告的篇章结构。《2010山东省城镇化发展报告》分发展报告、统计资料、附录三大部分。《发展报告》对全省、17个设区市、31个县级市、60个县、1 111个建制镇的城镇化发展状况进行了分层分析，对山东半岛蓝色经济区、黄河三角洲高效生态经济区、山东半岛城市群、济南都市圈、鲁南城镇带的城镇化发展情况进行了全面分析。《统计资料》公布了全省、设区市、县级市、县4个层次2010年度监测评价的主要统计数据和相关评价指标的排名情况。《附录》主要是对已出台的城镇化相关政策文件和城镇化监测评价指标的说明等。

报告的主要监测评价结果。2009年，山东省人口城镇化率为48.3%，比上年提高0.7个百分点。2000年以来，山东省社会经济进入高平台增长期，地区生产总值保持两位数增长态势，人均GDP增速自2002年以后连续保持在两位数以上，在经济发展的带动下，2000－2009年，全省人口城镇化增速年均1.13个百分点，保持了稳步快速发展势头。全省城镇化质量指数达到61.9%，比上年度监测值提高3.5个百分点，增幅明显。从评价城镇化质量的六大要素指数看，人口就业指数72.8%，经济发展指数55.2%，城市建设指数54.3%，社会发展指数43.5%，居民生活指数78.8%，生态环境指数71.6%，有三项要素指数突破70%。同上年相比，城镇化六大要素指数均有所提高，其中城市建设和生态环境对全省城镇化综合水平提高的贡献突出，贡献率达62.6%，其他要素贡献率为37.4%；处于相对落后的城市建设要素，本监测年度的指数值提升幅度较大，达7.1个百分点，

2010年9月28~30日，省政府召开《黄河三角洲城镇体系规划》和《鲁南城镇带规划》评审会，副省长郭兆信作重要讲话，省政府副秘书长张传亭，省住房城乡建设厅厅长杨焕彩、副厅长万利国出席会议　（摄影：史振伟　孙丽华）

与人口就业、居民生活、生态环境要素间的差距明显缩小；经济发展要素虽然受到金融危机的影响，但增幅也达到了2.2个百分点，与其他发展要素间的协调性进一步增强。

（张振国）

【区域性与战略性规划编制】 一是经省政府和住房城乡建设部批准，开展了《山东省城镇体系规划（2011－2020年）》编制工作。提请省政府发布了《关于做好省域城镇体系规划编制工作的通知》，成立了编制工作领导小组，保证了省直有关部门和各市县政府对规划编制工作的全力配合；在省内外开展了深入调研，掌握了大量第一手资料，为规划的科学编制打下了良好基础。二是加快推进区域性规划的审查报批。省政府组织召开了《黄河三角洲城镇体系规划》和《鲁南城镇带规划》评审会，编制单位按照评审意见对规划进行了修改；按照新划定的区域范围，对《山东半岛蓝色经济区城镇体系规划》进行了调整完善，提交省蓝办；完成了“省会城市群经济圈城市规划建设及城乡发展问题研究”课题，并提交省发展改革委；编制完成了《山东省“十二五”城镇体系建设规划》成果。

【城市总体规划评审】 住房城乡建设部组织召开部际联席会议，对泰安市、临沂市城市总体规划进行了审查，泰安市城市总体规划已报国务院待批；省政府批准了德州市调整提升城市总体规划，滨州、日照、胶州、平度等12市城市总体规划经省有关部门会签同意后，已报省政府待批。为规范和完善城市总体规划修改程序，贯彻落实国务院办公厅发布的《城市总体规划修改工作规则》，省政府办公厅颁布实施了《山东省城市总体规划修改工作规则》。组织省直有关部门和专家，完成了枣庄市城市总体规划省级行政审查和德州市城市总体规划纲要评审。

【规划法规和技术规范制定】 在充分调研论证的基础上，形成了《山东省城乡规划条例》征求意见稿，在推进城乡统筹、促进民主决策、加强统一管理、建立省管县模式、细化管理环节、强化监督检查、严惩违法建设等方面进行了有益探索；协同相关部门，对《山东省开发区规划管理办法》《山东省城市临时建设、临时用地规划管理办法》《山东省城市控制性详细规划管理办法》3项政府规章进行了修改，上报省政府法制办，11月29日由省政府以第228号政府令公布施行；会同省公安厅联合印发了《山东省城市公共停车场（库）设置规定》，与厅定额站共同组织了《山东省城市建设项目配建停车位设置规范》的制定和评审工作，为停车场的规划建设提供了依据。

【规划审核】 积极落实国家和省扩内需、调结构、促增长、惠民生的政策，按照统筹兼顾、超前研究、依法许可的原则，核发了海天至青岛铁路、石家庄至济南客运专线、德州至商丘高速公路、枣庄八一热电、淄博富源热电等30余项建设项目选址意见书；对临沂临港产业区设立为省级开发区，莱芜雪野、栖霞长春湖、淄博文昌湖设立省级旅游度假区等提出了意见。

【规划容积率专项治理】 会同省监察厅开展了违规变更规划调整容积率专项治理“回头看”行动，并对2009年2～4季度全省变更规划、调整容积率专项治理项目清理情况进行了汇总，上报住房城乡建设部、监察部专项治理领导小组办公室；参加了全省治理工程建设领域突出问题项目排查工作专项督导抽查，责成有关部门对违规变更规划等规划信访案件进行了调查处理。

【规划管理】 一是加强城市规划编制单位管理。4月8日，住房城乡建设部公告批准了省建筑设计院、东营市规划设计研究院、泰安市规划设计院的甲级规划编制资质，全省甲级城乡规划编制单位达16家。开展了全省城乡规划编制资质审核换证工作，对全省195家城乡规划编制资质持证单位进行了审核。二是鼓励全省规划行业设计创优、理论创新。积极推荐项目参加2009年度全国优秀城市规划设计评选，荣获二等奖2项、三等奖3项、表扬奖6项，厅规划处荣获最佳组织奖，齐鹏荣获最佳组织奖先进个人。组织开展了“山东省第三届城市规划论文竞赛”，收到稿件198篇，评出一等奖10篇、二等奖20篇、三等奖30篇、鼓励奖31篇。三是参加了山东省对口援建新疆对接调研。完成了《城镇建设对口援建规划》初稿；组织东营、济宁、泰安、日照四市20名规划管理和技术人员赴新疆进行规划援助。四是加强交流与宣传。全年编辑《山东城市规划》4期，印发《城市规划动态》10期；完成了2009年度全省城市规划统计年报的数据信息收集整理和印刷工作。

（南　楠）

城乡建设

【概况】 全省住房城乡建设系统紧紧围绕与居民工作生活密切相关的城市道桥、供排水、垃圾处理、污水处理、河道整治等，大规模进行城市基础设施建设，城市承载能力和服务功能更加完善，可持续发展能力进一步增强。截至年底，全省共建成污水处理厂203座，处理能力达980万立方米/日，污水集中处理率达87.85%；建成并运行垃圾无害化处理厂72座，其中卫生填埋厂67座、焚烧发电厂5座，垃圾无害化处理率达79.65%。淄博市周村古商城历史文化遗产保护项目获中国人居环境范例奖，中国（济南）国际园博园等17个项目获山东人居环境范例奖。

【世亚行贷款城建项目】 亚行贷款海河污染治理项目。该项目包括滨州市第二污水处理与中水回用工程、临清市污水处理工程、商河县污水处理工程和高唐县污水处理厂二期与中水回用工程，临清市垃圾处理工程、邹平县垃圾处理工程和临邑县垃圾处理工程，山东省泉林纸业有限公司碱回收工程等子项目；项目计划总投资11.08亿元，其中利用亚行贷款8 000万美元。截至年底，累计完成了42个土建和设备合同的签订，完成投资6.49亿元，占总投资的59%，其中亚行贷款报帐4 858万美元，占总贷款额的60%；商河、滨州、高唐和临清4个污水处理项目和临清、邹平、临邑3个生活垃圾处理项目已经完工并正式运行，泉林纸业项目仍在建设，预计2012年上半年完工。

世行贷款城市环保二期项目。该项目包括烟台市辛安河污水处理厂二期工程、威海市污水处理配套管网工程、栖霞市开发区污水处理及白洋河综合治理工程和周村区污水收集系统工程，潍坊市白浪河和枣庄市东、西沙环境治理工程，高密市城市供水及排水工程，日照市和菏泽市垃圾处理工程等9个子项目；项目计划总投资21.65亿元，其中利用世行贷款1.47亿美元，另外，全球环境基金赠款500万美元用于烟台化粪池管理示范工程。截至年底，累计完成39个土建和设备合同的签订，完成投资12.55亿元，占计划总投资的58%，其中世行贷款报帐8 238万美元，占总贷款额的56%，GEF项目世行赠款报帐326万美元，占总赠款的65%；枣庄市东沙河治理工程、潍坊市白浪河综合治理一期工程、高密市供水和排水工程、威海市排水管网工程、烟台市辛安河污水厂项目以及日照市和菏泽市垃圾处理工程已经完工并正式运行，周村区污水收集系统和栖霞污水处理工程预计2012年上半年完工并运行，潍坊市白浪河二期工程、枣庄市西沙河治理工程正在建设中。

（朱晓梅）

【城市污水处理】 全省污水处理厂建设运行情况。截至年底，全省累计投资165亿元，建成城市污水处理厂203座，形成污水处理能力980万立方米/日；其中，年内新建成污水处理厂37座，新增污水处理能力120万立方米/日。正常运行的污水处理厂中，运转负荷率达到75%及以上的有157座，占建成运行总数的82%；运转负荷率介于60%～75%之间的有21座，低于60%的有15座。全年全省城市污水处理厂共处理城市污水29.04亿吨，削减COD96.9万吨，分别比上年增长17.1%和10%，城市和县城污水集中处理率达到87.85%，居全国前列。

省辖淮河流域污水处理情况。截至年底，规划建设的45项污水处理、再生水利用和升级改造项目全部完成并投入运行，形成处理能力146.7万吨/日，累计完成投资27.8亿元；共建成污水处理厂58座，总处理能力226.7万吨/日。年内，新增污水管网640公里，管网总长度达到3 290公里；共处理城市污水6.85亿吨，削减COD16.3万吨，城区污水集中处理率达到92.1%；应缴污水处理费7.39亿元，实缴5.08亿元，收缴率达到68.7%。

省辖海河流域污水处理情况。截至年底，规划建设的21项污水处理项目全部完工，形成处理能力61万吨/日，累计完成投资10.74亿元；共建成城市污水处理厂42座，总处理能力156.5万吨/日。年内，新增污水管网403.4公里，管网总长度达2 712公里；共处理城市污水4.13亿吨，削减COD10.98万吨，城区污水集中处理率达到92.1%，比上年提高11.5个百分点；共应缴污水处理费3.43亿元，实缴2.80亿元，收缴率达到63.1%。

【垃圾无害化处理】 截至年底，全省累计完成投资70亿元，建成生活垃圾无害化处理场72座，处理能力达3.2万吨/日；在建33座，处理能力1.4万吨/日。全年全省城市和县城生活垃圾清运量达1 337万吨，处理垃圾1 065万吨，生活垃圾无害化处理率达79.65%，比上年提高5.3个百分点。青岛、淄博、枣庄、烟台、泰安、日照、聊城、菏泽等66个城市和县城已经开征垃圾处理费，收费标准一般为家庭每月每户5～10元、单位每人每月2～4元。

（张玉蕙　张玉兆）

【城市管理】 一是积极探索构建城市管理、执法、服务有机衔接的工作机制。济南等10个设区城市认真贯彻国家大部制改革精神，把与城市管理密切相关的环境卫生等行业与城管执法融为一体，成立了独立的城管执法局。二是积极推进数字化城市管理。烟台、青岛、临沂三市数字化城市管理系统已通过住房城乡建设部验收，济南、莱芜、寿光数字化城市管理系统已经建成，滨州、枣庄、济宁、潍坊、威海、泰安等城市正在积极筹划建设。三是积极推进12319服务热线建设。省住房城乡建设厅出台了《加快12319城建服务热线建设的意见》，建立了热线季报制度，强化调度督查；17个设区城市和滕州等县级市、县城开通了12319热线，青岛实现了12319热线全市全覆盖。

【第七届中国（济南）园博会圆满落幕】 5月8日，第七届中国（济南）国际园林花卉博览会圆满落幕。本届园博会共有23个国家和地区、90个城市参展，总计建成室外展园108个，创造了

"展园全国覆盖，五洲都有参展"的新纪录；由省住房城乡建设厅组织、17设区城市共同建设的齐鲁园获得广大群众的认可和高度评价，成为园博园的一大亮点，获唯一的最高奖，充分展示了山东省园林城市建设的成就。

（麻鹏飞）

【城市燃气热力】 全省燃气热力行业发展较快，集中供热面积达到6.07亿平方米，天然气用气人口达1 649万户，设市城市燃气普及率达99.3%，均比上年有明显提高。

统筹谋划，精心组织，冬季供热平稳运行。一是完善体制机制。积极推动落实城市供热政府负责制，进一步完善煤炭储备制度和供热预热期制度，继续完善和加强供热运行动态监管机制，为冬季供热平稳运行提供了制度基础。二是继续推进供热系统节能改造。对供热系统节能技改项目进行跟踪服务，帮助供热企业落实节能量奖励资金，提高供热企业节能技改的积极性；组织山东建筑大学等高校和科研机构开发研究了《山东省供热能耗统计监测考核评价体系》，实现数据采集、测算、指标评价、考核等功能的系统化，搭建起能耗管理平台。三是深化供热计量改革。在充分调研的基础上，代省政府起草了《关于加快推进全省供热计量改革的指导意见》；开发了供热计量改革技术平台，提出了"三可四化"的总原则，即："供热企业可控、居民用户可调、政府主管部门可管"及"供热计量数字化、节能控制智能化、住户用热自主化、政府监督网络化"的原则；组织哈尔滨工业大学、威海博通热电厂等单位的专家，研究开发出"热计量表+分户控温阀+信号远传模块"的供热计量模式，形成符合"三可四化"要求的远程控制平台；建立热计量产品三项机制，即热计量产品资金筹集机制、市场准入机制和购装运管一体化机制；会同省物价局下发了《关于推进供热计量价格改革的指导意见》（鲁价格发〔2010〕170号），提出按照"保证供热质量、合理补偿成本、促进节约用热、坚持公平负担"的原则，为稳步实施热计量收费提供了政策保障。

加强协调，及时调度，城市供气安全稳定。一是积极做好天然气气源的协调争取工作。为有效应对年初强降雪、降温天气，郭兆信副省长、杨焕彩厅长两次走访中石油、中石化高层领导，协调争取气源保障，确保了城市供气正常。二是加强冬季燃气供应运行情况调度。坚持日调度、周汇总、月通报制度，组织力量切实做好对全省冬季天然气供应及运行情况的调度，及时掌握供应动态，准确把握信息，为领导决策提供依据。三是强化应急预警机制。年初及时转发国务院办公厅和住房城

2010年2月11日，副省长郭兆信在省政府副秘书长张传亭，省住房城乡建设厅厅长杨焕彩、巡视员昝龙亮，济南市常务副市长王良的陪同下，看望春节期间坚持在工作一线的环卫工人和供热站、自来水厂职工　（摄影：刘海泉）

乡建设部《关于做好应对强降雪及低温异常天气等突发事件工作的通知》，印发了《关于做好全省冬季供热供气工作，确保供热供气稳定运行的通知》，要求各市修订完善燃气安全供应应急救援预案，健全安全应急预警机制，确保管道燃气正常运行。四是积极争取气源计划。切实发挥省天然气供应工作领导小组办公室的综合协调作用，会同省发改委积极争取国家发改委增加山东省天然气供应计划，增强了天然气供应保障能力，也为进一步争取增加气源计划奠定了良好的基础。

加强引导，强化监管，天然气市场健康有序。一是加强规划编制。积极推进《山东省天然气发展利用规划》的实施工作，起草印发了《关于加强燃气热力专项规划编制实施工作的通知》，对规划编制资质、内容深度、技术审查要求、规划成果、成果应用等作出了全面部署；督促各地编制燃气供热专项规划，截至年底已有16个设区市、21个县（市）完成规划编制。二是加强工程建设环节的监管。为确保供热工程质量，在全省初步建立起从图纸设计到竣工验收，供热主管部门和供热企业全过程参与的供热工程建设运转程序；建立健全了CNG加气站建设管理制度，指导各地进一步完善燃气工程管理制度；加强对CNG加气母站审查，对曲阜、胶州、东平、寿光加气母站进行了技术审查，提出了审查意见。三是强化政府对供热和燃气市场的调控。供热方面，鼓励建立政府主导的供热运营新体制，单一热源的提倡由政府出资建设，多热源的提倡由政府建设热网，取消社会、物业经营换热站或单位自管换热站的管理体制，直供到户，增强了政府在供热中的话语权、主控权。燃气方面，印发了《关于加强城镇燃气行业调控监管切实提高城镇燃气安全保障能力的意见》，要求各市按照“统一接气、统一分配、统一调度、统一管理”的原则，整合上游各路气源，为统一有序的开发下游市场创造了条件，强化了政府对城市燃气市场的调控力度。

（王志强）

【城建档案管理】 一是组织召开了全省住房城乡建设档案工作会议，印发了《关于切实做好住房城乡建设档案工作的意见》，提出了今后一个时期，全省住房城乡建设档案工作的指导思想和要突出抓好六个方面的重点工作。二是组织开展了城乡建设档案执法检查，查验了“两书一证”制度执行情况、施工技术资料收集整理、管线工程档案管理、馆库建设和档案保管安全、档案信息化等有关情况，解决制度不全、执行不力的问题。三是组织召开了全省建设工程和地下管线档案归集管理工作会议，印发了《关于全省城建档案执法检查情况的通报》（鲁建办字〔2010〕32号）、《关于进一步加强建设工程档案归集管理的通知》（鲁建发〔2010〕24号）、《关于做好建筑节能工程档案收集整理工作的通知》（鲁建节科字〔2010〕41号），规定自2011年1月1日起，在全省实行统一格式的《建设工程档案移交合同书（责任书）》《建设工程档案预验收意见书》《山东省建设工程档案合格证》等“两书一证”制度，从根本上解决档案缺失问题。

（于秀敏）

住房保障

【概况】 2010年，是国家与各省人民政府签订住房保障目标责任书的第一年，全省各级各有关部门深入贯彻国家和省委、省政府各项决策部署，紧紧围绕目标责任书确定工作任务，加快完善住房保障体系，积极推进保障性安居工程建设；全省投资286.6亿元，新建各类保障性安居工程19.33万套（户），完成国家下达年度任务的174.1%；竣工12.05万套（户），占年度任务量的108.6%，超额完成国家“任务开工率100%、竣工率60%”的目标任务。

【经济适用住房和廉租住房建设】 省发展改革委、住房城乡建设厅、国土资源厅联合审批下达建设投资计划，组织各市加快推进经济适用住房和廉租住房建设。一是积极扩大廉租住房保障覆盖面。济南、东营、潍坊、济宁、威海、日照、莱芜、临沂、聊城等市实现廉租住房和经济适用住房保障收入线标准的并轨；莱芜市建立起覆盖城乡的住房保障体系，将城中村居民及在本市工作满一定年限的农民工家庭纳入廉租住房保障范围。二是逐步规范经济适用住房、廉租住房建设和管理。会同省发展改革委、民政厅、财政厅，及时转发国家《关于加强廉租住房管理有关问题的通知》《关于加强经济适用住房管理有关问题的通知》，制定下发《关于进一步规范廉租住房中央预算内项目建设工作的通知》，规范经济适用住房、廉租住房建设和管理。年内，全省投资96.5亿元，新建经济适用住房5.68万套、廉租住房2.05万套，新增廉租住房租赁补贴1.02万户，分别完成年度任务的142.1%、150.6%、127.1%；竣工经济适用住房4.68万套、廉租住房2.04万套；廉租住房保障户数达到10.7万户，比上年增加2.7万户，有效缓解了城市低收入家庭的住房困难。

【公共租赁住房试点】 省政府批转省住房城乡建设厅、省发展改革委、省财政厅、省国土资源厅等7部门制定的《关于加快发展公共租赁住房的实施办法》，按照“政府组织、社会参与，因地制宜、分类指导，积极试点、稳妥推进，统筹规划、分步实施”的原则，加快发展公共租赁住房，妥善解决中等偏下收入家庭及新就业职工等特殊群体的住房困难。各设区城市落实省统一部署，研究制定实施细则，全面启动了公共租赁住房试点工作；青岛市建成并向社会配租公共租赁住房3 000套，济南市一次性启动6个公共租赁住房项目，可建设公共租赁住房2.3万套。年内，全省投资12亿元，新建公共租赁住房2.56万套，完成年度任务的248.5%，竣工1.63万套。

【城市和国有工矿棚户区改造】 省政府办公厅印发《关于进一步加快城市和国有工矿棚户区改造的通知》，要求用三年时间基本完成全省城市和国有工矿棚户区改造任务。在排查摸底的基础上，省住房城乡建设厅、省发展改革委、省财政厅、省国土资源厅编制印发了城市和国有工矿棚户区改造三年规划及年度计划，积极推进棚户区改造。年内，全省投资153.4亿元，签订城市棚户区改造协议7.84万户，启动国有工矿棚户区改造0.74万户、林区棚户区改造0.16万户，分别完成年度任务的223.9%、106%、40.6%，竣工棚户区改造安置住房2.77万套，有力改善了群众居住条件。

【资金保障】 一是争取中央财政支持。会同省发展改革委、省财政厅，组织各地及时筛选和申报项目，积极争取中央资金支持。2010年，国家分别下达山东省廉租住房投资补助1.25亿元、专项补助2.65亿元，公共租赁住房投资补助0.2亿元、专项补助0.51亿元，保障性安居工程追加补助1.15亿元，城市棚户区改造补助0.25亿元、国有工矿棚户区改造补助0.4亿元、林区棚户区改造补助0.4亿元，合计6.81亿元。二是拓宽资金支持渠道。济南、青岛两市积极开展住房公积金贷款支持保障性住房建设试点，安排贷款额度20亿元，拓宽了保障性住房建设资金来源；各级落实财政预算安排、住房公积金增值净收益和土地出让净收益提取的政策规定，多渠道筹集廉租住房保障资金22.7亿元。三是构建市场化融资平台。济南市以现有的4个城市建设投融资平台作为公共租赁住房的承建主体，青岛、潍坊2市组建住房保障投融资平台，充分发挥市场机制作用，广泛吸引社会资金参与，多渠道筹集保障性住房建设资金。

【监督管理】 建立廉租住房中央预算内投资项目统计旬报、保障性安居工程和城市低收入家庭住房保障统计月报制度，及时全面掌握工作进度，定期向省政府作出汇报、向城市政府进行通报。先后组织开展了4次保障性安居工程建设情况督查，重点加强对资金落实、项目开工、问题整改、竣工验收等方面的监督检查，对进度滞后的项目，实行跟踪调度、挂牌督办，确保了保障性安居工程建设顺利推进；年底，组织开展全省住房保障规范化管理工作检查，考核全年任务完成情况，建立健全科学有序、办事高效、规范透明的住房保障管理机制。

（史永鹏）

房地产业

【概况】 2010年，是国家房地产政策调控最为严厉的一年，国家密集出台了房地产市场宏观调控相关政策，国务院印发了国发〔2010〕10号和国办发〔2010〕4号文件，住房城乡建设部等国家部委先后23次出台相关政策意见；省住房城乡建设厅严格落实中央、住房城乡建设部的政策规定，大力加强对房地产市场的监管，全省房地产市场运行相对比较平稳和理性，没有出现大起大落。全省完成房地产开发投资3 252亿元，首次突破3 000亿元，比上年增长33.9%，增速比上年提高14.8个百分点；投资总量仅低于江苏（4 302亿元）、广东（3 660亿元）和辽宁（3 466亿元），居全国第4位。全省商品房施工面积达2.82亿平方米，其中住宅施工面积2.29亿平方米，分别比上年增长27.6%、26.2%；商品房竣工面积5 000万平方米，其中住宅竣工面积4 213万平方米，比上年略有下降（分别下降0.3%、2.5%）。商品房销售逐季回升，销售总量达9 291万平方米，比上年增长32%；商品房销售额3 666亿元，比上年增长49.1%。四是房价环比微升。12月份，全省商品房价格环比上涨0.4%，同比上涨6%，其中商品住宅价格同比上涨6.3%，涨幅比11月降低0.8个百分点，比全国平均水平低1.3个百分点。

【房地产市场监管】 *切实加强房地产市场运行监管*。通过综合利用商品房预售备案、房屋产权登记、企业资质信息等渠道，认真分析国家调控政策与房地产市场变化情况关系，着力做好政策贯彻落实和相关配套政策的落实，促进全省房地产市场稳定健康发展。一是制定出台《山东省人民政府关于保持房地产市场平稳健康发展的意见》（鲁政发〔2010〕57号），确定了增加面向城市普通居民住房供应等五项措施，促进房地产市场平稳健康发展。二是组织开展全省房地产开发企业经营行为检查活动，共发现违法违规违约房地产经营行为485起，查处381起，退还违规收取资金3 134.6万元，公开被捂盘房源4 223套、52.3万平方米。三是狠抓“五项调控措施”的贯彻落实，联合省国土资源厅、省监察厅印发了《转发住房和城乡建设部、国土资源部和监察部〈关于进一步贯彻落实国发〔2010〕10号文件的通知〉的通知》（鲁建房字〔2010〕34号），要求各市有关部门进一步统一思想、明确责任，研究制定政策，确保不出现房价过高、上涨过快和供应紧张的局面。

严格房地产开发企业资质管理。一是按照《行政许可法》的有关规定，起草下发了《关于拟注销有效期届满未延续的房地产开发、房地产估价、物业服务企业资质的通知》，对112家房地产企业提出了拟注销意见，对全省89家资质超期未办延续的房地产开发、房地产评估、物业服务企业进行了降级、注销处理。二是在征求有关城市房地产开发主管部门和开发企业的意见和建议的基础上，对《山东省房地产开发企业资质管理规定》进行修改完善；会同法规处，组织部分城市房地产主管部门和专家对《中华人民共和国房地产管理法（征求意见稿）》提出修改意见。三是严格行政许可审批，共办结房地产开发企业行政许可645家，其中准予许可621家、降级10家、注销4家、不予受理4家。

加强房地产交易与登记管理。经过个人申请、登记机构推荐、省厅审核，全省共确认房屋登记官719名，已在住房城乡建设部备案，圆满完成了首批房屋登记审核人员确认工作，为全面落实《房屋登记办法》打下了基础。认真组织准备住房城乡建设部对山东省部分城市房地产交易和登记规范化管理先进单位验收，济南、青岛、威海、文登、滕州通过了规范化管理复检，寿光市通过了验收。高度重视房屋档案管理工作，在荣成召开了全省房地产档案管理会议，提出要结合房地产市场信息系统建设，尽快完成历史档案数字化。积极做好山东高速集团有限公司所属高速公路生产管理用房权属登记工作，有力支持了高速集团发展；帮助山东省军区协调处理了其部队家属住房的房屋登记问题，加强了地方与军队的联系。

【城市房屋拆迁】 2010年，全省城市房屋拆迁工作认真贯彻落实《山东省城市房屋拆迁管理条例》，按照国办发明电〔2010〕15号和鲁政办明电〔2010〕83号要求，进一步强化拆迁管理，规范拆迁行为，狠抓拆迁信访集中处理，房屋拆迁工作总体运行平稳。

严格落实国务院和省政府对拆迁工作的新要求。中央和省高度重视拆迁管理工作，在房屋征收条例尚未出台的情况下，5月份国办下发了《关于进一步严格征地拆迁管理工作切实维护群众合法权益的紧急通知》（国办发〔2010〕15号），省住房城乡建设厅会同国土资源厅研究提出实施意见，省政府办公厅以鲁政办明电〔2010〕83号下发。为深入贯彻国务院和省政府文件精神，下发《关于进一步做好城市房屋拆迁工作的通知》（鲁建房字〔2010〕24号），对加强城市房屋拆迁管理、切实维护群众的合法权益提出了明确要求。

强化拆迁计划管理。认真做好年度拆迁计划的编制审批，以符合中央和省扩大内需决策的重点工程、保障性安居工程、基础设施和公共设施等公益性拆迁项目为主，对矛盾纠纷较多、上访量较大的市、县，拆迁计划减量审批或不予审批，暂停商业性开发项目拆迁，严格控制党政机关和楼堂馆所项目拆迁。会同省发改委审批年度拆迁计划2 030万平方米，涉及住宅1 677万平方米（含上年结转项目）；审批安置房建设计划2 001万平方米，涉及住宅建设1 773万平方米。各市加强拆迁项目批后管理，对拆迁计划实行动态管理；对已经审批的项目，严格按计划拆迁，维护了拆迁计划的严肃性。

规范拆迁市场秩序。各地认真贯彻落实《山东省城市房屋拆迁管理条例》，坚持“四合法两到位”，严把房屋拆迁许可证审批关，做好拆迁调解、听证和裁决，严格按程序实施强制拆迁，依法维护群众合法权益。严格拆迁单位资格审查，规范拆迁行为，整顿拆迁市场秩序。严格按照“先补偿安置、后实施拆迁”的原则，加快拆迁安置房建设步伐；全年全省拆迁安置房施工1 651万平方米，竣工621万平方米，施工和竣工面积分别比上年增长103%和92%，有效缓解了拆迁安置房建设滞后、不能满足安置需要的不利局面。年内，全省实际拆迁2 237万平方米、16.5万户，比上年分别增长98%、97%；受理拆迁裁决申请833件，实际裁决562件，强制拆迁54户，分别比上年下降28%、41%、55%。

认真做好房屋拆迁信访工作。一是各地按照中央和省委关于信访积案化解工作的要求，明确工作目标和重点，制定了具体实施方案和配套措施，集中力量开展排查化解工作，共梳理出拆迁信访积案110件，落实领导包案，一批历史遗留问题和重点疑难案件被成功结服，截至年底已化解72件，处结率达65%。二是按照《山东省信访事项复查复核办法》有关要求，认真做好拆迁信访复查复核工作，共受理复查复核申请15件，协助省信访局提出审查意见7件，其中已经结案12件。三是在全国两会、上海世博会和十七届五中全会期间，各级建设部门进一步加强信访工作，全面落实各项防范措施，妥善处置各类突发事件，有力维护了社会稳定。

【房地产市场信息系统建设】 印发了《关于加快全省房地产市场信息监测系统建设的通知》《关于上报房地产市场信息数据的紧急通知》《关于全省房地产市场监测信息系统联网建设情况的通报》《关于印发〈山东省房屋登记簿异地查询暂行规定〉的通知》等文件，对各市房地产市场监测信息系统建设工作进行部署。向省财政厅、省经信委申请专项补助资金80万元用于系统硬件、软件升级，指导17个设区城市根据全省统一标准进行系统建设，组织专家对未经过部里验收的11个设区城市的房地产市场信息系统进了验收，为进一步完善全省房地产市场信息系统功能奠定良好基础。6月24日，“全国加快推进住房信息系统建设工作现场会议”在青岛市召开，会上举行了山东省房地产市场信息系统联网开通仪式，住房城乡建设部副部长齐骥、山东省副省长郭兆信共同启动了山东省房地产市场信息系统，房地产市场信息系统实现全省联网。

【物业管理】 物业管理行业快速发展，截至年底，全省共有物业管理企业3 500家，比上年增长15%，其中一级资质企业52家，二级资质企业230家；物业管理面积达6亿多平方米，比上年增长21.1%，其中新建商品住宅小区物业服务覆盖面达95%以上；从业人员30万人，共筹集专项维修资金61亿元，205个项目获得全国物业管理示范项目称号。

扎实推进物业管理规范化。一是出台《山东省物业质量保修金管理办法》，明确了物业质量保修金的缴存、支用、退还和监管程序，解决了业主在物业保修期内维修难的问题。二是要求各市按照《山东省物业管理条例》要求，建立市、区物业主管部门、街道办事处、社区居委会多级物业管理模式，成立物业管理联席会议，为解决物业纠纷提供了便捷有效的途径。三是物业产权关系更加明晰，水、电、气、暖等专业经营设施设备向专业经营单位移交工作进入实质阶段。济南市成立了以分管副市长为组长、20个相关部门和各区分管领导为成员的市物业管理工作领导小组，明确了市政公用局、市供电公司等单位的专业经营设施设备移交责任；青岛市200余个居民住宅小区供水设备由市政供水公司接管。四是引导鼓励符合条件的物业服务项目成立业主大会、业主委员会，鼓励业主参与重大问题决策和社区活动，实现了社区内重大事件决策权和执行权相分离，解决了长期以来业主委员会对社区重大事件决策缺乏有效监督的矛盾，促进了业主自治意识和自治水平的不断提高。

*严格资质审批管理。*严格执行物业服务企业资质审批程序，坚持对二级以上物业服务企业的资质审批由城市主管部门提出初审意见，坚持所有资质审批材料经厅行政审批窗口受理。按照《物业管理企业资质管理办法》的规定，重点对企业经营业绩和盈利能力进行审核，对不规范的物业服务合同不予认可，严肃查处超资质经营和不按期办理资质延续等行为；年内，对11家超期不办理资质延续的二级物业服务企业予以注销，进一步强化了管理的规范性和严肃性。

*积极培育优秀示范项目。*年内，共有11个项目获得全国物业管理示范项目、75个项目获得全省物业管理优秀示范项目称号，这些项目在各地起到了很好的示范作用。大部分城市按照《山东省物业管理条例》要求，开展物业管理项目考核工作，定期对所辖物业项目进行考评。淄博市沂源县将考核结果与物业收费挂钩，根据物业管理项目考核结果优劣，允许该项目收费标准在价格主管部门核定的收费标准范围内上下浮动20%，极大地促进了物业服务企业提高物业服务水平的积极性。

【棚户区改造】 2010年，全省棚户区改造工作认真落实国务院大同会议和省政府第63次常务会议精神，坚持政府主导、市场运作，进一步完善政策措施，科学编制规划计划，积极争取中央投资补助，改造工作取得新进展。一是进一步完善政策规定，明确工作措施。根据住房城乡建设部等五部委《关于推进城市和国有工矿棚户区工作的指导意见》，结合我省实际，提请省政府办公厅出台《关于进一步加快城市和国有工矿棚户区改造工作的通知》（鲁政办发〔2010〕10号），

2010年3月5日，全省棚户区改造暨住房保障工作会议在济南召开，副省长郭兆信出席会议并讲话，省政府副秘书长张传亭，省住房城乡建设厅副厅长万利国、吴英出席会议

（摄影：王　众）

进一步明确了全省棚户区改造的总体目标和基本原则，提出了资金筹措、税费优惠、土地供应、拆迁补偿、住房保障等五个方面的支持政策；3月5日，省政府召开全省棚户区改造暨住房保障工作会议，研究部署了加快推进全省棚户区改造的工作措施。二是进一步核实底数，编制改造规划和计划。按照第63次省政府常务会议要求，对全省城市和国有工矿棚户区数据进行了再摸底，截至2009年底，全省现存城市和国有工矿棚户区1 271万平方米，涉及棚户区居民18.64万户；按照三年完成全省棚户区改造的目标任务，编制了全省棚户区改造规划；根据改造规划，审批下达了2010年棚改计划，将改造任务具体到项目或片区。三是积极争取中央投资补助。按照住房城乡建设部、国家发改委要求，对各市上报的国有工矿棚户区改造项目进行了审查，确定枣矿集团东花园二期等11个在建或即将动工项目作为山东省申请中央投资补助项目，争取中央专项资金3 972万元；另外，经积极争取和协调，中央财政分两批次给予山东省补助资金5 965万元，省财政奖补资金5 000万元用于城市棚户区改造。四是制定铁路棚户区改造实施方案。依据国发〔2007〕24号和建保〔2009〕295号文件精神，制定了推进铁路棚户区改造工作实施方案，提出用三到五年时间，基本将全省29个铁路棚户区和危旧房片区改造完毕，惠及铁路职工2.34万户、13万人。五是加强调度和督查。6月，按照住房城乡建设部有关会议精神，分三个片区召开棚户区改造进展调度会议，对大部分市、县棚户区改造进行了现场督导检查；9月，针对国有林场棚户区改造进展缓慢的实际情况，及时与省林业局沟通，积极推进国有林场棚户区改造进度。

【房地产估价行业管理】 一是印发了《关于进一步加强房地产估价行业管理的意见》，针对房地产估价行业存在的突出问题，从提高估价报告质量、加强分支机构和异地执业管理、加强估价机构日常管理、进一步规范资质申报程序、严格落实初审及公示制度、加强行业组织建设六个方面，提出加强估价行业管理的要求，有力地规范了估价行业从业行为。二是印发了《房地产估价机构资质行政许可、分支机构备案指南（试行）》，从申报材料内容、形式、程序等方面提出了明确要求，确保行政许可公开、公正、透明，更好地为申请人服务；启用中国房地产估价师网资质核准系统，通过系统管理进一步加强了行政许可管理工作。三是按照《山东省房地产估价报告评审标准》，组织专家对全省各估价机构出具的360份估价报告进行评审，提出有针对性的意见与建议，并抽取部分优秀评估报告结集出版，为估价机构提供了有益借鉴。四是召开了全省房地产估价行业管理会议，邀请住房城乡建设部及全国知名房地产估价专家到会授课，组织估价机构企业代表签署了《估价机构诚信宣言》，倡导诚实守信估价、抵制虚假失信评估，进一步规范房地产估价行业发展。

【住房城乡建设系统服务业管理】 一是积极组织房地产业高层次人才培训。根据省人事和社会劳动保障厅《关于印发2010年“服务业千人培训工程”项目计划的通知》要求，组织14名房地产开发主管部门有关负责人赴德国巴伐利亚州参加“房地产开发项目培训班”；联合清华大学举办房地产业高层次人才培训班，对设区城市和县级市开发办、拆迁办负责人以及2009年度全省房地产开发综合实力50强企业负责人共110人进行培训，培训班由住房城乡建设部房产司领导和清华大学、北京大学专家进行授课，同时对省外房地产开发项目进行考察，开阔了视野，拓展了思路，提高了素质。二是认真做好住房城乡建设系统服务业统计工作，省住房城乡建设厅被省统计局授予全省服务业统计工作先进单位称号，连续三年被省政府评为全省服务业发展先进单位。

【住宅产业化】 会同有关单位起草了《山东省住宅小区配套设施及产业化技术审查试行办法》《居住建筑与太阳能一体化技术应用规程》《山东省住宅产业化基地管理办法》等文件初稿；参编了《CSI住宅建设技术导则（试行）》，并由住房城乡建设部住宅产业化促进中心发布实施，并选择济南、威海等市组织实施了CSI住宅体系工程试点；组织召开了力诺瑞特国家住宅产业化基地成果汇报会，套开了全省住宅产业化工作座谈会，参加住房城乡建设部2010年度A级住宅建设经验交流暨颁证大会并作典型汇报。指导万华集团成功申报国家住宅产业化基地，成为山东省第三个国家住宅产业化基地；帮助滕州、寿光两市成功申报国家性能认定试点城市；指导泗水海情圣城、文登天恒龙泽苑两个县级城市的项目通过国家康居示范工程正式评审；指导济南祥泰·森林河湾等16个项目通过A级住宅性能认定预审，聊城市城市主人住宅小区等10个项目通过终审；青岛市海尔·东城国际等4个国家康居示范工程项目通过达标验收。

2010年7月9日，住房城乡建设部副部长齐骥，烟台市委常委、副市长刘树琪为烟台万华“国家住宅产业基地”揭牌，省住房城乡建设厅副厅长吴英主持揭牌仪式

（摄影：刘春藏　王　众）

（刘建平）

住房公积金监管

【概况】 2010年，住房公积金监管工作紧紧围绕全省住房城乡建设中心工作任务，以充分发挥住房公积金制度作用惠及百姓为主线，以确保资金安全、提高管理水平为主要内容，进一步完善住房公积金监管制度，规范住房公积金业务发展，全面完成年初确定的各项工作任务，住房公积金缴存额持续快速增长，资金使用效率明显提高。截至年底，全省住房公积金实际缴存职工人数591.5万人，较上年度增加13.3万人；住房公积金累计缴存总额1 802.8亿元，新增333.9亿元，缴存余额1 064.6亿元，分别比上年增长22.7%、15.1%、20.2%；本年度发放个人住房公积金贷款256.3亿元，比上年增长14.8%，个人住房公积金贷款余额占缴存余额的比例（即个

贷率）为59.1%，比上年提高7.1个百分点；住房公积金使用率（个人提取总额、个人贷款余额与购买国债余额之和占缴存总额的比例）为76.1%，住房公积金运用率（个人贷款余额与购买国债余额之和占缴存余额的比例）为59.6%，分别比上年提高4.5个百分点、6.8个百分点。

【合理引导居民住房消费】 一是进一步规范住房公积金个人住房贷款政策。认真贯彻落实住房城乡建设部等四部门《关于规范住房公积金个人住房贷款政策有关问题的通知》，与省财政厅、人民银行济南分行和山东银监局联合印发了《关于贯彻建金〔2010〕179号做好规范住房公积金个人住房贷款政策有关问题的通知》，提出了具体贯彻意见、操作原则和时间要求；各地积极调整贷款政策，合理引导居民住房消费，抑制不合理的住房需求，充分发挥了住房公积金制度的政策调控作用，有力维护了全省房地产市场稳定健康发展。二是增加缴存职工住房消费资金积累。严格执行“控高保低”政策，鼓励有条件的城市逐步提高缴存比例，增加缴存职工住房消费资金积累，提高职工购房能力；经省政府批准，对济南、枣庄、泰安等3个城市住房公积金缴存比例进行了调整。

【支持保障性住房建设】 联合省财政厅、发改委等部门印发《关于做好利用住房公积金贷款支持保障性住房建设试点工作的通知》，启动利用住房公积金贷款支持保障性住房建设试点工作。经过初审，济南市、青岛市参加试点，试点项目包括济南市中大南片区棚改安置房建设项目、青岛市李沧区南岭片区和郑庄片区经济适用住房建设项目，两市计划各利用住房公积金贷款10亿元，有力支持了保障性住房建设。

【住房公积金监管】 一是召开了全省住房公积金监督管理联席会议。4月1日，郭兆信副省长主持召开了省住房公积金监督管理联席会议，省建设、监察、财政、人民银行、银监局、审计、法制办、总工会等成员单位的负责同志参加了会议。会议从搞好扩面归集工作、完善行政监管措施、加强管理机构建设、提高管理队伍素质、提高资金使用率和提高监管水平等六个方面提出了具体的工作措施。二是完善行政监管制度。在全省建立并实行了住房公积金《行政监督决定书》《行政监督建议书》和《行政监督督办函》、住房公积金决策和管理重要事项备案、省住房城乡建设厅列席各市住房公积金管理委员会会议等监管制度，行政监管制度进一步完善。三是规范管理机构设置。针对在机构调整过程中存在的问题，向潍坊市、德州市、日照市人民政府下达了《行政监督决定书》，并专题向郭兆信副省长作书面汇报，商请省政府督查部门对此项工作进行督办，规范住房公积金管理机构设置。四是强化业务考核与激励。组织省联席会议成员单位对各市2010年度住房公积金业务管理工作进行了全面检查考核，指导督促各地健全管理制度，规范管理流程，提高管理水平，确保住房公积金安全完整和保值增值；会同省财政厅制定了《山东省住房公积金管理中心业务管理工作考核办法》（试行），并协调省财政设立考核奖励专项资金，将奖励资金纳入省级财政年度预算。

（朱亚东）

村镇建设

【概况】 2010年，全省村镇建设系统认真贯彻落实党的十七届五中全会和省委工作会议精神，积极践行科学发展观，以统筹城乡发展，加快社会主义新农村建设为指针，解放思想、干事创业、积极作为、科学务实、扎实苦干，全面推进农村住房建设，持续推进村镇建设改革，村镇建设事业实现平稳较快发展。全省村镇建设完成投资1 251亿元，比上年增长38%，其中小城镇建设完成投资498亿元；新建住宅7 075.2万平方米，公共建筑1 207.6万平方米，生产性建筑2 887.8万平方米；村镇自来水普及率达到85.5%，其中小城镇达到88.7%；新编小城镇总体规划185个，村庄建设规划6 550个，乡镇总体规划和中心村建设规划修编基本完成；新启动农房建设整村改造在建和完工126万户，危房改造完成25万户。

【村镇规划编制】 整合全省规划编制力量，建立村镇规划编制援助中心，坚持“政府组织、专家领衔、部门合作、公众参与、科学决策、依法办事”的原则，加强对村镇规划编制的政策支持与技术指导，增强对村镇体系布局宏观层面和具体发展微观层面的把握能力。在村镇规划设计中，突出培育特色的理念，精心塑造特色鲜明的村镇形象；突出绿色发展的理念，精心构筑低碳村镇创建平台；突出共建共享的理念，精心打造城乡一体的村镇建设模式。组织了灾后重建项目2009年度全省优秀村镇规划设计评选，对13个市申报的规划成果，按照“公开、公正、公平”的原则，评出一等奖4个、二等奖6个、三等奖10个。

【农房建设与危房改造】 2010年是开展农村住房建设与危房改造的第二年，各地认真贯彻落实省委、省政府的决策部署，普遍加大了对农房建设与危房改造工作指导力度，全力推进，呈现出由城中村、城边村向乡镇驻地和普通农村纵深发展，由集中连片建设与零星建设相结合向集中连

2010年4月18~19日，全省农村住房建设与危房改造工作现场会在济宁召开，省委副书记、省长姜大明出席会议并作重要讲话，副省长郭兆信主持会议 （摄影：徐启峰）

片建设为主转变的良好局面，迅速形成农房建设热潮，取得明显成效。年内，全省完成农房建设与危房改造投资1 847亿元，集中建设农村住房126万套，改造农村危房25万套，1 000多万农民的生活居住条件显著改善。

各级政府高度重视农房建设与危房改造工作。4月18~19日，省政府在济宁召开了全省农村住房建设与危房改造工作会议，姜大明省长出席会议并作重要讲话，对农房建设与危房改造工作进行部署，对全省深入开展农房建设工作起到了巨大推进作用。8月30日起，省政府在寿光、荣成、齐河和滕州召开了农房建设与城市保障性安居工程调度会，郭兆信副省长到会讲话，研究探讨了如何确保完成全年农房建设与危房改造工作的具体措施。会同省煤炭局，组织召开全省煤矿矿区农村住房建设和压煤村庄搬迁工作会议，王军民副省长到会讲话，对推进煤矿矿区村庄搬迁工作进行部署。各级党委、政府认真贯彻落实省委、省政府的决策部署，将这项工作列入重要议事日程，主要领导亲自动员、亲自部署、亲自检查、亲自调度，分管领导靠上抓，几大班子齐抓共管，共同推进，逐步形成了主要领导亲自抓、分管领导直接抓、部门相互配合、农民群众积极参与的良好局面。各市与各县（市、区）、各县（市、区）与乡镇都层层签订责任状，将任务分解落实，并采取领导干部包村、包项目，掀起了农房建设热潮。

加快完善政策配套与支持。为解决制约农村住房建设的资金和土地“瓶颈”，各地从实际出发，创造性地开展工作，进行了有益的探索。在资金支持方面，简化审批程序，减免相关规费，拓展资金来源渠道。省财政拿出1亿元“以奖代补”资金支持农房建设，同时从村镇规划建设资金中拨付3 900万元，支持36个县（市）建设农村新型社区小型污水处理设施170余个。各地财政都积极支持农房建设，济南市下拨财政补助资金1.16亿，初步商定新增5亿元财政借款，重点用于新开工的安置房工程启动和周转；青岛市将市域内村庄改造工程全部纳入财政补助范围，每个村庄改造均可获得市级补助资金180~220万元；枣庄市利用融资平台贷款44亿元，安排财政奖补资金1.6亿元，减免各类规费1.3亿元，支持农村住房建设；临沂市对规模达到3 000人和5 000人左右的中心镇驻地社区分别给予100万元和200万元补助，对整村迁建的一般村和中心村（含一般镇的驻地村）分别给予20万元和50万元补助，省农村信用社联合社临沂办事处实施“金瓦”工程，享受农民一般生产经营贷款平均利率下浮20%~50%的优惠政策，支持农民建房。在土地政策方面，各地充分利用城乡建设用地增减挂钩、土地招拍挂等政策，积极筹措资金，支持农村住房建设。烟台市政府出台了《烟台市城乡建设用地增减挂钩实施意见》，规定每结余1亩建设用地指标，财政补贴村庄20万元，并奖励所在镇街1万元，有力推动了工作开展。

因地制宜，分类指导。在工作推进中，各地坚持“多策并举、因地制宜、分类指导、逐步实施”的思路，多角度、全方位探索农村住房建设与危房改造工作的思路和方法。对城中村和城边村，主要根据城市发展需要，坚持政府引导、民主决策、市场运作，或依托房地产开发，或由村集体自行组织，积极进行整体拆迁、整合改造；对乡镇驻地村和经济强村，积极吸纳周边村庄，统一组织建设集中居住区，同步配套建设基础设施和公共服务设施，促进城乡基本公共服务均等化，建设新型农村社区；对经济条件欠发达的村庄，结合村庄整治，积极实施旧村改造，引导农户到小城镇、中心村购房、建房。潍坊市重点抓好建设品质提升，拿出2 000万元专项资金，选择19个农房建设项目，全面推广应用太阳能、地热能、生物质能等可再生能源，打造全市第一批低碳示范社区；威海市坚持民生为重，在积极给予信贷、技术等支持的基础上，市区城中村

“拆一还二”，按照宅基地面积给予补偿，村居开发分成部分首先用于民生保障；莱芜市大力推进以污水、垃圾治理和供气为重点的基础设施联网对接，共建共享，在城市污水管网敷设不到的农村社区，积极推广应用生活污水生物集成处理新技术，努力打造农村新社区生活污水生物集成处理技术应用示范市。

加大宣传力度，营造良好氛围。把加强舆论宣传作为推进农村住房建设的重要内容，积极总结经验做法，大力宣传先进典型，同时会同省委宣传部，下发《关于搞好农房建设与危房改造工作宣传报道工作的通知》，加大宣传力度。2月27日，中央电视台《新闻联播》对山东省“建材下乡”政策推动农房建设的经验做法予以报道；8月30日，《人民日报》头版头条、全面系统报道了农房建设工作给农民生活带来的巨大变化，对山东省的农房建设工作给予充分肯定。

【特色镇（村）创建】 主动协调相关部门，出台推进特色镇（村）创建的相关政策，加强分类指导，认真组织开展特色景观旅游名镇名村、历史文化名镇名村申报和评选工作。6月，与省旅游局联合下发《关于组织申报第二批全国特色景观旅游名镇（村）的通知》（鲁建村函〔2010〕1号），会同省旅游局进行了初步评选，公布38个镇（村）为山东省特色景观旅游名镇（村），并择优推荐18个镇（村）参加全国特色景观旅游名镇（村）评选。12月，桓台县李家疃村被评为第五批国家历史文化名村。

【“建材下乡”工作】 结合全省农房建设与危房改造，会同省经信委联合制定下发了水泥、钢材等建材下乡的具体办法。费县县委、县政府认真贯彻落实通知精神，组织开展了水泥下乡活动，县财政安排专项资金，对符合条件的新建房户每户补助20吨、危房改造每户补助10吨水泥。4月7日到9日，住房城乡建设部、工信部、商务部等六部委组成联合调研组，来山东就“建材下乡”工作开展调研，到济宁兖州市和临沂费县查看了农村住房建设现场村和农村集中居住点建材供应情况，对山东省建材下乡做法给予充分肯定；6月8~9日，六部委在临沂召开全国建材下乡现场会，对山东建材下乡经验做法予以推广。

【村镇建设质量安全管理】 一是进一步完善村镇建设工程管理体制。继续贯彻住房城乡建设部《关于加强村镇建设工程质量安全管理的若干意见》（建质〔2004〕216号）的文件精神，统筹城市建设与村镇建设，并与现行的村镇行政管理体系结合起来，进一步健全和完善村镇建设工程管理服务机构；充分利用县级工程质量安全监督机构现有的管理资源，建立起日常检查与巡查相结合的长效机制，村镇建设工程质量安全监督覆盖面不断提高。二是严格执行规划许可。规范“一书两证”和“一书一证”审批，严格工程设计、施工条件的审查，加强对规划建设许可和施工许可（开工审查）的管理，从源头上把好村镇建设工程质量安全关。三是开展村镇建设工程质量安全检查。5月，下发《关于加强农房建设质量安全的紧急通知》，要求各市对村镇建设限额以上工程开展拉网式自查，对工程项目履行法定基本建设程序情况、各市建设行政主管部门质量安全责任落实情况、工程项目实体质量状况、施工现场安全生产情况等进行检查；6月，省里组成6个检查组，开展全省农村住房建设质量安全检查，共抽查17个市34个县（市、区）的51个在建农房集中建设项目限额以上工程（二层及二层以上，或者投资30万元以上，或者建筑面积300平方米以上），下达整改通知书14份，督促有关责任单位对发现的问题进行整改，并对整改情况进行复查验收，所有问题已全部整改到位。

（宫晓芳）

工程建设管理

【概况】 2010年，全省工程建设管理行业积极践行科学发展观，认真贯彻中央和省委、省政府的决策部署，按照年初全省住房城乡建设工作会议确定的工作思路、工作重点和工作目标，紧紧围绕调结构、转方式，转变作风，强化服务，深入调研，细化措施，狠抓落实，出色地完成了各项工作任务。

【工程建设招标投标管理】 完善制度，创新机制。先后出台了《山东省房屋建筑和市政基础设施工程招标评标办法》《山东省房屋建筑和市政工程招标投标办法》，进一步完善了招标投标制度，确保了招投标活动依法有序进行。各市结合招投标工作出现的新情况、新问题，坚持在制度建设和机制创新上下功夫，大胆探索，强化科学管理，监管质量和效率进一步提升。济南市在依法应招标工程中全面实行招标控制价，防止围标串标“哄抬标价”与恶意低价“抢标”；青岛市制定了建筑、安装、市政、绿化、设备、监理等六类公告范本，实现了招标公告“模块化”，防止招标人量体裁衣和肢解工程等行为；威海市全面理顺了行政区域内各类开发区、工业园区的工程建设管理体制，房屋建筑和市政工程招投标活动进入项目所属市、县交易中心，由各级招标办实施监管。

强化监管，规范运行。以强化动态管理为切入点，积极推进招标代理行业健康发展。一是通过奖优树先，引导行业自律。年初，表彰了“全省十佳招标代理机构”和50家“全省优秀招标代理机构”，并在《山东建设报》和山东省建设工程招标投标管理信息网上进行集中展示。二是全面提高招标代理从业人员的业务素质和服务水平。进一步完善了招标代理从业人员教育培训、持证上岗和业务考核制度，聘请高等院校的教授和业内专家共同编写了《工程建设项目招标代理从业人员培训教材》，为招标代理从业人员业务学习提供了系统的专业教材。三是建立和完善从业人员动态管理机制。建立了从业人员基本信息数据库，收录从业人员的教育培训情况、流动情况、奖惩情况和工作业绩；数据库在部分城市进行了试点，运行良好，为下一步的全面推行打下基础。四是加强评标专家管理。完成13个分库评标专家资格复审和业务培训工作，对3 676名任期满3年的评标专家进行了资格复审和业务培训，第一次将专家评标行为纳入复审考核范围，淘汰不合格专家859人，淘汰率达23%；对评标专家管理软件系统进行升级改造，并在县（市、区）全面推行使用，在专家抽取通知保密环节和全省评标专家资源任意共享等方面有显著提升。五是继续开展全省招标代理活动专项检查。与省监察厅联合在全省部署开展了招标代理机构专项检查活动，对招标代理机构市场行为的规范起到了积极的促进作用。

【工程建设标准管理】 一是国家及行业标准编制。经住房城乡建设部批准发布了两项行业标准《混凝土叠合箱网梁楼盖技术规程》《纤维石膏空心大板复合墙体应用技术规程》，国家标准《复合土钉墙基坑支护技术规范》《建（构）筑物移位工程技术规程》形成报批稿上报待发布，行业标准《混凝土结构工程无机材料后锚固技术规程》、产品标准《混凝土结构工程用锚固胶》《混凝土防冻泵送剂》编制工作已经启动。组织全省有关单位，积极做好2011年国家、行业工程建设标准的制订和修订项目的申报工作，全省共申报6项国家、行业标准，其中国家标准《硬泡聚氨酯保温防水工程技术规范》修订准予立项。二是地方标准编制管理。组织编制批准发布地方标准12项：《建筑施工现场施工升降机安全性能评估技术规程》《建筑施工现场塔式起重机安全性能评估技术规程》《建筑施工现场塔式起重机安装拆卸安全技术规程》《燃气用衬塑（PE）铝合金管道工程技术规程》《旋挖成孔灌注桩施工技术规程》《地源热泵系统工程技术规程》《散热器热水采暖系统塑料管道工程技术规程》《城市建设项目配建停车位规范》《公共建筑节能监测系统技术规范》《保温装饰板外墙外保温系统应用技术规程》《岩棉板外墙外保温系统应用技术规程》《给排水工程塑料检查井应用技术规程》。三是加强标准实施监督检查。先后印发了《关于开展电力强制性条文检查的通知》《山东省电力工程建设标准强制性条文执行情况检查通报》《关于建筑基坑工程建设强制性标准执行情况检查的通知》，拟定了专项检查方案，对相关标准实施进行监督检查，积极推进标准实施。

【工程造价管理】 工程概算定额管理。一是工程概算定额的发布、宣贯培训。3月，山东省第一部概算定额由省住房城乡建设厅、省发改委、省财政厅联合颁布实施，定额共分《山东省建筑工程概算定额》《山东省安装工程概算定额》《山东省市政工程概算定额》《山东省建设工程概算费用编制规定》4部分；之后，先后在济南、济宁、烟台、日照、潍坊、泰安等市组织概算定额交底培训，保证了概算定额的顺利贯彻实施。二是概算定额工程计价软件评审。委托省内部分技术实力较强、产品使用较广泛的计价软件企业，开发了概算定额工程计价软件，经专家评审委员会评审，共有4种概算定额计价软件获评审通过，并向社会公布。三是人工费的测算和调整。8月，以鲁建标字〔2010〕18号《关于发布我省建设工程定额人工最低工日单价、综合工日单价及有关问题的通知》发文调整人工费，将全省的定额综合工日单价由44元/工日调整为53元/工日。

工程造价咨询行业管理。一是工程造价咨询企业执业管理。2月，印发了《关于2009年下半年全省工程造价咨询企业检查情况的通知》，对检查情况进行总结通报，对不合格企业进行整改或注销，年内共注销企业资质甲级1家、乙级28家，资质整改29家（次）。二是工程造价咨询企业信用等级评价。5月，印发了《关于公布全省工程造价咨询企业信用等级评价结果的通知》（鲁建标字〔2010〕6号），公布了585家企业的信用等级，并下发了信用等级证书。三是工程造价咨询企业备案管理。对工程造价咨询企业设立分支机构严格审核，共核定造价咨询企业分支机构为合格分支机构10家；对外省造价咨询企业跨地区执业进行备案，全年共计47家（次）。四是工程造价咨询资质行政许可。年内共审核批准32家企业为乙级（暂定一年）工程造价咨询资质，给予1家企业行政不许可；批准申请转为乙级资质32家、资质延续1家、资质分立7家、资质合并5家、资质变更74家；完成甲级造价咨询企业资质延续初审上报13家，完成乙级造价咨询企业申请晋升甲级资质初审40家，并将初审合格27家企业材料上报住房城乡建设部。五是工程造价专业人员管理。严格落实《山东省工程造价专业人员变更管理办法》的规定，加强对造价员的日常管理，全年共办理800余名造价员业务水平等级证书、全国造价员证书的工作单位变更。

【无障碍建设城市创建】 7月，先后印发了

《关于调整全省创建无障碍建设城市协调小组人员的通知》（鲁建标字〔2010〕9号）、《全省无障碍初审检查工作方案》《关于做好“十一五”创建全国无障碍建设城市验收工作的通知》（鲁建标字〔2010〕11号）、《关于成立全省无障碍专家技术指导委员会的通知》（鲁建标字〔2010〕17号），要求各创建城市做好迎检工作。8月，省直四部门联合对全省六个创建城市进行初审，将全省无障碍建设总体情况报告及初审意见报住房城乡建设部和中国残联。9月，全省无障碍建设工作协调小组在济南市组织召开全省创建全国无障碍建设城市迎检工作会议，对各创建城市初审情况进行通报，并就如何做好迎检工作提出具体要求。12月，国家无障碍建设城市验收组在住房城乡建设部标定司副司长徐慧琴带领下对济南、东营、临沂三市进行全面验收，对山东省无障碍建设工作给予充分肯定。

【工程建设监理】 指导督促各市继续抓好《关于进一步推动建设监理行业规范发展的意见》和《山东省工程项目监理机构建设标准》的贯彻落实，通过实行监理项目备案和人员押证等制度，严格项目监理机构人员配备，规范监理取费标准，进一步规范工程监理单位的市场竞争行为。对全省1 349名项目总监和8 586名监理员分期分批开展从业能力考核，进一步提升了监理人员素质和工作能力。认真组织参加全国第八次监理工作会议、第四次监理高峰论坛和上海国际项目管理论坛，引导全省监理企业借鉴学习先进经验，拓展项目管理，稳固当地市场、抢占外埠市场，推动监理行业做强做大。山东营特项目管理公司等监理单位在政府投资工程中积极探索项目管理服务模式，已经得到业主和业内的广泛认可，为监理行业转方式、调结构，推动全省建设咨询服务业发展发挥了重要的带动和示范效应。

【工程质量管理】 组织开展质量通病治理、全面推行质量分户验收，住宅工程质量稳步提升。印发了《关于深入开展住宅工程质量通病专项治理活动的通知》，在全省部署了为期三年的专项治理活动，成立了全省住宅工程质量通病专项治理活动领导小组（以下简称“省通病治理领导小组”），省住房城乡建设厅厅长杨焕彩任组长，领导小组下设办公室。会同省建管局，在对全省工程质量现状进行广泛调研、深入分析的基础上，研究制定了《山东省住宅工程质量通病专项治理技术措施》，针对当前影响住宅工程主要使用功能的渗漏、裂缝、电气、水暖等四大类十二项通病，研究制定了115条治理措施，编印并免费发放治理手册10万册。同时，借鉴外省、市经验，研究制定了《山东省住宅工程质量分户验收管理办法》，要求所有住宅工程竣工验收前，必须对每户住宅及相关公共部位进行检查验收，以确保工程质量和使用功能。各市对这两项工作高度重视，严格落实各项治理措施，通病治理取得初步成效，分户验收全面推开。12月下旬，省通病治理领导小组办公室组织专家组，对各市开展通病治理活动和推行分户验收情况进行督查，对省住房城乡建设厅强化住宅工程质量管理的工作给予高度评价。

【工程安全管理】 深入开展安全生产“基层基础年”活动，安全生产形势持续稳定。根据省政府的部署，在全省住房城乡建设系统深入组织开展“安全生产基层基础年”活动，先后4次召开全省视频会议，及时分析形势、部署工作，特别是对重要节假日和重大社会活动期间的安全生产均提前做出安排。全年组织了4次全省性大检查，累计检查在建工程1.6万余个，发现并消除各类隐患7万多条，对存在重大隐患的318个工程责令停工整改。研究制定了《关于进一步加强住房城乡建设系统生产经营单位安全生产工作的意见》，提出34条措施要求，使部门监管责任和企业主体责任进一步得到落实。积极参加省政府安委会组织的“安全发展、预防为主”安全月活动，广泛宣传安全生产法规政策，普及安全常识，集中开展隐患排查治理和教育培训，组织27个安全服务队下基层、到企业现场指导，进一步提高了基层单位的安全意识和管理能力。针对“10·3”青州车间墙体倒塌、“11·15”上海重大火灾事故，均紧急下发通知，深入排查治理，及时遏制了非法建设导致恶性事故的不良势头，坚决防范重特大事故发生。全年，全省房屋建筑和市政工程施工累计发生死亡事故19起、死亡30人，事故起数有所下降、死亡人数略有增加，安全生产形势保持基本平稳，省住房城乡建设厅连续三年被省政府评为全省安全生产先进单位，在全省安全生产电视会议上作了典型发言，并被授予安全月活动优秀组织奖。

【工程执法监察】 深入开展工程建设领域的执法监察，全力协调督办，集中解决群众关心的热点难点问题。对威海神道口中学、蓬莱刘家沟村蔚蓝碧岸项目、菏泽奥林花园以及烟台广厦房地产开发公司等违法违规建设问题，对郯城县经济适用房和名人苑住宅楼、济南轴瓦厂住宅楼、济南天鸿田园新城等工程质量问题，以及对临沂天元机械化施工公司安全事故问题，均会同当地住房城乡建设部门妥善处理，并将调查处理情况及时上报住房城乡建设部稽查办。对临沂天元机械化施工公司安全事故问题，工程建设处派员赶赴现场调查了解情况，经反复协调沟通，当事人表示满意并息诉罢访。

【工程建设领域突出问题专项治理】 按照省专项治理领导小组的要求，认真履行工程建设实施过程专项治理工作的牵头职责，与省交通厅、省水利厅等专业部门建立联络协调机制，及时对中央领导小组下发的《进一步加强工程建设实施和工程质量管理的意见》提出了山东省的贯彻意见。4月份，抽调专家组成4个检查组，重点抽查了8个市的32个项目，对发现的122项问题督促责任单位限期进行整改，进一步推动了专项治理工作的深入开展。上半年，指导各市排查投资500万元以上的政府投资项目1 937个，发现问题527项，纠正348项，罚没、补缴各类款项620余万元。下半年，对省专项治理领导小组办公室转交的各级各部门排查发现的问题进行认真梳理，对其中由住房城乡建设部门负责监管的1 181个项目、2 266项问题，分区域、分专业分别下达给各市49个主管部门督促落实整改，截至年底累计整改问题861项，涉及项目503个，补办建设手续287项，补缴各类规费1 306余万元，处罚责任单位52家。会同有关处室研究起草了《关于解决当前政府投资房屋建筑和市政工程建设有关问题的意见》，从规范工程建设决策行为、招投标活动、资金安排使用以及加强实施阶段管理和建立健全长效机制等五个方面提出了28条意见。省专项治理领导小组在历次调度会上，住房城乡建设部稽查办和中央工作组来山东省督查时，均对山东省住房和城乡建设系统的突出问题专项治理工作给予充分肯定；在全国房屋建筑和市政工程招投标监管暨专项治理工作会议上，山东省住房和城乡建设厅作了典型发言。

【清理拖欠工程款和农民工工资】 清理拖欠工程款和农民工工资工作（以下简称“清欠”），国家已明确社会保障部门牵头负责，在山东省政府尚未做出调整前，坚持思想不乱、力量不减、人员不散、力度不变，每到重大节假日或农民工集中返乡季节，都提前部署、提前动员、提前排查，做到早发现、早解决，防止矛盾激化。对来省住房城乡建设厅投诉和上访的群众，实行包案负责，及时协调处理、跟踪督办，所有拖欠案件都得到很好解决，没有发生越级进京上访事件。对广饶县小商品商贸城拖欠工程款、四川巴中农民工被拖欠工资、广饶县中兴建筑公司拖欠人工费、山东省市政工程公司工程款结算纠纷等问题，均会同当地住房城乡建设部门妥善处理；特别是对鲁建工程公司拖欠农民工工资问题，省住房城乡建设厅副厅长万利国多次亲自协调，使多年遗留下来的拖欠积案得以彻底解决。同时，指导督促各市认真落实合同用工、工资按月发放、农民工实名管理等制度。为做好2011年元旦春节前建筑农民工工资支付工作，要求各级住房城乡建设部门积极配合社会保障等部门，协同查处因拖欠工程款造成拖欠工资的案件。年内，全省拖欠投诉继续大幅度下降，省清欠办累计受理群众投诉175件，涉及农民工4 073人、拖欠工资4 518万元，案件起数和拖欠金额与上年相比，分别下降63.5%和31.1%。

【建设机械行业管理】 2010年，全省建设机械行业管理工作，在厅党组的正确领导下，以“建设建机强省”为主题，全面落实科学发展观，转变管理观念，强化服务意识，真抓实干，行业规模和整体实力不断发展壮大；截至年底，纳入全省备案管理的省内外企业达到1 761家，从业人员达30万人，全年产值过500亿元。

扶持行业骨干企业发展。6月份，召开了全省建机行业骨干企业工作会议，表彰了2009年度全省建机行业名牌产品企业，部署了全省建机行业百强企业和高性能节能窗申报工作，制订了扶持骨干企业发展措施和办法。9月份，开展了骨干企业参加的高性能节能窗评选工作，评出了17个A类高性能节能窗，59个B类高性能节能窗。11月份，开展了骨干企业参加的“行业百强企业”评选，共评出108家企业为行业“百强企业”，为行业骨干企业加快发展创造了有利条件。

建机产品节能技术研究和认定推广。组织专家研究制定了《山东省建设机械产品节能认定主要性能指标》，对全省申报节能认定材料进行了审查，共有617个产品符合条件通过认定。依据住房城乡建设部以及省住房城乡建设厅发布的技术公告和目录，组织编制了《2010年山东省建机行业推广应用和限制禁止使用技术》，其中推广应用技术25项，限制使用技术12项，禁止使用技术13项。组织行业专家对中空玻璃节能技术进行了专项研究，研究成果在全行业推广应用，提高了全省建筑门窗、幕墙节能技术水平。

建机产品登记备案管理。认真组织建机产品备案到期换证、质量年检工作，确保产品备案质量水平。全年，分4批对759家建机产品备案到期企业进行了换证材料审查，其中712家企业、1 187个产品符合条件，颁发了有效期为两年的《备案证明》。采取“企业自查、各市检查、省抽查”的方法，对备案的产品进行质量年检。根据国家标准并结合全省行业实际，调整了全年企业备案条件和产品主要性能指标，确保备案产品质量。

建机产品质量管理。为加强全省塔机、施工

2010年5月16日，省住房城乡建设厅、潍坊市人民政府联合主办的2010中国（潍坊）门窗幕墙展览会隆重开幕 （摄影：史振伟）

升降机及配套产品质量管理，要求企业严格按省建设机械行业办公室下发的《关于加强全省塔机施工升降机产品质量和备案管理的意见》以及国家新标准规范组织研发和生产，确保施工机械安全可靠。全年组织开展了1 140家、1 600多个产品质量抽检，对保证备案产品质量，起了重要保证作用。

成功举办2010中国（潍坊）门窗幕墙展览会。5月16日，省住房城乡建设厅和潍坊市政府在潍坊市联合举办了“2010中国（潍坊）门窗幕墙展览会”。中国建筑金属结构协会会长姚兵、秘书长刘哲，省住房城乡建设厅党组副书记、副厅长万利国，潍坊市有关领导，以及厅有关处室、单位的领导出席了开幕式。本次展会，展出面积2万平方米，参展企业150多家，有11家参展企业获品牌金奖，12家参展企业获品牌银奖。

【援川工作】 全力支持全省的各项对口援建工作。积极为长篇报告文学《真情大援川》提供有关后方工作情况素材。按照省援川办的要求，调度汇总全省住房和城乡建设系统对四川地震灾区人力、物力、智力支持工作情况和有关宣传图片，协助省援川办筹备组织了山东援川大型图片展览活动。经大量资料搜集、反复逐一核实、系统分类整理，编撰了《援川救助志》，提供了近4万字的初稿及精选图片，客观翔实地记录了山东省住房和城乡建设厅在对口援建四川中所做的工作。会同省建管局组织开展了援川工程项目的安全文明工地和“泰山杯”创建活动，确保了援川工程项目的质量安全。

【援疆住房和城乡建设工作】 6月份以来，山东省对口支援新疆喀什地区疏勒、英吉沙、岳普湖、麦盖提四县住房城乡建设工作，认真贯彻落实党中央、国务院和省委、省政府一系列指示要求，立足实际，开拓思路，逐步推进，各项工作开局良好，并取得初步成效。一是深入调研，明确援疆工作规划。深入受援地区基层一线广泛调研，了解住房城乡建设发展实际和面临突出问题，立足当前、着眼长远，反复对接、充分论证，编制完成了援疆“富民安居与城乡建设规划”专项规划，形成了综合规划。规划明确，山东省对口支援住房和城乡建设工作，以农村安居工程和城市棚户区改造为重点，改善人民群众居住条件；以城乡基础设施建设为重点，改善城乡基础条件，促进经济发展；力争通过五年多时间的努力，使受援地住房和城乡建设面貌发生显著变化，推动经济社会跨越式发展和长治久安。2010年以来，协调、调动中国城市规划设计研究院、山东省城乡规划设计研究院等十多家高水平规划设计单位进疆，

2010年7月1日，山东省第一部真实长篇报告文学《真情大援川》首发仪式在省住房城乡建设厅举行 （摄影：盛 谊）

启动了县城总体规划、详细规划、专项规划，县域规划、乡（镇）域规划、村镇体系规划，乡镇整治规划、棚户区改造规划、村庄建设规划等数十项规划的编制工作。二是试点示范引路，援疆住房城乡建设工作全面推进。4月起，山东省在援疆资金总盘子之外投入2.18亿元，陆续启动了4个试点项目、8个示范项目，包括4个农村安居工程项目、1个城市棚户区改造项目、1个小城镇改造提升项目共6个住房城乡建设项目，共计投入资金9 500万元，投资占比43.58%。三是统筹安排，理清了2011年度项目计划。统筹考虑上级要求、基层需求、资金分配、全局效益，统筹摆布不同推进方式、不同行业领域、不同县域的项目，对近三年尤其是2011年的建设项目进行了系统地梳理，拟定了2011年建设项目计划，理清了项目盘子、工作重点、工作要求，明确了援疆住房城乡建设工作的初步框架。四是充实规划建设管理力量，指导加强制度建设。指导强化了援疆制度建设，出台了《援疆项目管理办法》《援疆工程建设指导流程》《援疆项目调度制度》《加强援疆工程招标投标管理工作的意见》《加强援疆工程建设监理工作的意见》《加强援疆工程质量安全管理工作的通知》等一系列管理制度，从各个阶段、各个环节提出了援疆项目建设的规范性要求，为援疆项目顺利实施提供了制度保障。

（类　红　闫　民　潘　峰　李晓南）

建　筑　业

【概况】　2010年，全省建筑业深入贯彻落实科学发展观，认真执行国家和省一系列重大决策部署，围绕建设建筑业强省战略目标，各项工作扎实推进，保持了持续快速健康发展的良好态势，为全省经济社会发展做出了积极贡献。全年完成全社会建筑业总产值8 500亿元，增加值2 000亿元，实现建筑业税收160亿元，分别比上年增长25.1%、23.8%、25%；房屋建筑施工面积4.6亿平方米，竣工面积2.1亿平方米，分别比上年增长17.9%、16.7%。培育大企业和品牌企业有了突破性进展，全省年产值过百亿的企业2家，过20亿的28家，纳税过亿元的企业19家，3家企业进入中国最大承包商60强；装饰装修业发展迅速，年内全省1 700余家装饰装修企业共完成总产值980亿元，16家装饰企业年产值过亿元，过5亿元的6家，过10亿元的4家，12家装饰企业进入中国建筑装饰行业百强。县域建筑业迅速崛起，桓台、肥城、胶州、滕州四县建筑业产值均超百亿元，为促进当地经济增长、增加农民收入和缓解社会就业压力做出了重大贡献。

【产业管理】　强化建筑业发展规划和指导，围绕行业重点、热点问题开展调查研究，开展了“转方式、调结构”、做大做强建筑业和房地产业调研活动，编制完成了全省建筑业“十二五”规划，为建筑业健康有序发展提供了有力指导；加强建筑业发展预测和调控，定期召开统计分析会议，对产业经济运行情况进行分类指导，保证了产业发展和宏观指导规范化、科学化；出台了《山东省建筑节能外墙外保温工程专业承包企业资质等级标准》（试行），填补了全省节能专业企业资质等级标准的空白；健全完善了企业资质动

2010 年 5 月 8 日，省建管局局长宋瑞乾到江苏省考察学习　　（摄影：徐海东）

雄狮集团在上海承揽了东方体育中心装饰工程，工程总造价达到 1.2 亿元，实现了全省装饰企业外出施工的新突破。

态监管、市场准入清出制度，加强了市场诚信体系建设，开展了全省建筑企业资质考核和省外进鲁施工备案管理工作，有效加强了队伍管理，营造了产业发展的良好环境。劳保金管理工作取得新业绩，全年共收缴建筑企业劳保金 41 亿元，有力促进了产业发展和行业稳定。

【市场开拓】 大力实施“走出去”战略，加大出省出国施工的指导和服务力度，制定了具体的扶持政策和保障措施，为企业外出施工开辟绿色通道，出省施工规模和范围不断拓展，对外工程承包业绩大幅增长。年内，全省建筑业外出施工人数达到 55 万人，完成出省出国施工产值 980 亿元，比上年增长 24.9%。一批外出骨干企业依托国家援外项目，与国际承包商展开合作，开辟新市场，取得新业绩。威海国际经济技术合作公司在刚果（布）承揽了玛雅国际机场项目，工程承包额达到 1.7 亿美元；山东电力基本建设总公司与印度 GMR 公司签订了卡玛朗加电厂扩建工程总承包合同，合同金额达到 2.6 亿美元；滕州

【工程质量管理】 深入开展了住宅工程质量通病专项治理活动，对当前影响住宅主要使用功能的渗漏、裂缝、电气、水暖四类十二项突出的住宅工程质量通病进行专项治理，编印下发了 10 万份《治理质量通病手册》，各市都建立了组织领导机构，制订治理质量通病规划，明确了治理重点。开展了春季在建工程质量大检查，对消除质量隐患、提高工程质量水平起到了积极的推动作用。进一步加强工程质量检测管理工作，出台了《山东省建设工程质量检测机构备案暂行办法》，开展了检测机构资质审批工作。开展了全省工程质量检测机构大检查，对扰乱检测市场、出具虚假检测报告等不良行为进行了行政处罚，并在全省通报。组织实施精品工程战略，开展了创建施工现场综合管理样板工程活动，创出一批优质精品工程，共获得鲁班奖 11 项、国家优质工程奖 19 项、全国装饰工程奖 38 项、建筑“泰山杯”奖 139 项、装饰“泰山杯”奖 65 项，创优工作取得明显成效。深入开展了建筑业群众性质量管理活动，评出优秀 QC 成果奖 115 项，优秀质量管理工作者 82 名，有 43 个 QC 小组获得全国优秀质量管理小组称号。全省各级质量投诉机构共受理质量投诉 352 起，处理 324 起，结案率 92.1%，为社会平安稳定和谐做出了应有的贡献。

【安全生产管理】 以开展“安全责任落实年”活动为主线，进一步加强安全生产监管体系建设，加大监督检查力度，建筑安全管理水平不断提高，安全事故得到有效控制。年内，全省共发生建筑施工生产安全事故17起，死亡20人，事故起数和死亡人数分别比上年下降5.56%和20%。东营、济宁、泰安、威海、日照、德州、聊城等市未发生死亡事故。加强企业安全生产许可证动态管理，对发生安全事故的企业处以暂扣许可证的行政处罚，起到了警示作用。不断完善安全生产预警机制，召开安全生产运行分析会议，全面加强对重大危险源和施工现场、薄弱环节、特殊节假日的监控检查，有效防止了重特大事故的发生。积极开展“安全生产月”和安全专项治理活动，组织了7次全省性安全生产检查，查处违规工程690个，对发现的问题和隐患及时进行了整改。全面加强企业管理和特种作业人员安全资格培训考核，全省共有5.1万人参加了培训，考核合格4.5万人。强化施工现场综合管理，深入开展了创建安全文明工地活动，评选安全文明示范工地108个，优良工地393个，有力提高了施工现场安全质量规范化、标准化水平。

【科技创新】 加大科技创新能力建设，加强施工技术创新经验交流，开展了全省建筑业技术创新奖评审工作，评审确定行业技术创新奖260项，其中山东省建筑科学研究院《既有建筑节能改造成套技术研究》获得省科技进步一等奖，《绿色高性能混凝土（GHPC）强度增长机理及其现场检测新技术研究》获得住房城乡建设部华夏建设科技三等奖。全省有18项装饰工程荣获全国建筑装饰行业科技创新成果奖；强化建筑业科技成果转化，引导企业开发拥有自主知识产权的专利、专有技术和工法，支持骨干企业建立企业技术和研发中心，评审确定省级工法296项，建成省级企业技术和研发中心7个；加大了建筑业新技术、新产品、新材料的推广力度，组织了全省建筑业新技术应用示范工程立项审查和验收评审工作，确定建筑业新技术应用示范工程269项，其中50项通过省级验收，4项通过国家级验收，6项达到国内先进水平，促进全省建筑业整体技术水平的提高；加大预拌砂浆推广力度，印发了《关于全省推广应用预拌砂浆工作的意见》，鼓励引导社会力量参与，培育扶持骨干企业，做好技术储备工作。

2010年鲁班奖——济南奥林匹克体育中心体育馆、网球馆、游泳馆 （摄影：路 凯）

【教育培训】 大力实施立体化人才教育培训，加强培训基地建设，完善持证上岗制度，举办各种类型培训班，培养造就了一大批优秀人才。加大了职业经理人、建造师和关键岗位专业技术管理人员培训考核力度，正式启用了关键岗位培训管理信息系统，提高了全省建筑业企业关键岗位的持证上岗率，全年累计培训企业经理、建造师和关键岗位专业技术管理人员5.4万人；大力开展一线操作人员和农民工培训，投入专项资金820万元，培训技工、高级技工和技师7万人，新建农民工业校1 000余所，培训农民工34万人；持续开展了普遍性的岗位练兵活动，青岛、临沂、潍坊、日照、德州等8个市举办了职业技能竞赛活动，全省参加岗位练兵和劳动竞赛活动的一线工人达到10万人次；加大高技能人才培养力度，出台了《山东省建筑业技师培养工作意见》，涌现出一批高技能人才，其中获得技师和高级技师资格的1 281人，荣获山东省首席技师称号6人，山东省有突出贡献技师5人，荣获全国劳动模范称号、享受国务院特殊津贴4人。

（姜经文　王晓飞）

勘察设计咨询业

【概况】　“十一五”期间，全省勘察设计行业在省委、省政府的正确领导下，根据厅党组的安排部署，积极改革创新，坚持科学发展，加强法规和制度建设，狠抓市场监管，不断完善勘察设计人才培养机制，努力提高勘察设计质量与水平，全行业保持良好发展态势，各项工作都取得显著成绩，为全省工程建设、城乡建设和经济社会发展做出了重要贡献。全省勘察设计企业营业收入五年累计1 192亿元，实现利润104亿元，上交所得税24亿元，年均分别增长26.5%、21.2%、32%。2010年，全省勘察设计企业营业收入323亿元，比上年增长10%；人均营业收入46万元，比上年增长45.8%；实现利润33亿元，比上年增长50.4%；上交所得税8.4亿元，实现了翻番。

【队伍建设】　勘察设计咨询业进一步壮大，经营模式进一步转变。截至年底，全省勘察设计企业总数1 130家。其中，工程勘察、工程设计单位1 120家，设计与施工一体化企业119家。勘察设计从业人员80 338人，其中，具有技术职称的55 493人，高、中、初级职称专业技术人员分别为14 853、21 404、16 508人。注册执业人员10 724人。队伍结构更趋合理，企业活力不断增强。勘察设计单位不断深化改革，努力转变经营机制，改革创新劳动、人事、分配制度，产权结构、经营模式和管理模式向多元化方向发展，以电力、化工、煤炭行业为代表的一批设计单位按国际通行模式改制成了国际型工程公司，有的设计单位开展一业为主、多种经营，初步形成了层次合理的工程勘察设计咨询业队伍。注重人才培养，组织开展两届工程勘察设计大师评选活动，共有26名同志获“山东省工程勘察设计大师”荣誉称号；开展了大学生建筑设计、优秀建筑设计、“同圆杯”绿色建筑设计、优秀建筑装饰设计等多项评选和比赛活动，引导建筑学专业在校学生对地域建筑文化进行探索和研究，营造省内建筑教育领域的学术氛围；着力培养优秀青年学生，推荐获奖学生优先到进入“绿色通道”的30家大院，加强了全省优秀建筑师人才储备。

【市场秩序规范】　一是行业法规建设得到加强。《山东省建设工程勘察设计管理条例》经省十一届人大常委会审议通过并正式施行，标志着全省建设工程勘察设计管理步入法制化、规范化发展的新时期，对于规范建设工程各方主体行为和责任意识、强化政府监管和依法行政能力、提高建设工程勘察设计质量和水平、促进环境保护和资源节约等，具有十分重要的意义。二是市场管理制度逐步完善。为优秀企业发展创造良好环境，实施了山东省勘察设计行业管理“绿色通道”制度，对入选的30家单位在监督检查、备案方面和资质许可方面给予优惠和支持。三是持续开展勘察设计市场、省外勘察设计单位进鲁承担业务备案管理等专项检查。累计抽查省内、外勘察设计单位337家，其中省内企业有67家被限期整顿，166家被吊销、77家被注销资质，73家予以不良行为记录，省外企业有14家被警告，10家2年内不予办理进鲁备案手续。积极打击扰乱市场秩序行为，勘察设计市场中出卖证书、证章、图签、乱挂靠、压价竞争等不良现象得到了有效遏制。

【行业诚信体系建设】 加强行业自律，积极探索行业诚信体系建设，不断加强行业自律建设，颁布了勘察设计行业公约，推进全省诚信体系建设。各勘察设计企业更加注重提升企业声誉和形象，增强品牌竞争力，从低端的“同质化”价格大战向高端的以“特色化、综合化”服务为基础的价值竞争转变，恶性压价、乱挂靠等扰乱市场现象大大减少，维护市场秩序的自觉性明显提高。

【大中型建设项目初步设计审批】 为加强重点工程项目和大型公共建筑工程初步设计审批审查管理、提高工程质量、节约投资，出台了《山东省建设工程初步设计审查实施细则》。五年间共审查工程项目210余项，其中2010年共审查工程等工程项目75项，经过优化设计方案，保证了工艺合理和结构安全，为国家节约了大量资金。

【施工图审查】 全省施工图审查机构的自身制度建设不断完善，管理水平日益提升。截至年底，全省共有施工图审查机构48家，其中一类21家、二类27家。施工图审查在确保工程质量、规范市场秩序、提升勘察设计水平等方面的综合作用日益显现。为提高施工图审查质量，颁布实施了《山东省施工图审查机构考核办法》和《山东省施工图审查机构考核标准》，开展了全省施工图审查机构考核工作，查处了一批资质不符、越级承揽、压价竞争、多头受聘、违反强条等违规行为。

【勘察设计优秀QC小组评选】 加强全面质量管理工作，组织开展了年度全省工程建设（勘察设计）优秀QC小组评选活动，共评出一等奖22个，二等奖26个，三等奖32个。本次评选授予山东省地质矿产勘查开发局、济宁市建委、淄博市建委、山东省勘察设计协会化工专业委员会“全面质量管理先进单位”称号。授予张敏、陈忠诚、姜晓兰、侯益民“全面质量管理先进个人”称号。通过此活动的开展，进一步提高了勘察设计单位质量管理的自觉性。

【工程勘察与建筑基坑管理】 出台了《山东省建筑边坡和基坑工程勘察设计审查与评审办法》，组织专家对部分工程深基坑设计方案进行审查，保证了建设工程质量和安全。年内，审查各类勘察报告320项、深基坑评审11项，为建筑工程设计提供了坚实可靠保障。

【繁荣建筑创作】 一是各项勘察设计评优活动广泛开展。积极参加国家相关评选，共获得全国优秀勘察设计行业奖（原建设部部优）一等奖2项、二等奖10项、三等奖28项，全国优秀工程勘察设计金奖2项、银奖1项、铜奖11项。会同中国建筑学会、威海市政府举办了第四、第五届中国威海国际建筑设计大奖赛，组织开展了省第三、第四届优秀建筑装饰设计大赛，举办了“和谐·创新”装饰设计高峰论坛。另外，还开展了全省城市设计精品工程、优秀智能建筑及智能住宅小区、优秀建筑设计方案、建筑专业优秀论文、抗震防灾优秀论文等评选活动。二是勘察设计学术交流不断深化。为增强建筑文化内涵，提升城市品位，与中国建筑学会、烟台市政府联合举办了第四届全国建筑设计创新高峰论坛暨第二届山东省绿色建筑设计高峰论坛，中国建筑学会理事长、原建设部副部长宋春华，中国工程院院士、国家工程设计大师程泰宁等5位国内知名专家作专题报告，期间还组织了崔愷、孟建民、朱小地及马达思班、都市实践、家琨建筑工作室的优秀作品以及第二批山东省工程勘察设计大师的介绍展览，10天内参观展览的建筑师达到2 300人次。三是企业科技创新成果丰硕。勘察设计企业的科技创新意识不断增强，涌现出了一大批高水平科研成果。济南钢铁集团总公司干熄焦节能示范工程、山东省南水北调城市水资源规划等一批工业、交通、能源、水利和城市建设等重点建设项目的勘察设计技术达到国内先进水平。勘察设计单位的计算机应用和信息化水平不断提高，许多单位实现了计算机电子图档管理、项目管理、流程管理，有的开始向三维设计、协同设计等方向发展。年内，全省勘察设计企业科技活动费用支出6.16亿元，企业累计拥有专利786项、专有技术372项。

2010年8月5日，第四届建筑设计创新高峰论坛暨第二届山东绿色建筑设计高峰论坛在烟台举办
（摄影：史振伟　单宝艳）

【抗震防灾工作】 一是抗震防灾规划编制取得阶段性成果。绝大部分城市抗震防灾规划编制工作已经完成，部分城市正在按新的规范进行修编。根据国家黄河三角洲及山东半岛蓝色经济区战略构想，确立了“山东半岛城市群及郯庐断裂带综合防御体系规划编制”项目，区域抗震防御等基础工作得到加强。二是城市抗震防灾能力进一步提高。加强新建工程抗震设防工作，制定了新的《山东省超限建筑工程和学校、幼儿园、医院等建筑工程抗震设防专项审查实施细则》。组织开展了超限建筑工程抗震设防专项审查19项，为保障超限建筑工程质量安全提供了有力的技术服务。加强地震应急管理，印发了《山东省建设厅破坏性地震应急预案》。加强抗震科研工作，着手开展“FRP加固框架结构整体抗震性能研究”项目。三是村镇抗震防灾工作进一步加强。为提高农村抗震防灾水平，会同省地震局制定了《山东省农村民居地震安全工程实施方案》。

【全省勘察设计工作会议】 4月21日，山东省勘察设计工作会议暨省勘察设计协会六届二次会员代表大会在济南舜耕会堂召开。会议主要总结了2009年的山东省的勘察设计工作，研究部署了2010年的工作任务。会上表彰了首届山东省勘察设计行业先进单位和先进个人、2009年度山东省优秀工程勘察设计奖和2009年度山东省优秀建筑设计方案奖的获奖单位和个人。山东省的国家工程设计大师何国纬，国家工程勘察大师严伯铎，全省17个设区城市住房城乡建委（建设局）分管主任（局长）、设计处长（科长）、省直有关部门分管领导和基建（计划）处长、山东省勘察设计大师、省勘察设计协会理事、全省甲级勘察设计院院长、施工图审查机构负责人等400余人出席了会议。

（孙　淦）

2010年4月21日，山东省勘察设计工作会议暨省勘察设计协会六届二次会议在济南舜耕会堂召开　（摄影：盛　谊）

建筑节能与建设科技教育

【概况】　2010年，在厅党组的正确领导下，全省建设科技教育工作者同心协力，努力工作，省政府下达的新建民用建筑节能强制性标准执行、既有居住建筑供热计量及节能改造、太阳能光热建筑一体化应用3项具有约束性指标的任务全部超额完成，墙材革新、机关办公建筑和大型公共建筑节能工作稳步推进，建设科技创新、教育培训工作得到进一步加强。全省县城以上城市规划区新建建筑竣工面积6 203万平方米，新建建筑施工阶段节能强制性标准执行率达到96.6%，超过住房城乡建设部和省政府要求的95%考核目标；年内共完成节能改造1 010万平方米，累计完成2 120.77万平方米，超额完成国家下达的“十一五”1 900万平方米改造任务；全省所有设市城市、县城和部分建制镇已基本实现“禁实”目标，新型墙材产量达到340亿标砖，县城以上规划区工程应用量达到223亿标砖，生产和工程应用比例分别达到84%、97.5%；全省住房和城乡建设系统有64个项目列入住房城乡建设部科技计划项目，2个项目列入省科技计划，2个项目列入省软科学研究计划，获省科技进步奖16项、华夏建设科技奖4项，55项成果获得2010年度“山东建设技术创新奖”。

【既有居住建筑供热计量及节能改造】　年内，省财政设立2 400万元奖补资金，用来支持节能改造工作。组织编制了改造项目验收范本，举办了验收培训班，对部分完工项目进行了预验收。成立了专家督导组，对2010年开工的所有改造项目进行了拉网式现场检查，对工作进度较慢的市、县进行了重点督察和约谈。继续实行节能改造月调度、月通报制度，开展了既有民用建筑基本情况摸底调查。上海“11·15”特别重大火灾事故发生后，及时下发紧急通知，要求各地加强在建既改项目防火安全管理工作，并于11月开展了紧急专项检查，全省既改项目未发生重大安全事故。截至年底，全省累计完成改造面积2 120.77万平方米，超额完成国家下达的1 900万平方米改造任务。由于工作扎实有效，先后在北方地区既有居住建筑供热计量及节能改造工作部署会、全国供热计量改革工作会议上作了典型发言。

2010年6月22日，省住房城乡建设厅厅长杨焕彩一行，到潍坊市调研低碳社区建设和滨海开发区建设情况 （摄影：刘雨东）

【可再生能源建筑应用】 经过积极争取，年内青岛、烟台2市和即墨、兖州、垦利、巨野4市、县成为国家可再生能源建筑应用示范市、县，获得中央财政补助资金2.32亿元，居全国前列。会同省财政厅出台了《山东省可再生能源建筑应用城市示范和农村地区县级示范管理办法(暂行)》，先后两次召开了示范市、县管理工作座谈会，组织对4个示范县（市）进行了工作督导，示范市、县建设在规范中稳步推进。太阳能光电建筑应用示范工作范围进一步扩大，年内有13个项目列为国家示范项目，装机容量12兆瓦，获得中央财政补贴1.2亿元，德州开发区15兆瓦用户侧并网太阳能光伏项目、滕州大宗集团3兆瓦用户侧光伏发电项目入选国家“金太阳”示范。组织召开了太阳能光电建筑应用示范项目管理工作座谈会，运行管理机制更加规范，项目建设进度加快。34个国家可再生能源建筑应用示范项目中，12个项目已通过验收，19个建成或基本完工，国家示范项目的良好节能减排效应开始显现，带动了各地可再生能源建筑应用工作的开展。出台了《可再生建筑应用技术产品认定实施细则》，将太阳能热水系统、地源热泵系统等纳入认定管理。在潍坊市召开了全省可再生能源建筑应用现场会，省住房城乡建设厅厅长杨焕彩作重要讲话，对可再生能源建筑应用工作进行了再动员、再部署。参与筹办了“2010中国青岛国际新能源论坛”，并举办了“新能源与建筑节能专题论坛”，参与了第四届世界太阳能大会的有关筹办工作。截至年底，全省可再生能源建筑应用面积达到2 190万平方米。在9月份召开的全国住房城乡建设系统援藏工作会议上，山东省就支持西藏开展可再生能源应用方面作了典型发言。

【太阳能光热建筑一体化应用】 根据《山东省人民政府办公厅转发省经济和信息化委等部门关

于加快太阳能光热系统推广应用的实施意见的通知》（鲁政办发〔2009〕119号）精神，组织制定了《山东省住房和城乡建设厅太阳能光热建筑应用重点工作及分工》，确定了住房城乡建设系统承担的20项工作任务，明确了责任处室、单位。全省17个设区市均出台了政策，建立了工程项目规划、设计、施工图审查、施工许可、施工过程、竣工验收等环节层层把关的监管机制，确保应当使用太阳能光热系统的建筑全部按照建筑一体化标准进行设计和施工。组织开展了太阳能建筑应用发展机制与关键技术研究，确定了8个子课题，明确了研究方向、重点、关键技术与拟取得的成果。根据省政府副省长王军民指示，会同省政府节能办分解了1 200万平方米太阳能建筑一体化应用任务，并将其纳入了省政府对各市的节能考核指标体系。建立了月调度月通报制度，从6月份起逐月调度、通报各市任务完成情况。组织开展了工作督导调研和检查，进一步提高了各地对太阳能光热建筑一体化应用的重视程度。年内，全省共开工太阳能光热建筑一体化应用项目736个，建筑面积3 131.16万平方米，年底完工1 800万平方米，大大超过省政府下达的任务指标。

【新建建筑节能与墙材革新】 继续推行建筑节能全过程闭合管理模式，切实加强对县（市）新建工程节能标准执行情况的监督检查。出台了《山东省建筑节能外墙外保温工程专业承包企业资质等级标准》，建立了外保温工程从业人员岗位资格培训制度，先后举办了23期外保温施工培训班，6 000余人参训，有力促进了节能标准执行率和工程质量的提高。全省共建成节能建筑6 203万平方米，新建建筑施工阶段节能强制性标准执行率达到96.6%，比上年提高近两个百分点，超过住房城乡建设部和省政府要求的95%考核目标。举办了绿色建筑评价标识技术培训班，印发了《山东省一二星级绿色建筑评价标识管理办法（试行）》，组织开展了绿色建筑评价标识技术体系、绿色建筑发展机制等研究，在全国第二个获得批准开展一二星级绿色建筑评价标识工作，4个项目获得省级绿色建筑示范工程立项。根据《山东省新型墙材建筑节能技术产品认定现场考察标准》，对1 200余家获得省认定证书的新型墙材企业进行了拉网式检查。成立了节能与结构一体化技术专家课题组，启动了6类一体化系统技术规程的编制工作。全省所有设市城市、县城和部分建制镇已基本实现“禁实”目标，近50个市、县已经禁止使用粘土制品，全省新型墙材产量达到340亿标砖，县城以上规划区工程应用量达到223亿标砖，生产和工程应用比例分别达到84%、97.5%，居全国先进水平。新型墙材专项基金入

2010年7月29日，省委常委、副省长王军民一行，到诸城市视察指导建筑节能环保工作

（摄影：张茂海　李跃升）

库5.58亿元，下拨1 700万元扶持科研开发项目36个。

【机关办公建筑和大型公共建筑节能监管】 积极争取省财政支持，在省建筑节能专项资金中列支600万元，重点支持机关办公和大型公共建筑节能监管体系建设。制定了《山东省建筑能源审计管理暂行办法》，编制发布了《公共建筑节能监测系统技术规范》，举办了能源审计技术培训班。完成2 300余栋机关办公和大型公共建筑、5 100多栋居住建筑和中小型公共建筑的能耗调查统计，在40余栋大型公建建立节能监测系统，完成节能改造140万平方米，对400余栋、820万平方米重点建筑进行了能源审计，确定了首批17家省级建筑能源审计机构。联合省财政厅、省教育厅，召开了全省试点示范高等学校建筑节能监管体系建设工作座谈会，3所高校被列为国家节约型校园建设示范单位。

【墙材革新与建筑节能工作领导小组成立】 为进一步加强对墙体材料革新与建筑节能工作的领导，11月15日，省住房城乡建设厅印发通知（鲁建节科字〔2010〕38号），正式成立墙材革新与建筑节能工作领导小组。领导小组组长由省住房城乡建设厅党组书记、厅长杨焕彩担任，省建管局局长宋瑞乾、省住房城乡建设厅副巡视员李兴军任副组长，省住房城乡建设厅、省建管局有关处室、单位的17位主要负责人为成员，领导小组办公室设在省住房城乡建设厅建筑节能与科技处，省住房城乡建设厅建筑节能与科技处处长王润晓兼任办公室主任。领导小组的主要职责是，贯彻国家、省节能工作法律法规和政策，全面领导全省建筑节能与墙材革新工作，指导各市、县（市、区）建筑节能与墙材革新工作；按照国务院、省政府和住房城乡建设部关于建筑节能和墙材革新工作的方针政策，研究制定全省建筑节能和墙材革新工作的政策措施；强化政策措施的执行，加强对工作进展情况的考核和监督；研究审议建筑节能和墙材革新工作的重大政策建议；协调解决建筑节能和墙材革新工作中的重大问题；协调与省直有关部门的工作。

【2010中国·青岛国际新能源论坛】 4月29日，由省政府和国家发改委等八部委联合主办的“2010中国青岛国际新能源论坛”在青岛隆重举行，省委书记姜异康、省长姜大明、德国前总理施罗德、德国巴伐利亚州州长泽霍夫等出席开幕式及主论坛活动。29日下午，活动分三个主题论坛分别举办，其中建筑节能主题论坛由省住房城乡建设厅主办，青岛市住房城乡建设委员会协办。建筑节能主题论坛由省住房城乡建设厅副巡视员宋培杰主持，住房城乡建设部总经济师李秉仁到会并发表重要演讲，丹麦王国驻华大使馆商务参赞马海、德国巴伐利亚州建筑师协会主席黑塞、中国建筑科学研究院环境与能源研究院院长、研究员徐伟、德国慕尼黑工业大学教授卡尔迈耶、挪威创新署技术专家柯思梵、山东建筑大学地源热泵研究所所长方肇洪等6位官员和专家，围绕新能源与建筑节能这一主题，分别从不同的视角，介绍了建筑节能、可再生能源建筑应用、绿色建筑建设、办公建筑与公共建筑能效管理等方面的技术、政策与成功案例。10家中外企业介绍了本公司先进节能技术、产品或新能源利用工程项目，向大家展示了他们在建筑节能与新能源利用方面的先进成果。

【全省可再生能源建筑应用现场会】 11月18日，全省可再生能源建筑应用现场会在潍坊召开，会议由省住房城乡建设厅副巡视员李兴军主持，厅长杨焕彩出席会议并作重要讲话。省住房城乡建设厅厅长杨焕彩在讲话中回顾了山东省可再生能源建筑应用工作取得的成绩，分析了这项工作面临的形势，要求各地下一步抓好四个方面的工作：一是进一步加强规划、图审、施工许可、竣工验收备案等环节的监管，搞好调度检查，进一步加强太阳能光热建筑一体化应用。有条件的地区要研究探索高层建筑太阳能光热系统建筑一体化应用工作。积极利用国家太阳能下乡政策，在集中连片建设的农房中推广太阳能热水建筑一体化应用。二是高质量地做好国家示范城市、示范县和示范项目的管理。三是结合本地实际，制定出台推进可再生能源建筑应用的政策措施。四是充分发挥房地产开发企业和设计单位的作用。

【建设科技创新】 组织召开了全省建设科技工作会议，全面总结“十一五“以来的工作情况，提出了全省建设科技工作的目标任务和措施，确定组织实施山东建设科技“12223 工程”。住房城乡建设部建筑节能与科技司司长陈宜明应邀出席会议，对全省建设科技工作给予高度评价。出台了《关于进一步加强我省建设科技事业发展的意见》和《山东省住房城乡建设科技计划项目管理办法》，编制了《山东省建设科技事业发展规划纲要（2010－2015）》和《山东省建设行业推广使用和限制、禁止使用技术产品目录（第一批）》，调整充实了省住房城乡建设厅科教工作领导小组和专家委员会，组建了省住房城乡建设厅科技委员会。全省建设系统有 64 个项目列入住房城乡建设部科技计划项目，2 个项目列入省科技计划，2 个项目列入省软科学研究计划，获省科技进步奖一等奖 2 项、二等奖 5 项、三等奖 9 项，获得华夏建设科技一等奖 1 项、三等奖 3 项。利用新墙材专项基金支持 36 个新墙材建筑节能技术产品科研开发，组织科技成果鉴定 36 项，推广建设新技术 53 项，办理工业产品备案 686 项，验收住房城乡建设部科技计划项目 25 项，发布科技成果推广技术导则 2 部。开展了 2010 年度“山东建设技术创新奖”评选活动，评出一等奖 9 项、二等奖 17 项、三等奖 29 项。2010 年，全省建设科技创新成果数量、质量均创历史最好水平。

【共建东营低碳生态示范城市框架协议签署】 11 月 5 日，省住房城乡建设厅、东营市政府合作共建低碳生态示范城市合作框架协议签字仪式在东营举行。签字仪式由东营市副市长闫树信主持，副市长曹连杰、省住房城乡建设厅副巡视员李兴军分别致辞，省住房城乡建设厅厅长杨焕彩、东营市市长张建华代表双方签字。省住房城乡建设厅有关处室、东营市市直有关部门单位负责人以及各区、县政府、有关建设企业代表共 200 多人参加了签字仪式。这次合作共建的目标是，在建设黄河三角洲高效生态经济区和大力推进新型城镇化的大背景下，通过双方合作，进一步加强住房城乡建设领域节能减排和城市生态环境建设，加快推进城乡建设事业发展方式转变，探索在城市发展转型和北方气候条件下的低碳生态城市规划建设模式，将东营市逐步建设成为二氧化碳排放水平低、生态系统良性运转、人与自然和谐共处的城市，成为全省低碳生态城市建设的样板。合作共建的主要内容包括 6 个方面：一是建立低碳生态城市规划管理和实施机制，二是建设包括低碳生态社区、绿色照明、绿色建筑、可再生能源建筑应用、住宅产业化、城市节水和水循环利用、污水处理与中水回用、垃圾处理、新型墙体材料、绿色装饰装修材料、循环经济、建设新技术应用等在内的各类低碳生态项目，三是建设低碳生态城市建设交流平台，四是建立低碳生态城市建设白皮书制度，五是加强低碳生态技术研发和创新，六是促进东营转变发展模式推动产业结构转型升级。为将合作共建工作切实落到实处，双方决定成立由东营市市长张建华、省住房城乡建设厅厅长杨焕彩任组长的创建低碳生态示范城市领导小组，组成低碳生态示范城市研究课题组，委托山东省建设发展研究院作为技术依托单位。

（张金城）

【建设执业资格管理】 全年完成3.2万人次各类建设执业师注册材料审查汇总、审批公示和公告发证工作，组织了10.3万人次参加的建设执业资格考试，举办了48期、9 115人次参加的继续教育培训班，委托定点单位组织二级建造师培训班145期，培训人员3万余人。截至年底，全省取得各类建设执业资格证书人员达14.5万人，注册执业人员12.7万人，建设执业师队伍进一步壮大。

2010年8月26日，全国工程建设执业资格管理工作座谈会在济南召开

（摄影：刘海泉）

考试考务。与人事考试等有关部门协调配合，全年组织了10.3万人次参加的建设执业资格考试，在报名组织、资格审查、阅卷组织及派遣阅卷人员等方面做了大量细致有效的工作，保障了各类考试顺利进行。二级建造师考试工作是山东省住房和城乡建设主管部门独立组织的执业资格考试，为保障考试工作规范有序进行，修改完善了《二级建造师考试工作规程》和《二级建造师考试规则规定》，具体指导各市考试工作的规范运作；年内全省共受理6万余人报名，经资格审查符合考试报名条件共54 810人。考试期间，省住房城乡建设厅、省监察厅和省建管局抽调60余名同志组成巡视组，赴17个考区进行了巡视，确保了考试安全、平稳、有序。加大对考试违纪违规行为的处理力度，对568名违纪人员、1 462名答卷雷同人员分别给予违纪科目成绩无效、全部科目成绩无效、禁考2年的处理，有力地维护了执业资格考试的严肃性。

注册管理。按照行政许可有关规定认真完成申报材料审查、汇总上报、审批公示、颁发注册证书和执业印章等工作，全年完成3.2万人次各类建设执业师注册申报审批工作。3月，在实施注册建造师执业一周年之际，召开了全省建造师执业资格制度宣贯会议，编印了各市住房城乡建设主管部门和骨干施工企业在建造师管理方面好的经验、做法文集，制作发放了“山东省注册建造师科教知识光盘”，对建造师制度进行了全方位的宣传贯彻，为顺利实施注册建造师执业制度和提高工程建设管理水平奠定了坚实基础。组织开展了2008－2010年度山东省“十佳”和优秀建设执业师评选，全省共评选出“十佳”建设执业师50名，优秀建设执业师229名，并认真组织了系列宣传报道工作，增强了建设执业师的荣誉感和责任感。

继续教育。采取多种措施改进和加强执业师继续教育管理，周密规划并科学制定继续教育实施方案，增强针对性、实用性、超前性。组织有关专家教授、政府主管部门的负责同志和执业师代表共同研究确定继续教育培训内容，制定注册有效期的继续教育方案，使培训内容更符合全省建设执业师的知识需求。继续教育实施工作从细处入手，年初和年中分别制定半年培训计划并上网公布，每月初在网上发布详细培训安排，让执业人员做到心中有数，执业师自主网上申报培训学习，极大的方便了执业人员。积极进行探索和创新，根据培训人员的执业需要，不断更新优化培训内容；以人为本，充分尊重学员的合理要求；实行考勤点名制度，强化培训管理；充分利用社会资源联合开展培训工作，提高了培训效果。全年举办了48期9 115人次参加的继续教育培训班，委托定点单位组织二级建造师培训班145期，培训人员3万余人。继续教育工作的有效组织实施，加快了执业师知识更新，提高了执业师的执业能力，为建设事业健康发展提供了人才保障。

（张尚杰）

外事外经

【概况】 2010年，国际交流与合作工作按照围绕中心、服务大局、拓宽领域、强化功能的要求，认真贯彻落实科学发展观和全省住房和城乡建设工作会议精神，按照厅党组的决策决议，找准国际交流与合作工作为全省住房和城乡建设事业改革和发展服务的切入点、结合点，着力做好住房和城乡建设事业对外交流交往、利用外资、对外工程承包劳务合作等工作，全省住房和城乡建设事业的对外开放度不断提高。

【对外交流交往】 坚持“引进来”和“走出去”相结合，不断扩大与世界各国建设同行的交流与合作。继续深化与德国巴伐利亚州的交流与合作。巴州驻山东办事处代表团来济南访问，原首席代表高天辞行，新任首席代表马睿到任，省住房城乡建设厅厅长杨焕彩、副厅长宋守军会见了德方客人；圆满完成德国巴州最高建设管理局局长鲍克斯拉德和处长林特纳率领的建筑代表团来访接待工作，代表团访问了省住房城乡建设厅、省建筑设计院、省建筑科学院等单位，并考察了肥城石横镇项目、潍坊坊茨小镇项目等；协调安排德国巴州建筑师协会主席、ABH建筑设计公司总裁鲁兹·黑塞来访，达成了莱芜雪野湖宾馆项目设计合作的意向，鲁巴城建领域合作得到进一步的推动和提升。在青岛成功举了2010中国·青岛国际新能源论坛暨建筑节能专题论坛，使全省住房和城乡建设行政主管部门和有关企业集中学习了国外建筑节能领域的先进理念和技术，广泛宣传了山东的建筑节能工作，使建筑节能的理念更加深入人心，增进了全国、全省与德国、丹麦、美国、挪威、加拿大等国有关政府部门、研究机构和企业在新能源与建筑节能方面的交流与合作，为推动山东的建筑节能工作提供了很好的借鉴，为促进了中外企业在节能减排领域的合作奠定了良好基础。全年共组织外派世界银行项目赴美国和墨西哥考察团和可再生能源建筑应用赴德国培训班等出国考察、培训团组8批，全省住房和城乡建设系统共81人次因公赴国外进行专业考察和培训；热情接待了来自丹麦、荷兰、美国、日本等国家的政府和经贸访问团15批，100余人次。强化措施，进一步加强外事管理，修订完成了《山东省住房和城乡建设厅因公出国（境）管理规定》，纳入省纪委派驻山东省住房和城乡建设厅纪检组组织编印的《山东省住房和城乡建设厅内部管理规定汇编》；贯彻省委、省政府关于加强出国管理的有关精神和省制止公款出国境公款旅游专项小组工作部署，配合专项小组做好调研和检查工作。

【招商引资】 5月中旬，省住房城乡建设厅厅长杨焕彩率领房地产代表团赴香港招商，取得丰硕成果。在香港期间，杨焕彩陪同省长姜大明拜访了香港华懋集团和嘉里集团，与华懋集团和嘉里集团的高层探讨鲁港在地产方面的合作事宜；出席了在香港国际会展中心举办的鲁港经贸合作高层圆桌会议和山东-香港国际投资贸易洽谈会暨重大合作项目签约仪式；走访了光大集团，参加了山东省政府与光大集团战略合作协议签字仪式；拜会了香港特区市区重建署，在市区重建署官员的陪同下，考察了香港城市规划、建设和旧城改造项目，探讨加强鲁港在城建领域的交流与合作。此外，杨焕彩还专程考察了香港房地产开发项目和物业管理项目，并同香港测量师学会、香港地产行政师学会、香港经贸商会、英国特许房屋经理学会亚太分会、香港物业管理公司协会的负责人进行了座谈，考察了香港天玺住宅小区、曼克顿山住宅小区和国际金融中心办公楼等房地产开发项目和物业管理项目。在实地考察的基础上，杨焕彩和邬满海分别代表山东省房地产业协会，与香港地产行政师学会等五家与房地产业有关的协会（学会），共同签署了《鲁港房地产专业服务合作交流协议》，建立了鲁港房地产业交流合作联席工作会议制度和交流互访制度，今后山东和香港将在扩大房地产行业的技术与劳务交流、加强人才培训、技术支持等方面开展友好合作。在全省各级建设部门的共同努力下，全省住房和城乡建设系统对外新签合同项目85个，合同外资21.37亿美元，实际到帐外资17.64亿美元，分别比上年增长30.7%、45.17%、43.4%。

【对外承包工程和劳务合作】 全省工程建设类对外承包工程企业全面贯彻“走出去”发展战略，努力开拓海外市场。落实商务部和住房城乡建设部《对外承包工程资格管理办法》，支持、鼓励符合条件的工程建设类企业申请对外承包工程经营权，截至年底，全省共有105家工程建设类企业获得了由商务部颁发的对外承包工程经营权，对外承包工程队伍逐步发展壮大。明确了全省住房和城乡建设系统对外承包工程工作管理机构和人员，建立了相应的工作机制；贯彻落实《对外承包工程管理条例》，做好条例的宣传贯彻和专项检查工作；开展了山东省建设企业国际竞争力调研。全年，共有43家具有对外经营权的建设企业实现了国际经济合作业务，累计新签合同178份，新签合同额81.149亿美元，实际完成营业额45.89亿美元，共计派出各类工程技术和劳务人员13 709人，期末在外21 630人；分别比上年增长9.87%、14%、36%、17%和18%，呈现出蓬勃发展的态势。

（郁志伟）

建设法规

【概况】 2010 年，建设法制工作紧紧围绕全省住房和城乡建设工作中心任务，不断完善建设立法，稳步推进建设行政执法，充分发挥行政复议功能，积极推进政务公开，深化普法宣传教育，执法人员素质不断提高。出台地方性法规 4 部、政府规章 3 部、部门规范性文件 36 件；会签住房城乡建设部、省人大常委会、省政府法制办及省直有关部门法规性文件 27 件，提出会签意见 60 多条；共受理行政复议案件 20 件、已办结 18 件。受厅领导委托办理行政诉讼 1 起，民事案件 4 起，全部胜诉；组织或参与组织各类法制宣传活动 6 场次，发放宣传材料 6 000 余份，解答咨询 1 000 余人次。

【建设立法】 结合全省住房城乡建设工作实际，向省人大、省政府提报了《省住房城乡建设厅 2010 年度立法计划》，对列入省人大、省政府年度立法计划的项目，实行“三定一保”立法责任制，狠抓落实，确保立法计划按期完成，省住房城乡建设厅在全省立法工作会议、全国住房城乡建设系统法制工作座谈会、全国住房城乡建设工作会上都作了典型发言。一是完成了《山东省建设工程勘察设计管理条例（修订）》的调研、起草、论证、会签、修改工作，9 月 29 日经省十一届人大常委会第十九次会议审议通过，自 2010 年 12 月 1 日起施行。二是对《山东省房屋建筑与市政基础设施招标投标管理办法》进行论证，并进行会签。三是对《山东省城市建设管理条例》《山东省建筑市场管理条例》《山东省城市房地产交易管理条例》3 部地方性法规进行了修改，并经省人大常委会审议通过；对《山东省城市临时建设、临时用地规划管理办法》《山东省开发区规划管理办法》和《山东省城市控制性详细规划管理办法》3 件规章进行了修订，并经省政府常务会议审议通过。四是审核《山东省城市湿地公园管理办法（试行）》《山东省建筑能源审计管理暂行办法》《山东省住房城乡建设科技计划项目管理办法》等 36 件部门规范性文件，提出修改意见 100 多条。五是会签住房城乡建设部、省人大常委会、省政府法制办及省直有关部门法规性文件 27 件，提出会签意见 60 多条。六是按照省政府的有关规定，及时将省住房城乡建设厅出台的部门规范性文件向省政府法制办进行备案，经审查，全部合格；根据省人大和省政府通知要求，对有关住房和城乡建设的 14 件地方性法规和 14 件政府规章进行了认真清理。

【执法监督】 一是制定了《2010 年度省住房城乡建设厅执法检查计划》，确定将建筑节能、勘察设计市场秩序、招标代理机构、城建档案等作为执法检查的重点，并派员参加了全省勘察设计市场专项检查、全省建筑节能专项检查、全省风景名胜区管理调研督查、全省住房和城乡建设领域统计执法检查、全省建设系统城建档案执法检查以及执业资格注册中心相关执法工作。二是根据建设行政执法责任制考核办法，对全省县（市、区）建设行政主管部门进行考核，对 62 个执法责任制先进单位、90 名执法责任制先进个人进行了表彰。三是根据省行政许可事项清理领导小组要求，对省住房城乡建设厅所有行政许可事项进行了清理，保留了25项行政审批事项。四是依据住房城乡建设部、省政府要求，安排部署了“五五”普法、“四五”依法行政总结、验收工作。全年，共受理行政复议案件20件，已办结18件；受厅领导委托办理行政诉讼1起，民事案件4起。

【普法教育】 一是通过组织新闻发布会、召开座谈会、开展“宣传月”活动等形式宣传《山东省城镇容貌和环境卫生管理办法》，营造了学习、宣传、贯彻《办法》的浓厚氛围。二是制定宣贯《山东省建设工程勘察设计条例》工作方案，组织召开由省人大、省政府领导、省直部门领导、地市建委（建设局）分管领导参加的座谈会，邀请大众日报、山东电视台等新闻媒体，大力宣传《条例》，为学习好、落实好《条例》打下坚实基础。三是编审、发行了《山东省物业管理条例释义》，对普及、运用《条例》起到了积极推动作用。四是重新修编了执法人员培训教材和建设法规汇编，举办执法骨干培训、建设法规培训多期，并派员到全省各地进行普法宣讲，全年参训人数达5 000余人次。

【政策研究】 一是根据全省住房和城乡建设工作会议确定的全年工作重点，制定了《2010年厅机关调研课题计划及分工》，对2010年厅机关开展调研工作进行了部署，研究确定20个调研课题，其中10个由厅领导牵头负责，通过加强调度，各项调研课题进展顺利。二是组织开展2009年度全省住房和城乡建设系统优秀调研成果评选，全系统共申报参评调研成果163篇，其中省厅处室（单位）和省建管局申报26篇，17市40个单位申报137篇，评出一等奖10篇、二等奖19篇、三等奖32篇、优秀奖35篇，制发了《2009年度全省建设系统优秀调研成果获奖情况的通报》，并召开会议进行了总结、表彰。

【行政审批】 按照《山东省住房和城乡建设厅行政许可事项窗口办理暂行办法》规定，实行一个窗口对外，集中管理，处室办理的运行模式，规范了工作程序，加强对审批程序运行的监督，提高了工作效率。全年共接收审核申请材料3 026件、补正材料827件，已办结2 885件，办结率96%。

2010年2月27日，省暨济南市《山东省城镇容貌和环境卫生管理办法》“宣传月”活动启动仪式在济南泉城广场举行

（摄影：刘海泉）

【政务公开】 一是相关制度建立健全。通过会议、座谈、下发文件和新闻媒体等形式宣传贯彻《政府信息公开条例》，建立健全相关制度。推行“阳光规划”“阳光审批”，严格落实规划公示、公开听证等制度，依法实施政务公开，接受社会监督。二是政务公开载体建设普遍加强。在原来政务公开

栏、公开墙、办事公开指南手册等传统方式的基础上，增加了电子公开屏幕、审批服务大厅、招投标服务中心等，定期派出负责人参加“山东政府阳光政务热线”外。三是政务公开内容有了新拓展。在公开与群众生产生活密切相关、与经济发展密切联系、社会密切关注的热点、难点问题的同时，不断丰富政务公开内容，公开事项由少到多，由小到大。

（王小强）

思想政治建设

【学习型党组织建设】 印发了《关于创建学习型党组织的实施意见》，明晰指导思想，确立集中学习、个人自学、深入调研、教育培训等制度；及时召开调度会，对创建学习型党组织建设实施督促检查；聘请政治、经济、军事专家进行6次专题辅导，用视频向全省住房和城乡建设系统同时转播，受到广泛赞誉；举办厅机关和厅属单位读书演讲比赛，把读书与人生、读书与成长作了精彩演绎，对启迪大家读书学习起到了积极推动作用。

【创先争优活动】 召开创先争优、争做齐鲁先锋活动动员大会，省住房城乡建设厅厅长杨焕彩作了动员讲话，对开展创建活动提出了统一要求，作了重点部署；印发了《关于在厅机关、直属各单位党组织和党员中开展创先争优、争做齐鲁先锋活动的实施意见》，明确了活动主题和活动载体、活动内容和活动方式；各级党组织结合实际制定了实施方案，按照“五个好”的要求，抓了具体措施的落实；对各单位活动开展情况进行了检查，听取了各单位创建情况的工作汇报，对存在的问题进行了分析研究，制定了解决办法。

【党建工作】 紧密结合实际，进一步加强基层党组织建设。制定了统一的党务工作规范化流程，以“转变作风，争做服务先锋”为活动载体，紧紧围绕建设行业转方式、调结构的重大任务，开展主题实践活动，使基层党建工作得到了

2010年6月1日，省住房城乡建设厅召开创先争优、争做齐鲁先锋活动动员大会

（摄影：刘海泉）

较好规范。深入开展党风党性党纪教育。按照中央和省委的要求，召开专题大会，部署开展党风党性党纪教育活动。厅属各党组织创新形式，召开民主生活会和组织生活会，分析查找在党风党性党纪方面存在的问题，制定整改措施，落实责任。加强对入党积极分子的教育和培训，全年共培训75名入党积极分子，特别是省城建学院学生中入党积极分子数量有显著增加。

【精神文明建设】 组织开展了文明行业创建活动。按照全省住房和城乡建设系统文明行业创建的要求，在认真调研的基础上，积极研究文明行业创建的标准和考评细则，文明行业创建工作全面铺开，成为加强精神文明建设的又一有力载体和阵地。充分发挥各级党组织、工会、共青团和妇女组织的作用，先后完成了对新申报省级青年文明号的考核上报工作，省级文明机关、省直文明单位、省级巾帼文明岗等的申报认定工作。积极参加省直机关工委组织的登泰山活动，选拔优秀选手参加省直机关田径、羽毛球、乒乓球比赛，并获得优秀组织奖，展示省住房城乡建设厅机关良好的形象。

【安全稳定工作】 始终把维护稳定工作放在第一位。厅党组从年初开始就高度重视，把安全稳定工作提高到重要日程，围绕着“两会”、迎接“世博会”等，先后下发了《关于做好“两会”期间安全稳定工作的通知》《关于切实做好“世博会”社会稳定和反恐怖及安保工作的通知》和《关于加强住房城乡建设系统反恐怖工作严防“三股势力”借机滋事的通知》等，在加强日常情况调度和安全督导的同时，围绕着几个重大活动、重要节日、重要会议，反复检查，认真排查隐患，有力地确保了机关和直属单位安全稳定。

（金纯龙）

【党风廉政建设】 驻厅纪检组积极协助厅党组不断加强党风廉政建设，坚持“贴近建设大局做，紧跟中心任务走”，积极探索建立健全“重在防范、及时发现、严肃纠正”的工作机制，加大对上级重大决策部署落实情况的监督检查，努力推进全省住房城乡建设系统惩防体系建设，协助驻部纪检组在日照召开了全国住房城乡建设系统惩防体系建设暨行风建设经验交流会，并在会上作了典型发言。

*认真履行职责，党风廉政建设进一步加强。*召开了厅机关、厅属单位和全省住房城乡建设系统党风廉政建设工作会议，向机关各处室、厅属各单位印发了《关于2010年党风廉政建设和反腐败工作实施意见》，明确了责任分工，坚持主要领导负总责，分管领导具体抓，一级抓一级，一级对一级负责的原则。中纪委、省纪委全委会，住房城乡建设部党风廉政建设工作会议，国务院、省政府廉政工作会议及其它相关会议召开后，及时向机关各处室和厅属各单位印发学习贯彻会议精神的通知，提出落实措施，搞好监督检查，发现问题及时纠正，有力地推动了全省住房城乡建设系统党风廉政建设和反腐败工作的深入扎实开展。

*科技防腐顺利推进，行政行为更加规范。*代厅党组起草了省住房城乡建设厅《运用现代科技手段预防腐败工作实施方案》，成立了厅科技防腐领导小组，从总体要求、主要任务和工作分工、工作步骤、保障措施等四个方面进行了全面部署。对省住房城乡建设厅科技防腐的主要任务进行了分工，把建设和完善住房公积金监督管理系统及电子监察系统、建设和完善工程建设项目招投标业务系统及电子监察系统、建设和完善行政权力网络运行系统的任务落实到相关责任处室。

*预防力度不断加大，惩防体系建设稳步推进。*驻厅纪检组综合协调，源头治理不断深入。一是注重教育引导。组织厅机关和厅属单位全体党员干部开展了《中国共产党党员领导干部廉洁

从政若干准则》的学习和知识答题；驻厅纪检组组长和监察室主任与处以上干部进行了廉政谈话，机关各处室和厅属各单位主要负责同志与科以下干部进行廉政谈话；在全厅开展了“三个一”教育活动，即组织厅机关、厅属单位处级以上干部到济南市检察院警示教育基地参观警示教育展览，观看了一次警示教育片，要求机关全体干部通读驻部纪检组印发的《建设领域反腐倡廉警示录》一书，以处室为单位组织了一次讨论并写出了总结报告。二是不断推进制度创新。认真组织开展了反腐倡廉“制度创新年”活动；及时下发通知，要求机关各处室进一步修改完善了城乡规划、房地产开发、住房保障、工程招投标等内部权力运行和公务接待、公务用车、政府采购等方面的规章制度；在全面梳理原来制定的规章制度的基础上，汇编形成了《山东省住房和城乡建设厅内部管理规定》。三是认真执行各项规定。驻厅纪检组全过程监督厅机关和厅属单位人员调整、人才引进、执业资格考试、评优评奖的审定等工作，从源头上有效预防了腐败问题的发生。四是积极做好省委惩防体系建设检查和自查工作。代厅党组起草了《关于推进惩治和预防腐败体系建设有关情况的汇报》，全面报告了省住房城乡建设厅党组推进惩防体系建设工作情况；对照检查组提出的整改意见，代厅党组起草了落实整改意见情况的汇报。

2010年11月9日，省住房城乡建设厅组织机关处以上干部到济南市检察院，参观预防职务犯罪警示教育展 （摄影：刘海泉）

监督检查措施得力，各项政策得到进一步落实。驻厅纪检组正确履行职责，积极协助厅党组认真组织开展对扩内需促增长政策落实情况的监督检查。及时向各市住房城乡建设部门转发了住房城乡建设部《关于做好2010年中央扩大内需促进经济增长政策落实监督检查工作的意见》，紧紧围绕扩大内需促进经济增长工作计划落实及执行情况，中央、省批准新上项目的前期工作，保障性住房建设管理，工程质量和竣工验收，落实地方政府配套资金和企业自筹、银行贷款等情况以及项目建设进度情况，过去发现问题整改情况等六个方面，组织开展了廉租房建设、农房建设及危房改造、既有建筑节能改造、污水垃圾处理方面的监督检查，对检查中发现的问题限期整改，有力保障了中央、省委扩内需促增长政策在全省住房城乡建设系统的落实。

专项治理不断深入，纠风工作取得新的成效。积极参与了工程建设领域突出问题专项治理、房地产开发领域违规变更规划调整容积率专项治理。开展了“小金库”专项治理，组织机关和事业单位开展了“小金库”专项治理“回头看”活动，切实落实整改措施；认真开展了住房城乡建设系统学会、协会和国有企业“小金库”专项治理，深入查找问题，认真抓好整改。对省住房城乡建设厅举办庆典、研讨会、论坛活动开展了清理摸底，组织各处室、单位对活动项目逐项进行登记，实行了零报告制度。

查处举报态度坚决，违纪行为及时得到纠正。驻厅纪检组共受理信访举报19件次，对举报线索清楚的人和事，进行了认真调查，对相关违纪人员进行了严肃处理。特别是对省纪委交办的要结果信件进行了认真调查核实，并写出了调查报告。同时，对系统内发生的腐败案件进行座谈分析，认真查找制度、管理方面的漏洞，积极完善相关规章制度，努力从源头上防止问题的发生。

（朱文汇）

行业工会建设

【概况】 2010年，全省住房城乡建设系统各级工会组织紧紧围绕全省住房城乡建设工作大局，深入贯彻落实科学发展观，坚定不移地走中国特色的社会主义工会发展道路，按照年初确定的工作思路，团结和带领广大建设职工在搞好劳动竞赛、提高维权实效、创建和谐劳动关系、加强产业工会自身建设等方面取得了显著成果，为推动全省住房城乡建设事业转方式、调结构和新型城镇化建设做出了突出贡献。

【厂务公开】 强化机制建设，厂务公开民主管理工作取得深入发展。各级工会组织和企事业单位认真贯彻《山东省职工代表大会条例》，在经济发展方式转变、维护职工合法权益、保障企业改制改革、推进现代企业制度建设等方面做了大量、卓有成效的工作，民主管理质量和水平得到了进一步提高。莱芜市建设集团在厂务公开民主管理过程中认真遵循“维实、解难、促效”的思路，坚持动态分析和职工“想知道什么、我们就公开什么”的两项原则，努力提高了职工满意度。7月份，在全系统部署开展了厂务公开民主管理典型经验及工作成果征文评选；这一活动得到了全省住房城乡建设系统党政领导、工会干部和广大职工的积极响应，共推荐上报论文70余篇，经评审评出一等奖7篇、二等奖18篇、三等奖45篇，东营市住房和城乡建设委员会等8家单位在这次活动中荣获“优秀组织单位”称号。

【行业特色活动】 重点工程立功竞赛活动。根据省总工会、省住房城乡建设厅联合印发的《关于在全省建设重点工程中开展立功竞赛活动的通知》精神，对全省住房城乡建设重点工程立功竞赛活动的先进集体和先进个人评选范围、评选条件、评选数量和要求进行了细化。各参赛单位紧紧围绕竞赛主题，精心组织、周密部署、广泛动员，竞赛取得了显著成效。20家单位被省总工会、省住房城乡建设厅联合授予“全省建设重点工程立功竞赛先进集体”荣誉称号，并记三等功，给予60名先进个人记三等功。

职业技能竞赛活动。10月份，组织举办了全省市政行业职业技能竞赛。竞赛设城市道路照明电工和市政施工测量工两个工种，经过层层选拔、来自全省17个地市的34名优秀技能选手参加了决赛；临沂市、青岛市代表队获得了竞赛团体金奖，济南代表队的桂军和威海代表队的梁沛分获个人单项金奖，并荣获省“富民兴鲁”劳动奖章，20名选手被授予“山东省建设系统技术能手”称号。各基层单位十分重视人才队伍技能培训，组织开展了形式多样的技能竞赛活动，取得了良好效果。济南市园林局开展了推进服务环境、服务形象、服务程序、服务内容、服务标准、服务效率“六提升”活动；临沂天元集团开展的“学习进步年”“六比一创”活动，为企业可持续发展注入了生机和活力，促进了企业生产经营，集团荣获“山东省省长质量奖”；烟建集团组织开展了建筑业瓦工、镶贴、电工、电焊等特种作业人员考核。

建设职工节能减排创争活动。结合“节能减排全民行动”“五个一”活动要求，8月份印发了《关于在建设职工中深入开展节能减排‘五个一’活动的通知》。通知要求，各基层单位要以“创争”活动为主线，充分调动和激发建设职工的积极性和创造性，引导动员建设职工在各自的岗位上踊跃投身技术革新、发明创造，为节能减排出主意、想办法、做贡献。9月下旬，组织工会干部赴德州参观考察太阳能节能技术，增强了对太阳能系列产品的了解和认识，促进了人人参与建筑节能、参与节能产品推广应用良好氛围的形成。

农民工就业培训活动。按照全国总工会提出的“千万农民工援助行动”的总体要求，采取多种形式开展农民工就业培训活动。在建筑业农民工比较集中的淄博市，依托淄博市住房和城乡建设局工会和淄建集团技工学校，出资10万元，分批次对240余名农民工进行了砌筑工、木工、钢筋工、电工等七个工种的技能培训。农民工经培训后将全部实现持证上岗。此项活动今后将每年开展，力争促使更多的农民工达到持证上岗。

劳模评选表彰工作。认真做好劳模的评选表彰工作，积极向上级工会推荐“富民兴鲁”劳动奖章、“工人先锋号”、全国“安康杯”竞赛优胜企业等先进集体和先进个人。天元集团瓦工班班长李国华荣获“全国劳动模范”荣誉称号，济南四建集团刘文荣、天元集团刘洪顺获得了“山东省富民兴鲁劳动奖章”，全省住房城乡建设系统19家集体被中国海员建设工会授予“工人先锋号”荣誉称号。在“安康杯”全国安全生产监督人员培训过程中，被全国“安康杯”竞赛组委会授予“全国安全生产督导人员培训优秀组织单位”，是山东省唯一获此殊荣的单位。在农民工平安返乡活动中，省住房城乡建设工会、东营市建设工会、潍坊市住房和城乡建设局工会分别获得中国海员建设工会表彰的2010年“春运农民工平安返乡（岗）安全优质服务劳动竞赛”先进集体。

【送温暖与关爱农民工活动】 帮扶救助工作。按照厅党组和省总工会工作部署，春节前夕，派专人到济南、青岛、临沂、德州、聊城、烟台等市的部分困难职工家中，走访慰问了90多户困难职工家庭，发放送温暖救助金5万多元。同时依托省总工会困难职工帮扶中心，先后对厅属单位习习居宾馆、省勘察院等单位的12户困难职工家庭进行了走访慰问，为他们送去了帮扶救助资金1.2万元及部分生活急需的花生油、面粉等物品。6月份，对全省住房城乡建设系统困难职工档案进行了重新建档，对于没有纳入到档案中的困难职工及时核实情况予以补充，扩大了帮扶救助范围。9月份，在全省住房城乡建设系统困难职工家庭子女中开展“金秋助学”活动，为3家困难家庭送去金秋助学金9 000元。11月份，按照山东省送温暖工程基金会申报条件，开展了职工大病重症医疗救助活动，为山东迪尔安装集团公司、山东盛安建设集团公司2名困难职工送去大病救助资金1万元。全省17个地市普遍建立健全了正常的工作机制，使送温暖活动正常化、制度化。据不完全统计，全省住房城乡建设系统17地市（不含区、县）全年送温暖资金达到2 200多万元。

“关爱农民工，工地送温暖”与“农民工平安返乡”活动。筹集20万元资金，购买了电烤箱、水杯、茶叶、绿豆、毛巾、肥皂等防暑降温用品和生活用品，先后到山东电力专科学院、山东胜越公司、青岛黄岛开发区等部分省重点工程工地及农民工相对集中的建筑工地，进行了走访慰问。春节前夕，由省总工会、省住房城乡建设工会联合举办的“农民工平安返乡”欢送仪式在济南西客站工地举行，租用6辆大客车运送在济南西客站工地的300名江苏、山西籍农民工平安返乡，同时购买了春联、年画、挂历、食品及农民工维权知识手册等物品，发放给返乡的农民工，省人大副主任、省总工会主席刘玉功、省住房城乡建设厅厅长杨焕彩等领导出席了欢送仪式。

2010年2月8日，2010年春节“农民工平安返乡”欢送仪式在济南西客站建设工地举行

（摄影：邵永立　刘海泉）

【“安康杯”竞赛活动】　全省住房城乡建设系统认真贯彻《关于在全省建设系统开展‘安康杯’竞赛的实施意见》，部署开展了以“加强班组安全建设、强化一线教育管理”为主题的“安康杯”竞赛活动。为保障竞赛活动的顺利进行，各地普遍健全了组织，配备专门人员，全省17地市均成立了“安康杯”竞赛活动组织领导机构，大部分有关行业主管局也成立了相应的“安康杯”竞赛领导小组，使竞赛活动有了坚实的组织保障。参赛企事业单位达1 500多家，参赛职工队伍人数近100万，职工参赛率比上年增长13.6%，创下了竞赛举办以来，参赛单位最多，人数最多的新记录。泰安市住房和城乡建设委员会号召全市所有建筑企业都参与到竞赛活动中来，参赛企业达229家，职工11万人，是报名参赛最多的市；济南市园林局、青岛市公用局、烟台市城管局等所属企事业单位都做到了全员参赛。为使“安康杯”竞赛活动和工会劳动保护工作不断上台阶，4月份，省住房城乡建设厅对连续三年荣获全省住房城乡建设系统“安康杯”竞赛优胜单位的4名负责人授予了“全省建设系统劳动模范”荣誉称号；四年来，共有23名企事业单位负责人因本单位“安康杯”竞赛活动成效突出而荣获这一荣誉。

【行业工会自身建设】　女职工工作的融合互动和创新。组织召开了省住房城乡建设工会女职工委员会二届三次会议，增补了5位女职委委员，健全了组织，为开展女职工工作提供了保障。为提高女工干部的综合素质，8月份，在济南举办了全省住房城乡建设系统工会女职工干部培训班，邀请了老工会干部和专家教授，就新形势下如何做好工会女职工工作进行了辅导，来自全省17个市的70余名工会女职工干部参加了培训。紧紧全省围绕转方式、调结构，促进经济平稳较快发展这一首要任务，结合“迎全运、展风采、争当三星”竞赛活动，继续深入开展了女职工“素质提升、岗位建功”活动，共评选出“优质服务明星”30名、“安全生产明星”28名和“科技创新明星”19名。

建筑、供水行业专业委员会组织协调工作。分别在青岛市和临沂市召开了全省建筑行业工会专业委员会第5届年会和供水行业工会专业委员会第22届年会，会上通报了全省住房和城乡建设系统安全文明生产及行业发展情况，并针对如何更好地开展劳动竞赛、做好安全生产、劳动保护工作、维护职工合法权益等进行了研究探讨。

优秀理论研究成果评选。发挥建设工人运动研究会的作用，继续开展了优秀理论研究成果评选工作。针对工会工作如何更好地发挥工会组织的作用、维护职工的合法权益、加强工会组织建设、深化民主管理厂务公开、协调新形势下的劳动关系等内容进行研究和讨论，形成了一批有价值的理论研究成果。这次评选有43篇论文荣获一等奖，44篇荣获二等奖，37篇荣获三等奖。

【职工文化生活】 “三八”节期间，组织全省住房城乡建设系统女职工参加了省总工会庆“三八”国际妇女节100周年文艺汇演，组织职工参加了省总工会举办的全省舞蹈、柔力球培训。举办了工会宣传工作研讨会和“咱们工人有力量”摄影技术应用培训班。选送的住房城乡建设系统优秀歌手在全省职工歌曲展演中分别获得了流行和民族唱法三等奖和优秀组织奖。为配合搞好第十六届山东环卫工人节的庆祝活动，举办了山东省城市环卫职工书法绘画摄影比赛，共选送作品186件，其中书法作品49件、绘画作品21件、摄影作品116件。济南、青岛、东营、临沂、菏泽、莱芜等市从实际出发，因地制宜开展了有益职工身心健康的文体活动，丰富了建设职工的文化生活，展现了建设职工朝气蓬勃、昂扬向上、奋发有为的精神风貌。

（杨振同）

第 二 篇

各市建设工作

济 南 市

城 乡 建 设

【概况】 济南市城乡建设委员会紧紧围绕济南市委、市政府“维护省城稳定，发展省会经济，建设美丽泉城”的战略部署，坚持以科学发展观为统领，以“执政为民、廉洁高效”学习教育活动为动力，积极创新思路举措，发挥监管调控职能，做好支持服务文章，努力推进重点产业转型升级、业务工作优化提升、发展环境安全稳定，实现了城乡建设事业的科学、健康发展。

一是建筑业保持平稳较快增长。进一步加大建筑业结构调整、建筑市场管理、市场准入清出机制建立、有形建筑市场和诚信体系建立、装饰市场监管、工程监理工作管理、工程造价市场管理等工作力度。截至年底，全市建筑业实现总产值893.3亿元，实现增加值285.1亿元，实现利税45亿元，分别比上年增长14.5%、17.7%和14%。

二是房地产业保持较强发展势头。实施重点区域带动战略，切实增加住房有效供给。继续调整住房供应结构，重点发展中低价位商品房和保障房。全年房地产开发完成投资480亿元，施工面积2 230万平方米，新开工面积920万平方米，分别比上年增长44.3%、4.8%和82.3%。

三是农村住房建设和危房改造工作成效显著。破除项目制约瓶颈、实施审批大提速、加大督查和考核力度、积极吸纳社会资金等，农房建设和危房改造实现由慢到快的赶超。全年完成农房建设开工、竣工数达到9.48万户，超额完成全年任务的18.6%，改造危房1.56万户。继续积极开展“城镇建设行动”，第四批8个镇顺利实施37项建设项目，完成投资约1.2亿元。

四是建筑节能工作全面提速。全市新建节能建筑880万平方米，全年建筑工程可再生能源应用面积276.01万平方米。累计完成既有居住建筑供热计量及节能改造240.07万平方米。推动和完善机关办公建筑和大型公共建筑能耗监管体系建设，初步建成济南市机关办公建筑和大型公共建筑能耗监测平台。严格执行新型墙体材料和建筑节能产品生产标准认定，关停、取缔29家不符合要求的企业。

五是城市征收拆迁工作规范有序。按照“四合法、两到位”（拆迁项目、程序、主体、补偿标准合法，安置房源和补偿资金到位）的标准严格拆迁项目审查。建立最低套型面积保障查询系统，拆迁管理水平进一步提高。全年共搬迁居民和单位2.2万户（个），拆除各类房屋516万平方米。

六是安全稳定工作扎实有效。狠抓建筑施工安全质量、农民工维权、市场监管、信访等工作，着力解决影响行业和谐稳定的深层次问题。加强对重点环节、重点部位、重点项目和重点企业的监督检查，加强建筑企业养老保障金收缴和拨付，积极开展竣工项目拖欠梳理工作。深入开展“信访积案化解年”活动，落实领导干部信访接待日制度，全年共接待来访群众284批、1 833人次。

七是对口支援北川灾后恢复重建工作圆满完成。援建擂鼓镇和北川新县城项目13个，完成总投资8.9亿元，引入8家企业投资建厂，安置擂鼓镇受灾农民总户数2 846户，对口支援北川灾后恢复重建工作圆满完成。

八是行政审批事项全面提速。按照“把济南打造成全省乃至全国审批环节最少、服务意识最强、办事效率最高的城市之一”的目标要求，工程招标受理、质量监督注册、工程施工安全监督备案等12项行政审批事项办理时限全面提速并向社会公开承诺。

九是全力推进创建全国无障碍建设城市工作。本着“夯实基点、突出重点、打造亮点、形成特色”的思路，精心组织城市道路、公共建筑、交通设施、特殊设施、居住小区、居住建筑、信息交流等无障碍建设，进一步提升城市形象、提高城市文明程度，得到国家四部委验收组的充分肯定。

（杨　阳）

【建筑业】　产业规模、效益同步实现新跨越。全市完成建筑业总产值893.3亿元，比上年增长14.5%；实现建筑业增加值285.1亿元，比上年增长17.7%。全市建筑施工企业共有1 393家（含外地进济企业272家），其中施工总承包企业有377家，占27.1%；专业承包企业779家，占55.9%；劳务分包企业237家，占17%，逐步形成结构合理、协调发展、优势互补的行业组织结构。企业素质进一步提升，注册地在济南的特级资质企业有3家；年产值超过10亿元的企业有25家，市场竞争力和产业集中度大幅提高。

建筑市场监督管理进一步深化。进一步改革完善评标办法，遏制部分施工企业不顾自身实力、盲目无序承接工程的行为。突出加强对政府投资工程招投标监管，试点启动电子辅助评标工作。开展外地进济企业清理整顿专项行动，净化全市建筑市场环境。

工程造价监管成效明显，建筑企业养老保障金管理继续保持良好态势。健全完善人工工资定额、消耗标准、工程价格动态调整机制，优化竣工结算备案管理工作。加大收缴、追缴和拨付力度，2010年全市累计收缴建筑企业养老保障金7.92亿元，比上年增长80%；累计拨付建筑企业养老保障金3.59亿元，比上年增长50%。

有形建筑市场服务功能不断完善，装饰市场监管进一步加强。集中完成电子辅助评标系统升级改造，进一步健全交易服务平台功能和内部监督机制，有形市场信息化水平和服务水平提升。平稳进驻市公共资源交易中心，2010年全市进场交易项目达1 223项，建筑面积达2 630余万平方米。印发《关于进一步加强改建扩建及二次装修工程监督管理的通知》，规范装饰装修活动基本建设程序。

防欠清欠长效机制全面落实，农民工合法权益得到切实维护。出台《关于进一步做好建筑业农民工工资支付管理工作的通知》，严格落实农民工工资支付监控制度、建设单位劳务工资保证金制度和外地进济企业农民工工资预储制度，切实保证农民工工资按月足额支付。深入开展农民工工资支付情况专项排查活动，解决拖欠金额达1 689.3万元，占全部投诉金额的93%。

监理市场监管力度进一步加大，项目管理行业健康发展。印发《济南市外地工程监理企业进济监理管理办法》，实行单项工程备案和分支机构备案两种管理模式，推行标前资质资格核验制度，规范外地企业从业行为。出台《济南市地方监理工程师从业能力管理办法》，在全市行政区域内建立监理从业人员“地方粮票”管理制度，缓解全市全国注册监理工程师数量与工程建设项目严重不相协调的矛盾。

工程质量稳中有升，安全生产形势持续平稳。进一步创新质量安全监管机制，深化施工图审查、竣工验收、质量保修等工程质量监督制度，完善特种作业岗位工作制度和安全事故约谈以及质量安全责任追究制度。2010年全市建筑业亿元GDP生产安全事故死亡率为0.008，远低于全省平均水平。

工程建设质量安全过程监管进一步加强。深入开展“住宅工程质量通病再治理”活动，严格落实见证取样制度，继续开展“安全生产年”活动，进一步加强日常安全生产动态监管和考核，组织开展全市建筑工程安全生产专项整治工作，督促施工现场各方主体对安全生产常抓不懈。

优质工程和安全文明工地创建活动深入开展。全市共创建省“泰山杯”奖工程33项（含装饰工程14项），全国建筑工程装饰奖6项，全国土木工程“詹天佑大奖”1项，国家优质工程奖2项，全国建筑工程“鲁班奖”6项，创建省、市各类安全文明工地175个，获奖工程数量居全省之首。

（高树金）

【房地产开发管理】 加强房地产市场调控。开展在建在售商品房清理工作，出台《关于转发山东省人民政府保持全省房地产市场平稳健康发展的意见的通知》《关于规范预售商品房买卖合同撤销及信息变更有关问题的通知》等，促进全市房地产平稳健康发展。编制完成《济南市房地产中长期规划研究报告》《济南市房地产业“十二五”发展规划》《济南市住房建设规划（2010－2012年）》等规划，强化房地产市场的规划引导。

严格市场信息披露制度。积极开展市区以及周边县（市）房地产投资情况的专题调研，加强市场交易情况调度和分析，全年编制《济南市房地产市场信息》月报12期、《济南市房地产市场运行报告》4期，与新华社山东分社合作编制《房地产动态》5期。

健全市场预警处置机制。畅通群众举报渠道，主动接受群众投诉，完善市场巡查机制，全年受理投诉举报400余起，现场解决问题185个，约谈21家企业主要负责人，建立房地产市场预警处置机制。

创新开发项目审批模式。坚持“网上审批”和“并联审批”相结合，实施专题会议审批制度和责任追究制度，杜绝审批中出现违规现象。缩短审批时限，开发项目经营权的审批时限缩短2个工作日，预售许可的审批缩短3个工作日，资质的审批缩短10个工作日，对暂定资质的审批权下放到县（市、区），减少企业办事环节。

（王大港）

【村镇建设】 建管并重，推进“城镇建设行动”。第四批8个镇的建设任务已完成。截至年底，累计硬化道路面积约18万平方米，安装路灯1 059盏，铺设排水管道约30公里，新增绿地面积约33万平方米，建设广场（公园）6个，各项城镇建设工作进展顺利。

积极探索，扎实推进农村住房建设与危房改造工作。研究出台《关于加快推进农房建设有关问题的通知》，提出实施“3＋7＋3”限时审批模式。全市农房建设开、竣工数达到9.48万户，超额完成全年任务的18.6%。启动整村迁建项目185个，涉及村庄258个，开工、竣工户数已达8.08万户；改造危房1.56万户，完成全年计划的107.1%。

城乡携手互帮互助工作成效显著。市城乡建设委在城乡携手共建帮扶村——历城区金刚纂村设立现场工作办公室。修筑护坡300米，修建上山路径50米，建起2个冬暖大棚，成立建筑劳务分包公司，免费对村民进行建筑技能培训，圆满完成本年度帮扶共建任务。

认真做好城镇化监测评价工作。按照省住房城乡建设厅、省统计局《关于开展2010年度全省城镇化统计监测工作的通知》要求，和市统计局共同牵头，广泛开展基础调研，统计收集城镇化发展基础数据，认真分析研究，完成2010年全市城镇化发展监测评价工作任务。

（贾晓剑）

【建筑节能与建设科技】 全市县以上城市规划

区内新建建筑全面执行居住建筑节能65%、公共建筑节能50%的标准，新建成节能建筑约880万平方米。全市新型墙材和建筑节能企业达154家，年生产能力30亿块标砖。实施太阳能热水系统与建筑一体化建设721万平方米，太阳能光电建筑应用34万平方米，浅层地热能应用52万平方米。

组织实施既有居住建筑供热计量及节能改造。研究出台《既有居住建筑节能改造项目管理工作指南》《济南市既有居住建筑供热计量及节能改造专项资金使用管理办法》等文件，指导节能改造工作的有序开展。截至年底，全市累计完成改造面积240.07万平方米，超额完成省里“十一五”下达的改造任务。

推动和完善机关办公建筑和大型公共建筑能耗监管体系建设。顺利完成1 887栋建筑的基础信息调查及能耗统计工作；完成34栋大型公共建筑能源审计工作。初步建成济南市机关办公建筑和大型公共建筑能耗监测平台，龙奥大厦等22栋大型建筑纳入全市第一批建筑能耗监测试点。采用合同能源管理等模式，完成山东大厦等22栋大型公共建筑节能改造，节能效果均在20%以上。

积极推进建设科技工作。成立以城乡建设委主要领导为组长的科技创新工作领导小组，出台《关于加快推进我市建设科技创新工作的意见》。组织申报并列入山东省建筑业新技术应用示范工程37项，全市获省级工法46项，省建筑业创新奖36项，获山东建设技术创新奖15项。

（李桂珍）

【勘察设计业】 加大建筑工程设计招投标监管力度。重点加强对国有投资建设项目设计招投标的监管力度，2010年开始在市公共资源交易中心公开招标。全年组织实施80余项重点项目的设计招标，依法处罚招标违规项目50项。

强化施工图审查和审后监管。办理施工图审查备案294项，审查建筑面积1 804万平方米。全年实现配套费收缴额18.4亿元，创历史新高。全年移送处罚违反施工图审查规定项目25项。

改革现行施工图联审制度。严格实行政企分开，依法区分行政性审查和施工图技术性审查，通过调整，联审工作时限大大缩短。主动协调消防、市政等部门，将消防和中水设施的技术性审查统一纳入施工图技术性审查。全年施工图联审共受理各类建筑工程201项，总建筑面积为1 310.6万平方米。

加强资质审批和市场管理。开展全市勘察设计市场专项检查和资质证书换发工作，其中9家单位被实施不良记录，11家单位资质延续未通过。办理勘察设计单位进、出市备案手续400余件。严把资质初审关，受理各行业设计资质申报58项。

积极开展行业争优创优工作。开展2010年度济南市优秀工程勘察设计评选工作，共评出一等奖12项、二等奖19项、三等奖27项。

（邵志敏）

城乡规划

【规划编制】 规划体系日趋完善。《济南市城市总体规划（2006－2020年）》通过了国务院部际联席会议审查，控制性详细规划整合工作全面启动。城市综合体、教育、卫生等专项规划，城中村改造引导规划、镇村体系规划、长清山区保护与发展规划方案等陆续完成，福利设施、城市色彩、园林绿地等规划取得了阶段性成果。积极推进轨道交通、防洪供热等规划编制，开展了大明湖—小清河通航、石济客专、新东站等规划研究，配合有关部门编竣了一批“十二五”行业发展规划。

一大批重点片区规划相继编竣。集中力量编制了100多项重点片区规划成果，完成了老城区百花洲、苗家巷、普利门等片区的规划设计；编制了西部新区核心区、站前综合体、济西生态湿地等规划方案；开展了东部新区燕山文博、唐冶、汉峪等重点片区规划；编竣了滨河新区功能定位与产业发展、核心区、华山片区等规划。主动加强与各投融资管理中心的配合，组建了滨河新区等规划策划平台，邀请国际规划建筑大师保罗·安德鲁设计了“岱青海蓝”省会文化中心等标志性建筑，组织开展了经十路东段、二环东路沿线等十几项城市设计，重点片区、重点地段的规划设计水平大大提高。

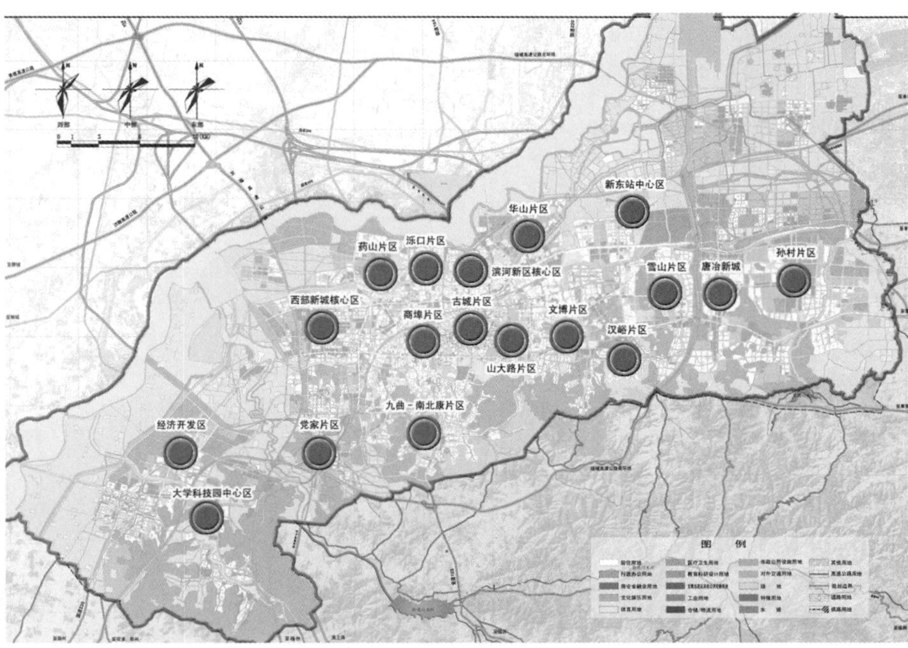

济南市“十二五”城市发展规划方案　　（摄影：马交国　任世红）

【规划研究】　完成济南市委重点课题《全面提升城市统筹规划水平研究报告》，系统提出了“统筹规划”的基本原则和对策措施。完成济南市新世纪科学发展城市规划集成研究，并获山东建设技术创新奖一等奖。完成《关于台湾轨道交通规划建设情况的调研报告》，被评为全省住房和城乡建设系统优秀调研成果。与北京清华城市规划设计研究院合作完成《济南商埠区保护利用规划研究》，已由中国建筑工业出版社出版发行。

【规划管理】　实施“重心下移、关口前移”，调整优化内设机构职能，新组建了4个直属分局。制定《城市规划区村庄建设规划编制审批规定》等规范性文件，完成《城乡规划管理技术规定》草案。认真落实城市规划委员会、专家论证、城乡规划督察制度，扎实开展建设用地性质容积率调整、建设领域突出问题专项治理等活动，科学规划、民主规划、依法规划水平进一步提高。

【阳光规划】　大力推行政务公开，通过各种渠道发布规划信息4 000多条，举办规划公示近500次，规划展馆、《泉城规划动态》、宣传栏和新闻媒体等宣传工作顺利开展。认真做好人大代表建议、政协委员提案办理和规划信访工作，办结热线转办事项800多件次。以“优化发展环境，规划美丽泉城”为主题，召开服务对象恳谈会，发表致社会各界的公开信，组织参加“开放搞评议，广场听民声”等活动，以实际行动赢得了群众的信赖和支持，市规划局在全市优化发展环境民主评议中的位次提升到第五位。

【基础测绘】　认真贯彻全省测绘工作会议精神，代拟了《关于加强测绘工作的意见》。组织编竣了基础测绘“十二五”规划，实现了中心城1∶500地形图和市区建设区域1∶2 000地形图全覆盖。启动了基础地理信息公共平台建设，开展了地理信息市场专项检查工作。积极开展城市基础测绘，搞好规划验线、规划竣工测量的技术服务，为规划中心工作提供了有力的技术支撑。

全市城市规划工作会议暨市规委二届二次会议　　（摄影：马交国　任世红）

【全市城市规划工作会议召开】　2月23日，全市城市规划工作会议暨市规委二届二次会议在龙奥大厦召开。会议由市委副书记、市长、市规委主任张建国主持。市委常委、常务副市长王良、市政协副主席胡占平、省住房城乡建设厅副厅长万利国出席了会议，市规委委员及各县（市）政府主要负责同志、市规划部门有关负责同志参加了会议。会议审议通过市规委组成人员调整建议和《华山国家历史文化公园规划设计》等规划方案，并对2010年规划工作进行了安排部署。

（马交国　任世红）

住房保障与房地产管理

【廉租住房建设】　大力推进廉租住房项目建设。廉租住房设计施工突出体现“以人为本”理念，做到“面积不大功能全、占地不多环境美、造价不高品质优”。天和新居和天保新居735套廉租住房交付使用；天成新居和八里桥新居1 019套廉租住房在建；清河新居和裕辛苑小区已完成立项、规划等前期手续，正在进行开工前的准备工作。对1 493户家庭实施了实物配租保障，向4 262户家庭发放租金补贴1 841万元，比上年增长17%。

【公共租赁住房建设】　出台《关于开展公共租赁住房试点工作的意见》及4件配套规范性文件，编制了保障性住房“十二五”发展规划，确定到2015年底，全市新建保障性住房10万套；建立高效的政府保障资金筹集拨付机制，已拨付公共租赁住房前期启动资金1.47亿元；建立了保障性安居工程定期通报制度和协调机制，加快推进公共租赁住房项目建设步伐；启动首批6个公共租赁住房项目，总建筑面积100万平方米，1.4万套。其中，西蒋峪片区和沁园新居已进入施工准备阶段。指导企业新建集资建房4 730套，约35万平方米，有效解决了企业职工的住房困难。

【住房保障管理】　完善住房保障机制，严格设置保障家庭准入、退出机制以及动态监管体系，坚持三级联审和两级公示制度，启用住房保障电子审核系统，保证住房保障资格审查的准确性和高效率。建立全程监控体系，变事后监督为事前规划、事中控制和跟踪审计。实施保障性住房物业管理，实行分层次减免物业服务费。

【住宅建设】 截至年底，济南市市区（不含长清区）各类房屋建筑面积10 813.50万平方米，其中，住宅建筑面积6 934.60万平方米。年内市区拆除房屋建筑面积164.18万平方米，其中，住宅82万平方米；城市居民人均住宅建筑面积29.70平方米。

【住房二级市场】 全市二手房买卖成交登记30 293套，成交面积229.36万平方米，成交金额90.84亿元，成交均价3 961元/平方米，分别比上年增长119.1%、80.6%、107.4%和14.8%；其中，二手住房成交29 658套，成交面积212.42万平方米，成交金额84.39亿元，成交均价3 973元/平方米，分别比上年增长120.5%、97.5%、121.8%和12.3%。

【住房制度改革】 做好房改售房审核审批工作，全年审核房改售房资料2 959户，办理房改退房手续2 465户，为省直、铁路、电力等单批方案单位联网2 675户，出具房改购房情况查询证明8 169户。严格房改售房资金审批管理，年内归集房改售房资金3 233万元；为10家单位办理产权登记证明41件，冻结售房资金639.79万元；为401家单位2 423户购房家庭划转共用部位、公用设施设备维修基金3 207.16万元，为2 465户家庭办理房改退款298.92万元。加大房改遗留问题及信访反映问题的处理力度，妥善处理了一批企业的房改遗留问题和194户家庭房改信息勘误工作，最大限度地保障了购房家庭的合法权益。

【房地产交易与权属登记管理】 印发《关于进一步规范房屋登记工作加强行风建设的实施意见》，制定了房屋登记业务操作规范。建立市区房屋基础信息数据库，实现了房屋登记以发证为核心向以登记簿记载为核心的重大转变。组织开展了预警预报系统和个人住房信息系统建设。济南市房屋产权登记中心顺利通过了全国房地产交易与权属登记规范化管理先进单位的验收。完善房地产经纪机构资格备案、房地产评估机构资质许可和年度检查制度，开展了存量房网上交易和资金监管工作，建立了济南市房地产中介机构信用档案系统。开展房地产中介机构清理整顿和年度检查工作，努力营造放心住房消费环境。房产测绘工作进一步规范，统一市区房产测绘及面积计算管理软件，完成房产测绘数据库的整体建库以及济南市1:500基础地形图数据整理入库工作。创新服务方式，推出10项服务措施6大便民活动，实现市区内房产交易与权属登记的网上审核及资料传递，整合审批环节，缩短审批时限，提高办证效率。全市共办理房屋登记31.7万套，登记面积3 363.3万平方米，分别比上年增长30%、36.1%；办理房产交易登记17.3万套，交易面积1 936.8万平方米，交易金额521.3亿元。

【物业管理】 截至年底，全市物业服务企业共有443个，管理面积6 520万平方米，从业人员达到3.06万人。

一是完善物业管理政策。起草《济南市人民政府关于加强物业管理工作的意见》《关于住宅小区停车位使用管理的意见》等文件，印发《济南市住宅专项维修资金管理办法》。

二是进一步加强住宅专项维修资金监管。成立了济南市住房维修资金管理中心，制定已售公房和商品房维修资金支用程序、应急支用程序及资金管理的相关政策。全年归集维修资金3.65亿元，为居民办理支用维修资金手续376笔。

三是充分利用信息管理技术，提高服务效率。自主研发物业管理行业综合管理平台，资质申报、物业招标备案、服务合同备案等八项工作实行网上申报办结，初步建立了全市物业服务行业数据库和企业信用档案，实现了多方位的综合查询和统计。

四是认真履行行业监管和服务职能。完成了全市三级资质物业企业的资质换证，对部分物业企业下达了整改通知；组织39个新建住宅小区前期物业管理招标；会同市政公用局成立小区供热自管站联合检查组，对小区自管站运行情况进行全面检查，及时协调处理小区供热工作中存在的问题。

五是加强房屋维修工作。创新房屋维修机制，初步建立起与居民生活需求相适应的房屋维修网络；不断健全完善直管公房普查、保修、质量回访制度，扎实做好危旧直管公房维修和安全防汛工作，全年完成危旧房维修2.65万平方米，确保了房屋安全度汛。

【房政管理】 一是加大了房管立法工作力度，先后完善出台了《行政审批服务事项窗口办理暂行办法》等10余件规范性政策文件。坚持“立、改、废”相结合，完成地方性法规、政府规章、规范性文件的清理工作。二是认真组织开展了依法行政培训教育活动，举办各种内容的学习讲座和教育培训26场，受教育职工达2 700多人(次)。三是不断改进和完善房管审批服务分中心建设。实行房管分中心工作人员专人负责制、行政审批业务和投诉统一受理制度，进一步规范了行政审批事项、审批要件标准和工作纪律。四是继续推行直管公房非住宅房租核减优惠政策，年内为企业减负160余万元。五是加强直管公房经营管理，完成2009年度对直管公房受托经营各项指标任务完成情况的年度考核，研究制定了《关于规范直管公房经营管理行为的通知》，规范了直管公房非住宅租金核减的程序、标准。全年直管公房实现房租收入2 279.56万元，接管直管公房1处、建筑面积460.52平方米。六是认真做好全市房屋概况年报统计、分析和上报工作。七是按时保质完成了全市棚户区改造、道路整治和重点建设工程共45个项目、7 416户被拆迁户其他住房情况的核查任务，有力促进了棚户区改造和重点工程的顺利实施。

（李　岳）

住房公积金管理

【住房公积金制度建设】 继续以规模以上民营企业为住房公积金制度扩面的重点，督促20家医疗单位为4 000多名职工建立了住房公积金制度，部分乡镇为6 300名教师建立了公积金制度，实现了全市72个乡镇财政统发工资单位公积金制度全覆盖。全年有785个单位新建立了住房公积金制度，新增缴存职工39 813人。拓宽职工对违反公积金制度行为的投诉渠道，完善群众接访制度。全年接待群众来访155人次，受理投诉登记案件109件，12345市民服务热线56件。受理

济南市公积金管理委员会会议　（摄影：徐雁飞）

18 家破产、改制企业住房公积金的清算。

【住房公积金归集与使用】 规范住房公积金缴存基数，统一住房公积金缴存比例，自 2010 年 7 月 1 日起住房公积金缴存比例调整为单位和职工各为 12%。全市住房公积金归集额完成 57.83 亿元，比上年增长 22.69%。公积金支取 28.71 亿元，比上年增长 26.45%。住房公积金个人购房贷款完成 52.79 亿元，比上年增长 22.14%。住房公积金个贷率为 64.34%，比上年提高 10.6 个百分点。实现住房公积金增值收益 2.37 亿元，提取廉租住房建设补充资金 1.98 亿元。

【公积金管理服务】 坚持将管理寓于服务之中，不断提高服务质量，使职工更加方便快捷地使用住房公积金。*一是开展便民服务活动*。加强服务窗口建设，增加业务咨询台，增设审批窗口，工余时间为单位上门服务，服务大厅被授予机关党员先锋号，连续 7 年被评为市青年文明号。*二是加大政务公开*。坚持全面公开，拓宽了宣传渠道，建立网站、媒体、服务窗口相结合的立体政务公开平台，管理中心网站被评为市政府优秀网站。*三是优化客服热线*，8 月份正式开通咨询热线 81959399，做到一号受理，统一接听，分类解答，服务的专业化和精细化水平明显提高，接听咨询电话 2.8 万多个，无一投诉。

【公积金支持保障性住房建设】 成功申请利用住房公积金贷款支持保障性住房建设试点城市资格，住房城乡建设部批准济南利用 10 亿元住房公积金贷款支持中大南片区棚户区改造回迁房建设。积极贯彻国家对公积金贷款的新规定，自 2010 年 12 月 20 日起开始实行差别化贷款政策，突出住房公积金在解决职工基本住房问题方面的作用。

【公积金风险管理】 以资金运转为重点，梳理业务风险点，完善住房公积金风险控制体系，加强制度监督，完善岗位制衡机制，强化流程制约，严防资金风险。修订对受委托银行的考核办法和委托合同，提高了住房公积金外延业务的规范化水平。积极构筑惩治和预防腐败体系，加强依法行政监督平台、科技防腐资金监管平台建设，坚持重大事项备案制度和政务公开制度，实现了公积金业务的合规运作和资金的安全完整。

（曲连英）

市政公用事业

【城市道路及路灯建设】 全年开工、续建市政道路 17 条，年内完成 6 条。文化东路、玉兴路、旅游北路等 11 条道路的建设正有序推进。完成了黑西路、文化东路、阳光舜城等 34 条道路路灯建设任务。全年新增路灯 5 442 盏，建立了 24 小时抢修机制，路灯亮灯率 99.94%，好灯率 99.98%，事故处理及时率 100%。积极推广可调式镇流器和新光源，在美里路、黑西路等主次干道采用了 LED 路灯照明，在新改建路灯工程同步实施单灯控制。路灯节能工作在住房城乡建设部节能减排检查中受到充分肯定。

【市政设施维护管理】 完成闵子骞路、矿院路、千佛山西路等 10 条道路整修工程，累计完成道路维护面积 19.66 万平方米。清挖检查井 3 880 次，疏浚管沟 48.3 公里。完成全市 447 座大中小型桥梁的监控，完成 475 座桥梁等级评估工作、493 座桥梁检测工作。安装顺河高架路防噪墙 905 米。完成旅游路隧道整修工作，新建 4 座人行过街天桥，对 31 条道路实施杆线入地；强化市政工程文明施工管理，施工工地围挡率、工程弃土清运和场地洒水压尘达标率均在 95% 以上。

【城市供水】 完成济西应急供水管网建设工程，

新增供水能力10万吨/日。16条主干线和60条支线道路供水管线完成升级改造，改造28个低压片区。建成解放桥加压站，完成七贤、板桥两个加压站改造任务。实施玉清、鹊华两个水厂深度处理工艺改造工程。济南市成为黄河下游地区承担国家饮用水安全保障技术研究和工程示范任务的牵头城市，参与国家、省、市三级供水水质预警监控网络的示范工程建设。

【城市节水】 全面实行计划用水管理，工业用水重复利用率达94.5%，城市节水总量3 000万立方米；新建中水工程19个；全年共检查二次供水设施446家，不断推进节水器具的开发利用。组织开展全国第十九个城市节水宣传周活动，配合中央电视台《绿色空间》拍摄完成《城市与节水》专题片。

【城市排水及河道截污整治】 重点对柳行河、黄台南路边沟、马家庄西沟等河道实施综合整治，对花园路等25处道路积水点实施排水改造工程。组织对大明湖、柳行头河两大污水系统调研和方案论证，完成了主城区污水全收集可研报告；完善雨水设施、河道等排水设施的长效管理机制；完成主城区范围内300平方公里排水设施普查，启动城市排水信息化平台建设。

【城市防汛】 修订完善《济南市城市防汛应急预案》，提升完善市城市防汛指挥调度系统，完善防汛视频监控系统，实现对市区主要河道、立交桥等低洼位置、排水泵站的实时监控；加强部门联动，实现与数字城管、公安交警、气象部门的信息共享。认真做好防汛抢险物资的检查、补充和储备，加大宣传教育力度，建立完善市民自救互救体系。组织开展城市防汛知识宣传进社区、学校、公共场所、建筑工地的宣传周活动，发放《市民汛期安全实用手册》30余万册。

【城市污水处理】 市区污水排放总量2.41亿吨，处理污水2.22亿吨，出水水质全部达到GB18918—A标准。建成分散式污水处理站8座，污水处理规模合计5.7万吨/日。济南所属县（市）实现每座县城至少一座污水处理厂的目标；改造和新建排水管网260余公里，雨污水管网总长度已达2 100公里（其中污水管道1 200公里），90%以上的城市污水得以收集。在2010年国家住房和城乡建设部对全国36个大中城市的污水处理工作的年度考评中，荣获第一名。

【燃气热力】 新增管道燃气民用户8万户，城市燃气气化率98%，管道燃气气化率63%。全年供应天然气2亿立方米，焦炉煤气4 700万立方米。改造燃气危旧管网104公里，完成液化石油气瓶组站并网42座。继续推进供热基础设施建设，浆水泉热源厂及管网工程、莲花山热源厂70MW热水锅炉、北郊热源厂扩建70MW热水锅炉等项目竣工投运；西客站热源厂主厂房、锅炉房本体等主要设施完成，与道路建设同步敷设外管网；东部城区“汽改水”管网改造项目完成37公里。积极开展供热计量改革工作，实施供热计量试点收费。加大供热企业及自管换热站整合力度，实施了东新热电和开元、德南、乐山锅炉房整合工作。强制拆除10吨以下锅炉340台，完成9台锅炉的脱硫升级改造任务。出台《济南市居民住宅供热室温检测及退费规定》《关于进一步加强我市自管换热站管理的通知》等规范文件，提升了供热服务质量和服务水平。

【数字市政建设】 启动数字市政系统“118”工程，“一个中心、一大平台、八项专业应用系统”建设正按计划加快推进。完成城市防汛调度指挥系统升级改造并投入使用，完成主城区试点范围内19平方公里的市政设施普查。

【市政行业监管】 完善特许经营制度，完成对山东济华、济南港华燃气公司特许经营授权工作和济南城建集团、济南泉城水务公司组建工作。加强市政工程质量安全监督管理，全年监督工程103项，开展专项检查27次。出台《济南市城区河道日常管理量化考核实施办法》《济南市城市排水设施清淤疏浚管理工作量化考核实施办法》，提高各区河道、排水管理和养护水平。加强道路桥梁管理考核力度，制订了《济南市城市道路桥梁管理考核办法（试行）》。加大供排水水质监测力度，城市污水、中水及排水样品检测1 723批次。联合市城管执法部门，对液化石油气市场进行检查治理，规范市场秩序。

（刘　健　国兴华）

园林绿化

【城市绿化美化】　深入开展“公园绿地建设年”活动，增加绿化空间，提高建设管理水平。2010年，全市投入绿化资金11亿元，新建、改建区级公园、街头游园、社区公园29处，提升道路绿化25条，新建绿地330.15万平方米（其中，新建公共绿地105.87万平方米），布置花卉1 560余万盆。积极开展创建“精细化管理示范路”等活动，实现了后全运时代绿化管养水平不下降的目标。通过完善防控网络，狠抓预防，美国白蛾等病虫害疫情得到了有效控制。

【重点工程建设】　一是第七届园博会胜利闭幕。按照“隆重、节俭、安全”的办会要求，先后完成了园区环境整治、重要景观提升，以及70个城市展园的管理交接工作。5月8日，第七届园博会闭幕式及颁奖典礼举行，历时237天的第七届园博会完成了各项展会任务，圆满落下帷幕。

二是为民办实事工程顺利完成。森林公园建设按照“一环、一轴、五湖、九园”的总体布局，拆迁征地102.9亩，拆除建筑面积1.8万平方米，12月26日实现免费开放试运营。百花公园环境提升，先后完成了西门、道路、灯光、喷泉、片林等改造提升任务，新增健身器材、儿童游乐设施，安装文化雕塑，栽植乔灌木4.5万株，完成建设投资3 000万元，9月30日如期竣工，向社会免费开放。

三是护城河实现全线通航。环城公园环境提升及东护城河通航工程，完成建筑拆除、桥梁新建改建、船闸建设、河岸加固、管线铺设、园路广场铺装、苗木栽植、建筑修缮改造、小品翻新、雕塑安装、灯光亮化工作。建成了全国第一家以天然泉水为水源的公益泉水浴场。12月29日，护城河与大明湖航线全线贯通。

【公园风景区建设管理】　各公园、风景区按照“高标准、精细化、创一流”的要求，以首届“泉城园林文化月”和各项创城活动为契机，从硬件设施、服务管理、游园活动等多个方面，努力提升建设管理水平。全年共完成环境整治和建设维护项目58个，栽植调整各类苗木近80万株，拆除有碍观瞻的建筑约1万平方米，举办各类主题游园活动140多项。

【绿化管理】　一是完善法规体系。修改整合有关园林绿化法规，形成《济南市城市绿化条例》和《济南市名泉保护条例》修改意见稿，报市人大常委会审批；初步拟定《济南市风景名胜区管理条例》草案。二是加强规划指导。编制完成《济南市城市园林绿化“十二五”发展规划》和《济南市城市绿地系统规划（2010－2020年）》。三是坚持依法行政。加强行政审批工作，受理树木伐移、绿地占用审批事项55件，接受咨询300多人次。完善规章制度，加强督导检查，连续11年实现近郊山林无重大火灾。全面加强经营项目规范、营业执照管理、物价监督、通游年票发行和企业改革改制等工作，对4家公司进行了清算注销，与中国银行济南分行联合推出了“长城济南园林主题信用卡”，实现了游园年票的全年滚动销售与自动识别。四是强化园林绿化科技支撑。完成《济南园林“十二五”期间科技发展规划》，成立济南园林科研专家组，加强科技管理、科研立项和成果申报工作，其中，1 项成果获市科技进步二等奖，2 项成果获市科技进步三等奖，9 项成果获山东建设技术创新奖。

【名泉保护】 加强保泉巡查、检查力度，协调有关部门在普利门、泉城路等水源地实施应急回灌补源 486.2 万立方米，实施人工增雨 30 余次。调整采水布局，压缩用水计划指标，把供水管网中地表水与地下水的比例牢牢控制在 9∶1；封井保泉，分时段对市区泉群控流，全年减采地下水 1 000 多万立方米；加大节水保泉宣传，进一步增强社会各界节水保泉意识，泉水实现持续喷涌七周年，9 月 23 日趵突泉水位突破 30 米，创下 45 年来最高水位记录。

【首批“公共绿地精细化管理示范路”评选】 济南市首批“公共绿地精细化管理示范路”评比揭晓，阳光新路（经十路—建辛路）、经一路（纬二路—历黄路）、经十东路（燕山立交—邢村立交）、旅游路（千佛山南路东端—开元隧道段）、马鞍山路（玉函路—舜耕路）等 8 条道路被评为济南市首批公共绿地精细化管理示范路。

（李玉民）

城市管理行政执法

【济南市城市管理局成立】 2009 年 12 月 28 日，经中共济南市委、济南市人民政府批准，组建济南市城市管理局，将原市市容环境卫生管理局的职责、原市建设委员会的部分城市管理职责整合划入市城市管理局，市城市管理行政执法局（市城市管理行政执法总队）与其合署。2010 年 1 月 15 日，济南市城市管理局正式挂牌成立。同时成立市城市管理行政执法局直属支队和市数字化城市管理中心。

【广告与夜景亮化整治】 出台《济南市户外广告设置管理条例》，进一步强化户外广告管理。全年组织完成市区 4 座新建过街天桥广告设置拍卖，拆除各类破旧零乱广告牌匾 1 171 处，查处违规广告牌匾 41 处；完成 11 次省、市重大活动的公益广告宣传和景观照明亮灯保障工作；建立景观照明设施定期巡查机制，制定“每月一总结，每月一通报，每月一讲评，每月一奖补”机制；启动绕城高速以内主要道路两侧楼体、立交桥（高架桥）、山体、河道等 7 项景观照明整治，打造出一批城市景观照明精品工程。

【环境卫生全覆盖】 全面实施环境卫生全覆盖，延伸保洁作业范围，花坛绿地、河道岸坡、停车场等重点部位，全部达到了相关作业标准。实施“垃圾不落地”工程和垃圾一站式收集、清运。加强城市保洁基层队伍建设，建立专职支路街巷保洁员队伍、生活垃圾收集队伍、环卫设施保洁管理队伍。建立健全日常考核机制，实施“六定”（定人、定时、定岗、定责、定标准、定奖惩）管理考评体系，实现区城管局、街道办事处及环卫所网格管理员的三级联动管理模式。积极推进环卫下乡工程，全市近郊镇（办）全部完成了生活垃圾的统一收集、统一运转、统一处理，年内新成立 15 个环卫所，投放垃圾桶 4 000 个，配备挂桶式垃圾收集车 18 部，逐步形成“村收集、镇管理、区中转、市处理”的垃圾收运模式。

【环卫设施设备建设】 研究制定了《关于加强环卫设施建设管理的意见》和《关于加强环卫专用车辆和设备管理的意见》。全年新（改）建垃圾转运站 23 座、公厕 30 座，新设置果皮箱 2 030 个，更换 357 个，维修 1 100 个。新建保洁员公寓 5 处，改建 17 处。新增各种环卫专用车辆 121 辆，重汽集团捐赠多功能除雪车 10 辆，购置垃圾收集压缩设备13部。

【第二生活垃圾综合处理厂建设】 济南市第二生活垃圾综合处理厂采取焚烧发电和卫生填埋两种方式对生活垃圾进行无害化处理，设计日处理能力2 500吨，总投资约12.3亿元。焚烧发电项目设计规模为2 000吨/日（年处理量66.67万吨），完成1号、2号锅炉水压试验，网架、汽机、电气、自控、烟气净化、渗滤液处理等安装工程全面开工。卫生填埋场于2010年10月12日开工建设，计划2011年6月底前建成并投入使用。

【建筑渣土整治】 抓好建筑渣土规范处置标准的细化落实，推广应用建筑渣土运输管理系统和车辆自动冲洗设备。实行建筑渣土运输车辆总量控制制度，年内全市经审核准入的建筑渣土运输单位共72家，运输车辆1 777辆。市、区同步成立应急机动队，落实24小时值班制度，发动社会力量参与建筑渣土综合整治。实行建筑渣土运输车辆驾驶员岗前培训制度，年内共组织培训班15次，培训渣土车驾驶员2 092人。对建筑渣土运输单位及车辆实行年度复核，对未通过年度复核的运输单位及车辆进行严厉查处。渣土处置工地规范化率由48%提升到96.9%，市民热线投诉率比上年下降54%，全国30余个城市前来交流学习。

【违法违章建设整治】 一是明确四类责任主体。市依法整治违法违章建设领导小组对全市违法违章建设整治工作进行指导协调、监督考核；各区人民政府建立健全巡查制度，制止违法违章建设行为，组织拆除违法违章建筑；市有关执法部门协助、督促各区制止、拆除违法违章建设；街道办事处（镇）具体承担考核指标，并及时发现并劝导制止辖区违法违章建设行为。二是建立市、区、街三级联动机制。市领导小组研究制定建立巡查制，各区制定区域巡查责任制，明确各街办（镇）的属地管理责任和执法中队的执法查处责任；各区城管执法局严格落实网格化管理措施，及时上报违法违章建筑；各街办（镇）与执法中队严格落实属地管理责任，坚持做到及时发现、及时上报、及时拆除。三是全面实施绩效考核办法。每月对市内7区、91个受考核的街道办（镇）7月份依法整治违法违章建设绩效考核结果进行排名，并统一向社会公布。实施绩效考核以来，违法违章建筑由最初月增千余处下降到月增10处，全市违法违章建筑数量大幅减少。

【户外经营整治】 整治重要道路164条、重要片区30个、窗口部位510个。查处自发形成的早（夜）市、摊点群、固定商摊9 052处、店外经营9 796处、占道经营露天烧烤2 396处、非法销售燃气瓶灌装点3 586处，拆除乱搭乱建299处，规范管理便民临时服务摊点1万余处，规范管理临时便民经营场所3 799处，清除乱贴乱写乱画7万余处，在建便民菜市场78处，规范设置管理临时便民经营场所2 283处。

【数字化城管体系建设】 以现有的数字化城管系统为依托，将数字化城管、环卫110、16039城管执法热线进行整合，实现了“三台合一”，初步形成了以主动发现为主，被动发现为辅，主、被动发现相结合的工作体制，逐步建立了内部管理制度和数字化城管行业标准规范，逐步成为城市管理总抓手、指挥调度的总枢纽、为民服务的总平台。

【“西瓜地图”编制】 在全市合理设置455处应季西瓜临时销售点，编制并公示、发放《应季西瓜临时销售点示意图》（简称西瓜地图）和《周边瓜农进城售瓜服务指南》，增加日常巡查频次，加强对临时销售点管理。“西瓜地图”的推出，受到社会各界的一致好评，中央电视台给予多次报道，并获得中国城市环境卫生协会2010年度环卫行业十大新闻。

【“百姓城管队”成立】 10月10日，市城市管理局联合新闻媒体倡议组成的首批百姓义务城管队成立。组织开展“百姓城管大讲堂”“百姓城管体验”“百姓城管进社区、进广场、进商场、进景区”“万人上街大扫除”“百姓城管扫雪除冰”等40余次活动，累计参与人数6万余人。百姓城管队已发展企事业、社会团体队43支，学生队12支，热心市民队15支，社区队65支，成为泉城一道靓丽的风景线，和谐社会建设的“新名片”。

【免费清疏开放式小区楼房化粪池】 年内完成280个开放式小区的3.7万处楼房化粪池免费清疏工作，共出动车辆2.6万车次。一是对辖区各居委会所属的居民家厕、旱厕进行摸查，建立简便易行的“化粪池管理档案”，实行责任人巡查制度，实现了冒溢前进行疏通的目标。二是对已纳入服务范围的居民宅院，实行预约服务，对孤寡老人实行定期帮助服务，并重点落实棚户改造区内的家庭厕所免费清疏工作。三是逐步将条件成熟的城乡结合部、城中村的家庭厕所、公共厕所纳入规范管理服务范围，接管白马山、刘庄、红庙、张庄、柳云地段。四是制定《便民服务十点规范》《五项工作制度》《12345工作标准》等，向市民发放粪便清除服务监督卡、便民联系告知卡等，将便民服务热线向社会公布，24小时内解决市民来电。

【中国（济南）城市管理高峰论坛】 12月27日，由中国建设报、大众日报联合主办，中共济南市委宣传部、济南市城市综合管理委员会办公室共同承办的中国（济南）城市管理高峰论坛在济南召开。国家、省、市有关领导以及中央、省、市新闻媒体出席论坛，济南市城管局作了《人民满意城管的实践与探索》的主题报告。与会领导、专家共同探讨了中国特色城市管理规律，解析济南城管经验，探讨了济南城管模式，国内、省内与会城管（执法）局局长认为城市管理的“济南模式”值得借鉴。

（冯　蕾）

青 岛 市

城 乡 建 设

【基础设施建设】 环湾大道拓宽改造工程主线通车，隧道接线工程全线打通，大桥接线、快速路三期工程桥梁部分均已完成三分之一。重庆路快速路项目、福州路打通工程项目前期全面推进，铁路北站市政配套设施投资划分、技术对接工作完成，1.9平方公里拥湾组团开发详细规划已编制。开工建设浮山新区内劲松三路等6条道路，全面建成第二实验初级中学。

【民生住房建设】 15个计划开工项目全部开工，拆迁居民1.3万户。计划回迁的12个“两改”项目，全部达到回迁条件。“两改”项目中同时配建1 436套廉租住房和经济适用住房，河马石租赁住房已交付12栋、2 285套。完成广饶路等3个旧住宅区整治，受益居民6 760户。启动村庄改造92个、农民经济适用房项目28个，新建农村住房6万户，危房改造8 125户。

城阳区城阳村新居 （摄影：徐伟勤）

【建筑节能】 新建成节能建筑960万平方米，既有居住建筑节能改造累计完成302万平方米。新开工可再生能源建筑应用项目120万平方米，青岛市成为全国唯一获得市、县两级可再生能源建筑应用示范荣誉的城市。创新开展城市建筑废弃物资源化再生利用工作，胶南市大村镇建成“青岛市偏远贫困地区居住建筑节能及新材料、新能源利用示范工程”，全年综合处置建筑废弃物100万吨，生产再生砂石、砖骨料80万吨，节能54.9万吨标准煤，减少废气排放142.7万吨。

【房地产业】 全年完成房地产业投资602.4亿元，比上年增长31.1%；全市房屋施工面积5 058.4万平方米，比上年增长17.4%；新开工面积1 712.4万平方米，比上年增长28.8%；竣工面积1 020.5万平方米，比上年增长25.3%；销售面积1 360.7万平方米，销售额895.3亿元，分别比上年增长7.8%和27.2%。房地产业累计实现地税收入72.9亿元，比上年增长29.5%，占全市地税收入的24.3%。下发《关于促进房地产市场平稳健康发展进一步加快住房建设的意见》《关于进一步做好房地产市场调控工作促进房地产市场平稳健康发展的意见》，有效遏制房价过快上涨。

【建筑业】 全市完成建筑业总产值705.5亿元，比上年增长14.6%；实现增加值246.8亿元，比上年增长11%；实缴税金33.4亿元，比上年增长36.4%，占地税收入的11.1%。建筑业外埠市场实现新签合同额382亿元，比上年增长9.1%；总产值303亿元，比上年增长15.4%。招标投标项目3 126个，工程造价653.8亿元，比上年增长45%。其中公开招标项目2 114个，比上年下降1%，工程造价418.2亿元，比上年增长45%；邀请招标项目1 012个，比上年增长12%，工程造价235.6亿元，比上年增长46%。

建筑企业组织结构进一步优化。全市共有建筑业企业1 194家，其中总承包企业359家，专业承包企业423家，劳务企业412家。扶持37家企业资质晋升，初步形成以总承包企业为龙头、以专业承包企业为骨干、以劳务企业为依托的建筑业行业组织结构。

表1 2010年青岛市建筑施工企业资质等级情况

单位：家

企业	总承包				专业承包			劳务分包
级别	特级	一级	二级	三级	一级	二级	三级	不分级
数量	4	48	145	162	35	146	242	412
合计	359				423			412

建筑工程质量进一步提升。市体育中心游泳跳水馆工程、信息大厦工程、市中级人民法院审判综合楼工程、青岛国际商务港等4项工程获国家优质工程奖，市行政审批服务大厦、青岛麦岛居住区改造（B区）中组团西段装饰工程、胶济铁路青岛客站改造装饰装修工程、市中级人民法院审判综合楼等6项工程获国家装饰奖。同时，获省“质量泰山杯”17项，省“装饰泰山杯”

16项。全年共收到市民房屋质量投诉263起，比上年下降10%。

安全生产形势进一步好转。全面推行安全监管“模式化”管理，实现安全生产监管规范化、精细化、程序化。推广安装塔机防倾翻装置，对违规作业行为及时实施预警和自动断电保护，实现塔机安全运行能力全面升级。全面提升施工企业安全生产基础能力、保障能力和运行能力，建筑企业安全生产动态监管综合考核优良率达到70%以上。施工现场综合管理水平进一步提高，全年共创建标准化示范工地265个，比上年增长19.3%。2010年全市建筑业没有发生较大及以上安全事故，百亿元产值死亡率降为0.57的历史新低，远低于“十一五”期间全国平均数(2.29)。

建筑市场监管力度进一步加大。强化工程评标专家管理，实现计算机自动抽取专家、自动语音通知专家、专家名单密封输出的闭合管理，确保评标公正；加强管理软件研发，实现电子清标、商务标电子打分、技术标电子汇总等功能；开发完善投标文件自动翻页功能，评标结果自动汇总计算，电子输出评标过程中的各种报表、信息，提高评标工作效率；面向社会公开聘请社会监督评议员，对大型重点项目评标过程中的市场主体行为、专家评标行为、主管部门监督行为进行监督评议，进一步拓展监督渠道，保障评标行为的公开公正。2010年住房城乡建设部在青岛市召开了现场会，向全国推广青岛工程招投标监管工作经验。出台《青岛市建筑工程管理办法》，把违反基本建设程序和违法分包行为作为重点治理对象，组织专项检查严格治理违法违规工程，全年共立案800起，罚款1 627万元。

【勘察设计业】 全市勘察设计单位完成合同额45.93亿元，比上年增长33.3%，其中工程勘察完成合同额2.98亿元，比上年增长11.8%；工程设计项目完成合同额19.30亿元，比上年增长116.8%；其他项目（包括工程总承包、项目管理等）完成合同额23.66亿元，比上年增长3.4%，勘察设计单位实缴税额2.08亿元，比上年增长85.2%。现有勘察设计单位158家，其中甲级资质单位41家，乙级资质单位49家，丙级资质单位18家，专项资质单位37家，设计施工一体化资质单位13家。勘察设计从业人员12 941人，其中各类注册人员1 485人次，有2人获得“山东省勘察设计大师”称号，勘察设计人员素质总体水平较高。

【园林绿化】 绿色青岛建设。新建绿地302公顷、改建绿地191公顷，完成大树栽植15 689株，完成行道树栽植（补植）22 012株，完成立体绿化144处，实施庭院改造127个，完成山头

河道整治效果　　（摄影：徐伟勤）

公园改造5个。创建市园林绿化精品工程28个，义务植树12.7万株，完成年度工作计划的104%，成活率达到98%以上，义务植树尽责率达到90%。

“一展一会”工作。第九届中国赏石展和第三届山东省城市园林绿化博览会在青岛如期举办。全国32个城市和地区组团参加了赏石展，展出各种奇石作品2 000余个；省内外90余家园林绿化企业展出了城市园林绿化的新材料、新装备、新技术，全省31个城市（县）参加了室内节约型园林绿化成果成就展，全省17个设区城市和青岛市12区市共建设室外园艺景观小品29个。“青岛园”及市北区、黄岛开发区等区（市）景观小品获得省室外展园综合大奖。

太平山中央公园综合整治。完成香港西路1号搬迁、高压电力线入地、喷泉东区游园改造等工程，将10家单位搬出了公园，拆除旧建筑4 500余平方米、拆除破旧游乐设施13座，清运建筑等垃圾1.2万立方米，平整展区场地1.4万平方米，新铺栽草皮10余万平方米，拆除周边围墙1 500余米，修建围拦及木栈道520余米。对小西湖及沿线水系进行景观改造，栽植水生植物1 500余株。

浮山保护建设。开展“保护母亲山——浮山”主题行动，强力推进以拆违为重点的综合整治工作，拆除违法建筑1万余平方米。果艺生态园建设于2010年底正式启动，浮山保护和建设工作取得积极进展。

园林绿化管理。编制完成《青岛市“十二五”城市园林绿化发展规划》。完成青岛市第二批“绿线”划定工作，七区二批绿线划定绿地455处，面积2 201.94公顷。建立园林绿化养护管理“行业监管、专业指导、执法联动、社会监督”机制，组织专家团采取明查、暗查、互评以及周检查、月评分、季考核等多种形式，加大公园的巡查和日常考核力度。积极开展枯枝死树、行道树专项清理和综合治理活动，完善临占绿地、树木迁移等报批办法，建立树木迁移公示制度。广泛开展树木修剪、树干涂白、行道树补植、病虫害防治工作，集中对区域内山头公园枯树杂草进行清理，提高应急防火能力，全年有效处置火情7起，火灾、火情均比上年下降70%。

【援川建设】 全面完成对口支援四川曲山镇、陈家坝乡和北川新县城恢复重建工作，市驻北川工作指挥部荣获“全国五一劳动奖状”。援建23个建设项目，总投资6.35亿元，所有项目均荣获四川省质量最高奖“天府杯”以及“四川省安全文明工地”“山东省安全文明工地”称号。禹王桥、体育中心、抗震纪念园、永昌河现已成为北川新县城标志性景观和建筑。通过工业园区建设和人力智力支持，积极帮助北川提升产业发展水平，益群漆业、清源建材、聚隆包装等3家青岛企业入驻北川工业园，投资2.08亿元，投资建设4个项目。

（徐伟勤）

城乡规划

【规划编制】 完成《青岛市城市总体规划（2006－2020年）》所有文本及图则的调改工作，完成《青岛近期轨道沿线空间综合利用规划》《青岛市市域城镇体系规划纲要》《青岛市重点中心镇布局规划》，进一步完善《蓝色经济区建设发展空间布局专项规划》。完成《青岛近期轨道沿线空间综合利用规划》，作为地铁沿线规划控制的依据。

控制性详细规划修编。完成青岛老城区5片规划管理单元详细规划编制工作。完成欢乐滨海城控制性详细规划成果并经城规委审议通过。市南区西片控制性详细规划和铁路客运北站及周边区域控制性详细规划成果已完成，并做好提交城规委审议的准备工作。四方南片、四方北片、午山片区、松岭路以东片区控制性详细规划已经市政府批复。松岭路两侧创智谷城市设计、城阳区204国道片区控制性详细规划正在协调有关区政府上报市政府审批。

2014年世园会及其周边区域规划编制。会同世园会执委办组织了世园会主展区设计单位征集招标、评审等工作，完成园区规划设计方案。完成世园会周边30平方公里控制性详细规划整合工作初步成果。

历史文化名城保护规划修编。完成历史文化名城保护研究工作成果，并纳入保护规划修编及相关控制性详细规划编制工作。完成《青岛市历史文化名城保护规划修编》，并通过专家评审。历史风貌保护区剩余7片历史文化街区控制性详细规划已编制完成。

【规划服务】 *改善民生办实事*。2010年市政府确定的9件市办实事中，涉及规划职责范围的5件规划手续已全部办理完毕。完成市区新增供热面积工程的全部规划审批。完成海泊河流域、李村河流域、楼山河流域排水管网工程规划手续办理；完成全年给水管网改造工程的规划审批服务工作；办理海泊河污水处理厂、李村河污水处理厂、娄山河污水处理厂和团岛污水处理厂扩建和升级改造工程的规划手续。核发长春路等10条城市道路的《选址意见书》和《建设用地规划许可证》，确定设计方案。配合市公安局等部门做好市区169所中小学周边安装交通安全智能管理系统相关规划工作。

重点园区建设规划服务。高新区重点招商引资项目和2010年三批饱和性投资项目的规划手续全部办结。《董家口港城（琅琊组团）总体规划》已报城规委审议通过。前湾保税港区一期已正式通关运营，提前完成二期监管设施场地规划、围网整合改造、道路系统建设等基础设施项目的调研。完成市南国际航运服务区涉及的南、中、北岛及火车站商圈周边规划方案论证、审批等相应工作；完成四方欢乐滨海城启动片区规划及建筑方案审批；配合李沧区政府完成李沧交通商务区规划设计成果，并做好片区控制性详细规划上报市城规委的准备工作。完成胶州湾北部新城总体规划概念方案并通过市城规委审议。完成市政府确定的15家老城区企业搬迁的规划服务工作。

重大基础设施建设规划服务。完成海底隧道和海湾大桥主线贯通工程相应的附属设施、配套管线的规划审批。完成地铁一期工程、铁路客运北站、新疆路高架、重庆路相关规划手续；完成环湾大道、快速路三期工程的规划审批。配合有关部门完成青连铁路、青龙高速公路、新机场建设前期研究等相关规划工作。

【规划管理与审批】 *规划电子政务建设*。加大业务审批信息的公开力度，市规划局政务网站链接到市行政审批大厅网站，同步公开受理业务的办理状态。认真开展网上互动交流，建立公众参与版块，设置社会通告、批前公示、批后公示、规划草案公告、专家评审等栏目。全年发布行政许可信息252条、规划公示信息354条，局政务网站点击率13.4万次，比上年增长19%。

规划法规建设。进一步完善《青岛市城乡规划条例（草案）》，8月底报市政府法制办审查，并通过报纸、网络等方式广泛征求社会各界的意见。《条例（草案）》现已经市政府第16次常务会议原则通过，市人大常委会第22次会议进行了审议。

规划审批。将审批大厅作为打造服务型机关的重要“窗口”，将法定20个工作日的规划许可办理时限进一步压缩，“一书三证”实际平均办理时间为5.8个工作日，提速37%。受理各类规划报建6 989个，其中，《选址意见书》258个，《建设用地规划许可证》307个，《建设工程规划许可证》1 318个，《建设工程竣工规划验收合格证》342个。

（王　冬）

住房保障和房地产管理

【住房保障】 全市开工建设保障性住房8 000套（廉租住房3 000套，经济适用住房5 000套）。累计实物配租廉租住房房源3 067套、公共租赁住房2 255套，公开销售经济适用住房5 374套，限价商品住房房源1 038套。出台《青岛市保障性住房申请资格审核实施细则》，保证符合条件的低收入住房困难家庭享受到政府的优惠政策。住房保障信息系统全面启用，住房保障管理的信息化水平进一步提升。11月2～17日，举办青岛市保障性住房建设成果展，累计接待参观市民3万余人次，全面展示住房保障工作成就。完成《青岛市住房保障发展规划（2011－2013）》编制工作，计划3年建设保障性住房和限价商品住房6万套；降低保障性住房准入门槛，解决和改善6万户城市中低收入家庭住房困难，1.2万名新就业职工和外来务工人员住房条件。

【房地产交易】 2010年，全市新建住房销售11.9万套，面积1 178.3万平方米。存量住房成交4.9万套，面积419.6万平方米。房地产交易征收地税5.85亿元，契税38.9亿元。

【房地产市场监管】 制定实施《关于促进房地产市场平稳健康发展，进一步加快住房建设的意见》（青政办发〔2010〕12号），在全国率先提出促进房地产市场平稳健康发展的14项举措。完善交易市场监管制度，出台《青岛市商品房预售方案管理暂行规定》等4个规范性文件。组织对市内四区在建商品住房项目进行全面清理整治，检查商品住房项目233个。七区存量房实现网上备案，城阳、崂山、黄岛三区实现数据整合，扩大网上备案范围，4月份实现七区存量房网上备案。实施《青岛市新建商品房预售资金监管暂行办法》，制定《新建商品房预售资金监管规则》，受理了97个房地产开发项目的预售资金监管业务，监管到账资金88.3亿元，审核拨付29.9亿元。

【房屋行政管理】 开展市直管国有非住宅房屋和落实私房政策遗留问题调查摸底，规范完善市直管国有房屋运营管理和租赁管理。理顺房改售房程序，审核办理公房出售案卷1 052件。开展危漏房屋排查治理工作，对列入三年维修计划的剩余286栋危险房屋和住宅重点项目进行维修，共维修房屋458处、60.18万平方米，超额完成维修计划。扎实推进房屋安全鉴定，鉴定房屋1.7万平方米，对存在危险的房屋进行了督促治理。

【物业管理】 截至年底，全市共有物业服务企业610家，从业人员17.6万余人，物业服务企业营业收入20.9亿元，服务覆盖面积达13 127万平方米，85万多户居民获益。全市获得“国优”称号的小区（大厦）共有41个，占全省的37%；“省优”称号的小区（大厦）108个，占全省的33%，274家物业服务企业通过国际质量体系认证和安全、环保体系认证。市物业管理办公室创新物业管理工作机制，率先在部分地区建立“市（市物业行政管理部门）、区（区、市物业行政管理部门）、街（街道办事处）、居（居委会）”四级管理体系，理顺政府职能和社区建设的关系。在32个街道办事处建立联席会议制度，召开联席会议370余次，协调解决物业管理纠纷43件，办结率达到100%。

（丁明启）

住房公积金管理

【概况】 全市收缴住房公积金64.30亿元，比上年增长11.3%；向2万余个职工家庭发放住房公积金贷款47.84亿元，实现住房公积金增值收益2.94亿元，上缴城市廉租住房建设补充资金1.59

亿元。全市累计收缴住房公积金415.59亿元，提取217.86亿元，实现收缴余额197.73亿元；累计向14.72万户职工家庭发放住房公积金贷款248.46亿元，住房公积金制度在推进中低收入职工家庭“住有所居”方面发挥了重要作用。

【住房公积金归集】 全市新增开户职工13.38万人，住房公积金开户单位2.46万个，实缴人数90.46万人，住房公积金制度覆盖面及归集水平不断提升。通过定向邮寄催收函、电话催收等形式，全面推进公积金扩面工作。印发《关于做好2010年度住房公积金缴存基数和缴存比例调整工作的通知》，出台租赁住房提取公积金实施细则。完成与人民银行征信系统接口程序的开发工作，为实时校核购房及贷款信息的真实性，解决部分骗提公积金问题搭建了平台。在执法、电话等催收形式的基础上，充分利用住房公积金电子监察系统，加强催收监管，切实提高归集率。

【住房公积金贷款】 一是应势调整住房公积金贷款政策。调整公积金贷款政策标准，对二次申请公积金贷款的职工家庭采取限制措施，停止三次申请公积金贷款，暂停了异地缴存本市购房贷款业务。全年共扶助职工解决住房面积200多万平方米，切实发挥了住房公积金支持职工解决住房困难的作用；二是成功搭建支持保障性住房建设平台。制定《青岛市利用住房公积金支持保障性住房建设试点实施方案》，确定试点建设项目，完成试点工作的业务流程、合同文本拟制、信息系统开发、专用设备配备以及与住建部运行监管系统的专线连接等工作，搭建起住房公积金支持保障性住房建设业务运行平台。

【住房公积金联名卡及网上业务】 一是联合建行、交行、农行向青岛市公积金缴存职工免费发放公积金联名卡，享受公积金查询、提取、还贷、提现、消费等多项服务。全年发卡28.4万张，截至2010年12月底，累计发卡65.41万张，占青岛市正常缴存职工的72.3%。二是全面推进住房公积金网上业务。住房公积金网上平台开户单位7 809个，占青岛市正常缴存状态单位账户数的44%。

【住房公积金管理执法】 全年受理住房公积金投诉307件，追缴到位金额273.67万元。一是规范执法，提高依法行政工作水平。制订下发公积金执法工作规范性文件，提高依法行政工作规范化水平；二是创新模式，提高执法工作办事效率。创新执法工作模式，前移执法窗口，变机关统一执法为各管理处在所辖区域内独立执法，提高了执法工作的针对性和有效性。实行执业律师驻点工作，对案件即时出具律师意见，提高办事效率。

【公积金风险防范】 一是建立健全风险防范体系。严格执行资金调拨和贷款发放三级审核审批制度，大额资金拨付使用的集体决策制度，防范资金风险。落实不相容岗位相互制约和牵制机制，强化信息系统刚性约束。加大政务公开工作力度，主动接受社会公众和建设、财政、审计、监察等部门的监督。发挥内审工作力度，对住房公积金业务运营实行全程审计监控，确保住房公积金安全完整。

二是提高风险管理能力。建立贷款业务静态和动态分析工作体系，实施面对点的业务指导与监督。定期通报逾期贷款控制信息，对区域风险动态及时进行跟踪分析。印发《青岛市住房公积金管理中心个人逾期贷款诉讼工作制度》，进一步规范个人逾期贷款诉讼工作的办理流程和防控措施。全年住房公积金贷款逾期率始终控制在0.02‰左右，截至年底，全市住房公积金贷款逾期率为0.015‰，远低于住建部1.5‰的考核标准。

三是贷后催收常抓不懈。全力做好贷款催收工作，通过电子监察系统“贷款收缴业务监察”

模块，督办落实黄牌问题14例，预警1 500余例，截至年底，青岛市住房公积金未出现一笔资金风险。

【公积金服务效能建设】 一是“96557”客服热线平稳运行。通过采取统一回复标准、强化人员培训、坚持每月分析、建立考核机制等措施，客服热线综合服务水平稳步提高。自正式开通以来，累计受理各类咨询电话20.98万个，客户满意率始终保持100%，服务的专业化和精细化水平进一步提高。

二是便民举措推陈出新。完善住房公积金网站实时查询及自助查询功能，提升了市民查询数据的时效性；推行“一门制办理、一站式服务、一次性提取、一条龙操作和一口清告知”柜台服务，全面提供预约、上门和引导应急服务；通过网络在线问政、行风在线、民生在线、三民活动等形式及时同市民进行交流，现场解决和答复市民提出的问题，进一步提升住房公积金管理中心的社会满意度。

三是行业形象大幅提升。通过承办人大代表建议和政协委员提案，办理市长公开电话转办件、政府信箱、网站邮件等一系列工作，进一步加强了与人大代表、政协委员、市民群众等社会各界的沟通，促进了行风政风建设的规范化、制度化，切实建立起“为群众服务、受群众监督”的长效服务监督机制。

（赵　峰）

市政公用事业

【城市供水与节水】 2010年，青岛市内四区总供水量22 012万立方米，平均日供水量60.31万立方米；全市共节水4 587万立方米，其中，市区节水3 980万立方米，工业用水重复利用率达到85.21%以上，居全国领先水平。

城市供水。强化供水水质监管，将再生水、二次供水纳入抽检范围。建成“青岛市城市供水运行在线监控系统”，实现对海润自来水集团、即墨市自来水公司、胶南市自来水公司的水质在线监控。实施城市供水经营许可8家，实施城市供水特许经营3家。编写完成《青岛市城市供水保证能力战略研究》《青岛市城市供水行业“十二五”规划建议》《关于加强供水行业七区统筹工作的实施意见》，加快水源和供水设施统筹规划、合理调度、统一输配，加快实现大供水格局。

城市节水。开展节水型城市和节水型企业（单位）创建工作，11月25日，即墨市被省住房城乡建设厅、省经信委命名为山东省节水型城市。在创建节水型企业（单位）工作中，已验收10家节水型企业（单位），复查7家节水型企业（单位）。投资1.6亿元，完成5个节水技改项目，可节水1.4万立方米/日。

城市二次供水管理。编制《二次供水设施接管协议》，保障二次供水居民用上安全、优质的自来水。完成24个建设项目供水配套审查任务，审核54处新建、改建二次供水设施设计方案，74处二次供水设施竣工验收。

再生水、雨水利用示范工程。完成《青岛市城市再生水利用现状、问题及对策的调研报告》。编制了再生水利用管理软件系统。向海湾中水公司、泽润中水公司下达了供水计划，海湾中水公司向海泊河供再生水用于河道景观；青岛啤酒二厂新建再生水利用工程，每天向张村河供景观用水约6 000立方米；青岛海湾中水公司分别与青岛海岸万方新能源投资管理有限公司和青岛华创新能源有限公司签订了中水源热泵空调系统的中水供水合同。

【城市供气】 加强燃气行业管理。完成《青岛市燃气管理条例》修订草案，出台《青岛市燃气安全事故和供应服务事件报告及处理暂行规定》，下发《关于加强车用燃气市场管理工作的通知》和《关于加强管道天然气市场调控管理的通知》，规范燃气市场管理。完善燃气市场准入机制，办理行政许可事项44件，按时办结率100%。制定《青岛市燃气供应服务质量考核办法》，对市内四区23个液化气站、汽车加气站服务窗口进行督查，下发检查整改通知单28份，提出整改意见35条，规范了服务行为。

加强燃气安全监管。起草《青岛市燃气行业"十二五"安全发展规划》，修订《青岛市重特大燃气事故应急预案》，修改《青岛市燃气行业生产经营单位安全生产主体责任级别评定标准（试行）》和《评定标准实施细则》，在全市燃气行业开展了4次安全生产大检查，提出并落实整改措施229项，完成289家燃气经营企业、46个燃气供应站点年检。

【城市供热】 完成黄岛热电燃气总公司扩建、铁路红宇扩建、后海热电厂扩建、亨通达改扩建工程等7项热源建设工程。市区新增供热能力1 354万平方米，建设供热管网400千米，改造老管网60千米，完成华电二期环网、东亿热力公司热源厂出口至海尔路主管线、徐家东山主管线施工，解决海南社区、水清沟一小区、台西片区等老城区集中供热问题。实施七区统筹，市区集中供热普及率达到62%。出台《青岛市市政公用局新建居住建筑供热计量管理办法》，明确供热单位实施供热计量主体责任。完成既有居住建筑供热计量及节能改造任务40.77万平方米。

【城市排污】 颁布实施《青岛市城市排水条例》，继续实施海泊河、李村河、娄山河三大流域污染点源治理。李村河胜利桥断面水质达到省控标准，三大流域基本实现了无污水径流。市内四区污水集中处理率达到93%，比上年提高了6个百分点。开展"保民生、进楼院、惠万家"院内排水设施专项整治和"拿砂进社区，养护到楼院"惠民活动，投资318万元，完成117处楼院排水设施改造，改造污水管道3 016米，新建检查井及雨水斗27座，更换检查井1 707套，更换雨水箅子417套，并将改造后的居民楼院设施纳入正常养护范围，院内排水设施冒溢量下降80%。

【城市环卫】 加快垃圾处置项目建设。小涧西垃圾填埋场工程（二期）完成建设项目环评、节能审查、可研申报和劳动安全评价初稿评审，完成可研、设计招标，完成地勘招标，完成待征地确界、城建规划审核、土地规划审核、地类确定，并报市相关部门，完成地质初勘。小涧西生活垃圾焚烧厂工程（二期），正进一步完善预可研文本。餐厨垃圾处理（一期）工程已组织专家进行预可研评审，完成餐厨垃圾资源化利用和无害化处理试点城市申报。小涧西垃圾填埋场防雷工程竣工。

垃圾处置。处置建筑垃圾16.5万余吨，整平垃圾场地12万余平方米，修整进场道路8 000余米。市内四区4万余吨粪便、污水实现无害化处置，清运粪便、污水3 500余车，确保全市粪便无害化处置100%。完成"克利伯国际帆船赛""海洋节""啤酒节""帆船周"等20余次重大活动的临时公厕服务保障任务，共安排临时公厕210余台次，保障车辆100余台次，保障人员600余人次。

环卫科研。完成青岛市生活垃圾收运系统优化研究等23项市政公用行业重点科研课题研究。编制完成《青岛市环境卫生行业"十二五"发展思路》《青岛市城市环卫及垃圾处理系统现状评价、"十二五"规划目标及支撑项目分析研究报告》（第二稿）及《青岛市环卫行业安全规划》，参编国家《城镇环境卫生技术规范》，《生活垃圾收集站建设标准》已通过国家级审查。《液态或半固态废弃物封场装置及方法》被国家专利局批准为实用新型专利技术，《青岛市城市生活垃圾堆肥处理工艺技术研究》课题成果获市科技进步三等奖。完成《青岛市生活垃圾焚烧厂监管方案前期调研》《青岛市城市生活垃圾收运现状调研及建议》等10个重点调研项目，编写了第一部调研报告集。

【工程质量监督】 开展了市政公用工程原材料、成品、半成品质量大检查和冬季公用事业工程质量大检查。全年受理工程监督申请注册699项，其中给排水工程198项，道路、桥梁等市政工程54项，供热工程169项，燃气工程278项，备案118项。针对工程质量问题，下发60余份整改通知单，并对整改情况进行了督促、落实，规范了相关单位的质量行为。

（冯向平）

城市管理行政执法

【城市亮化】 按照“统一组织、市区联动、以区为主、业主负责”的原则，紧紧把握“节能环保、以人为本”的要求，严格把好规划设计、建设进度和工程质量三个关口，编制完成了青岛市景观照明总体规划和重点区域控制性详细规划，出台新建、改建、扩建建（构）筑物同步建设亮化设施等相关文件。全年完成亮化建设772处（原计划585处）。建设过程中积极贯彻低碳环保理念，LED和绿色照明等节能新材料运用占80%以上。

【违法建筑清除】 开展查处违法建设工作专题调研，加强立法工作，参与修订《青岛市城乡规划条例》。组织开展“浮山集中清违行动”和“集中清违月”活动，全年清理各类违法建筑41.1万平方米，超额完成了年度目标任务。其中，市北区先后三次强制拆除了浮山绿线范围内违法建筑30处，共1.2万平方米；李沧区全年共拆除了11.6万平方米的违法建筑；崂山区对石老人海水浴场违法建筑进行了拆除；黄岛区对伟业花园等10余个小区的违法建筑进行了拆除；崂山风景区执法局实现景区重要区域沿线违法建设发现率和查处率达到100%。其他区市也都把拆违工作列为全年的重点工作来抓，取得了实实在在的效果。

【占道经营治理】 按照“疏导、规范、整治”三步走的工作思路，治理乱摆摊设点和沿街店铺跨门经营行为。各区（市）局整合执法力量，依法取缔了市民反映强烈的25中附近八大湖早市、海尔路温哥华花园门前及前海栈桥等非法摊点。各（市）执法局共查处取缔占路经营行为2.2万余（处）次。

【广告牌匾治理】 重点整治违法设置、存在安全隐患、遮挡脏乱差的各类广告牌、灯箱等，对楼顶广告、立柱式广告、围挡广告等大型户外广告进行拉网式检查。整治各类户外广告6.5万平方米。重点整治辖区主次干道、窗口区域、旅游景点周边道路两侧的门头牌匾、附墙灯箱等，市内七区共整治门头牌匾2.8万平方米。

【散流物体运输撒漏查处】 开展了为期四个半月的集中整治行动，严厉打击违反规定堆放、处

城市亮化　（摄影：葛永平）

置、运输建筑垃圾行为。检查工地369处、车辆460余辆，查处车辆撒漏和污染道路行为269处次。完成李村河、楼山河、张村河流域63处污染点源的整治工作。

【园林绿化执法】 印发《关于进一步加强城区改造和企业搬迁改造范围内树木绿地保护的通告》。建立了树木保护基础档案；建立了审批告知、案件协查机制；加大执法巡查力度，市、区两级城管执法部门依法查处各类毁树毁绿案件60余起。

【数字化城管建设】 市南、市北、四方、李沧区数字化城管平台顺畅运行，崂山区已初步完成数字化城管系统建设。印发《数字化城管绩效考核办法》《数字化城管指挥手册》，编制青岛数字化城管系列丛书，推动数字化城管工作的规范化、程序化。市、区两级平台全年共受理案件22.3万余件，立案21.8万件，结案20.3万余件，结案率为93%。

【创城迎检测评】 重点解决市容环境卫生、违法建设、占路经营、非法小广告、人行道违法停车、校园周边环境脏乱等热点难点问题，承担的创城测评目标均达到A级标准。制定《整治乱贴乱画小广告工作意见》，各区（市）局采用服务外包或扩大保洁范围等方式，共清理55万余处。开展查处人行道违法停车专项整治活动，增加临时停车泊位1 200余个，查处人行道违法停车行为2.9万余起。

【铁路沿线景观建设】 制定《铁路沿线景观建设和常态管理考核办法》，以日常管护为重点，建立了巡查、通报及督导落实等制度。铁路沿线共植树绿化69.1万平方米，粉刷墙体80.2万平方米，拆除乱搭乱建4.2万平方米，清运各类垃圾8.7万多吨，整修道路5.4万平方米，完成了沿线市（区）建（构）筑物的集中亮化28处。四方区、城阳区采取积极有效措施，建立管护队伍，加大巡查力度，及时处置铁路沿线违法行为，沿线周边环境大为改观。

（葛永平）

淄 博 市

城 乡 建 设

【基础设施建设】 2010年，市政公用基础设施建设实际完成投资36.50亿元，比上年增长23.78%，到位资金19.52亿元，资金到位率53.48%，全市陆续启动城市路网工程、园林绿化、生态恢复工程、治污减排及城区综合整治等一系列重点工程。开工新建、改建道路56条，新增道路长度19.83公里，新增道路面积36.51万平方米，改造道路长度28.16公里，改造面积50.32万平方米；新增污水管网73.22公里、雨水管网37.45公里；组织实施3座城市污水处理厂升级改造工程、3座乡镇污水处理厂建设工程、24座城乡生活垃圾中转站和卫生填埋场建设。市运动员公寓工程竣工，成功完成第22届省运会和亚青赛接待和会务任务。

【园林绿化】 建设园林绿地286公顷，改造提升绿地263公顷，超额完成全年计划任务。城市建成区绿化覆盖率达到42.2%，绿地率达到36.3%，人均公园绿地面积达到15.95平方米，城市生态环境与景观面貌进一步改善。实施淄博植物园提升改造工程、张店西五路游园提升等绿化工程，以及玉皇山二期、黑铁山三期、九顶山、牧龙山等山体生态恢复工程，累计栽植各类苗木30余万株，新增造林1 800亩。以省运会、"十一"期间作为年度花卉布置重点，栽植花卉约20个品种、700余万株，完成投资1 700余万元。城市绿化行业管理明显加强，管理水平进一步提高。

淄博市运动员公寓　　（摄影：肖成顺）

【"两区三村"建设改造】 加强村镇基础设施配套建设，重点建设村镇道路、供水、排水、绿化、环卫等基础设施，加快城乡生活垃圾处理一体化，积极推进新型农村社区小型污水设施建设。在推进城镇化进程中，结合"两区三村"改造工作，加强工作调度和指导，全面推进工作步伐，累计开工或已完成棚户区、老旧工矿区和城中村项目86个，累计完成安置房面积242.07万平方米，安置居民15 432户；完成拆迁307.05万平方米，城郊农村39 309户、504万平方米，在建16 431户、198万平方米；完成农村危房安置改造10 207户，城乡居住条件得到改善。

【城乡环境综合整治】 实施城乡环境综合整治，开展建筑立面整治、广告综合治理、旧小区、小街巷等专项治理活动。加快推进城乡生活垃圾处理一体化建设，把乡镇纳入全市城乡管理范畴，实现环境卫生"全覆盖、无缝隙管理"，镇村初步建成"户集、村收、镇运、集中处理"的垃圾管理体系。重点支持新型农村社区小型污水处理设施建设、农村生活垃圾处理、农村饮用水源地保护和农村环境综合整治。加快12319数字化平台建设，完成与市电子政务外网的接入工作和张店区数字化城市管理应用平台数据联调工作，城市现代化管理水平进一步提高。

【城市亮化】 实施中心城区亮化工程，投资3 000万元，对中心城区44个单体建筑及人民公

淄博市城市亮化　　（摄影：赵建民）

园、火车站广场、玉龙河等三个公共活动空间实施高标准亮化、美化。按照“高效、节能、环保、健康”的要求，全面推广应用LED等新型节能材料，减少高耗能产品的应用。城市夜景亮化工程与环境综合整治相互结合，采取夜景亮化设施集中控制手段，烘托建筑特色，提升城市形象。

【房地产开发】 全市房地产开发市场完成投资156.28亿元，比上年增长56.16%；商品房新开工面积685.86万平方米，比上年增长60.58%；竣工商品房空置面积60.58万平方米，比上年下降46.36%；商品房销售面积468.18万平方米，比上年增长28.89%；商品住宅预售均价3 447元/平方米，增长控制在合理范围。全市房地产企业缴纳地税15亿元，比上年增长63%，占全市地税收入的14.6%。开展企业信用评价，6家房地产开发企业被评为AAA级信用企业。严格资质管理，前三季度新审批开发企业26家；在145家资质证书有效期到期的企业中，晋升资质的企业18家，降级14家，注销7家；5家企业跻身全省房地产开发企业50强之列，企业队伍结构进一步优化。加强开发项目监管，进一步强化项目全程监管，办理配套预存款监管手续134个，办理开发经营权手续156个，办理《房地产开发项目手册》备案项目106个，办理竣工综合验收备案项目手续28个。

【建筑业】 全市建筑业实现总产值554.9亿元，比上年增长33.7%；完成建筑业增加值137.2亿元，比上年增长29.8%；占全市GDP的4.8%；缴纳地税9.6亿元，比上年增长32%，占全市地税收入的9.4%；从业人员36.6万人，劳动生产率达15.2万元/人。监督单体工程3 099个，比上年增长101.6%，总建筑面积1 876万平方米，比上年增长90.2%。管理工作不断深化，对548家建筑业企业进行诚信评价，37家企业被评为3A诚信企业。对29家进淄施工企业进行年度考核，取消11家企业的备案资格，4家企业限期整改。招标工程项目516个，对招标信息发布、开标时间、标段划分、投标资格审查、低于成本报价问题等进行严格把关。征收建筑企业养老保障金15 843.58万元，比上年增长138.41%。市场稽查共检查在建单位工程项目257个，立案查处违法违规工程23起。

【勘察设计业】 强化勘察设计市场管理，11家勘察设计单位进行合并重组，取消23家勘察设计单位的27项勘察设计资质。全市勘察设计单位总数从原来的106家减少到80家，建筑设计单位从原来的48家减少到38家。通过资质重新就位，全市勘察设计队伍结构趋向合理，整体实力明显提升。

【建筑节能】 严格执行新建居住建筑节能65%、公共建筑节能50%的节能标准，积极推进既有建筑改造和太阳能光热建筑应用一体化。既有建筑节能改造面积达145万平方米，居全省第三位。可再生能源建筑应用发展迅速，150万平方米的太阳能光热建筑一体化应用任务指标分解落实到各区、县，已竣工的一体化应用建筑面积达119.5万平方米，超额完成省里下达的100万平方米任务指标。新型墙材实际产能达13.2亿块标砖。

（陆　洋）

城乡规划

【规划编制】 修编完成新一轮城市总体规划，加快控制性详细规划的编制步伐。完成新城区52平方公里的控制性详细规划，对张店老城区改造与控制规划进行维护。中心城区控规覆盖率比“十五”时期提高20个百分点，达到82.6%，新城区控规覆盖率达100%。完成全市综合交通规划、中小学布点规划、住房建设规划和中心城区风貌规划、水系规划、加油站布点等专项规划。积极推进村镇规划编制工作，全面完成区（县）域村镇体系规划、区（县）域农村住房建设规划和建制镇总体规划编制工作，镇驻地控规基本实现全覆盖，完成1 500个村庄（农村社区）建设规划编制，逐步形成以城市总体规划为核心，近期建设规划为重点，详细规划为基础，各类专项规划为支撑的比较完善的城乡规划体系。

【规划调研】 围绕新一轮城市总体规划编制，开展人口、土地资源、产业布局和综合交通等重大专项课题研究，开展住房保障与土地供应、产业园区布局调整等重点专题规划调研。编写了《淄博市城市风貌规划编制大纲》《淄博市中心城区房地产开发市场与土地供应研究》《淄博市工业聚集区基础设施调研报告》《张店城区东部化工医药企业改造调研报告》等规划专题报告，为进一步提升制定城乡规划的科学性提供技术支持。

【规划管理】 按照精简、高效、统一的原则，重新调整中心城区市、区两级规划管理机构，进一步理顺职责范围，简化办事程序。全面梳理规划建设项目审批程序及规划管理工作规章制度，出台《规划建设项目审批工作规定》等一系列政策文件，加强对规划项目审批及批后管理等各工作环节的监督。审批核发《建设项目选址意见书》200件，建设规模1 053.5万平方米；《建设用地规划许可证》287件，用地面积1 270.6万平方米；《建设工程规划许可证》422件，建筑面积1 210万平方米；《乡村建设规划许可证》21件，建筑面积90.8万平方米；《建设工程竣工验收合格证》147件、验收面积240万平方米；规划条件260件。

【规划服务】 加大对全市战略性新兴产业的规划服务力度，为新材料、精细化工、信息、医药、汽车、机电等产业项目的落地和建设提供全程规划咨询。组织编制东部化工区搬迁新址规划、南部工业区规划，推动张钢和焦化煤气厂搬迁、东部化工区改造和南部建材区综合整治，为中心城区产业布局调整、城市功能优化提供规划保障。建立“两区三村”规划许可限时办结制度，最大限度地简少工作环节，缩短审批时间。组织开展全市优秀村庄规划、优秀住宅建筑方案评选活动，确定12个优秀村庄规划和12个优秀住宅建筑方案，印制《淄博市农村住房建设户型图集》，免费推荐给镇村使用。

【规划立法】 启动《淄博市城乡规划办法》修订工作，组织开展城乡规划地方性法规立法调研和《淄博市城乡规划办法》起草工作。全面实施“阳光规划”，严格落实信息公开与反馈制度，及时向社会公开规划信息；完善规划咨询、听证制度，征求社会各界的意见和建议，实现规划酝酿、制定和决策互动，广泛集聚民智、体现民意、惠及民生；努力尽快建立起涵盖规划制定、实施和监督全过程，适应淄博市情的地方性规划法规体系。

（李　凯）

住房保障与房地产管理

【住房保障】 争取廉租住房省级调控资金1.3亿元，国债资金3 100万，全年廉租住房竣工1 000套，新开工530套，货币补贴达8 875户，发放补贴2 281万元，补贴总户数居全省前列。新开工经济适用住房2 480套，累计竣工3 384套，超额完成省下达的竣工2 500套的任务指标。公共租赁住房试点工作顺利进行，开工建设公共租赁住房224套。基本完成洪沟片区居民还迁房安置和学校安置。启动城市棚户区改造项目8个，完成施工20.08万平方米，累计投资达6.4亿元。

【房地产市场监管】 积极落实国家房地产市场调控措施，严把商品房预售许可关，维护房地产市场秩序。启动存量住房网上交易与资金监管系统，实现对新建商品房和二手房交易资金全面监管。房产交易稳步上升，全年批准预售 25 689 套，面积 282.3 万平方米，分别比上年增长 6.2% 和 7.3%，新建商品房销售 31 672 套，销售面积为 320.2 万平方米，分别比上年增长 83.9% 和 82.7%；个人二手房交易 10 332 套，比上年增长 140.1%。进一步加强房地产经纪和评估机构的管理，对全市评估机构和经纪机构进行资格备案审核，对房产中介从业人员进行岗位培训。

环境优美、配套齐全的保障性住房小区　（摄影：宗风刚）

【物业管理】 2010 年全市物业管理企业发展到 263 家，持证上岗人员 3 800 余人，实行物业管理的项目 752 个，管理面积 3 300 多万平方米，城镇物业管理覆盖率达到 80% 左右。积极推进老旧散住宅区管理，开展“两站一中心”（矛盾投诉调解站、物业管理应急维修服务站和物业服务中心）试点工作。加强物业专项维修资金和物业质量保修金监管，开发专项维修资金网络化管理系统，实现专项维修资金缴存、使用、核算、监督的网络化管理，截至年底，累计归集专项维修资金近 5 亿元。提升物业管理服务水平，实行前期物业服务合同备案和物业管理用房配置验收制度。8 个小区获全国物业管理优秀（示范）小区称号，28 个小区获全省优秀物业管理小区称号。

【产权产籍管理】 提高行政效能，在房产交易大厅实行“综合柜员制”管理，方便群众，提高工作效率。全年发证 17.48 万本，面积 2 266.79 万平方米。开展商品房面积预测绘，减少开发商估算面积与实际测绘面积存在误差而产生的纠纷。

【房屋拆迁】 一是严格房屋拆迁许可要件审查，发放拆迁许可证 52 个，拆迁建筑面积约 33 万平方米；实施拆迁许可听证制度，维护拆迁当事人的合法权益。二是大力支持政府重点拆迁工程，认真做好猪龙河综合整治工程、洪沟片区改造工程等重点建设项目的拆迁服务工作。三是加强城市房屋拆除公共安全管理，切实落实工作责任。四是进一步完善拆迁信访责任制和拆迁纠纷调处机制，积极开展拆迁矛盾纠纷排查化解工作，确保重大活动和节假日期间信访稳定。

（宗风刚）

住房公积金管理

【概况】 2010 年，淄博市住房公积金管理中心认真贯彻落实科学发展观，不断加强管理，提升服务水平，坚持“住房公积金、惠泽千万家”的工作理念，依法推行住房公积金制度，住房公积金事业保持科学、协调、健康发展的良好态势。

【住房公积金归集】 加大住房公积金制度扩面工作力度，代表市政府与承办银行签订委托归集、贷款协议，理顺各自的职能。印发《关于推进我市住房公积金制度建设的通知》，引导上市企业、中小企业和民营企业加快建立住房公积金制度。127 个单位、26 459 名职工新建住房公积金制度。全年归集住房公积金 18.6 亿元，住房公积金累计缴存额达到 102.3 亿元。

【住房公积金使用】 降低公积金贷款门槛，推出“职工提取住房公积金留一年缴存额，可以申请住房公积金贷款”新举措。积极推行住房公积金置业担保贷款、大修（装修）贷款和住房公积金贷款置换商业住房贷款新政策，满足更多职工贷款需求。住房公积金提取 7.53 亿元；为 8 285 户职工家庭发放个人住房公积金贷款 17.3 亿元，比上年增长 91.4%；实现增值收益 1.03 亿元，比上年增长 42.66%。

【住房公积金风险防范】 一是排查关键领域和关键部位风险点。制定《关于加强住房公积金提取风险防范的意见》和《关于加强住房公积金贷款风险防范的意见》，严格审核住房公积金使用条件，严把住房公积金提取和贷款审批关，有效防范资金风险。二是推行“管营分离”管理模式。“监管”和“运营”分离，“受理”和“审批”分离，“审批”和“拨款”分离，建立中心内部单位之间、岗位之间互相监督、互相制约的体制。三是加强逾期贷款的回收管理。强化住房公积金贷后管理，进一步加大对历史遗留逾期贷款的回收力度，降低住房公积金贷款风险。

【住房公积金支持保障房建设】 在保证资金安全的前提下，充分利用现行金融政策，科学规划资金投向，提高住房公积金管理和运营使用的科学化水平，努力为政府增加住房公积金运营收益，增值收益率达到 1.57%，居全省管理机构第一位。中心成立以来，累计上交财政廉租住房建设补充资金 1.61 亿元，支持全市棚户区改造、廉租房等保障性住房建设。

【住房公积金服务体系建设】 建立健全为民服务体系。一是加强便民服务厅窗口建设。健全服务厅“值班主任”制度、“首问负责”制度、“限时办结”制度等一系列制度。规范完善服务质量、效率、标准等内容，开展文明服务礼仪和技能培训，促进服务厅规范化、标准化建设。二是加强便民服务场所硬件设施建设和信息化建设。各区、县建设的 10 个便民服务厅全部建成启用，推进住房公积金业务信息化系统建设，提高管理效率和服务质量。

（闫志刚）

市政公用事业

【城市燃气】 截至年底，全市燃气经营企业达到 93 家，建成天然气汽车加气站 28 家，管道燃气居民用户 40 万户，工商业用户 1 123 家，燃气管网总长度 3 086 公里，全市天然气供应总量 8.3 亿立方米。出台关于做好天然气置换工作的意见，对 58 家工业用户的用气进行立项。重新调整中心城区部分经营区域，将济青高速公路以南、309 国道以北、张东铁路以东原淄博市煤气公司经营区域内商业和居民用户调整为由淄博绿能燃气工程有限公司负责开发经营。坚持用气审核，统一调控气源，未经批准，供气企业一律不得供气。全年共否决 227 件违反天然气利用政策、耗能大、污染重的工业用气和燃气锅炉用气申请。建立日常调度报告制度，每天调度天然气门站供气状况，每十天汇总全市天然气供应情况，每月汇总全市天然气供应状况，确保了城市燃气安全健康运营。

燃气安全检查。开展区、县燃气供热管理部门和燃气供热企业专项督查，检查燃气企业85家，燃气管网2 700多公里，调压设施1 700多处，阀门井3 400多处，排查安全隐患100多条，反馈督查意见60余份；查出各类供热安全隐患154项，当场消除34项，其余120项全部限期予以整改。

燃气应急演练。整合全市现有应急救援力量，建立燃气事故专业应急救援队伍，实行燃气行业应急救援统一管理。市煤气公司与绿博、港华、城燃、国能四家公司建立应急救援联动机制，并于12月21日进行了首次紧急集合演练；组织全市天然气管道燃气经营企业参加“2010燃气泄露抢修演练竞赛”，进一步提高公用事业应急管理水平。

燃气技能培训。组织编写燃气行业安全管理人员、燃气燃烧器具安装维修工等工种的培训教材。举办全市燃气行业安全管理人员培训班，和燃气燃烧器具安装维修工培训班，进一步提升燃气行业从业人员整体素质和实际操作能力。

【城市供热】 2010年，全市新建供热工程项目39个，完成投资2.63亿元，建设供热管网61.5公里，高温水换热首站3座，供热调峰锅炉1台，新增供热面积400多万平方米，完成工程改造项目33项，供热保障能力和供热安全性进一步增强。整合社会换热站122家，进一步规范供热市场。截至年底，全市有供热企业24家，热源企业27家，总供热面积达到4 031万平方米。

供热服务。制订《全市供热服务工作考核办法》，将考核结果作为对供热企业许可年检、评先创优和供热补贴的主要依据。推行供热预热期制度，实现供暖平缓稳定过渡。实行温度不达标退费制度，解决供热死角，提高供热质量。认真妥善处理各类投诉，全部在第一时间进行协调处理和答复，办结率达100%。

供热计量。推进全市供热计量改革试点，完成23个小区130万平方米的既有建筑供热计量改造，安装热量表10 221块，全面完成省住建厅下达的改造任务

供热效率。停用供热企业7台70个吨位的燃煤锅炉，拆除2台10T/H燃煤锅炉，替代3台22个吨位社会燃煤锅炉，将其供热区域纳入了集中供热管网。中心城区东部利用电厂余热供热，增加供热能力400万平方米，相比建设锅炉供暖每年减少标煤消耗6万吨。更新1台100T/H锅炉的脱硫设施，对1台80T/H的锅炉新加装一台除尘器，更换2台20T/H锅炉除尘器，市城管局被市政府评为“全市深度治理大气污染”先进单位。

【市政公用事业许可】 对全市93家燃气企业、79家燃气站点和10家供热企业的安全管理制度落实、设施设备检测检修和维护保养、现场管理等情况进行认真年检，下达审查意见书60份，不符合条件的2家燃气企业、7家燃气供应站点、2家供热企业被依法清理出燃气供应市场。对41家到期符合条件的供热企业换发《供热经营许可证》。全年审批燃气工程立项952件，办理施工许可证463件，燃气工程备案手续204件，并对2家涉及违法工程的企业进行了处罚。

（李　杰）

城市管理行政执法

【城乡环境综合整治】 组织开展马路市场、露天摊点、劳务市场、户外广告、违规“四乱”、车辆停放、店外洗车等一系列整治活动，为省运会、亚青赛、陶博会、全省转方式调结构现场观摩会、文明城市指数测评等一系列重大活动创造了良好的城市环境。拆除乱搭乱建、残墙断壁3.8万平方米，清理整治废品收购点290处，整

顿探头市场68个，取缔店外经营、占道经营2.5万余处，取缔流动摊点1.1万余个，清理劳务市场39处，清理整治占道电动车、自行车销售点及机动车洗车点、自行车摩托车维修点460个。实施胶南铁路沿线、中心城区南外环沿线和中心城区建筑物立面综合整治三大重点工程，胶南铁路沿线综合整治投资4 960余万元，完成拆除破旧及非法建筑，立面整治，清运垃圾，绿化提升等工作任务；中心城区南外环沿线综合整治投资3 900万元，完成整治沿路脏乱差、公路边沟，整理建设高标准绿化林带等任务；中心城区建筑物立面综合整治投资2.94亿元，完成广告牌拆除、立面粉饰清洗、拆除围墙、新砌围墙、制作安装门头牌匾、空调移机、制作安装空调罩、更换落水管、更换破旧窗户、绿化提升等任务，市容市貌、形象品味明显提升。

【违法建设整治】 强化城乡规划执法，普查建设项目575万余平方米，查处违法违规建设204万余平方米。推行重大规划建设项目执法提前介入制度，重点抓好项目建设前备案、项目建设中跟踪督查、项目建设竣工时参与验收三个环节，并对违法建设登记造册，利用信息化手段，实现动态跟踪管理，确保重大建设项目严格按规划手续建设。加强部门联动，开展强拆集中行动，规范城乡建设秩序。

【户外广告整治】 坚持户外广告深度治理工作与建筑物外立面整治工程紧密结合，注重突出本地人文和景观特色，拆除大型立柱式广告64块，清理整治楼顶、墙体等广告6 850块，清理规范门头牌匾5.9万余块，清理各类临时性广告5.3万余处。中心城区将建筑立面整治后的门头牌匾全部进行电子备案，并将牌匾印成画册，提供给一线执法人员，强化日常巡查监管，户外广告基本实现了长效管理。

【市容市貌专项整治】 在省运会及中、高考期间，开展噪声扰民专项治理活动，查处夜间施工噪声污染230起，生活噪声污染180起。加强扬尘污染治理，查处上路抛洒车辆270余台，私拉乱倒71起，垃圾焚烧68起。严查露天烧烤、餐饮服务业油烟污染行为，取缔露天烧烤、油烟餐饮109家。开展中心城区“三大堆”（建筑渣土堆、沙子堆、废品堆）清理活动，清理渣土堆78处、约280万余立方米，对30余处废品收购点进行搬迁或围挡。开展市政及园林绿化专项执法检查，及时查处城市道路上存在的乱挖乱占、毁绿占绿、向路面排放腐蚀性污水等违法行为，立案查处涉及园林绿化、市政设施案件36起。

【执法队伍建设】 一是坚持狠抓干部队伍建设。结合城管执法工作实际，开展以“改进工作作风、促进城管执法”为主题，以创建“五好五强”先进机关党组织、争做“五带头五标兵”优秀共产党员为主要内容，以“争创城管执法先锋科室、先锋个人”等为载体的创先争优系列活动。

二是坚持狠抓队伍规范化管理。对执法队伍加强监督检查，对违反队容风纪、文明执法等规定的行为及时纠正，全市城管执法系统实现了“无违规违纪现象、无越级上访事件、无暴力抗法事件”的三无目标。及时受理各类投诉，群众投诉、转办件、批办件办理率达到了100%。

三是坚持狠抓党风、政风、廉政建设。开展政风、行风民主评议活动，以及廉政教育活动，制定下发《廉政风险防范管理工作实施方案》，建立起风险防范的前期预防措施、中期监控机制和后期处置办法“三道防线”。

（刘永辉）

枣 庄 市

住房城乡建设

【概况】 在市委、市政府正确领导和省住房城乡建设厅的关心指导下，枣庄市住房和城乡建设局按照“老城做新、新城做靓、同城化发展”的总体思路，以新型城镇化统领各项工作，不断完善城市基础设施建设，强力推进棚户区改造、农村住房建设与危房改造、新城建设、建筑节能等重点工作，保持房地产业、建筑业持续健康快速发展的良好势头。全市城镇化水平达到49.2%，城乡建设完成投资188亿元，比上年增长38.14%；实现建筑业产值143.5亿元，实现建筑业增加值43亿元，分别比上年增长18%、20%。

【住房保障】 全年开工建设经济适用房30.64万平方米，新建廉租住房2 092套。对1 900套廉租住房进行实物配租，累计发放住房租赁补贴1 629户、金额572.13万元，对符合条件并提出申请的城市低收入住房困难家庭做到“应保尽保”。启动公共租赁住房建设试点，完成新一轮“提标扩面”工作。住房保障工作纳入市政府对区（市）政府工作的考核问责范围。提请市政府下发《关于调整全市廉租住房保障范围和租赁补贴发放标准的通知》，廉租住房保障覆盖面由城镇低保家庭扩大到家庭人均年收入是上年度城镇家庭人均可支配收入60%以下（含60%）的城市低收入家庭（住房状况为无房户或家庭人均居住建筑面积15平方米（含15平方米）以下的家庭），并将城镇低保家庭廉租住房租赁补贴发放标准由原来的每月每平方米4.2元提高到每月每平方米5.4元。印发《枣庄市廉租住房实物配租记分标准》，《枣庄市廉租住房实物配租管理办法》已完成部门会签。2010年底首批116廉租住房配租完成。

（马士琦）

【棚户区改造】 全年完成拆迁475.9万平方米，拆迁户数3.5万户，占建市以来城市拆迁总量的80%。开工建设回迁安置房1.78万套，竣工5 564套。积极争取中央、省棚改奖补资金8 669万元，争取资金额占中央、省下达奖补资金总额的37.84%。相继出台20个文件，基本健全了棚改政策体系，探索形成棚改“枣庄模式”，得到国家住房城乡建设部、省住房城乡建设厅的充分肯定。

【新城建设】 2010年新城完成各类投资约36亿元，其中基础设施及公共设施投资4.33亿元，住宅建设投资9.3亿元，城中村拆迁补偿及安置房建设投资9.9亿元。在市政基础设施建设方面，投资1.48亿元，开工建设黄河西路、太行山南路、淮河路、峨眉山路等4条道路，祁连山南路、金沙江西路和太行山中路续建工程基本于年内竣工，完成投资约1.32亿元。实施京福高速枣庄26号出入口绿化工程，年底前苗木栽植及景观建设基本完成，完成投资约1 450万元。

【重点项目】 市民中心。位于新城金沙江路南、长江路北、黄山路西、庐山路东，总建筑面积约

36 万平方米。分为文化办公区、体育馆区、中心服务休闲区、主体育场区、室外体育场区、游园区、全民健身区和游憩广场区。12 月 21 日市民中心正式开工建设。

京沪高铁枣庄站站前广场。北临长江路，东至太行山路，西侧为京沪高铁枣庄站，占地面积约 20 公顷。公共设施计划总投资约 3.1 亿元。土石方工程于 6 月 13 日开工，已开挖土石方约 130 万立方米。

【城中村拆迁和安置房建设】 截至年底，完成拆迁房屋 4 307 户，拆迁面积 190 余万平方米。完成安置房建设招标 3 次，招标面积 82 万平方米。安置房规划建设工作进展顺利，安置房规划建设手续已批复，82 万平方米安置房工程过半完成主体。

（王　辉）

【农房建设与危房改造】 启动“十百万”示范工程（17 个千户社区、103 个农村新型社区、1 万个危房改造户）。全年新建农房 6.18 万户，改造危房 2 万户，分别完成市政府年初任务目标的 154.5% 和 133.3%。创新机构建设、推进措施、政策支持等，从专项资金“奖”、行政收费“免”、上级资金“扶”、土地挂钩“补”、金融机构“贷”等五个方面为农房建设提供政策支持。建立规划评审制度和规划审批制度，严格执行建设项目的报建、招投标、监理、竣工验收等制度。选取 17 个千户社区、103 个农村新型社区、1 万个危房改造户作为示范工程，有效带动整体工作顺利开展。在建设住房的同时，对农具存放、家庭养殖、供水供电、暖气燃气、道路绿化、垃圾污水等设施进行统一配套建设，建设一批不同类型功能齐全、服务完善、群众满意的农村社区。

（张　飞）

【市政公用事业】 全市供水普及率 99.31%，燃气普及率 99.4%，集中供热面积 1 405 万平方米，城市污水集中处理率 92.04%，每平方公里排水管道密度 9.5 公里。

城市供水。完成高铁站供水工程，实施新城道路管网工程，改造丁庄泵房高低压配电设施、邵庄宿舍与生产用电分离等，提高了供水保障能力。编制枣庄中心城供水一体化工程规划设计。实施水质改善工程，完成户表改造 11 355 户。完成光明路 BRT 道路工程供水设施改造，配合棚户区改造，实施了供水管网改造。加大对管网水质检测频率，严格做好原水、出厂水、管网水的加氯、消毒监测工作。投资 300 多万元，更新检测仪器，提高化验中心的检测能力，顺利通过省实验室资质认证。

副省长郭兆信视察枣庄农房及棚户区改造工作　（摄影：张　飞）

集中供暖。投入资金2 700多万元，实施供热二次管网改造，新增集中供热面积251万平方米。调整热价，居民住宅采暖用热价格维持每平方米19.2元不变，非居民采暖供热价格由每平方米23.7元提高到28.3元。推行厂网站一体化管理模式，逐步收回换热站管理经营权，市热力总公司直管换热站增加到46个。

燃气供应。外购人工煤气2 900万立方米，天然气1 600万立方米。完成印染小区、榴园小区、桃园小区、幸福小区、薛城矿务局宿舍、文化四村等区域天然气置换23 635户，天然气用户达到6.5万户。更新改造中天步行街、人民路（青檀路—西昌路段）、解放北路等重点区域管网，新敷设高新区长白山北段、市中区西昌路、薛城永兴东路等地的中压管线，完成老旧管网改造52公里，新建管网21公里。

污水处理厂建设及运营。2010年，新增污水处理能力2万吨/日，新增污水管网长度47.3公里，市排水管理处所属惠营污水厂、汇泉污水厂和新城污水厂三座污水处理厂均保持正常运行，出水水质全部达标。三厂共处理污水约2 957万吨，全年削减COD6 006吨，出水水质均值25.6毫克/升。出水水质各项指标达标率100%。污泥产生量9 516吨，已实现资源化利用。

【建筑业】 完成建筑业产值143.5亿元，实现增加值43亿元，分别比上年增长18%、20%。实现税收6.04亿元，比上年增长18.8%，占全市各项地税收入的9.9%。完成出市施工产值69亿元，实现利润总额7.5亿元，比上年增长26%；获得全省建筑业群众性质量管理QC成果一等奖1项，二等奖2项，三等奖3项；创省级工法3项，创山东省最高工程质量奖“泰山杯”奖6项；创全国装饰奖1项，“装饰装修泰山杯”奖4项，创建省级安全文明示范工地3个，省级安全文明优良工地14个。

【勘察设计业】 截至年底，全市具有勘察设计资质的企业20家，施工图审查机构2家；新增设计企业2家，3家设计企业晋升甲级设计资质。勘察设计从业人员1 854人，其中具有高级职称的专业技术人员275人；实现勘察设计收入1.03亿元，工程勘察完成合同额6 271万元，完成施工图建筑面积436.76万平方米。枣庄新中兴实业有限责任公司研发的“煤矸石烧结多孔砖生产线及隧道窑余热发电工程”项目获得2010年度山东省建设技术创新奖一等奖；7名建设执业师被评为全省优秀建设执业师。

（赵大志）

建设中的污水调节池 （摄影：赵大志）

【墙改与建筑节能】 全年新开工和在建建筑工程节能设计和审查率达到100%，施工阶段达标率为97.56%。规划区内建设工程新型墙材应用比例达到99%。太阳能光热建筑一体化应用面积达84万平方米，完成省任务量的168%。完成全市城市既有民用建筑基本信息普查，各类民用建筑总面积1 400万平方米，民用建筑能耗及节能信息统计3 000平方米以上国家机关办公建筑72栋，建筑面积约56万平方米；大型公建16栋，建筑面积约70万平方米。

【工程建设管理】 *建筑市场监管*。强化施工现场质量安全管理，建立健全工程质量安全隐患排查治理常态化机制，加大监督检查力度，严防各类事故发生。建立和完善建筑市场“准入”与“清出”制度，深入推进建筑市场信用体系建设，促进建设各方诚信守法经营。

招投标监管。建立有形建筑市场和施工现场的联动管理机制，完善建设工程施工评标定标办法，扩大建筑企业养老保障金收缴覆盖面，加强建设行业中介机构监督管理，倡导诚信服务，提高质量和水平。

工程质量管理。推进工程质量通病治理活动和住宅工程质量分户验收制度，逐步消除影响住宅工程结构安全、使用功能的质量缺陷和隐患。加强全建设过程工程计价管理，严禁以任何方式压级压价，完善控制价和竣工结算价备案管理制度。全面推行工程质量责任倒查制度，在全行业推行责任到人、记录在案、问题追偿的工程质量终身负责制。严格竣工验收备案管理，未经竣工验收备案或备案审查不合格的，一律不得投入使用，不得办理确权登记手续。

工程监理。严格审查合同监理取费标准和项目监理机构建设标准；加强监理企业管理，提高监理队伍素质。健全企业资质审核、年检和动态监管制度，强化企业规范化、标准化建设管理。规范监理场所、监理设施的标准化配备工作，推进监理资料、监理形象、办公场所的标准化建设工作。

（李　争）

【房地产业】 全市房地产完成投资94.46亿元，比上年增长37.2%；实现税收8.4亿元，比上年增长66.96%；房地产施工面积1 101.60万平方米，竣工面积271.43万平方米，分别比上年增长63.1%、35.1%。

房地产开发管理。11家开发企业晋升四级开发资质，4家开发企业晋升三级开发资质，2家开发企业晋升二级开发资质，行业实力明显增强。出台《枣庄市房地产开发项目规划建设条件意见书制度》和《枣庄市商品房预售资金监督管理办法》，加强全过程监管。实行房地产开发企业信用档案公示制度，开展2010年以来在建和正在销售的98个房地产开发项目全面检查。发现违法违规行为8起，下达限期整改通知书3份，并将其不良行为记入房地产开发企业信用档案。

【城市房屋拆迁】 提请市委、市政府出台《中共枣庄市委、枣庄市人民政府关于进一步加强拆迁工作的意见》《枣庄市人民政府办公室关于建立城市房屋拆迁社会稳定风险评估制度的指导意见》《枣庄市人民政府办公室关于成立枣庄市城市房屋行政强制拆迁审查委员会的通知》等一系列配套政策，规范拆迁行为。办理发放《房屋拆迁许可证》35个，拆迁房屋建筑面积427.25万平方米。受理行政裁决案件84件，实际裁决62件；申请行政强制拆迁案件7件。

【房产交易与登记管理】 审核房屋登记业务43 031件，面积974.2万平方米，记载房屋登记簿43 031宗。稳步推进房地产市场信息系统建设，顺利通过省住房城乡建设厅检查验收。全面推行房屋登记情况定期通报制度、行政过错责任追究制度、二级审核制度以及房屋登记审核人员培训考核制度，促进全市房地产交易与权属登记规范管理上水平。成功举办枣庄市第十二届房地产交易博览会，现场成交房屋72套，预售预订128套，达成购房意向2 354套。

【物业管理】 出台《枣庄市物业质量保修金管理办法》，开展枣庄市物业管理知识竞赛、“十佳”物业管理项目和“十佳”物业管理项目经理评选活动。截至年底，全市具备相应资质的物业服务企业136家，物业从业人员8 000余人，物业管理面积2 000万平方米，除住宅小区外涵盖医院、学校、商业写字楼、工矿区等非住宅物业，累计归集住宅专项维修资金3.7亿元。

【对口援建】 完成北川县小坝乡总体规划编制，高标准建设小坝乡中学、卫生院、客运站等7个对口援建项目，完成北川新县城温泉片区幼儿园、红旗幼儿园和老年活动中心3个项目建设，实现“三年援建任务两年基本完成”的目标。多个援建项目分别被评为“泰山杯”“天府杯”“绵州杯”等奖项。

【城建档案管理】 全市各级城建档案馆（室）共保存城建档案25万余卷，其中产权产籍档案约16.5万卷，照片档案5.2万余张，录音录像带594盒。接待查阅利用城建档案8 399人次，调档12 652卷次，提供城建参考资料1 200余册，为社会节约资金900余万元。

【行风建设】 实行廉政风险分类管理，规范约束权利运行，完善廉政制度体系。深入开展“行风建设年”“行风万人评”和“经营管理服务年”活动，系统提升社会服务水平、优化发展环境。所有建设审批事项较去年缩短20%，涉及棚改的项目全部缩短70%。加强对建设工程招投标、商品房预售许可、工程建设质量管理等工作的督查力度。全年组织开展建筑市场、房地产市场、农村住房建设等综合执法检查6次，开展供热、质量、安全、城建档案等专项检查20余次，排查整改隐患1 000余条，有力打击违法违规行为，市场秩序逐步规范，建筑工程质量大幅提升。

（徐思宏）

城乡规划

【规划编制】 编制完成新城商务及文体中心城市设计、京沪高铁站前广场城市设计、棚户区改造规划、中心城更新规划、三角花园地区城市设计、火车站地区城市设计、火车东站地区城市设计。正在编制城市商业网点规划、公益性公共服务设施专项规划、张范片区控规和市南工业园改造策划。

【规划管理】 全年共办理各项行政审批事项233件，其中发放建设用地规划许可证98件，面积349.9万平方米；发放建筑工程规划许可证72件，面积153.5万平方米；发放选址意见书63件，规划审批行政效能大幅度提高。

【规划服务】 *开展“优化经济环境专项治理年”活动*。制定行政服务规范，规范工作人员在接待、咨询、受理、审核、办证、检查、执法、服务等工作中的行为。在重点科室、分局建立包括工作职责、任务目标、工作流程、工作作风、办事时限、服务质量、廉洁自律、责任追究等八个方面的制度规范和监管体系，保证重点科室、分局更好的发挥作用。

实行服务效能实时评价机制。重点科室、分局实行服务效能实时评价机制。设立服务效能评价箱，进行实时评价，评价结果与科室、分局年度考核，评先树优相结合。

加强行风建设。增强民本观念，制定便民、利民措施，简化办事程序，提高办事效率。进一

步清理和规范行政审批项目、内容、流程，做到行政审批项目、流程、办事指南标准化。制定《枣庄市规划局行政服务规范》，完善修订政务工作细则，对现场办公制度，社会承诺制、一次性告知制度等进行细化，加强各项制度贯彻实施的监督，促进了服务质量的提升和工作作风的根本转变。在2009年压缩30%法定办理时限的基础上，2010年再压缩20%作为承诺时限。全年办理人大建议7件，政协提案35件。所有建议提案均在规定日期内办理完毕，办结率达100%，满意率100%。

【阳光规划】 结合争创一流行政机关活动及深入学习落实科学发展观活动，严格执行规划公示制度、建设项目审批例会制度、建设项目批后跟踪管理制度、建设项目竣工验收制度、“双违”建设案件巡查制度、服务承诺制度等。通过落实六项工作制度及行政权力网上公开运行制，全面推行“阳光规划”，实现规划审批的公开透明，确保规划工作的科学决策、规范审批和高效管理。

（王德强）

住房公积金管理

【概况】 2010年，市住房公积金管理中心坚持以邓小平理论和“三个代表”重要思想为指导，坚持“管委会决策、中心运作、银行专户、财政监督”的原则，积极推行住房公积金制度的建立，规范提取使用、个人住房贷款手续和操作规程，加强财务管理和会计核算工作，超额完成了全年工作目标任务，全年住房公积金归集完成11.21亿元，归集总量超过50亿元，提取使用2.65亿元，年度发放贷款6.29亿元，贷款余额15.51亿元，提取城市廉租住房建设补充资金1.28亿元。

【住房公积金归集】 印发《关于确定我市2010年度住房公积金执行“控高保低”缴存标准的通知》（枣住公〔2010〕24号），加强与市、区（市）财政部门的工作协调，做好财政供养人员的正常代扣代缴工作。加大对乡镇（街）机关、企事业单位的建缴工作力度，绝大部分镇（街）党政机关和所属中小学单位和个人都做到了按月足额正常缴存住房公积金。积极做好归集“扩面”工作，新增缴存职工人数9 852人、月新增缴存额223.55万元。2010年全市住房公积金归集计划为8.05亿元，实际归集11.21亿元，完成年计划的139.22%，比上年增长21.97%。全市累计归集住房公积金51.7亿元，累计提取使用12.65亿元，滚存余额39.05亿元。

【住房公积金使用】 印发《分理处（服务大厅）工作规程》，进一步规范工作程序，扩大提取和个贷范围，降低准入和使用门槛，提高贷款比例和额度，延长贷款的年限，明确了个贷重点支持对象。加强了个人住房贷款的贷前严格把关、贷中认真审核、贷后跟踪管理工作，积极防范贷款风险，继续保持了年度贷款逾期率为零的记录。全年住房公积金提取使用年计划为2.42亿元，实际提取使用2.65亿元，完成年计划的109.79%，提取额占当年归集额的23.66%。历年累计提取总额为12.65亿元，个人住房贷款年计划为5.63亿元，全年实际发放个人住房贷款6.29亿元，完成年计划的111.62%，占当年归集额的56.12%。累计为2.2万余户职工购建住房，改善职工居住条件，发放个人住房贷款24.23亿元。截至年底，全市个人住房贷款人数为11 617人，贷款余额为15.5亿元。

【住房公积金增值收益】 截至年底，全市住房公积金资产合计40.7亿元，其中住房公积金银行存款余额为23.33亿元，住房公积金负债合计为40.57亿元，住房公积金净资产1 758.61万元。住房公积金增值收益率为1.36%；资产负债率为 99.57%；住房公积金资金使用率为 56.86%，比上年提高 2.48 个百分点；个人住房存贷款比率为 66.50%；住房公积金提取率为 6.36%。全年实际实现增值收益 5 502.10 万元，完成年计划的 110.04%，比上年减少 11.18%。其中市本级实现增值收益 1 435.63 万元，占增值收益总额的 26.09%，各管理部、分中心实现增值收益 4 066.47 万元，占增值收益总额的 73.91%。

（肖　娟）

城市管理行政执法

【概况】 2010 年，枣庄市城市管理系统以机构改革整合、“大城管”体制建立为契机，紧紧围绕推动科学发展和加快转变经济发展方式，全力以赴推进城市净化、美化、亮化、现代化工作，提升城管队伍的正规化水平，实现了城管工作的新发展、新跃升，展示了城管人的新作为、新形象，顺应了人民群众对城市环境的新要求、新期待，为促进经济社会又好又快发展做出了积极贡献。

【民生工程】 一是圆满完成 BRT 建设。全面推进 BRT 一期专用车道建设，投资 8 500 万元，拓宽硬化路面 20 万平方米，移置苗木 100 万株，设置隔离带 15 公里，设置站台 60 个，确保了 9 月 1 日如期运行。BRT 开通后，制作了道路交通疏导牌，安排专人疏导沿线交通，优化了通行秩序。二是升级改造东城区老旧道路。累计投资 3 600 万元，出动各类机械 2 400 台次，对老城区胜利路、振兴路等 8 条主次干道进行高标准改造，改善了群众出行条件。三是配套建设新城区基础设施。在井冈山路新建公厕和垃圾中转站，提升城市服务功能。对复元一路等 9 条道路进行升级，对茂源路等多处道路节点实施景观建设。

【城市美化】 整治乱停乱放、乱摆乱占等“四乱”现象，确保运河古城开园仪式、全省农村住房和城市保障性住房观摩会及城市转型论坛等重大活动顺利进行。拆除违法建设 2.2 万平方米，扫除了新城区建设障碍。滕州市将规划执法强制措施概括性授权赋予城管局，将 90 个村居纳入规划执法区域，累计拆除违法建设 5 万平方米。清理“三堆两垛”2.3 万处，拆除违章棚厦 18 万平方米，栽植苗木 100 万株，建设文化墙 1 万米，城市环境面貌焕然一新。

【城市净化】 一是加大垃圾处置和环卫保洁力度。签订医疗垃圾处置合同 300 份，处置医疗垃圾 2 200 吨，焚烧率 100%。完成陶庄垃圾处理厂二期工程土方开挖。二是加大市政设施维修改造力度。完成投资 2.85 亿元，维修道路、桥涵设施 51 万平方米，养护路灯 2 400 盏，灯明率达 98%，设施完好率达 85%。三是加大园林城市创建力度。着力抓好城市绿地和道路绿化建设管理，使中心城建成区绿化覆盖率从 25.43% 增加到 35.64%，绿地率从 22.15% 增加到 32.82%，人均公共绿地面积从 5.70 平方米增加到 8.48 平方米。

【城市亮化】 一是创建夜景示范街。市、区两级高度重视创建活动，峄城区实施了中兴大道亮化景观工程，更换沿街 450 家商户的门头广告，亮化改造 11 家单位的建筑立面，并全部纳入路灯控制网络，灯明率近 100%。山亭区结合府前路沿街楼体改造工程，实施行政办公楼的夜景亮化。二是升级门店招牌。台儿庄区借助古城开城，主干道立面改造之机，改造仿古门头广告 860 块，彰显了水乡古城的风韵。三是围挡建筑工地。滕州市将所有施工围挡全部规范为钢制结构广告牌或仿古文化墙，在重要节点和醒目位置，建设 42 处大型公益广告。

（崔　杰）

东 营 市

城乡建设

【概况】 2010年，东营市住房和城乡建设系统紧紧围绕黄河三角洲高效生态经济区开发建设的大局，全面落实“转方式，调结构”的战略部署，大力加强城乡建设管理，建筑节能工作取得明显成效，建筑业、房地产业均实现平稳较快发展，住房保障体系建设和农村小城镇化进程加快推进，建立和完善了“建设、补贴、改造”三位一体的城市住房保障模式，市政府与省住房城乡建设厅签署共建低碳生态示范城市协议，在全省率先启动了低碳生态城市创建工作。市住房和城乡建设委员会被授予“黄河三角洲开发建设排头兵”“全市高效生态经济区建设先进单位一等奖”“富民兴鲁”劳动奖状、“全省住房城乡建设系统行政执法责任制先进单位”等荣誉称号。

【建筑节能】 新型墙材与建筑节能技术产品生产应用。全市共有新型墙材及建筑节能产品生产企业119家，新型墙体材料生产总量为20.28亿标砖，共计节约土地2 231.66亩，节约能源13.45万吨标准煤，利用废渣380.82万吨，减少CO_2、SO_2排放量39.92万吨。全市新型墙材生产占墙材生产总量比例保持100%。全市建制镇以上城市规划区建筑工程新型墙材应用比例继续保持100%。

既有居住建筑节能改造。“十一五”期间，东营市既有居住建筑供热计量及节能改造任务为100万平方米，全市共落实改造项目8个，改造面积104万平方米，争取国家奖励资金3 255.47万元，超额完成节能改造任务。

太阳能光热建筑一体化应用。印发《东营市建筑领域太阳能技术应用意见》《关于下达2010年太阳能光热建筑一体化应用工作任务的通知》和《关于建立太阳能光热建筑一体化应用月调度制度的通知》，对2010年太阳能光热建筑一体化应用工作任务进行了分解，建立了太阳能光热建筑一体化应用月调度制度，将太阳能光热建筑一体化应用工作纳入市政府对各县区政府节能目标考核范围，确保了太阳能光热建筑一体化应用工作的顺利开展。全年共落实项目29个，建筑面积144.1万平方米，为全省下达任务的240%；已完成项目21个，建筑面积111.2万平方米，为全省下达任务的185%。

可再生能源应用示范。住房城乡建设部和财政部正式批准垦利县为可再生能源建筑应用国家级示范县，下达奖励资金1 800万元。垦利县重点加快推进农村中小学可再生能源建筑的应用，充分利用地源热泵等技术，进一步完善农村中小学生活配套设施，解决学校师生的生活热水需求和改善中小学采暖条件；积极利用可再生能源改善乡镇卫生院等公益项目的采暖条件，降低系统的运行费用，改善人民群众的居住环境。全县共实施10个可再生能源示范点，总计53.05万平方米，其中中小学教学楼13.4万平方米。

【低碳生态示范城市创建】 11月5日，山东省住房和城乡建设厅、东营市人民政府共建低碳生态示范城市合作框架协议签约仪式在东营市举行，正式启动了省级低碳生态示范城市建设。随后，东营市政府与省住房城乡建设厅联合印发了《山东省住房和城乡建设厅东营市人民政府关于成立低碳生态示范城市创建工作领导小组的通知》（鲁建发〔2010〕22 号）、《山东省住房和城乡建设厅东营市人民政府共建低碳生态示范城市实施方案》（鲁建发〔2010〕23 号），并组织开展了低碳生态社区、绿色建筑、可再生能源建筑应用、低碳村居、新型墙体材料生产等各类试点示范项目建设工作，并取得积极进展。

【村镇建设】 完成村镇建设投资 22.1 亿元，其中基础设施投资 4.9 亿元，新增村镇住宅 128.3 万平方米、公共建筑 15.4 万平方米、生产性建筑 21 万平方米。新建农村特困群众安居工程 600 套，新建农房 30 045 户，改造危房 5 288 户，农村人居环境显著改善。

【建筑业】 建筑业实现平稳较快发展，全市建筑业企业发展到 269 家，其中，其中一级企业 12 家，二级企业 76 家。完成建筑业总产值 219.56 亿元，增加值 48.75 亿元，实现利税 23.52 亿元，建筑业房屋竣工面积 62.3 万平方米。全市有注册建造师 5 037 人，建设服务业全年实现产值 17.19 亿元，比上年增长 40.5%，完成利税 1.89 亿元，比上年增长 40.2%。2010 年东营市辖区建筑业主要指标如表 1 所示。

表 1　2010 年东营市辖区建筑业主要指标

项　目	企业数（个）	年末从业人员（万人）	总产值（亿元）	房屋建筑施工面积（万平方米）	房屋建筑竣工面积（万平方米）
总　计	269	10.72	219.54	119.8	62.3
东营区	41	1.78	25.81	16.19	8.4
河口区	19	0.63	6.18	4.18	2.48
广饶县	55	2.78	49.75	40.79	27.12
垦利县	18	0.89	16.22	9.89	8.58

表 1 续表

项　目	企业数（个）	年末从业人员（万人）	总产值（亿元）	房屋建筑施工面积（万平方米）	房屋建筑竣工面积（万平方米）
利津县	18	0.65	10.53	6.27	6.29
市直	73	0.83	19.37	34.37	7.8
胜利油田	45	3.16	91.68	8.13	1.63

【勘察设计】 全市共有勘察设计单位 46 家，涉及建筑、水利、公路、市政、石化、石油天然气、园林、电力、工程勘察、装饰、智能化等多个行业，其中，甲级企业 8 家，乙级企业 29 家。全行业从业人员 3 287 人，其中，高级职称 881 人，中级职称 1 005 人。全年完成施工图 478.32 万平方米，完成初步设计 33.84 万平方米，实现勘察设计产值 13.35 亿元，利税9 507.53 万元，分别比上年增长 11.6% 和 6.5%。通过开展和加强初步设计审查和施工图审查，国家建设工程强制性条文执行率达到 100%，公共建筑节能和居住建筑节能分别达到节能 50% 和 65% 的节能标准，抗震设防均达到当地抗震设防要求，工程勘察设计合格率达到 100%。全行业积极稳妥地转换经营机制，推行内部激励政策，企业活力进一步增强。

【工程质量安全】 全年共监督工程 1 551 项，面积 659.7 万平方米，造价 81.63 亿元；办理竣工验收备案 538 项，建设工程验收合格率 100%，竣工验收备案率 100%。建筑工程亿元 GDP 安全生产事故死亡人数控制在 0.119 之内，建筑工程安全监督覆盖率 100%，安全生产合格率 100%。开展“安全生产基层基础年”活动，全年共组织拉网式和专项检查 6 次，累计查处安全事故隐患 6 300 余条（次），下发隐患限期整改通知书 1 100 余份，停工通知书 160 余份，计入不良行为记录 2 个。实行建筑起重机械备案登记管理，办理产权备案手续 350 余台（套）。鼓励创建安全文明工地，将施工企业创优与质量等级评定、招投标挂钩，作为评定质量“金洲杯”奖和本市企业资质升级、外埠企业资质验证的前提条件，在招标评分时增加安全信誉分。全市共创建省级安全文明示范工地 5 处，省级安全文明优良工地 25 处，省级安全文明小区 2 处；通报表彰市级安全文明工地 110 个、市级安全文明小区 6 个。

【工程招投标】 全年共完成房屋建筑和市政工程项目招标开标 700 场次，招标项目 1 594 个，建筑面积 863 万平方米，中标造价 120.8 亿元。应公开招标工程招标率、应进入有形建筑市场招标工程招标率均达 100%。截至年底，全市共有工程造价咨询企业 45 家，其中甲级企业 5 家，乙级企业 40 家，从业人员 794 人，其中造价师为 324 人。

【工程监理】 全市共有建设监理企业 26 家，其中综合资质企业 1 家，甲级资质企业 5 家，乙级资质企业 10 家，丙级资质企业 10 家。全行业从业人员 2 400 人，其中注册监理工程师 353 人。加强建设监理行业建设，提高建设监理从业人员工作能力，组织监理人员参加不同层次的培训，使监理企业的竞争力和从业人员的整体素质大大提高。落实监理企业资质管理规定，全年为 5 家监理企业办理资质申报手续。开展监理企业调研，通过对全市建设监理行业发展现状进行调研，深入了解企业的发展现状，并形成调研报告，为行政主管部门科学决策和管理、促进监理企业改进经营方式、调整发展方向和制定发展目标提供依据。制定印发了《关于进一步做好建设工程委托监理合同备案工作的通知》，建设工程监理合同的管理得到加强，监理市场行为进一步规范。

【住房保障】 建立和完善了“建设、补贴、改造”三位一体的城市住房保障模式，住房保障体系建设加快推进。完成廉租住房建设 380 套，发放廉租住房租赁补贴 562 户，补贴额 200 余万元。推进棚户区改造，全年改造棚户区 502 套。

【房地产市场调控】 全市累计完成各类房地产开发房屋施工面积 680.58 万平方米，比上年增长 30%；商品房竣工面积 196.72 万平方米，比上年增长 10%；完成投资 84.28 亿元，比上年增长 53%。实施城市房屋拆迁项目 14 个，拆迁面积 56.04 万平方米，拆迁户数 3 918 户，发放货币补偿 1.19 亿元，拆迁安置房施工面积 26.9 万平方米。办理房地产转让交易手续 14 884 宗，建筑面积 199.6 万平方米，交易金额 48.67 亿元；办理商品房预售手续 9 773 宗，建筑面积 158.09 万平方米，预售金额 71.32 亿元。全年办理商品房网上签约 9 773 套，签约面积 158.09 万平方米，签约金额 71.32 亿元；办理各类房产交易登记业务 42 941 宗，比上年增长 2.1%。

【物业管理】 始终把推行规范化物业管理工作作为一项事关民生的重点工作来抓，以保障和改善民生为重点，规范市场，强化管理，深化服务，物业服务业保持了健康发展态势。全市共有 125 家注册的物业服务企业，其中一级资质 1 家，二级资质 11 家，三级及暂定三级资质 103 家，外地物业企业 10 家，从业人员 1 万余人，物业管理总面积 1 490 万平方米，物业管理的覆盖面已从单纯的住宅小区延伸到办公楼、医院、学校、商业区等。全年共有 1 个住宅小区（大厦）荣获“全国物业管理示范住宅小区（大厦）”称号，5 个住宅小区（大厦）荣获“山东省物业管理优秀住宅小区（大厦）”称号，13 个住宅小区（大厦）荣获“东营市物业管理优秀住宅小区（大厦）”称号。开展住宅专项维修资金征收工作，全年共收取住宅专项维修资金 6 815 万元，为住宅共用部位、共用设施设备维修提供了资金保障。

【城建档案管理】 一是出台了《东营市城市建设档案管理办法》。《办法》的颁布，填补了东营市城建档案管理工作在法规政策上的空白，为今后全市城市建设档案的归集、管理和利用提供了有力依据。

二是城建档案收集工作顺利开展。在档案收集工作中认真贯彻执行“两书一证”制度。通过签订档案移交合同、办理档案预验收意见书和档案合格证书，对建设、施工、监理等单位在工程档案移交方面进行制度上的约束，确保了城建档案收集率。全年办理档案预验收意见书101项，收集档案7 500余卷，馆藏档案总量增至6 136卷。接收安居工程竣工档案2 441卷，并整理、录入积压的安居工程档案6 000多卷，圆满完成了安居工程档案的收集工作。整理形成援川的文书档案和工程档案242卷。

三是档案资源管理和开发利用工作取得新成果。全年共接待查阅档案970余人次，借阅各类档案2 000余卷，城建档案在水城建设、道路改造、办理土地分割、案件诉讼、房屋维修等方面发挥了巨大作用。

四是城建档案执法检查工作不断强化。开展了全市城建档案工作执法检查工作，重点检查2005年竣工后未按规定移交工程竣工档案的建设单位，共查处未按规定移交工程竣工档案的工程21项，下发整改通知书21项，共收缴135个单体工程的档案1 164卷。

五是档案馆库房智能化设施安装顺利完成。按照档案馆库房智能化设施安装计划，严格基本建设程序，加强工程质量和安全管理，档案馆库房智能化设施安装顺利竣工并交付使用，库房温湿度控制达到了国家城建档案馆的标准要求。

（苏园园）

城乡规划

【概况】 2010年，东营市城乡规划局紧紧围绕黄河三角洲高效生态经济区开发建设的大局，全面落实“转方式，调结构”的战略部署，充分发挥城乡规划的综合调控作用，以“规范、高效、优质、精细、创新”为着力点，不断深化规划编制，严格规划管理，提升服务水平，全年共受理各类报件1 632项，核发规划证件631件，告知单914份，答复咨询2 000余次，在创新机制、强化管理和提升效率方面取得明显成效，有力推动了生态卓越“黄河水城”建设，为黄河三角洲高效生态经济区建设又好又快发展做出了积极贡献，荣获省级文明机关荣誉称号。

一是城乡统筹的规划管理体制进一步理顺。调整完善了市城乡规划委员会的主要职责和议事规程，成立了东营市城乡规划咨询委员会，为城乡规划的制定和实施提供意见或咨询。3月19日，东营市河口区规划分局挂牌成立，12月1日，东编办发〔2010〕145号文件批准东营市城乡规划局设立东营区分局，城乡规划管理机构逐渐完善，机制日趋理顺。

二是依法行政能力进一步增强。完成《东营市建设工程竣工规划验收办法》等11项规范性文件的制定，出版《城乡规划法规汇编》，聘请15名城乡规划社会监督员，住房和城乡建设部派驻东营市城乡规划督查员开展工作。

三是规划设计水平进一步提高。继续实行专家评审和规划设计方案竞选制度。调整了《规划设计方案竞选办法》，完成了奥体中心和儿童乐园等项目的规划设计方案竞选，组织了光伏大厦和华泰酒店项目专家评审会，确保了方案比选的公平、公正、科学、择优。

四是规划公示进一步深入。在东营日报等多家媒体上组织了对新型城镇化建设、总体规划调整完善、黄河水城深度开发等规划方案的公示，对中心城内河流、水系、湖泊和桥梁的命名征求意见，对25个区块的控制性详细性规划进行了公示。

五是批后管理力度进一步加大。以建设项目规划放线、验线和竣工规划核实为重点，加强城市规划批后管理，确保建设项目严格按照规划实施。积极参与各项集中整治活动，全年先后参与了工程领域专项治理、中心城住宅小区乱搭乱建专项整治、扩大内需中央投资检查和社区集中整治活动，全力规范市场秩序，有效维护了规划的权威性和严肃性。

六是村镇规划管理水平进一步提升。启动“规划下乡”工程，先后开展了两次大规模的规划下乡活动，受教育人员达2万余人，通过规划宣传、规划咨询、规划设计成果和规划管理服务四下乡，普及规划知识，增强群众参与和监督城乡规划的意识。在《东营市村镇规划建设管理暂行办法》的基础上，研究梳理了村镇规划报批、评审的程序，建立了东营市村镇规划评审专家库。

七是规划服务水平进一步提升。东营市城乡规划局作为东营市行政审批“两集中、两到位”改革首批试点单位，组建了报建审批科进驻东营市行政审批服务中心，制订了《关于进一步加强规划建设项目集中审批管理工作的意见》，按照行政许可和技术审查相分离的原则，对审批流程进行优化重组，审批时限普遍提高了5～10个工作日。

【重点规划项目】 城乡一体化发展规划。通过城乡生态环境、产业发展、空间布局一体化规划和次区域城乡规划布局指引，建立城乡经济社会发展一体化体制机制，创建城乡一体化发展先行地、黄河水城特色的宜居城镇群、湿地生态旅游目的地，构筑起城乡统筹发展的大格局。

城市总体规划。按照“东扩、西疏、南展、北延、中优”的发展思路，构建生态型组团式的黄三角中心城市总体发展框架。按照突出发展中心城、重点突破县城与卫星城、镇积极培育特色小城镇、统筹发展新型农村社区的新型城镇体系发展策略，构建1个中心城、4个次中心城、10个卫星城镇、200个新型农村社区的四级城镇体系。

控制性详细规划。整合完成210.8平方公里中心城控制性详细规划；完成城市南展区、文化公园、新油田一中及东城北区片区，总规划面积47.27平方公里的控制性详细规划编制，实现了中心城建成区控制性详细规划全覆盖。

村镇规划。全年共完成详细规划、专业专项规划及村庄建设规划等各类村镇规划47项，编制费用1 300万元。开展了“关于我市村镇规划建设

规划下乡活动 （摄影：赵砚新）

市政协常委城市总体规划专题协商会议　　（摄影：赵砚新）

情况的调查与对策”等课题研究，确定了东营新型农村社区规划模式、“黄三角”大开发背景下的村镇规划发展对策和加强村镇公共服务设施、市政基础设施建设的指导意见等重点研究方向。

专业专项规划。编制完成“两路一街”（黄河路、南二路、胜利大街）以及西二路、北一路等重点道路的用地和景观城市设计。参与水气污染治理行动，编制了黄河水城水污染综合治理工程规划，经东营市委常委会、市政府常务会全票审查通过，并全部纳入《全面治理水气污染全民开展环保行动实施方案》中。编制完成黄河水城水质水源水循环规划方案，调整完善了城市供热、排水等专项规划，编制完成中心城绿地系统规划、加油加气站布局规划及移动基站规划，积极推进中心城油田生产管线设施规划。

东营经济开发区和东营港经济开发区规划。完成东营经济开发区和东营港经济开发区总体规划修改，完成东营港经济开发区“滨海新城”概念规划方案。

【重点工程规划设计】　积极推动黄河水城深度开发。一是编制完成黄河水城深度开发规划、黄河水城发展规划和文化公园、清风湖风景区、长途汽车总站、奥体中心等重点地段的详细规划。二是全力推进“水城之窗”项目建设。成立“水城之窗”建设项目部；2010年10月举行了开工仪式；为打造精品工程，邀请国内著名建筑设计大师邢同和参与设计方案。三是积极开展城市设计。为打造黄河水城独特风貌，编制完成黄河水城总体城市设计，形成了《黄河水城宣言》；完成清风阁、北大门、东岸和西岸景观优化等清风湖景区景观提升规划设计、广利河沿岸景观设计的初步方案。四是积极推动重点地段和重点项目的开发建设。完成“水城之窗”、奥体中心、儿童乐园、水城雪莲大剧院、黄河植物园等重大项目的规划方案。

（赵砚新）

城市管理

【概况】　2010年是东营市城市管理体制理顺、事业发展的重要一年。年初政府机构改革，撤销了原市城管行政执法局和原市市政局，组建了市城市管理局，进一步理顺了城市管理体制；全年城市水气暖供应安全平稳，园林绿化、市容环境卫生、市政设施管养、城管执法继续保持高水平，营造了整洁优美、文明舒适的城市环境；圆满完成了承担的黄河水城建设、市政设施改造完善等项目，城市基础设施承载力进一步提高。市城市管理局被授予“山东省人民满意金牌窗口单位”“全省城市防汛工作先进集体”等20余项省级以上荣誉称号，广饶县被评为国家园林县城。

【市政公用设施管理】　不断提升市政设施管养水平，强化道路、桥梁、路灯等设施维修养护，市政设施完好率和路灯亮灯率始终保持在98%以上。积极推进中心城路灯节能建设改造，年内完成了东城25条道路4 628盏路灯LED改造。对东城区域57处雨污混流点实施了雨污分流改造，采用MBR（膜生物反应器）技术建成了污水资源化示范项目，为污水资源化利用探索了路子。截至年底，城区道路总长度达928.5千米，总面积7 119万平方米；路灯8.7万盏，雨污水管线1 819千米，排水泵站50座，排水能力347.2立方米/秒；污水处理厂10座，日处理能力30万立方米。

【城市供水】　及时引蓄黄河水，确保水源充足供应。加强供水设施维护管理，严格水质检测，水质综合合格率达100%。市自来水公司科学管理，采用先进的超滤膜组合深度净水工艺建成的全国首个10万吨净水厂，运行良好，出水水质达到国家106项标准。住房城乡建设部确定东营市为全国首批22个“城市水环境改善”和“饮用水安全保障”示范城市之一。东营经济开发区第二水厂主体完工，东营港开发区投资5 000余万元实施了供水管线改造工程，为两个开发区的开发建设提供了可靠的供水保障。截至年底，全市日供水能力101.5万立方米，服务人口98.9万人；全年供应自来水1.3亿立方米，自来水水质合格率100%。

【城市供热】　集中供热保障率进一步提高，供热整体效果好于往年。通过盘活原有市政公用设施资产筹集资金，实施了登州路供热站增容工程，解决了东城北一路以北区域200余万平方米住宅的供暖问题。协调胜利油田，结合实施胜北社区热电联供集中供热工程，将热电联供250万平方米供热范围内的社会采暖用户接入集中供热系统。充分发挥行业管理职能，督导胜利油田将西城30万平方米市直破产企业旧住宅区用户接入油田集中供热系统，解决了多年来社会反映强烈的问题。东营经济开发区投资1 200万元，利津县投资1 400万元，分别实施了集中供热改造扩容工程。截至年底，全市有61处区域供热锅炉房、297座换热站，总供热能力2 588.14兆瓦，一次供热管线双线486.74千米、二次供热管线双线2 023.42千米，总供热面积3 550.8万平方米。

【城市供气】　城市供气安全平稳运行。针对用气量加大、气源不足的严峻形势，积极协调，科学调运储气资源，确保了城区居民用气需求。针对全市燃气紧张，公交车、出租车加气难的情况，协调油田多渠道增加供气指标，在较短时间内解决了加气难题。组建了天然气管道输配公司，编制完成了《东营市高压天然气管网规划》，为稳定气源、构建多气源供气格局奠定了基础。截至年底，全市有天然气门站20座、调压箱462台、控制阀门708个、天然气管网1 156.9千米，用户38.55万户，全年供应天然气3.6亿立方米；累计入户安全检查154.33万户（次），入户维修166.6万户（次），更换超期使用燃气表、报警器及切断阀5 756套，累计铺设供气主管网387.5千米；有车用天然气加气站22座，全年供气7 201.8万立方米，加气479.2万车次。

【市容环境卫生】　加大道路保洁、公厕管理、垃圾清运力度，定时对城区主干道路洒水除尘，城区环境卫生质量明显改善。与重庆钢铁集团环保投资有限公司签订合作协议，采用BOT模式建设市生活垃圾焚烧发电项目。河口区垃圾处理厂扩建工程、污水处理厂新建工程全面开工，广饶县生活垃圾综合处理厂进入试运行，西城垃圾中转站主体完工。截至年底，全市城区清扫保洁面积2 523.07万平方米，垃圾处理场5座，日处理能力880吨，全年清运处理生活垃圾42.86万立方米、建筑垃圾10.06万立方米，清理化粪池2 270个（次），清运污物1.04万立方米、污水1.97万立方米，清理疏通地下池5 392个（次）。

【园林绿化】 园林绿化总量迅速增加，档次不断提升。完成了机场大道东八路景观绿化、北二路综合改造、胜利大街滨河景观绿化，打造了城市三条景观大道，提升了城市品位和形象。广饶县城市绿轴续建工程、西水环岛雕塑续建工程顺利实施。河口区大力实施“拆墙透绿”“见缝插绿”和“绿化补植”三大工程，全年新增绿化面积30万平方米。东营经济开发区实施了道路绿化和水系景观改造提升。城市园林绿化精细化管理水平进一步提升，文化公园、体育公园等一大批园林景观精品和展示城市特色的公园景点相继对外开放，展示了城市优美景观。园林城市创建工作全面铺开，国家园林城市创建工作顺利通过省推荐考评。全年新增城区绿地面积254万平方米；城区绿地总面积增至7 410万平方米，建成区绿地面积5 385万平方米，建成区绿化覆盖面积5 782万平方米，建成区公共绿地面积1 456万平方米。

【黄河水城建设】 及时接管黄河水城竣工项目79个，展开了全方位的管理养护。采取工程、生物等措施进行综合施治，全力保障黄河水城水质。实施了清风湖景区景观提升工程，新增绿化面积10.4万平方米，建设了广利河胜利大街桥工程，实施了景区夜景亮化工程，清风湖景区成为黄河水城的标志性核心景区，被授予全国首个“国家级新光源示范区”称号。实施了广利河引黄补源和应急导污工程，主体完工并投入使用，既解决了广利河上游污水直排问题，又可为广利河补充黄河原水。

清风湖北岸沙滩掠影　　（摄影：燕东波）

【环境综合整治】 开展了中心城别墅区乱搭乱建专项整治，累计整治违法建设310户，使一度泛滥、难以解决的住宅小区乱搭乱建问题得到了全面遏制。开展了户外广告专项整治，全面加强城市户外广告管理，暂停新上广告审批，制定统一规划和年度建设使用计划，组织公开拍卖，既规范了户外广告设置，又解决了城市管理资金不足的问题。开展了带泥上路专项整治，联合建设、公安等部门，重点对东城区域建筑工地、城中村、油田井场、大型货运车辆等重点场所和关键环节进行集中整治，严查带泥上路，取得明显成效，投诉率比上年下降了90%以上。全市城管执法机关依法履职，文明执法，与环卫、市政、园林等部门建立了联动机制，在环境综合整治、城市拆迁、违法建设拆除等工作中发挥了重要作用。全市年内累计查处店外经营、流动摊点2万余个，查处乱搭乱建1 600余处、面积4.5万平方米，查处乱倒垃圾3.8万立方米，乱贴乱画2.1万余处、面积1.6万平方米，查处违章车辆5 120余辆，违法建设项目581个、面积14.6万平方米，均依法作出处理。

【重点工程建设】 2010年，东营市城市管理局承担了黄河水城建设、市政设施建设改造等40余项重点工程，概算投资12.7亿元。完成了东三路、府前大街道路改造提升工程，建成了胜利大街跨黄河路水系人行桥，开工建设了汾河路、弥河路道路工程，实施了东城旧住宅小区出入口道路整修工程，极大改善了东城道路通行条件。推进胜利大街南延、东一路南延、南三路等城市南展区5条主干道路工程，为城市南展区开发建设奠定基础。采用油地共建方式，实施了西城烟台路、燕山路等7项道路工程，对北一路等11条主干道路及宾平街等商业密集区支路进行了改造维修，进一步改善了西城居民出行条件。全年各县区和开发区城市管理部门共承担市政工程建设项目82个，投资总额5.86亿元，广饶县文安路、顺安路道路工程，东营经济开发区雨水泵站建设，河口区城市管理垃圾处理厂扩建工程等等，全部按期完成年度建设任务，进一步提升了城市综合承载能力。

（耿勇斌　马向东）

住房公积金管理

【概况】 2010年，东营市住房公积金管理中心按照市委提出的“新阶段、新起点、新目标、新局面”的工作要求，围绕黄河三角洲高效生态经济区建设大局，扎实开展“创先争优”和“转方式调结构”大讨论活动，全市住房公积金工作实现了健康快速发展。全年归集住房公积金8.29亿元，发放住房公积金贷款8.81亿元，职工提取住房公积金4.9亿元，资金使用率达95.85%，实现净收益3 225万元，各项主要业务指标在全省同行业中名列前茅。截至年底，全市累计归集住房公积金43.9亿元，支取公积金23.2亿元，发放公积金贷款32亿元，实现增值收益1.02亿元，提取廉租房补充资金7 373万元，有力地支持了全市保障性住房建设。市住房公积金管理中心先后荣获“全省住房公积金管理考核工作先进单位”“全市政协提案承办先进单位”“全市职工职业道德建设先进单位”和“全市十佳文明示范窗口”等荣誉称号。

【住房公积金业务模式创新】 自主研发了住房公积金支取系统和贷款系统，规范了审批行为，提高了行政效能。制定《住房公积金服务指南及审核业务细则》《东营市住房公积金管理中心工作人员行为规范》和住房公积金缴存、支取、贷款程序图示，明确介绍了各项业务的流程，提高了办事的透明度。创新发展模式，积极服务黄河三角高效生态经济区建设。结合住房公积金行业特点和工作职责，积极与滨州、胜利油田等地就如何发挥区域内住房公积金的整体作用进行研究与交流，草拟了《黄河三角洲区域住房公积金合作意见》，得到省市有关方面的肯定。

【住房公积金管理队伍建设】 住房公积金管理系统干部职工始终坚持从自身做起，加强政治和业务知识学习，严格执行民主集中制，充分发扬党内外民主，精心打造“聚万家金·圆安居梦”服务品牌，积极创建学习型党组织和学习型机关，大大提高了干部职工的综合素质。深入开展党风廉政建设和反腐倡廉工作，结合开展“增强制度意识，争做执行表率”教育活动，扎实推进“防控廉政风险，规范权力运行”活动，不断提高党员干部的廉洁自律意识、制度意识和执行力建设，筑牢了干部职工队伍的思想基石。

（李仕刚）

烟 台 市

城 乡 建 设

【概况】 2010年，全市城乡建设事业持续稳定发展，房地产开发完成投资335亿元，竣工面积920万平方米，建筑业完成建安产值406亿元，实现增加值96亿元。城乡统筹发展、一体化进程加快，累计启动整村改造项目257个，新建农房12.5万户，完成投资约173亿元，改造危房10 547户。保障性安居工程建设全力推进，全年累计提供经济适用住房4 190套，通过租赁补贴与实物配租相结合的方式为953户城市低收入家庭提供了廉租住房保障。

【城建重点工程】 中心城区组织实施了6大类122项城建重点项目，其中市住房城乡建设局牵头组织实施了27项城建重点工程，累计完成投资20多亿元，新增道路14.3公里、路网面积35.6万平方米、绿地面积46.3万平方米。

旧城改造项目。毓璜顶区片5栋高层住宅主体封顶，北马路区片7幢近代建筑修缮加固工程全部完工，二化工地块8栋安置房具备交付使用条件，玻璃厂地块2栋住宅和1栋公建主体封顶。集中组织实施了大庙市场搬迁工作，搬迁住户213家、1.2万余平方米，完成拆迁总量的90%，有力推动了北马路周边整体动迁进程；对老城区33栋、1.1万平方米的居民楼实施了“平改坡”改造，受益群众700余户，旧城区面貌明显改善。

市政基础设施建设项目。红旗中路财校段、胜利路拓宽两项工程均于6月底竣工通车，市区交通拥堵压力得到有效缓解；莱山、高新区片虎山南路、凤凰东路、农大跨线桥陆续竣工，滨河西路、通海东路等6条道路全力推进，加快了牟平与市区东部的对接融合；红旗中路至塔山变电站、上夼西路两路段电缆排管工程竣工。

惠民工程。蓁山路、幸福东路、汇泉路等7条红线外新、续建配套道路基本具备通车条件，西南河地下通道于7月竣工并投入使用，市民出行更加便利；烟台博物馆改造装修主体竣工，新建面积13 658平方米，总投资1.2亿元，建成后总建筑面积16 658平方米，是胶东地区最大博物馆。

【房地产业】 全市房地产开发完成投资335亿元，施工面积3 085万平方米，新开工面积1 233万平方米，竣工面积920万平方米，销售面积768万平方米，分别比上年增长23.6%、17.6%、18.5%、26.5%和30.2%，均创历史新高。

房地产市场调控。贯彻落实国家严格信贷、严控土地等一系列调控政策，出台了加强商品房预售监管的意见，在全市开展了商品房预售项目专项检查活动，累计检查在建开发项目307个，查处违规预售行为28起；全市累计批准预售项目330个，预售面积999.61万平方米。

产业地产发展。利用大型地产商进驻二三线城市机遇，吸引龙湖、万科、万达、中粮等10余家国内知名企业来烟投资。7月，住房城乡建设部、省住房城乡建设厅、烟台市政府联合举办

了“2010中国烟台国际住宅产业博览会”，吸引观展群众32万人次，意向成交额40多亿元，实际成交额3.8亿元，展会规模、层次和各项指标均创历届之最。

住宅产业化。全面推行住宅产业化专项审查制度，对中心区20余个开发项目进行了专项审查，保证了产业化各项要求落实到位。开展住宅性能认定，澎湖湾小区等四个项目通过国家2A级性能认定预审，烟台市通过国家A级以上性能认定项目达15个，总数占全省的20%。桦林·紫郡城项目获得国家房地产行业最高奖——广厦奖。推进太阳能热水器与建筑一体化设计施工，推行住宅装修一次性到位，市中心区新建12层以下住宅太阳能热水器应用率达100%，高层建筑达到50%以上，全市使用太阳能的新建住宅总建筑面积达600余万平方米。

滨海高层建筑群 （摄影：于佳宏）

【建筑业】 全市建筑业完成建安产值406亿元，实现增加值96亿元，上缴税收14.5亿元，外出施工完成产值31亿元，分别比上年增长13.7%、13%、15%和11%。指导晋升一级资质企业7家，晋升二级资质企业47家，创历史最好水平。

工程质量监管。推行竣前检查“验监分离”模式，随机安排人员、邀请专家组成检查组，避免了质监人员既当“监督员”又当“裁判员”的问题。针对房屋裂缝、窗户渗漏等9大类质量通病，研究确定了65项防治措施，并开展了“通病治理年”活动，住宅质量水平全面提升。创建“国优工程”奖2项、“泰山杯”奖15项，创历史新高。

安全文明施工管理。开展了安全生产“责任落实年”和“三项行动”等活动。通过四季安全大检查以及日常监督巡查，累计检查在建工程1 300多项、1 200多万平方米，下发整改通知书1 000余份。在全省率先建立了建筑业特种作业人员培训基地，举办培训班3期，培训电工、架子工526人。创建省级安全文明工地、示范工地23个。

基本建设管理。修订完善了房屋建筑、市政设施、园林绿化、装饰装修及监理工程评标定标办法，全面推行了计算机辅助评标，加大了合同备案管理和市场稽查力度，增强了招投标工作的透明度。市直全年共监管招投标工程255个，应公开招标工程招标率达100%。加大装饰装修市场监管力度，为18家企业办理了合法经营资格证书。做好城建档案归档和服务，审核和接受各类档案资料4 170余卷，归档率达95%以上。审查施工图设计项目424个、1 074万平方米，审查合格率和用户满意率达100%。组织了第四届全国建筑设计创新高峰论坛暨第二届山东省绿色建筑设计高峰论坛，这是近年来烟台市城乡建设领域承办的最高层次盛会。

【建筑节能】 坚持以节地、节能、利废和改善建筑功能为目标，以禁止使用实心粘土砖、推进新型墙体材料革新、加快可再生能源建筑应用为重点，推进建设领域资源能源节约工作。强化既有建筑节能改造工作，向上争取中央、省级财政“既改”奖励资金3 691万元，落实市财政配套资金152.4万元，重点对16个项目、87.4万平方米建筑实施了节能改造，全市累计完成既有建筑节能改造180.4万平方米，超额完成“十一五”目标。加大新建建筑节能监管力度，开展了全市建筑节能工作大检查活动，新建建筑设计节能率达100%，施工阶段节能达标率达99%。扩大新型墙材产业规模，全市新建、改建新型墙材生产线15条，新增新型墙材生产能力4.2亿标砖；全市160家生产企业累计生产新型墙材26亿标砖，节约标煤16万吨，节地2 300余亩，新型墙材应用率达100%，应用面积达170万平方米。在创建“全国可再生能源建筑应用示范城市”中，烟台市成为省内唯一入选城市，获得中央8 000万元专项补助资金。

【农房建设与危房改造】 坚持把农村住房建设作为统筹城乡发展、加快一体化进程的重要抓手，全市累计启动整村改造项目257个，新建农房12.5万户，完成投资约173亿元，改造危房10 547户，完成任务数名列全省前茅。

中心城市城中（郊）村改造。成立了市区推进工作联合办公室，启动停滞多年的53个城中（郊）村改造，建设安置房300万平方米。出台了规费征收优惠政策，重点针对回迁安置房、公益性用房以及村民社保用房等，减、免、缓交基础设施配套、墙材基金等13项费用超过7亿元。

园区村改造。坚持旧村改造与园区建设相结合、与产业发展相促进，实施组团建设、集中安置，变村民为市民、变村庄为社区，全市累计启动园区村改造项目135个，腾出建设用地近1万亩，先后引进了富士康、万华工业园、宝钢钢管等一批投资过亿元甚至几十、上百亿元的大工程、大项目，有力推进了第二产业的规模化发展。

传统农村改造。综合考虑传统农村的经济基础、产业支撑以及交通优势等因素，坚持以土地增减挂钩政策为抓手，探索开展撤村并点建设新型社区。全市共启动农村新型社区建设项目109个，合并村庄86个，实现了改善农民生产生活条件、优化土地资源配置和推进新型城镇化等多重效应。通过开展“百镇千村”和“四个一”创建活动，完善了小城镇路、水、电等基础设施配套，并选择10处试点实施农村污水处理工程，取得了初步成果。

【住房保障】 不断完善住房保障政策体系。适时调整了市中心区住房保障政策有关标准，将申请廉租房家庭低收入标准由家庭成员2009年度人均年收入低于8 300元（含）调整为低于1.05万元（含），将申请经济适用房家庭低收入标准由家庭成员2009年度人均年收入高于3 840元（不含）、低于14 256元（含）调整为高于4 320元（不含）、低于1.8万元（含），把更多的城市低收入家庭纳入住房保障范围。拟定了《烟台市市区公共租赁住房管理办法》和《经济适用住房上市交易管理实施细则》，已进入部门会签程序，待政府批准后出台实施。

全力推进保障性安居工程建设。全市共落实经济适用住房项目23个、1.73万套、132.92万平方米，竣工项目11个、6 095套，累计完成投资18亿元；新建廉租住房项目10个、1 213套、6.7万平方米，竣工1 998套，累计完成投资6 006万元；通过园区、企业自建职工公寓等方式，筹集公共租赁住房420套，各项指标均超额完成上级下达年度任务。全市累计提供经济适用住房4 190套，通过租赁补贴与实物配租相结合的方式为953户城市低收入家庭提供了廉租住房保障；抓住国家政策和资金支持的有利时机，2个县（市、区）的70套廉租住房获得中央投资补助资金70万元。

【房产管理】 房屋产权产籍管理。出台了《烟台市房屋登记规则（暂行）》，进一步完善房屋登记程序和标准。全市年内共办理房屋所有权登记业务8.7万件，登记面积1 894.35万平方米。继续推进房地产信息系统建设，芝罘区、莱山区、开发区、高新区信息系统陆续开通运行。

社区物业管理。在推进旧小区物业管理职权移交下放的同时，继续推行基础性和等级性两种物业管理服务模式，全市新增物业管理项目5个、13.4万平方米，创建市级物业管理优秀示范项目12个、省级优秀项目7个。

房屋拆迁管理。科学掌控拆迁规模，重点保证城建重点工程和经济适用房、廉租房等公益事业建设，市中心区批准拆迁项目3个、7.5万平方米。加强拆迁项目监管和纠纷调处工作，依法查处违规拆迁项目3个，受理拆迁纠纷29起，调解50余次，下达拆迁裁决2起。

直管公房和房屋安全管理。严格落实直管公房租赁、经营审批程序，逐步实现直管公房租金与市场接轨，全年收缴租金1 579万元。全市开展房屋安全鉴定480万平方米，白蚁防治230余万平方米，完成维修工程量880万元。拟定了住宅专项维修资金管理办法，已进入部门会签程序。

（王东风　葛振鹏）

城乡规划

【概况】　2010年，烟台市城乡规划局坚持以科学发展观为指导，以加快市区融合和统筹城乡一体发展为主线，围绕创建经济文化强市、加快市区融合发展、优化城乡空间布局、提升城乡建设品位等重要方面，不断加快规划编制步伐，提升规划设计水平，严格规划实施管理，城乡面貌明显改观，特色更加鲜明。全年共受理各类规划建设项目报批事项2 055项，均在承诺服务时限内高效完成，基层和市民满意率均达100%。完成建筑面积审批3 646.7万平方米，比上年增长21%，有力地促进了全市房地产市场的持续健康稳定发展。烟台市城乡规划局先后荣获“全省建设系统先进集体”“省级文明机关”等荣誉称号。

【城乡规划编制】　加快专项规划的编制与调整步伐。先后编制完成城市轨道交通线网规划，市区路网局部调整规划，火车站周边交通组织及地下空间规划，烟台市油气、危险品仓储系统布局及加油（加气）站布点规划，莱山中心城区及以北区域慢行系统规划等8项专项规划；组织完成了烟台市城市供水、雨水、污水、中水工程和燃气、供热工程等专项规划修编成果的评审论证，进一步丰富和提升了城市的载体功能。

扩大控规覆盖面。编制完成了潮水机场周边地区、芝罘区外夹河东岸、只楚区片及南部新城区片，莱山区凤凰工业园区片、莱山经济开发区区片、莱山区院格庄区片、牟平城区西部区域、福山区中心区域等近20项控制性详细规划和概念设计，并先后对烟台市机场路、观海路、港城东西大街的两侧控规作了进一步修编完善，指导了城市的开发建设和有序发展。

推进城市分区规划修编和市区用地布局调整规划组织实施。针对烟台市新的区划调整，重点组织了高新区分区规划、莱山区分区规划以及烟台保税港区规划的编制，进一步明确了各区的功能定位。同时，抓好市区用地布局调整规划的组织实施，加快“退二进三”和“腾笼换鸟”推进步伐，促进了空间资源的合理配置和三产服务业的繁荣发展。

高水平编制修建性详规和城市设计。先后编制完成了南山丽景小区、凤凰山庄、紫金山庄、孔家滩小区、黄海明珠山庄、瑞士露施抗衰老度假项目、朝阳历史文化街区、慎礼商住区以及烟台山至马山寨黄金岸线景观提升、滨海景区主题雕塑等修建性详细规划和整体环境设计，为进一步塑造提升城市景观形象提供了规划指导。

推进村镇规划和农村住房改造详规编制。加

强对各类村镇规划编制的指导，先后编制完成烟台市新农村综合示范区规划和芝罘区旧居改造布点规划，对各县（市、区）列入《烟台市2009－2011年农村住房建设与危房改造重点项目计划》的村庄整体建设改造详细规划编制情况进行了专项调查，向省住房城乡建设厅提报了《烟台市村镇规划编制管理实施情况的调研报告》，受到好评。

【重点项目规划服务】 在推进年度城建重点项目方面，完成了青烟威荣城际快铁、龙烟铁路、烟台港西港区、烟台至海阳高速、毓璜顶医院周边改造、幸福区片改造、北马路改造、辛安河改造、养马岛前海地区开发等122个重点项目的规划设计、审批和服务工作，确保了重点项目的顺利推进。

在推进为民服务实事项目方面，规划建设了市区公共自行车免费服务系统，举行了项目启动仪式，建成站点130个，投放自行车4 200辆。组织做好市区经济适用房及社区综合用房的规划设计和审批，完成了锦绣新城、锦绣新天地等经济适用房以及玻璃厂地块、西山北马路地块等拆迁安置房项目的规划设计、审批和服务工作，在三站西侧、东南哨旧村改造等78个地块项目中规划审批社区用房建筑面积约30万平方米。

在推进旧城、旧村改造工作方面，拟定了《烟台市城中（郊）村改造规划技术导则》，对每个旧村拟改造地块均提前介入，提出设计条件。对芝罘区幸福八村、黄务篆山，莱山区远陵夼、南贺，福山区史家庄、西关，牟平区北官庄、于家庄等42个旧村改造项目进行了重点推进，共规划审批改造建筑面积1 051.98万平方米。

在开展市区地下管线普查方面，制定了《烟台市区地下管线规划管理办法》，完成了莱山区地下管线普查数据成果验收及市区地下管线信息管理系统评审工作，基本完成了芝罘区、高新区管线普查探测工作。

在帮扶栖霞、支持长岛和援川、援藏工作方面，指导修编完善了栖霞市艾山旅游度假区规划，对长岛国际休闲度假岛、南北长山跨海大桥、北长山岛浅水湾度假区等项目提供了规划指导，圆满完成了三年援藏和援川工作任务，编制的四川省北川县白坭乡和漩坪乡总体规划被推荐作为北川县羌族自治县灾后重建范本。

【城乡规划管理】 坚持“阳光规划”，抓好规划公示工作。在“胶东在线”网站上设立了“网上规划展”栏目，先后公示了20期、165个规划审批项目，提高规划审批的透明度，征求意见和建议5 000余条。抓好政务信息公开工作，利用平面媒体、规划公示牌、门户网站、新闻发布会、政务公开栏、电台、电视台等多种途径，结合城建重点项目和重大规划的推进、编制与实施，加大对规划批前、批中、批后的公示宣传力度，广泛听取社会各界意见，避免了败笔项目和遗憾项目的产生。全年累计发布规划新闻、规划项目建设公示等信息748条，与市民对话交流60余次，维护了市民群众的知情权、参与权和监督权。

严格执行规划行政审批的标准、程序和时限。全年发放“一书三证”1 156份。其中，选址意见书162份，总建筑面积约808万平方米；建设用地许可证238份，总用地面积约1 103万平方米；工程规划许可证541份，总建筑面积约1 204万平方米；竣工许可证215份，总建筑面积约360万平方米。均在法定时限内办结，其中当日发放率达到98%以上。

健全完善规划决策程序。坚持推行并完善“层级评审委员会”制度，按照科学决策、依法决策、民主决策的要求，建立了更加科学、民主的规划项目审议咨询和审批决策机制。先后组织召开了分局项目初审会98次，研究初审项目1 152个；召开烟台市规划局项目审定委员会会议16次，研究审议项目249个；召开烟台市城市规划委员会会议2次，研究审议项目31个；召开市政府规划项目审批会4次，研究审议项目116个。规划项目审议咨询和审批决策机制的建立变“一人独掌一支笔”为“众人共执一支笔”，堵塞了权力寻租黑洞，确保了各类建设项目审批的合法性、公正性。

开展建设项目容积率专项治理。全年累计对25个招拍挂项目及12个存在历史遗留问题的项目进行了容积率调整，并分2次及时向市政府报告。分批次对2007年以来66个已出让地块容积率调整情况进行了排查，对225个建设项目规划手续办理情况进行了疏理，未发现任何违规行为。

提高规划审批效率和服务质量。推行“节假日预约办公”和“工作日延时办公”制度以及“主动上门服务”“首接登记责任制”等制度，在规划审批手续办理上“急事急办、特事特办”，畅通规划“绿色服务通道”。全年共预约办公980余次，延时办公累计180余天，主动上门现场服务130余次。进一步简政放权、提速增效，下放了一般性开发项目的规划审批权力，精简审批环节，加快审批速度，做到政策不在规划截留、时间不在规划耽搁、差错不在规划发生、基层不在规划为难。全面推广应用数字城市三维模拟系统和全球卫星定位连续运行服务系统，先后完成了市区五纵六横主干道3D模型的制作工作，更新了市区100平方公里的城市地形图，为辅助城市规划决策提供了有力技术支撑。

【规划依法行政】 开展规划巡查和动态监控工作。根据建设工程施工进展情况及时进行组织验线、验±0.00、主体及竣工规划验收工作，实施定线、定期巡查制度，坚持日巡查、三日巡查和周巡查，做到无缝隙、全覆盖巡查，对所有在建工程实施全过程动态管理。全年共监管建设工程208项，建筑面积856.17万平方米。及时发现违法建设行为为37起，均按规定进行了处理，确保了在建工程严格按规划实施。

查处市区违法建设。进一步完善违法建设日常巡查机制，并绘制四区《规划执法日常巡查图》，使巡查路线、区域更直观、更全面。全年市区范围内共受理群众投诉1 181起，查处违法建设468处，动员自拆同三高速北侧、凯乐餐饮公司、釜山大集农贸市场北侧、中拓房地产公司和强制拆除文化路小学大门两侧、莱山永光高尔夫俱乐部、天安物业、工人疗养院等违法建设共计91处，建筑面积达1.67万平方米，维护了全市房地产市场的健康秩序。

建立运转协调、分工明确的城乡规划执法机制。出台《关于加强市区违法建设整治工作的意见》等规范性文件，进一步明确了执法主体、相关程序、各自职责。制定了《烟台市规划执法实施细则》《规划执法人员行为规范》《行政执法责任追究制度》等一系列的规章制度，形成以制度管人、以制度理事、依程序执法的管理机制。

（赵　杰）

城市管理

【概况】 2010年，烟台市城市管理局认真贯彻落实科学发展观，积极应对危机和困难挑战，着力保增长、保民生、保稳定，圆满了完成了各项工作任务，市容环境面貌全面改观，城市发展载体功能显著增强，公用事业保障能力明显提高，城市管理水平大幅提升。

【市政基础设施建设】 全年共承担16项市政府重点工程和四大类10项市委、市政府重要工作事项、为民服务实事。截至年底，计划年内竣工的工程全部按期完成，跨年度工程按计划有序推进，累计完成年度投资额2.48亿元。

市政道路整治。将路面毁损较大、养护效果不明显、市民反映集中的道路全部纳入整治范围，完成18条主次干道专项整治和大修改造工程，道路改造面积64万平方米，达到往年平均整治规模的4～5倍，道路整治范围、投入力度、改造效果均创历史最好水平。同时，完成77个点位的街巷市政设施改造、60个路灯点位220套灯具安装，加强市政道路、路灯、供水和排水管网等基础设施养护管理。累计铺筑沥青6.7万平方米，摊铺砂砾3.2万平方米，铺装道板2.1万平方米；维修、更换、改造路灯3 300多盏，更换、架设电缆8 700多米，市区路灯平均亮灯率保持在98%以上。

*污水和垃圾处理设施建设。*争取中央污水垃圾处理设施及污水管网和重点流域水污染治理专项资金5 840万元，申请省级城镇污水处理设施配套管网以奖代补和城市污水垃圾处理专项资金4 650万元。督导抓好全市新建、改建4处污水处理和3处垃圾处理项目建设，定期对全市污水、垃圾处理项目建设运营管理情况进行调度和汇总上报，组织全市污水处理厂开展了“污水处理绩效考评活动”复查。市区新建城市公厕20座，套子湾污水处理厂二期工程成功纳入国家发展改革委2010年四季度外国政府贷款备选项目规划，南郊污水处理厂建设、GEF示范项目、生活垃圾处理场填埋气体收集利用、生活垃圾综合湿解二期及餐厨垃圾处理等工程按计划稳步推进。

*供排水管网建设和改造。*组织实施了87项市区供水管网改造工程，铺设供水管道5.1万米。门楼水库应急供水工程期间，分别在陌堂水厂和套口水厂增打水井14眼，铺设供水管道3 100多米，城市供水功能和保障能力明显增强。对青年路、北大西街等73处路段进行排涝整治，铺设各类管道3 800多米。完成市中心区2.3平方公里的雨污分流工程，安装雨污管道4.7万米，砌筑各类检查井1 900多座，市区排水和防洪排涝功能进一步完善，公用排水设施完好率达到93.4%。

【燃气热力】 协调燃气企业，合理调整燃气供应，不断扩大市区燃气供应覆盖面，全市新增天然气用户7.1万户，其中市区2.7万户。在全市范围内开展了液化气站规范化管理达标创建活动，全面规范液化气站建设和运行管理，建成标准化液化气站30多座。强化液化气、天然气使用安全监管，开展瓶装液化气安全隐患专项整治、燃气器具气源适配性检测检查等活动，协同有关部门严厉打击私设液化气供应点、私改燃气管线违规使用燃气等行为，杜绝了重大燃气安全事故发生。加强供热能力建设，市区全年共完成热源扩建工程投资2.8亿元，新建换热站30个，完成供热管网改造14.7公里，新增并网供热面积238万平方米，在市区7个小区开展了供热计量改造试点。推广应用供热远程监控、无线测温等先进技术，逐步降低管理成本，切实提高了供热服务效率和服务质量。

【城市供水】 加强科学用水调度，强化源水、制水、配水各环节管理，加大水质安全在线监测力度，全力保障市区高峰用水和重大活动期间供水。全年共向市区供水5 653万立方米，水质综合合格率达到99.83%。进一步完善供水应急预案，做好门楼水库除险加固期间临时停水信息发布、工程施工、定点送水、恢复供水等城市应急供水工作，仅用31个小时完成了施工任务，比原计划提前17个小时恢复市区供水，成功应对了烟台市供水史上涉及范围最大、时间最长的一次停水。加强节约用水管理，组织开展了第19个全国节水宣传周活动，积极推广节水器具和中水回用设施，完成“一户一表、计量出户”改造8 239户。

【环境卫生管理】 加大环卫保洁力度，对城乡结合部、铁（公）路沿线、背街小巷等区域进行重点整治，全面清理卫生死角，保持好洁净的城市环境。先后对市中心区144个社区进行了彻底整治，清理卫生死角 9 625 处，清理处置垃圾 5.1 万多立方米。加快推进城乡生活垃圾一体化进程，全市新增一体化处理的村（居）1 778 个，市区除牟平区外，其他五区全部实现一体化处理全覆盖。督导各区逐步配套完善环卫保洁设施，添置垃圾清运车辆 44 台，垃圾容器 1 534 个，市区垃圾清运、处理及时率保持在 98% 以上。

【园林景观绿化】 在做好城市绿化、养护管理的同时，完成只楚路、空港路等路段生态加密补植及地被改造、南山公园及玫瑰园改造和市区绿地更新改造等工程，栽种各类花卉、乔灌木 30 多万株。重要节日和重大活动期间，在市区重点路段及公园广场摆放了 150 万盆自主培育的特色植物、各类草花，建设了 6 组植物雕塑和 4 组大型植物景观，建成了一批城市绿化精品工程，提升了城市绿化水平。

【景观美化亮化】 开展了户外广告、门头牌匾专项整治活动，加强城市道路、公共场所雕塑的设置与管理，期间共向沿街单位、业户下达责令限期改正通知书 155 份，集中整治、拆除各类户外广告设施、门头牌匾、即时贴 4 800 多处，粉刷墙体 18 560 平方米。加快市区景观灯光建设步伐，先后完成南大街、迎宾路等重要路段 150 处建筑单体的景观灯光建设。围绕打造夜间景观亮点、提升城市形象，在市区重点景区、重要路段实施了以“梦幻海滨、空中芭蕾”“红色经典五线谱”“五彩缤纷、空中玫瑰”等为主题的大型景观灯光工程，打造了一批新的景观灯光组团。

【市容秩序治理】 加大执法力度，坚持依法行政、文明执法、和谐执法和人文执法，全面治理乱搭乱建、乱贴乱画、市场外延、占道经营、流动摊点等影响市容的问题，重点抓好学校、幼儿园周边环境整治，共清理店外经营、流动摊点 6.5 万处，规范和取缔啤酒广场和室外炭火烧烤点 160 处，清理乱贴乱画、野广告 28.1 万处，城市管理秩序进一步规范。

【城市管理体制创新】 管理事权下移。出台了《城市管理行政执法实施办法》，进一步明确市区城市管理行政执法的范围和职责，严格落实执法监管责任。加快理顺火车站、文化中心等广场管理机制，明晰各单位管理职责。协调相关部门、区政府，将青翠里、塔山小区公共部位卫生保洁及绿化工作逐步向区政府移交。将滨海路沿线道路保洁、养护、绿化、排水、路灯以及城市防汛、清雪防滑等工作职责进行理顺和调整，分别向市、区两级城市管理部门移交，强化和明晰了

大型景观灯光工程 （摄影：林蕴辉）

属地管理职责。

数字城管建设。进一步扩大数字化城市管理系统覆盖区域。加快推进高新区数字化城市管理指挥系统建设，对芝罘区、开发区已整治和正在整治的道路及社区，凡具备管理条件的随时将其纳入管理范围，对莱山区地理数据进行补充完善，截至年底，市区数字化城市管理覆盖总面积达到130平方公里。进一步完善数字城管信息平台建设，拓展数字城管应用领域，开通了系统外部门网络终端105条，逐步实现部件实景影像管理，及时发现、第一时间处理城市管理问题。城市管理信息系统全年共受理各类城市管理问题30.9万件，立案26.3万件，结案率达99.25%。

（刘 平）

住房公积金管理

【概况】 2010年，烟台市全年实现住房公积金归集22.31亿元，比上年增加3.25亿元，增长17%；当年用于职工购建房及退离休提取11.74亿元，比上年增加2.19亿元，增长23%；当年发放贷款户数达12 128户，比上年增加2 983户，增长33%；当年发放住房公积金贷款23.73亿元，比上年增加7.2亿元，增长44%，存贷比率达到277%，个贷比率为74%；当年实现增值收益9 228.6万元，比上年增加838.5万元，增长10%。

【住房公积金归集】 实施“以加大宣传力度为基础、强化分类催缴为重点、创新服务模式为载体、化解社会矛盾为己任”的管理举措，全年通过广播、报纸、网站、电视等媒体，宣传住房公积金政策40余次，通过网络解答职工提出的问题1 731个；新建缴存单位577个，新增缴存职工2.2万人；受理涉及56个单位的职工信访事件200余起，已有53个单位建立了缴存关系；接待群众来访1 000余人次，妥善处理并化解20人次以上的群体性上访事件10余起。

【住房公积金贷款管理】 关注宏观调控政策，实现管理工作的超前布局。根据国家对房地产行业的紧缩调控政策，在我省率先制定了紧缩的贷款政策，对首付款比例、购房套数、房屋面积等方面提出了新的规定，相关内容与住房和城乡建设部2010年12月出台的调控政策基本吻合。

强化贷前贷后管理，着力解决中低收入家庭购房难题。继续加强贷前考察和贷后管理，完善审批程序，控制信贷风险，采取多种手段开展逾期贷款催收，确保贷款资金的及时足额回收，保证了资金的安全运行。着力将有限的资金向中低收入家庭倾斜，全年为千户经济适用房家庭提供了一站式审批服务，发放贷款近两亿元。

加强资金的统筹调度，确保资金的科学高效运行。以资金使用率指标为考核依据，确保在最大限度满足职工的贷款需求的同时，实现增值收益最大化的目标。为解决部分区域贷款资金严重不足的问题，制定实施了备付金制度，全年为解决990户家庭的购房难题，提供了1.88亿元的贷款资金支持。为控制资金风险，消除管理隐患，进一步完善内部稽核制度，加强内控管理，确保资金安全高效运行。

创新服务举措，提升窗口服务水平。制定出台了《烟台市住房公积金管理中心创建住房公积金文明行业活动实施意见》。以服务窗口和政府网站为载体，主动对服务工作实行对外公开，不断提高管理工作的透明度。在2010年烟台市“万人评窗口”行政执法类单位评比中，首次跻身“十佳文明窗口”行列。

（陈修锐）

潍 坊 市

城乡建设

【概况】 2010年，潍坊市住房城乡建设系统围绕黄河三角洲高效生态经济区、山东半岛蓝色经济区、胶东半岛高端产业聚集区“三区”建设发展大局，紧紧抓住“转方式、调结构”工作主线，突出抓好中心城市建设，加快推进城镇化进程，人居环境进一步改善，城市服务功能和承载能力明显提升，城市竞争力和辐射带动能力显著增强。全市完成城市基础设施投资65亿元，其中中心城市完成20亿元；人均道路面积达到25.7平方米，比上年增长6.6%；建成区绿化覆盖率达到40.57%，比上年增长1.96%。

【重大项目建设】 文化艺术中心建设进展顺利，年度建设任务圆满完成，累计完成投资15亿元。二组团青少年宫、文化宫基本完成，三组团图书馆、科技馆室外装饰全部完成，四、五组团大剧院和音乐厅开工建设，双塔主体结构顺利封顶，张面河以北景观初步形成。鲁台会展中心项目被列入2010年山东省重点服务业项目，于6月8日开工建设，累计完成投资4亿元，展览区1~3层主体结构工程全部完成，第四层施工正在进行，会议区主体结构工程全部完成。鲁台会展中心项目概算投资11.6亿元，总建筑面积12万平方米，旨在打造我国北方对台经贸活动的重要平台、山东省对台合作的重要窗口和潍坊闪亮的城市名片。

【基础设施建设】 新改扩建城市道路7条、11公里，新建、扩建桥梁3座，总投资1.8亿元，进一步优化了城市路网框架，改善了城区交通环境，提高了交通效率。其中年内竣工通车的有：民生东街工程，东起新华路，西至文化路，全长680米，主路宽15米，总投资1 090万元；樱前街工程，东起文化路，西至鸢飞路，全长1 145米，主路宽24米，总投资1 760万元，是潍坊中心城区第一条建设过程中实现强电入地的道路工程；新青年路工程，南起宝通街，北至仓南街，全长2 365米，主路宽24米，总投资4 081万元；福寿街虞河桥拓宽改造工程。卧龙西街（白浪河桥—清平路）、文化路（北宫街—玉清街）、清溪街（鸢飞路—宝通街）、鸢飞路（玄武街—高速公路）、卧龙街虞河桥、玉清街虞河桥等工程建设有序进行。福寿街（北海路—长松路）工程被中国市政工程协会评为“全国市政金杯示范工程”。

【村镇建设】 全市完成村镇建设投资120亿元，其中基础设施投资45亿元，分别比上年增长11.1%和8.2%。新建住宅733.8万平方米，公共建筑291.98万平方米，生产性建筑837.01万平方米，修建道路2 835.91公里，新修排水管沟1 538.08公里，新增绿地面积916.7万平方米，安装路灯1.2万盏。加快推进城乡环卫一体化建设，基本建立了城乡垃圾“户集、村收、镇运、县处理”模式，村居覆盖率达到60%以上，村镇服务功能不断提升，居民生产生活环境明显改善。

小城镇建设。出台了《关于加快推进新型城镇化的意见》《深化扩权强镇改革试点加快推进区域重点镇建设的意见》《关于2010年小城镇建设提升工作意见》等一系列文件，明确了城乡一体化发展工作思路，制定了小城镇建设提升标准，在改善城镇环境、创新机制体制、加快产业发展、建设特色城镇等方面提出明确要求，重点抓好小城镇道路、路灯、供排水等设施建设，逐步完善教育、医疗等服务设施，全面提升小城镇承载能力。注重镇村产业发展，完成镇村产业规划编制，培育主导产业，加快产业向园区集聚，新增商业街（区）137个、工业园区152个、农业示范园区216个。区域重点镇建设在全省率先破题，确定了寿光羊口镇、诸城昌城镇、安丘景芝镇为第一批市级区域重点镇建设试点，推动其加快发展。

农房建设与危房改造。出台了《2010年潍坊市农村住房建设与危房改造工作意见》，建立了农村集中居住区建设项目库，把建设任务落实到具体项目。全市共启动整村建设改造项目534个，建成农房13.8万户，完成年度任务153.7%；改造危房2.1万户，完成年度任务123.6%；带动社会各类投资约150亿元，对GDP的贡献率达到5.1%，拉动GDP增长0.66个百分点，在扩内需、惠民生、促发展、保和谐等方面发挥了积极作用。开展节能、生态型农村社区试点工作，提升农房建设品质，诸城舜邦、青林水岸、寿光羊口镇中心社区、峡山潍水新村、安丘拥翠苑等4个社区被列为全市首批村镇低碳示范社区。

【**建筑业**】 全市建筑业总产值完成503亿元，实现利税35亿元，分别比上年增长32%和40%；施工面积4 950万平方米，竣工面积2 580万平方米，分别比上年增长11%和16%；对外施工产值48亿元，比上年增长12.5%。全市创出“国家优质工程”2项、“全国建筑工程装饰奖”4项、“泰山杯”工程18项、省级新技术应用示范工程22个、省级工法36项、省级建筑业技术创新奖23项，“鸢都杯”工程23项、市优质结构工程45项、市“质量诚信、用户满意”工程131项、市施工现场综合管理样板工程34个。创建省级安全文明工地37个、安全文明小区4个，市级安全文明工地1 050个，实现了安全生产控制目标。

建筑市场管理。全市共有建筑业企业827家，其中总承包企业304家，专业承包企业257家，劳务分包企业266家；总承包及专业承包企业中，一级企业34家，二级企业135家，结构进一步优化。引导建筑企业转型升级，逐步向房地产、建材、金融、服务业等行业延伸，全年共为96家企业办理了资质升级或增项业务，规模以上建筑垃圾综合利用企业达到5家，潍坊昌大建设集团、山东景芝建设有限公司2家企业组建了小额贷款公司。出台了《潍坊市外地进潍建筑业企业登记备案管理办法》《潍坊市建筑施工合同备案管理办法》

寿光市羊口镇齐庄新村 （摄影：王文生）

《潍坊市外地进潍工程监理企业备案管理办法》等规范性文件，严把市场准入关，进一步完善建筑市场监管机制，构筑统一开放、竞争有序的建筑市场体系。开展工程建设领域突出问题专项治理、建筑市场专项整治及勘察设计、招标代理、建筑施工、建设监理、装饰装修等行业专项检查，全年累计检查在建工程3 788个，查处违法违规工程517个，对其中28个问题突出的工程项目在新闻媒体上予以曝光，对查处的工程依法给予责令改正、罚款、停工整改等处罚，并落实专人监督整改到位，有效地规范了建筑市场秩序。

质量安全管理。推进监管体制改革，推行质量安全一体化监管，实现质量安全监管“三同步”，做到方案同步考虑、检查同步进行、问题同步处理，实现了建设工程质量安全的同步监控。实行质量安全差异化管理，抓好大型公共建筑、重大项目、市政工程、住宅工程等的监督检查；加强汛期建设工地安全预防管理，加大对施工现场安全防护、防火、起重机械、基坑支护、文明施工等重点部位的监控，全面提升建设工程质量安全水平。加大工程质量创优力度，实施在建住宅工程质量预公示制度，激发建设、施工单位创优积极性；建立质量安全评优专家库，增强评审工作透明度和公开性。抓好质量检测管理源头关，出台了《潍坊市建设工程质量检测管理规定》《建筑材料及结构质量抽样检测工作程序》《潍坊市建筑施工安全防护用具及机械设备监督管理办法》等规范性文件，成立了安全防护用品检测室，填补了潍坊市安防用品检测的空白。加大监督检查力度，全年组织开展了10次大型专项检查，共抽查在建工程项目729个、建筑面积3 063.3万平方米，下达隐患整改通知书642份、停工令280份，对部分项目经理及总监进行了扣分处罚，取消市级安全文明工地2处，消除隐患1 694条，工程质量安全得到有效控制。2010年，潍坊市建设工程质量安全监督站先后获得“全国工人先锋号”“省级文明单位”“省级青年文明号”等荣誉称号。

招投标管理。围绕建立统一开放、竞争有序的建筑市场体系，从健全机制、完善制度入手，以治理规避招标和假招标为重点，加强程序管理、过程监督和备案管理，招投标行为日趋规范。全市应招标工程项目629个，面积1 788.9万平方米，造价177.55亿元；其中，应公开招标项目401个，面积约1 215.2万平方米，造价125.31亿元，应公开招标项目公开招标率达100%。办理外地入潍代理企业备案13家，受理2家甲级企业延期，1家代理企业乙级升甲级，2家新申报暂定级企业。

有形市场管理。实施了计算机网络招投标管理服务系统，开通了语音通知评标专家抽取系统，实现了从传统人工式到微机现代化的转变；加强了有形建筑市场与建筑施工现场的信息联动，促进项目进场交易，发挥了工程项目交易监督平台、信息平台、信用平台的作用。全年进场交易工程540项，建筑面积1 000.23万平方米，交易额100.47亿元，分别比上年增长25%、56%和63%。

标准定额管理。加强工程造价管理，出台了《潍坊市建筑工程招标控制价管理办法》，进一步规范了建设工程计价行为；加强建筑施工合同价监管和鉴证，合理确定和有效控制工程造价，对工程款拨付比例提出指导意见，为避免或减少发生拖欠工程款和劳务纠纷发挥了重要作用。加强工程建设材料市场价格动态管理，全年共发布材料价格信息4.72万条、典型工程造价指标10项、潍坊市2010年工程建设材料价差系数3次及建筑、安装、市政工程材料价差系数777个，进一步提升了政府指导价的透明度和诚信度。全年完成咨询项目总造价145亿元，业务收入8 662万元，分别比上年增长81%和44%。

勘察设计管理。全市勘察设计行业从业人员达到4 721人，完成营业收入7.04亿元，分别比

上年增长15%和17%；实现利税1.88亿元。出台了《关于进一步加强全市建设项目初步设计审查管理的意见》，组建了初步设计审查专家库，全面推行初步设计审查制度。开展质量体系认证活动，鼓励勘察设计单位积极开展贯标工作，建立健全质量保证体系和岗位责任制，全市共有4家勘察设计单位顺利通过了ISO9000系列质量体系认证。开展建设项目初步设计审查和深基坑工程设计审查，全年共审查工程项目91个，检查勘察设计单位75家，施工图审查机构5家，抽查项目207项，查处了一批违法违规和违反强制性标准的勘察设计行为，规范了勘察设计市场，促进了勘察设计行业整体水平的提高。

【建设科技与建筑节能】 建设科技推广应用。出台了《关于加快推进太阳能光热建筑应用工作的通知》，加大太阳能光热建筑一体化、地源热泵、LED照明、墙体保温材料等节能成套技术和产品的推广应用。全市完成太阳能光热建筑应用面积148万平方米，超额完成省下达的年度任务；完成地源热泵应用面积150万平方米，位居全省各市前列。建设科技研发步伐不断加快，宏力英伦风尚667千瓦光伏发电项目被国家确定为光伏发电示范项目，高密孚日集团建立了光伏产业园，太阳能光伏产品远销德国。在2010年度山东建设技术创新奖评选中，潍坊市获得一等奖1名、二等奖1名、三等奖2名。

墙改与建筑节能。重点抓好新建建筑节能、既有居住建筑节能改造、禁止使用实心粘土砖、大型公共建筑能耗审计四项工作，各项指标均超额完成。推进新建建筑节能，强化实施以建筑节能强制性标准为主要内容的工程建设全过程监管，全市新建成节能建筑1 060万平方米，新建建筑节能标准执行率达到98%，比省标准要求高出3个百分点，实现了建筑节能闭合式管理。推进既有居住建筑节能改造，全市累计完成148万平方米，超额完成省“十一五”节能改造任务。全市县级以上城市规划区建设工程全部实现“禁实”，建制镇“禁实”基本实现。推进机关办公建筑和大型公共建筑节能工作，完成潍坊市2009年度能耗情况的统计上报，并组织开展了第一批机关办公建筑和大型公共建筑能源审计。发展和推广应用新型墙材，全市新型墙材生产和应用比例分别达到94%和98%。

低碳示范社区建设。出台了《关于建设低碳示范社区的指导意见》，提出了“6+X”建设模式，确定了两批41个、459万平方米的低碳示范社区项目，在全省率先开展了低碳示范社区建设。全年共开工建设39个项目，其中寿光玫瑰园、昌乐碧水龙庭、高新英伦风尚、坊子天同双羊新城4个项目被列入山东省第12批建筑节能示范项目，坊子凤凰太阳城、高密康成馨苑等5个项目部分交付使用。5月29日，坊子天同双羊新城小区通过国家可再生能源建筑应用示范项目验收。全省可再生能源建筑应用现场会在潍坊召开，推广了潍坊市的经验做法。

【住宅与房地产业】 全市房地产开发完成投资340亿元，施工面积3 350万平方米，竣工面积1 330万平方米，分别比上年增长15%、14.1%和48%。其中，住宅完成投资272亿元，施工面积2 680万平方米，竣工面积1 064万平方米，分别比上年增长29%、14%和41%。全市共批准新建商品房预售许可面积1 539.14万平方米，完成二手房买卖登记面积312.46万平方米，分别比上年增长21.87%和5.77%。其中，市区共批准新建商品房预售许可面积562.07万平方米，完成二手房买卖登记面积135.98万平方米。

房地产市场管理。房地产市场推介力度不断加大，举办了2010中国（潍坊）住宅产业暨房地产科学发展高峰论坛，吸引了大连万达、广州恒大、浙江绿城等知名企业进驻潍坊，引领了城市综合体等新型房地产业态发展。鼓励企业通过联合、购并、重组等形式，实施强强联合，增强房地产市场竞争力，共有49家企业完成资质升级，国家一级房地产企业达到7家。出台了《关于落实两个制度的实施意见》，推行房地产开发项目建设条件意见书制度和综合验收备案制度，建立了建设条件意见书联席会议制度。

2010中国（潍坊）住宅产业暨房地产科学发展高峰论坛开幕式 （摄影：刘雨东）

房产管理。推进房地产交易与权属登记规范化管理，寿光、昌邑分别通过国家和省级考核验收，并分别荣获“全国房地产交易与登记规范化管理先进单位”“全省房地产交易与登记规范化管理先进单位”称号。全面实行房产业务“分级办理”机制，80%的单件房产交易登记业务实现1小时内办结，办理期限和工作效率大幅提高。市区房地产市场信息系统实现与省级联网，全面启用了房屋登记子系统，实行商品房销售网上认购、签约、备案，全年网上备案签约商品房4万余套、403.65万平方米，覆盖率达到100%。稳步推进房屋档案数字化建设，市区78万宗档案实现了物理案卷与电子信息的统一化、规范化，全年共调阅查询3.8万余卷次。启动了房地产统计监测点制度，在全市16个县（市、区）设立了48个数据监测点，对全市房地产市场发展情况形成更加直观真实的数据监测。加强房地产中介服务市场管理，搞好房地产中介机构备案工作，全市备案中介机构达到139家。开展房地产市场秩序整顿工作，查处囤积土地、捂盘惜售、哄抬房价等违法违规行为，全市共检查在建在售项目966个、1 481万平方米，查处并纠正违规违纪及不规范行为78件（次），下达整改通知单17份，进一步净化了市场，规范了房地产市场秩序。

住房保障。坚持“保基本、广覆盖、多层次、可持续”的原则，进一步健全完善住房保障体系。组织开展了市区低收入群体及其他困难群体住房状况调查，逐步建立市区低收入住房困难群体动态管理系统。出台了《关于调整市区住房保障政策有关问题的通知》，把低收入标准从人均可支配收入的70%调整到85%（14 700元），同时指导各县（市、区）出台有关政策，进一步提高低收入线标准，扩大了保障覆盖面。全市新增廉租住房租赁补贴516户，新增廉租住房1 050套，新增经济适用住房580套，新增公共租赁住房2 302套，棚户区改造843户，分别完成年度任务的103%、105%、116%、164%和100%，有效改善了低收入家庭的居住条件。

商品房预售款监管。健全完善商品房预售制度，制定下发了《关于规范商品房销售现场公示内容的通知》，进一步规范了商品房预（销）售行为。加强商品房预售款监管，市区全年共监管楼盘项目247个，监管预售面积540万余平方米，监管商品房55 797套，监管预售资金总额达36亿余元，做到了专款专存和专款专用，避免了项目“烂尾”、擅自挪用预售资金等不良问题的

发生，维护了广大购房者的合法权益。

物业管理。全市物业服务企业达419家，其中一级资质6家、二级资质19家，从业人员达1.7万余人，实施物业管理面积5 800多万平方米，覆盖率达到80.5%。出台了《进一步推进市区住宅小区物业管理市场化的实施意见》《潍坊市物业管理招标投标管理暂行办法》《潍坊市住宅专项维修资金管理办法》等一系列规范性文件，进一步健全完善了政策体系，推动了物业管理规范化发展。推行物业管理招投标制度，加快推进建管分离，全年共有26个房地产项目通过招投标方式选聘了前期物业服务企业。住宅专项维修资金制度全面建立，市区累计归集维修资金14亿余元，拨付使用工作全面展开。探索实行物业管理和社区建设相结合的网格化管理模式，组建业主委员会112个，物业主管部门、街道办事处、业主委员会、物业服务企业“四位一体”的管理机制初步建立。

【城建档案管理】 全年共接收建设工程档案306项、4 000余卷，归档率达到90%以上。接待咨询服务500余人次，调阅档案3 000余卷，客户满意率达100%。推进城建档案信息化、数字化建设，逐步开展电子文件、电子档案接收工作，制作完成26项工程竣工档案的电子文件与电子档案。实行“两书一证”制度，推进“三到场”服务模式（事前介入、事中指导、事后检查的跟踪服务），使档案管理扩展到工程建设全过程，进一步提高了城建档案的数量和质量。指导各县（市、区）开展以农村住房建设与危房改造工程为重点的村镇建设档案收集工作，推动城乡建设档案管理一体化发展。

（李　鹏　李志鹏）

城乡规划

【概况】 2010年，潍坊市规划局坚持以科学发展观为统领，以转变城市发展方式为主线，将各层次规划体系完善、规划审批与管理、重点工程建设作为主要着力点，加快推进城乡统筹和区域统筹，重要规划编制高质高效推进，白浪河综合整治二期工程（北辰绿洲）全面启动，白浪绿洲湿地公园晋升为国家4A级景区“国家城市湿地公园”，规划展馆通过综合验收。潍坊市规划局荣获“全省住房和城乡建设系统先进集体”和潍坊市“市直部门绩效考核突出贡献奖”“市直部门绩效考核先进单位”等多项荣誉称号。

【城市规划编制】 一是两大规划编制全面铺开。城市综合交通规划编制工作启动，并形成了初步成果；地下空间规划由同济大学教授、著名地下空间与人居环境专家束昱牵头，联合解放军理工大学、上海市政院等单位共同编制，形成了纲要成果。二是沿海地区规划编制快速推进。完成了沿海地区总体规划报批工作，开展了沿海地区交通、电力、水系与绿地景观、水资源与给水等4项专项规划编制。三是峡山区各配套规划编制全力展开。形成了峡山生态区绿地系统与景观控制规划、竖向规划、道路网规划和主城区城市设计初步成果。四是中心城区专项规划深入提升。中心城市电力专项规划已由市政府批复，防洪、道路网专项规划编制全面展开，潍州路改造及立体交通规划设计完成，形成了公交、给水、排水、竖向、燃气、消防专项规划成果。五是中心城市控制性详细规划日臻完善。覆盖33个片区、153.4平方公里的中心城区控制性详细规划全部编制完成并通过专家论证，并根据各区意见做了进一步深化完善。

【城乡和区域统筹规划】 一是做好各类村镇规划编制。以城乡用地、人口、产业等“六个一体化”研究为指导，加快推进村镇规划编制。全市乡镇总体规划编制率达到100%，规划建成区控制性详细规划覆盖率达到70%，全市农村居住社区规划完成率达到80%以上，各县（市、区）镇村产业发展规划基本编制完成。二是加快城乡规划管理一体化改革。对全市规划管理现状作了广泛调研，借鉴苏州、无锡等地的先进经验，形成了初步改革方案，确立了推行县级规划管理权限下沉的管理模式。三是开展历史文化镇村及建筑调研。会同市文化广电新闻出版局，在全市范围内开展了历史文化镇村和优秀传统建筑资料调研活动，形成了调研成果。四是推进青潍日区域协调发展。抓住“三区”建设机遇，与青岛、日照规划部门对接，启动了青潍日区域空间布局与协调发展战略研究，构筑了青潍日一体化新格局。

白浪河中心商务区段全景　　（摄影：王文胜）

【规划审批】　按照“以规划率先发展引领城市经济发展”的要求，开展审批服务软环境建设。完善项目审批进程控制体系，推行阳光规划、效率规划、绿色规划，规划审批提速增效成效显著，规划审批作风建设得到全面加强。全年中心城区审批规划用地项目266个，面积1 110.5公顷，比上年增长33.2%；审批工程规划1 150个，面积828.42万平方米，比上年增长33.5%；核发建设工程竣工规划验收合格证260个，面积154万平方米。城中村改造步伐进一步加快，市政府累计批准城中村改造综合方案69项，市规划局审批城中村规划方案65项，拆迁建筑面积75万平方米，新开工建筑面积165万平方米。

【重点工程建设】　全年承担的市级重点工程包括一河、一站、一片、一馆“四个一工程”。一河，即白浪河综合整治工程。二期工程北辰绿洲项目基础工程、景观建设先后启动，基础工程完成80%以上，拆迁完成总量的90%以上。南部的湿地体育公园，控制性规划已由市政府审批通过，简易打击台等工程主体完工。中间的白浪绿洲湿地公园、鸢都湖板块和中央商务区等三大板块，验收结算、刚性任务和商业运作“三管齐下”，加紧全面冲刺。一站，即火车站站南广场开发建设。基础测绘、前期调研与规划策划按期完成。站南广场核心区的粮油储备库、钢联公司地块的国有土地回购工作基本完成，地上附着物开始拆迁。一片，即军埠口片区改造。西南片区概念性规划和军埠口总体规划编制完成。对该片区的开发运作及村庄迁并、村民安置作了专项调研，提报了部分村庄土地整理与挂钩试点方案。推进“大规划、大开发、大招商”战略，与杭州绿城就片区开发达成了初步合作协议。一馆，即规划艺术馆。圆满通过综合验收，主要展示功能已经形成，成为对外展示潍坊城市形象的重要窗口。

（徐永海　孙长欣）

城市管理

【概况】　2010年，潍坊市城市管理行政执法局紧紧围绕市委“一三六四一”总体工作部署，以科学发展观为指导，以“转方式、调结构”为主线，以创建“中国人居环境奖”为抓手，全面实施全覆盖网格化精细管理，扎实开展城乡环境综合整治和绿化、净化、亮化、美化工程，全力推进治污节能和公用事业发展，城市功能日益完善，市容环境整洁优美。

【城市绿化】 完成宝通街道路绿化，启动了潍高路改造工程，组织开展了以苗木补植、修剪、施肥、浇水、病虫害防治、卫生保洁、设施维修为主要内容的绿化缺陷集中整治行动。美国白蛾防治工作成效显著，建立了市、区、街、居四级联防联控体系。实施“绿色潍坊·绿色家园”建设工程，开展无偿供苗、送绿进社区、单位立体绿化试点社会绿化三大活动。中心城区新增园林绿地面积148.3公顷，公园绿地面积767.71公顷，市区建成区绿化覆盖率、绿地率和人均公共绿地面积分别达到40.1%、38.4%和17.3平方米。2月4日，住房和城乡建设部下发通报，正式命名潍坊市“国家园林城市”称号。5月8日，住房和城乡建设部在济南举行第七届中国（济南）国际园林花卉博览会闭幕暨颁奖仪式，由潍坊市承建的“潍坊园”独揽综合大奖、设计大奖、施工大奖、植物配置四个大奖，在全国近60个参展城市中名列前茅。

【道路建设与保洁】 道路建设全年完成投资6 042万元。为打造市民出行放心路，以“零缺陷”为目标，以设计、施工、使用缺陷为整治内容，完成了中心城区25条主干道路缺陷整治工程；完成了四平路（东风街—北宫街）和民生街（潍州路—白浪河）道路改造工程；开工建设了潍高路综合改造工程。6月，市市政局、市财政局联合下发了《关于进一步提升中心城区环卫保洁水平的意见》，对城区道路保洁进行了管理再细化和标准再提升，中心城区主次干道全部执行Ⅰ级保洁标准，背街小巷全部执行Ⅱ级标准，推行以机吸为主、人工捡拾为辅的保洁作业模式。实施道路保洁机械化作业，Ⅰ级道路主路面严格按照20万平方米/标台的标准配备机吸车辆，大幅提高了道路保洁机械化作业率，真正变“不脏不扫”为“定时清吸”，提高了保洁质量水平。

【城市照明】 开展“十城万盏”半导体照明应用试点工程，共计更换安装半导体照明光源5 834盏，改造更换槐花灯20基2 180盏，新装路灯、景观灯861基5 367盏，敷设照明线路39.55千米，新装路灯专用变压器10台，累计完成投资3 721.9万元。截至年底，市区（含寒亭区、坊子区和滨海开发区）共有各种路灯及景观灯12.06万盏，专用变压器210台（处），照明线路总长度2 056.28公里，装灯总容量14 191.22千伏安。其中中心城区半导体光源数量达到7.84万盏，占中心城区路灯、景观灯总数的93%，居全国21个示范城市首位。

【夜景亮化】 完成北海路8米分车带、安顺路、和平路安装地埋式投光灯，泰华中心商务区、胜利街、和平路、北宫街及奥体中心安装半导体灯串，东风街（潍州路—北海路）段楼宇亮化提升项目和火车站广场通道亮化提升项目。加大对各区亮化管理部门的监管力度，社会亮化取得新成效。年内新增楼宇亮化91处，总数达到365处，形成了点线面相结合、动静和谐、丰富活泼的整体夜间景观，彰显了城市魅力，突出了城市特色。

【垃圾处理】 11月，市政府下发了《关于推进城区城乡环卫一体化工作的实施意见》，要求按照政府组织、街镇为主、专业化运作的思路，落实属地管理责任制，加快城乡环卫基础设施建设，强化监督考核，促进建立健全“村收集、镇（街）运输、区监管、市处理”的生活垃圾集中处置体系，扎实推进全市城乡环卫一体化工作。由北京润达恒丰有限公司采取BOT模式，投资、建设和运营的垃圾厂填埋气发电项目正式启动，项目概算投资1 900万元，年内累计完成投资

1 200 万元，土建工程及设备安装全部完成。

【城市供热】 推进供热分户计量改造、换热站在线监控、热源建设三项重点工作，完成改造面积 447 万平方米，新增供热面积 131 万平方米，462 个换热站安装了在线监控设备。开展热煤储备和设备检修工作，实施了供热冷、热态试运行制度，组建了市、区两级专职供热督察队伍，保障冬季供热工作平安稳定运行。

【城市供气】 新发展城市燃气工商客户 151 户、民用户 3.3 万户，新建高压天然气管线 31.8 公里，改造灰口铸铁管 42.7 公里。启动危旧燃气设施改造工程，由港华燃气投资 1.83 亿，计划用 3～5 年时间完成市区 317 公里危旧燃气管道及 10 万户户内燃气设施的改造任务，提高供气安全性。推广清洁燃料，城区天然气用户达到 15.6 万户，首次超过煤气用户。

【供水节水】 抓好供水安全和基础设施建设，完成自来水户表改造 6 700 户，新敷设和改造供水管网 25 公里，完成自来水周期换表 9 000 块。高新配水厂项目于 4 月 16 日正式开工，基础设施建设进展顺利。严格用水计划管理，推广中水利用，建成中水设施 17 座，城区年再生水及中水回用量达到 1 800 万立方米，33 家企业（单位）创建为省级节水型企业（单位）。

【污水处理】 强化污水处理工作监管，建立了污水处理厂运营月报制度。加快推进城区污水收集系统的整治改造，完成了玄武街化肥沟及月河路口污水管道对接，推进利民路和东风西街污水管道工程、城西污水处理厂配套工程建设，提前完成虞河污水处理厂工程建设并实现达标排放。市污水处理厂及高新区污水处理厂升级改造项目顺利竣工，出水水质全部达到一级 B 标准。对虞河上游进行综合整治，完成了董家水库和金山街调水工程，将坊子矿井排水和坊子污水处理厂处理后的水调入虞河景观水系。对城区主要污水排放点进行测量，全面掌握污水排放现状，科学合理调配污水。城区污水处理能力达到 36 万吨/日，污水处理率达到 92%。

【市政公用事业监管】 加大公用事业执法力度，集中开展清理违章占压供水燃气设施、整治液化石油气市场等专项行动，维护了市政公用行业市场秩序。出台《潍坊市城市供水水质管理办法》，对饮用水按新国标要求进行 106 项指标检测，并建立了供热、燃气及污水处理出水质量等监测项目。10 月，潍坊市市政公用事业产品服务质量监测中心二期建设全部完成，年内完成投资 500 万元，建设了水质在线监测预警系统，具备了生活饮用水全部 106 项指标、污水全部 34 项指标和土壤养分 17 项指标的实验室检测能力，同时具备了生活饮用水水源水 15 项指标、出厂水和管网水各 2 项指标的在线监测能力，以及水质 12 项指标的流动检测能力，达到省内一流水平。

【数字化城市建设】 推进数字化城市管理项目，在省内率先将公用事业和市政设施管理全部纳入数字化监管，构建集实用性、先进性、规范性、节约性于一身，具备潍坊特色的数字化城市管理网络。一期工程 8 项建设内容、5 个标段的建设进展顺利，供热监控系统于 11 月 15 日集中供热开始前建成并投入使用。

（季书庭　凌晓峰）

住房公积金管理

【概况】 2010 年，全市归集住房公积金 19.5 亿元，完成全年计划的 106.1%。提取住房公积金 10.2 亿元，完成全年计划的 117.3%，占当年归集额的 52%；发放住房公积金个人贷款 15.77 亿元，完成全年计划的 148.3%；实现增值收益

6 827 万元，完成全年计划的 135.2%。

【住房公积金归集】 一是加大宣传力度，提高单位缴存积极性和职工维权意识。市公积金管理中心采取各种措施，加大宣传投入，效果明显。全年共向市级以上报刊、杂志投稿 110 余篇，制作广播电视宣传片 20 余部；参加“行风在线”栏目 8 次；发放各类小册子、“明白纸”20 余万份；举办各类培训班、座谈会 10 余次；发放自行设计的贺年卡 3 000 余份；免费向缴存职工邮寄对账单 20 余万份。通过全方位、多角度的宣传，住房公积金制度的社会影响力和认知度得到提升，单位和职工缴存积极性越来越高。全市当年新增缴存职工 2.3 万人，住房公积金覆盖率达到 76%。

二是多措并举，积极做好住房公积金归集扩面工作。市公积金管理中心与市质量技术监督局联合下发了《关于在住房公积金管理工作中使用组织机构代码的通知》，要求在办理组织机构代码登记、检验、变更和换证时，应提示并要求单位提供办理住房公积金缴存登记情况，对未按规定缴存住房公积金的单位发放征询告知单，并将征询告知单定期通报公积金管理中心，为公积金管理中心依法推行住房公积金制度提供帮助。青州市公积金中心制定了《青州市住房公积金归集使用办法》，借助合作银行开展扩面工作。按照“谁扩面、谁受益”的原则，实行公积金扩面与受委托银行存贷款规模挂钩。坊子区公积金中心以专项审计为契机，选取全区 9 家不缴、欠缴企业进行延伸审计，以此提高企业对缴存住房公积金的积极性，先后有 5 家企业为 260 余名职工办理了缴存登记。年内全市有 1 603 个单位进行了补缴，补缴金额 3 145 万元。

【住房公积金贷款】 一是严格执行上级政策，规范个人住房贷款管理。根据国家利率政策调整和上级部门文件要求，结合潍坊实际，严把住房公积金个人贷款资料审核关，市公积金管理中心联合市财政局、市住房城乡建设局等五部门联合下发了《关于贯彻鲁建金字〔2010〕14 号文件做好规范住房公积金个人住房贷款政策有关问题的通知》，从政策层面抓好落实。

二是积极拓展住房公积金个人贷款市场。对全市房地产市场发展情况进行调研，在开发商售楼处设立了宣传标牌，上门推销宣传贷款，加大与房地产开发企业的合作，实现双方的互利共赢。截至年底，与公积金管理中心签订合作协议的房地产开发企业达到 173 家，住房公积金个人贷款的业务范围进一步扩大。

三是简化办理流程，进一步提高办事效率。通过召开合作银行经办人员座谈会和举办培训班等形式，就个人贷款业务办理时限、操作规程等方面提出明确要求，确保在规定时限内办理完毕。

【住房公积金信息化建设】 全力推进住房公积金信息化建设，机房建设完成施工并投入使用。截至年底，完成了信息化网络平台、硬件平台和系统软件平台的安装调试工作，应用系统正式上线。从整体运行情况看，基本达到了“十年先进、二十年不落后”的要求。

（常怀新　于继进）

济 宁 市

城乡建设

【概况】 2010年，济宁市住房和城乡建设委员会深入贯彻落实科学发展观，以实施城镇化追赶战略为总抓手，坚持以城建重点工程为中心，突出抓好住房保障、农村住房建设、建筑节能、机构改革等重点工作，启动创建国家园林城市活动，集中会战攻坚，城市承载能力和综合服务功能稳步提高，形成了一城四区竞相发展、部门协作配合的城市建设格局，城乡面貌发生新的变化。

【基础设施建设】 城建重点项目取得预期成果。围绕中心城区带动战略，按照“一城带三区，一湖连四河，一路映一景，百巷系民心”的思路，集中突破中心城区，69项城建重点工程累计完成投资105亿元，24项关系城市运转和居民生活的重点工程竣工并投入运行。北湖生态新城采取“综合改革封闭运行”管理体制，实施饱和性投入，取得了良好的形象进度。老城区改造提升进展迅速，太白楼路升级改造完成年度目标。运河路高架桥、城区绿化、路口渠化等工程竣工，太白楼路跨洸府河大桥提前合拢，火炬路升级改造突击完成。太白楼西路梁济运河大桥、八里庙运河大桥、运河物流园区、农贸市场改造、南池公园等一批牵动性工程快速推进。济北新区重点工程稳步实施，湿地公园、蓼沟河景观改造、北外环升级改造、机电一路西延等工程竣工，商务中心、疾控中心主体完工，污水处理厂、金融大厦、汇翠园小区、城中村改造等工程快速建设。东部科技新城提速推进，产学研基地一期主体完工，高新区路网、丰泰小区、绿色家园回迁区、蓼沟河湿地公园、高新区第二污水处理厂等工程竣工，创新大厦、佳士客中心主体封顶。中心城市建设总体呈现良好发展态势。

市政公用设施建设加大步伐。城区新增供热面积300万平方米，供热总面积达1 507万平方米；城区天然气居民用户达18.3万户，燃气普及率达96.6%；城区日供水量达12万立方米，供水普及率100%。推进供热“汽改水”工程，稳步实施供热计量改革，将城区的100座自备换热站整合为52座中心换热站。结合“迎淮”检查，全市共建成污水处理厂13座，日处理能力67万立方米，满负荷运转率和城市污水集中处理率均达86%以上。济宁市、邹城市、梁山县、微山县、鱼台县5个垃圾处理厂建成并投入运行，济宁垃圾焚烧发电项目建设全面展开。

【房地产开发】 全市房地产市场实现了稳定健康发展。全年完成房地产开发投资134.6亿元，比上年增长63.4%；施工面积1 624.9万平方米，比上年增长29.9%；竣工面积231.4万平方米，比上年增长9%；销售面积335.4万平方米，比上年增长29.8%。成功举办了房地产开发项目推荐会和金秋房产博览会。森泰御城荣获全国房地产行业政府类综合性大奖“广厦奖”，这是济宁市本土企业、本土项目首次获得的房地产业全国大奖。

【住房保障】 编制了《2010－2012年保障性住

房建设规划》和《2011－2015年“十二五”住房保障规划》，住房保障工作有序推进。全市共建设保障性住房16 364套（户）、58.9万平方米。其中，新建廉租住房3 227套、16.19万平方米，完成率为475%；经济适用住房4 976套、34.89万平方米，完成率为191%；新增租赁补贴2 465户，完成率为176%；在建公共租赁住房1 319套、7.99万平方米，完成率为213%。积极争取中央、省专项资金，实施城市棚户区和国有工矿棚户区改造，全年完成投资2.1亿元，开工建设4 910套。兖州市、曲阜市国有工矿棚户区项目被列入中央预算投资计划。

【建筑节能】 争取国家各类奖励扶持资金4 600多万元。全市新建建筑节能标准执行率达到97.5%，城区累计建成节能型建筑840余万平方米，超额完成省下达的既有建筑供热计量和节能改造任务。推广光伏建筑应用及LED照明，在城区主要道路、河道、公园安装LED灯5 300多盏，总功率756千瓦。推广可再生能源建筑应用，如意嘉园小区被住房城乡建设部认定为“低能耗建筑示范工程社区”。兖州市被批准为2010年国家可再生能源建筑应用示范县。

【村镇建设】 农村住房建设与危房改造工作走在全省前列。将农村住房建设与危房改造作为推动城乡一体化发展的重要举措，投资158.49亿元，启动农村住房建设14.9万户，完工12万户，危房改造完成2.3万户，超额完成年初既定的任务目标。省委、省政府在济宁市召开现场会推广了济宁的经验做法。

【建筑业】 全市建筑企业完成总产值300亿元，比上年增长30.4%；企业利润总额14.2亿元，比上年增长18%；出省施工产值70亿元，比上年增长81%。工程建设程序和标准管理进一步加强，招投标、施工图审查、施工许可、质量安全监督、竣工验收及备案、建设工业产品备案、建设执业注册、工程档案归集等制度逐步完善，勘察设计责任保险制度全面推行，建筑市场规范化程度明显提高。济宁机场新建民航航站楼工程荣获“全国建筑工程装饰奖”，实现了济宁市装饰行业国家级奖项零的突破。

【建设管理体制改革】 推进城乡建设管理体制改革，完成市政、园林、环卫3家单位人权、事权、财权的划转选配工作，具体管理职能全部下放，1 818名干部职工分别移交到四个区，实现了“事企分离、重心下移”改革目标。

【援川工作】 大力推进四川汶川地震震后重建工作，参与北川灾后重建，完成了马槽乡、永安镇援建任务，承建的北川新县城羌族特色商业街等项目提前完工，并荣获“泰山杯”“天府杯”“绵州杯”和“四川省结构优质工程”荣誉称号。市住房城乡建设委被评为全省援川工作先进集体。

（马鲲鹏）

城乡规划

【概况】 2010年，济宁市城乡规划局围绕“孔孟之乡、运河之都、水城风貌、生态宜居”城市特色定位，实施中心城区东拓、西跨、南联、北延，发挥城乡规划的宏观调控和龙头作用，以统筹城乡规划为导向，以政府机构改革为契机，以规划职能调整为动力，以提升城市形象为目标，高标准高质量地做好规划编制工作，较好地完成了各项任务目标，先后获得全省城市规划工作先进单位、全省建设系统法制工作先进单位、全省建设系统党风廉政建设先进集体等荣誉称号。

【规划编制】 2010年是济宁市城乡建设发展的“加速年”，城乡规划工作任务繁重，各重点项目规划编制时间紧，任务重，要求高。放开规划设计市场，引进一流的设计队伍和先进的设计理念，科学编制城市规划，先后聘请中国城市规划设计研究院、山东省城乡规划设计研究院等规划设计单位编制了《济宁市历史文化名城保护规划（2010－2030年）》《济宁都市区城市轨道交通线网规划》《济宁市战略发展规划》《孔孟文化轴概念性规划》《南二环旅游码头规划》等一系列专项及特色规划，科学指导了城市建设。做好城区重要道路的综合整治规划，编制了太白楼路、运河路升级改造规划，为太白楼路、运河路升级改造工作奠定了规划基础。委托上海同济城市规划设计研究院编制《济宁市太白楼路商业街区及交通规划方案》，特别是对太白楼路中段（古槐路—建设路）交通改造进行了深入论证，通过交通体系完善、节点改造、道路梳理提高太白楼路商业街区的交通效率，塑造有吸引力的旧城商业商务环境，带动整个区域以及旧城中心的功能升级。

【规划审批】 以开展“效能建设年”活动为契机，结合机构改革和职能调整，进一步优化整合内部审批流程，减少审批环节，加速内部运行，特别是将市政府重点工程和具备条件的房地产开发项目纳入规划审批绿色通道，提高工作效率。全年共办理建设项目选址意见书109件，发放建设用地规划许可证94件，总规划用地面积为909.26公顷；发放建设工程规划许可证223件，总建筑面积约353.47万平方米；审批临时建设工程项目148项，发放建设工程规划竣工验收合格证80件，规划竣工验收面积134.37万平方米。

【村镇规划管理】 按照全市新型农村社区和农村住房建设指挥部的统一部署，各县（市）加快乡村规划编制步伐。强化乡村规划的指导和管理，做好以新型农村社区规划为代表的农村住房建设和危房改造详细规划，为全市农村住房建设与危房改造工作的顺利实施打下了坚实的基础。组成规划技术审查组，对规划项目逐个进行把关审查，通过督导检查和严格把关，各县（市）农村住房建设和危房改造项目规划成果质量进一步提高，规划成果指标体系更加科学，布局更加合理，建设步骤更加有序，特别是在完善配套设施、体现地方特色、新技术和新材料应用、贴近农民的生活和生产方式、实现农村社区的持续发展等重要方面有很大的提高，大大增强了规划的科学性和可实施性。

【十大优秀建筑评选】 为展示改革开放以来特别是近年来济宁市城市面貌发生的巨大变化，激发广大市民群众积极关注和参与城市发展建设的热情，鼓励建设单位和设计单位树立高水平建设、高标准设计的精品意识，促进规划建设水平

十大优秀建筑评选活动专家推荐会　（摄影：颜　斌）

的进一步提高，6～12月，市委宣传部、市城乡规划局、市住房和城乡建设局联合组织开展了济宁市“十大优秀建筑”评选活动。山东理工职业学院一期建筑群等建筑（群）、圣都国际会议中心、全民健身广场建筑群、中行大厦、江南春美食街建筑群、济宁医学院附属医院门诊医技病房综合楼、南岸街建筑群改造、市政府办公楼、运河城建筑群、兴唐大厦获“济宁市十大优秀建筑”称号。

【援疆规划】 组建规划调研组，17人先后分四批赴新疆喀什地区英吉沙县进行城乡规划编制调研工作，逐个踏勘了英吉沙县13乡1镇，并和有关县直部门、乡镇分别进行座谈。编制完成《英吉沙县村镇体系规划》《英吉沙县色提力乡总体规划》《英吉沙县保障性安置小区详细规划》《英吉沙县色提力乡坎特艾日克村（八村）详细规划》和“济宁市援疆指挥部综合楼”等五项规划设计，受到了受援方和省、市援疆办的一致好评。

【规划效能建设】 坚持把创新发展环境作为“一把手”工程，加强作风建设，提高工作效能，完善决策机制，重视问计于民，高境界解放思想，大力度转变作风，深层次破解难题，全方位优化环境。一是开展效能建设年活动。进一步转变干部作风，切实提升规划审批效能，在系统内开展了以“转变机关作风，提高工作效能”为主题的“效能建设年”活动，并采取多种措施，确保活动取得实效。二是开展创建“高绩效机关”。把开展创建“高绩效机关”作为效能建设年活动的一项重要举措，围绕“办事理念最先进，办事态度最热情，办事程序最简化，办事方式最快捷，办事成本最低廉，办事成效最显著”，努力促进行风建设。三是超前服务确保重点城建项目顺利实施。把推进重点项目建设作为中心工作来抓，发挥规划部门龙头作用，本着精心组织、科学安排、规划先行的原则，采取主动服务、用心服务、超前服务，确保重点项目的如期实施。

（颜　斌）

城市管理行政执法

【概况】 2010年，济宁市城市管理综合执法局以科学发展观为统领，以优化城市环境为己任，坚持围绕中心、服务大局，全面履行执法职能，大力加强队伍建设，较好地完成了全年各项工作任务，城市环境更加整洁优美、舒适宜人。济宁市城市管理综合执法局先后荣获全市依法行政先进单位、全市综合考核先进单位、全省规范化管理先进单位等多项荣誉称号。

【城管综合执法】 以开展城乡环境综合整治为主线，以创建国家园林城市暨开展“宜居杯”活动为契机，扎实开展各项执法工作。一是服务“三重”（重大项目、重点工程、重要事项）项目。做到“三重”项目建设到哪里，综合执法保障就延伸到哪里，共开展联合执法行动171次，完成了329次重要活动的执法保障任务。二是加大市容环境整治力度。提升标准，强化市容环境执法，在整治占道经营、清除乱贴乱画、制止噪声扰民等方面成效明显。以城区主要道路、窗口部位为重点，进一步扩大户外广告、门店招牌整治成果，着力在提升档次、打造精品上求突破，并积极将升级改造活动向背街小巷、社区、城乡结合部延伸，共更新设置门店招牌2 549块，拆除违规户外广告3 456块。三是优化校园周边环境。在全市范围内组织开展学校周边环境专项整治行动，优化了校园周边环境秩序。高中考期间开展了“绿色护考”专项执法活动，为考生营造安静舒适的环境。四是认真做好审批事项办理工作。各项审批事项严格按承诺时限办理，最大限度地提供便民利民服务。

【执法机制建设】 成立了城市管理委员会，市长任委员会主任，分管副市长任副主任，城市管理委员办公室设在市执法局，市执法局局长任办公室主任。强化战区指挥部机制，坚持重点业务工作总指挥部和四个战区指挥部，加强对重点业务工作的调度督导，提高整体工作效能。强化网格化执法管理机制，科学划分网格，整合网格执法管理力量，做到了全覆盖管理、全天候执法。强化公安保障机制，市城市管理警察支队全年配合综合执法行动197次，处置暴力抗法案件10起，有力保障了城市管理综合执法工作的顺利进行。强化系统指导机制，着力培养各类工作的典型亮点，推动了全市城市管理综合执法工作上水平、上台阶。

【执法队伍建设】 提升作风建设标杆，深入开展效能建设年和规范化建设年活动，结合实际提出了作风建设“十要十不要”新要求，即：要依法行政，不要乱作为；要清正廉洁，不要谋私利；要勤奋学习，不要骄自满；要政令畅通，不要中梗阻；要立说立行，不要推诿扯；要热情服务，不要冷硬横；要提高效率，不要低慢差；要深入一线，不要浮散懒；要自觉主动，不要等要靠；要提新标杆，不要怕考验。11月，由市委组织部主办、市城市管理综合执法局协办，委托新加坡南洋理工大学在上海复旦大学举办了高规格的现代城市管理专题培训班。通过开展各类评先树优活动，强化典型引路，总结、挖掘、推广、宣传身边的典型和标兵，用身边事教育引导身边人。开展了“十大标兵”“十佳环卫工人”评选表彰活动。市城市管理综合执法局执法队员谢福收舍己救人英雄事迹被中央创先争优领导小组办公室专刊报道。

【城管执法信息化建设】 完成数字化城市管理信息系统一期工程建设。按照“资源共享，互通有无，节约资金”的原则，协调整合公安、园林等各类视频资源，接入数字化城市管理信息系统。同时按照市政府要求，及时将数字化城市管理信息系统接入市级应急指挥平台。为分局、支队配备了9部车载移动执法摄像器材，增配了综合执法应急指挥车，有效提升了执法装备的档次和快速处置能力。信息宣传工作得到强化。充分利用广播、电视、报纸、互联网、信息简报等多种媒体，对城市管理综合执法工作进行全方位、多角度的宣传报道，在国家、省、市新闻媒体发表稿件206篇，编发执法信息简报41期，拍摄制作了“十大标兵”系列宣传片，展示了城市管理综合执法队伍的良好形象。

（董　超　苏建钢）

住房公积金管理

【概况】 2010年，全市当年归集住房公积金21.54亿元，比上年增长20%；发放个人住房公积金贷款17.63亿元，比上年增长28%；实现增值收益7 290万元。当年住房公积金个贷率为

执法队员谢福收舍己救人英雄事迹表彰大会　（摄影：鲍秉伟）

81%，其中城区为114%；个贷逾期率为0.14‰，大大低于国家规定的1.5‰。截至年底，全市累计归集住房公积金总额106.66亿元，归集余额71.36亿元，累计发放个人住房公积金贷款额55.74亿元，贷款余额38.92亿元。济宁市住房公积金管理中心被省财政厅、住房和城乡建设厅等七部门评为“全省住房公积金管理先进单位”，被省档案局评为“特级档案管理单位”。

【住房公积金归集】 强化宣传，进一步扩大住房公积金社会受众面。一是通过电视台、电台、报纸等媒体发布住房公积金信息。二是利用街头横幅、楼盘小区定点及上街发放“明白纸”等措施进行宣传，受托银行发挥营业网点多的优势，通过电子显示屏上滚动显示和在营业厅摆放宣传展板进行公积金政策宣传。三是在市住房公积金管理中心网站上，通过公布政策法规、贷款须知、公积金常识，进行住房公积金政策宣传，让职工了解办理各项业务的流程，为职工购房、住房公积金贷款提供了方便。四是通过参与市“行风热线”和“双评”等活动，向群众进行广泛宣传。

多措并举，不断扩大住房公积金制度覆盖面。一是分类指导抓扩面。对未建立住房公积金制度的单位，分门别类采取不同的措施进行督导：对条件成熟的单位主动上门做工作，帮助其加快建立住房公积金制度；对条件不是很成熟的单位，先在企业内部领导层、中层干部和相对稳定的职工队伍中尝试建立缴存关系，然后再逐步扩大覆盖范围。二是落实责任抓扩面。市住房公积金管理中心与各县（市、区）签订《县（市、区）人民政府2010年扩大住房公积金制度覆盖面工作目标责任书》，强化县（市、区）政府责任，加强重点县市督导，乡镇一级全部开展住房公积金制度。三是部门联动抓扩面。市住房公积金管理中心与劳动、财政、税务部门衔接，进一步摸清了全市住房公积金制度覆盖面情况。在此基础上，市住房公积金管理中心与各承办银行双方联动，采取多种措施大力开展住房公积金归集工作，全年新开户单位280个，涉及职工1.9万人。四是严格执法抓扩面。依据《住房公积金管理条例》对无故中断缴存和未建立住房公积金制度的单位执行法定执法程序，进一步扩大了住房公积金覆盖面。

【住房公积金贷款管理】 出台了《关于进一步明确济宁市住房公积金贷款工作流程与职责暂行规定》，正式运行了分支机构公积金贷款网上审批系统，规范了贷款审批流程，提高了办事效率，方便了职工贷款。针对济宁市2010年定向开发房比较多的特点，市住房公积金管理中心与房地产开发单位合作，联合银行、担保公司上门提供优质配套服务，先后在市国税局、检察院、财政局、组织部、高新管委会等单位开展现场办公，为千余户职工办理贷款业务。对一些因工作调动频繁、贷款年龄及贷款额度等原因申贷有困难的职工，专门召开贷审会进行研究，在不违反政策的前提下，积极想办法给予解决。加强与承办银行间的信息反馈工作，及时掌握个贷逾期情况，加大催收力度，多数分支机构的个贷逾期率为零。

【住房公积金窗口服务】 在综合服务大厅和窗口实行综合柜员制，完善工作流程，规范服务手段。抽调市住房公积金管理中心、银行、担保公司、房产交易等单位工作人员，开设了“阳光城市花园”住房公积金业务办理窗口，实行“一条龙”服务，方便职工办理住房公积金支取或贷款业务。在“提升作风标杆活动”中制定并实行了领导带班制、机关干部轮值制、科室月计划月督察制和工作人员工作日志制等多项工作制度，收到良好效果。

（陈　通　王　珂）

泰 安 市

城乡建设

【概况】 2010年，泰安市建设系统围绕“强市名城”的核心目标，大力实施中心城区带动战略，不断加快城乡统筹步伐，“十一五”时期的各项主要指标均提前或超额完成，通过了国家节水型城市考核验收。

城市建设管理水平全面提升。城市基础设施建设投资超过35亿元，比上年增长11.3%。城市人均道路面积23.25平方米，人均公园绿地面积18.59平方米，建成区绿化覆盖率44.25%，污水集中处理率提高到86.94%，日处理能力800吨的生活垃圾压缩转运站投入使用，城区燃气普及率、用水普及率和城市垃圾无害化处理率均达到100%。

建设领域民生保障水平全面提升。扎实推进保障性安居工程建设，建立了多层次、广覆盖的城市住房保障制度。全市累计开工建设经济适用住房1 298套，廉租住房1 114套，公共租赁住房656套，棚户区改造2 846户，分别完成省下达任务的162%、139%、285%和149%，保障性安居工程建设实现突破性进展，公共租赁住房建设走在了全省前列。工程质量安全态势良好，连续两年没有发生建筑安全生产死亡事故。持续开展创建无质量通病住宅工程和“质量诚信、用户满意”工程活动，住房城乡建设部推广的10项新技术得到广泛应用。

建设行业发展水平全面提升。房地产市场日趋成熟，全市完成房地产开发投资101.12亿元，比上年增长53%，房地产市场信息系统建设走在了全省前列。公用事业投资不断增加，“气化泰安”格局基本形成，供气面积是“十五”末的2倍多；供水事业蓬勃发展，水质合格率保持100%；供热能力不断增强，热计量改造达到总供热面积的25%；国有资本控制力不断提高，建设领域国有资产总量和销售收入分别比“十五”

省长姜大明到京沪高铁泰安站新区视察 （摄影：张 政）

末增长54%和286%。投融资工作彰显成效，高铁新区约1 800余亩土地已分6个批次批复完成，2个地块完成了挂牌出让。招商引资再创佳绩，全年全市建设系统合计引进市外项目37个，合同利用市外资金17.4亿元，实际到账资金4.46亿元，向上争取无偿资金1.18亿元。严格法定建设程序，实施建筑市场网络化管理。招标投标、施工图审查、施工许可、竣工验收及备案、建设执业注册、工程档案归集等制度逐步完善。

【泰城重点工程】 京沪高铁泰安站新区建设。完成投资近16亿元，区内基础设施建设基本完成。共计完成土石方120万立方米，铺筑沥青路面18万平方米，搭起了新区发展的骨架。房屋拆迁、回迁安置楼建设进展顺利，完成新区房屋拆迁2 000余户、42万平方米，3个回迁安置区回迁安置楼建设已经全面开工，落户在新区的市公租房一期基础工程基本完成。广场及配套工程主体施工已经完成，9月底主体工程竣工，完成土石方31万立方米，砌体1.3万立方米；地上广场的道路交通体系、广场绿化铺装、景观水系、照明系统和站房配楼主体也相继开工，完成主体项目确保与主站房同步投入使用。

环山带建设工程。3月6日，环山路中段拓宽改造工程开工。该段全长3.7公里，工程沿原有8米宽道路向北加宽至20米，其中车行道宽15米。工程至9月29日完工，共摊铺水泥稳定矿石2万立方米、沥青混凝土1.1万平方米，安装路缘石和平沿石6 200米、蘑菇石和压顶石5 500米，新增绿化面积3.5万平方米。

泮河带建设工程。按照规范运作、和谐征地拆迁的原则，积极办理土地征用报批手续。部分成熟河段工程建设已经完成土石方10万立方米，垒砌河道挡墙680米，敷设污水、中水等管道700余米。

城中村改造工程。纳入改造范围的51个村（居）中，15个村（居）已基本完成回迁改造工程，17个村（居）正在建设，13个村（居）正在实施动迁，其他村（居）正在办理前期建设手续。全年城中村改造回迁工程累计竣工25.5万平方米，在建项目规模89.74万平方米，完成拆迁40.52万平方米，投入资金约14.28亿元。

【燃气热力】 燃气能力建设方面，在全市区域内初步形成“环网供气、资源共享”的管网布局，通过对管道天然气、压缩天然气、液化天然气三种气态合理调配，全年安全平稳供应天然气3.1亿立方米，其中泰城1.71亿立方米；投资1亿元配套完善泰城及周边区域管道燃气供气设施，新建和改造中低压管网78公里，管网总长度达到1 162公里，管道燃气普及率达到

环山路西段 （摄影：张 政）

96.7%；新启用调压器75台，新增天然气用户1.31万户，天然气用户达到16.7万户。供热能力建设方面，全年完成热计量分户改造22.6万平方米、2 300户，累计完成热计量改造面积120万平方米，全年采暖期按热计量收费面积117.8万平方米，达到完成创建国家园林城市供热计量面积占住宅总供热面积25%的目标要求。供热地理信息、热网监控和自动控制系统进一步健全，《分布式变频循环水泵供热运行管理系统》被授予2010年度全市企业管理现代化创新成果二等奖。

【城市供水】 全年完成供水基建投资6 432万元、售水3 083万吨，上缴税金646万元。年内，对三合水厂二期供水系统实施了机组改造，年可节约运行费用30万元。管网修漏及时率达到100%，管网压力合格率达到99%，水质综合合格率达到100%。

【园林绿化】 出台《泰城园林绿化“门前三包”责任制实施暂行办法》，动员社会力量参与泰城园林绿化和养护管理，积极推进公共绿化工程，城市绿化景观效果进一步改善。全年共栽植各类乔木3.4万株，灌木及模纹材料429.61万株，宿根花卉78.42万墩。建成区绿化覆盖率43.81%、绿地率36.67%、人均公园绿地19.8平方米。

【环境卫生】 以精细化管理为突破口，健全考核奖惩制度，建立《环卫作业负分监管考核体系》，修订完善环卫业务管理、安全监督考核等各类规章制度49条，对泰城667万平方米的环卫工作进行高质量管理。将泰城61条主次干道和50个社区纳入市级环卫管理，建成精细化管理路段21个、52.2公里，精细化社区10个、31.7万平方米。通过研发生物技术的餐厨垃圾处理工艺，应用数字车辆监控系统，研制数字环卫管理平台，建立数字化无纸办公系统，开通环卫信息网站，推动泰城标准化、精细化、数字化环卫工作迈向新台阶。

【污水处理】 全年共处理污水5 067万吨，污水集中处理率达到90.1%，各项处理指标和出水水质均达到了国家一级B排放标准。加强污水处理厂运营监管工作，严格实施排水许可制度，及时准确地提供进、出水水质数据。加大再生水利用工程建设，制定征收目标责任制，加强了污水处理费征收工作。

【城市环境综合整治】 对市区主要道路和重点区域进行绿化提升，共栽植各类苗木265万株。完成望岳东路、望岳西路等8条道路的绿化提升规划设计和红门路、擂鼓石大街等亮化规划设计，以及东岳大街景观改造和粉饰包装（美化）方案设计。奈河北段（普照桥至天外桥）河道、红门路亮化工程完工，龙泽湖公园亮化工程完成90%。对城区主要道路广告牌匾进行综合整治，共拆除不规范广告标牌1.5万余块、17万平方米。对城区主次干道两侧占道经营、店外经营违法行为进行集中整治，共清理占道经营和店外经营8万余处次，清理乱堆乱放3 500余处次，清理乱拉乱挂3 100余处次。新建18座垃圾收集站和30套垃圾收集箱完成并投入使用，改造建成18座沿街公厕。清理占道货车市场5处，新增门前泊位1 437个、路内停车泊位2 565个、非机动车停车架3 000车位。

【城市管理】 市政设施管理。承担环山路中段、南湖大街、泰南大街、迎胜西路、白凤路等建设工程，建设道路总长度9 150米，面积1.38万平方米，新建人行道5.08万平方米。环山路东段建设工程被评为“2010年度山东省市政金杯示范工程”。开展路灯、道路养护、河道排水、广告等市政公用设施考核，全年市政设施完好率95%

以上。

工程建设管理。以建筑工程管理信息系统为平台，将企业信息、考核、信用管理、持证人员管理、现场监管纳入其中，全面提高全市工程监管效能。试行高层建筑远程监控，实现日常监管、专项检查和考核工作在信息系统的再现，达到随时掌握施工现场监管情况的目的。全年下达《责令限期改正通知书》343 份、《责令停止违法行为通知书》411 份，《建筑施工安全隐患整改通知书》602 份。

拆迁管理。严格依法行政，加强监督检查，做好拆迁信访工作。全年泰城共拆除 2 175 户、28.78 万平方米，其中住宅 1 701 户、22.08 万平方米，非住宅 474 户、6.7 万平方米。补偿安置 2 175 户，其中：货币安置 538 户，实物安置 1 637 户。

户外广告管理。严格按程序受理户外广告设置申请，年内共受理 780 份报件。对受理的报件进行现场勘察、定期巡查、加强监督管理，对设置期限到期的户外广告，下发书面催缴通知书 40 多份。积极开展大型户外广告和门头牌匾的综合整治，整改率达到 95% 以上。组织公益广告宣传，圆满完成“国家园林城市”“国家节水型城市”“建筑节能”“《山东省建设工程勘察设计管理条例》”等活动户外广告宣传 738 处。

【村镇建设】 把农房建设与危房改造列入村镇建设的重点，全市村镇建设投资 105 亿元，启动了 321 个村的整村迁建，完成农房建设 7.3 万户、危房改造 2 万户，分别为年度任务的 113% 和 119%。以促进城镇聚集为目标，科学实施区划调整，全市 61 个建制镇、15 个乡调整为 60 个镇、10 个乡，新增 7 个街道办事处，将 3 658 个行政村规划为 614 个社区，促进了农村人口的聚集和小城镇规模的扩张。加快农村基础设施建设和环境综合整治，全市村镇新建住宅楼房率 35%，自来水普及率 98%，道路硬化率 85%。通过市县乡镇补助、部门结对帮扶、机关干部挂职等方式，促进了肥城市石横镇等一批“示范镇”建设，进一步提升了农村整体面貌。

【住房保障】 市政府出台《关于提高市区居民家庭低收入标准和住房困难标准的通知》（泰政发〔2010〕47 号）进一步扩大住房保障范围。市区累计建设保障性住房 27.73 万平方米（4 476 套）、发放廉租住房租金补贴 3 893 户，累计解决了 5 130 户低收入住房困难家庭的住房问题，提前完成泰安市确定的 2008 - 2010 年《解决低收入家庭住房困难规划和年度计划》；完成惠普家园等约 9.4 万平方米经济适用住房建设；全年全市共争取中央投资补助资金等住房保障经费 2 452 万元，新增保障性住房 3 068 套，实现棚户区改造 2 846 户，分别完成省下达泰安市住房保障任务的 168%、149%；公共租赁住房建设工作全面启动。

【房产管理】 *房产市场管理*。一是强化房产市场监管。制定出台《泰安市商品房预售款监管实施办法》《关于进一步加强商品房合同登记备案管理工作的通知》等规范性文件。强化商品房合同登记备案管理和预售资金监管，全年市区发放商品房预售许可证 62 个，比上年增长 77.14%；预售面积 207 万平方米，比上年增长 195.71%；商品房平均预售价格 4 748 元/平方米，比上年增长 11%；商品住房平均预售价格 4 455 元/平方米，比上年增长 12%。办理商品房买卖合同登记备案 14 626 套，签订商品房预售款监管协议书 43 份，签发商品房预售款监管担保责任书 5 200 份，累计监管预售款金额 27.34 亿元。继续完善房地产市场监测分析工作机制和房地产市场运行情况统计分析月报制度，定期上报房地产市场信息和分析报告。二是规范房产中介行为。开展“房产中介年”主题活动，制定《关于进一步加强我市房地产估价机构管理的意见》《关于实行房地产经纪机构备案制度的通知》等规范性文件，建立经纪机构和签约人员备案管理制度，启用《房屋购买委托协议》《房屋出售委托协议》示范文本，举办房地产中介机构从业人员和商品房销售人员培训班。截至年底，市区取得专业资质或在主管部门备案的房地产中介机构共52家，其中经纪机构28家、评估机构24家。

房产交易管理。创新房产交易、权属登记工作的管理机制和工作机制。全年共办理房产交易10 790起，比上年增长19%；交易面积120.81万平方米，比上年增长4%；交易金额35.7亿元，比上年增长38%。办理房地产抵押7 641起，比上年增长26%；抵押面积212.39万平方米，比上年下降1%；抵押金额82.84亿元，同比增长8%。

产权产籍管理。加强房屋登记工作，维护权利人合法权益。启动集体土地房屋登记发证和泰山景区房屋登记发证工作，出台《泰安市集体土地房屋登记实施细则》，全年发放房屋权属证书31 295个，比上年增长30%。其中发放所有权证23 731本，发放他项权证7 564本。市区完成房屋安全鉴定4起，面积8 300平方米。

房产信息化建设。加强房地产市场信息系统二期工程即房地产地理信息系统建设，在全省同级城市率先实现县市联网，经国家验收成绩为优秀，泰安市被住房城乡建设部列入全国新增50个房地产市场信息系统建设重点城市之一。

【物业管理】 市政府出台《泰安市住宅专项维修资金管理办法》。全年共办理物业服务企业三级及三级（暂定）47家，归集维修资金5 700万元，加大公房房租的收缴力度，严把直管公房产权关，妥善处理房产历史遗留、拆迁安置等问题，加强公房租赁管理及维修，加大对违规违纪、拒租拒管公房处理力度。

【建筑业】 全年完成建筑业产值331亿元，居全省第六位，产值过亿元企业57家；实现增加值65.8亿元，利润18.2亿元，上缴税金10.4亿元；外出施工产值达到120.8亿元，位居全省第三位；出国施工产值6.2亿元，位居全省第五位；收缴建筑企业劳保金1.1亿元，完成年计划的232%；收缴新型墙材专项基金1 776.9万元。累计培训、鉴定技术工人4 600余人，技师268人。全年共创建省建筑“泰山杯”奖工程8项，装饰“泰山杯”奖工程1项；获得国家级群众性质量管理优秀QC成果一等奖1项，省级一等奖2项，二等奖2项，三等奖2项；省级工法4项，省建筑业技术创新奖5项，省建筑业新技术应用示范工程6项；全国住宅装饰装修科技示范工程6项，1家企业被评为全国住宅装饰装修行业质量、服务、诚信星级企业。

建筑施工安全管理。以开展“安全生产基础年”活动为主线，不断完善安全生产预警机制，加强对重大危险源和施工现场、薄弱环节、特殊节假日的监控检查，有效防止了重特大事故的发生。对104个建筑工程项目的375个单体进行了安全阶段性验收；对1 362台申报备案的建筑起重机械进行了资料审核；对节假日、高温季节、中高考期间、汛期等容易发生安全事故的特殊时段，通过短信平台及时发出12次预警提示；获省级安全文明工地28个、省级安全文明施工小区2个，安全形势平稳，实现安全生产零死亡。

建设工程招标投标管理。直接监管规划区内的各类进场交易招标项目507项（标段），监督开、评标会议245次，项目总标底价47.72亿元，总中标价43.55亿元，降低工程造价4.16亿元，下浮率8.8%。

工程建设标准造价管理。全年为275家施工企业办理了《计价手册》。对招标单位、具有资质的工程造价咨询单位及投标单位编制的工程预算价进行审查，共审查103个大型工程的预算控制价。分别于3月、6月、9月、12月发布全市4个季度的人工、材料价格信息，对全市35家工

程造价咨询企业进行检查，对不规范的情况，责令相关单位在规定时间内进行了整改。

建筑工程质量监督管理。全年共监督工程498项，建筑面积341.76万平方米。办理竣工验收备案工程141项，审核申报优质结构工程273项，办理工程监理项目（合同）备案97项，开展检测业务6.8万组次。全市7家取得资质的检测机构进行了检测管理软件改造，实施网络化管理。对全市“五员”（取样员、见证员、资料员、监理人员、商品砼技术试验员）实行业绩手册管理，对见证员、取样员、资料员从业工程数量予以限制，并在市区内对“五员”进行指纹采集管理。

【勘察设计业】 全市勘察设计企业总数43家，其中甲级企业7家，乙级企业28家，丙级企业8家。勘察设计单位从业人员1 627人，从业技术骨干人员1 356人。全面实施建设工程初步设计审查工作，完成初步设计审查165项，总面积548.33万平方米。强化施工图审查，完成建筑工程施工图文件审查1 426项，总建筑面积813.43万平方米。建筑基坑评审12项。加强新建工程抗震设防专项审查，新建工程的设防率达到了100%。

【建筑节能】 全年使用新型墙材12亿标块，节地1 800亩，节约标煤5.9万吨。全市经省级认定的新型墙材建筑节能产品生产企业已达95家，年生产能力折标砖18亿块，已完全满足城镇规划区“禁实”的需要；形成了以煤矸石和页岩烧结多孔砖、粉煤灰砖、加气砼砌块、石膏和工业灰渣等轻质隔墙板、复合保温板、外墙外保温系统等为主导产品的格局，丰富了建筑业应用市场。积极推进供热计量及节能改造工作，完成“十一五”期间的既有居住建筑节能改造任务92万平方米。地源热泵技术建筑应用面积达到35万平方米，新建建筑节能标准执行率达到100%。

【抗震救灾和恢复重建工作】 大力推进四川汶川地震震后重建工作，共建成过渡性安置房891套，顺利完成北川县墩上乡小学、卫生院、文体综合楼等7个项目建设、墩上乡农户永久性住房建设、墩上乡农村人畜安全饮水工程建设、北川新县城自来水厂及水源地取水工程项目建设，树立了“泰安援建”的良好形象。

【城建档案管理】 严格执行《建设工程文件归档整理规范》，严格档案“两证一书”的签发工作，加大与报建单位签定《建设工程档案保送责任书》的工作力度。在工程质量备案、产权发证等环节上与相关部门相互协调、严格把关，履行程序，阳光办公，从办理工程开工到竣工验收颁证，形成环环相扣的“链条式”工作模式，有效避免了档案资源的流失，保证了档案进馆率。全年共签订《建设工程档案报送责任书》88份，签署《建设工程档案验收意见书》50份，发放《山东建设工程档案合格证》41份，验收单体工程173个，接受重点工程（标段）档案15项，对2 190卷档案进行了编号和微机输入，接待档案查阅者200余人次。全面履行安全生产目标监督管理责任制，确保了案卷质量。

（邱海燕）

城乡规划

【概况】 2010年，泰安市规划局共有职工144人，其中国家注册规划师23人，具有中、高级专业技术职务人员比例占技术人员55%。市规划局先后被省住房城乡建设厅授予全省建设系统先进集体，被市委、市政府授予创建文明行业先进单位、援川恢复重建工作先进集体、优秀提案承办单位、全市行政审批工作先进单位、全市创建国家园林城市先进单位称号，《泰安市城市总体规划（1996－2010年）》荣获山东省建国60周年城市规划设计成就大奖。

【规划编制】 《泰安市城市总体规划（2011－2020年）》获国务院正式批复。泰安成为第一个获国务院批复总体规划的地级市，也是我省十一个报批总体规划城市中首个获得批复的城市。总体规划确定了泰安以泰山为依托的国家历史文化名城和国际旅游名城、鲁中地区中心城市之一的城市性质；确立了山东省科教中心之一，山东省旅游度假、现代制造、商贸物流基地的主要职能；将把泰安建成泰山文化与现代文明交相辉映的文化名城，以旅游业与现代制造业为主导的经济文化强市，天蓝、水碧、山青的最佳人居城市，独具特色的国际性旅游城市列为城市发展目标；确定了“一主（泰城中心城区）一副（南部新城区）”为泰城中心城区，进一步突出了“两轴（联结山与城的历史文化轴和体现城市现代化风貌的时代发展轴）”“两带（环山景观带和泮河风光带）”“七湖（七大城市湖面）”“九河（九条河流绿化带）”的城市特色，展现了山水园林城市的风貌。规划到2020年，中心城人口规模控制在135万人，用地规模控制在147平方公里。

组织编制完成城市设计和详细规划。一是为改造提升老城区环境，大力弘扬泰安文化，编制了《泰安老城核心区城市设计和控制性详细规划》。二是组织编制了《时代发展线三期工程城市设计》，将其作为商业中心和文化艺术中心。三是编制了《蒿里山历史街区建筑设计》。四是编制了《泰安市水系规划》，为在泰山下做足“水”文章，逐步实现泰安由“依山而建”向“依山傍水”发展奠定基础。五是编制完成了《长城路中段城市设计》，与时代发展轴及泮河水上公园共同打造泰安山水新城。

交通专项规划编制。为破解交通难题，完善路网结构，改善城市交通环境，编制了《泰安市综合交通规划》《泰安市灵山大街快速路方案设计》等多项规划。

村镇规划编制。为加快城镇化进程，按照市政府批复的《泰安市城市规划区城乡统筹总体规划》，加快中心村规划编制，实现城乡规划全覆盖，编制了《城镇体系规划（2010－2030年）》《泰安市主城区控制性详细规划整合修编》；超前编制城中村改造规划，将全市3 600多个行政村编制成为442个新型农村社区，逐步提高农村社区基础设施和服务水平，打造农村社区服务圈，推进城乡基本公共服务均等化。

园区规划编制。依据《泰安市城市总体规划（2011－2020年）》，超前组织编制园区控制性详细规划和城市设计，并以此为杠杆，合理确定园区用地布局、建设容量，引导园区建设科学发展，保证了园区招商引资和各项建设的顺利进行。

文化项目规划编制。一是围绕“创城”工作，邀请中国建筑设计院、国内著名专家崔凯教授编制了文化艺术中心设计方案；二是对报业大厦二期工程组织进行了方案设计论证。两项设计方案均通过了“创城”领导小组审查。

【规划管理】 发挥规划龙头作用，当好“创城”主力军，积极推进老城区改造步伐，规划服务工作取得显著成效。按照市委、市政府部署，市规划局领导班子和骨干力量积极投身“创城”第一线，着力抓好“两轴”、财源大街西段和火车站广场改造、环境综合整治等十二项市重点工程，为“创城”工作作出了应有贡献。全年办理《用地规划许可证》《建设工程规划许可证》296项；提供规划设计条件102件，面积695.8万平方米；审查规划设计方案1 226项。城市地下管线信息系统全面建成并投入使用，通过省厅组织的专家验收，泰安市区110平方公里范围内、红线宽度6米以上的城市道路地下的7大类24种管线都可以通过网络点击进行查询。管线信息系统的应用及《泰安市城市地下管线规划建设管理办法》的施行，不仅推动城市规划建设管理的现代化、科学化、规范化，还推动了政府信息化建设，保证了城市安全，加快了“数字泰安”建设步伐。按照市政府部署，组织开展了城区12条道路的征名工作，确定了7条道路名，按照程序向市地名办进行了备案。

【规划监察】 在职能调整上，5月在市级机构改革中，规划监察职能划归市规划局。在制度建设方面，一是制定了执法工作程序规定和案卷网上办公流转程序，明确了规划局、监察支队、各直属大队的案件办理权限和程序，以及案件审批各环节的责任；二是制定了行政执法统计分析制度；三是建立了行政执法档案管理制度，出台了《泰安市规划监察支队案卷评查办法》；四是建立了首次不罚制度，对首次非故意违法且危害较轻的，实行首次违法不罚制，下达警示书而不实施处罚，变执法过程为宣传教育和普及法律法规知识的过程，将执法行为与促进经济发展、塑造政府机关形象有机结合起来；五是建立重大行政处罚备案制度，对符合备案条件的处罚案件及时备案。在违建查处方面，加大巡查和拆除的力度，坚决禁止以罚代拆，自6月1日到年底，规划监察支队共查处违法建设431处，面积20余万平方米，所有违法建设都得到相应的处理，有效遏制了违法建设行为，维护了城乡规划的严肃性，保障了市重点工程的顺利实施。

（时立强）

住房公积金管理

【概况】 泰安市住房公积金管理机构共有市级管理中心1个，县市区管理部6个，矿业集团分中心2个，在职人员53人。2010年，泰安市住房公积金管理中心深入贯彻落实科学发展观，紧紧围绕强市名城建设战略部署，突出“安全、增值、服务”三大工作重点，牢固树立“法律、大局、风险、服务、创新、廉政”六种意识，各项工作都取得了新的成绩。全市住房公积金管理工作步入健康发展的良性轨道，中心被评为全省住房公积金管理工作先进单位。

*住房公积金归集。*全年全市共归集住房公积金12.7亿元，完成全年计划的138%，比上年同期增长51%；累计归集住房公积金52.6亿元，归集余额43.4亿元；缴存公积金的单位达到2 348个，缴存职工达到34.7万人。

*住房公积金贷款。*年内全市共发放住房公积金贷款8.62亿元，完成全年计划的124%，贷款职工5 183户；累计发放公积金贷款40.86亿元，贷款余额25.3亿元，累计贷款职工38 830户；贷款逾期率为0.3‰，远低于1.5‰的省定控制目标。

*住房公积金增值收益。*年内全市实现住房公积金增值收益4 780万元，占年初计划的159%，比上年增长7%。全年提取廉租住房建设资金1 599万元，累计提取6 081万元，为政府解决特困户住房问题、促进社会和谐做出了积极贡献。

【住房公积金归集管理】 一是推进民营企业公积金制度的建立。组织人员上门宣传、靠上工作，全市共有70家民营企业建立了公积金制度，为2 547名职工开户缴存了住房公积金。同时采取电话催缴、上门催缴及发放催缴函等方式，对欠缴单位进行了大力清欠。二是规范调整了住房公积金缴存比例，将个人和单位最低缴存比例由7%调整为8%。三是与各县市区政府、各矿业集团、各受托银行以及地税等部门加强协调配合，建立了良好的协作机制，仅新矿集团补缴公积金就达1.07亿元，有7家企业通过地税部门开户缴存了公积金，全市乡镇一级全面建立了公积金制度。

【住房公积金贷款管理】 一是对贷款工作的各个环节严格审核把关，对个贷业务实行全程控制，严把贷前审查、贷中复审及贷后跟踪三个关口，保证了贷款材料、贷款行为的真实有效。二是加强风险防范，建立了银行联席会议制度，加大了对逾期贷款的催收力度，保证了贷款资金的安全。通过合同控制、征信查询、落实担保、规范抵押、律师签证等多种措施，进一步防范了贷款风险，有效降低了贷款逾期率。三是调整规范了信贷政策。对市住房公积金个人住房贷款政策进行了相应调整，将上级支持首套房、限制二、三套房的政策落到了实处。

【住房公积金风险监管】 加强内部风险控制，严格执行“住房公积金归集、支取、转移、封存”“贷款管理”“稽核”等方面的管理办法和操作规程，用制度管权、管人、管事、管资金。完善外部制约机制，自觉接受专业监督和社会监督，每年接受一次上级监管部门的全面检查和纪检、财政、审计等部门的专业检查，定期向市住房公积金管委会汇报工作，并严格按照规定及时向有关部门报送会计报表和年度报告，积极参加政风行风热线访谈，努力解决群众关心的热点难点问题，主动邀请广大干部群众进行社会监督，增强了管理的透明度。强化网络信息监督，加强了住房公积金信息系统建设，与监管部门及各分支机构实行联网，开通了住房公积金网站，新上了住房公积金办公系统，基本实现了办公自动化。推行职工个人监管，在实施168电话查询、多媒体终端机查询等基础上，继续实行对账到个人业务，向全体缴存职工发放了个人公积金明细账单，实现了职工对住房公积金的自我监管。

【住房公积金管理服务】 一是降低公积金提取门槛，出台了《关于完善住房公积金提取条件的意见》，取消必须提供房产证的限制，简化了办事环节，缩短了办理时限。二是在信贷工作中，坚持首问负责制、限时办结制，实行“一条龙”“一站式”服务，对贷款人员集中的单位，实行上门服务、现场办公，全年共现场办理贷款7 800万元。三是拓宽了服务领域，在电话查询的基础上，开通手机查询业务，加大了住房公积金宣传力度，建立了住房公积金宣传信息平台，及时向管委会委员送达《住房公积金信息》，积极向社会各界和广大职工宣传住房公积金的工作动态、工作经验和政策规定。四是加强了服务平台建设，公积金管理中心独立的办公场所正在抓紧建设，各分支机构的服务场所也逐步得到解决，新矿、肥矿分中心服务大厅完成建设并投入使用。

（杜继祥）

威海市

城乡建设

【概况】 2010年，威海市加快推进了一批投资强度大、产业带动性强、对城市发展影响深远的工程项目，进一步拓展了城市空间布局、提升了城市功能、改善了城乡人居环境。组织实施六大系列、23项城建重点工程，已完成投资197.2亿元，完成全年计划的151.7%。开展城市精细化管理调研，提出威海市城市精细化管理意见；启动新一轮城市环境综合整治；全部完成建成区范围内城中村拆迁，在全省率先解决了市区城中村的问题；提前8个月全面完成三年北川新县城援建任务。威海市成为全国首批“可再生能源建筑应用示范城市”，并顺利通过中国人居环境奖城市复查验收，荣获“干部人事档案工作目标管理一级单位”“2010年度政风行风建设优秀单位”“全市工作优秀单位”“威海市产业招商先进单位”等荣誉称号。

【城市基础设施建设】 城建重点项目建设实现新突破。“两城两区”开发项目概念性规划已全部完成；金线顶区域整体改造工程水工一期、二期已完成总量的80%以上，正在实施水工三期工程；国际展览中心至环山路区域改造及绿轴工程已完成拆迁11万平方米，占拆迁总量的85.4%；宝泉广场建设工程已完成一期回迁区主体工程，正在进行二期新建区施工；环翠楼公园改造工程已完成环翠楼主楼、广场地下停车场主体施工，正在进行环翠楼外部装修和环翠书院主体施工；塔山公园改造工程已完成前期工作和规划方案设计；江家寨立交桥改造工程完成规划红线内拆迁工作，正在按计划施工；统一路南延及内环快速路工程完成土石方调整59万立方米，塔山隧道、陶家夼隧道分别掘进513米、875米。结合城建重点工程建设，“十一五”期间市区累计完成建筑物拆迁600多万平方米，改革开放30多年来市区积压的破旧建筑已基本拆完。

市区地下管线补测补绘工程完工。完成市区（包括中心区、火炬高技术产业开发区、经济技术开发区、环翠区、工业新区）144平方公里测区范围内地下管线的测绘。建立了“威海市地下管线信息共享平台”，并与“数字威海地理空间信息公共平台”实现了连接，面向政府各部门、管线权属单位、社会团体和个人等不同层次用户提供管线信息数据服务。

【村镇建设】 全年全市村镇建设共完成投资54.2亿元，完成生产性建筑面积12.14万平方米、公共建筑面积22.78万平方米、住宅建筑面积169.18万平方米，硬化改造道路374.41万平方米，新增绿地面积153.5公顷，新增路灯5 315盏，新建排水沟（管）243.49公里。

农房建设提前一年完成三年建设目标。2009年，威海市确立三年新建农村住房7.5万户、力争9.7万户，改造危房1.9万户的目标。截至年底，全市累计新开工建设农房10.77万户，三年农房建设改造任务已提前1年超额完成；改造危旧房1.43万户，完成总计划的75%；累计完成投资153亿元。

城中村改造成为全省典型。威海市的城中村改造工作走在了全省、全国前列，产生广泛影响。截至年底，中心市区77个城中村、31 339户、342.2万平方米全部完成拆迁，2.4万户、7.2万人回迁安置。在4月19日召开的全省农村住房建设与危房改造工作会议上，威海市做了典型发言。省委书记姜异康批示省委政研室专门到威海市进行调研，在全省介绍推广威海市经验。人民日报、新华社、大众日报、山东电视台等权威媒体先后多次报道了威海市的成功做法，省内外有十几个城市多次前来威海市学习城中村改造经

威海“两城两区”鸟瞰图 （威海市城乡建设委员会供稿）

验。7月23日，市委、市政府在国际会议中心隆重召开市区城中村改造工作总结表彰大会，授予172个单位“威海市区城中村改造工作先进集体”荣誉称号，授予213名同志“威海市区城中村改造工作先进个人”荣誉称号。环翠区、火炬高技术产业开发区、经济技术开发区、市水务集团4个先进集体的代表作了典型发言。

【房地产开发】 截至年底，全市登记注册的房地产开发公司共407家，其中市区登记注册的房地产开发公司221家。全市房地产开发累计完成投资269.8亿元，比上年增长28.8%；累计新开工773.56万平方米、在建面积2 043万平方米、累计竣工507.6万平方米；实际销售面积741.7万平方米，比上年增长31.1%，房地产市场呈现供销两旺的特点。为合理引导威海市住房建设、稳定居民消费，市政府出台《关于对威政发〔2009〕8号文件有关政策进行调整的通知》，印发《威海市房地产市场秩序专项整治实施方案》，对项目审批、开发建设、房地产交易等重点环节进行专项整治。调整完善了房地产综合信息网站，每月编发一期房地产形势分析、每两个月出版一期《威海房地产》杂志。组织开展2010年度开发企业资信评价活动，授予15家3A企业“威海市优秀房地产开发企业”称号。组织开展威海市优秀住宅小区系列评选活动，评选出2个优秀小区、2个城中村改造回迁示范小区。

城市住宅建设。全市住宅建设完成投资249.5亿元，城市新建房屋竣工面积654.69万平方米，其中住宅竣工面积387.83万平方米。截至年底，全市实有房屋建筑面积9 430.92万平方米，实有住宅建筑面积5 331.05万平方米，城市居民人均住宅使用面积28.88平方米，城市居民人均住宅居住面积21.56平方米。全市房产买卖成交面积820.46万平方米，成交金额263.1亿元，新建房屋竣工面积453.36万平方米，其中住宅竣工面积229.86万平方米。实有住宅使用面积1 312万平方米，实有住宅居住面积991万平方米。房产买卖成交面积247.22万平方米，成交金额89.23亿元。

【建筑业】 全市全年完成建筑业总产值187亿元，增加值56亿元，实现利税18.7亿元，分别比上年增长23%、21%和11%；完成外埠施工总产值10亿元，增长12%。组织开展工程建设领域突出问题专项治理活动，将全市市政基础设施纳入工程建设管理范围，对乳山银滩旅游度假区等省级开发区的建设市场管理体制进行全面理顺，加强施工现场建筑渣土及散流物体运输管理、商品混凝土出厂管理，推行工程量清单计价方式招标和计算机辅助评标。集中开展全市工程建设项目综合执法检查、安全生产年行动，开展勘察设计、招投标、建设机械等专项检查，共检查出各类质量、安全隐患3 260条，13家企业的资质被注销、1家企业的资质被降低，3家企业被暂停招标资格。完成1 078项工程、总建筑面积1 475万平方米的施工图设计审查，完成勘察报告审查455份、建设规模1 331.24万平方米，提出审查意见4 285条。办理建设工程招投标项目992个、总面积927万平方米，投资额8亿元。建立了建设科技专家库，强化工程质量、安全生产监管，创建省级安全文明示范工地6个、安全文明优良工地13个、安全文明施工小区3个，162个工程被评为市级优良工程。

【建筑节能】 全面执行国家及省建筑节能设计标准，市区新建建筑节能标准设计阶段执行率100%，施工阶段节能强制性标准执行率98.5%。累计完成既有居住建筑供热计量及节能改造完成供热计量改造164.4万平方米，受益居民室内的温度提高了6度左右，完成太阳能热水器系统新建工程155万平方米，完成应用地源热泵、污水源热泵系统等新建工程25万平方米。蓝星万象城、新北洋等光伏建筑一体化示范项目被列入国家光伏发电集中连片建设试点项目，总计获得1 964 万国家扶持资金。

【市政公用事业】 城市供水。全年城市供水总量1.27 亿立方米，比上年增加1 188 万立方米。全年生产用水量5 160 万立方米，比上年增加902 万立方米，生产用水量占全部供水量的比例由上年36.9%上升到40.6%。居民家庭用水量3 342万立方米，比上年减少379 万立方米，居民家庭用水量占全部供水量的比例由上年的32.3%下降到26.3%。用水人口达到142.35 万人，用水普及率100%，与上年持平。人均日生活用水量达到121.18 升，比上年提高0.98 升。其中市区用水人口达到59.03 万人，用水普及率100%，人均日生活用水量122.34 升。

城市供热。全市蒸汽供热能力3 280 吨/小时，热水供热能力1 395 兆瓦。集中供热面积达到3 754 万平方米，比上年增长11.9%。管道长度达3 267 公里，比上年增长11.2%。其中市区蒸汽供热能力2 390 吨/小时，热水供热能力980 兆瓦。集中供热面积达到2 453 万平方米，比上年增长11.1%。管道长度2 193 公里，比上年增长14.6%。供热计量及节能改造完成面积164.4 万平方米，超额完成“十一五”期间150 万平方米的计划任务。

城市供气。全市天然气供应总量6 369 万立方米，比上年增加1 727.28 万立方米。有141.54 万城市居民用上了燃气，燃气普及率达到99.43%，比上年提高0.19 个百分点。其中，市区天然气供应总量5 441 万立方米，比上年增加883 万立方米。市区已有58.93 万城市居民用上了燃气，燃气普及率达到99.83%，比上年提高0.12 个百分点。

环境卫生。全市全年城市道路清扫面积达到2 648 万平方米，机械清扫率50.5%。实施建筑垃圾定点投放，开展了生活垃圾分类收集试点，安装了新型垃圾箱。全年清运垃圾粪便65.51 万吨，基本是日产日清。全年垃圾无害化处理量55.18 万吨，无害化处理率达100%。有公共厕所250 座，水冲公厕比率达100%。

【园林绿化】 截至年底，全市绿化覆盖面积达12 316 公顷，比上年增长3.7%，建成区绿化覆盖率由上年的45.76%上升到46.24%，提高0.48 个百分点。园林绿地面积达10 679 公顷，比上年增长3.9%，建成区绿地率由上年41.16%上升至41.64%，提高0.48 个百分点。公园绿地面积达3 171 公顷，比上年增长3.1%，人均公园绿地面积22.28 平方米，比上年增加0.43 平方米。

环翠楼日景效果图 （威海市城乡建设委员会供稿）

威海市园林绿化作品荣获“第四届中国月季展

特别金奖”。4月28日至5月12日，第四届中国月季展暨2010年世界月季联合会区域性大会在江苏省常州市举办。威海市建造的作品《和》，以“和谐”为主题，占地面积400平方米，运用月季20多个品种3 000多株，荣获本次展会月季造景艺术展最高奖项—特别金奖。在参加该展项的50多个城市中，威海市取得总分第三名的好成绩。

“威海园”获第七届中国（济南）国际园林花卉博览会金奖。5月8日，由住房城乡建设部、济南市人民政府共同主办、历时6个半月的第七届中国（济南）国际园林花卉博览会圆满落下帷幕，威海市展出的“威海园”荣获室外展园综合奖金奖。威海市荣获住房城乡建设部“第七届中国国际园林花卉博览会城市组织奖”，市园林管理局被授予“第七届中国国际园林花卉博览会先进集体”称号。

【环境综合治理】 截至年底，河道污染、交通拥堵、五小行业扰民、城乡结合部环境脏乱差等问题基本解决。“五路”综合整治工程已完成拆迁130.6万平方米，沿线的五小行业、市场摊点、门头招牌、破旧建筑已全部整治。市区13条有污染的河道已全部进行生态化治理，市区25条半截路已全部打通。群众反映强烈的沿街破旧建筑改造工程完成了公园路、沈阳路等6条老旧街区、222处沿街破旧建筑外墙改造和334栋建筑物外挂物整治，建筑面积117.8万平方米，外墙改造面积45.3万平方米。重点区域亮化工程完成了青岛路、海滨路等市区主要道路两侧及环威海湾区域69幢楼宇夜景亮化施工，新建、改造路灯500余基。市垃圾处理厂二期工程已完成2条焚烧线安装，具备试运行条件。首批10个采石场治理工程已完成，顺河街水产品批发市场、远遥水产批发市场搬迁改造工程已完工。门头广告整治工程已完成16条主要道路两侧的门头广告整治，共规范整治广告牌匾4 000余块，清理主次支路和社区野广告17.2万处。规范整治、清理疏导流动摊点12.2万个。

【全市农村住房建设与危房改造工作会议】 3月18日上午，全市农村住房建设与危房改造工作会议在国际会议中心召开。市委书记、市人大常委会主任王培廷主持会议并讲话，市委副书记、市长孙述涛对全市农村住房建设与危房改造工作作了部署安排，市政协主席刘玉党，市人大常委会常务副主任马世和，副市长房德阳出席会议，市委常委、常务副市长赵熙殿出席会议并宣读了市政府关于表彰全市农村住房建设与危房改造工作先进单位的决定，荣成市峨石山社区等7个单位作了典型发言。各市、区政府，高技术产业开发区、经济技术开发区、工业新区管委和有关部门负责人，各镇镇长、街道办事处主任，部分村（社区）、企业主要负责人，市直有关部门主要负责人和市城建系统干部职工约1 000人参加了会议。

【援建北川任务提前圆满完成】 支持援助北川新县城建设，提前8个月全面完成了三年援建任务。先后完成温泉片区安居房、西苑中学、红旗片区安置房、羌族特色商业步行街等项目，全部达到优质工程质量标准。共完成建筑面积17.7万平方米、道路总长9.2公里、绿化面积14.3万平方米，实际工程量约占全省援建总任务的十分之一。威海市援川项目获得山东省援建项目第一个“绵州杯”优质工程奖，成为全国18个援建省市第一个通过“天府杯”评审的项目，所有援建乡镇项目全部荣获“四川省优质结构工程”“天府杯优质工程”“绵州杯优质工程”奖。

【《城乡建设档案管理办法》出台】 为加强城乡建设档案管理，3月29日，市政府印发《威海市城乡建设档案管理办法》（威政发〔2010〕17号），办法共29条，对城乡建设档案管理机构及职责，档案的收集、保管和利用，建设工程档案的编制、验收和移交等都作了明确规定；明确地下管线工程档案查询制度；对未按规定向城建档案管理机构报送、移交建设工程竣工档案等违规违法行为，明确了相关法律责任。办法自2010年4月1日起实施。

（姜晓飞）

城乡规划

【概况】 2010年，威海市规划局以建设世界精品城市、打造半岛蓝色经济区和高端产业聚集区为目标，加大规划编制、管理和服务力度，全年共完成50多项规划的编制、审批工作，为威海市的经济社会发展提供了有力保障。

【规划编制】 在深化火炬、皇冠等九个片区控制性详细规划成果的同时，开展了双岛湾、桥头、刘公岛、泊于、孙家疃、洪水岚6个片区控制性详细规划的编制。截至年底，威海市控制性详细规划的覆盖面积达到260平方公里，覆盖率达到100%。

威海市中心城区综合交通近期建设规划。规划提出“初步构建一个与区域中心城市地位相匹配，与宜居城市发展目标相适应的人性化、生态化、一体化、集约化综合交通体系”的交通发展总目标，形成“一环二射，二十一横、二十一纵”的城市道路网络体系，规划新建道路长度143.24公里、道路面积420万平方米。11月，该规划经威海市城乡规划委员会第三次会议审议通过。

威海市区陆地风电场选址专项规划。选取城镇建设与资源保护为控制要素，通过各类要素地叠加，划定威海市三处风电集中发展区，分别位于泊于—桥头之间地区、汪疃北部地区、苘山中部地区，有效控制市区陆地风电的发展规模，找到了节能减排与节约城市用地之间的平衡点，达到新能源产业发展、城市发展、资源环境保护三方共赢。6月，该规划经威海市城乡规划委员会第二次会议审议通过。

威海市临港产业服务区概念规划。规划范围西起国际学术交流中心，东至茅子草口，南起成大线，北到海边，规划面积约30平方公里，是威海东部最重要的滨海战略储备地区。规划从城市与区域发展需求以及土地资源高效利用等角度出发，结合现状资源条件，提出将该区打造为体现滨海风貌与生态特色，辐射与服务于威海市乃至山东半岛区域，集居住、商贸、金融、旅游、高新产业等功能于一体的“现代化国际新城”。11月，该规划经威海市城乡规划委员会第三次会议审议通过。

五渚河流域生态休闲度假区控制性规划。五渚河流域位于威海市区东南部，全长24.5公里，流域面积113.5平方公里，主要涵盖温泉、崮山两镇。规划范围：西起冶口水库，经崮山水库，至五渚河入海口，重点研究范围28.7平方公里。规划总体定位：建设以水源地保护为前提，以生态人居为基础，以低碳产业为辅助，以温泉旅游为特色的城市功能区。6月，该规划经威海市城乡规划委员会第二次会议审议通过。

【规划管理】 强化规划管理与服务工作。推行“阳光规划”“一线工作法”，与重点项目一线对接，跟踪服务，开通项目审批“绿色通道”，全年依法核发《建设项目选址意见书》97份，累计选址面积166.51万平方米；《建设用地规划许可证》255份，总用地面积1 180.18万平方米；《建设工程规划许可证》1 531份，建筑面积909.43万平方米；《建设工程竣工规划验收合格证》162份，验收面积359.47万平方米。规划行政许可证件发放合格率为100%。对大唐风电项目选址、塔山地块规划、文峰四街片区改造规划等52个项目进现场和网站批前公告。对威海伴月湾居住小区规划、海源温泉度假村规划设计方案等49个项目进行网上批后公布，公告公布率达到100%。

加大政府信息公开工作力度。通过“中国·威海”政府网站信息公开平台和本单位网站以及新闻媒体、公告栏、建设项目现场公示牌等多种形式，主动公开政府信息，受理和回复向威海市规划局提出的政府信息公开申请。全年共主动公开政府信息283条，其中：机构职能2条，政策法规17条，规划计划1条，业务工作231条，统计数据21条，其他信息11条。按时回复政府信息公开申请率达100%。

（张艳红）

住房保障与房产管理

【住房保障】 制定并向社会公布《威海市2010－2012年保障性住房建设规划》，对今后三年保障性住房建设任务做了详细分解，明确保障目标、建设标准、建设模式、资金安排等，对不同的保障群体实施不同的住房保障政策，分步解决中等偏下收入家庭住房困难。将大龄青年年龄限制由30周岁调为28周岁，将市区人均建筑面积低于15平方米住房困难家庭纳入保障范围，经济适用住房申购条件进一步拓宽。出台《威海市区经济适用住房货币补贴实施办法》，全年发放经济适用住房货币补贴资格证378户。全年市区竣工的经济适用住房销售3 041套，占总套数94.7%；高技区明月苑小区354套经济适用住房已售183套。全市新增廉租补贴203户，廉租住房保障户数达767户，其中租住廉租住房75户。配租后剩余的75套市级廉租住房，作为公共租赁住房优先向新就业大学生出租。支持企业自建公共租赁住房200套。

【房产交易管理】 制定《关于加强商品房预售方案管理的规定》，公示预售方案标准文本，全面摸查商品房销售市场，重点抽查威高房地产开发有限公司等15家企业；全年查处违规销售行为7次，有效规范了市场秩序。制定《威海市村镇集体土地房屋登记操作规程》，明确办事流程、提交要件和办事时限等内容，指导各村稳妥有序地进行房屋登记，办理集体土地农房登记93笔，城乡房屋一体化管理体系基本形成。核发商品房预售许可证926个，预售面积395.2万平方米，超过前两年发证的总和。办理商品房合同备案面积232.62万平方米，备案金额116.57亿元；完成资金监管业务124笔，监管资金总额4 950.99万元。新建270多平方米工业新区登记中心，为新区群众提供方便、快捷、优质服务。严格落实三项减免收费，制订两项惠企政策，有效地减轻了企业负担。

【城镇房屋拆迁】 依法发放拆迁许可证20个，批准拆迁建筑面积53.6万平方米。完成江家寨立交桥、绿轴园林工程、世昌大道、文化路和内环快速路等城建重点项目拆迁任务。接待拆迁信访案件700余人次，受理裁决案件27起，召开拆迁调解会30余次，经调解达成拆迁协议19起，达成协议比例达70%以上。严格实行房屋拆迁标准化管理，制定市区拆除工程管理规定，签订《安全文明施工目标管理责任书》，狠抓安全施工监管，狠抓拆迁现场扬尘污染防控，实行现场巡视制度，确保绿色拆迁，环保清运；严格房屋拆除公司资格审核，房屋拆除队伍整体水平显著提高。

【物业管理】 完成古陌老小区环境综合整治改造试点工作，全面整治小区内的管线、道路、绿化、乱堆乱放、停车乱和草厦子出租等，打造一个功能完善，设施齐全，文明和谐，整洁舒适的崭新社区。《威海市区住宅专项维修资金管理办法》于5月1日施行，7月1日正式收费，仅仅6个月就有1.2万户业主缴存专项维修资金过亿元，做到了专项资金监管工作成功启动、规范运作、科学管理。《威海市区住宅物业服务分等收费标准》于3月1日正式施行，完成5个新建项目分等收费标准审核。全面提升物业从业人员的素质和技能，全市400余名物业从业人员通过培训取得专业资格证书。申报国家示范住宅小区1项，省优秀项目2项、市级10项。建立物业服务长效考评机制，成立物业管理检查考评领导小组，建立制度化、规范化、强制性约束机制，逐个考评项目，淘汰8家服务质量差的物业服务企业，促进了物业行业健康发展。

【直管公房管理】 采取收房和调整租金等方式，解决非住宅直管公房转租问题，成效显著。年内到期的直管公房调租率达100%，户均增租幅度超20%。加大租金清缴力度，确保租金收缴工作有条不紊进行，租金收缴率达98.5%，租金收缴额比上年增加20余万元。对井冈山、栖霞街辖区出现的问题进行彻底清理，维修房屋160户，防水2 100平方米，清挖粪池和污水井105个。完善安全生产责任制，签订安全责任书，防汛应急值班5次；进行2次安全生产大检查，未发生安全事故。完成房屋安全鉴定17份。制止各类非法野蛮装修32起。

【“平改坡”工程】 完成塔山小区、竹岛路、大众路等区域60栋半坡屋脊旧住宅楼屋顶改造和寨子、古北等区域60栋锈蚀严重、破损程度大的彩钢瓦屋面换瓦工程。通过公开招投标确定2家监理公司和6家施工单位分别负责工程监理和施工，确保工程质量和进度。环翠区办事处同德、西门外、西北村、红光和胜利5个居委会和部分群众通过威海晚报、直播威海等媒体对平改坡工程给予肯定，同德居委会送锦旗表示感谢，“直播威海”先后3期以平改坡工程为题进行报道。

（赵 鑫）

住房公积金管理

【概况】 2010年，市住房公积金管理中心坚持把帮助中低收入职工解决住房问题作为贯彻落实科学发展观的切入点，突出重点加大政策扶持力度，让公积金制度惠及更多的低收入职工，各项业务指标再创历史新高，全市住房公积金管理工作又实现了新的突破，在全省公积金管理工作综合考核中再次荣居第一名，连续第七年被省住房城乡建设厅、财政厅授予“全省住房公积金管理工作先进单位”称号。截至年底，全市共开立住房公积金账户并正常办理业务的单位4 879个，缴存职工356 841人，住房公积金覆盖率为91%。

【住房公积金归集】 把未依法建立公积金制度的三资企业、中小企业作为征收管理工作的重点，一是不断加大政策宣传力度。在坚持加大电台、网络、报纸等新闻媒体宣传力度的同时，更加注重深入企业，面对面的为职工宣传优惠政策，不断提高职工缴存公积金的积极性。二是严格规范企业缴存行为。按照“抓大带小”的工作思路，对经济效益好的大企业，严格执行规定的缴存政策，对经济效益一般的中小企业，适度降低缴存门槛，努力做到应缴尽缴、应建尽建。三是依法加大行政执法强度。严格按照《住房公积金管理条例》赋予的行政执法权，依法开展行政执法工作，进一步增强了单位依法缴存公积金的法制观念。通过依法加大住房公积金征收管理力度，全市住房公积金归集规模进一步扩大。全市全年共完成住房公积金归集额11.42亿元，比上年增收1.90亿元。截至年底，全市累计归集总额为60.75亿元，比上年末增长24.9%。

【住房公积金贷款管理】 出台《关于调整部分住房公积金贷款和提取政策的通知》，进一步加大对中低收入职工购买住房的信贷支持力度。一是对购买首套住房且套型建筑面积在 90 平方米以上的家庭，贷款首付款比例由不低于 20% 调高到不低于 30% 。二是对申请使用住房公积金贷款购买第二套住房的，首付款比例由原不低于 50% 调高到不低于 60% ，贷款利率提高到同期首套住房公积金个人住房贷款利率的 1.1 倍。三是对购买第三套以上住房的，停止发放住房公积金贷款。四是将贷款申请条件由连续缴存住房公积金 6 个月以上调整为连续缴存 12 个月以上；将贷款、提取使用范围由职工本人及其直系亲属调整为只限职工本人及配偶使用。通过调整住房公积金贷款和提取使用政策，住房公积金使用的社会效益进一步扩大。全市共有 41 001 人次提取使用住房公积金，提取金额 5.62 亿元，占当年归集额的 49.2% 。截至年底，累计提取住房公积金20.90亿元，占累计归集额的 34.3% 。共向5 982 户职工家庭发放住房公积金个人购房贷款 13.15 亿元，占当年归集额的 115.2% 。截至年底，累计向 30 327 户职工发放住房公积金个人购房贷款共计 5.12 亿元。

【公积金信息管理新系统开发建设工程】 12 月 1 日，完成了以强化资金安全管理为主线的公积金信息管理新系统开发建设工程。新系统将征收、缴存、提取、贷款、财务、稽查、档案管理等所有管理工作都纳入计算机系统控制之中。

一是严格落实职责权限。系统对每名工作人员的岗位职责和操作权限都进行了设定和控制，只有通过指纹身份认证进入系统后，工作人员才能在规定的权限范围内操作业务，并自动保留操作痕迹，真正做到职权落实到个人，保证责任追究到个人。

二是严格规范业务审批。系统将现行所有业务政策和办理规则都纳入控制之中，从业务的咨询到所需资料的提供，从受理资料的初审、拍照到对电子档案的确认复核，从审批的详细条件到规定的具体额度以及承诺的办理时限，系统都实现自动控制，对每笔审批业务都设定了受理、复核、审批三道关口，任何一个条件只要与中心的规定不符，或缺少任何一道审批环节，系统就进行提示，业务无法继续办理，杜绝违规问题的发生。

三是切实保证资金的安全管理。系统将中心主要负责人、各市区管理部负责人作为风险控制的重点，设置了以业务驱动为核心的资金运作机制，能够实时反映资金运转的每个环节，监管资金拨付的每个关口，追踪资金支出的每个流向，实现了资金运作的全程化监管，把每名工作人员都置于制度的约束之内、系统控制之中，真正确保了公积金的安全运行。全市全年公积金管理工作继续保持无项目贷款、无逾期贷款、无国债及其它投资项目的良好局面，实现了资金安全管理零风险。

（毕崇征　王漓江）

日　照　市

城乡建设

【概况】　2010年，日照市以科学发展观为指导，以加快建设海洋特色新兴城市为目标，以服从服务于全市经济和社会发展为大局，坚持“大投入、大开发、大建设”，抢抓机遇，真抓实干，成功举办了日照市庆祝荣获“联合国人居奖”一周年暨“世界人居日”活动，进一步巩固扩大了“联合国人居奖”成果；海纳君豪公寓室内外装饰工程荣获内装和幕墙两项全国建筑工程装饰奖，实现了全市幕墙类全国建筑工程装饰奖零的突破，城乡规划建设管理工作取得突出成就，日照市住房和城乡规划建设委员会先后荣获“全省城市防汛工作先进集体”“山东省对口支援北川灾后恢复重建工作先进集体”“全市综合治税一等奖”“全省建设系统工会工作先进单位”“全市工会工作先进单位”等荣誉称号，继续保持了“省级文明单位”称号。

【城乡规划编制】　全年完成规划投入4 300万元。启动城市总体规划修编，深化鲁南临海产业区规划，开展日照国际海洋城规划编制，加快了新市区、岚山临港产业区、莒县东部新区及五莲“三大片区”控制性详细规划编制，完成城乡一体化发展规划和主城区村居布点规划，进一步完善了城乡规划体系。将夜景亮化设计纳入建筑方案综合审查环节，提高了城市夜景亮化水平。制定《日照市区建设用地容积率调整程序暂行规定》等管理制度，开展房地产开发领域违规变更规划调整容积率专项治理；进一步理顺了工程综合竣工验收程序，强化了规划批后管理。“十一五”期间，全市规划投入过亿元，详规覆盖率比“十五”末提高了20个百分点。

【基础设施建设】　全市全年完成城建投资66.9亿元，其中市级财政投入21亿元，是上年的3倍，实现了历史性突破。高标准建设了阳光海岸梦幻海滩公园，成为集中展示日照海洋特色新兴城市形象的标志性工程。建成日照游泳馆，进一

庆祝日照市荣获“联合国人居奖”一周年暨“世界人居日”活动（摄影：厉志荣）

步完善了奥林匹克水上公园体育运动及休闲娱乐功能。规划展览馆主体工程已经完成，正在进行展陈施工。实施市区河道治理，张家河整治工程基本完工，香店河整治工程进展顺利。加强垃圾、污水处理设施建设，建设了市垃圾处理场渗沥液处理系统、污水再生利用二期工程、大学城中水站及5处村居污水收集处理工程，各区县均建成了污水处理厂和垃圾处理场，提前一年实现省政府确定的“一县一厂（场）”的目标。扎实推进北海路、济南路、公园路、岚山万斛北路、日照经济开发区天津路、莒县浮来西路、五莲向阳路等一批城市道路建设，极大地方便了市民出行。“十一五”期间，全市累计完成城建资金投入200亿元，是“十五”时期的3倍。

【民生工程建设】 完成市区集中供热改造工程，敷设最大管径1.2米的管网93公里，建设区域换热站2座、中继泵站3座，供热面积增加了360万平方米。加快城中村改造，市区推进了东港区高家岭等38个村居改造，共拆迁房屋7 865处、106万平方米，新开工建设安置楼131.9万平方米；全年新启动的26个村居共拆迁房屋4 425处、57万平方米，占年度计划的100.6%；建设安置楼57.3万平方米，占年度任务量的107%。完善住房保障体系，市区750户低收入住房困难家庭领取了经济适用住房补贴；岚山、莒县、五莲均实施了廉租房制度，全市2 300户家庭领取了廉租房补贴；建设廉租房300套，对符合条件的申请家庭全部实施了实物配租。扎实开展“和谐城乡建设”行动，市区实行市级领导包路段、包重点区域责任制，集中整治了10条小街小巷，维修改造了4条道路路灯，提升改造了50条道路绿化，完善了31处绿地景观，开展了屋顶和垂直绿化示范工程，新增绿化面积120万平方米。举办了日照庆祝荣获联合国人居奖一周年暨世界人居日活动，进一步巩固扩大了联合国人居奖成果。各区县结合实际，扎实开展了环境整治活动，改善了城乡环境面貌。

【市政公用事业】 完成水源地维护改造工程，推进了供水调度中心建设，加强了供水安全管理，全年完成供水4 257万立方米。结合市区集中供热工程建设，全部完成了市区“汽改水”改造。岚山实施了集中供热改造工程，集中供热面积近40万平方米。建成了城西天然气加气母站，推进了岚山门站建设，全年完成液化气供应量1.6万吨，天然气供应量3 000万立方米，新增天然气居民用户1.5万户。强化燃气安全宣传教育，开展燃气安全大检查，保证城市用气安全。加强市政、园林、环卫、排水精细化考核管理，管理水平进一步提高。加快了市区环卫一体化工作，市区40个村居环境卫生纳入统一管理；建设中小型垃圾收集站48座，新建改建公厕10座，建成启用了市建筑垃圾临时堆放场。在市垃圾无害化处理场设立了中小学生环境教育基地，开展了“小手拉大手”环境卫生教育活动，启动了垃圾分类收集试点。加强万平口景区管理，被授予“四星级平安景区”，管理经验被中央综治委向全国推广。

【建筑业】 大力实施“走出去”战略，引导建筑企业积极开拓外部市场。开展了建设工程执法大检查，落实了工程质量巡查、质量回访和分户验收等措施，工程质量管理得到加强。开展全市建筑业“安全生产月”活动，组织建设工程重特大安全事故应急演练，建筑安全管理水平进一步提高。加强工程招投标管理，全市应招标工程招标率和应公开招标工程公开招标率均达到100%。及时拨付建筑企业养老保障金，推动了建筑企业稳定发展。全市全年完成建筑业总产值171.35亿元，比上年增长15%；房屋建筑工程施工面积1 402.7万平方米，比上年增长13.1%；外出施工产值42.78亿元，比上年增长17.2%，建筑业地方税收占到全市地税总收入的16%。2项工程荣获全国建筑工程装饰奖，9项工程荣获“泰山杯”。“十一五”期间，全市建筑业总产值累计达541亿元，年均递增19%；累计实现建筑业企业利润总额25亿元，上缴税收15亿元；水上运动基地工程荣获“鲁班奖”，实现了日照市全国工程质量最高奖项零的突破。

【房地产业】 加强房地产市场调研分析，报请市政府延续执行《关于支持居民购买住房的意见》，有效拉动了住房需求。强化房地产市场监管，建立了商品房网上销售和签约备案制度，开展了存量房网上交易和资金监管工作。举办房地产博览会，组织开发企业赴上海、石家庄等城市进行宣传推介，“宜居日照”品牌进一步打响。全年共办理各类房屋登记3.1万件，登记面积641.8万平方米，登记额207.6亿元。全市商品房施工面积657.8万平方米，比上年增长31.6%；商品房新开工面积272.9万平方米，比上年增长2.8%；房地产业地税收入占到全市地税总收入的12.4%。“十一五”期间，全市累计完成房地产投资209.4亿元，存量房交易面积398.2万平方米，成交金额达70.8亿元，房地产市场保持了平稳健康发展。

【建筑节能】 对62.2万平方米既有建筑进行节能改造，超额完成省下达的50万平方米节能改造任务，走在了全省前列。市区供热计量面积达到251.6万平方米，占总供热面积的36%，超出住房城乡建设部“热计量收费面积要占到总供热面积25%”的要求。建设了市区集中供热调度中心，设立热计量表远程抄表平台，121.1万平方米实现供热数据远程抄表。出台《太阳能光热系统建筑一体化应用管理办法》等文件，对符合条件的高层建筑强制推广太阳能光热系统，城市规划区内居民太阳能热水器普及率达到95%以上。通过推进建设领域节能工作，每年可节约标煤20.67万吨，减排二氧化碳54.16万吨、二氧化硫1.76万吨，建筑节能工作得到住房城乡建设部、省住房城乡建设厅的高度评价。

【村镇建设】 开展全市“村镇规划年”活动，在全省率先完成新一轮乡镇总体规划修编。投入资金42.8亿元，建设了道路、供水、垃圾污水处理等基础设施，实施了村镇环境综合整治，村容镇貌明显改善。启动了21个“千户社区”集中居住区和“三区一点”示范项目建设。东港区两城镇、莒县招贤镇、五莲县街头镇被省政府命名为省级小城镇建设示范镇。扎实推进了农村住房建设及危房改造工作，全市农房完工和在建户数4.36万户，危房改造户数1.57万户，分别为年度任务量的132.1%、112.1%。“十一五”期间，全市累计完成村镇建设投入130亿元，村镇人均居住面积达21平方米，自来水普及率达65.5%，道路硬化率达33%，绿化覆盖率达21.3%，全市城镇化率达到47%，小城镇成为吸纳农村富余劳动力转移的主渠道。

【援川工作】 全力推进支援四川灾区各项重建工作，完成过渡性安置房建设1 019套，在全省率先完成了对口支援桃龙乡922户永久性农房修复和重建任务，率先完成总投资2 493万元的桃龙乡小学等7项工程，按时完成援建北川新县城投资1.3亿元总长8.2公里的三条市政道路工程，建设了新县城白杨坪片区10万平方米安居房工程，实现了三年援建任务两年基本完成的目标，创造了“日照速度”“日照质量”“日照援川精神”，树立了日照建设系统援建队伍“铁军”形象，市住建委先后被省委、省政府和市委、市政府授予“援川工作先进集体”。

【党风政风行风建设】 结合开展“创先争优、争做港城建设先锋”活动，继续深入开展“科学管理年”活动，在体制、机制等方面进行探索，激发了内部活力。实行干部“四德”考察、工作成效现场观摩、工作月报、“每日晒工作”和责任询问、责任追究等制度，在全系统树立了“有作为才能有地位”的正确导向。开展新一轮行政审批制度改革，精简幅度达41.7%。深入开展普法宣传活动，加强依法行政，全年未发生行政错案。加强12319服务热线建设，五莲县率先在区县开通了5812319热线；认真办理“行风在线”和“市长公开电话”转办事项，积极为人民排忧解难。加强政风行风建设，在全系统开展了廉政风险节点控制管理工作，从源头上预防腐败问题的发生。6月，全国建设系统惩防体系建设暨行风建设经验交流会在日照市召开，观摩了市住建委行风建设暨惩防体系建设现场。

2010年6月3日，全国建设系统惩防体系建设暨行风建设经验交流会在日照召开

（摄影：厉志荣）

（徐　伟）

城市管理行政执法

【概况】 2010年，日照市城市管理行政执法局坚持以科学发展观为指导，牢固树立以人为本、执法为民、为人民管理城市的理念，把尊重人、关心人、理解人贯穿城市管理全过程，扎实推进和谐城管建设，本着先服务、后管理、再执法的原则，在认真执行相关法律法规，确保城市环境整洁、规范、有序的同时，积极为群众办实事、解难题，各项工作保持了良好的发展势头，荣获“全省城建行业规范化管理先进单位”“中国水上运动会筹办组织工作先进集体”等荣誉称号。

【市容管理】 本着“抓提升、破难题、上档次、出精品”的目标要求，推动市容管理的精细化、科学化、高效化，实现四个突破：

一是日常监管实现新突破。按照城市街区标准化管理的要求，采取建立市容巡查档案、召开现场观摩会、签订门外管理责任书、定人定岗等措施，强化对市区40余条主次干道的市容监管。共规范泰安路、正阳路、郑州路等占道经营摊点8.7万余处，清理望海路、临沂路、上海路等乱堆乱放、乱拉乱挂8 900余处，拆除海曲路、碧海路、天津路等乱搭乱建、经营棚亭30余处，规范旅游景点及大型商业网点展销摊位、工艺品摊点、促销拱门1 800余处，清理青岛路、迎宾路、山海路等“三大堆”、打场晒粮390余处，取缔泰安路、文登路、海滨四路等露天烧烤30余处，规范市区主要街道停车秩序1.8万余处，市容市貌发生了显著变化。

二是探头市场整治实现新突破。针对北京路市场、厉家庄子市场、秦楼市场、合村市场等周边多年形成的脏乱差现象，主动作为，综合施治，逐步解决了乱停乱放、占道经营、乱倒垃圾等群众反映强烈的突出问题，实现了“城市要形象，市民要方便，业户要效益”的多赢。

三是夜间施工噪声扰民整治实现新突破。在坚持好夜间值班制度的基础上，成立专项整治小组，各综合执法大队成立相应的巡查分队，由分管领导带班，对违章施工频繁的区域进行重点巡查，严格控制各类违章施工行为；对屡禁不止的施工单位，加大处罚力度，在新闻媒体予以曝光，并积极发挥与市住建委建管部门的协作机制，给予扣减招投标分数及降级处罚；协调环保部门，为在合理工期内有特殊工艺要求的建设项目办理了夜间施工许可，做到依法施工。

四是店外洗车整治实现新突破。联合市住建委下发通告，采取设施改造、封闭经营、接入城市污水管网等措施，对市区206处洗车点实施分类治理，有效规范了市区洗车点经营行为。

【规划建设监管】 创新规划执法理念，变事后查处为全程监管，做到事前有教育、事中有监控、违规有处罚。

一是建立起违法建设的预防机制。按照“抓小、抓早、抓苗头”的工作要求，采取加强巡查、广泛宣传、有奖举报等办法，突出抓好卧龙山核心控制区、沿海线、民俗旅游村等重点区域的违法建设监管，努力在第一时间发现违法建设，解决在萌芽状态。

二是保持对违法建设的高压态势。不断完善政府领导、属地负责、部门参与、齐抓共管的综合拆违机制，配合区、街道及有关部门，先后组织30余次拆违行动，运用行政、法律、经济及人性化手段，拆除城乡结合部、新修道路两侧、城市防洪渠周边等严重影响城市规划的违法建设40余处、6 000余平方米，有力地震慑了违法行为。

三是抓好规划的批后监管。通过完善施工管理档案对在建工程实施动态监管，及时查处各类超面积建设及改变造型、建筑外立面颜色等违反规划许可的行为，共对市区358个建设项目进行了规划执法专项检查，检查总面积207万余平方米，维护了规划的严肃性。

四是强化重点工程执法保障。积极服务于市政建设和重点开发项目，先后参与了香店河、市级综合文化中心、北海路、阳光海岸、疏港高速等市政建设项目及五征商务车、华丰薄膜等重点开发项目的拆违清障工作，共拆除各类私搭乱建540余处、4万余平方米，减少建设成本2 000余万元，保障了各类重点工程的顺利建设。

【城管执法宣传】 紧扣城市管理主题和工作实际，开展全方位、多渠道的宣传活动。加强社会宣传，结合城管执法进社区、进学校等活动，采取召开座谈会、发放征求意见书、制作公益宣传版面、定期回访、组织城管志愿者发放宣传材料等形式，倡导广大市民养成文明的行为习惯，增强遵法守法的自觉性。借助主流媒体，大力宣传在队伍建设、拆违清障、城乡环境综合整治等方面的工作成绩和亮点，共在报刊、电视台等新闻媒体发表各类稿件120余篇，录制《城管执法队员的一天》专题片，在市“两办”及综治办刊发信息36篇，编发内部工作简报11期，在局内部网站登载宣传稿件143篇，树立了执法权威和良好形象。注重宣传引导，配合各项拆违及集中整治活动，深入现场及有关社区村居借势造势宣传，共出动宣传车50余台次，张贴、发放各类通告2万余份，营造出强大的舆论声势，有力地推动了各项整治活动的顺利开展。

【执法队伍建设】 按照构建和谐城管的要求，加强培训，注重引导，狠抓队伍建设不放松。

一是教育培训扎实有效。制定年度培训计划，编排学习配档表，采取周五下午集中学习、实用法规培训、领导授课等形式，加强政治理论和业务知识学习，特别注重以执法队员亲身经历的案件来谈感受、谈体会，引导执法队员牢固树立和谐城管理念，加深对城市管理工作的理解，提高和谐执法水平。

二是主题实践活动丰富多彩。通过现场观摩威亚发动机、梦幻海滩、岚桥港等全市重点建设项目，组织开展红色教育、结对帮扶、爱心助学、邀请市公安局赴疆维稳干警作报告等主题实践活动，激发了执法队员的工作热情。

三是廉政建设常抓不懈。建立健全了干部廉政档案，举办了《廉政准则》及四项监督制度专题培训班，组织开展了上特殊党课、到看守所接受教育、参观反腐倡廉图片展等警示活动，认真排查廉政风险结点，重申《禁酒令》，制定了廉政建设规定，廉政建设步入制度化管理的轨道。

四是城管文化建设充满活力。坚持突出特色，贴近实际，以弘扬新风正气为主线，创办了《城管风采》内部刊物，组织筹办了元旦晚会、知识竞赛、篮球比赛等活动，逐步构建起城管文化体系，用文化凝聚人、鼓舞人，推动工作上水平。

五是基层组织建设坚实有力。积极开展创先争优做港城先锋活动，细化基层党组织党员创先争优标准和评价办法；按照德才兼备的要求，对部分人员进行调整，真正把想干事、能干事、干成事、不出事的人员推选到重要岗位上来，树立起了正确的用人导向。

（袁宏文　高　鹏）

住房公积金管理

【概况】　2010年，日照市住房公积金管理中心深入实践科学发展观，认真贯彻执行国务院《住房公积金管理条例》，紧紧围绕年初制定的工作目标，扎扎实实开展住房公积金各项管理工作，圆满完成了全年的工作目标任务，取得了明显的进展和成效。全年共归集1 702个单位住房公积金6.06亿元，完成当年归集计划的151%，归集额增长19%；为职工购建房等支取3.49亿元，占全年支取计划的116%，比上年增长36%；为1 986户家庭发放公积金贷款2.65亿元，占全年计划的88%，发放额比上年增加1 630万元；回收贷款1.60亿元，贷款结余5.56亿元；当年实现业务收入2 856万元，实现业务支出2 076万元，实现增值收益780万元，经批准提取管理机构经费672万元，提取廉租房建设补充资金108万元。截至年底，全市累计归集住房公积金2.92亿元，累计支取1.50亿元，住房公积金余额为1.43亿元，为17 104户家庭发放个人贷款1.33亿元，建立贷款风险准备金998万元。

【住房公积金归集】　一是充分利用报纸、电视台、网站等媒体，开展内容丰富、效果明显的宣传活动，提高社会各界对建立住房公积金制度的认识，增强单位缴存住房公积金的积极性和主动性。在《日照日报》开辟专版《住房公积金之窗》，宣传《住房公积金管理条例》，详细介绍住房公积金政策，解答广泛关注的公积金热点难点问题，取得了很好的宣传效果。二是集中开展住房公积金催建催缴活动，全年重点做好建筑行业和非公有制企业的住房公积金制度建立工作。莒县管理部加大了对非公有制企业的催缴力度，通过多次上门做工作，解决了非公企业对住房公积金政策认识不足的问题，当年新增非公有制缴存企业3家575人；五莲管理部通过与当地财政部门沟通协调，为一直未缴纳住房公积金的25所乡镇中小学教师全部从2010年1月份开始补缴，共计为3 229名中小学教师一次性汇缴住房公积金954.3万元，维护了乡镇教师应得而未落实的个人权益；市直管理部通过协调日照市建委定额站，将住房公积金纳入建设工程定额取费基数，督促未缴公积金的房地产和建筑企业建立住房公积金制度，全年新增15家房地产、建筑行业的缴存企业。三是严格执行“控高保低”政策，加大缴存管理力度。认真做好住房公积金年度结息、对账及缴交工资基数调整工作，督促单位执行住房公积金缴存规定，切实维护职工合法权益。

【住房公积金支取】　在严格把关、保证资金专款专用的基础上，立足服务本质，尽最大可能方便单位和个人的支取。一是强化了窗口文明服务建设。将公积金支取的有关规定印制了明白纸放在窗口上，让办事人了解公积金支取政策，增强政策的公开透明度。进一步规范窗口工作人员的服务行为，推行首问负责制、一次性告知制、限时办结制等服务承诺制度，对绝大多数公积金支取做到了当场办理，不能当场办理的也耐心细致的做好解释工作，使办事人能够理解。优质的服务，得到了领导和办事人的认可，窗口在行政服务中心的月度考核评比中连续被评为优秀服务窗口。二是创新工作机制，简化办事流程，提高工作效率。住房公积金原则上是由本人支取，但对职工人数较多的大型单位如日照港务局集团、日照钢铁厂等，以及位置偏远的乡镇职工，实行了单位统一支取办法，由单位人力资源部门或财务部门先负责受理、审核支取手续，再统一报到窗口办理支取，不仅提高了工作效率，还极大的方便了办事人。

【住房公积金贷款管理】 一是进一步完善公积金贷款政策，加大贷款发放力度，大力支持城镇居民购买住房。二是丰富贷款担保方式。改变贷款信用担保的单一方式，大力推行房产抵押贷款业务，逐步解决了公积金贷款个人信用担保的瓶颈约束。三是进一步严格贷款审批。认真开展贷前审查工作，健全借款人贷前调查、面谈及信用查询制度，杜绝骗贷现象的发生。四是注重贷后管理和逾期贷款的回收工作。和各委托贷款银行签订委托协议，明确双方应负的责任和义务；督促各委托银行将住房公积金贷款业务纳入银行自营性贷款业务考核之内，提高对公积金贷款回收工作的重视程度；完善了贷款回收动态管理机制，定期进行贷后检查，制定贷款回收考核办法，联合银行不定期对贷款逾期“钉子户”开展集中上门催收活动；完善对逾期贷款的处理流程，逾期1个月以上，除电话催收外，发送逾期贷款催收通知单，逾期3个月以上，实施强制扣提公积金还贷，逾期6个月以上，委托经办银行提请仲裁或向法院提起诉讼，逐笔跟踪办理。

【住房公积金业务监管】 一是完善内外部管理制度，建立健全各项规章制度和长效机制。严格落实岗位目标责任制，加强内部自我约束，规范业务操作办法，进一步完善住房公积金财务管理、资金调度、风险控制等管理制度，加强对公积金提取、贷款业务的管理和监控，建立和完善责任追究制，从细、从实、从严抓好公积金使用的风险防范问题。五莲管理部把业务操作流程与廉政风险节点控制结合起来，制作成统一的图表上墙公布实施，既方便了干部职工前来办理业务，又有利于今后防范各项廉政风险，该做法已在日照全市推广。二是扎实规范做好会计核算工作。按照有关财务会计制度的要求，正确核算财务收支，及时编报财务报表。建立内部审计稽核制度，强化内部会计业务自查，将会计核算自查自纠工作制度化，确保各项会计业务规范、准确、及时。三是加强对委托银行的业务监督。定期对委托银行经办业务开展专项检查活动，通过检查督促银行做好公积金的归集、提取、贷款发放和回收等结算业务，按月对账，正确结息，定期进行归集和贷款数据库的资料登记维护，严格贷款档案整理工作，确保各项业务规范运行。

（孙　波）

莱 芜 市

城乡建设

【概况】 2010年，莱芜市住房城乡建设系统上下团结一致，坚持以科学发展观为统领，按照“一年工作见起色、三年开创新局面、五年建设大改观”的奋斗目标，科学务实、积极作为，用创造性的工作应对不同寻常的挑战，取得了显著的成绩。

【城建重点工程】 文化中心一期工程。项目包括钢铁博物馆、艺术馆和城市规划馆三个场馆，总建筑面积4.5万平方米，于2010年2月26日全面开工建设。作为工程业主，积极督促参建各方优化工序、科学施工，充分发挥“5+2”“白加黑”的工作精神，实施挂牌督战，全力以赴赶工期；实施24小时质量安全监管，全面落实建设、施工、监理等各方质量安全责任，打造了让群众满意的精品工程，三个场馆于11月底完成竣工验收。文化中心一期工程的建成投入运营，进一步完善了城市文化服务功能，丰富了群众的文化生活。

垃圾处理场扩建工程。该工程是国家扩大内需项目，设计日处理能力500吨，设计使用年限10年，工程主要包括填埋区土建工程和防渗处理、污水处理等工程。该工程的建设完成为推进城乡垃圾处理一体化打下了坚实基础。

市政道路建设。主要是对新甫路、花园路、嬴牟大街、大桥南路、沿河路和万福路等6条城市道路进行改造，同时，高标准完成了龙潭大街道路改造和“汽改水”工程，打造了城市道路建设样板工程。城市道路改造总长度6公里，各个工程全部提前完成，进一步优化了路网结构，方便了市民出行。

城市亮化工程。主要是对鲁中大街和万福路青草河段进行高标准亮化，采用节能环保的LED灯，对5公里道路和红石公园、政府广场进行了平面亮化，对46栋沿街建筑进行了立体亮化，建设高清晰LED大屏幕8个，安装点光源40多万点，工程于9月底全面完成，亮化了城区夜景。

强电下地工程。对鲁中大街、龙潭大街、嬴

文化中心一期工程 （摄影：戴金英）

牟大街、万福路、花园路和凤城西大街等6条道路实施强电下地，线路全长7 884米，土建工程于9月30日前全部完成，为净化城市上部空间提供了良好条件。

【市政公用设施建设】 市政道路维护。重点对文化路、鲁中大街、万福路、西外环、长勺路等路段进行道路养护，全年完成路面硬化1 050平方米，新补沥青路面6 980平方米，水泥碎石4 980平方米，回填风化砂550立方米。调整人行道花砖7 620平方米，新补人行道板砖1 500平方米，调整路沿石1.05万米，新安沿石1 000米，盖板220块，更换雨水篦子80块，运用机械25台班次，沿石培路肩3 800立方米，外运土石方1 800余立方米。

城市防汛。成立了以分管副市长为指挥长，市直有关部门负责人为成员的城市防讯指挥部。实行二十四小时值班和领导带班制度，确保信息畅通。召开全市城市防汛工作会议，市城市防汛指挥部下发《城市防汛责任制》文件，并对责任制落实情况进行了检查，使城市防汛各项工作得到有效落实。储备麻袋、锨、镐、木材等一大宗，保证关键时刻拿的出、用的上。对抢险队伍人员组成进行了调整，对不符合标准的调离岗位，保证抢险队伍“召之即来、来之能战、战之则胜”。

园林绿化。在市区红石公园、植物园、莲河公园等公园及道路、沿街游园绿地共栽植法桐、国槐、雪松、白皮松、银杏等30余个品种的乔木2 700余株，栽植紫薇、樱花、紫叶李等17个品种的花灌木2.13余万株，栽植红叶小檗、金叶女贞等11个品种的小灌木37万余株，栽植地被4 000平方米，进一步提高了城市公共绿化水平，全市建成区绿化覆盖率达到43.89%，绿地率达到40.75%，人均公园绿地面积达到16.27平方米。

环卫保洁。严格落实“一日两普扫，全天保洁”的卫生作业制度，加大了监督检查力度，对卫生管理薄弱之处责令限期改正，加强各物业公司的管理力度，提高了广大清扫保洁人员的工作积极性。进一步扩大机械清扫作业面积，对市区主干道实行机械化清扫，并根据不同季节、不同情况，对不同路段进行高压冲洗，卫生质量大大提高。实行全面巡查与重点治理相结合的管理模式，严厉查处违法行为，全年查处违法违规行为500余起，签订环境卫生责任书200余份，应用简易程序的案件近300起。

城市照明。建设完成嬴牟大街、大桥南路、花园北路、鲁中西大街、新甫路等6条路段的路灯工程，安装路灯281杆1 196盏，垒砌检查井443个、电缆管沟16公里，敷设电缆14公里。全年共检修路灯控制点配电盘280次，更换路灯检查井盖630个，维修更换电器1 100余套、灯具600余个，整改歪斜灯杆16杆、更换缺失的接线门1 280个、整修损坏线缆16处共3 000余米，维修变压器17台次，全市路灯设施完好率达到100%，亮灯率达到98%以上，城市亮化水平进一步提高。

城市亮化工程之青草河夜景 （摄影：刘义发 亓秀玲）

城建档案与数字化城

市管理。开展“城市记忆工程”，对莱城区22个、钢城区12个、开发区6个“城中村”改造项目进行拍摄建档，形成录像资料240分钟，照片1 460余幅。强化管线工程档案的管理，积极做好地下管线工程的信息登记和竣工测量工作，全年共发放地下管线施工许可证18个，测绘管线长度7.9公里。3～9月，对城市规划区内约70平方公里进行了控制点布控和地形图普查测绘工作，新布设E级GPS控制点66个，四等水准测量106公里，补测面积30平方公里。

【村镇建设】 城中村改造。建立“工作倒逼”机制，将全年改造任务分解到镇（处）、落实到村、计划到月、安排到周。实行“六包”责任制，即包拆迁、包安置、包质量、包安全、包信访、包稳定。全年拆迁任务240万平方米，实际完成拆迁259万平方米，超额完成任务。

新城镇建设。新城镇9个示范镇共52个建设项目完成投资7.2亿元。严格按照“十有”标准，重点突出村镇基础设施建设，强化功能分区，着力建设生态镇（村）、特色镇（村）、精品镇（村）。全年完成村镇建设总投资17.2亿元；完成公共建筑34万平方米，生产建筑33万平方米；小城镇自来水普及率、道路硬化率分别达到100%和90%，水、电、路、通讯、有线电视等配套率达100%；新增绿地5万平方米；全市各社区建设农村生活污水集中处理设施22个；垃圾集中处理率达到100%。

集中居住区建设。确定集中居住区四种建设类型，即城镇社区集中型、农村新社区集中型、农村特色居民点型、拆迁安置型。居住区建设过程中，严格规范操作流程，确保建设程序合法，所有建设工程均通过招投标，择优选择具有相应资质的施工、监理单位承担。加强对工程造价、施工安全、竣工验收等环节的监督管理，确保了集中居住区建设项目的施工安全和工程质量。全年农村新社区开工项目71个，完成1.54万户，超额完成全年任务。

城乡环境综合整治。以和谐城乡建设行动为总抓手，大力实施垃圾污水治理。坚持市场化运作，建立了村收集、镇集中清运、市区统一处理的模式。全市已配备保洁员2 696人，规划建设压缩式中转站13个，建设垃圾池（箱）2 145个。坚持城乡统筹发展，积极推进城边村、小城镇驻地村、工矿企业驻地村、弱小村整治改造，突出以“三清、四改、四通、五化”为主要内容的村庄整治，改善群众居住条件。扎实推进村镇环境综合整治，坚持资金向村镇倾斜，公共服务设施向村镇延伸，推动村镇加快道路、供排水等基础设施和公共服务设施的建设，建设生态文明乡村。

城中村改造项目—戴花园

【节能减排】 供气供热。以《莱芜市燃气专项规划》为依据，加快发展天然气工程建设，全市投资

3 000多万元，建成莱城至雪野旅游区天然气管道21公里，莱城工业区至羊里镇的天然气管道15公里，配套建设钢城区天然气中低压管网20余公里，初步建立起以莱城为中心、城乡一体的天然气管网框架。全市城镇天然气用户达到6.5万户，城市管道天然气普及率达65%，年用气量达3 000万立方以上，进一步拓宽了天然气发展空间。在供热方面，全市共建设万福路、龙潭大街等高温水管线32.1公里，高温水供热总面积达到103万平方米，约占全市总供热面积的20%。

城市节水。编制了《莱芜市城市节水中长期规划》，将城市节水规划纳入地方经济和社会发展规划，并将节水"三同时"审查纳入建设项目基本审查和验收程序。为500多家用水单位建立了电子档案，对每个用水单位邮箱进行了登记，并实行网络信息传递。加大节水宣传，节水宣传周期间发放节水宣传材料3 500余份，现场提供咨询近千人次，发送节水公益短信2万余条，同时开展了"节水进社区""节水进校园"等活动。

建筑节能。全市确定并组织实施既有建筑节能改造项目14个，建筑面积29.67万平方米，超额完成了省住房城乡建设厅下达的改造任务。全年扶持新上新型墙材与建筑节能产品生产厂家5家，新增生产能力7 700万标砖/年。加大现场工地巡查力度和砖厂的抽检次数，与市财政局联合开展了打击工地使用粘土砖的突击检查，凡是使用实心粘土砖的建设项目一律停工整顿。实施太阳能建筑一体化建设项目26个，建筑面积达到52万多平方米。

【建筑业管理】 建筑市场管理。组织开展违法工程执法检查，共检查未办理施工许可手续擅自开工工程11个；开展建筑施工现场作业人员持证上岗情况大检查，共检查建筑施工现场83个，清出无劳务资质建筑企业6家；开展季节性、节假日前后安全生产大检查，共组织大检查4次，检查施工企业104家，工程监理企业43家，在建工程172个，共下达安全生产告知书67份，隐患整改通知书176份，停工通知书70份，消除安全隐患1 200余处。严格执行建筑劳务工资保证金和外地进莱企业预存"农民工工资保证金"制度，共收缴建筑劳务工资保证金370.9万元，返还工资保证金52.7万元。

工程建设管理。把2010年确定为建筑工程"文明施工管理年"，印发了《关于深入开展"文明施工管理年"活动的意见》，以开展"文明施工管理年"活动为载体，以全面整治建筑工地"脏乱差"为突破口，强力推行施工现场标准化管理；印发了《关于加强建筑工地施工现场文明施工管理的通知》，在市区沿街建筑工地推行"文化墙"建设，共建设文化墙15处，面积2 000余平方米。

建设培训。认真抓好建筑行业农民工职业技能培训与鉴定工作，完成3 265人的培训鉴定发证任务，涵盖22个工种。组织8名技术骨干参加了省建管局组织的山东省建筑工地农民工业余学校师资培训班，为建筑工地农民工业余学校培养了师资；组织15名技师参加了"金蓝领"项目技师培训，强化了建筑领域高级技能人才培养。对387名申办《特种作业安全操作资格证书》的作业人员进行培训学习和统一考试，对全市7 653名特种作业人员进行了年度复审。

（亓艳斌　唐　锰）

城乡规划

【规划编制】 城市设计。进一步完善了各个分区规划、下游规划和专业性规划。组织编制了三项城市设计，分别是高新区北片区城市设计，市政广场南广场（鲁中大街以南、鹏泉大街以北）城市设计，长勺路以东、凤凰路以西、牟汶河以北、辛大铁路以南片区城市设计。编制了莱芜市财富广场等设计方案。

完善“四个功能区”规划。高新区范围内，编制了东连河景观概念规划、凤凰路11公里亮化设计；莱城工业区范围内，编制了口镇总体规划、中心区控制性详细规划和城市设计，完成了吐丝口古镇基础资料收集及项目考察工作；雪野旅游区范围内，编制了雪野软件园概念性详细规划等多项规划。

城中村、旧城区改造规划。以全域统筹理念为指导，组织编制了“城中村”改造片区的概念性规划，编制了《莱城城东片区旧城更新规划》，修订了各片区详细性规划。

村镇规划。编制了杨里镇、寨里镇总体规划；编制了14项集中居住区规划、20个中心村规划、47个基层村规划。

城市规划馆建设。高标准建成了莱芜市城市规划馆，编制了《莱芜城市规划馆设计方案构想》，按时完成了布展工作。

【规划执法】 依法行政。认真执行建设项目规划许可制度，对各类建设项目严格依据城市总体规划，按照法定程序和公开承诺的时限进行审查审批，先后受理各类建设审批事项1 000多项，核发建设项目选址意见书54份、建设用地规划许可证213份、建设工程规划许可证268份、建设工程竣工规划验收合格证75份、临时建设工程规划许可证58份、工程放线单241份、工程验线单92份、乡村建设规划许可证25份，完成建设用地拨地定桩133宗。

规划监察。坚持批管结合，大力加强规划监察工作。对城区的各类违法建设项目，积极配合执法部门提出处罚建议。对乡镇建设项目实行定期巡查，先后查处乡镇各类违法建设案件69起，其中按一般程序查处5起，按简易程序查处64起，下达责令停止违法行为通知书39份、责令限期改正通知书15份、关于建设项目的督促查处告知函21份。

【阳光规划】 按照“政府主导、专家论证、集体研究、公众参与”的原则，建立完善城乡规划的科学民主决策机制。对每项规划合理确定规划编制任务，科学制定规划设计条件，指导规划编制。同时认真听取专家意见，对重要的规划项目，及时组织专家进行论证评审，提高规划的科学性。坚持科学民主决策，认真执行城市规划决策与审批工作制度。对所有规划建设项目逐级提报城乡规划业务会、城乡规划审查（定）会和城乡规划委员会进行集体审议审查，进行民主决策。同时认真实行规划公示制度，先后公示各类规划、建设项目100多项。

（陈茂田　吕明昌）

房地产管理

【住房保障】 “十一五”期间住房保障工作取得显著成绩，累计争取中央、省住房保障奖补资金3 592万元，发放补贴金4 650万元，解决7 117户城市低收入家庭住房困难，对提出申请的城市低保住房困难家庭做到了应保尽保，较全省提前一年完成城市低收入住房困难家庭第一轮保障任务。采取发放修缮、租房、购房补贴等形式，解决了2 000户农村低保家庭住房困难，共发放补贴金753万元。2010年，完成新增1 235户城市低收入住房困难家庭保障任务，新增保障1 000户农村低保住房困难家庭。保障性安居工程建设扎实推进，在普通商品房小区配建的440套保障性住房全部竣工，做到了投资计划落实到位、资金配套及监管到位，确保了工程按期交付使用。积极开展公共租赁住房试点和棚户区改造工作，落实了企业150套公共租赁房建设和80套棚户区改造任务。

【住宅建设与房地产开发】 着力于机制创新，以规范市场、服务为民、促进发展为抓手，大力整治市场环境，开展了商品住房项目预售专项检查，进一步规范了开发企业商品房预售行为，营造了良好的市场秩序。全年完成房地产开发投资20亿元，比上年增长26.76%；商品房在建施工面积343.97万平方米，比上年增长40.74%；商品房新开工面积117.51万平方米，比上年增长97.13%；商品房竣工面积60.77万平方米，比上年增长41.36%，房地产市场实现了结构合理、供求平衡、价格稳定。在全省创新开展了“一手交房、一手交房产证”工作，从源头上解决了居民购房后拿证困难问题。优化新建商品房登记办证程序，选择实力强的开发企业为试点，采取测绘与登记提前介入方式，购房人在拿到钥匙的同时，即可拿到房产证，实现了住权与产权的同步交付。全年为400户新购房业主办理了一手交房、一手交证业务，《大众日报》《中国建设报》刊发了《莱芜推行住权产权同步办理》的消息，介绍了莱芜市的做法。住房和城乡建设部A级住宅性能认定评审会议在莱芜市召开，鲁能·方兴苑项目被评定为2A级，东海花园项目和福莱佳园四期项目被评定为1A级，住宅产业化水平进一步提升。

【房地产交易】 *房地产交易有形市场建设*。房地产交易市场建成并投入使用，结束了长期以来房地产交易有市无场的局面，在为房地产开发企业和二手房交易活动提供高水准服务平台的同时，也为购房群众提供了一个更为优越、舒适和放心的购房环境。财政、地税、银行、中介机构全部入驻新的房地产交易市场，简化了办事流程，实现了“一条龙、一站式”服务，做到了“进一个门，办全部事”。

房地产信息系统建设。投入近400万元，建设了以满足分类、分区域、分结构分析市场供求的房地产市场信息系统，并成功与省联网，成为全省首批6个与省联网的城市之一，顺利通过了省住房城乡建设厅检查验收，达到优秀等次。

简化登记流程。进一步规范了房屋登记业务流程，将114项业务细类的登记业务流程全部由“三审”改为“两审”，实现了受理、审核后直接登簿，进一步提高了登记效率，部分业务实现了“立等可取”。全年累计完成各类登记23 994件，563.15万平方米，比上年增长37%；其中为企业和个人办理抵押登记5 034件，抵押金额42.91亿元，比上年增长50.53%。

开展农村集体土地房屋确权登记工作。建立健全了工作机制，制定了具体工作方案和实施细则，开发研制了农村宅基地房屋登记发证信息系统，印制明白纸、宣传册、各类图表等30万份。全年完成登记发证6.6万户，完成集体土地工商业用房登记22件，建筑面积9.05万平方米。积极探索开展农村集体土地房屋抵押贷款工作，办理农房抵押登记21件，抵押贷款金额达到3 100万元，满足了农民融资创业的需要，实现了农房由财产变资产、由资产变资金。

【城市房屋拆迁】 认真落实拆迁各项政策法规，妥善处理各方利益关系，有效维护了社会稳定，全年发放拆迁许可证5份，拆迁房屋建筑面积2.6万平方米。积极配合相关单位开展城中村和重点工程拆迁改造工作，指导推进了全市“两新”工程的拆迁。从源头抓起，切实加强拆迁信访调处工作，实现了到省进京零上访。

【物业管理】 建立物管纠纷调处机制，完善住宅维修资金归集管理制度，积极扶持物业服务企业壮大发展，物业服务水平和业主满意率不断提高。指导成立了13个小区业主委员会，有效地提高了小区自治能力和调处纠纷能力。修订完善了《莱芜市住宅专项维修资金管理办法》，加大了住宅专项维修资金归集力度，累计归集资金突破亿元。积极引导物业服务企业争创省优示范项目，取得明显成效，有2个项目获“省优示范小区”称号，莱钢型钢工业园获“省优示范工业园”称号，市行政服务中心获“省优示范大厦”称号，填补了工业园项目和大厦项目物业管理省优空白。全年新审批8家三级物业服务企业，核准2家外地物业服务企业在莱注册备案，物业服务企业累计达到46家。

（吴长征）

住房公积金管理

【概况】 2010年，莱芜市住房公积金管理中心归集住房公积金2.21亿元，累计归集住房公积金9.99亿元；发放住房公积金贷款1.59亿元，累计发放住房公积金贷款10.40亿元；支取住房公积金5 396.59万元，累计支取住房公积金2.04亿元；实现住房公积金净收益1 030万元，累计实现住房公积金收益3 226万元；计提廉租住房建设资金390.17万元，累计提取廉租住房建设资金1 030.90万元，促进了全市廉租房建设和房地产业健康发展。9月份被省住房城乡建设厅、省财政厅、中国人民银行济南分行、省银监局联合授予“2009年度全省住房公积金管理工作考核先进单位”称号。

【住房公积金归集】 *加强宣传*。运用莱芜日报、莱芜电视台、市公积金管理中心网站等各种宣传工具，加大住房公积金宣传力度，努力让住房公积金制度深入人心。年初向全市干部职工发放公积金个人账户余额对账单5万余份，受到广泛好评。

加大催缴力度。做好现有缴存单位的管理工作，确保行政事业单位住房公积金应缴尽缴、应建尽建。对欠缴住房公积金企业下达《催缴通知书》近100份，最大限度地保证单位正常缴存。积极开展“两个延伸”工作，进一步加大向企业、乡镇机关延伸力度，逐步实现住房公积金制度全覆盖。

做好“增量扩面”工作。及时调整住房公积金缴存基数。认真审核每个缴存单位的住房公积金缴存情况、缴存基数和比例，严格控制并按规定审批缓缴等事项。做好进城务工人员、城镇个体工商户、自由职业者缴存住房公积金工作，扩展住房公积金保障面，全年新增住房公积金缴存单位30多家，新增缴存职工2 500人，金额270余万元。

【住房公积金贷款】 *实行差别化贷款政策*。出台《关于明确住房公积金贷款有关问题的通知》，在确保资金安全的情况下，支持职工首套购房，首付比例由30%降到20%，最高贷款额度由20万元提高到30万元，贷款期限由20年延长到30年，减轻干部职工还款压力；对于购买第二套房的，首付款比例由30%提高到50%，贷款利率按同期住房贷款利率的1.1倍计算；停止向购买第三套及以上住房的职工发放住房公积金贷款。

创新贷款管理，拓宽受益人群。对大中专毕业生就业后连续缴存住房公积金三个月以上的，开通贷款绿色通道；配偶在异地工作的，允许职工申请贷款用于异地购房；开办“商转公”业务，对已办理商业银行住房贷款（还款期内）的职工，可用住房公积金贷款归还商业住房贷款，使干部职工进一步享受住房公积金贷款的优惠。

强化贷款风险意识。建立受理、初审、复审、终审的审贷分离制度，将贷款审核工作进行细化、分解，明确每一笔贷款材料需要审核的内容，规范贷款审核人员的操作。加强贷前审查，不仅要审核借款人缴存公积金的时间，还要审核借款人的还款能力、个人信用以及购房的真实性。加强贷款审批，严格落实集体会签制。加强贷后管理，由分管领导具体负责逾期贷款催收工作，采取电话、发函、上门等多种手段催收逾期贷款，确保了贷款资金的安全。

【住房公积金支取】 *实行人性化管理*。创新住房公积金支取方式，为充分体现住房公积金的互助性，减轻借款人还款负担，职工可提取本人、配偶及直系亲属住房公积金用于偿还其住房公积金贷款本息；允许农民工凭租赁合同和租赁费用支付凭证提取住房公积金用于支付房租；对享受城市最低生活保障的困难家庭，允许用本人及配偶的公积金支付子女上学期间的学杂费。

严格支取审核。为杜绝套取行为，购房支取必须有经房管部门备案的合同，经过银行确认的首付款支付凭证或售房单位开具的售房发票。二手房须提交契税完税凭证，以确保购房的真实性。同时简化手续，规范流程，提高工作效率，对离退休、调离本市的干部职工，手续齐全的实行即时办理。购建房正常支取的，在3个工作日内办结。

【住房公积金核算】 强化内部控制，提升财务管理水平。修订《莱芜市住房公积金管理中心财务管理办法》《莱芜市住房公积金管理中心内部资金管理办法》，进一步完善会计管理职责，实现会计工作的制度化、规范化、电算化；加强归集、贷款系统监管，确保资金安全。为保证各项业务操作的准确性，杜绝账实不符、入账滞后等情况发生，定期与各银行核对各类住房公积金账户，同时与住房公积金归集、贷款管理系统核对账务，编制会计报表，确保了住房公积金的安全。严格按市住房公积金管理委员会的决策履行管理职责，积极配合省住房城乡建设厅、财政厅、审计厅等部门对各年度住房公积金管理工作的考核检查。一季度利用市公积金管理中心网站向社会公布了2009年度住房公积金财务公告，增强住房公积金管理工作的透明度，接受社会各界的监督。

【住房公积金管理信息化】 提升市公积金管理中心网站的信息披露功能，为社会监督、推动住房公积金管理工作的高效化、规范化服务。对市公积金管理中心网站、局域网进行全面升级优化，提升了网站服务功能，畅通监督渠道。全年网站接受来访达到33.2万次，其中当日最高纪录2 315次。网站开通以来累计点阅60多万次，日均1 230次，连续两年被莱芜市人民政府新闻办公室授予“优秀网站”称号。开通住房公积金服务热线，指定专人对职工提出的公积金管理方面的问题及时进行处理和答复。建立信息共享机制，实现了内部科室、管理部、有关公积金承办银行数据的联接，大大提升了工作效率，加大了市公积金管理中心对各科室、管理部、公积金承办银行的监管力度。

（王富国）

城市管理行政执法

【概况】 2010年，全市城管执法系统以精细化管理、规范化执法、人性化服务为主线，不断创新工作思路，完善工作机制，改进工作作风，提高工作效能，各项工作取得显著成效，全年共立案5 817起，结案5 762起，处结率99.05%，错案率为零，先后获得“全省住房城乡建设系统先进集体”“全省城建行业规范化建设先进单位”“全省依法行政先进单位”“全市精神文明建设及城市公共文明和未成年人思想道德建设工作先进单位”等荣誉称号。

【市容整治】 开展了“三超”车辆、露天烧烤、噪声污染、乱停乱放以及清理落地招牌、整顿户外广告等专项整治活动，有效解决了一大批城市管理难题。全年共依法查处违规货车440余辆，规范烧烤经营户100余家，取缔46家，排查噪声污染源300余家，整改夜间施工工地20余家，拆除各类乱搭乱建60多处，疏导规范占道经营2.68万处，贴单处罚乱停乱放车辆5 000余辆，清除各类乱贴乱涂小广告21万余处，整改更新和拆除各类不符合设置标准的户外广告1 200余块，清理各类落地招牌灯箱960多块，粉刷破旧残损墙面 8 500 多米，设置公益广告 1 200 余平方米，圆满完成了全国城市公共文明指数测评、钢铁博览会、航空体育节以及全省转方式、调结构现场观摩会等检查验收活动。同时，认真贯彻落实《山东省城镇容貌和环境卫生管理办法》，全面推行城镇容貌管理责任区制度，与城区各沿街单位、业户签订《城镇容貌管理责任书》4 500 余份，大大提高了广大业主自我管理的意识。

【规划执法】 3 月，联合市建委、市国土局、市规划局、市房管局等多个部门，组织召开了全市预防和查处违法建设工作会议，动员社会各界积极行动，齐抓共管，全力打好违法建设查处攻坚战。4 月，召开服务城中村改造从严治理违法建设现场交流会，进一步明确了各村居、社区的责任，增强了信心和决心。在此基础上，坚持关口前移，进一步加大巡查监管力度，立案查处违法建设案件 90 起，拆除违法建筑 50 余处共 1.07 万平方米，为全市“两新工程”建设搞好服务、扫清障碍。同时，对部分社区、村（居）内擅自改建、新建的房屋组织了强制拆除，集中拆除了一批顶风而上、影响恶劣的城中村“钉子户”，较好地遏制了城中村违法建设势头，达到了“拆一处违法建设，保一方群众利益”的目标。

【数字化城市管理】 充分利用监督员上报、远程视频监控、12319 服务热线等渠道，实施全方位监督、监控，大大提高了城市管理的覆盖面，实现了无缝隙管理，全年发现并上报违法现象 18 560 件，处结 17 888 件，处结率 96.38%。紧紧围绕市政府确定的钢城区、高新区数字化系统重点项目建设，专门成立项目建设协调指导小组，定期进行调度指导，钢城区已基本完成数字城管建设工程，进入调试阶段；高新区已确立自行建设模式，进入实施阶段。

【城镇管理一体化】 以加强街道（镇）、社区城市管理为重点，大力推动重心下移，进一步完善管理体制和机制，建立健全了市、区、街道（镇）、社区四级城市管理网络。强力推进城市管理进社区，通过成立城市管理办公室，明确社区管理职责，提高自治管理水平。继续开展“容貌优美示范镇”创建活动，组织多次联合执法活动，集中整治店外经营、户外广告、农村“四堆”、城镇建筑、道路交通等突出问题，城镇驻地面貌明显改善，全市 90% 的城镇已达到“容貌优美示范镇”考核标准。

（柏建亮）

临　沂　市

城 乡 建 设

【概况】 2010 年，临沂市住房和城乡建设委员会大力实施城镇化主导战略，加大城乡统筹力度，加快城乡建设步伐，进一步提高了城乡基础设施水平和生态环境水平。全年完成城建投资 62 亿元，城镇化水平达到 48%，数字化城市管理工作顺利通过国家验收，全国无障碍城市创建通过验收，临沂城区铁路沿线环境整治项目荣获“中国人居环境范例奖”，沂南县铜井镇竹泉峪旧村改造项目获“山东人居环境范例奖”，临沂市荣获“中国城乡建设范例城市”称号，住房城乡建设部将临沂城镇化的做法编入了《村镇建设白皮书》。

【城镇化】 全市城镇人口达到482.7万人，城镇建成区面积达到683平方公里，其中，中心城区建成区人口和面积分别达到164万人和162平方公里。在全国率先制定了《临沂市生态城镇指标评价体系》和《临沂市生态城镇申报与评审办法》，成功举办“中国（临沂）城镇化主导区域发展”论坛，产生了较大影响。

【城市基础设施建设】 市政建设水平明显提高。全年完成市政工程建设投资30.52亿元。新增道路面积673万平方米、长度473公里，新铺设排水管道223公里、污水管道133.4公里，新安装路灯1.62万盏，新建和续建城市污水处理厂2座（规模5万吨/日）。城市生活污水处理厂全部执行一级A排放标准，污泥基本实现了无害化处置。立体交通、道路工程建设加速，老临西八路拓宽改造、滨河路与通达路互通立交、解放路西桥头互通立交等工程竣工通车。西外环与双岭路立交桥工程完成总工程量的70%，开罗大桥等工程开工筹备工作基本完成。

公用事业快速发展。积极推进“气化临沂”建设，全市燃气行业完成投资5.38亿元，新增供气管线584公里，居民用户12万户；努力做好供热工作，全市供热行业完成投资4亿元，新增供热管线36公里，供热面积900万平方米；编制了供热计量改革方案，已安装热计量表100万平方米；不断提高供水行业管理水平，全市供水行业完成投资近9.8亿元，新增供水管线近100公里，中心城区封停自备井133眼，临沂城30万吨供水工程建设任务如期完成。

城中村改造有序推进。全年新启动改造村居17个，拆除房屋建筑面积360万平方米，新建安置房屋建筑面积310万平方米，投入拆迁安置补偿资金39亿元，惠及居民2.5万户。

数字化城市建设取得重大突破。兰山区、罗庄区、河东区和临沭县的数字化城市管理系统开启试运行。全年系统共发现各类城市问题4.85万个，有效立案4.27万个，结案2.76万个。3月，顺利通过住房城乡建设部“数字化城市管理试点城市”验收，成为鲁南经济带、淮海经济区和全国革命老区中第一个、山东省第三个实现数字化管理的城市。

临沂滨河景观 （摄影：付迎东）

【村镇建设】 以农村住房建设和危房改造、中心镇和中心村建设为重点，不断完善村镇基础设施和公共服务设施配套。全年完成村镇建设投资99亿元，其中小城镇建设投资35亿元，新建住宅936万平方米，公共建筑187万平方米，生产建筑332万平方米；建设农村住房127 506户，改造危房27 038户，集中建设改造村庄769个。住房城乡建设部在临沂召开建材下乡（山东）现场会，推广了临沂的经验和做法。

【建筑节能】 不断加强对节能材料生产的引导，全市新型墙材生产企业达到了80家，生产线达到84条。全年新型墙材应用量达29.6亿标砖，外墙体保温材料生产能力达43万立方米。市直新建建筑节能达标率达到100%，各县区均达到95%以上。“十一五”期间完成既有居住建筑供热计量及节能改造80.68万平方米，完成量为省分配任务的161.4%。大力推广可再生能源建筑一体化应用，全年完成太阳能一体化应用面积120万平方米，完成量为省分配任务的200%。“禁实”工作以治理粘土砖厂、非法页岩砖厂为重点，取得明显成效，138家粘土砖厂已全部停电停产，基本拆除，161家非法页岩砖厂绝大部分停电停产。

【建设科技】 协助天元集团申报了博士后工作站；向省有关部门推荐QC成果6项、省级工法20项、省建筑业技术创新奖6项、省建筑业新技术应用示范工程7项；积极争取政府科研基金项目，推荐5个项目申报2010年科技发展计划；积极申报省、市科技项目，3个科研项目申报了2010年度住房和城乡建设部华夏建设科技奖；大力推广农村生态节能房，抗震节能生态农宅小区示范工程即将竣工。不断提高关键岗位培训质量，培训关键岗位管理人员2 427名，全市住房和城乡建设系统有5名职工分别荣获“全国劳动模范”“山东省有突出贡献技师”“山东省首席技师”“山东省工程勘察设计大师”“山东省建设系统职业技术能手”称号。

【房地产综合开发】 全市房地产开发企业发展到397家，直接从业人员2万余人。全年完成房地产开发投资158.23亿元，比上年增长8.10%；开发项目施工面积达到1 910.13万平方米，其中新开工面积597.16万平方米，比上年增长12.3%；竣工面积213.15万平方米，比上年增长0.6%；销售面积459.19万平方米，比上年增长22.7%。

【建筑业】 按照“做大做强临沂建筑业”的总体部署，不断促进行业结构优化调整和企业增长方式转变。全市共有建筑业企业694家，其中总承包企业、专业承包企业特级1家、一级14家、二级118家、三级315家，劳务分包企业246家。全年完成建筑业总产值285.3亿元，比上年增长29.4%；实现建筑业增加值76.5亿元，比上年增长43%；外出承接施工任务85亿元，完成产值45亿元，劳务输出9万人次；装饰装修企业发展到126家，完成产值20亿元，比上年增长31%。

【工程建设管理】 规范建设市场秩序。全年共检查78家建设单位、122家建筑施工企业，旧村改造工程6处，325个单体工程，总建筑面积450万平方米，总合同造价41亿元；依法下达《责令停止违法行为通知书》36份、《责令限期改正通知书》78份，对违法违规限期整改不到位的23家企业进行了处罚。

开展建筑工地创卫工作。制定了《临沂市建筑工地创建国家卫生城市标准》，对630个建筑工地进行了详细的责任分工，落实严格的责任目标奖惩机制。对市区248个主要路段的工地围挡进行改造提升，发挥精品工地的带头作用。

全面加强招投标管理工作。全市建设工程项目及拟招标登记共计276项，建设规模533.39万平方米，估算投资111.28亿元。中标通知书及合同备案442项，建筑规模385.93万平方米，中标及合同价共75.06亿元。

【平安建设】 加强规章制度建设。针对建设领域依法行政需要，研究制定了51件规范性文件。依据有关法规和上级要求，对71件规范性文件进行了梳理。开展了“法律五进”和“平安临沂”建设宣传活动。

认真解决热点难点问题。全市共解决拖欠工资投诉221起，工资额650余万元，涉及农民工1 400余人次；征收建筑企业养老保障金1.7亿元，完成全年省任务的280%、市任务的176%；市直全年共办理安全报监项目587个，建筑面积345.36万平方米；全年通过信访渠道接待、受理来访27起次、100余人，办结率100%。

推进行风政风建设。积极参加“行风热线”节目，共接听电话94个，反映人满意率达100%；“马上就办”接到投诉电话64个，群众满意率达到98%；12319服务热线共受理公众来电2.3万余例，处结率达98%以上，回访客户满意率100%。

（高希江　韩　蕾　郇　蕾）

城乡规划

【概况】 2010年，临沂城乡规划系统遵循“实现一个率先，规范两个管理，突出三个重点，力争四个突破，强化五项措施”的总体工作思路，充分发挥城乡规划的引导和调控作用，依法加强规划编制和实施管理工作，取得了良好成效，先后蝉联“省级文明机关”“市级文明单位”“全省建设系统先进集体”“全省城市规划工作先进集体”“临沂市政务大厅‘红旗窗口’”“山东省一级（优秀）机关文书档案室”荣誉称号；荣获“全省建设行政执法责任制先进单位”“全市‘行风建设’先进单位”“‘阳光、效率、民生’——全市群众满意服务品牌”“全市对口支援北川灾后恢复重建工作先进单位”“全市安全生产工作先进单位”“全市城乡环境综合整治工作先进单位”等多项荣誉称号。

【规划编制】 城市总体规划修编。新一轮城市总体规划于10月份通过了住房城乡建设部部际联席会议审查。市属9县在总体规划的指导下，进行了新一轮城市总体规划的修编。

专项规划修编。为完善城市功能，编制了综合交通、人民防空和地下空间开发利用等专项规划；为提高居民幸福指数，完成了保障性住房、农贸市场等一批民生规划；为加快园区建设，完成了临港产业园区、温泉度假区等一批空间发展战略研究；为改造旧城区，编制了兰山中心片区、义堂东北片区、东关社区等一批控制性详细规划；按照省委、省政府要求，全面完成了农村住房和危房改造等三类规划编制任务；根据各县区的资源优势，组织编制了以莒南大店和苍山兰陵为代表的文化古镇，以蒙阴垛庄、沂南青坨为代表的红色名镇，以河东汤头、兰山李官为代表的旅游名镇规划和一大批特色村庄规划；为进一步彰显水城特色，编制了沂、沭河流域控制性规划、北城新区三河口区域城市设计以及陷泥河、李公河、南涑河等景观风貌规划。

重点工程服务。突出以高新技术产业开发区、经济开发区、临港产业区和9县工业园区为重点的规划编制，为解决建设用地不足的问题，在园区规划中开展了空间发展战略研究，按照各园区实际需求确定空间布局、发展方向和用地规模，为经济发展寻求更大的空间，推进建设项目尽快落地。

【城市特色规划】 “水城”规划。在《临沂市大水城战略规划》的基础上，编制了《沂沭河沿岸开发控制规划》，对沂河、沭河、祊河、汶河、蒙河全线的土地利用、空间管制、生态环境保护、产业发展、防洪水利、市政及公共服务设施、沿河风貌做出统一安排。

“商城”规划。在《商业网点布局规划》的基础上，编制了《商城改造提升规划》，拓展商业区用地空间，调整产业功能，把商业区中的工业和居住用地逐步迁出，进一步完善商城功能，提升商城档次，促进商贸物流业健康发展。

临沂涑河治理工程　　（摄影：付迎东）

【规划实施管理】 认真开展“企业服务年”活动，规范工作制度和审批程序，保证规划审批的快速高效、公正公开。全年中心城区核发“一书三证”共465份，核发建设工程竣工规划验收合格证81份；9县核发“一书三证”共2 881件，建设工程竣工规划验收合格证620件。对批后建设项目，实行分片包干责任制度和跟踪管理制度，从开工放验线到竣工验收，实行全过程跟踪管理。

（王甫亚）

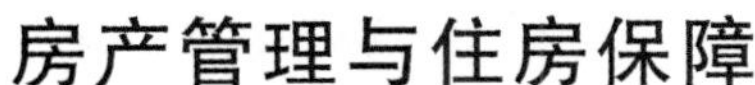

房产管理与住房保障

【概况】 2010年，临沂市房产和住房保障系统把稳定房地产市场、保障和改善民生放在突出位置，以年初确定的十项工作为着力点，提供优质服务，为促进全市经济社会发展做出了积极的贡献。临沂市房产和住房保障局先后荣获“创建国家园林城市工作先进单位”“全市人口和计划生育工作先进单位”“全市城乡环境综合整治工作先进单位”“全国城市公共文明指数测评工作先进单位”“临沂市市直机关第三届运动会精神文明奖”“‘情系万家 满意房管’群众满意服务品牌”等荣誉称号。

【保障性安居工程建设】 保障性住房建设。全市完成保障性住房建设投资12.69亿元，积极争取中央和省奖补资金5 560万元，开工建设保障性住房112.85万平方米，解决了2.1万户低收入家庭的住房困难，超额完成了省下达的任务指标。8月份代表山东迎接了国务院检查组的检查，10月份又作为中央扩内需投资项目的重要内容，接受了中纪委检查组的检查，受到了检查组领导的高度评价。省政府对市委市政府的住房保障工作考核中，临沂市列全省地级市第一名。

住房保障制度建设。编制了全市棚户区改造三年规划及年度计划，报市政府出台了《加快实施棚户区改造的意见》，草拟了住房建设规划和公共租赁住房建设管理的规范性文件。

【房地产市场管理】 认真落实房地产业发展牵头部门的职责，把稳定房地产市场作为管理工作的首要任务，加强市场调研和监测分析，创办了市场月度季度分析报告，对房地产业的发展积极建言献策。加强市场监管，对在建商品房项目进行了全面检查，对存在的问题进行查处和纠正，促进市场健康规范有序发展。对二手房交易资金实施托管和监管制度，共监管存量房交易业务1 050件，监管资金总额达到2.25亿元，有效规避了交易资金风险，保障交易双方的合法权益。年内，全市房地产开发面积962.7万平方米，新增商品房预售面积748.2万平方米，商品房网上签约销售564万平方米。

市政协领导视察保障性安居工程　（摄影：孟庆民）

【城乡房屋登记发证】全市完成村镇集体土地房屋登记2.75万套，房屋抵押贷款3.9亿元，有效地推进了农房建设和危房改造，为促进农村经济发展开辟了新的融资途径。产权管理进一步规范，全年完成登记发证36 573个，协助税务部门征收契税、个人所得税、营业税共计1.15亿元。

【城市房屋拆迁】　坚持把拆迁工作的重点放在新、老城区重点建设项目上，优先安排拆迁计划，积极搞好政策法规服务，依法加大拆迁力度。集中抓好重点项目的拆迁扫尾工作，加大调解力度，及时下达拆迁裁决。年内全市完成国有和集体土地房屋拆迁面积640万平方米，做出行政裁决23件，处理拆迁行政法律诉讼案件9起。

【物业管理】　全面推行社区物业管理，重点推广北城新区社区物业管理经验，明晰小区内各相关经营单位的职责。加强物业企业管理培训，举办了规模较大、层次较高的物业管理企业培训班。全年新成立物业企业29家，资质升级28家，归集物业维修资金8 082万元，批准支付使用186万元。严格规范维修资金使用程序，对11个批准使用资金的项目进行了实地查看和认真复核。

【创城工作】　抽调100多人成立11个督导组，由副县级干部亲自带队，督查102个物业公司管理的135个物业小区和棚户区，全面推进创城工作。“三城联创”期间，市区开发企业、物业企业投入2 100万元，粉刷墙体，整修沿街楼房，新修整修沿街道路8 840平方米，新植更换绿化86万平方米。市房产和住房保障局自身投入360万元用于粉刷办公楼，并改造了部分社区，确保达到市委、市政府提出的“各司其责、不丢一分”的要求。

【房屋安全鉴定和直管公房经营管理】　加强房屋安全管理，提高工作效率。全年出据房屋安全检测鉴定报告500份，鉴定面积110万平方米。积极部署开展房屋安全大检查和安全宣传工作。共收到83个单位上报的自查材料，自查自报房屋10 774栋，自查面积约4 100万平方米。根据自查自报情况，对30个单位进行了重点抽查，抽查面积256.42万平方米，对发现的存有重大安全隐患的房屋，及时下发了《督办通知书》32份，限期进行整改。公房租赁收入完成260万元，完成全年计划的124.5%。加强公房维修工作，全年共投入维修资金25万元，维修房屋2 545.3平方米。

【房产便民服务】 开展“优质服务年”活动，与全市企业服务年、创先争优等活动有机结合起来，推出了一系列便民服务措施。针对房产档案查阅量剧增的实际情况，增设叫号机等设施；实行引导服务、延时服务的办法，方便群众和企业；接待群众集体上访共34起，大部分得到了很好的解决；行风热线反映127起，解决满意率99%；落实群众反映投诉问题1 037件，答复率100%，解决率95%以上。

（李金华）

住房公积金管理

【概况】 2010年，全市归集住房公积金13.8亿元，新增住房公积金缴存单位189家，新增缴存职工18 566人，新增缴存额3 791万元。发放住房公积金贷款11 209户、16.5亿元，提取住房公积金4.15亿元，回收个人住房公积金贷款5.56亿元，年内逾期率为0.15‰。实现增值收益7 412万元，上缴城市廉租住房补充资金6 039万元，上缴资金数额居全省第四位，上缴的增值收益已经成为全市廉租住房建设资金的主要来源之一。

【住房公积金归集】 *积极推进扩面增量工作。*积极开展了住房公积金归集管理年活动，把企业扩量作为归集扩面的重点，全市新增企业缴存人数达到1.2万人，完成全年扩面任务的121%。对委托银行归集住房公积金的管理模式作了进一步完善，对建设银行归集系统数据进行了扩充，新增51个单位和1家业务协办行。加强信息系统建设，有效解决了银行归集系统数据上传市中心不及时的弊端，在归集模式上取得了新的突破。

*严格催缴执法。*按照“巩固一块、拓展一块、突破一块”的工作思路，对辖区内未建、拖欠住房公积金的重点企业单位进行集中执法。全年通过执法清理拖欠企业单位159家，涉及职工2.4万人，补缴公积金2 738万元，切实维护了职工的合法权益。

【住房公积金贷款】 *公积金贷款制度建设。*制定了《关于按照“倍数法”确定公积金贷款额度等有关事项的补充通知》，对职工贷款最高额度和贷款年限作了进一步明确。根据住房城乡建设部等四部门《关于规范住房公积金个人住房贷款政策有关问题的通知》的要求，结合临沂市实际，制定了《关于调整住房公积金贷款政策的意见》，为更好地提供个贷服务打下了良好的制度基础。

*严格公积金贷款管理。*坚持一手抓贷款、一手抓回收的工作思路，不断强化资金风险意识，加大资金回收力度，逾期率不断下降。认真做好个贷征信查询工作，邀请人民银行技术人员为各县区贷款经办人员进行了业务培训，有效提高了工作人员的工作技能，更好地发挥了征信系统的防范作用。完善贷款通报制度，加强贷前管理。在对各承办银行实行定期通报的基础上，进一步加强了贷款管理工作的考核力度。多次召开承办银行逾期贷款情况座谈会，分析逾期原因，落实责任，及时督促承办银行加强个贷逾期管理，有效防范了资金风险。

*实施惠民政策。*为切实帮助低收入家庭解决还贷压力和生活困难，扩大受益群体，对贷款贴息办法进行了修订，进一步降低了贴息门槛，共为814户低收入家庭发放贷款贴息资金69.3万元，比上年分别增加533户、48.6万元。户均贴息852元，比上年增加116元。

【住房公积金提取】 对现行的住房公积金提取管理方法进行了完善、补充。修改后的住房公积金提取管理办法，从7个方面放宽了提取条件。新的提取办法实施后，全市提取额大幅上升，尤其是职工因归还贷款提取公积金的业务明显增多，取得了良好的效果。

（朱孟才）

园林绿化

【概述】 2010年，临沂市园林局不断加强制度建设，实施了一大批绿化重点工程，全年累计完成绿化建设、养护管理投资8.76亿元，新增绿地面积874.3万平方米，共受理绿化规划41个，验收38个，办件正确率、按时办结率和服务满意率均达100%。滨河景区被评为“山东省十佳水利风景区”；滨河国家城市湿地公园和双月湖湿地公园获住建部授牌；荣获“山东省第三届城市园林绿化博览会室外展大奖”和“室内展优秀展区奖”；获得“第十届中国菊展室外展金奖”在内的6个奖项。

【绿化规划编制】 启动了《临沂市绿地系统规划》修编工作，对各县区绿化规划工作进行指导。开展了全市可绿化资源和自然湿地情况普查。全年完成了《临沂滨河景区旅游总体规划》《滩内绿地提升规划》等50余项规划设计。

【绿化工程建设】 园林绿化工程。北城新区、书法城月季园等园林绿化工程完工；完善书法城一期和奇石园建设，完成了松竹梅园、十二生肖园、月季园、文化四合院等建设任务；实施北方植物大观园工程，共栽植各类苗木3万余株，宿根花卉1.1万余株，成活率达90%以上。

湿地绿化工程。完成武河湿地39个生态岛绿化工程，栽植银杏、海棠等31种苗木，实现优美湿地景观，为临沂市代表山东省接受国家淮河流域水污染防治工作考核获得第一名和创建国家环保模范城市复核过关做出了重要贡献。

景观提升工程。在创卫城市观摩会和无障碍设施城市创建期间，实施了一系列苗木补植和基础设施修复工程，共补植乔木8 000多株，模纹1万多平方米，球类2 000多个，统一修整更换人行道板和路沿石4万平方米，安放各类控烟标志220面，邮箱、阅报栏等便民设施12处，新增石凳等设施100余处，增修盲道5 200米，增设无障碍开口154处，全面修复或增设景观灯2 900余套，修复线路3 000余米。

【绿化养护】 按照“养事不养人”的总体要求，实施“事业管理专业化、劳务用工市场化”的管理新模式，明确责任分工，严格落实管理责任制，实现无缝隙、全覆盖管理，达到园林绿化三级以上管理水平。组建了40多人的专业防护队伍，培训专业防护人员210多人，建立了核心区、警戒区、隔离区、保护区防护监控网络；共出动机械60多台次，施药6 600公斤，圆满完成中心城区美国白蛾防控任务。10月份组织开展“秋冬集中养护月”行动，加大施肥、浇灌力度，在旱情到来之前，共出动机械4 000多台次，养护人员6 000余人次，圆满完成了抗旱保苗任务。

（赵焕冲）

城市管理

【概况】 2010年，临沂市城市管理局紧紧围绕创建国家卫生城市、全国城市公共文明指数测评、城乡环境综合整治等重点工作，以强化城乡环境综合整治、打造良好人居环境为中心，全力组织实施城市环境集中整治，城市管理工作取得了较好成绩，先后被评为“全省依法行政先进单位”“省级文明单位”“全省建设行政执法责任制先进单位”“省级工人先锋号”“临沂市模范集体”“全市依法行政先进集体”，被市文明委授予“全市文明行业”称号，“和谐城管”被评为“群众满意服务品牌”，在全省城市管理工作会议上作典型经验介绍，城管女子中队荣获“全国十佳巾帼文明岗”称号。

【城乡环境综合整治】 实施了洁净、整洁、穿衣戴帽、美化、畅通、宁静、治污、清违等“八大工程”和西部城区环境整治大会战，主要街区、迎查路线、滨河景区整洁有序，西部城区面貌变化明显。共查处占道经营、店外经营 7.68 万处（次），清理落地灯箱 2.33 万个，清理“野广告”30 余万处，查处、拆除违法建设 164 起，查处露天烧烤经营摊点 412 家，拆除“亭牌栏箱”1 512 处，清理河道非法捕鱼网具 2 000 余处，查处非法采砂场 10 处，取缔马路市场 22 处，改造提升背街小巷 52 处，设置烧烤摊点疏导场所 10 余处。开展了市区户外广告突击整治月活动，采取政府统一出资、统一拆除、统一设置的方式，打造了金雀山路等 5 条户外广告样板路。共审批户外广告 2 408 处，整改广告牌匾 1.51 万块，拆除 6 531 块，新增户外亮化广告 1 613 块。开展了创建“城镇管理明星镇、城管执法示范街和广告管理样板路”“三创”活动，并将其纳入市城乡环境综合整治重点工作，市政府对全市 15 个“城镇管理明星镇”进行了表彰，取得明显成效。

【城管重点工作】 城乡环境卫生管理。组建了临沂环卫集团公司，实行市场化运作。快速推进半程生活垃圾填埋场和市粪便无害化处理厂建设、改造工程，大力推进乡镇生活垃圾定点处置，强化县乡环卫基础设施建设，城乡一体化环卫保洁体系建设有序推进。路面清扫、垃圾清运、公厕保洁和环卫保洁作业机械化水平不断提高，城乡环境卫生面貌发生了明显变化。

停车管理。开展了停车管理调研和问卷调查活动，召开了停车收费听证会，出台了《临沂市城市机动车停车场管理暂行办法》等规范性文件。系统整合停车资源，施划临时停车泊位 2.3 万个。与交警、法院建立了协作配合机制，市区共抓拍违法停车 5.5 万辆，处罚 1.24 万辆。开展了市区非机动车停放秩序整治，劝导、清理乱停放非机动车 2 万余辆，施划自行车停车线 1 500 多米，安装自行车停车栏 120 个。

建筑垃圾管理。出台了《临沂市城市建筑垃圾管理办法》等规范性文件，成立了市建筑垃圾综合整治领导小组，召开了建筑工地管理现场会和建筑垃圾管理综合整治会议。实施建筑垃圾处置核准手续核查，共检查市区在建项目 104 处。加强建筑垃圾经营性运输许可审批管理，推进渣土运输车辆密闭改装，完善建筑工地出入口道路硬化和车辆清洗等基础设施，探索建立渣土运输管理“两点、一线、一覆盖”的管理模式。会同交警、交通、住

庆祝第十六届环卫工人节大会 （摄影：付迎东）

建等部门开展了联合执法行动，共查处市区违规建筑工地58家，整改建筑工地出入口325家，查处违章渣土运输车287辆。

【城市管理体制创新】 全面落实环卫管理体制改革，健全市、区、乡镇（街道）三级环卫管理机构，将城区环卫管理职能下划到区。将环境卫生管理和规划执法职能划入城市管理局，增设了商城大队、直属二大队、督察大队和市容环卫科等大队和科室，新局组建顺利进行。全面推动市、县城市管理体制改革，全市7个县建立了“管罚一体”的城市管理体制。深入推进城管执法工作重心下移，在180个乡镇、街道设立了城管执法队伍，实现了城乡全覆盖。开展了停车管理、户外广告管理、建筑垃圾管理等热点、难点问题专题调研，出台了《市容市貌和环境卫生日常考核管理办法（试行）》等规范性文件，初步建立了内部网格化管理责任制。与市公安交警支队、市住建委建立了协作机制，与交警、交通等部门建立了联合执法机制。积极协调街道、乡镇和社区、村居落实“属地管理”责任制，提高了环境整治效能。

（刘云鹏　张　斌）

德　州　市

城 乡 建 设

【概况】 2010年，德州市住房和城乡建设系统干部职工深入落实科学发展观，埋头苦干，拼搏进取，有力地推动了各项工作的顺利开展，住房城乡建设、党风廉政建设、精神文明建设、干部职工队伍建设均取得了显著的成绩，成功筹办了世界太阳城大会，荣获太阳城大会筹备集体二等功；新城综合楼通过国家“鲁班奖”验收，实现了德州市建筑业“鲁班奖”零的突破；多次在省住房城乡建设系统会议上作典型发言，并先后荣获“可再生能源建筑应用示范城市”“山东人居环境范例奖”“中国人居环境范例奖”“省级园林城市”“海河迎查工作先进集体”“全市科学发展综合考评先进单位”“全市机关效能暨政风行风建设先进单位”等荣誉称号。

河东绿地——长河大道　（摄影：王向华）

【城市基础设施建设】 中心城区103个城建项目、118个工程全部完成工作任务目标，城建投资超过105亿元，比上年增长104%，城建投入首次突破百亿元。实施高铁新区建设，开工建设运河、岔河、减河、火车站、太阳谷等5个片区及董子园等5个景区，太阳谷片区大会主场馆建成投入使用，成为世界太阳城大会的一大亮点。实施了广川大道南延、东方红路东延、新河路升级工程。完成解放北大道等城区主干道的新建和罩面改造，新建和修补长度达30公里。博物馆、政务中心、河东综合性学校等项目进展顺利，富豪康博酒店、外海瑞廷酒店建成并投入使用，有效提升了德州市的市政服务功能和接待水平。

【住房保障与房地产业】 全市开工建设经济适用房34.8万平方米，竣工29.9万平方米，廉租住房租赁补贴发放达2 874户，新增租赁补贴发放493户，新增实物配租2 052户。全市房地产开发完成投资90.2亿元，商品房施工面积1 033万平方米，竣工面积211万平方米，销售面积458万平方米。成功举办了德州市第五届房地产展示交易会和房地产高层论坛。开展了市场秩序整顿，房地产综合监管明显加强。加强物业管理，在全市范围内开展了“物业管理宣传月”活动。

【村镇建设】 农村住房建设与危房改造扎实推进，全市各县（市、区）均完成了农村社区规划，覆盖率达到100%，德州由全省村庄规划落后城市跃升为先进城市。全年新建农房13.2万户，改造危房1.7万户，完成投资120多亿元，3.5万户农民迁入新居。小城镇建设总投资97.5亿元，完成全年计划的214%。开展小城镇建设示范创建活动，各县（市、区）重点抓3～5个示范镇，涌现了平原县恩城镇、齐河县华店乡等一批先进典型城镇。

【建筑业】 全市完成建筑业总产值138亿元，实现增加值34亿元，收缴建筑企业养老保障金6 300万元。实施“精品工程”带动战略，8项工程荣获“泰山杯”奖，新城综合楼获国家“鲁班奖”，实现了德州市建筑业历史性突破。开展全市春季和秋季建筑安全生产大检查、文明工地创建、演讲比赛等活动，全面提高了建筑安全生产管理水平，全市连续7年未发生较大以上安全生产事故。高度重视农民工工资清欠工作，未出现拖欠民工工资群体上访事件。

【建设领域节能减排】 县城规划区以上在建、竣工项目新墙材应用率达到98.7%，基本实现“禁实”目标。全市新建居住建筑全部执行65%节能标准，节能建筑竣工面积达282万平方米。完成既有居住建筑节能改造项目61个，建筑面积166万平方米，超额完成国家和省下达的既有建筑节能改造任务。全市污水处理厂达到16座，日处理污水能力52万吨，污水集中处理率达到89%，管网覆盖率达到90%，全部正常运行和稳定达标，圆满完成了“海河迎查”任务。

【环境综合整治】 稳步推进拆迁拆违和环境综合整治工作，全市实施拆迁项目135个，改造城中村88个，完成拆迁670万平方米。对12条主次干道两侧进行了整治，对人行道及坡道口进行了维修，改善了沿路景观。实行全天候环卫保洁，治理乱摆乱放，清除乱贴乱画，粉刷破旧房屋，城市环境得到了进一步优化。

【可再生能源建筑应用】 出台了《可再生能源建筑应用城市示范实施方案》和项目及资金管理办法。全市新增太阳能光热建筑一体化应用面积197万平方米，可再生能源建筑应用示范面积342万平方米。太阳能光伏建筑应用全面展开，以第四届世界太阳城大会为契机，对东风东路等城区道路进行了太阳能路灯改造，全市中心城区已安装各类太阳能灯具近1.2万盏，应用道路里程超过100公里，形成了“白天太阳城、夜晚不夜城”的特色景观。

【援川工作】 大力推进汶川灾后重建工作，截至年底，累计派出3 000多人次的援建工作队，援川队伍完成了15万平方米的建设任务，完成投资4亿多元。5个项目荣获“绵州杯”，4个项目荣获“天府杯”，2个项目荣获“泰山杯”。市住房城乡建设系统14家单位荣获“先进集体”称号，11名同志被授予二等功，17名同志被授予三等功，26名同志受到嘉奖。

【市住房和城乡建设局成立】 3月，根据《中共德州市委、德州市人民政府关于德州市人民政府机构改革的实施意见》的规定，组建了市住房和城乡建设局，将原市建委的职责、市房管局的行政管理职责，整合划入市住房和城乡建设局。设立市房产管理中心，为正县级事业单位，隶属市住房和城乡建设局。

（王向华）

城乡规划

【概况】 2010年，德州市规划局坚持“求精、求强、求特色”的城乡规划思路，狠抓规划编制、管理和服务，努力促进城市健康快速发展。全年共受理规划项目咨询725项，发放各类规划许可证件517项，审批用地面积368.5万平方米，建筑面积420.1万平方米，各类管线21.7万米。先后荣获山东省“省级文明单位”“第四届世界太阳城大会筹办工作先进集体”“德州市创建园林城市先进集体”“德州市对口支援北川灾后恢复重建工作先进集体”“全市支持合村建区先进单位”等荣誉称号。

【机构改革】 在新一轮政府机构改革中，“德州市城市规划局”更名为“德州市规划局”，并被赋予了村镇规划管理和监督指导县（市、区）规划部门的职责，从而有利于规划部门更好的发挥促进城乡统筹、推进城乡一体化的积极作用，是德州规划事业发展的又一个重要里程碑。市城市规划监察队整建制划入市城市管理行政执法支队，具体承担批后项目监督和执法工作。根据新的“三定方案”，市规划局设办公室、用地规划科、建设规划科、市政规划科、城市规划科、村镇规划科、政策法规科7个职能科室，机关编制28名。

【规划编制】 城市总体规划。完成了总体规划（2010－2020年）纲要和专题研究编制工作，顺利通过省住房城乡建设厅的纲要初步审查，并将规划纲要成果上报住房和城乡建设部待审。规划构建了德州市“一区、一轴、两带”的市域城镇体系结构和“一带三心三城”、水绿天然分隔的中心城区带状组团式城市空间布局结构。

专项规划。编制完成了《高铁新区市政设施规划》，助推高铁新区建设；谋划解决城区排水问题，编制完成《德州市城市排水专项规划》；全力配合德州市“创卫”工作，编制完成《德州市区便民市场选址规划》；进一步完善了公厕、停车场、中小学等基础服务设施规划；完成了《南部生态片区概念性规划》，按照发展生态经济的要求，开展了总用地面积90平方公里的南部生态片区概念性规划设计。

详细规划。细化水系及水体景观规划，推动区域间水体贯通通航。做精做靓德州大剧院深化方案设计，打造充满特色的地标性建筑。对城区主要路口的改造提出了实施性规划方案。开展了火车站及周边区域规划设计、火车站站房及前广场规划设计，提升火车站周边区域环境。

村镇规划。加强城镇化及城乡一体化研究，完成了指导社区规划建设的《德州市农村合并社区规划探讨》课题及《农村合并社区住宅样板》图集，集中骨干技术力量完成580余个合村并建社区规划的研究和设计，提出了符合德州实际的多种规划布局模式、住宅建筑样式及具体的规划要求，提升农民集中居住点的建设品位，促进了新农村建设。

东部高铁新区规划。紧紧抓住京沪高铁即将建成通车的历史机遇，编制完成了东部高铁新区规划，打造中心城区新的经济增长极。规划主要分为三个层次：一是高铁新区分区规划，面积约50平方公里，重点研究区域内产业类型、空间布局、交通组织、市政基础设施布局等问题；二是新区核心区控制性详细规划，总面积约12.5平方公里，重点研究合理利用和布局公共服务设施配套、公共绿地与景观规划控制等问题；三是高铁站区修建性详细规划，规划范围为高铁站前区3平方公里，重点研究该区域交通组织、建筑形态、空间形象、建筑风格与体量、绿化体系、地下空间利用等方面内容。规划进一步明确了高铁新区功能定位、形象定位、功能分区、产业布局，为高铁新区发展提供了科学依据。

城市设计。开展了京沪铁路两侧概念性规划设计。完成17条总长约43.5公里的城市主干道新建或改造街面和市政配套基础设施设计。加强城区主干道路两侧地块及其周边区域城市界面、空间形态、景观绿地的梳理，开展城市南北出入口景观设计。编制了《岔河两岸城市设计》，服务岔河片区改造开发。

【规划管理】 突出规划引领。做好项目及配套设施选址定点，大力推进低碳、循环、绿色、生态产业集聚发展。先后服务和推动东北商贸物流城、京铁物流、盖世物流等重大项目落户德州，构建起德州服务于环渤海经济圈乃至全国的大物流发展格局。启动高铁新区产业园区规划，指导高铁新区重点打造新能源、生物医药和传统产业三大园区，确保各类产业分区明确、形成产业集聚效益。

决策能力建设。完善专题业务会审和城乡规划委员会制度，调整城乡规划委员会组成人员和议事规程，充分发挥城乡规划委员会对重大规划项目的监督审查作用，制定项目审查科室AB角制度，着手建立规划专家库，提升规划工作研究决策水平。

制度规范建设。制定了《德州市城乡规划管理技术规定》《德州市日照分析技术规程》《德州市规划局建筑工程竣工测量制度》等规范性文件，代市政府起草了《德州市人民政府关于加强市规划区内城市建设用地性质和容积率调整管理的通知》，完善了规划及建筑方案审查的申报和研究论证程序。

三维规划辅助决策系统建设。继续推进城市规划三维辅助决策信息系统建设，完成了市区250平方公里的三维地形场景建设和老城区23平方公里，新城区17平方公里的建筑模型建设，搭建起了三维场景的基本框架。开展了三维规划

德州市高铁新区供水管网工程施工现场　　（摄影：张　鹏）

辅助决策系统试点工作，取得了良好成效。

专项治理。继续深入开展房地产开发领域违规变更规划，调整容积率专项治理和德州市工程建设领域专项治理工作，营造健康有序的项目建设环境。完成了对2009年4月1日至12月31日期间领取规划许可的房地产开发项目的清查和各县（市、区）2009年10月以前建设项目规划办理情况及2009年10月以后市域范围内审批项目的规划清查。

【规划服务】 效率规划。严格执行限时办结制度，健全完善首问负责、一次告知、限时办结、服务承诺制度，杜绝了迟办、漏办、误办等现象。围绕全市转方式、调结构项目、重大财源建设项目、招商引资类项目等重点项目，坚持提前介入、现场办公、跟踪服务，做到“急事急办、特事特办、难事巧办、事事快办”，打造便捷高效的规划审批“绿色通道”，部分项目实现了当日受理、当日办结。

阳光规划。坚持“以规划批前公示及批后公示为主体”的阳光规划制度，积极构建以服务热线、网站信箱、服务窗口、规划展馆为平台的政务公开形式，完善人大政协监督、行政监督、社会监督并重的监督制约机制，切实保障市民的知情权、参与权、监督权。全年共办理各级人大代表建议和政协委员提案19项，满意率达到100%。受理市民及建设单位来人、来电咨询规划情况120余件，做到件件“有记录，有回复”，群众满意率达到100%。

（张　鹏）

房产管理

【概况】 2010年，全市房管事业保持了良好的发展势头，全年完成房产登记18 201宗，373.29万平方米；完成测绘业务205宗，测绘面积256万平方米；办理房产交易10 008宗，176.75万平方米；整理房产档案11 828卷，档案总库存达17.3万卷。先后获得了“山东建设报2010年度发行工作先进单位”“全省住房城乡建设系统思想政治工作优秀单位”“市区城市建设综合考评先进单位”等多项荣誉称号。

【廉租住房建设】 进一步扩大保障面。保障基准线由年人均可支配收入8 727元提高到9 424元，更多的低收入家庭享受到了廉租住房保障政策。全年新建廉租住房1 600套，发放租金补贴2 583户，公共租赁房建设也已经起步。

积极争取廉租住房保障资金。全市共争取中央预算内投资补助资金3 646万元，接近全省总额的30%，位列全省第一。争取中央廉租住房保障专项补助资金1 970万

德州市百个贫困家庭喜获首批廉租房钥匙

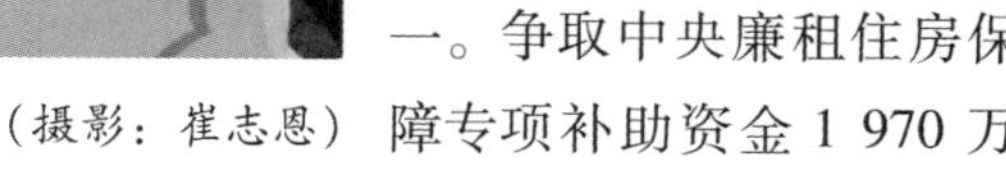

（摄影：崔志恩）

元、省级廉租住房奖补资金425万元、公共租赁住房上级奖补资金650万元。

健全政策体系。出台了《德州市城区“十二五”期间住房保障工作规划》，明确了目标任务和工作措施，对住房保障资金筹集、保障性住房建设用地供应及相关优惠政策做出了明确规定。

【物业管理】 加强物业服务企业资质管理工作。全年新审批物业服务企业21家，全市依法取得资质的物业服务企业达到154家，物业管理从业人员4 500余人，实施规范化管理的物业项目374个，总建筑面积约2 000万平方米。

抓好住宅专项维修资金归集使用管理。建立了外业调查和回访制度，从申请、工程施工到竣工验收实现了全程管理，保证了资金的合理和安全使用。全年批准支取维修资金405.57万元，受益业主12 388户。

开展全市“物业管理宣传月”活动。开展了以“学习物业条例、共建和谐文明小区”为主题的全市“物业管理宣传月”等一系列的宣传活动，对于普及物业管理知识，提高物业服务水平起到了促进作用。

【房地产市场监管】 开展商品房预销售检查。共检查在建房地产项目49个，查处违法违规项目20个。对5家违规预售商品房的企业进行查处，给予停售和罚款处理。对市区40家房地产开发企业销售部门、商品房销售代理机构和房地产经纪机构予以备案，对市区217名商品房销售人员进行备案登记，有效整顿和规范了房地产市场秩序。

商品房预售资金监管步入正轨。认真执行商品房预售资金监管措施，全年共签订商品房预售资金监管合同47份，监管资金2.99亿元。

加强房地产中介机构的监管。对全市9家房地产评估机构和市区65家二手房中介公司进行定期或不定期检查，对发现的问题限期整改。

【房管业务窗口建设】 一是严格把关，保证质量。对办理房产证的各个环节，无论是测绘、查档，还是查验证件、审查材料、签字缮证，每一道程序都按照国家和省制定的标准严格把关，不打“擦边球”，不留“后遗症”，切实维护好人民群众的合法权益。

二是优质服务，高效便民。服务窗口牢固树立“优质服务，高效便民”的工作理念，想群众所想，急群众所急，把群众的要求和呼声作为第一信号，严格执行《服务承诺制度》《限时办结制度》《首问负责制度》和《一次性告知制度》，最大限度地方便群众，受到了群众好评。

三是交易大厅启动新管理模式。房产交易大厅自10月12日起启用新的管理模式，由原来一个窗口受理单项业务改为多个窗口同时受理各类综合业务，任何一个业务窗口都可以直接办理交易大厅的大部分业务。新管理模式启动以来，既有效地缩短了服务对象在窗口排队的时间，又从根本上解决了窗口工作人员工作量不平均的状况，提高了效率，改进了作风，极大地方便了群众，受到了百姓称赞。

四是房改业务进一步深化。全年共出售公有住房3 180户，18.7万平方米，部分产权向全部产权过渡98户，5 064平方米，审批企业集资建房3家，8万平方米。

【房地产市场信息系统建设】 在房地产市场信息系统中有针对性地完善了预告登记和登记簿两种新增业务类型，使房地产市场信息系统覆盖全市房产管理全部业务，市房管中心与省住房城乡建设厅成功实现了信息系统联网，房产管理工作基本实现了网络化、信息化和无纸化办公。

（崔志恩　郝荣强）

公用事业管理

【概况】 2010年，德州市公用事业建设管理工作再上新台阶，编制完成了《德州市中心城区供热专项规划（2010－2030）》和《德州市中心城区燃气发展规划（2010－2020）》，全年公用事业建设改造完成投资2.88亿元，市区日供水能力达到13.5万吨，年平均日供水量7万立方米，供水管网总长达到626.95公里，供水水质合格率100%；天然气日供气能力达到60.4万立方米，年平均日供气量32.7万立方米，天然气供给普及率达81%；市区热电联产集中供热面积达到1 500万平方米，集中供热普及率达65%。

【公用设施建设】 完成公用事业基础设施建设和改造投资2.88亿元，是历年来建设改造资金投入最多的一年。供水方面，德州市供水总公司共完成投资4 046万元，顺利完成了“城市安全供水综合项目”、解放北大道给水改造、商贸大道供水等工程。沟盘河水库除险加固、穿堤涵洞工程也赶在大汛来临前竣工。供热方面，投资5 768万元改造老管网，改造管网13.4公里。投资1.43亿元进行新管网建设，建设新管网67公里。燃气方面，完成投资4 700万元，重点实施了德州中燃公司第二座加气站、湖滨南路营业中心、东门站高压储气管道、东门站调压设备改造等工程，完成了天玉铭城、外海假日酒店等小区的管道安装工程。

【市政安全管理】 全面落实安全生产“一岗双责”制度，逐级签定安全生产目标责任书。系统内新建安全管理机构7个，新增安全专兼职管理人员68人。认真做好安全隐患排查整治工作，先后开展了12次安全检查，制止违法违规行为120起，整改安全隐患60处。强化安全生产宣传教育，采取“四进”方式，深入小区、社区、单位等30家，发放安全宣传材料1 000份，进一步提高了广大居民安全防范意识。加大投入，主动防护，不断提高安全保障能力。全年投入资金1 926.5万元用于提高系统安全装备水平。各监管单位也进一步加大安全投入，不断强化安全保障措施，行业综合安全保障能力大大提高。

【公用事业监管】 对市中心城区22家监管企业办理许可证年检，对3家不符合规定、未达到特许经营标准的企业要求限期整改，严格复查。大力开展燃气市场清理整顿，查处流动盗气行为82次。狠抓供热分户计量改造工作，完成了16个小区103万平方米供热计量改造任务。加强资金使用监管工作，制定了《重点建设项目调控资金使用的管理规定》等规范性文件，做好供热企业供热补贴专项资金发放工作，确保了专款专用。

（张英杰）

住房公积金管理

【概况】 2010年，德州市住房公积金管理中心积极开展业务扩面增量，提高服务质量，全市住房公积金缴存人数达到21.1万人，新增缴存人数6.8万人，全年归集公积金5.12亿元，发放住房公积金贷款3.13亿元，职工购房、离退休提取公积金1.96亿元，实现增值收益1 200万元。先后荣获“中心城区建设先进单位”“市直文明机关”等荣誉称号。

【住房公积金归集】 一是多措并举抓归集，年初将归集指标进行量化分解，提请管委会审议后，印发11县（市、区）执行。二是加大对县（市、区）财政供养人员公积金归集的督导力度。全力推动县、乡住房公积金制度的建立工作，与有关部门配合，多次到县（市、区）进行督导。截至年底，基本实现了市、县、乡财政供养人员公积金归集三级全覆盖。三是从维护职工合法权益出发，积极开展执法检查活动。开展为期三个月的行政执法检查活动，先后对违规企业送达《限期整改通知书》及《催缴催建通知书》150余份。全年新增缴存单位420家，新增缴存职工

6.8万人。

【住房公积金贷款管理】 一是不断加强贷款政策宣传，正确引导职工住房消费需求。二是强化责任意识，明确岗位职责。将贷款审核工作细化、分解，建立“受理、初审、复审、终审”四级联审制度。三是强化风险管理。完善了资格审查、贷款发放、担保和逾期贷款催收“四位一体”的风险防范机制。四是主动与市内各大房地产开发公司联系，与其签订楼盘合作协议，简化贷款程序，既方便了购房职工办理公积金贷款的需要，又规范了商品房住房公积金贷款管理，提高了住房公积金的使用效率和社会效益。全年完成公积金贷款3.13亿元，完成全年计划的208%，住房公积金使用率达到99%。

【住房公积金提取管理】 立足于提速、提质、提效，在公积金服务大厅相继推出了首问负责、一次性告知、立即办结等多项便民服务举措，实行“一条龙”“一站式”服务，积极为符合政策的职工提供优质服务。全年为5 100人办理了公积金提取业务，提取金额1.96亿元，住房公积金的使用效率进一步提高，使用结构更加合理。

【住房公积金政策宣传】 在《德州日报》开辟专刊，每月两个专版专题报道住房公积金政策，解读全市住房公积金工作进展情况。以国务院《住房公积金管理条例》颁布实施11周年纪念活动为契机，在市中心广场设立咨询台，向单位、行人散发政策汇编、明白纸3 000余份。德州市第五届房产展示交易会期间，在市中心广场设立大型住房公积金宣传展厅，接待参观、咨询人员2 000余人次，发放各类住房公积金宣传材料5 000多份。

（牛中水）

城市管理行政执法

【概况】 2010年是德州市城管执法工作的全面发展年。市城管执法局以迎接第四届世界太阳城大会和创建国家卫生城市为契机，奋力拼搏，团结实干，各项工作取得了明显成效。先后荣获“全省依法行政先进单位”“全省防汛工作先进集体”“省住房城乡建设系统先进集体”“行风先进单位”“百姓口碑最佳荣誉单位”等荣誉称号，连续六年受到市委、市政府的表彰，连续六年被评为“依法行政工作先进单位”，服务窗口连续65个月获得“优质服务单位”称号。

支队工作实现从被动执法到超前服务的突破。变对外要求为对内提升，变事后管理为事前服务，构建与民共建平台，完善140个沿街单位、6 200家沿街业户的管理服务档案，发放“城管执法联络卡”5 000余张，召开城管社会监督员座谈会、被管理对象恳谈会11场，得到了热烈响应。

城警工作实现从应急处理到主动预防的突破。完善《城管公安联勤规定》，采取提前介入、联合执法的方式，出警56起，出警200余人次，维护了良好的执法环境。

环卫工作实现从传统低效到科学高效的突破。市、区两级环卫职能进一步理顺，建立起统一的工作标准、作业方式和考核奖惩体系，修订《环卫作业管理及考核办法》，构建起长效工作机制，生活垃圾实现袋装收集、密闭运输、无害化处理，初步筑建起现代化环卫运作体系。

园林工作实现从扩绿增量到提质造景的突破。在城市道路实施“一路一景”绿化工程，在市区范围内实施“因地造景”绿化工程，在道路节点、公园景区组摆鲜花260余万盆，初步实现了三季有花、四季有绿。

市政工作实现从被动维护到主动养管的突破。购置新型市政工程设备10余部，投资1 000

万元建设占地 45.6 亩的生产基地，促进了技术更新，提升了工作标准，路灯总体亮灯率达到 95% 以上，道路完好率达到 95% 以上，沟渠畅通率达到 100%。

景区管理实现从日常管理到丰富提升的突破。明月湖风景区打造了“步移景异”的景观一条街，中心广场 35 天高标准完成塑胶跑道翻新改造，九龙湾景区和减河湿地的建设等在很大程度上提高了市区景区的建设水平。

市区防汛实现从疏浚治表到新建工程治本的突破。完成大学路防汛分流工程等防汛工程建设改造，防汛排水能力进一步提高，实现“日降水 50 毫米无积水，100 毫米不成灾，150 毫米 24 小时能排除”的防汛工作目标，连续三年在全省防汛工作会议上作先进经验介绍。

市容市貌实现从静态管理到动态管理的突破。深入开展环境卫生、占道停车、占道修（洗）车、户外广告牌匾、马路市场、三修点、建筑容貌、噪声污染、城市出入口、城市部件等十大专项整治，取得突出成效。

县（市、区）城管执法工作实现从点到面的突破。各县（市、区）党委政府对城管执法工作重视程度进一步提高，各县（市、区）城管执法局的地位和管理水平进一步提高，形成了城管执法上下联动、协同发展的良好局面。

【四个“三位一体”城管模式】 从职能配置上，构建管理＋执法＋服务“三位一体”模式，从队伍组合上，构建管理队伍＋执法队伍＋公安保障队伍“三位一体”模式，从执法手段上，构建法规（法制办）＋法人（执法局）＋法庭（法院）“三位一体”模式。从管理区域上，构建内部＋外部＋区街居“三位一体”模式。进一步健全了四个“三位一体”城管模式，执法手段上，市政府出台《德州市区城市管理行政处罚办法》《德州市区养犬管理办法》两个规范性文件，城管执法法规更完善，执法依据更加充分、有力。管理区域上，进一步理顺了市、区两级工作体制，在卫生保洁、市容管理等多个方面统一了标准，实现了无缝对接。四个“三位一体”工作模式实现了政府行为到位，职能部门配合到位，司法保障到位，社会各界关心、支持到位的工作格局，形成城管执法工作的强大合力。

【“十条一套”城管文化】 坚持用先进的城管执法文化引导人、凝聚人、激励人，立足德州城市管理实际，完善“十条一套”城管执法文化的

市委书记吴翠云视察城管执法工作　（摄影：李　宁）

导向作用。一是一句话指导思想，二是“一二三”执法工作思路，三是两步走战略步骤，四是贯穿工作始终的“城管执法六种精神”，五是“三官四员”队伍标准，六是城管执法三种发展理念，七是《城管执法之歌》激人奋进，八是用城管执法三化目标指引发展，九是“五个一”活动凝聚力量，十是建立“一站、两刊、三专”宣传阵地。通过对“十条一套”城管执法文化不断完善，加快构筑法制化、系统化、人性化、信息化特征的城市管理体系，使执法文化建设成为维护城市环境、保障城市秩序的强大力量。

（王登利）

聊　城　市

城乡建设

【概况】　2010年是聊城市住房和城乡建设事业实现全面提升的一年。市住房和城乡建设委员会认真贯彻落实“城建靓市”方针，以开展“全面提升年”活动为主线，以“十二项提升”为目标，大力推进百亿城建、百亿新居、百亿产业三个“百亿工程”，全年完成住房和城乡建设投资241.6亿元，是上年的4.7倍，创历史新高。

【城建重点项目】　全力推进十大工程、20个重点项目建设，总投资达600多亿元，已有13个项目形成实物工作量，7个项目正在进行规划设计和征地拆迁。一是全力推进古城区保护与改造。高标准完成庆关大街、西关大街和古城区楼东大街临街建设改造。初步形成古朴典雅的城市街景。西城门和北城门框架主体基本完成。二是大力实施湖河水系工程建设。完成运河四期开发，实施了河道开挖、衬砌、绿化、铺装、道路等工程；铃铛湖等工程基本完工，进一步丰富了全市的水系景观和文化内涵。三是加快市政基础设施建设。完成向阳路、聊堂路东段、繁森东路和昌润北路建设，双力路、电大路等基础设施建设基本完工。四是推进文化旅游和体育工程建设。建设了全市第一座五星级酒店—市接待中心，填补了全市五星级

林峰海市长调研重点项目建设　（摄影：刘　华）

宾馆的空白，工程投入使用后运行良好。体育公园全民健身活动中心主体工程已经完工，竣工后将成为全市第一座大型群众性体育活动场所。启动了市民活动中心工程，已经完成拆迁和方案设计。

【国家园林城市创建】 大力开展国家园林城市创建活动，市住房和城乡建设委员会成立了“创园”指挥部，在城区重点组织实施了公共绿地、小区绿化、单位庭院、居民院落以及生产绿地、防护林和大环境绿化等七大类专项绿化，城区湖河水系工程及绿化景观已全部完工，100个节点绿地建设基本完成，柳园路、东昌路、兴华路等20余条道路实现绿化增量升级。全年城市建成区共新增绿化面积近500公顷，各类绿地总量近1 800公顷。通过大规模的绿化活动，全市城区园林绿化水平整体实现了“增量、升级”。

【农村新居建设与危房改造】 进一步提升农民住房条件，大力实施农村新居建设“百亿工程”。年内，全市完成投资120亿元，建设农村新居12.1万户，改造危房1.5万户。启动千户社区140个、改造城中村86个、启动整村改造356个，提前实现“三年任务，两年完成”的目标任务，30多万农民群众乔迁新居。在实施过程中，全市研究制定了一系列保障农房建设质量的政策措施，将农村新居建设纳入基本建设程序，并成立专业指导小组，开展质量安全检查，在质量管理方面走在了全省前列。

【住房保障】 牵头组织编制了《聊城市保障性住房建设规划（2010－2012）》，经市政府常务会议审查后公布。提请市政府出台了《聊城市公共租赁住房管理办法》，调整了聊城市城区低收入住房困难家庭条件和廉租住房保障标准；起草制定了《聊城市经济适用住房管理办法》，进一步加强了对住房保障工作的规范管理，扩大了住房保障覆盖面，完善了住房保障体系。全年新增廉租住房补贴887户，新开工廉租住房608套，新开工经济适用住房1 372套，新开工公共租赁住房184套，完成城市棚户区改造3 462户。

【房地产开发】 城区住宅开发项目全部实行《住宅开发项目建设意见书》制度，作为商品住宅土地招拍挂的前置条件和开发合同附件，对开发项目实行全过程管理。提请市政府出台《聊城市房地产开发项目竣工综合验收备案管理办法》，进一步加强开发项目管理，保障购房者合法权益。全市完成房地产开发投资72.6亿元，比上年增长129%，新开工面积260多万平方米，竣工商品房面积150多万平方米，销售面积220万平方米。金柱·水城华府小区被命名为全市首个国家康居示范工程，同时与东昌华庭、城市主人小区荣获住房城乡建设部2A级住宅性能认定证书；高唐县被列为全市首批开展住宅产业化工作县，促进了全市住宅性能的提升。

【房地产管理】 推进物业招投标管理工作，物业项目实施招投标比率大幅提升，公开、公平、公正的市场竞争机制初步形成。自筹资金220余万元，建成以商品房预售信息管理系统为龙头，以房产交易与产权产籍登记系统为核心的房地产信息系统，并实现与省住房城乡建设厅联网。认真抓好住宅专项维修资金和新建物业质量保证金监管制度的落实。住宅专项维修资金已归集8 200余万元，涉及3万余户业主；新建物业质量保证金制度已全面推开，专户资金累计达到900多万元。提高房产登记质量和效率，办事时限大大缩短。房产初始登记和所有权转移登记、抵押权登记分别缩减20个、3个工作日。在全市范围内开展了预售商品房住宅项目的清理整顿工作，进一步规范了全市商品住宅预售管理和房地产市场秩序。

【建设产业发展】 实施建设产业“百亿工程”，通过调结构、转方式，做大做强建筑业，构建土建、安装、装饰、钢构、路桥等门类齐全的产业体系。三大行业总产值达到152亿元，比上年增长15%。建筑工程质量安全成为全年工作的新亮点，有5项工程荣获山东省建筑工程质量最高奖“泰山杯”奖，连续四年没有发生重大安全事故。

【建筑市场规范】 进一步规范工程招投标，配备和开发了音频视频监控系统、评标专家抽取系统、电子辅助评标系统等服务设施，确保评标结果科学、合理、公正。开展工程建设领域突出问题专项治理整顿，对市级所有竣工和在建的、以政府资金为主和使用国有资金的房屋建筑和市政工程项目特别是扩大内需项目严格执法检查，查找漏洞和薄弱环节，着力解决突出问题。

【建筑节能】 强力推进建设领域节能，全市城市规划区内全面执行公共建筑节能标准，达标率100%，对省政府安排的40万平方米太阳能建筑一体化和33万平方米既有建筑节能任务都逐一落实到工程项目。

【对口援建】 圆满完成北川地震灾区援建任务，仅用七个月时间完成的地震灾区最大特殊党费项目——北川七一高级职业中学和白杨坪住宅片区建设项目，获得四川省建设工程质量最高奖“天府杯”奖，得到中共中央政治局委员、中央组织部部长李源潮充分肯定。

（尚桂忠）

城乡规划

【概况】 2010年，聊城市城乡规划工作牢牢把握“城建靓市”方针，坚持高点定位，突出特色，科学规划，理顺管理体制，强化规划编制，严格规划管理，保障规划实施，努力构筑独特的水城框架，创造优美的宜居环境，全市城乡规划编制和管理水平全面提升，为加快生态型强市名城建设和实现聊城经济社会平稳较快发展做出了积极贡献。

【机构改革】 在全市机构改革中，市规划局被列为市政府工作部门，并将原市建委负责的村镇规划职责划入市规划局。局内设职能科室由5个增加到8个，设置城区规划分局、东昌府区规划分局、经济开发区规划分局和嘉明经济开发区规划分局，为市规划局派出机构。

【规划编制】 *专项规划*。完成城区竖向规划、城区控制线规划、城区报亭布点规划、城市旅游特色街区规划和夜间旅游集中消费街区规划等专项规划，丰富和提升了城市载体功能；编制完成城市道路交通专项规划，完成湖南路、二干路、兴华路、电大路、西关街、新纺街、振兴路、双力路、聊位路、府前街、府后街、奥森路、宜家路等道路规划，为建设畅通、快捷的城市交通网络系统，保障城市基础设施项目顺利实施提供支撑。

详细规划。开展东昌路以北主城区的控制性详细规划修编，编制开发区中央商务区规划、东南片区中心区（商务部分）修建性详细规划方案以及高级工程职业学校和高级财经职业学校规划建筑方案、市民活动中心规划建筑方案、西安交大科学园及国际交流中心项目设计方案，完成徒骇河两岸修建性详细规划编制。开展徒骇河两岸景观大道规划设计，完成东昌路王口桥、东昌路徒骇河桥、湖南路徒骇河桥方案设计，对运河一至四期、班滑河和丁家坑周边进行绿化景观规划，对城区包括东昌路、昌润路、卫育路等20条主次干道的绿化进行规划提升，对城区街头绿地进行科学布点和规划，共完成260多处、近40万平方米街头绿地设计，为创建国家园林城市提供了较好的规划服务。

【规划审查审批】 认真落实“四级”审批制度，全年召开城市规划委员会会议6次，审查规划和建设项目17个；市建设项目审查委员会会议13次，审议规划和建设项目345个，规划和建筑方案223个；市城市规划建设专家咨询委员会会议40次，论证规划和建筑项目方案395个。严格规划审批管理，全年接受项目申请560件，审核建筑施工图纸280余套；编制规划设计条件52份，办理用地规划许可证49件，面积236.3万平方米；建设工程规划许可证（副本）143件，建筑面积199.5万平方米；建设工程规划许可证（正本）、竣工规划验收合格证73件，建筑面积82.7万平方米；临时建设工程规划许可证64件，建筑面积3.7万平方米；管线工程规划许可证1件，长度1.6千米。

【重点项目规划服务】 围绕全市“全面提升”工作部署，对重大基础设施工程、大型工业项目、招商引资项目等专门开辟规划审批“绿色通道”，实行跟踪服务。同时，为市民活动中心、物流中心、农产品交易中心、龙湾小区、马颊河生态旅游区、西安交大聊城科技园、新农村改造等重点项目提供规划技术服务。承担的徒骇河世界运河（建筑）博览园、运河五期开发建设和南关岛、名人岛工程等重点项目建设任务进展顺利。围绕古城保护性整治改造工程，完成楼南、楼北大街沿街地段，临水四边区域以及西城门、北城门、县衙、卫仓等景点和四大街景观规划建筑设计，保障工程项目顺利开展。

【规划管理信息化】 强化规划技术利用，规划审查创新创优创效成绩显著。在国内规划系统内创造性开发了规划建设项目审查“电子票决系统”，使项目表决程序更加明确、规范和科学，有效地增强了票决的保密性、准确性和快捷性；开发建设“城市规划三维虚拟城市辅助决策系统”，并荣获“2010中国地理信息系统优秀工程铜奖”“全省开发利用档案信息资源优秀成果三等奖”。

【规划公众参与】 主动接受公众监督。向人大常委会汇报规划工作1次，接待人大视察2次，政协视察1次，办理人大政协建议提案25件；答复市长热线、局长信箱意见建议和举报投诉80件；参加“行风热线”直播节目1次，在线解决群众问题4件，接待群众来信来访100余人次。

推行“阳光规划”。严格落实以“六公示一监督”为主要内容的规划公示制度，全力推行“阳光规划”，实现了规划制定、审批和实施全过程公开。全年通过报纸、网站、公示栏和项目现场等方式进行项目公示98次，保障了广大市民的知情权和监督权。

打造公众参与新平台。建成城市规划展厅，通过大量图片、文字、实景展示和多媒体技术，全方位展示聊城城市发展历史、当代建设成就和未来蓝图。开展以来，获得了各级领导和广大市民的一致好评，已成为展示“江北水城·运河古都—生态聊城”形象的窗口，宣传规划知识、展示规划成果的重要载体和社会公众了解、参与、监督规划实施的重要渠道。

【城建档案管理】 加强城建档案的收集、管理和开发利用。全年发放建设工程档案移交证明50份，整理入库档案2 080卷；签订《建设工程档案移交合同》108份；接待查档人员300余人次，查阅档案1 000余卷（件），提供证明材料1 800余页（份），现场指导200余次。

（蒋　涛）

住房公积金管理

【概况】 2010年，全市住房公积金管理各项工作得到全面提升，有效发挥了住房公积金支持住房消费和住房保障的作用，市住房公积金管理中心连续四年被评为“全省住房公积金管理工作先进单位”。

增人扩面工作不断扩大。全市共归集住房公积金8.4亿元，完成全年计划的103%，比上年增长13%。截至年底，全市共有2 730个单位为31万余名职工建立了住房公积金制度，住房公积金覆盖率达85%，累计归集住房公积金40.7亿元，结存31.6亿元。

公积金个贷业务迅猛增长。共发放住房公积金贷款7.4亿元，完成全年计划的124%，比上年增长18%。累计发放住房公积金贷款40.4亿元，贷款余额17.9亿元，当年存贷比为89%，期末存贷比为57%。

严格按政策支取。共办理退离休、死亡、调出市外人员、购买自住住房及公积金还贷支取2.1亿元。

资金运行质量良好。全年实现住房公积金增值收益4 364万元，比上年增长5%，增值收益率达1.42%。提取廉租住房建设补充资金3 200万元，累计提取廉租住房建设补充资金9 209万元，为全市廉租住房建设提供了强有力的资金支持。

【住房公积金归集】 通过《聊城日报》、广播电视、《聊城市住房公积金管理信息》、“行风热线”、面对面交流等多种形式宣传住房公积金政策，反映公积金工作动态。广泛宣传发动，营造了缴纳公积金光荣的良好社会氛围。开展住房公积金专项执法活动，多次召开专题会议研究推动非公有制企业的公积金扩面追缴工作，对部分企业无视《住房公积金管理条例》规定，拒绝履行缴存义务的，按照《条例》的有关规定进行严肃处理，维护了广大职工的合法权益和住房公积金制度尊严，确保公积金应缴尽缴。

【住房公积金风险管理】 强化贷款风险控制。建立健全贷前、贷中、贷后风险责任制度。贷前，强化调查及风险评估工作，对房产抵押贷款进行实地查看并做好谈话记录和资信评估工作；贷中，严格贷款手续管理，强化贷款资格审查，建立账户封存制度；贷后，坚持还贷情况月汇报、季分析，及时准确掌握借贷人动态信息并做到及时催收。

建立科学、严密的贷款审批机制。为确保资金安全，在县（市、区）管理部、中心科室审核的基础上增设了复审岗，在市住房公积金管理中心主任审批前由复审岗对所有贷款材料进行全面复审。制定了《聊城市住房公积金管理中心贷款业务风险控制岗位责任制》，明确各个岗位、每个环节、每名职工的责任，并实行责任倒查、终身追究制。

建立健全住房公积金网络信息系统。继住房公积金归集系统投入使用后，贷款和会计核算系统也相继投入使用，为实现住房公积金数据集中处理、进一步加强住房公积金监管奠定了扎实基础。

住房公积金系统“全面提升年”动员大会 （摄影：王立中）

【住房公积金管理服务】 对住房公积金各项业务进行全面梳理，制定了《住房公积金业务操作规程》，修订了《住房公积金个人贷款管理办法》。降低贷款门槛，简化贷款程序，将公积金贷款额度由20万元提高到30万元，年限由15年提高到20年，并对城郊、乡镇单职工新建、翻建自住住房也作出具体规定，为职工住房公积金贷款购房提供最大支持。协调受托银行、担保公司、房产评估公司开展公积金贷款上门服务，受到房地产开发公司和广大购房户的一致好评。建立公积金服务大厅，联合市建行等5家国有银行及担保公司等业务相关部门进驻大厅办公，实现了从公积金缴存、支取到贷款业务受理的“一站式”服务；制定《聊城市住房公积金管理中心服务大厅制度》，规范了服务窗口人员的行为；通过邮局向全市缴存住房公积金的职工邮寄对账单，设立任务查询和投诉电话，及时更新16898018住房公积金查询热线信息数据库，使广大职工通过查询平台能够及时了解公积金缴存情况，以良好优质的服务树立起公积金干部职工的崭新形象。

（王立中）

市政公用事业

【概况】 2010年，聊城市市政公用事业管理工作坚持以科学发展观为指导，以打造惠民市政为宗旨，以“全面提升市政公用事业管理服务水平，创建文明单位”为目标，全力做好城市日常管护和公用事业管理服务工作，创建国家环保模范城市顺利通过国家验收，城市防汛工作受到省政府表彰，市政府给予记集体二等功奖励，被省文明委授予“省级文明单位”称号。

【城市日常管护】 加强市政设施维护，对城区道路、桥梁、沟渠、涵闸、路灯等市政设施进行全面排查和集中维修，各项设施维护优良率达到95%以上。加强路灯设施日常巡查，路灯故障处理率达到98%以上，亮灯率达到99%以上。提升城市防汛能力，对城区现有排水设施进行疏通掏挖、清淤清障，确保城市安全度汛。加强园林绿化管养，按照国家园林城市养护标准要求，实施绿化维护的精细化管理。加大了苗木补植力度，利用春、秋季节，集中进行苗木补植。加强城区主次干道及绿地的升级改造，对文苑绿地、东板桥绿地及陈口绿地进行升级改造，栽植大规格雪松、银杏等10余个品种1万余株，全年累计补植时令花卉2万余株，补植灌木17万棵，市区苗木满栽率由上年的95%提高到98%。加强环

公积金服务大厅

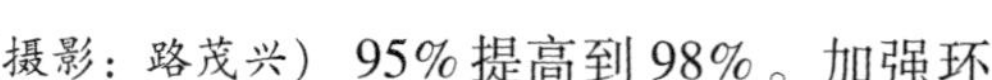
（摄影：路茂兴）

境卫生管理和作业，机械化保洁率提升4个百分点，达到26%，道路保洁水平全面提升。提升生活垃圾收运和处理水平，对11座生活垃圾中转站进行改建，容积由每个6立方米扩建为8立方米；生活垃圾实现袋装化收集、密闭式运输、无害化处理，每天400多吨生活垃圾日产日清。提升公厕管理水平，直接管理的49处公厕全部免费开放，并延长了开放时间。加强户外广告设施管理，拆除城区影响市容市貌的不规范户外广告、立式灯箱、乱贴乱画的墙体广告，对存在安全隐患的大型落地广告牌进行整改，消除安全隐患，确保了城市整洁美观。

【公用事业管理】 加强城市供节水管理，开展城区自备水源专项治理活动，对城区36条大小街道沿线的饭店、洗车点、工地、单位等进行地毯式排除，封填自备水井104眼，并将城区使用自备水井的单位和个人全部纳入常态管理。加强建筑节水设施审查把关，工程用水器具均设计使用了节水器具，新建多层住宅供水系统全部达到“一户一表、计量出户”的要求，城区实现“一户一表”的户数达到1.5万户。加强污水处理管理，全年累计污水处理量1.3亿立方米，比上年增加2 811万立方米。加强供热管理，2010－2011年采暖季，全市新增供热面积247.2万平方米，城市供热未发生一起责任事故。加强燃气管理，强化燃气专项规划编制，开展燃气行业优质服务活动、岗位培训和事故防范演练、燃气工程安全监管和燃气市场清理整顿工作，促进了燃气行业健康发展，全年共新增管道燃气用户2.8万户，其中市区新增1.3万户，全市管道燃气用户达到19万户，年供气量近2.2亿立方米。

【市政公用基础设施建设】 一是新建生活垃圾处理厂。引进外来投资3.2亿元，于下半年在道口铺王尔镇村动工建设了新生活垃圾处理厂。新厂实行垃圾焚烧发电处理环保新工艺，设计生活垃圾日处理能力1 000吨。二是实施中水回用工程。协调国电聊城发电有限公司自行投资1.3亿元建设中水管道和相关的中水设施，使用城区中水发电，所有污水全部回用。三是实施东聊引水复线工程。工程总投资概算约7 800万元，总长48公里，于6月下旬组织了区域供水工程设计单位招标，工程建设正稳步推进。四是实施路灯节能改造试点工程。引进外来投资，对城区东昌路、柳园路、昌润路等路段的高耗能、高污染的高压钠灯，采用节能环保新型光源实施试点改造，改造路灯2 000余盏，城区初步实现了绿色照明。

【城市防汛】 2010年夏季，聊城遭遇罕见特大暴雨的连续侵袭，特别是8月8～9日，最大降雨量达236毫米。面对罕见汛情，及时启动城区防汛红色预警方案，在城区八大出水口分别架设抽水设备，打开出水口闸门进行强排，雨后3小时左右，城区大面积积水基本排除，市区道路畅通无阻，未造成人员伤亡和大范围的财产损失，来聊考察汛情的省长姜大明同志对此给予充分肯定，市政公用事业管理局被省政府评为“2010年度全省城市防汛工作先进集体”，被市政府记“集体二等功”一次。

（岳同昌　靖鹏程）

城市管理行政执法

【城管执法理念创新】 由执法者向执法者、管理者、服务者三位一体转变。提出向“三位一体”转变，强调当一名好的执法者首先应是一名好的管理者，当一名好的管理者，首先应是一名好的服务者的思想定位，站在服务者的角度去管理城市，减少了违法违规动机和行为的产生，实现了执法效果与社会效果的和谐统一。

由“相互推诿”向“内外互动”转变。防控和查处违规建设，建立长效管理机制。在内部，健全执法责任体系和监督管理网络，细化受理案件、办结案件工作程序，强化巡查和防控工作制度，形成拆除违规建设联动协调组织工作机制。在外部，起草《关于建立查处城区违规建设长效管理机制的实施意见》，并以市委办公室、市政府办公室文件下发，理顺了体制，明确了职责，建立了工作联动机制和责任追究制度，形成了工作合力，确保了城区违规建设控制得住、发现得了、拆除得掉。

*由严管重罚向疏堵结合转变。*在坚持适度从严原则的基础上，坚持以人为本、文明执法，倡导实施人性化执法和服务性管理，采取教育引导的办法，以便民市场建设为抓手，以路段区域划分为基础，宽严相济，较好地解决了流动摊点严重占道经营的问题，有效控制了乱搭乱建歪风。

【城管执法业务建设】 *创新了一个方法。*在城市管理和执法工作中，实行早、巧、联、严、防“五结合”工作法，取得了事半功倍效果。

*实行了一项改革。*将执法人员分为错时上班和非错时上班，将管理时间由原来的8个小时延长为16个小时，实现了重点时段管理无空档，重点区域管理全覆盖。

*出台了一套制度。*制定完善了考勤管理、人事管理、财务管理、装备（车辆）集中管理、学习培训规定、案审会工作规则，确保领导机关、社会各界、广大市民交办、反映的问题“件件有回音”“事事都落实”。出台《关于开展创建学习型党组织学习型执法队伍活动的实施方案》《聊城市城市管理行政执法局二〇一〇年绩效考核办法》《聊城市城市管理相对集中行政处罚权暂行规定实施细则》《聊城市城市管理行政执法局行政处罚办案程序管理办法》《关于整治查处城区违规经营的实施意见》《关于查处城区违规建设的实施意见》，重新调整了各科室、支队职能，做到了职责、任务、标准、流程、时限、考核、奖惩“七个明确”，实现了用制度管事，用制度管人。

*落实了一份承诺。*城管执法队伍共同承诺：严守“约法三章”，文明执法、严格执法，树立良好形象，共促城管执法工作再上新台阶。在纪律作风集中整顿、“两带一创”、创先争优以及反腐倡廉等项工作中，人人签订承诺责任书，确保责任落实到位。对市民白天举报的电话，由各网格执法人员20分钟内到达现场处置，夜间由指挥调度中心值班人员30分钟内到达现场处置；对群众举报的违建问题，由相关执法人员1小时内到达现场，制止违法行为，需拆除的3个工作日内拆除，5个工作日内按法定程序立案并下达处罚决定书。实行一事一督查制度，对完成时限、办结情况、结果反馈、百姓态度全过程跟踪考核，确保兑现承诺，让广大群众满意。

*建立了一个网络。*即建立行风监督员网络，从人大、政协、民主党派、党政群机关和企事业单位，聘请代表性强、人员素质高、关心城管执法工作、热心行风评议的93名行风监督员，进一步加强对城管执法行为全过程有效监督。

【城管执法效能建设】 *提出实施双“1520”工程的新目标。*在2009年确定的“4567”工作目标基础上，提出了双“1520”提升目标的更高要求。提升目标的扩展，有效地激发了全局上下的进取精神，调动了广大干部职工干好工作的积极性和主动性。

*完成五项重点工作。*一是城区违规建设得到有效防控；二是露天烧烤得到有效治理；三是示范街、重点小街巷、重点区域实现规范管理；四是古城区保护与开发的执法工作保障有力；五是城区非法运营三轮车运营管理工作取得阶段性成果。

*提升办案质量和执法效能。*规范执法文书，严格办案程序，细化各项职责，形成一套行之有效的案件办理运行工作机制和模式。全年立案281件，查处281件，办结214件，查处率达到

100%，结案率达到76.2%，比上年提高6.2个百分点。

【城管执法文化建设】 抓学习，不断提升文化素养。围绕学习型党组织学习型执法队伍建设目标，对执法人员进行旨在提高文化素养方面的培训，不断进行文化熏陶。

抓宣传，大力营造文化氛围。以宣传为导向，邀请新闻媒体全过程参与城管执法重大活动，积极发挥新闻媒体的正面宣传作用，广泛宣传报道执法一线的先进人物和先进事迹，使广大群众更多地从正面了解、理解和支持城管执法工作。

抓载体，不断丰富文化内涵。创办了一份《行政执法报》，开办了一个执法网站，强化了一支城管志愿者队伍，升起了一面局旗，唱响了一支队歌，举办了一台迎春晚会，扩大了城管执法文化阵地，增加了城管执法文化内涵，使广大执法人员增强了归属感，展现了城管执法队伍崭新的精神风貌。

（张　蕴）

滨　州　市

城乡建设

【概况】 2010年，全市城乡建设系统以科学发展观统领全局，抢抓黄河三角洲高效生态经济区开发建设机遇，以“和谐城乡建设行动”为抓手，突出抓好新型城镇化、保障性安居工程、农村住房建设与危房改造、城中村改造、房地产市场调控、建设领域节能减排、工程质量与安全等工作，城乡面貌进一步改善。全市城市建成区面积达到244.6平方公里，城市人口165.47万人，比上年分别增加14.6平方公里和4.44万人，其中市城区建成区面积达到85.5平方公里，城市人口70.24万人，比上年分别增加4.5平方公里和0.24万人。

【城市基础设施建设】 全市城市基础设施完成投资45亿元，比上年增长51%，其中市城区完成投资9.6亿元。城市道路长度、路灯盏数、绿化覆盖面积分别达到1 375.7公里、46 650盏、9 532公顷，比上年分别增长14%、16.7%和9.6%，其中市城区分别达到588公里、26 311盏和3 446公顷，比上年分别增长9.3%、16.1%和6.6%。全市集中供热面积达到1 376万平方米，比上年增长21.4%，市城区集中供热面积达到576万平方米，比上年增长25.2%。全市供水管道和排水管道长度分别达到1 766.7公里和2 124公里，比上年分别增长21.3%和13.6%，其中市城区供水管道和排水管道长度分别达到944公里和965公里。全市污水集中处理率、生活垃圾无害化处理率分别达到90.02%和85.54%，其中市城区分别达到92.81%和100%。实施供热体制改革，理顺了供热管理、热源、热力关系，实现了供热体制“政府控股、产供一体、责权一致”的目标，为达标供热奠定了坚实的体制基础。重点工程中，中海公园于11月15日正式开园，被齐鲁晚报、省旅游局、省齐鲁文化研究会评为齐鲁文化特色新地标；新立河西路、黄河十三路污水管网共计8.4公里全部完成。

【城中村改造】 全年城中村改造完成拆迁面积155.4万平方米，腾空土地2 818亩，完成整体拆迁村居23个；其中，市城区完成拆迁面积43.6万平方米，腾空土地1 216亩，完成整体拆迁村居5个。解决了山柳刘、山柳杜多年的拆迁老大难问题，东关、北杨、南段等村居实现快速和谐拆迁，成为全年工作的亮点。

市委书记、市人大常委会主任邓向阳视察城中村改造工程　（摄影：李　峰）

【保障性安居工程建设】 全面推进各类保障性住房建设。全市开工建设各类城市保障性安居工程6 830套（不含棚改），完成省下达年度建设总任务的167%，完成投资5.2亿元，竣工3 386套，占任务量的82.8%，提前完成国家“年底前计划项目竣工率达到60%”的要求。全市启动棚户区改造项目44个，在建项目21个。签订拆迁协议2 513户，完成拆迁建筑面积17.7万平方米，超额完成省下达任务。开工建设安置房28.7万平方米，2 411户，完成投资3.6亿元。

【村镇建设】 农村住房建设与危房改造工作扎实推进。全年完成投资104亿元，比上年增长136%。农房建设完工6.6万户，其中新开工整村改造建设项目175个，在建和完工6.48万户，完成全年计划的180%；危房改造完成7 355户，完成全年计划的140.7%。

2010年4月30日，2010黄河三角洲（滨州）房地产业博览会暨滨州建市十周年建设成就展开幕　（摄影：李　峰）

【房地产业】 全市房地产开发投资完成71.8亿元，比上年增长37.1%，其中市城区完成投资36亿元。全市房屋施工面积603.4万平方米，其中新开工面积195.6万平方米，房屋竣工面积147.4

万平方米，商品房销售面积236.5万平方米，销售额59.5亿元。全市商品住宅和市城区商品住宅全年均价分别为2 630元/平方米、2 953元/平方米，比上年增长12.7%、12%，房地产市场管理趋于规范。住宅产业化工作推进顺利，全市开发企业达到190家，无棣海丰苑小区通过国家2A级住宅性能认定，填补了全市县区一级无2A级住宅小区的空白。成功举办2010黄河三角洲房地产业博览会暨滨州建市十周年建设成就展，参展楼盘面积210万平方米，展销房屋面积89万平方米，成交面积4.2万平方米，成交金额1.1亿元。

【建筑业】 工程建设形势良好，安全生产形势保持基本平稳。全市全社会建筑业总产值完成187.3亿元，比上年增长18%，其中本地建筑业总产值完成107亿元，实现增加值29.1亿元，分别比上年增长18%、18.8%。等级建筑企业达到363家，从业人员12.7万人。

【勘察设计业】 组织完成2010年度山东省工程建设勘察设计优秀QC小组申报工作，市建筑设计研究院报送的“载体桩新技术推广应用”获得优秀QC小组三等奖。组织完成2010年度山东省建筑专业优秀论文评选申报工作，市规划设计研究院获得建筑专业优秀论文二等奖4项和三等奖5项。组织完成全市农村民居建筑抗震设计优秀方案竞选活动，并上报2个方案参加全省评选。

【墙材革新与建筑节能】 在建工程全部使用新型墙体材料，全市“禁实”率达到100%。新型墙体材料产量22.56亿标砖，生产比例81.8%，实际应用新型墙材8.6亿标砖，应用比例100%。节能建筑竣工面积188.7万平方米，占竣工民用建筑总量的100%。县城及以上城市规划区按照标准设计率达到100%，施工阶段执行率达100%。既有居住建筑节能改造共完成34.52万平方米，超额完成“十一五”期间节能改造任务。积极推进太阳能光热建筑一体化应用，年内完工建筑面积60.6万平方米。开展地源热泵、光伏发电企业状况及建筑应用情况调查摸底，全市共有地源热泵建筑15个，建筑面积73.1万平方米，太阳能光电企业3家。

（许　可　屈文娟）

城乡规划

【概况】 滨洲市规划局以发挥“龙头规划”、塑造“精品规划”、推行“阳光规划”、锻造“铁的规划”作为开展各项工作的着眼点、落脚点，推动城乡规划工作整体水平迈上新台阶，荣获全省“城乡规划工作先进集体”荣誉称号，获全省“诵读经典、爱我中华”活动特等奖。

【规划编制】 相继完成了滨州市黄河三角洲城镇体系规划、北海新区概念性总体规划、北海新区起步区规划、滨州市高新技术产业区总体规划、滨州工业园区总体规划等几大规划编制，使城乡一体的新型城镇化体系更趋完善。编制完成了中海风景区、蒲湖风景区、市民活动中心、北海、南海、珍珠湖公园、白鹭湖、秦台遗址公园以及108园（包括景点公园、绿地广场和街头绿地）等十六项重要节点、重要地段、标志性建筑的详细规划。完成40个城中村的规划编制、审批和手续办理工作。

【规划审批】 科学确定各项设施的规划设计要求、道路线型、坐标、竖向、断面形式以及工程管线敷设技术指标要求，全年受理规划行政审批事项1 300余件，办结率100%。出具选址意见书274份；发放城市修建性详规设计条件通知书及土地挂牌设计条件共219份。传送市“六大”班子领导审阅的规划及建筑设计方案111件。组织评审委员会评审的规划设计方案38项；批复规划及建筑设计方案208项。发放建设工程规划许可证84件，总建筑面积约282万平方米；发放建设用地规划许可证65件，总面积约373.69公顷。采取网上公示和现场公示同步进行的方式，规范公示程序，共完成规划公示75项。为城中村改造和环境综合整治督导拆迁建（构）筑物30万平方米。规划拆迁认证违章建筑350户，面积5.42万平方米，为城市基础设施建设节约资金约4 800万元。举行了二十里堡安置小区、黄金国际大厦、众诚大厦、安康小区、祥泰麒麟阁等九个建设项目的规划变更听证会。

【规划执法】 推行建设项目规划专员全程跟踪、网格化巡查、规划验线、竣工验收制度，加大城市规划监管力度，不断提高依法行政水平。开展规划管理“百日会战”活动，对城区重点区域、批后在建工程项目进行全面梳理。全年共查处违法建设案件756起，拆除163处（其中强制拆除26处），建筑面积52 757平方米，罚款总计139.3万元；强制或督导拆除影响城区供暖管线改造、供热中心建设、中海风景区升级改造及城市主要街道两侧违法建筑58处。规划验线、验收89次，面积19.46万平方米，保障了城乡规划的有效实施。

【阳光规划】 狠抓制度建设，大力实施“阳光规划”。严格实施城市规划事项审批小组审批制度、项目审批现场踏勘制度、规划方案呈市六大班子传审制度等，通过制定《关于规范审批程序、提高审批效率、完善规划管理体制的意见》，进一步规范了规划审批程序，简化了审批环节，切实提高了审批效率和质量。严格执行规划方案调整的审批程序，城乡规划的编制、修编、审批和调整严格依照法定程序进行。

加强政务公开，打造“阳光规划”公开体系。把实行“阳光规划”作为进一步提升规划的民主性、严肃性的重要保障，将规划公开的范围覆盖到批前、批中、批后全过程。通过规划信息网、行政审批规划服务窗口、办公场所建立政务公开栏、设置规划公示栏等多种形式，将规划公开的范围覆盖到批前、批中、批后全过程，使城市规划工作最大程度地体现公众利益，切实做到了“阳光规划”。

加强内外监督，构建“阳光规划”廉政保障体系。制定了《关于对城乡规划重大违法违规案件实行集体审理的意见》，进一步规范城乡规划行政处罚案件审批程序，有效地保障和监督行政处罚案件处理的依法、公正、公开。严格执行《城市规划行政过错责任追究制度》，建立规划审批内部监督制度，通过设立专线举报电话、意见箱、廉政信箱等多种形式，及时受理群众的效能投诉，广泛接受社会的监督和评议，鼓励广大群众监督检举违反城乡规划的行为，促进部门廉洁自律、依法办事，有效防止了规划腐败行为的产生。全年全系统未发生一件规划违法违规案件，干部作风、服务效能方面实现零投诉。

【“数字规划”建设】 搭建全市“数字规划”框架体系，完成“数字滨州三维城市规划管理辅助审批系统”和“城市规划项目网上审批系统”建设，升级改版滨州市规划信息网。建成滨州城市规划展示馆，展馆投资4 000余万元，建有全国同类展馆领先的375平米数字沙盘。

（张新勇）

住房公积金管理

【概况】 滨州市住房公积金管理中心于2002年12月18日挂牌成立，直属滨州市人民政府，辖惠民等八个管理部，设有综合科等七个科室，现有职工66人。中心与各管理部实行“统一决策、统一管理、统一制度、统一核算”的人、财、物、事“四统一”管理，中心连续八年被评为全省住房公积金管理先进单位。全年新增住房公积金缴存单位 185 个，新增缴存职工 28 684 人，新增住房公积金归集额 5.38 亿，比上年增长 37.05%。全市全年发放个人住房公积金贷款 6.26 亿元，比上年增长 41.34%；支取住房公积金 1.2 亿元，比上年增长 43.84%。实现增值收益 1 935.2 万元，住房公积金资金使用率达到 78.99%，比上年增长 7.12%，资金运用率达到 72.27%，比上年增长 9.63%，优于全省平均水平。

【住房公积金专项督查】 为进一步强化全市住房公积金管理工作，推进《住房公积金管理条例》《关于推行非公有制企业住房公积金制度的意见》的落实，市政府督查室组织市财政局、市审计局、市监察局、市总工会、市住房公积金管理中心等部门抽调专门人员于 8 月 24 日、25 日对全市六县两区住房公积金管理工作进行了专项督查，并在第 17 期《滨州政务督查》印发《关于全市住房公积金管理工作专项督查情况的通报》，取得了较好的效果。

【住房公积金管理制度建设】 根据省住房和城乡建设厅等四部门《关于贯彻建金〔2010〕179 号文件做好规范住房公积金个人贷款政策有关问题的通知》精神，结合我市住房公积金使用管理的实际情况，经市政府同意印发了《关于调整住房公积金个人住房贷款政策意见的通知》，就滨州市调整住房公积金个人贷款有关政策提出贯彻意见，报山东省住房和城乡建设厅、山东省财政厅、中国人民银行济南分行、中国银行业监督管理委员会山东省监管局后，自 2011 年 1 月 1 日起执行。

（苏向华　李　清）

城市管理行政执法

【概况】 滨洲市城管执法局突出“创建国家级园林城市”和“庆祝撤地设市十周年城市环境综合整治百日会战”两大攻坚战，深入实施城市“绿化、亮化、美化、净化、序化”五大工程，解放思想，锐意进取，积极作为，创新实干，为建设整洁优美、宜居舒适、和谐幸福新滨州做出了积极贡献。

【城市环卫】 推进环卫保洁全覆盖，深化道路保洁三级化管理机制，强化对主次干道、公共场所、背街小巷、景区景点、绿化带、水系等拉网式排查和专项治理；开展了秦台河、张肖堂干渠治理，改善了两河周边环境质量；全面推广垃圾公交化移动收集，基本实现全覆盖；提高公厕管理水平，完善公厕星级化管理制度，细化、量化管理标准，通过市民投票评选出 5 所人民最满意的公厕；不断提高公厕管理人员素质和管护水平，使公厕成为了城区一道靓丽的风景；治理车辆带泥上路，与施工单位、建设单位签订环境目标管理责任状，成立治理应急分队，有效防止路面污染，确保路面清洁；加强建筑垃圾管理，建立二十四小时巡查机制，对建筑垃圾统一管理、统一运输，杜绝建筑垃圾乱拉乱倒；垃圾焚烧发电项目进展顺利，实行生活垃圾无害化、减量化、资源化处理，城区生活垃圾无害化处理率达 100%；完成垃圾焚烧发电项目选址和可行性研究报告初稿编制，做好环境评价等准备工作；提升除雪机械化水平，新购置 1 部多功能除雪车、4 台雪铲、2 部雪铲动力车，有效提升了环卫机械化作业水平。

【城市环境综合整治】 *一是城区环境集中整治。*组织集中治理 40 余次，处罚和制止违法行为 3 000 余起，保障城区环境和谐有序。*二是门头牌匾整治。*设计改造黄河四路、十路、渤海十路等重要路段和滨州大饭店等重要节点门头牌匾，提升了城市档次。*三是便民服务活动。*协调渤海国际物业管理部门，在“渤海国际”建立夜市一处，安置 108 户商户入驻。在影剧院广场举办

"关注民生，构建和谐城管"便民系列活动启动仪式，树立了良好的管理形象。四是经营城市深入开展。开展户外广告位拍卖工作，共计14处户外广告位进入拍卖程序，成交总价171.9万元。五是土方市场执法管理。全年查处违法行为80余起，查扣偷土机械20余台；开通运输绿色通道，协调调运土方50余万方。六是建筑施工现场及周边治安秩序集中整治。全年打掉强装强卸涉案团伙10个，打击处理各类违法犯罪分子40余人，建筑装卸环境投诉案件减少80%以上。

【园林绿化】 创城工作。深入实施《滨州市创建国家园林城市实施方案》，校园绿化、企业厂区绿化、单位小区绿化、停车场绿化效果明显，绿地率、绿化覆盖率、人均占有绿地面积等各项创城指标已基本达标。开展节庆装扮和鲜花展览。在重要节点重点实施了鲜花装扮工程，五一、十一节庆摆花工作营造了浓厚的节庆氛围；成功举办第一届荷花展和第五届菊花展，得到市委、市政府和广大市民的一致认可。道路景观提升。打造黄河二路、十路等一批景观示范街，升级改造中海风景区周边绿化，形成一街一景、一地一特色、花草相映的景观效果。生态景观建设。实施新滨公园、彩虹湖、文化广场及新开河水体绿化，累计搭建生态浮岛近2 000平方米，栽植鸢尾、美人蕉等水生植物5万多株。重要绿地养护管理。加强城区重要节点鲜花、植物雕塑及名贵花木的养护管理。绿地裸露治理。全面巡查市区各路段绿地裸露和缺株断垄情况，及时补植栽植。苗圃基地建设。新建5座温室大棚，基本满足城区花卉苗木的供应需求，有效节约了培育成本。

【城市亮化】 对城区公共设施、重要路段、重要节点、沿街办公楼、商业楼、旅游景点及各出入口进行了大规模亮化美化。提高路灯管护水平，强化全面巡查，确保亮灯率保持在98%以上；联合市公安局对路灯杆进行GPRS定位，基本实现智能化监控、精准性定位。加强夜景亮化市场化运作力度，在黄河五路有关路段安置了灯杆广告，取得较好社会效果。实施元旦春节亮化工程，先后对黄河二路、五路、八路，渤海十八路等重要路段和新滨公园、文化广场等重要节点进行高标准夜景亮化。

【滨州市第一届荷花展开幕】 7月27日，滨州市第一届荷花展在滨州古八景之一莲池夜月景区开幕。本届荷花展以"荷花、生态、和谐"为主题，以莲池荷花自然生态景观为主要内容，通过展示荷花品种资源，以花为媒，宣传滨州—黄河三角洲城市建设新风采。

【庆祝山东省第十六届环卫工人节大会】 10月25日上午，滨州市举行大会隆重庆祝山东省第十六届环卫工人节。大会对全市十佳环卫工人进行了表彰，市委副书记、市长张光峰在大会做讲

庆祝山东省第十六届环卫工人节文艺晚会现场　　（摄影：赵晓志）

话，市委书记、市人大常委会主任邓向阳代表市委、市政府向环卫工人发放了慰问金。滨州市直有关部门的负责同志、各县区环卫工作主管部门的负责同志、全市十佳环卫工人和城市管理一线职工代表等参加了大会。

（赵晓志）

菏 泽 市

城乡建设

【概况】 2010年，菏泽市城乡建设工作按照“高境界、高标准、高效率、高效益”的总体工作要求，不断加大城乡建设力度，新型城镇化建设、农房建设与危房改造、节能减排、科技推广、建筑业管理、援建工作等均取得了显著成效。年内，全市完成城市基础设施建设投资60.2亿元，极大促进了城市功能的提升；完成村镇建设投资130亿元，村镇环境明显改善；建筑业完成总产值72亿元，继续保持良好的发展势头；完成公开招标项目438项，工程造价109亿元，实现了公开招标率100%；加强建筑施工图审查、监理、检测和岗位培训工作，完成施工图设计审查321项，监理工程项目300多个，检测工作完成数量比上年增长15%，完成各类培训3 269人；建设科技工作取得新成绩，全市建制镇以上城市规划区新型墙材应用比例达到95%，既有居住建筑节能改造22.5万平方米，完成全年任务量的112%。

市委书记、市人大常委会主任赵润田（左三）指导城乡建设工作 （摄影：周全福）

【城市基础设施建设】 全年完成新建和改造道路120余条，面积346万平方米；铺设供水管道204万米，新增供水能力22.6万吨/日，修建排水管道508万米。市区城建项目完成投资10亿元，新建、改造了黄河东路等43条道路，共计66公里。修建长城路桥、渤海路桥等6座桥梁，建成长江路过街天桥。全面养护维修城区市政公用设施，挖补修复路面4.6万平方米，修复人行道38 469平方米，疏通清淤下水道39 477米，修复路沿石1万米。全面实施赵王河下游综合治理和洙水河公园景观建设。赵王河公园景观工程获得了全国市政工程质量最高奖——市政金杯奖，并入选国家级水利风景区；洙水河公园景观工程完成驳岸砌筑及道路桥梁、广场、绿化亮化。

【村镇建设】 全市小城镇建成区面积达到146平方公里，村镇环境明显改善。全市140个小城镇全部完成了新一轮总体规划编制，小城镇详细规划面积新增60万平方米，详细规划覆盖率明显提高。村镇基础设施建设进一步加强，新增住宅建筑面积820万平方米，新增公共建筑面积100万平方米，新增生产性建筑面积200万平方米。修建村镇道路长度840公里、面积450万平方米，铺设供水管道657公里、排水管道80公里，安装路灯2 820盏，新增绿地44公顷。农村住房建设与危房改造全面加强。全市共启动整村改造建设项目300个，涉及村庄499个，完成6.99万户，占全年任务的144.9%，改造危房4.52万户，完成全年任务的123.2%。农房建设和危房改造工作取得了显著成效，特别是单县走在了全省的前列，副省长郭兆信在全省城乡建设工作会议上两次对单县进行表扬。

【建筑业】 建筑业稳步发展，全市建筑企业发展到266家，建筑业从业人数达15万人；全年完成建筑业总产值72亿元，增加值23亿元，实现利税6亿元，分别比上年增长13%、14%、12%；外出施工产值13.5亿元，比上年增长9.8%。

整顿规范建筑市场秩序力度加大。全年共检查工程项目260多个，建筑面积300多万平方米，下达《责令整改通知书》50余份，提出各类整改建议近300条，并对其中16个存在严重违法违规问题的工程项目依法进行了处罚。

安全生产形势平稳。以健全制度和构建长效机制为重点，加强和完善安全生产监管体系，加大监督检查力度，累计检查工程项目274项，单体工程623个。共下发《隐患整改通知书》190份，查出安全隐患1 150处，限期整改工程151个，停工整改工程39个，安全事故得到有效遏制，安监工作连续七年受到省政府表彰。

争创优质工程取得显著成绩。菏泽大剧院获国家建筑质量最高奖“鲁班奖”，赵王河公园景观工程获全国市政工程质量最高奖“市政金杯奖”，4个工程项目获山东省工程质量“泰山杯”奖，10个工程项目获“牡丹杯”奖。

安全文明工地创建活动深入开展。全市共有4个工程项目被评为“省级安全文明示范工地”，15个工程项目被评为“省级安全文明优良工地”。143个工程项目、249个单体工程被评为市

菏泽大剧院地块景观工程方案设计鸟瞰效果图 （菏泽市规划局供稿）

级安全文明优良工地，整体优良率达60%以上。

【墙材革新与建筑节能】 墙材革新和建设领域资源节约工作成效显著。全市新型墙材新增生产能力达1.6亿块标砖，生产新型墙材折标砖9亿块，实现节约土地1 419亩，综合利用废物130万吨，节约能源6万吨标煤。应用新型墙材8.2亿标块，应用比例达到64%。市及县城区民用建筑工程基本实现“禁实”，全市建制镇以上城市规划区新型墙材应用比例达到95%。既有居住建筑节能改造22.5万平方米，完成任务量的112%。全市征收新型墙材专项基金1 600余万元，促进了新型墙材与建筑节能新技术、新产品的研发推广。

【建设科技推广】 推广使用散装水泥314万吨，比上年增长68.9%，工程建设应用预拌混凝土337万立方米，比上年增长198%，增幅居全省第一；征收散装水泥专项资金781万元，比上年增长105%，因推广散装水泥和预拌混凝土节约能耗7.4万吨标煤，减排二氧化碳19万吨，减少水泥损耗37.3万吨。推广太阳能光热一体化项目24个，涉及建筑面积96.3万平方米，完成省下达指标的240.7%；竣工地源热泵17个，覆盖建筑面积55.6万平方米，推广太阳能光伏照明灯5 860盏。巨野成功申请为国家可再生能源示范县，市区橡树湾光伏屋顶工程申报为国家光伏发电示范项目，中富德林华府工程被列为国家低能耗“双百”示范工程。

【援川工作】 大力推进四川汶川重建援建工作，援建完成北川新县城中医院、妇幼保健院和疾控中心以及支路八、支路九等工程，完成总投资近8 000万元。承建了北川红旗片区85号街坊拆迁安置房工程，完成总投资约1.5亿元，获得了绵州杯、天府杯、泰山杯和四川省结构优质工程等“三杯一优”工程奖。菏泽市援川办被省委、省政府授予“山东省对口支援北川灾后恢复重建工作先进集体”荣誉称号。

【精神文明建设】 重视做好群众投诉受理工作，转办督办市长热线投诉65件，办理群众工作70余件，认真办理人大建议、政协提案30余件，做到事事有答复，件件有着落。参与“行风热线”，上线12次，线上答复问题102个。精神文明创建活动成果丰硕，全市建设系统共涌现出180个先进集体、523名先进个人、1个省企业文化示范单位、1个省级青年文明号、2个市级青年文明号、2个市级“青年岗位能手”，城乡建设系统精神文明创建活动不断深入。

（周金福　杨存生）

城乡规划

【概况】 2010年，菏泽市规划局在市委、市政府的正确领导下，牢固树立科学发展观，坚持“高起点规划、高标准服务、高效能管理”的原则，创新工作理念，实现整体突破，科学规划、民主规划、依法规划，为促进全市经济社会又好又快发展做出了应有贡献。

【规划编制】 坚持高起点规划，着力打造精品佳品。全市11项规划设计项目荣膺省级以上奖励，其中国家级规划项目奖1项，省级规划项目奖10项。组织完成西部城区、城北组团、城南组团、大剧院周边地区和长江路两侧5项规划成果的审查；完成人民路、商贸物流和管线综合3项规划成果的评审；完成雷泽湖风景区与东部城区综合区详细规划方案的汇报论证，市区控制性详细规划覆盖率达到100%。依法对老城区、中心城区和东部城区3项控规中的6个地块进行调整，进一步增强城市规划的可操作性。推进城市规划工作往基层延伸。指导八县城完成专项规划23项、控制性详细规划24项，八县城基本实现控制性详细规划全覆盖。组织评审乡镇总体规划36项，乡镇总体规划完成率达到100%。

【规划审批】 坚持依法行政，规范完善审批程序。核发《建设项目选址意见书》14件，《建设用地规划许可证》42件，《建设工程规划许可证》63件，《建设工程竣工规划验收合格证》42件，及时对57个建设项目进行了批前公示，“一书二证”发放合格率100%。核提规划设计条件52件，审查规划设计方案120件，上报市政府审批工程59件次，结转工程档案88件。

规范完善民房业务办公会制度。及时受理民房报建5 753件，审批4 989件，通过《牡丹晚报》、规划所公示栏和建设现场公示3 132件，依法维护群众对城市规划的知情权、监督权；为特困群众缓缴城市基础设施配套补助费54户，涉及面积5 126平方米。

建立健全专家委员会、业务办公会制度。全年召开业务办公会20次，研究项目174件次；召开专家会11次，专题研究万家新城、颐和家园、牡丹万象城、港湾新城等大型项目64件次。

【规划管理】 依法查处违法建设。常年坚持“有违拆违、无违宣传”，积极引导广大群众依法建设，累计发放“明白纸”5万份，编发宣传稿件86篇。积极开展“规范化规划所建设”活动，基层所软硬件建设水平得到提升。积极配合牡丹区、开发区深入开展违法建设集中治理活动53次，拆除违法建设1 663处、面积18.99万平方米，有效遏制违法建设的发生。

全面坚持依法行政。坚持依法行政，全年召开行政许可听证会1次，妥善解决行政复议案件6起；加强信访工作，认真办理人大建议、政协提案28件，市领导批办件、群工办转办件97件，接听“行风热线”电话62个，及时办结率100%。

结合实际建章立制。加强党风廉政建设，制定下发局党组《关于预防和惩治腐败体系实施意见》《关于严格执行党员领导干部廉政准则的意见》，逐级签订廉政勤政承诺书。

【重点工程规划服务】 积极为市政工程做好技术配套服务。完成建筑工程放验线821件；道路定线52公里；管线工程定线91.7公里、验线75公里、竣工测量115公里，入库更新90公里；拆迁红线及清障线放线36公里；测区面积130平方公里；勘察工程项目418项；日照分析项目40项；签订城建档案归档合同85份，面积150万平方米，归档率100%。

加快推进开发区项目建设。积极开辟“绿色通道”，及时为园区德源化工、聚隆能源等17个重点工业项目搞好规划论证，确保项目早落地、早开工、早建设。

高标准进行重点城建工程的规划和施工图设

曹州牡丹园规划鸟瞰效果图 （菏泽市规划局供稿）

计。完成曹州牡丹园、烈士陵园等7项重点工程规划设计；启动规划展览馆及安置小区的规划设计，完成跨赵王河长城路、大学路、松花江路、天香路、人民路5座市政桥和长江路人行过街天桥方案与施工图设计；完成长城路、太原路、桂陵路、中山路等14条道路的规划、拆迁放线及管线放线，组织制定城区“碧水工程”规划与实施方案；启动丹阳路跨京九铁路立交桥的可行性研究和方案策划。

【规划争先创优】 获国家、省级规划设计项目奖11项。《菏泽市城北组团分区规划及控制性详细规划》获“全国优秀城乡规划设计”三等奖，同时获得山东省优秀城市规划设计一等奖；《菏泽市城市工程管线综合规划》荣获山东省优秀城市规划设计二等奖；《菏泽市花城林海特色专题规划》《赵王河公园（八一路—北外环）景观规划》《冀鲁豫边区革命纪念馆周边地区景观设计》《菏泽市长江路绿化景观设计》获“山东省优秀城市规划设计三等奖”；《菏泽市大剧院周边地块景观设计》《洙水河公园详细规划》《菏泽市防洪排涝规划》《菏泽市天香公园改造规划》获“山东省优秀城市规划设计表扬奖”。

重大测绘科技研究课题水平实现新突破。完成《菏泽大剧院沉降观测》等课题研究成果，其中2项成果达到国内领先水平、3项成果达到国内先进水平；《鄄城规划放线测量》获省国土资源厅优秀测绘成果三等奖；菏泽市测绘院、菏泽市建设工程勘察院荣获“全市城镇化工作先进单位”称号。

（蒋宝府）

住房保障与房地产管理

【住房保障】 积极争取上级住房保障资金。共争取上级廉租住房保障资金4 544万元，其中中央投资补助1 409万元，中央专项补助和省级奖补资金2 145万元，中央和省级公共租赁住房建设资金190万元，市级保障资金200万元，省级调控资金600万元，有力保障了全市廉租住房建设的顺利进行。经济适用住房建设步伐加快。全年新开工建设经济适用住房3 570套，建设面积25.5万平方米，分别完成了省下达任务目标的154%、全市任务目标的119%；当年竣工3 248套，竣工面积24.1万平方米；实现投资3.2亿元，比上年增长189%。廉租住房覆盖面不断扩大。全市新开工建设廉租住房2 000套，建筑面积10万平方米，完成了省下达任务目标的286%；当年竣工3 200套，建筑面积16万平方米；实现投资1.7亿元，比上年增长168%。将享受租赁补贴的收入标准由年度人均可支配收入的50%调整到70%，惠及更多低收入人群。全年累计发放廉租住房补贴7 352户，其中新增租赁补贴2 578户，做到了应保尽保，发放廉租住房补贴资金580万元，比上年增长了123%。公共租赁住房建设全面启动。全年共建设公共租赁住房4 862套，有效缓解了企业职工的住房困难问题。

【城市房屋拆迁】 研究下发《关于规范我市城市房屋拆迁装饰装修材料补偿价格的指导意见》《关于严格拆迁补偿标准确保拆迁补偿公平公正的紧急通知》和《关于坚持公平公正严格拆迁补偿管理的紧急通知》等文件，规范了拆迁行为。全年完成拆迁项目108个，其中市区36个。完成房屋拆迁建筑面积385.9万平方米，动迁居民20 020户。市区完成拆迁面积149.5万平方米，动迁居民7 263户，拆迁规模居全省第一，拆迁总量比前七年的总和还要多。各县区拆迁工作全面启动，巨野、单县均完成了60万平方米以上的拆迁任务，曹县、郓城完成任务均在30万平方米以上，成武、鄄城、东明等也全面启动了拆迁工作。拆迁信访明显下降，全市涉及拆迁信访量比上年减少17%，没有发生一起拆迁恶性案件和大规模群体性事件。

【房地产开发管理】 *房地产开发投资力度加大*。全年累计完成房地产开发投资166.7亿元，比上年增长117.8%，增幅居全省第一位。其中市区完成36.8亿元，比上年增长105%；各县投资力度也都明显增强。*房地产开发面积大幅增长*。全年累计完成施工面积1 652万平方米，当年新开工面积807.1万平方米，竣工面积1 100万平方米，预售面积731.2万平方米。其中，市区累计完成房地产开发施工面积431.9万平方米，其中当年新开工面积189.3万平方米，竣工面积405万平方米，预售面积227.5万平方米。*开发水平明显提高*。房地产开发由单一项目开发向片区开发转变，片区综合开发、大项目连片建设成为趋势。*商品房价格平稳增长*。全市商品房平均销售价格2 526.4元/平方米，同比增长10%。其中市区商品房平均销售价格4 300元/平方米，同比增长11.2%。*房地产市场监管引向深入*。在全市范围内集中开展了两次房地产市场专项整顿活动，共查处违规企业35家。加强了商品房预售资金监管，全年市区内累积监管预售资金51亿元，预售资金监管率比上年提高了80%。*棚户区改造扎实推进*。全年启动棚改项目15个，完成面积15.6万平方米。

【房产交易与登记管理】 加强权属登记和房产交易管理。全年共办理各类国有土地房屋登记业务3.7万余件，登记面积2 548万平方米，比上年增长110%。加强房屋租赁管理，全面落实城市房屋租赁登记备案制度，全年办理房屋租赁备案3 600余件。规范房屋安全鉴定工作，全年共鉴定房屋1 200多套，鉴定面积11万平方米。强化房产交易监理工作，严格查处中介、交易、安全鉴定中的违法违纪行为，维护了房产管理工作秩序。规范房产测绘，全年完成房产测绘3.2万项，测绘面积1 500万平方米。加强村镇房屋权属登记管理，全年共办理房屋权属登记管理5万余份。进一步规范档案管理，全市整理房产档案12.5万余件，归档率达到100%。房地产信息系统建设全面推开，市局信息系统建设顺利通过省住房城乡建设厅检查验收，并实现了与省厅专线联网。

【物业管理】 加强企业监管，严把物业企业市场准入关口，全年共新批资质23家，通过年检依法取消了6家管理服务水平差、群众意见大的企业的资质。建立了物业服务质量定期考核制度，将考核内容分为基础管理、环境保洁、绿化养护、公共秩序维护、维护和谐稳定等8大项、42小项，对物业企业实行了定期考核。开展示范小区创建活动，截至年底共创建2个国家级优秀物业项目、23个省优项目、40个市优项目。加大专项维修资金归集力度，资金归集率达到100%，目前资金余额已达5 000余万元。深入开展调查研究，集中解决小区纠纷。加强矛盾排查和调处力度，认真办理市长热线、行风热线、群工办件、领导批件，使一大批矛盾纠纷得到及时化解。

（周朝义　孙家强）

住房公积金管理

【概述】 截至年底，全市累计共有2 563个行政、企事业单位的261 577名职工执行了住房公积金制度。当年新增缴存单位94个，新增缴存人员13 532人，圆满完成10 002人的年度新增缴存人员目标。全年归集住房公积金6.06亿元，比上年增长17.73%，超额完成全年5.6亿元的归集目标任务。全市累计归集住房公积金已达26.47亿元，归集余额19.67亿元。全市全年支取住房公积金2.07亿元，比上年增长22.83%。为12 999人办理了购建房支取，支取金额1.57亿元，为4 788人办理了离退休等销户支取，支取金额4 820万元。

【住房公积金扩面】 全年继续把公积金制度扩面工作作为重中之重，推动郓城鲁能菏泽煤电开发公司、曹县百隆纺织有限公司、山东省宝时通讯网络有限公司菏泽分公司、济南浩宇通讯电子工程有限公司菏泽分公司等企业建立了住房公积金制度。推动三资企业菏泽利德尔食品有限公司和民营企业曹县曹普工艺有限公司建立住房公积金制度。按可比口径全市住房公积金制度覆盖面已达69.54%。

【住房公积金业务管理】 推广缴存单位联络员制度，加强联络员基本业务知识的培训，实行月调度、季讲评、半年一检查、一总结制度。针对一些单位欠缴、缓缴等不正常情况，通过电话催缴、上门催缴、政策宣传等多种形式，加大归集管理力度，确保了开户单位及时足额缴存住房公积金。积极推进调整缴存基数和缴存比例工作，对有条件提高缴存基数和缴存比例的单位重点跟踪做工作，对于缴存基数不足的单位，主动上门做工作，积极维护职工合法权益。在公积金的支取工作中，坚持公平、公正、为民、便民的原则，继续规范支取手续，优化支取程序，严把支取关，坚决杜绝人情支取、关系支取和骗支、骗提公积金行为。加强公积金贷款管理，把公积金贷款准备工作作为中心工作，重新修改完善了住房公积金贷款办法和实施细则。通过与各商业银行、房产局等相关部门多次磋商，制订了业务对接、合作框架，初步确定开展贷款的模式及房地产开发商、担保公司等准入制度。进一步修改完善《菏泽市住房公积金个人住房贷款管理办法》，为全市开展贷款业务奠定了基础。

【住房公积金政策宣传】 创新宣传形式，加大宣传力度。开通16822168声讯查询电话，开通了移动12580查询热线和短信平台，与联通公司合作，在菏泽城区和郓城、单县街头设置的LED大屏幕上和公交车电子显示屏上进行了为期三个月的住房公积金政策宣传活动。开通菏泽市住房公积金网站，方便广大公积金缴交人通过网络了解住房公积金政策、查询余额，为各缴存单位提供下载等服务。

【住房公积金服务监督】 为保证全市住房公积金公开、透明运作，主动接受社会监督。年初，在《菏泽日报》上发布了上年全市住房公积金管理执行情况公告，公布了市中心及各县区管理部电话，广泛接受社会监督。上半年，接受了省住房城乡建设厅、财政厅等六部门代表省政府对全市住房公积金管理情况进行的年度考核，除尚未开展贷款工作外，省检查组都给予了较高评价。上半年和下半年分别接受了市审计局组织的同级审计和专项审计，审计未发现资金安全和其他违规违纪问题。下半年接受了由市纠风办、房产局、财政局、审计局等部门组成的检查组的联合检查，检查组对保证资金安全给予较高评价。

（李现省）

城市管理行政执法

【概况】 2010年，菏泽市城市管理局深入贯彻落实科学发展观，以“服务民生、科学管理、优化城市环境”为目标，重点实施城市绿化、亮化、净化、美化和燃气热力工程，不断提高城市管理效能、提升城市品位，努力营造市容整洁、环境优美、和谐有序的城市环境，城市管理水平和服务水平迈上新台阶。

【燃气热力】 市区敷设中压燃气管网110公里，庭院燃气管网120公里，发展公共福利用户130户、工业用户5户，供气管网覆盖民用户10万余户、已发展5万户；敷设热力管网54.5公里、蒸汽管网23公里，覆盖供热面积500多万平方米、实际供热面积达到375万平方米。

【城市绿化】 加大资金投入，建成一批绿化工程。市区投入资金7 000万元，完成大剧院周边、城区重要节点、牡丹区工业园西区部分道路和黄河东路辛集段分车带绿化等新建工程，栽植树木15万棵，新增绿化面积33万平方米；安装景观护栏12万米；购置大型仿古游船7艘、高空作业车2辆、洒水车4辆；节日期间，摆放鲜花20万盆、花钵100个、花箱40组，营造鲜花节点和以植物雕塑为中心的景观节点40余处，为城市增添了别样魅力。加大绿化管理力度，组织绿地草坪修剪15次、修剪面积达800万平方米，浇水累计200万平方米。市区建成区绿化覆盖率达到40.14%，建成区绿地率达到36.03%，人均公园绿地面积达到10.37%，城市绿量越来越大、绿化档次越来越高，生态环境明显改善。

曹州牡丹园升级改造。按照国家5A级景区标准制定了园区改造方案，面积增加近一倍达到1 600亩，牡丹品种增加到1 100多个，芍药品种增加到300余个，完成牡丹四季展览温室、碑林、国风园、岩石园、世界国花园、银杏大道、黄杨古道、各节点广场、十二花神、牡丹传奇、芍药台等景点建设，园内景点已由原来的4个扩展到40个，成为世界上种植面积最大、品种最多、档次最高的牡丹园林。

【城市亮化】 投入资金3 600余万元，完善赵王河沿岸亮化工程，形成赵王河景观亮化带。设计新装楼体亮化28座，改造了35座楼体亮化设施；在冀鲁豫纪念馆广场、天香公园等处安装太阳能灯229组；完成中山路、长城路等14条道路路灯新装以及昆明路、重庆路等7条道路路灯改造，安装节能环保的LED路灯2 408盏、钠灯853盏、无极灯85盏，丰富了城市夜景。加强巡查和养护管理，保持设施完好率、亮灯率达98%以上。

【环境卫生】 市区新建大型垃圾中转站10座，公厕8座，地埋式垃圾中转站10座，购置2辆道路洗扫车、5辆喷洒车、1辆吸粪车、1辆高空作业车等车辆，有效提高了环卫作业机械化水平和城市应急管理水平。八县全部开工建设标准化垃圾处理场，单县、东明两县垃圾处理场已建成并投入使用，其它六县垃圾处理场建设工程有序推进。新增市区大环境消杀面积65万平方米，总控制面积达350万平方米，喷施药液2 100余吨，对蚊蝇进行了全方位、综合性、多角度的立体消杀。市区130座公厕全部免费对外开放，对流动人员比较稠密的广场、公园周围公厕实行24小时开放。加大对环卫工作的监管，出台《菏泽市区环境卫生考核办法》，强化不定期巡查和定期考核制度，全市环卫管理水平明显提升。

改造后的曹州牡丹园东大门和国花魂相得益彰 （摄影：蔡孝磊）

【市容市貌治理】 深入开展市容市貌治理活动全年投入资金3 366万元，对城区21条主次干道的沿街建筑物外立面进行规范治理，规范店外经营2.4万处（起），疏导安置流动商贩3.6万人次，规范修车、修鞋、冷饮等摊点1 820处，整治早夜市摊点970处，纠正违章停车近2.2万辆次，治理商业繁华地段商业性噪音污染870次，治理夜市烧烤摊点油烟污染1 200余处，清理乱贴乱画21.6万平方米，提升了城市形象。定点定时设置早、中、晚餐点；设置曹州路胜之桥花卉市场、曹州路南大堤农民工市场、广福街青年湖果蔬市场等临时市场16个；设置农民进城临时销售瓜果点24个。按照“一店一牌”原则，拆除影响城市容貌的破旧广告牌匾15万平方米，规范安装统一尺寸、统一材质的门头广告5万平方米；统一移装空调外机2 200台，安装色彩协调、造型时尚的防护围挡1.3万平方米；高标准粉刷破旧楼体、围墙约26万余平方米；清洗复新磁砖、玻璃幕墙等建筑物外立面12万余平方米；复新卷帘门2.5万平方米，打造了整洁规范、色彩靓丽的墙体立面街景。

（高冠山　蔡孝磊）

图片专版（中）

济宁市

住房和城乡建设委员会

济宁市住房和城乡建设委员会是主管全市住房城乡建设工作的市政府工作部门。2010年，济宁市住房城乡建设委深入贯彻落实科学发展观，以实施城镇化追赶战略为总抓手，围绕中心城区带动战略，按照“一城带三区，一湖连四河，一路映一景，百巷系民心”的工作思路，攻坚克难，圆满完成了年度目标任务，为济宁市的经济社会发展做出了积极贡献。

中心城市规模拓展取得新突破。“一城四区、竞相发展”的格局初步形成，年初确定的69项重点城建工程完成投资105亿元，建成区面积增加到101.3平方公里、人口发展到93.6万人。城区新增供热面积300万平方米，供热总面积达1507万平方米；城区天然气居民用户达18.3万户，燃气普及率达96.6%；城区日供水量达12万立方米，供水普及率100%。

部分建设行业实现国家级奖项零的突破。2010年，全市建设系统先后获得国家级奖励4项，省级以上奖励110余项（人次）。其中，森泰御城项目荣获全国房地产行业政府类综合性大奖“广厦奖”，这是我市本土企业、本土项目首次获取房地产业全国大奖，被市委、市政府通报表彰和奖励。济宁机场新建民航航站楼工程荣获“全国建筑工程装饰奖”，实现了济宁市装饰行业国家级奖项零的突破。

农村住房建设与危房改造工作走在全省前列。将农村住房建设与危房改造作为推动城乡一体化发展的重要举措，投资158.49亿元，启动农村住房建设14.9万户，完工12万户，危房改造完成

省住房城乡建设厅副厅长吴英到济宁视察城市建设工作

济宁市委副书记、市长张振川视察城市建设工作

2.3万户，超额完成年初既定的任务目标，省委、省政府在我市召开现场会推广了我市的经验做法。

房地产业和建筑业产值均创历史新高。成功举办房地产开发项目推介会和金秋房产博览会，出台了房地产一费制管理办法。全年完成房地产开发投资134.6亿元，同比增长63.4%；建筑企业完成总产值304亿元、同比增长30.4%，出省施工产值90亿元，同比增长58.9%。

住房保障等惠及民生工作超额完成。全市共建设保障性住房16364套（户）、58.9万平方米；其中，新建廉租住房3227套、16.19万平方米，完成率475%；经济适用住房4976套、34.89万平方米，完成率为191%；新增租赁补贴2465户，完成率176%；在建公共租赁住房1319套、7.99万平方米，完成率213%，全面超额完成省、市下达的任务。

建筑领域节能在全省名列前茅。争取国家各类奖励扶持基金4600多万元，全市新建建筑节能标准执行率达到97.5%。济宁市城区累计建成节能型建筑840余万平方米，超额完成了省下达的既有建筑供热计量和节能改造任务。济宁"如意嘉园"小区获得2010年住房城乡建设部低能耗示范建筑。兖州市被批准为2010年国家可再生能源建筑应用示范县。

2010年，济宁市住房城乡建设委先后获得山东省援川工作先进集体、全省建设行业执法责任制先进单位、山东省勘察设计行业全面质量管理先进单位、全省建设执业资格管理先进集体、山东省安全生产管理先进单位和全省建筑工程质量管理先进单位等荣誉称号。

正在建设中的第23届省运会主场馆

动植物园一角

滨河公园

济宁城市一角

临沂市住房和城乡建设委员会

——辉煌“十一五” 城乡建设实现新跨越

临沂市住房和城乡建设委员会在市委、市政府的坚强领导下，在省住房城乡建设厅的精心指导下，不断优化布局，完善设施，城乡建设事业实现跨越式发展，多项工作走在全省乃至全国前列。

城镇化主导战略成功实施。2010年，全市城镇化率达到48%，比2005年提高8个百分点。城镇建成区人口和面积分别达到482.7万人、683平方公里，其中，中心城区分别达到164万人、162平方公里。临沂城镇化工作经验和做法被编入国家《村镇建设白皮书》，被评为“中国城乡建设范例城市”。

宜居城市建设实现重大突破。成功创建国家园林城市，中心城区建成区绿化覆盖率、绿地率分别达到47%和41%。建设公厕1385座，市区生活垃圾无害化处理率达到100%，污水处理能力达到42.5万吨/日。为通过国家环保模范城市、全国无障碍建设城市复核验收，代表山东省接受淮河流域水污染防治考核获第一名，全国城市公共文明指数测评地级市第一名，做出突出贡献。

市政公用设施城乡一体化实现大发展。完成临沂城30万吨供水工程建设；“气化临沂”开创与中石油合作发展新模式；新增集中供热面积1500万平方米；确立了用覆盖9县、3区的“大水城”统筹城乡发展的重大工作思路，形成了城乡交通网络；通过“全国数字化城市管理试点城市”验收。

副省长郭兆信在市委书记张少军陪同下视察临沂市农房建设工作

省住房城乡建设厅厅长杨焕彩到临沂视察城乡建设工作

市委书记、市人大常委会主任张少军视察建设工地

市委副书记、市长张务锋视察小城镇建设

2010年9月，城镇化主导区域发展论坛在临沂市举办

城市亮化

新农村建设硕果累累。优化村镇布局，全市确定了1130个中心村。围绕建设“百年住宅”目标，建设农村住房45万户，改造危房5万户，拉动内需700亿元。完成了鲁苏边界地区环境综合整治等工作，形成了村镇“五化”和“三上”工程的工作措施。

“建筑业大市”地位进一步巩固。工程报建率、招标投标率和安全质量监督覆盖率达98%以上，工程合格率达100%，完成勘察设计面积3000万平方米。加强了建筑市场执法检查和秩序集中综合整治。133项工程获国家、省、市奖励，其中获“鲁班奖”2项、国家优质工程奖4项，组织各类专业培训3万人次。外出施工和劳务输出完成产值185.5亿元；建筑企业养老保障金共征收4.69亿元，拨付及补贴2.96亿元。

2010年，临沂市住房和城乡建设委员会被授予“全省防汛抗旱先进集体”“全省市政行业职业技能竞赛团体金奖”“全省城市防汛工作先进集体”“山东省无偿献血先进集体”“临沂市行风建设先进单位”“全市选派机关干部到村任职工作先进单位”“安全生产先进部门”“创建‘学习型机关’活动先进单位”“行风建设先进单位”“对口支援北川重建工作先进集体”“创建国家园林城市先进集体”“承办提案先进单位”等荣誉称号。

三河之韵

滨河路景观

涑河景观

北城新区

淄博城乡规划局

历次淄博市总体规划

50年代淄博市区域规划草图

80年代淄博市区域规划总图

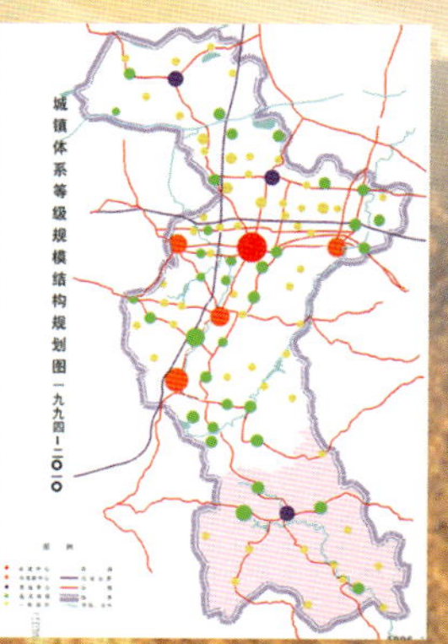

90年代淄博市区域规划总图

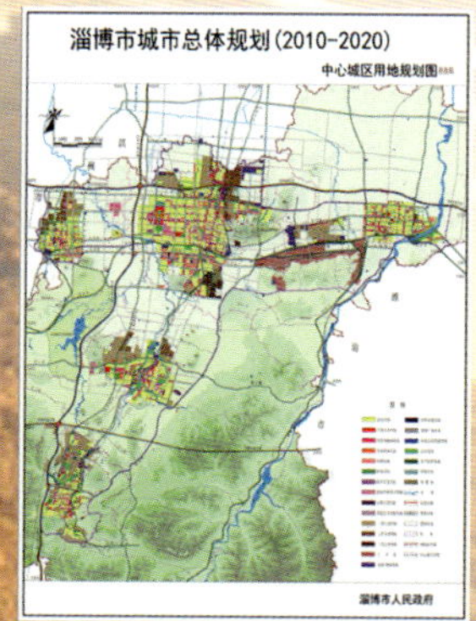

现行淄博市城市总体规划图

淄博中心城区发展规划图

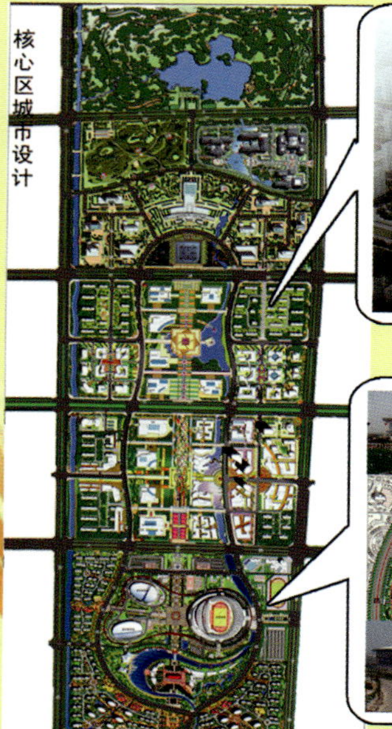
核心区城市设计

淄博市文化中心规划

淄博市体育中心

淄博市规划局是市政府城乡规划行政主管部门。淄博市城乡规划编制工作开始于1957年，1961年成立市规划设计室，1979年组建市规划建设管理局，1987年成立规划处。1992年组建淄博市规划局，2003年市区规划机构实现垂直管理，人员编制115人，局机关内设9个科室，在张店区、高新区设一处、二处，在博山、淄川、周村、临淄分别设4个分局，主要负责贯彻执行城乡规划的法律、法规，研究制定淄博市城乡规划的规章和政策，组织各类城乡规划的编制、审批或报批工作以及城乡规划的实施和管理。

改革开放以来，淄博市城乡规划取得了长足发展，城市发展思路历经“五朵金花一起开，张店开得大一点”“集中做大做强中心城区”“中心凸显、十字展开、组团发展”等几个阶段，逐步构建起生态和谐宜居现代化城市总体框架。城市规模由1949年建成区面积不足7平方公里、城市人口10.5万，发展到如今建成区面积300平方公里、城市人口420万，城市面貌发生了翻天覆地的变化。

统筹城乡规划，努力引领城乡建设科学发展。一是始终把城乡规划战略研究摆在规划日常工作的重要位置，深入研究探讨城乡发展的客观规律。针对不同的城市发展时期，广泛深入开展了土地供应、土地集约利用、产业布局、居民区布局定位、城市风貌、城市功能提升等多方面的研究，为城乡规划科学发展提供了理论依据和智力支持。二是高起点编制各项规划，扎实推动城乡规划全覆盖。自1979年开始编制城市总体规划以来，先后四次修编总体规划，2010年完成了新一轮总体规划修编工作。在总体规划的指导下，组织编制了张店旧城改造规划、张店南部城区规划、张店东部城区规划、新城区控规等控制性详细规划，编制完城市风貌、交通、水系、供水、排水、电力等专项规划，开展了一些重要道路两侧城市设计。三是高标准规划建设新城区，做大做强中心城区。自2000年，采用国际招标的方式组织编制了《淄博新区发展规划》和新城区核心区城市设计，确定了以政务中心、文化广场、商业广场、体育公园为南北主轴线，以商务办公区、公共建筑群为东西次轴线，以主轴线“金

淄博市城区一览

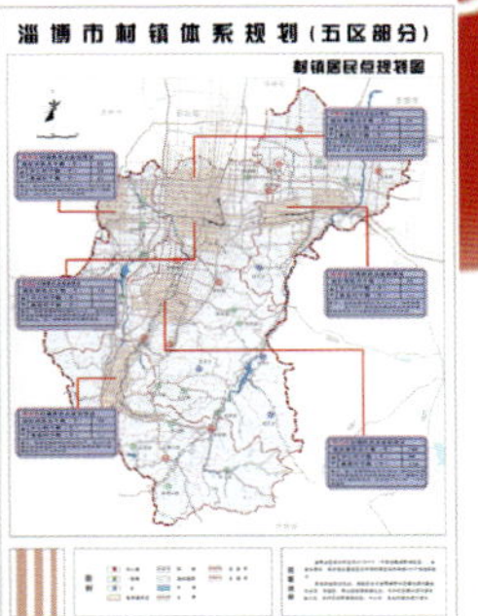

淄博新农村规划建设

带”、景观水系“蓝带”、景观绿化“绿带”穿插其中的“十字架构、三带并展”的布局结构。规划建设了体育中心、陶瓷科技城、山东理工大学、世纪花园等一大批先进服务业、文化科技和商住项目，新城区已成为扩展城市发展空间、带动老城区加快发展的突破点。四是全面推进社会主义新农村规划建设。镇驻地控规基本实现全覆盖，完成了全市区（县）域村镇体系规划、82个乡镇总体规划、1500多个村庄建设规划和农村住房建设规划，逐步构建起涵盖区（县）、镇（乡）、村的三级规划体系，为引导新农村建设提供了科学依据。自2009年启动新农村建设工作以来，全市列入两区三村项目的200多个村庄全部完成了规划编制。

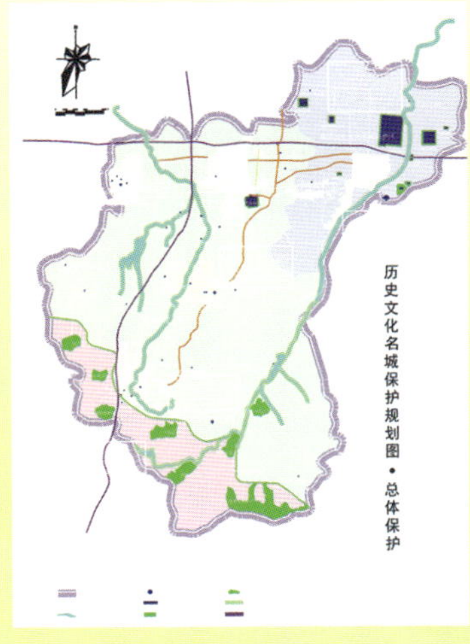

淄博历史文化名城保护规划

严格规划管理，全市城乡规划管理工作健康发展。淄博市城乡规划管理工作在探索中不断前进。先后出台了城市规划管理办法、城市规划管理技术规定、规划建设项目审批工作规定、行政执法过错责任追究制度等一系列规章制度，保证了规划管理的严肃性和公正性；制定实施了规划方案征集和评审制度，全面开放规划设计市场，对重点项目设计方案全部实行国内或国际招标，努力引进国内外先进规划理念和高水平人才参与淄博的规划建设，全面提高规划设计水平；组织开展了“五个三〇工程”；严格落实“阳光规划”“四个立即就办”“五个主动上门服务”等服务制度，全心全意服务于全市经济社会发展。自1995年以来，淄博市规划局连续16年被市委、市政府表彰为政绩考核先进单位；先后被国家表彰为四五普法先进单位，被省文明委表彰为省级文明单位，被省建设厅表彰为全省建设系统先进集体、全省建设系统法制工作先进单位，被市委、市政府表彰为全市落实党风廉政建设责任制先进单位、创建学习型机关工作先进单位、机关效能和行风建设先进集体、全市基层党建工作示范点等。

2011年是“十二五”的开局之年，“十二五”时期全市城乡规划工作指导思想是：在市委、市政府的正确领导下，以科学发展观为统领，以实施新型城镇化战略为主线，以建设生态和谐宜居城市为目标，以中心城区、次中心城区、中心镇和中心村“四个层级”协调发展为重点，以规划法制建设为保障，严格落实“四大原则、八个意识”，统筹城乡一体化发展，充分发挥城乡规划在城乡建设中的战略导向、统筹协调和空间资源配置作用，为推进淄博老工业城市实现新的转型发展、创建殷实和谐经济文化强市做出积极贡献。主要做好以下几方面的工作：一是着力加强规划法制建设，启动城乡规划地方立法，扩大各类规划编制的覆盖面，全面实施“阳光规划”，完善规划执法监管网络，为依法行政、精细化管理提供依据和法制保障。二是着力提升城乡规划服务经济社会发展的效能，科学制定规划，严格执行规划，牢固树立引领意识和服务意识，扎实推进新型城镇化建设。三是着力提升城乡规划工作标准，努力在城市特色、城乡功能设施、城市设计、引进外智上下功夫，扎实推进生态和谐宜居城市建设。

市规划局办公楼

日照市住房公积金管理中心

RI ZHAO SHI ZHU FANG GONG JI JIN GUAN LI ZHONG XIN

日照市住房公积金管理中心领导班子成员

日照市住房公积金管理中心前身为日照市住房资金管理中心，于1993年6月成立，属日照市财政局正科级全额事业单位，负责市直各项住房资金的管理工作。2003年7月，成立了日照市住房公积金管理中心，为市政府直属管理的副县级财政拨款事业单位，由市财政局代管，编制26人，负责全日照市住房公积金管理运营工作。2011年1月，升格为市政府直属正县级事业单位。目前机构内设综合科和市直、东港、莒县、五莲、岚山5个管理部；核定事业编制26人，其中：东港管理部4人，莒县管理部5人，五莲管理部3人，岚山管理部3人；配备副主任1人（正处级），副主任2人（副处级），正科级职数6人。

日照市住房公积金采取直接归集与委托银行归集相结合的归集方式。2004-2010年，缴存比例为个人和单位各6%，2011年1月开始，缴存比例提高到了12%。个人住房公积金贷款自2000年1月开始发放，最高为5万元、5年；2004年3月，最高限额提高到了10万、10年；2008年12月，最高限额提高到了20万元、20年（其中二手房为15万元）。住房公积金贷款采用兼顾单位担保、房产抵押的个人担保保证方式。截至2010年底，日照市全市有1702个单位、12.96万人缴存住房公积金，占在职职工人数的70%；累计归集住房公积金29.22亿元，职工累计提取使用14.95亿元，住房公积金余额为14.27亿元；累计为17104户家庭发放个人住房公积金贷款13.35亿元，贷款余额5.56亿元，累计个人贷款率39%。

日照市住房公积金管理中心主任徐东高与管理部签订责任书

中心向省考核组汇报工作情况

中心全体员工集中学习

日照市住房公积金管理中心廉政风险节点控制表
（支取管理线）

日照市住房公积金管理中心廉政风险节点控制表
（贷款管理线）

日照廉政风险节点控制上墙公示

临沂市园林局

临沂市园林局（滨河景区管委会办公室）成立于2010年2月，为市政府直属正县级事业单位，是全市园林绿化行政主管部门，主要负责全市园林绿化管理和滨河景区开发、建设和管理工作。

市园林局（滨河景区管委会办公室）内设办公室、人事科、财务科、法规政策科、发展规划科、工程建设科、园林管理科、行业开发科、植保科技科等9个职能科室，下设市园林绿化管理处等1个（副县级单位），小埠东橡胶坝管理所、桃园橡胶坝管理所、涑河管理所、罗程管理所、柳杭管理所、书法城管理办公室、涑河管理所、花卉苗圃管理所、科研植保所、设计院、工程质量安全监督站、陷泥河景区管理所、园林绿化直属管理所（北城新区）等13个正科级单位。

荣誉

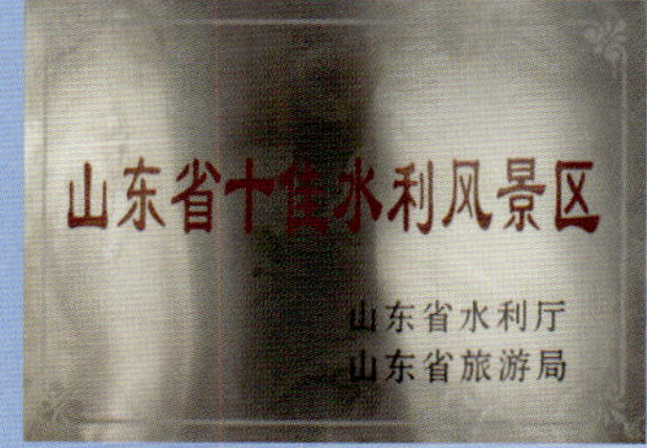

2010年，全市新增绿地面积874.3万平方米，其中市区绿地面积570.2万平方米。截至2010年底，市区屋顶绿化面积达200万平方米，生态林荫停车场130余处，省、市级“花园式小区”348个，省、市级“花园式单位”612个，建成区绿化覆盖率、绿地率、人均公园绿地面积分别达到41%、36.6%、17平方米，以屋顶绿化为代表的节约型园林建设走在全国前列。按照把沂河

书法苑鸟瞰图

两岸打造成“生态走廊、旅游走廊、健身走廊、特色农业走廊”的总体要求，不断加快滨河景区开发建设，成为集“水、岸、滩、堤、路、景”于一体的大型生态园林景观带和“大美临沂”的新窗口，被评为首批国家水利风景区、国家AAA级景区和全省十佳水利风景区。各县坚持以园林城市创建为抓手，不断提升园林绿化水平，平邑县荣获“国家园林县城”称号，沂水、蒙阴、费县、莒南、临沭等5个县荣获“山东省园林县城”称号。

生生园（中国最大的丛生古银杏群落）

蒙山沂水大美临沂

菏泽市住房保障和房产管理局

党组书记、局长　练建军

菏泽市住房保障和房产管理局作为市政府行政主管部门之一，主管全市的住房保障、房屋征收与补偿、房地产开发、房产交易与权属登记、物业服务等管理工作。全局共设办公室、政策法规科、房产科、住房保障科、物业科、房屋征收补偿科、房地产开发科等七个行政科室，房产交易中心、房屋安全鉴定中心、房屋产权产籍档案馆、房屋租赁中心、房地产市场信息中心、房产交易监理中心、开发区房产管理中心、市房屋拆迁服务中心等八个事业单位和市房地产勘察测绘中心、市中房物业服务有限公司两个企业，在职人员240余人。菏泽市住房保障和房产管理局始终坚持以科学发展观为指导，以“四高”要求为标准，以服务民生为己任，把推动全市房产事业的发展作为各项工作的出发点和落脚点，认真贯彻落实国家和省市有关促进房地产业良性发展的各项规章制度，积极探索新形势下住房保障和房产管理工作的新路子，为全面推进全市住房保障和房产事业的持续健康稳定发展做出了应有的贡献。

省住房城乡建设厅副厅长吴英（中），菏泽市委副书记、市长刘士合（右二）等领导共同为菏泽市第八届住博会剪彩

菏泽市委书记、市人大常委会主任赵润田（左二）、市人大常委会第一副主任杨永昌（左一）参观住博会

局领导班子研究工作

局党组深入住宅小区进行调研

菏泽市廉租住房实物配租暨亨达经济适用房小区开工仪式现场

菏泽市城市管理局

“十一五”期间，菏泽市城市管理局深入贯彻落实科学发展观，以“服务民生、科学管理、优化城市环境”为目标，重点实施城市绿化、亮化、净化、美化和燃气热力工程，不断提高城市管理效能、提升城市品位，努力营造市容整洁、环境优美、和谐有序的城市环境，城市管理水平和服务水平上了一个新台阶。

曹州牡丹园升级改造为世界一流牡丹园林。按照国家5A级景区标准设计改造方案，面积增加近一倍、达1600亩，牡丹品种增加到1100多个，完成牡丹四季展览温室、碑林、国风园、世界国花园、牡丹传奇等景点建设，园内景点由原来的4个扩展到40个，成为世界上种植面积最大、品种最多、档次最高的牡丹园林。

市委书记赵润田慰问节日期间坚守岗位的燃气工人

城市绿化。按照“增加城市绿量、丰富绿化层次、提高绿化档次、改善生态环境”的要求，完成环城公园一期、赵王河公园一期、城区重要节点广场、主次干道分车带绿化工程，2010年底，建成区绿化覆盖率达到40.14%，绿地率达到36.03%。

市长刘士合、市人大第一副主任杨永昌、市委副书记孙爱军等领导来我局视察指导工作

环境卫生。加强环卫基础设施配套建设，市区建成大型压缩式垃圾中转站26座、地埋式垃圾中转站67座、公厕130座，设置垃圾箱800个；购置2辆道路洗扫车、4辆扫路车、5辆喷洒车、4辆吸粪车、4套除雪铲、2套除雪滚刷、2台撒布机，有效提高了环卫作业机械化水平和城市应急管理水平；市区大环境消杀面积达到550万平方米；2010年底，无害化垃圾处理率达到93.79%，八县均建设了标准化的生活垃圾处理场。

市容整治。按照“一店一牌”原则，对城区21条主次干道的沿街建筑物外立面进行规范治理。拆除影响城市容貌的大型户外广告8.5万平方米、破旧广告牌匾15万平方米，规范安装统一尺寸、统一材质的门头广告5万平方米；统一移装空调外机2200台，安装防护围挡1.3万平方米；高标准复新破旧楼体、围墙、磁砖（玻璃）幕墙40余万平方米，打造了整洁规范、色彩靓丽的墙体立面街景。大力实施市容市貌治理活动，规范店外经营11万余处（起），疏导安置流动商贩16万余人次，规范修车、修鞋、冷饮等摊点1820处，整治早、夜市摊点1270处，纠正违章停车8万余辆次，治理商业繁华地段商业性噪音污染3500余次，治理夜市烧烤摊点油烟污染1200余处，清除乱贴乱画81万余处，提升了城市形象。定点安置160个修鞋、修车摊点；定点定时设置早、中、晚餐点；设置曹州路胜之桥花卉市场、曹州路南大堤农民工市场、广福街青年湖果蔬市场等临时市场16个；设置农民进城临时销售瓜果点24个，既保障了民生，又解决了店外经营、占道经营带来的交通堵塞和脏、乱、差现象。

环城公园

市政设施包装美化

依法拆除影响市容市貌的大型广告牌

合理设置农民进城瓜果销售点

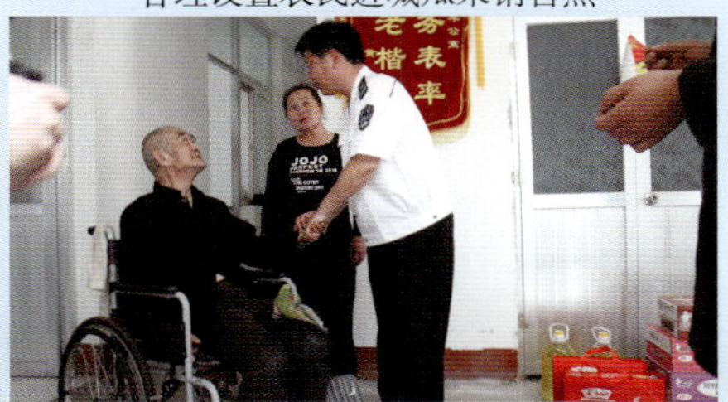

执法队员结对帮扶老年公寓

环卫工人冒着严寒清理道路积雪

在曹州牡丹园开展义务劳动

城市亮化。截至2010年底，城区路灯达到3.5万盏，主次干道实现全域覆盖，其中，节能环保的LED路灯2408盏、钠灯853盏、太阳能灯229组、无极灯85盏；新增楼体亮化150座，建成赵王河、环城公园2条景观亮化带，设施完好率、亮灯率保持在99%以上，城市功能性照明和景观亮化水平明显提升。

燃气热力。市区敷设中压燃气管网110千米，庭院燃气管网120千米，发展公福用户130户、工业用户5户，供气管网覆盖民用户10万余户；敷设热力管网54.5公里、蒸汽管网23公里，覆盖供热面积500多万平方米，供气供热能力显著提高。

队伍建设。深入开展政治思想教育、勤政廉政教育、职业素质教育和职业技能培训，牢固树立了正确的权力观、价值观、人生观；深入开展创先争优活动，涌现出一批先进集体和先进个人；实行“5+2、白加黑、雨加晴”工作法，圆满完成城市管理各项工作。

青岛市市南区

加快建设现代化国际城市首善之区

全区基层基础建设工作会议

太湖路社区“三个中心”

社区“三个中心”之管理中心

青岛市市南区位于青岛市区南部滨海一线，辖区面积30.01平方公里，户籍人口55万余人，辖10个街道办事处、65个社区居委会。市南区坚持以世界眼光谋划未来发展，以国际标准提升各方面工作，以本土优势彰显自身特色，加快建设“经济结构最优、城区环境最美、居民素质最高、社会秩序最好、发展潜质最大”的现代化国际城市首善之区，先后荣获“全国和谐社区建设示范城区”“创建全国绿化模范城市突出贡献单位”“中国最佳投资价值（环境）区”“中国现代服务业发展能力十强区”“中国文化餐饮示范区”“中国高端服务业发展示范基地”和“山东省最具竞争力十强县（市、区）”等荣誉称号。

优化产业发展布局，推进项目载体建设。坚持纵向上发展高端、现代、传统三个层次服务业，横向上打造航运服务、商贸旅游、文化休闲、金融商务、奥帆文化、软件动漫等六大功能服务区，全面提升服务业规模、层次和能级，服务业增加值占全区生产总值的比重达到89%；建成5000平方米以上商务楼宇119座，总面积达到386万平方米；2010年完成投资任务150亿元，加快推进93个重点项目，重点项目完工后，将提供40万平方米高品质的经济发展载体。

建设社区“三个中心”，筑牢为民服务平台。千方百计寻求房源、千方百计运作资金、千方百计组织谋划，加快推进1000平方米以上、集“管理中心、医疗中心、文化中心”为一体的社区“三个中心”的建设步伐，截至2010年底，累计投资5亿余元，建成社区“三个中心”30处；科学设置社区“三个中心”的功能，使社区“三个中心”真正成为党员群众活动之家、服务群众的平台、基层基础建设的阵地和居民素质提升的基地，为首善之区建设积聚了强大的发展动力，得到了广大群众的拥护和中组部及省、市委领导的充分肯定。

健全基层组织体系，加强基层党的领导。坚持重心下移，工作前移，由街道办事处向各社区派出社区工作站，选派副处级干部担任工作站站长，并常驻社区办公，为居民提供高效、便捷、专业的“零距离”贴身服务；健全以社区党委、居委会党总支、片区党支部、楼院党小组为主的基层党组织体系和社区居委会、片区、楼院为主的社会管理组织体系，共设750个片区、2698个楼院、743个党支部和2151个党小组，基层党组织和社会管理组织成员交叉任职、上下兼任，实现基层组织横到边、纵到底、全方位、立体化、无缝隙。

全面统筹教育资源，推进教育优质均衡发展。立足区情，从办学条件、教育管理、师资队伍、教育质量等方面入手，稳步推进教育优质均衡发展。2010年投入资金4.7亿余元，对中小学校舍进行了维修、改建，选派20名优秀教师轮岗交流，加强与国内外先进城市的交流与合作，全区75%的初中学校实现“上挂外联、借力发展”，学校管理的科学化、品牌化、特色化水平不断提高。

提升城市管理水平，不断优化市容环境。牢固树立“环境就是生产力，打造环境就是发展生产力”的理念，投入1.3亿元深入实施“净化、美化、亮化、绿化、硬化”工程，市政道路硬化率100%，市政设施完好率95%，绿化覆盖率35.6%；不断提升城区管理的信息化、科学化、精细化水平，城区生态环境进一步改善，搭建了经济发展的优质平台，塑造了靓丽、温馨、和谐的城区形象。

奥帆中心

蓬勃发展的楼宇经济

中山路百年老街之劈柴院

整洁优美的城区环境

红瓦绿树碧海蓝天

建设精品城市

市委书记祝华（左一）点评建设局创先争优工作

市长刘赞松（右二）、副市长杨波（左二）在建设局局长汤德华（右一）陪同下视察道路建设情况

2010年，胶州市城乡建设局根据市委、市政府的部署要求，按照“疏老城、建新城、连少海、融青岛”的城建战略，围绕“打造精品城市”这个目标，积极作为、攻坚克难，推动着城建各项事业健康有序发展，全市城市化水平达到63%。胶州市先后获得“国家园林城市”“山东人居环境奖”“最具幸福感城市”等荣誉称号，连续三年被评为“山东省建筑业十强县”。

疏老建新，优化城市发展布局。按照“疏老城、建新城”的城建思路，在老城区核心商圈渐成规模的同时架构起充满人文魅力和现代活力的新城综合功能区。加快推进老城区向阳市场、联谊宾馆、胶州宾馆等多个片区的改造步伐，城区居住环境得到较大改观。新城区绿城住宅、喜来登酒店、银座购物广场、时代锦江酒店、华鲁御龙广场等项目建设顺利推进。三里河下游综合整治工程破土动工，胶州新城区与少海新城的全面融合对接开始加速。

惠民为本，完善城市综合功能。抓好以道路、公建、绿化为重点的市政基础设施建设，城市综合承载功能快速提升。投资1.26亿元，完成了德州路、杭州路和扬州路桥等“十路一桥”工程，新建道路15.2千米，真正形成“五纵五横”的市区交通网络。利用BOT方式，投资9400万元的污水处理厂一期升级和二期扩建竣工，出水水质达到一级排放A标准，日处理能力达到10万吨。投资760万元，实施生活垃圾处理场二期扩建，日处理能力达到364吨。投资530万元，高标准改造了广州南路商业街，集聚老城人气商气。完成扬州路等6处节点绿化改造，建成绿化景观2000平方米；规划建设了少海新城南北湖景观绿化工程，新建公共绿地338万平方米，防护绿地131万平方米，城区绿化覆盖率达到45.33%。

城乡统筹，推动城市纵深发展。调整工作思路，实现了由“重点发展小城镇”向“发展重点小城镇”的

新城区全景图

打造宜居胶州

三里河畔水清、柳绿、天蓝

打造特色精品城市

战略调整转移，争取资金支持，加快李哥庄镇、铺集镇由小城镇向小城市的转变。新建农村社区46万平方米，投资1073万元，完成12镇（办）的477户危房改造工程。加快公用事业向镇村延伸，投资1亿元、完成7个办事处工业园管网对接工程，共铺设管网5.8万米；将垃圾集中清运范围扩展到12个镇（办）和260个村庄，将管道燃气延伸到13个镇（办），推动公共服务向镇村覆盖，新农村面貌明显改观。

安居乐业的住宅小区

园林绿色管护到位

道路交通畅通无阻

青岛市李沧区

区委书记傅明先、区长张杰陪同市领导观摩旧村改造项目

“十一五”期间，随着青岛市“环湾保护、拥湾发展”战略的实施，李沧区充分发扬“诚信实干、奋勇争先”的李沧精神，围绕“拥湾枢纽、生态商都”发展定位和“一极两轴三区四带”战略布局，抢抓铁路北站等重要基础设施建设和2014年世园会举办历史机遇，以旧城、旧村改造工作为主抓手和突破点，使全区住房建设工作逐步驶入了规范化快车道，取得了新的成果。

笃定“一个目标”，打造“拥湾枢纽，生态商都”。坚持高起点定位、高标准设计、高质量建设和高效能管理的“四高”理念，大面积、大范围、大手笔开展“城中村”和旧城区改造，努力破解净空限制、土地指标、规划制约、拆迁瓶颈等不利因素，规范工作秩序，理顺改造流程，在速度和质量上均实现了“双提升”。五年来，全区共启动房地产开发928万平方米，竣工595万平方米，侯家庄、佛尔崖、东李、下王埠、文昌阁、湾头等14个村改居社区完成回迁，回迁居民1万余户。

构筑“两化平台”，奠定大规模改造的坚实基础。一是构筑“目标任务责任化”平台。成立了以区政府主要领导为组长、30余个成员单位组成的“李沧区城中村（居）改造工作领导小组”，同11个街道办事处签订《拆迁改造目标责任书》，将“两改”和住房建设工作立于强有力的组织领导和责任分工之下。二是构筑“改造程序规范化”平台。制订《李沧区人民政府关于进一步规范和加强城中村（居）改造工作的意见》等规定，按照“统一规划、规范拆迁、妥善安置、持续发展”的总体思路，明确改造原则、申报条件、工作程序和保障措施，完善了“城中村”改造运作机制。文昌阁旧村改造项目是全市第一个按照新规范运作的“两改”项目。

力促“三个突破”，铺设规范化运作的快速轨道。一是在加大拆迁力度上实现突破。成立了拆迁工作领导小组，以“两改”和金水路拓宽等重要市政基础设施建设为突破，全力推进全区“和谐拆迁”工作。五年来，共完成了西流庄、东小庄等10余个遗留项目的拆迁，对大枣园、湾头等20余个拆迁项目进行了重点推进，共完成拆迁面积293万平方米。二是在项目推进速度上实现突破。区政府建立了每周调度制度、联动协作制度、责任追究制度和奖励激励制度，区职能部门也成立了“两改”项目推进小组和项目督查组，明确责任，倒排工期，强力推进，动态管理。近五年来，全区改造以每年80～100万平方米的速度推进。三是在工程建设品质上实现突破。在绿城等旧村改造和住房建设项目中，力求建设配套服务设施全、标准高的现代化高档社区，以“可持续发展”的设计理念为主导原则，努力打造舒适、时尚的新型社区。在旧小区环境整治工程中，广泛征求居民意见，精心设计、精益求精，力求打造群众满意的精品工程。

湾头旧村改造保障房项目开工仪式

李沧区战略目标示意图

下王埠旧村改造项目

东李村旧村改造项目

侯家庄、麦坡、佛耳崖旧村改造项目

文昌阁旧村改造项目

淄博人民公园

淄博人民公园管理处主任　于祖军

东广场

淄博人民公园始建于1960年，1998年开始免费向社会开放。2002年，淄博市委、市政府提出“环境立市”战略，对人民公园进行改造，在保留原有乔木的基础上，推倒围墙，将一块封闭的区域绿地变为高档次、具有生态气息的开放式城市公园。改造工程于2002年10月中旬开工，2003年7月1日正式开园，工程总投资4600余万元。

人民公园占地面积22.6万平方米，其中湖区3.7万平方米，草坪16万平方米。园内各种树木185种，乔木6000余株，其它地被植物8500平方米。公园设东、南、北三个广场，东广场名为“城市之光”广场，是人民公园标志性景观。公园还建有童趣园、水趣园、翁趣园、连心岛、茗香岛、玉兰山等多个景区，人工湖放养了20万尾观赏鱼，充分体现了自然情趣和生态景观。园内安装了音乐喷泉、各类园林灯具，增加了部分雕塑、园林景石、城市家具，既丰富了园林景观，又满足了游客不同层次的需求，体现了以人为本和人与自然和谐共处的理念。人民公园全面开放以来，平均每年接待游客300余万人次，先后获得了2003年度中国人居环境范例奖、首届中国威海国际人居节优秀作品奖、山东省文明公园、创建国家园林城市先进单位等荣誉称号。

近几年来，在淄博市住房和城乡建设局的领导下，淄博人民公园管理处领导班子精诚团结，开拓进取，不断加大人民公园建设力度，使公园每年都有新变化，尤其是2010年对公园改造工程进行了补充完善，铺设了部分支路和小型广场，修建了猪龙河景观河道，重新设计修建了北湖弓桥，在园区内充实了大量园林植物，完成

公园戏水平台

办公楼前及山体周围景观改造，进一步丰富和完善了公园西部、东部及主环路两侧的植物景观，有着五十年历史的人民公园焕发出新的生机和活力。

如今的人民公园总体布局合理，具体设施完善，是一处集休闲、娱乐、集会等多种功能于一体的大型生态休闲绿地，得到了社会各界人士的一致认可。公园的生态功能、社会功能和文化功能得到充分发挥，环境效益、社会效益和经济效益进一步显现，成为淄博市靓丽的城市名片。

立体花坛

后湖一隅

公园雪景

音乐喷泉

绿染淄博公园全景

以人为本　执法为民　为人民管理城市

日照市城市管理行政执法局

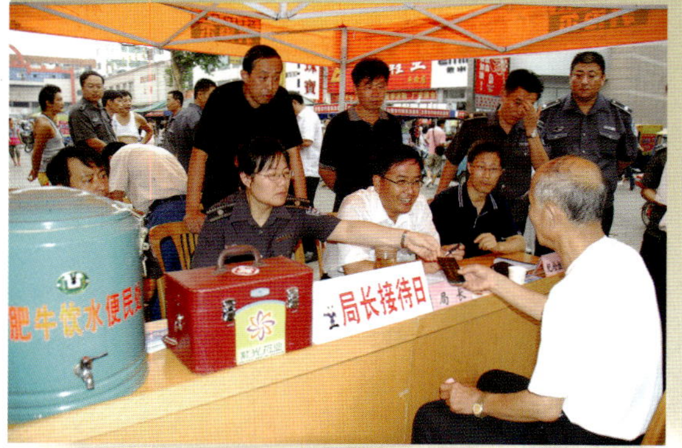

局长接待日面对面与群众交流

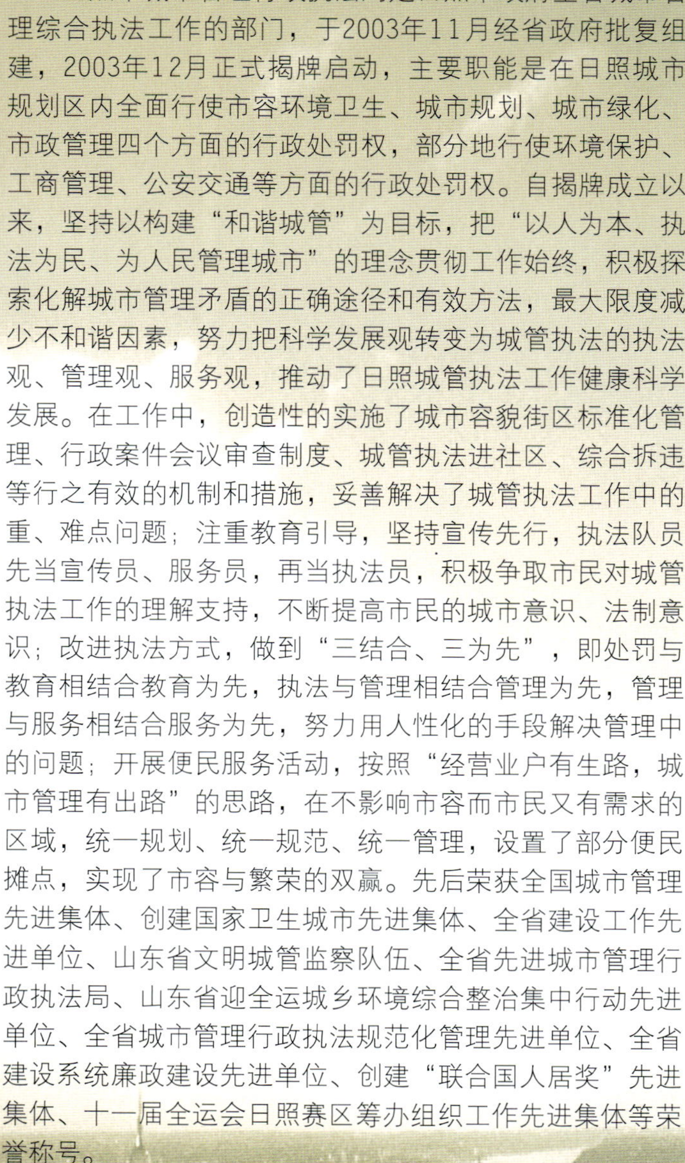
日照市城市管理行政执法局是日照市政府主管城市管理综合执法工作的部门，于2003年11月经省政府批复组建，2003年12月正式揭牌启动，主要职能是在日照城市规划区内全面行使市容环境卫生、城市规划、城市绿化、市政管理四个方面的行政处罚权，部分地行使环境保护、工商管理、公安交通等方面的行政处罚权。自揭牌成立以来，坚持以构建“和谐城管”为目标，把“以人为本、执法为民、为人民管理城市”的理念贯彻工作始终，积极探索化解城市管理矛盾的正确途径和有效方法，最大限度减少不和谐因素，努力把科学发展观转变为城管执法的执法观、管理观、服务观，推动了日照城管执法工作健康科学发展。在工作中，创造性的实施了城市容貌街区标准化管理、行政案件会议审查制度、城管执法进社区、综合拆违等行之有效的机制和措施，妥善解决了城管执法工作中的重、难点问题；注重教育引导，坚持宣传先行，执法队员先当宣传员、服务员，再当执法员，积极争取市民对城管执法工作的理解支持，不断提高市民的城市意识、法制意识；改进执法方式，做到“三结合、三为先”，即处罚与教育相结合教育为先，执法与管理相结合管理为先，管理与服务相结合服务为先，努力用人性化的手段解决管理中的问题；开展便民服务活动，按照“经营业户有生路，城市管理有出路”的思路，在不影响市容而市民又有需求的区域，统一规划、统一规范、统一管理，设置了部分便民摊点，实现了市容与繁荣的双赢。先后荣获全国城市管理先进集体、创建国家卫生城市先进集体、全省建设工作先进单位、山东省文明城管监察队伍、全省先进城市管理行政执法局、山东省迎全运城乡环境综合整治集中行动先进单位、全省城市管理行政执法规范化管理先进单位、全省建设系统廉政建设先进单位、创建“联合国人居奖”先进集体、十一届全运会日照赛区筹办组织工作先进集体等荣誉称号。

昂扬向上的队伍风貌

设置便民摊点群

授予：山东省日照市城市管理行政执法局
全国城市管理
先进集体
中华人民共和国建设部
二〇〇六年十一月

帮助残疾人业主过马路

设置瓜农进城便民点

日照市固体废物处理中心

中心主任李宗文给青少年讲解垃圾处理过程

2010感动日照十大人物韩邦宁操作机械处理垃圾

日照市固体废物处理中心是日照市住房和城乡规划建设委员会直属自收自支事业单位，主要负责市区范围内生活垃圾的无害化处置工作。中心所辖黄山垃圾无害化处理场，位于东港区日照街道黄山北侧，距市区中心10公里左右。

该场采用卫生填埋为主的处理方式，按建设部卫生填埋标准设计，按环保部生活垃圾填埋场污染控制标准（GB16889-2008）实施改造。处理场建设初期由市政府投资，2003年开工建设，2004年6月第一填埋区建成投入使用，至工程完工累计投入达5000余万元。2005年投资7700多万元建设二期工程，其中利用世界银行山东省城建环保项目贷款500万美元，将一期采用的垂直防渗结构更改为水平防渗与垂直防渗结合的防渗结构，大大降低填埋场渗漏风险。2009年投资1478万元对原有渗滤液处理系统进行技术改造，保障垃圾渗滤液经处理后达到国家最新排放标准，并可作为中水回用至场内冲刷灌溉。2010年投资600余万元对垃圾填埋产生的气体进行收集净化，利用其所含沼气进行内燃发电，供给场区用电，形成资源循环利用模式。随着配套设施更加齐全、服务功能不断完善，2010年该场被评为国家Ⅰ级垃圾填埋场。

整个场区由填埋作业区、渗沥液处理区、生活管理区三部分组成，占地420亩，其中填埋作业区占地360亩，设计日处理垃圾500吨，填埋总容量586万立方米，使用期22.5年。2010年全年共处置生活垃圾14万吨，日最大处理量达820吨。

黄山垃圾场鸟瞰图

黄山垃圾处理场的建成投入使用，使市区生活垃圾无害化处理率完全达到国家标准，改善了城市环境，提高了人民群众的生活质量，并因此先后获得“市级环境教育基地”“市直文明单位”“公民道德教育示范基地”“市级青年文明号”等荣誉称号。在固废中心党支部正确领导下，黄山垃圾处理场已基本实现三季有花、四季常绿，“污水不出场、臭气控制住、垃圾不飘散”，逐渐成为设施一流、配套完善、技术先进、管理规范的生态示范园区。

环保宣传墙

场区绿化一隅

黄山垃圾场入口

沂源县规划局

党组书记、局长　杜建宏

沂源县规划局成立于2008年5月，是主管全县城乡规划管理工作的正科级行政机构，现有人员36人。局机关内设办公室、用地规划管理科、规划编制管理科、建筑管理科、村镇规划管理科、监督监察科等6个科室，下设勘察测绘管理中心1个副科级事业单位。

沂源县规划局成立三年来，牢固树立科学发展观，认真贯彻落实《城乡规划法》，紧紧围绕全县经济社会发展大局，坚持“认真专业务实，公正廉洁高效”的建队定位，本着“科学、超前、统筹”的规划理念，编制完成了《县域村镇体系规划》；全面启动了《沂源县城总规（2010-2030）修编》工作；编制完成了城区《风貌规划》《水系规划》《供热规划》等专项和专业规划；大力推行精品规划、精品设计，着力塑造精品工程、精品建筑，完成了沂源商务大厦等重要节点和翡翠山居、和源名居等重点社区规划的编制实施，牵头完成了锦绣谷山庄建设、健康路北延暨南麻一村片区改造、城区3处农贸市场建设等全县重点工作落实，启动了六点水新世界、义乌小商品城、县委党校、建设大厦、电力大厦等标志性建筑的策划；编制完成了《农村住房建设规划》及13个城中村、城郊村修建性详细规划；编制完成了全县500人以上所有村庄的规划，初步形成了县、镇、村三级全覆盖、多层次的城乡规划体系。始终坚持公众利益至上，

鲁山锦绣谷山庄

沂源商务大厦

沂源六点水

牢固树立“阳光规划”理念，健全完善了“政府组织、专家领衔、部门合作、公众参与、科学决策”的规划评审决策机制，对各类规划及时通过网站、公示栏以及施工现场公示牌等多种形式，主动向社会进行公开公示。同时，严把规划方案审批关、建设过程监管关和竣工验收关“三关”，对每个项目全过程跟踪管理，切实维护规划的严肃性，保证了居民应享受到的阳光、绿地、活动空间等良好环境和便利的服务设施不被“缩水”，让居民共享城市发展成果。

近年来，沂源县先后成功创建国家园林城市，荣获山东省人居环境奖等多项殊荣。新一轮《县域村镇体系规划》编制和《县城总体规划》修编实施，必将为沂源的城乡建设勾画出更加美丽的发展蓝图，必将引领沂源的城乡环境更加和谐宜居!

沂源县委党校效果图

沂源县城文化苑

生态城市

滕州市建筑工程管理局

2011年5月，中国建筑业协会副会长、秘书长吴涛为滕州授牌

鲁班故里
一九九九年
任继愈

这里是承载七千年建筑史的鲁班故里，这里是享誉全国的“中国建筑之乡”，这里是山东·滕州。

从7300年前“北辛文化”土木结构半地穴式居室，到有着2500年历史的碌碡方阵—鲁班碌碡堤；从屹立千年的砖石结构龙泉塔，到乾隆年间的铁牌坊；……这里的每一座建筑，都是华夏建筑艺术的生命赞歌；这里的每一座建筑，都是中国古滕国文明的无声吟唱。世界建筑业开山鼻祖——鲁班的智慧，就融汇在这一座座砖瓦筑成的艺术长卷中，永不褪色。

今天，身为班门后人的滕州建筑业人，深谙“规矩方圆”之道，以鲁班精神为旗帜，致力于建筑艺术的弘扬与提升。全市建筑业企业发展到120家，涌现出以滕建集团、山东雄狮、宏海集团、三维钢构、腾州建机等为代表的知名企业。他们继承鲁班创新精神，在房屋建筑、建筑幕墙、钢结构设计施工、高耸构筑物等领域敢于创新，技术领跑，成为行业标杆。

今天，滕州建筑业步履矫健，奏响了发展的时代强音。从北京到上海，从天津到济南，从西安到呼和浩特，全国25个省、市、自治区100多个地区，都见证着滕州建筑业辉煌足迹。从朝鲜最高楼柳京大厦，到有重要国际影响的刚果布玛雅国际机场，从幕墙产品出口美国，到钢结构产品出口澳大利亚、新西兰、安哥拉，建筑起重机械产品出口印度、安哥拉，滕州建筑业屡屡建功海外。

今人不见古鲁班，鲁班精神照今人。

世界因建筑而美丽，建筑因滕州而自豪！

龙泉塔

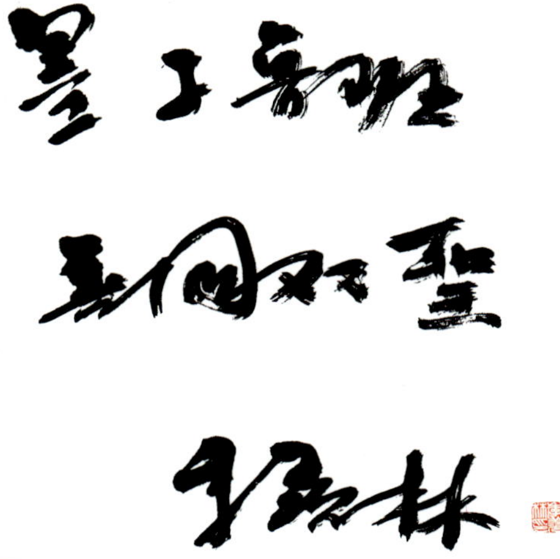

枣庄市热力总公司

枣庄市热力总公司成立于1982年，隶属枣庄市住房和城乡建设局，承担着枣庄市集中供热事业的发展、建设、经营和管理任务，系市直国有中型公用企业。“十一五”期间，热力总公司在市委、市政府和上级主管部门的领导下，秉承“抓住机遇、加快发展、强化管理、开源节流、保障供热”的经营理念，内抓管理，外树形象，不断壮大企业规模，提高供热能力，为新、老城区提供优质、稳定的供热服务，实现了跨越式发展。“十一五”期间，市热力总公司的供热能力由2005年的不足100万平方米，发展到2010年的600余万平方米，总资产由不足4500万元，增长到近4亿元，并完成了由蒸汽供热模式向高温水供热模式的过渡，由单一自备热源供热向热电联产与区域锅炉相结合的供热模式的转变，成为枣庄市供热龙头企业。

市政府党组成员、市住房城乡建设局局长张杰在热源厂查看供热准备情况

加强行风建设诚恳接受社会监督

积极开展供热服务进社区活动

居民代表向公司表示感谢

扎实做好供热检修工作

枣庄市供水总公司

市人大副主任杨家谊视察水源地保护

总经理甘宜宝参加政风行风热线

市中心城抗干旱保供水专题会议

安装徐楼水源泵机设备

枣庄市供水总公司成立于1964年，原名为枣庄市自来水公司，随着企业的不断扩大，2000年更名为枣庄市供水总公司，担负着保障枣庄市中心城区（老城区、新城区、高新区和市经济开发区）的工业生产、居民生活的供水任务，供水面积120平方公里，现服务人口40多万。拥有4处地下水水源地，1处地表水水源地，1处地表水净水厂，日供水能力达到20多万立方米，固定资产1.2亿元，DN100以上供水管道550多公里；下属32个部门，600多名在职职工，各类专业技术人员156人，是国有中一型公用企业。

在市委、市政府和市住建局、市国资委的正确领导和亲切关怀下，在社会各界、广大用户的鼎力支持和热情帮助下，经过四十多年艰辛而光辉的历程中，经过一代代枣庄供水人的艰苦奋斗和不懈努力，企业由小变大、由弱变强，公司经营业务不断扩展，逐步形成了以水为主，多业并举，集供水生产、管道安装、给排水设计、工程监理、物资购销、水质检测、水表计量、饮用水、成品油、房地产等为一体的供水企业集团的格局。

近几年来，枣庄市供水总公司紧紧围绕城市供水这个中心，同心同德，开拓进取，全面保证了城市供水的正常运行，职工面貌焕然一新，企业内部凝聚力进一步增强。通过"内抓管理增效益，外树形象促销售"的经营战略，建立健全了企业内部各项制度，以"产业多元化、运营社会化、管理科学化"为目标，建立了完善的供水建设、运行、管理、经营和服务系统，企业综合素质不断提升，使城市供水工作年年上台阶，多次被省、市授予先进单位，取得了社会和经济效益的双丰收。

展望未来，枣庄市供水总公司正向着多元化、现代化、集团化的方向健康、持续、快速发展，为进一步搞好枣庄的供水事业而不懈努力！

金沙江路管道工程

水厂一角

枣庄市燃气总公司

团结奋进的公司领导班子

2010年，枣庄市燃气总公司在上级部门的正确领导和大力支持下，扎实开展“行风建设年”“经营管理服务年”“民主评议政风行风”等活动，大力推进燃气工程建设，严格落实党风廉政建设各项规定，管理水平不断提升，服务质量有了新的提高，安全供气得到有效保障，未发生任何重大安全责任事故，圆满地完成了各项工作目标任务。2010年外购人工煤气2900万立方米，天然气1600万立方米；经营性总收入7200万元，与2009年同期相比增长28%；发展用户6700余户，市场占有率提高。天然气置换工作成绩显著，超额完成计划任务。2010年完成天然气置换2.4万户，主要包括：印染小区、榴园小区、桃园小区、幸福小区、薛城矿务局宿舍、文化四村等区域，我市的天然气用户达到 6.5万户。老城区管网改造获得较大成效，市民反映良好。2010年公司加大老旧管网的改造力度，对用户反映较为强烈的中天步行街、人民路（青檀路-西昌路段）、解放北路、振兴路（光明路-汇泉路）等几个重点区域进行了有计划、有步骤的管网更新改造，新敷设了高新区长白山北段、市中区西昌路、薛城永兴东路等地的中压管线，不仅改善了上述区域的供气环境，消除了安全隐患，更为下一步进行天然气置换提供了有利条件，全年共完成老旧管网改造52公里，新建管网21公里，超额完成市住建局下达的各项任务指标。

校园安全宣传　安全宣传服务进社区活动　入户进行燃气安全检查

燃气抢修　天然气门站　天然气置换

聊城市城市环境卫生管理处

聊城市市政公用事业管理局副局长、环卫处处长　王华明

聊城市城市环境卫生管理处隶属于聊城市市政公用事业管理局，共有干部职工约1600人，环卫作业车辆100余部，主要负责建成区内650万平方米的道路、广场、绿化带保洁，日产500余吨生活垃圾的清理清运，106座垃圾中转站、800余个果皮箱、133座公共厕所的保洁管护、城区化粪池抽排以及垃圾粪便的无害化处理等工作。在省、市领导的关心支持下，环卫处以科学发展观为指导，以“构建科技环卫、和谐环卫、人民满意环卫”为核心，以“扎实搞建设，全员抓落实；积极谋发展，努力求高效；团结促和谐，继续再提升”为主线，不断加强基础设施建设，扎实搞好环境综合整治，赢得了广大市民的一致赞誉。

积极协调，努力推进，加快环卫基础设施建设步伐。环卫基础设施是城市的重要组成部分，对营造良好的城市环境起着至关重要的作用。2010年以来，新建、改造公厕6座，建设生活垃圾压缩中转站8座，增设果皮箱300个，购置翻斗车、摇臂车、垃圾压缩车等环卫作业车辆20部，环卫机械化作业水平大幅提升。

精心组织，常抓不懈，扎实搞好环境综合整治。为进一步改善城区市容市貌，围绕迎接国家卫生城复审工作，完成了迎接国家环保模范城检查、国家卫生城省级复审、省文明城市测评、国家历史文化名城复查、省建设厅和谐城乡建设检查等重大任务，生活垃圾无害化处理率达100%。

完善制度，严格考核，探索环卫长效管理机制。为实现环卫工作“标准化、规范化、制度化”，先后制定和完善了《党务管理制度》《行政管理制度》《业务管理制度》等6个方面的50多项规章制度，形成了涵盖岗位职责、部门职责、党风廉政等多方面、全覆盖的制度体系，并在工作中严格落实重大事项集体研究决策制度、重大物资集中采购制度等，切实做到了用制度约束行为，用制度推进工作。

2010年以来，在全处干部职工的共同努力下，聊城市城市环境卫生管理处先后获得了“省级文明单位”“山东省工人先锋号”“山东省环境卫生行业先进单位”等荣誉称号。

环卫工人集中清扫积雪

正在建设中的生活垃圾压缩站效果图

高压洗扫车作业场景

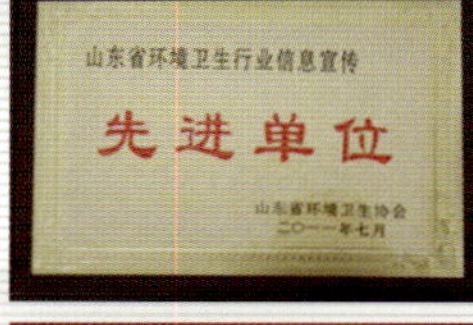

工人先锋号
山东省总工会

环卫作业车辆

薛城区住房和城乡建设局

副省长郭兆信、省住房城乡建设厅厅长杨焕彩等领导视察薛城区城建工作

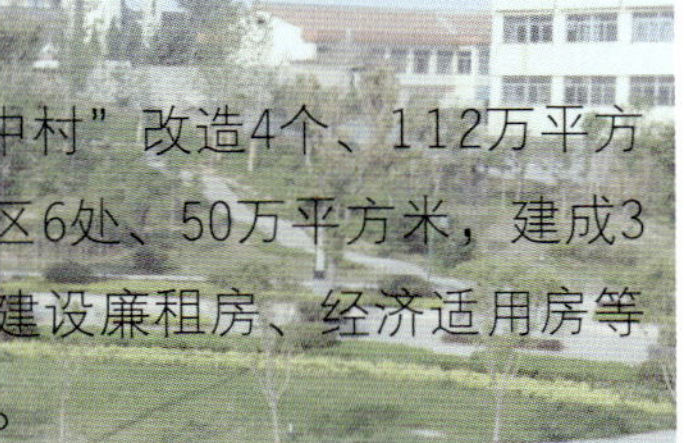

近年来，薛城区住房和城乡建设局在薛城区委、区政府的正确领导下，深入贯彻科学发展观，围绕“打造鲁南门户城市，建设生态宜居薛城”的目标，凝心聚力、真抓实干，推动了城乡建设各项事业又好又快发展。

坚持政府主导、市场运作， 2010年启动实施了4个棚户区改造项目，完成拆迁70万平方米，超出年度计划13万平方米，开工建设回迁安置工程58万平方米，当年建成11万平方米，有1200余户居民喜迁新居。先后完成“城中村”改造4个、112万平方米，建设高标准安置小区6处、50万平方米，建成3处、22万平方米；同时建设廉租房、经济适用房等保障性住房2.6万平方米。

以道路建设为切入点，大力推进生态新区建设。近两年完成政府性投资5亿元，“五纵六横”的路网格局已有7条道路建成通车、4条正在建设，12平方公里生态新区的发展框架全面拉开。借鉴新加坡城建经验，在新区内建设高档住宅小区6处、72万平方米，配建市民健身园、邻里中心、休闲景观工程，扩大了公共空间，丰富了城市内涵，提升了城市品位。

投资4700万元，完成城区景观街改造，开通BRT专用车道，扩建长江水厂、污水处理厂，铺设燃气、供排水管网47.3公里，城市承载能力进一步增强；新增城区绿化面积20万平方米，绿化率提高到36.8%。深入开展城乡环境综合整治，拆除违法建筑15万平方米，实施干线公路两侧房屋“金镶边”改造1270间、13.6万平方米，完成农村住房建设与危房改造8448户、84万平方米。

拆墙透绿后的区委游园

铁道游击队纪念园夜景

高档住宅小区

“城中村”改造回迁安置工程

薛城区全景

茌平县建设局

统筹城乡协调发展　打造生态宜居城市

副省长郭兆信到茌平视察城建工作

聊城市市委书记宋远方到茌平检查城建工作

近年来，茌平县建设局立足生态宜居城市定位，坚持生态、特色、宜居理念，高起点定位，大手笔谋划，大投入建设，城市面貌得到巨大改变。“十一五”期间，累计完成城建投资42亿元，城镇化率达到48.5%，年均提高3个百分点。茌平县被评为“世界循环经济生态宜居最佳城市”“全国城市环境综合整治优胜县城”“山东省人居环境范例奖”。

高起点定位，城乡规划日趋完善。按照“高低起伏、错落有致、疏密相间、格调各异”的原则，确立了“新型工业基地，生态宜居城市”定位，编制完成了新一轮城市总体规划、片区控制性规划及修建性详细性规划及绿地、水系等专项规划和县域村镇体系规划、农村新居建设与危房改造规划。“十一五”期间，建成区面积由2005年的16平方公里扩大到40平方公里。

高标准建设，城市功能不断增强。“十一五”期间，新修改造城区道路120公里，建设了污水处理一期、二期及垃圾无害化处理工程，污水集中

聊城市市长林峰海到茌平检查城建工作

县委书记任晓旺、县长陈秀兴召开城建现场办公会

处理率达到90%，生活垃圾无害化处理率达到92%；建设了人民广场、茌山公园等一批大型活动场所；不断加大环卫、燃气、供热等基础设施建设，清扫机械化率30%、燃气普及率达97.16%、集中供热普及率60%；房产开发和保障性住房建设不断加快，和谐家园、水岸豪庭、翡翠龙城等环境优美、功能完善的住宅小区相继建成，一大批高层建筑在茌平大地拔地而起，极大地改善了群众的住房条件。“十一五”期间，新增房地产开发面积245万平方米，完成投资28.86亿元。创建省级园林城市工作深入开展，绿化建设不断加快。五年间，投入资金1.5亿元，新增城市绿化面积530万平方米，绿化覆盖率36.8%、绿地率32.67%，人均公园绿地面积12.2平方米。

精细化管理，城市形象显著提升。结合创建国家园林县城、全国卫生城、全国生态县等活动，加快城市管理精细化、制度化、规范化建设，以创新城市管理机制为重点，实行环卫、绿化和市政建管养分离，实施了《城市管理千分制考核办法》，对城市保洁、清运、绿化、路灯、市政设施等实施量化管理，使保洁清运率、路灯亮灯率、市政设施完好率分别达到95%、98%、97%以上。同时，不断开展城乡环境综合整治，营造了“畅、洁、绿、美、序”的良好环境，一个功能齐全、环境优美的现代化生态型园林城市正在鲁西大地上崛起。

风景优美的茌山公园

沿环城水系建设的高层建筑

环境优美的住宅小区

建设中的体育场工程

东夷之都、千年古城、武松故乡

阳谷县城市规划局

局党组书记、局长 徐 涛

阳谷县被誉为“东夷之都、千年古城、武松故乡”。古城核心区面积约为0.5平方公里。规划中整个古城核心区全部为仿古区域，在布局手法和建筑形态上凸显宋代古城特色。建筑以北宋时期的民居商铺形式为主，建设尺度宜人的仿宋步行商业街和部分传统北方四合院，营造古朴的风貌。同时利用我县千年古城特有的紫文化元素，营造富贵吉祥的紫色氛围，使“千年古城”独具一格。

局领导班子察看古城模型

古城一角

狮子楼

景阳冈

紫石街

规划中的紫汇湖

蚩尤冢

梁山县住房和城乡建设局

高档住宅小区——东方华城

绿树成荫、青山环绕的县城

宽敞、畅通的城区街道

近年来，梁山县城市建设在县委、县政府的正确领导下，以“加快改造老城区、快速推进新城区、大力实施城乡一体化、建设生态宜居梁山”为总体工作目标，突出思路创新，突出工作重点，突出经营城市，突出水浒特色，突出城乡协调，城市规划和建设得到了较快的发展，城中村改造成效显著，人居环境明显改善，城市综合能力进一步增强，市容市貌明显改观。

梁山县住房和城乡建设局作为全县建设行政主管部门，在县政府党组成员、局长刘沛同志的带领下，奋进开拓、锐意进取、团结协作，先后编制了城市总体规划、县域体系规划、新城区两纵两横、水泊新路、东环路、南环路等几十项规划设计方案；建设了凤山公园、寿翔廊桥、水浒天桥、水泊宾馆绿地、火车站广场、城区雨污分流、污水处理厂、垃圾处理场、自来水水质改造等民生工程；升级改造了水泊中路、水泊东路、水泊西路、人民北路、文化路、南环路、东环路、迎宾路等道路。出色完成了青龙山、水泊南路、南环路、东环路、水泊新路、凤凰城、山北片区、水泊东路延伸段、礼义路、水浒文化广场、水浒文化主题公园、新昌物流、崇文新区、新城商务区等项目的拆迁工作。实现了城区集中供热，启动了城区天然气管网建设项目；超额完成了市政府下达的保障性住房建设任务；全力推进了全县新型农村社区建设；推动了系统内部体制改造，成功对招标代理工作进行了改制。城区现有人口11万人，建成区面积10.8平方公里，城区道路19条，自来水厂、污水处理厂、垃圾处理场各1座。

全县最大的回迁安置工程——和谐家园

城区绿地一角

新修建的气势恢宏、水浒气息浓厚的水浒文化广场主题公园

2010年十大民心工程之一——自来水水质改造工程

宽敞的环城公路

修建一新，集回迁安置、商业开发于一体的凤凰城商业街

泗水县 住房和城乡规划建设局

泗水城乡建设实现平稳较快发展

党委书记、局长　徐茂盛

省住房城乡建设厅副厅长昝龙亮视察泗水垃圾处理场建设工作

住房城乡建设部领导视察泗水海情圣地小区康居示范工程

2010年12月8日，济宁市供水集团书记王珏、中山水务公司总经理邱福祥、济宁市规划设计研究院院长史衍智、泗水县委书记王宝海等领导出席泗水县2万吨新水厂启用仪式

泗水县住房和城乡规划建设局，主管全县城市建设、村镇建设、工程建设、建筑业、房地产业、城市公用事业等城乡建设工作。内设12个科室和22个局属单位，现有干部职工1600余人，中级职称以上76人，高级职称8人。

“十一五”期间，我局在省、市建设主管部门及县委、县政府的正确领导下，以科学发展观为指导，紧紧围绕“山水园林、生态宜居”的建设目标，全力推进市政建设和城市功能完善，走出一条“多元投资，良性发展”的城镇化发展道路。目前县城建成区面积达14平方公里，城镇化率40.5％。（一）城乡规划工作迈上新台阶。高起点完成了第三轮城市总体规划、城北区发展规划、老城区控制性规划和县域村镇体系等规划编制，实施了建设项目规划公示和行政许可听证制度，增强规划审批的透明度。（二）打造了县城崭新发展格局。按照县城“西接北上”发展思路，“十一五”期间累计投资7.3亿元进行了道路、路灯、热力、燃气等市政设施建设，新增道路26.7公里，构建起“8横13纵”道路交通网格；新安路灯2478盏，建成了市民广场和文化公园，改造道路标牌85个；完成了2万吨新水厂、生活垃圾处理场及污水处理厂一级A改造；借助热电厂启动城市供热，供热面积达80万平方米；城市管道燃气发展用户达3000户，形成了功能完备、设施齐全、环境优美的发展格局。（三）城市开发改造快速稳步推进。坚持整体推进、联片开发，完成棚户区和城中村改造面积3400余亩，拆除危旧房屋74万平方米，投资40.8亿元规划建设了同济花苑、舜和家园、海情圣地等21个规范化小区，开发面积330余万平方米， 2.8万户家庭享受到旧城改造的成果。（四）加大生态园林建设，推动省级园林城市创建工作。新建5.3公顷的市民广场和5.74公顷的文化公园各一处，启动了37.2公顷的圣源湖公园建设，实施泉兴路、327迎宾大道等道路绿化工程，城市绿化面积达427公顷，绿化覆盖率36.7%，人均公园绿地13.5平方米，形成以乡土树木为主、乔灌花草合理搭配的县城园林景观。（五）加快新型农村社区建设。启动25个示范点，开工1.38万户，改造危房2725户，农村环境得到明显改善。

2009年3月，创建省级园林城市动员会议召开

为实现“十二五”的良好开局，泗水将以基础设施的夯实、城市功能的完善、城市框架的搭建为重点，以农村社区建设和城乡环卫一体化为着力点，进一步提高城镇化水平，全力推进建设事业平稳较快发展。

依水而建的滨河水苑小区

城市街头绿地

污水处理厂一角

城市热电厂

泉源胜地（3A级泉林泉群风景名胜区）

装饰一新的廉租住房

改造中的圣源湖公园效果图

五莲县住房和城乡规划局

2010年，五莲县以建设“山水林交相辉映、人园城三位一体”生态秀美森林城市为目标，以创建“省级园林城市”为抓手，大力实施城市“突进”战略，城乡面貌发生了较大变化。**城乡规划日趋完善**。着眼构建配套完善、梯次分明的规划体系，聘请清华大学、同济大学等设计团队，完成了城市三大片区控制性详细规划，城市给水、排水、消防、环卫四个专项规划和乡镇驻地控制性详细规划等11项规划，启动了城市总体规划、风貌规划、石材加工产业园规划等14项规划。**重点项目建设拉开序幕**。强力推进重点工程和民生工程建设，全面完成了莲山路洪凝河大桥建设，生活垃圾无害化处理场建设和污水处理厂改扩建工程。举行城市建设誓师大会，同时开工总投资13多亿元的12项重点工程，拉开了大规模推进城市建设的序幕。**城区环境日趋优化**。积极探索城市管理长效机制，从整治乱摆摊点、乱放车辆、乱搭乱建和改革环卫作业模式入手，坚持集中整治与日常监管并重，城市面貌实现了整洁化、秩序化。**村镇建设和谐推进**。以“和谐城乡建设行动”为抓手，大力争创省级农村环境综合整治示范县，以7处乡镇的9个新型农村社区为示范点，带动全县农房建设和危房改造工作顺利推进，圆满完成了2010年度工作任务。**园林城市创建工作全面启动**。出台实施意见和方案，认真落实“门前五包”责任制，整合全县力量参与创城，统一标准，推行绿色庭院、绿色小区建设，广泛实施公共绿地、水系治理、道路绿化改造、节点景观等重点绿化工程，扩大绿量，提高质量。**工作机制进一步理顺**。创新了城建重点工作联席会议制度，县级领导包保工程、包保区域责任制等一系列协调组织机制，成立了城建重点工程建设指挥部，加快项目推进落实，使城市建设重点工作迅速决策、迅速部署、迅速落实。同时，在全市区县中率先开通了5812319服务热线，架起了政府与群众互动沟通的桥梁和纽带。

蓬勃发展中的五莲县城全景

整洁优美的居民休闲娱乐场所——五莲广场

洪凝居旧村改造项目

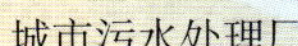

城市污水处理厂

石亩子全封闭净水系统

五莲县城建重点工程开工暨城市建设誓师大会现场

222省道绿化

莒县住房和城乡规划建设局

党组书记、局长 李观军

莒县住房和城乡规划建设局是莒县人民政府综合管理全县城乡建设的综合职能管理部门，机关设17个科室，下辖23个企事业单位，现有干部职工2800余人。

近年来，莒县住房和城乡规划建设局紧紧围绕全县经济社会发展大局，按照“新区开发、老城提升、整体规划、协同推进”的工作思想和“山水名城，古都新韵”的建城发展目标，以城市东部新区开发为重点，立足“拉框架、打基础、上水平”，着力塑造城市个性、培育城市特色，提升城市综合竞争力，努力打造功能齐全、设施完善，适宜创业、居住、生活的城市环境。目前，县城建成区面积达到25.7平方公里，硬化道路全长103公里，绿化覆盖面积1326万平方米，人均绿化面积14.5平方米，绿化覆盖率达43.75%，绿地率达36.43%。全县城市规划建设管理、建筑业管理、房地产业管理、公用事业管理、园林绿化管理、环境卫生管理、村镇规划建设管理等均得到了加强，城乡建设各项事业空前发展。莒县先后成功创建为“省级卫生城市”“省级文明县城”“省级节水型城市”等荣誉称号，荣获“山东省人居环境范例奖”，莒县住房和城乡规划建设局先后获得“山东省依法行政先进单位”“山东省纪检监察先进集体”“全省城乡环境综合整治工作先进单位”等荣誉称号，被省文明委授予“省级文明机关”，被日照市市委、市文明委授予“市级文明单位”“市级文明机关”，连年被莒县县委、县政府授予“三个文明先进单位”荣誉称号。

省级
文明机关
山东省精神文明建设委员会
省级
花园式单位
山东省住房和城乡建设厅
二〇一〇年一月
授予莒县：
山东省节水型城市
山东省住房和城乡建设厅
山东省经济和信息化委员会
二〇一〇年十一月
莒县生态保护与城市绿化建设
山东人居环境范例奖
山东省住房和城乡建设厅
二〇〇九年十二月

团结奋进的领导班子

山东百年建筑设计院

SHANDONG BAINIAN JIANZHU SHEJIYUAN

大象国际

- 设计类型：高层商住楼
- 建设规模：7.8万平方米
- 建设地点：日照东港区
- 建设单位：日照山海天城建集团

山东百年建筑设计院有限公司成立于1994年，注册资本600万元，现为城市规划、工业与民用建筑设计、建设工程监理、工程造价咨询等多门综合性乙级设计院。建院十余年来，培养和造就了高素质的职工队伍，设计技术先进，质保体系齐全，奉献了大量富有时代感的优秀作品，现有职工38人，注册建筑工程师3人，注册结构工程师3人，注册城市规划师2人，工程师24人，多次被评为日照市建设系统先进会员单位，获一、二、三等优秀设计奖17项。

我院以“奋斗百年，服务社会”的精神为企业宗旨，“为能人搭建平台，为平台培养人才”，为实施人才战略艰苦奋斗，孜孜以求，以“诚实守信”为根本，以“互惠共赢”为原则，开展广泛的研究与合作。

我院全体员工愿与社会各界携手共进，共创美好未来！

日照山海天教授花园二期、三期

- 设计类型：别墅及住宅
- 建设规模：30.5万平方米
- 建设地点：日照山海天旅游度假区
- 建设单位：日照山海天城建集团

日照西沈马庄项目

- 设计类型：社会主义新农村
- 建设规模：0.32万平方米
- 建设地点：日照西沈马庄
- 建设单位：山东北新大象房屋有限公司

费县建设局

——打造一城五地 全面建设生态费县

费县地处鲁东南，沂蒙山腹地，辖15个乡镇，总面积1680平方公里，总人口81万，素有“圣人化行之邦、贤人钟毓之地”的美誉，是唐代政治家、军事家、书法家颜真卿的故里。

近年，按照“全面建设生态费县，打造临沂卫星城、新型工业重地、品牌农业基地、休闲旅游胜地、文化产业高地、安居乐业福地”的总体目标，大力实施城镇化战略，科学编制城乡规划，全力抓好“民心工程”，突出抓好重点工程，各项建设工作扎实推进，取得显著成绩，人居环境质量大幅度提高。荣获山东省城市防汛先进单位、城乡环境综合整治先进单位等多项省、市级荣誉称号，成功创建省级园林城、省级卫生城、省级文明城，被评为山东最佳投资城市。

科学编制规划，构建城乡发展框架。本着高起点规划原则，委托山东城乡规划设计研究院，编制了县城新一轮总体规划。将探沂片区、电厂循环经济区纳入城市总体规划，确立了“一轴两带、一城两区”的城市结构，规划区面积扩大到406.22平方公里；编制完成了中心城区绿地系统规划、集中供热规划、燃气规划、温凉河、护城河综合治理规划、沂河流域费县段两岸控制性详细规划，完成了费县村镇体系规划、费县农村住房建设和危房改造规划、15个乡镇总体规划、108个中心村（社区）建设规划。形成了完善的城乡规划体系，优化了城乡布局，确定了县城、中心镇、重点镇、一般镇、中心村、一般村梯次分明的村镇体系，为城乡建设提供了科学依据，有力促进了城镇化进程。2010年，全县城镇化率达到43%，中心城区建成区面积29.6平方公里，城区人口17.28万人，城区道路总长度122公里，燃气普及率达到91.22％，污水集中处理率达99%。

县领导视察城乡建设工作

美丽的温凉河畔

高水平建设，完善城市服务功能。围绕县委提出的建设生态费县，打造“一城五地”的目标，高水平搞好城乡建设，推动城乡一体化发展。近年来，投资6310万元，建成占地54亩污水处理厂一处。投资 1.5亿元，新修城市道路10条，打通断头路9条，提升改造25条，整治更换路沿石13万米，硬化道路总面积128万平方米，铺设彩砖81.5万平方米，城区主干路网形成“六

横、八纵、一环”框架。其中，和平路改造工程荣获省级市政金杯奖和沂蒙杯奖，永胜路改造工程被评为沂蒙杯奖，并被推荐参加省级奖项评选。另外，近年还新建改建城市公厕27座，铺设燃气管道3.5万米，铺设污水主管网2万米、生活污水支管网1.4万米、工业污水支管网4000米。

强力推进农房建设，改善农村人居环境。把农村住房建设和危房改造工作当作德政工程、民心工程抓好抓实。比中央提出建材下乡早半年实施水泥补助政策，有力推动了农房建设。仅2010年，全县就启动集中建设项目98个，连片建设农房竣工8302户、在建1023户，建筑面积102.57万平方米，列全市9县中第三名。水泥下乡政策，被中央电视台、《大众日报》等媒体报道，誉为“费县样板”。2010年4月18日至19日，全省农村住房建设与危房改造现场会在济宁召开，县委书记杜昌伟就这一做法作了大会典型发言。2010年6月8日，全国建材下乡北部十七省、区、市现场会在我县召开。

狠抓建筑业管理，保障公众权益。积极探索工作新举措，将所有工程项目均纳入有形建筑市场进行公开交易，规范建设工程招投标活动，确保进场率达100%。努力构建清欠长效机制，强化工程质量、安全管理，认真做好劳保金征收、拨付、补贴工作和农民工工资清欠工作。近5年来，累计完成建筑业总产值23亿元。共获“泰山杯”奖工程2个，省优工程1个，省安全文明示范工地2个；创沂蒙杯奖工程10项，市优质结构工程77个，市优良工程20个，市安全文明样板工地24个；共清理拖欠农民工工资2771.7万元，清理拖欠工程款7875万元；共培育建筑企业21家，其中二级企业5家、三级企业16家，从业人员1.5万人；外出施工企业共有14家，年施工产值达3.8 亿元，年劳务收入达4.2亿元，外出施工及管理工作多次受到上级部门表彰。

新时代药业公司一角

县人民医院

费县电厂

阳光上城小区

建设中的探沂镇柴卜庄社区

平邑县

县城一角

莲花广场

浚河公园

近年来，平邑县委、县政府在大力发展经济建设的同时，高度重视城乡建设工作。坚持高起点规划、高档次设计、高标准建设、高效能管理、高水平经营，树立和落实科学发展观，以建设现代化旅游城市、区域性工贸城市、生态型山水园林城市为目标，以五城联创为契机，基础设施建设与生态环境建设并重，旧城改造与新区开发并举，大力实施城市硬化、绿化、亮化、净化、美化五大工程，奏响“畅、绿、亮、洁、美”五部曲，重点工程建设常年不断线，一批城建重点项目相继完工，城市基础设施日臻完善，城市的承载能力日益增强，城市面貌发生了巨大变化。2007年成功创建省级园林县城，2009年被命名为国家园林县城。

城乡规划高起点。近年来先后完成了新一轮城市总体规划修编、平邑国际石材城、地方国际罐头城、平邑石膏带、城区重点地段修建性详规及城中村改造规划、浚河景观带、县城绿化专项、县城管道燃气专项、供热专项、蒙山森林公园龟蒙景区总体规划、浚河水利工程项目规划等十二个总规或专项规划，并以农村住房建设和危房改造工作为契机，在全市率先编制完成县域村镇体系规划，为城乡建设提供了法律依据，为促进全县经济社会又好又快发展做出了积极贡献。

城市建设上水平。一是抓城市重点道路建设，实施畅通工程。近年来，我们对城市道路进行了系统的改造和全面的提升，实现了畅通道路网络的目标，道路总面积达到210万平方米。二是抓城市配套设施建设。通过市场化运作实施完成了污水处理厂、垃圾处理场、城市管道燃气三大基础设施建设；另外还加快了开发区水厂建设，实现了和城区老水厂的并网供水。

建筑业发展迅猛。建筑业已经成为我县经济的支柱产业，成为农民收入和县财政收入的主要来源。全县骨干建筑业企业共创国家优质工程奖1项，全国建筑业新技术应用示范工程3项，“泰山杯”奖工程15项，山东省安全文明示范工地13项，山东省建筑业新技术应用示范工程9项。我县建筑业经过多年的发展，已成为全县经济社会发展的主要产业，2008、2009连续两年获“山东省建筑业十强县”称号，连续五年被临沂市政府评为“外出施工先进县”。

明德花园

丰华苑小区

浚河广场一角

浚河广场全景图

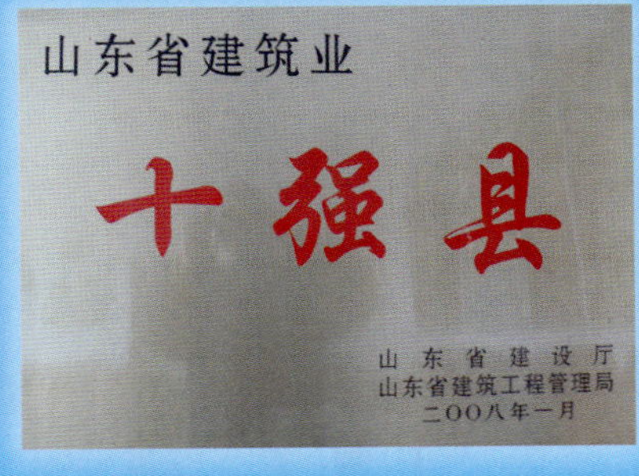

菏泽市城市综合开发办公室

菏泽市政府办公室党组副书记、菏泽市城市综合开发办公室主任　蔡文厚

菏泽市城市综合开发办公室是菏泽市政府于2002年12月设立的，具体负责城市综合开发项目的策划、招商和开发建设的组织协调服务工作，目的是实现政府对城市开发的总体调控。开发办编制15人，为正县级全额事业单位，直属市政府。

菏泽市城市综合开发办公室自“十一五”以来，按照“统一规划、合理布局、综合开发、配套建设”的原则，积极运作项目，大力组织招商，综合协调调度项目运作、开发过程中的问题，城市综合开发步伐加快，城市面貌和环境明显提升。一是积极运作城市综合开发项目。策划并公开出让城市综合开发项目75个，实现政府土地收益约13.94亿元。二是促进房地产开发稳步健康发展。通过城市综合开发，市区已建成小区92个，完成房地产开发投资125.62亿元，总竣工面积826万平方米。开发规模不断扩大，市规划区内规模在10万平方米以上的商住小区达到50多个。开发水平逐步提高，开发项目从单体设计到整体规划，从小区基础设施配套到周围环境布局，都坚持了高起点规划、高标准建设、高效能管理。三是高层项目建设拉动城市品位快速提升。重点建设了沿人民路核心区及沿广州路东部大型居住区高层、小高层项目。市区竣工小高层、高层项目22个，建成高层、小高层单体170栋，城市品味明显提升。四是城中村开发改造积极稳步推进。按照“政府主导，区域统筹，市区联动，以区为主，配套建设，先建后拆、就

市委副书记孙爱军（右二）、副市长刘新云（右一）视察城建工作

在水一方开发项目开工奠基仪式

天香公园一角

近安置、公开透明，依法办事，稳妥推进”的原则，积极推进城中村开发改造。启动了都庄、何楼、党庄、李兴齐、李大庙等城中村改造项目。五是住宅产业化工作迈上新台阶。积极开展住宅性能认定工作，住宅品质、住宅环境、住宅设计等有了明显提升和优化。南华康城荣获“广厦奖”，龙燕阳光城、华英嘉园、鹏远华府等项目设计方案通过了建设部A级性能认定。

步行街夜景

演武楼

大剧院

第六届住博会开幕式

环城公园一角

赵王河一隅

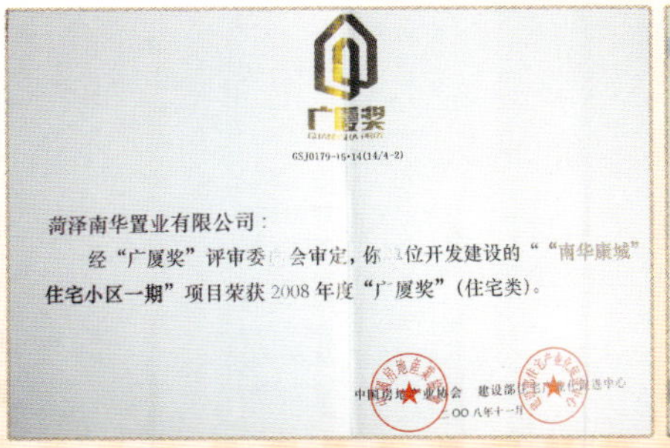

广厦奖

GSJ0179-15•14(14/4-2)

菏泽南华置业有限公司：

经“广厦奖”评审委[illegible]会审定，你[illegible]位开发建设的““南华康城”住宅小区一期”项目荣获2008年度“广厦奖”（住宅类）。

中国房地[illegible]业协会　建设部[illegible]促进中心

二〇〇八年十一月

南华公司获得广夏奖证书

建设部A级住宅预审证书

菏泽龙燕房地产开发有限公司开发的菏泽龙燕·阳光城（一期）项目第1#～6#、8#、11#楼，共8栋住宅，符合《住宅性能评定技术标准》GB/T50362-2005设计审查的要求，预审评定等级为1A级。特发此证。

二〇〇八年二月二十六日

龙燕公司获预审证书

南华公司获得广厦奖

郓城县

县委书记　刘国生

郓城为鲁西南著名古城，是水浒故事的发源地，煤炭和农产品资源丰富，产业优势突出，发展潜力巨大。“十一五”期间，郓城县委、县政府高度重视城乡建设，以实施新型城镇化战略为主线，以保障和改善民生为着力点，统筹城乡一体化发展，依据“建设水浒文化和新兴煤炭新城”的城市发展定位，坚持高起点规划、高标准建设、高效能管理，大力提升生态环境、展开城市框架、完善人居环境，积极推进小城镇建设和农村新型社区建设，城乡面貌发生显著变化，千载水浒故地日益呈现出勃勃生机。

“十一五”期间，郓城县新一轮165平方公里城市总体规划编制完成，规划建成区34.5平方公里实现了控规全覆盖，完成了全县20个乡镇驻地总体规划修编和143个重点村庄规划编制。对城区17条主次干道全部进行了标准化整治，新建道路80多公里。建成了唐塔公园、宋金河综合治理工程、火车站广场、崛起广场等一批民生工程，自来水西水厂、三座污水处理厂、垃圾处理厂相继投入运行。建设南环路、跃进路和城市东、南出入口等绿化绿地精品工程20余处，城区绿地面积达到300万平方米。在金河路、东

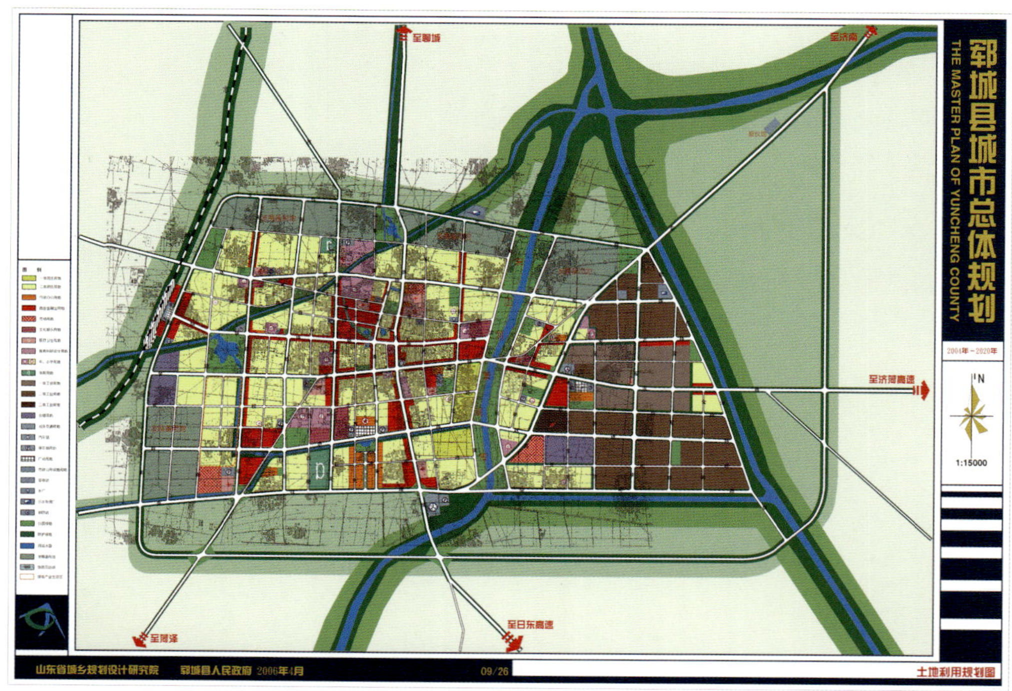

新一轮总体规划

城乡建设日新月异　水浒故地再展新姿

门街、临城路、西门街、胜利街等建设“霓虹灯一条街”，美化了城市夜景。以经济适用房和廉租住房为主体的住房保障体系逐步建立，建筑面积10万平方米的保障性住房小区交付使用。城市开发取得重大突破，2009年以来相继推出城区综合开发项目28个，总建筑面积620万平方米，总投资112亿元。2010年底，全县在建房地产开发面积380万平方米，其中小城镇开发面积56万平方米。城市管理水平明显提升，城区保洁面积达到400万平方米，交通秩序、经营秩序明显改观。

今后几年，郓城城乡建设将进入新一轮快速发展期，经过全县上下的共同努力，郓城城乡建设事业一定会谱写新的亮丽篇章。

宋江河综合治理工程

城市入口处道路建设

正在建设中的住宅小区一角

唐塔广场一角

单 县

县委书记　王永江

县长　穆　杰

生态之城

新　城

人民广场夜景

2010年，单县县委、县政府积极带领全县人民，坚持“高标准、高境界、高效率、高效益”的要求，大力发扬“务实、创新、争先、和谐”的单县精神，以促进经济社会快速发展为目标，以加快城市建设步伐为己任，攻坚克难，负重奋进，全力打造宜居宜商生态园林城市，城市建设取得了显著成就，有力推动了城镇化进程。一是城乡规划取得新进展。充分发挥规划的龙头作用，建立公开、公平、择优的规划设计机制，邀请多家高层次、高水平的设计单位参与城市规划编制，先后完成了320平方公里的新一轮城镇总体规划和城区35平方公里控制性详规，完成了商贸物流总体规划，完成了2.7平方公里的老城保护性开发规划，完成了浮龙湖生态旅游区规划，完成了小城镇、中心村控制性规划，为城市大发展奠定了基础。二是城乡建设取得新成绩。为全面提高城市功能和经济承载能力，重点抓了以绿化、亮化、美化、道路、治污、供水、防洪为主的城市基础设施配套，全年新增绿化面积120万平方米，新增雨污管网35公里，新增路灯及景观灯5000余盏，新增供水主管道30公里，新增道路面积40万平方米。同时启动了莱河公园、东沟河绿色长廊二期、环城堤公园、世纪广场等亮点工程建设。明显改善了人居环境，提高了城市品位，增强了城市功能，拉动了三产服务业的快速发展，全年新增建筑面积350万平方米，建成交付使用246万平方米。小城镇开工建筑面积220万平方米，交付面积126万平方米；建成新型农村社区38个，16.4万农民喜迁新居。三是城市管理取得新成效。三分建设、七分管理，2010年进一步对城市环卫、绿化、亮化、美化等全面进行了改革，大力推进精细化管理，建立健全区段承包责任制，实现了城市保洁、绿化、亮化管理的全天候、全覆盖，城市管理实现了精细化、规范化、科学化。

2010年单县城市建设取得了令人瞩目的好成绩，累计完成建设投资近7亿元，城镇化进程明显加快，在全市城镇化观摩评比中连续取得四个第一的好成绩，同时被授予全国绿色能源示范县、山东省新能源基地县称号，顺利通过了省级卫生城和省级双拥模范城验收，为着力打造宜居宜商生态园林城市，创建全省园林城市和生态示范县，加快城镇化进程做出了重大贡献。

单县新城区规划

名仕豪庭

城市夜景

巨野县

会盟景观带建设工程

该工程主要是对新城区杨庙沟河道进行拓宽改造并进行绿化配套和景观建设。工程紧邻会盟路，贯穿新城区南北，北起洙水河公园，南至铁路，总长度3300米，占地面积48.8万平方米，拆迁建筑6.7万平方米，计划总投资6750万元。已于2010年3月份开工，计划2010年12月份完成全部建设。

“十一五”期间我县建成城市主干道骨架，县城区逐步完成了城区8横14纵、22条骨干道路，启动了三大园区——县工业园区、港口工业园区、煤化工业园区道路及基础设施配套和绿化建设，完成了城市生活垃圾处理厂、污水处理厂、城市燃气工程等重大基础设施建设，完成了英雄广场、洙水河公园、会盟景观带、银座广场、凤凰台等城市景观工程，城市功能逐步完善，极大提升了城市品位。

修编了《巨野县城市总体规划》，编制完成了港口工业园区、县工业园区、新城区控规；编制完成了人防、绿地水系、城市供热等专项规划；编制完成了新城中心景观规划与分区设计及花冠路景观设计；完成了洙水河公园、会盟景观带等修建性详细规划；编制完成了上海嘉园、阳光水岸、丽景苑、清华园、丽天苑、凤凰城、牡丹小区、光麟新天地、金都花园、瑞和嘉园、佳信·铂金豪庭等40多个房地产项目的修建性详细规划设计，形成了较为优美的居住环境。

2010年末，全县小城镇建成区人口13万人，占总人口的12%，有镇区18个，其中中心镇2个，办事处3个，建制镇13个；城区人口16.5万人，建成区面积21平方公里，人均道路面积21.6平方米；城市规划区完成铺设雨污水管网222公里（污水管网69公里，雨污混流管网153公里），基本实现雨污分流；新增城市燃气管网59公里，液化石油气站3座，城市燃气普及率达60%；城镇化水平达30.5%，控规覆盖率85%以上，公共绿地总面积195万平方米，人均绿地面积11.5平方米，绿化覆盖率39%，基本形成了四水环抱、水城相依、老城古塔、麒麟之乡、内河港城、煤化基地巨野县城市特色。

巨野县供电生产综合调度中心
本工程位于巨野县花冠路和南文昌路交叉路口西南角，建筑总面积19410平方米，其中地下建筑面积1108平方米，地上18302平方米。建筑层数为地下一层，地上十七层。建筑高度74.9m，总投资为2600万元；工程自2008年10月28日开始建设，计划2011年6月30日竣工。

巨野县金源地质矿产综合服务有限公司综合楼
巨野金源地质矿产综合服务有限公司综合楼，占地18.9亩，建筑面积约11000平方米，工程概算投资1600万元。服务公司主楼计划建设10层，功能主要包括：矿产资源及压覆咨询服务、非煤矿山企业矿区定界服务等。于2009年8月开工建设，2010年5月竣工。

洙水河公园二期

巨野县和平饭店
该项目位于金山路东，青年路北，占地面积63亩，建筑面积约23000平方米。地上层数10层，于2009年9月开工建设，2010年12月竣工。

洙水河公园二期

济南市旧城改造

聚贤棚改项目新貌

济南市旧城改造投融资管理中心承担着全市旧城改造工作任务，自2006年8月成立以来，坚持走科学发展之路，精心规划策划，分片组织实施，集约节约利用土地，严把工程质量关，重点对旧城区38个集中连片棚户区和66个零星片区进行了改造，动迁居民约6万户、18.3万人，拆迁建筑面积430万平方米，安置房建设开工290万平方米、竣工130万平方米，约1.7万户居民具备回迁入住条件，累计完成投资约120亿元。一大批棚户区旧貌换新颜，居民住房条件显著改善，老城区城市形象和服务功能大幅提升，在惠民生、保稳定、促发展等方面发挥了积极作用。

济南市棚户区改造工作得到各级领导的高度重视、社会各界广泛支持和广大群众积极拥护，被评为"改革开放三十年济南10件大事之一"。2009年4月21日，中共中央总书记胡锦涛同志视察了我市顺河集中安置片区建设现场并作出重要指示。2008年11月4日，中央政治局常委、国务院副总理李克强同志视察了我市棚改安置房建设现场，深入走访棚户区居民。中央电视台新闻联播分别以"开发'肥瘦搭配'、政府'巧劲'破题"和"让利于民，让百姓安居"为题，报道了济南市棚改的做法和经验。《人民日报》先后刊登了题为"让泉城群众告别棚户区"、"济南棚改拉动社会投资、实现'四两拨千斤'"等文章，指出"政府主导"造就棚改"济南速度"，给予了充分肯定和高度评价。

坚持阳光操作，让群众拆得安心、迁得放心。一是广泛宣传政策。拆迁安置方式多元，棚户区改造以就地安置为主，货币补偿、异地安置为辅。安置补偿政策优惠，合理确定回迁安置房屋的户型、面积标准，被拆迁居民对拆迁安置房拥有完全产权，选择货币补偿的按片区新建普通商品房市场价格评估确定。

华阳路棚改项目新貌

馆驿街南棚改项目新貌

顺祥新区（原经一纬九棚改项目）新貌

投融资管理中心

住房困难家庭实行特殊政策，对只有一套住宅，且该房屋面积低于国家强制标准规定的住宅设计最低套型面积的拆迁户，按照最低套型面积标准安置或者换算成建筑面积43平方米给予补偿。二是坚持公开、公平、公正原则。安置分配方案、评估机构等重大事项，由居民投票决定。依法公示项目规划、安置房户型等方案，邀请监察、公证等部门参与监督。三是建立市区两级工作网络。现场集中办公，积极开展法律咨询等工作，尽最大努力解决群众的合法合理诉求。

高标准建设，着力打造宜居宜业棚改新区。严把工程质量关，确保工程质量和安全生产。加大资金投入，着力美化绿化环境，提升新区品质功能。工程质量合格率100%，聚贤等项目获得“省级安全文明示范工地”和济南市“泉城杯”称号。

稳步推进回迁工作，努力让群众住得上、住得好、住得起。出台了《关于解决棚户区改造低收入家庭差价款缴纳问题的意见（试行）》，提出了分期缴纳和租住房屋方式，以解决困难群众先行回迁入住问题。按照《棚户区改造安置房物业管理暂行规定》，配套建设公建用房，部分由社区经营，所得收益用于困难居民物业补助，享受最低生活保障的家庭免交物业费。按照“政策扶持、属地管理、专业服务”原则，精心组织安排，让居民顺利回迁入住。

通过棚户区改造，一是改善居民居住条件。初步统计，改造前棚户区居民户均居住面积约32平方米，改造后可达到62平方米。二是拓展城市发展空间。盘活土地资源，增加土地有效供给，对于缓解城市建设用地紧张起到了重要作用。三是提升城市功能形象。配套建设水、暖、气等设施，新改扩建一批学校、幼儿园等，改变了棚户区的落后状况。四是促进现代产业发展。振兴街银座商贸中心等城市综合体的规划建设，促进了相关区域的现代服务业发展。五是促进社会和谐稳定。解决棚户区居民住房问题，促进化解社会矛盾。优美的棚改新区和良好的社区管理服务，将引导改变居民生活方式，推动和谐文明社区建设。

聚贤棚改项目北区新貌

茂新棚改项目新貌

汽车厂东路棚改项目新貌

济安新区（原经一顺河三角地棚改项目）新貌

山东省城乡规

住房城乡建设部副司长张勤来院调研山东省城镇体系规划

成功举办第二届环渤海地区规划院院长论坛

山东省城乡规划设计研究院是国家甲级城市规划、甲级建筑设计、乙级市政工程设计、甲级工程咨询、国家规划环评资格许可的综合性规划设计科研单位。现有在职职工228人，教授级高工26人，高级工程师58人，各类注册师70人。

2010年，在省住房城乡建设厅的领导下，以科技创新为重点，以建设和谐文明单位为抓手，以建院三十周年为契机，服从大局，积极服务于全省的城乡建设。

认真完成上级下达的各项指令性任务。始终围绕住房城乡建设厅的工作部署，认真组织完成省、厅下达的《山东省城镇体系规划》《鲁南城镇带规划》《山东半岛蓝色经济区城镇体系规划》《山东省城镇体系十二五规划》等科研项目，编制了《城市建设项目配建停车位规范》，为政府决策提供了技术支持，为我省经济社会发展做出了贡献。

牢固树立大局意识，全力完成援疆、援藏、援川等工作。唐建平副院长圆满完成两年的援川工作，载誉归来。组织规划人员五批次进驻新疆，高质量完成了英吉沙县、岳普湖县、铁力木乡援建规划设计任务。陈亮作为我省第六批援藏干部赴日喀则市工作。

全员参与抓质量管理、技术管理，提升了科技创新能力。一是城乡统筹发展规划的编制形成新的品牌工程。相继进行了东营、日照、泰安、

建院三十周年庆典会场

划设计研究院

贵州、河南等地城市的规划编制，制定了技术导则，引领了城乡统筹发展规划编制工作。二是创新城市控制性详细规划的编制。务实性编制规划，注重与规划管理实施相结合。三是创新旧城更新规划和新型农村社区规划。积极探索旧城更新改建和保障性住房建设规划。四是建筑设计创新水平有了明显提升。完成滨州黄河楼地标性建筑，济南丁豪、珍珠泉、商河温泉、诸城清源等多项五星级酒店设计工作。五是创新城市热力规划设计。实现可研、规划、设计、施工一体化，在全省城市热力市场保持了领先地位。六是提升了在国家层面的知名度。荣获中国城市规划协会和中国城市规划学会组织奖。

着力加强生产经营开拓，经营管理水平有新的发展。齐心协力，研究市场，抢抓机遇，努力拼搏，整体生产运行持续快速发展，国有固定资产、货币资金、上交税金、职工人均收入实现持续增长。

坚持人才强院，凝聚精英，注重人才队伍的梯队建设。着力于品德正、能力强、懂技术、有潜力的复合型干部队伍建设，着力于年龄青、活力强、学历高、潜力大的创新型青年科技人才队伍建设，着力于高素质先锋型党员队伍建设，成效显著。

隆重举行了建院三十周年庆典活动。在省住房城乡建设厅的领导下，举行了以学术活动为主题的系列庆祝活动，庆典大会取得圆满成功。

中组部选派干部唐建平副院长圆满完成援川各项工作

进驻新疆调研，承接多项援建规划任务

陈亮作为我省第六批援藏干部赴日喀则市参加为期三年的支援工作

我院获中国城市规划协会优秀工程设计组织奖

天业股份

山东天业恒基股份有限公司

“胸纳天下、立业百年”。公司成立十余年来，陆续开发有天业翠苑、创展中心、济南国际会展中心、新东方花园、盛世花城、潍坊中央丽景等精品项目。2007年天业地产重组济南百货成立的山东天业恒基股份有限公司继承了集团发展了近10年并取得辉煌业绩的房地产业务，向“房地产+商业”转型，成为山东省最早上市的房地产公司之一。其泉城路高档商业写字楼天业国际、东营50万平方米品质社区盛世龙城以及将面世的济南奥体中心东22万平方米城市综合体项目天业中心，为公司房地产开发再启新篇章。

天业恒基将始终秉承“胸纳天下、立业百年”的企业理念，信守“诚信、勤勉、合作、创新”的企业精神，以无限的热情和踏实的作风，以上市公司为平台，抢抓机遇，大力发展房地产实业，以实践“服务公众，回报社会”的美好愿景。

天业国际

TIANYE BUILDING 智能空间·活性商务

天业国际，位于泉城路与榜棚街交汇处东南角，南距泉标不过百米。作为泉城路稀缺的高档写字楼项目，坐享商业金街上金融、交通、餐饮娱乐、休闲文化等便利商务资源，处处占尽先机。项目以其地段、品质、产品和价值潜景等利好倍受推崇。项目现房发售，高品质商务风范傲然呈现，投资立享金街收益!

天业国际写字间附加产品展示、推广洽谈等功能，可充分满足泉城路商圈内各类品牌商家的多样化需求。面积从45到1000平方米，区域内高端商务需求将无限放大。

天业国际鸟瞰图

天业国际建筑外立面效果图

天业国际夜景图

Tian Ye Heng Ji

Tian Ye Heng Ji

天业盛世龙城

东营盛世龙城南邻黄河路，北接北一路，太行路以西，与西城最大公园——嬉水公园只有一路之隔。

盛世龙城项目总建筑面积近49万平方米，共有68栋楼宇、3257户住宅和5万多平方米的公建配套组成，可容纳近1.2万人居住生活，是目前东营市内规模最大的综合性生态社区之一。

项目地处东西结合部繁华区域，是东营市发展的核心地带，周边生活、交通、商业配套完善，与体育公园仅几步之遥，与广利河景观遥相呼应，具有很高的经济净现值和经济内部收益率。

山东天业恒基——盛世龙城C区C07

山东天业恒基——盛世龙城C区

山东天业恒基——盛世龙城C区C15

盛世龙城鸟瞰图

山东电力建设第二工程公司

总经理 张永江

慈善捐款

山东电力建设第二工程公司成立于1952年，是国家电力建设大型建筑安装综合性施工一级企业，业务涉及常规火电、核电、风电、燃机发电、生物质发电、光伏发电等多个领域，施工区域遍布国内二十多个省、市、自治区和非洲、西亚、东南亚和南亚等地区。公司成立近60年来，先后建成电站158座，装机510台，总容量超过3500万千瓦。

公司秉承“用心做事、创新发展”的工作理念和“干好工程就是书写最好标书”的发展理念，大力实施精品战略，深入推进样板项目异地复制，确保工程“内在质量可靠、外表工艺美观、经济指标优良、整体形象最佳”，以突出的工程业绩赢得了广泛的市场赞誉。公司荣获国家优质工程银质奖4个、鲁班奖4个、全国优秀焊接工程奖11个，并被评为全国优秀施工企业、全国用户满意施工企业、“富民兴鲁”功勋企业及中国电力建设功勋企业等。

公司坚持“全心全意依靠员工办企业”的方针，研究制定人才发展规划，强化技能操作培训，培养专业技能人才。在全国性职业技能竞赛中，6次摘得个人冠军、6次夺得团体冠军，公司被授予“国家技能人才培育突出贡献奖”。同时，完善经营、管理、技术、技能人才的培养遴选制度，拓宽员工职业发展通道，使“想干事的人有机会、会干事的人有舞台，干成事的人有位置”。截至目前，公司有1位全国劳模、2位全国五一劳动奖章获得者、14位全国技术能手、5位电力系统劳动模范、15位富民兴鲁劳动奖章获得者、26位省级技术能手。

承建的云南滇东电厂

承建的印尼龙湾电厂远景

电缆敷设工艺

仪表管敷设

风机吊装

公司坚持以人为本的准则，积极组织丰富多彩的文体活动，引导员工“快乐工作、健康生活”；积极履行社会责任，把每年的3月5日定为公司的“慈善捐款日”，用爱心和奉献理念丰富完善公司钻石文化内涵。公司荣获国家电网公司文明单位、全国精神文明建设工作先进单位、全国企业文化建设先进单位等荣誉称号，并顺利通过省级“劳动关系和谐企业”评审。

面向“十二五”，山东电建二公司将承接公司六十载奋进的步伐，坚定信念，砥砺前行，再谱新篇！

仪表管安装整齐一致美观

烟囱施工工艺

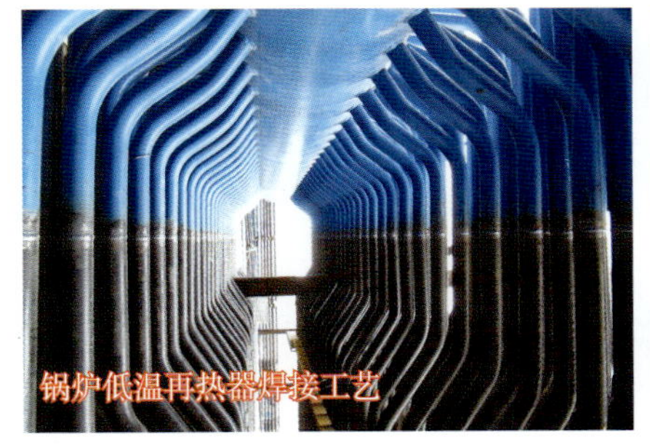
锅炉低温再热器焊接工艺

发电机穿转子工艺

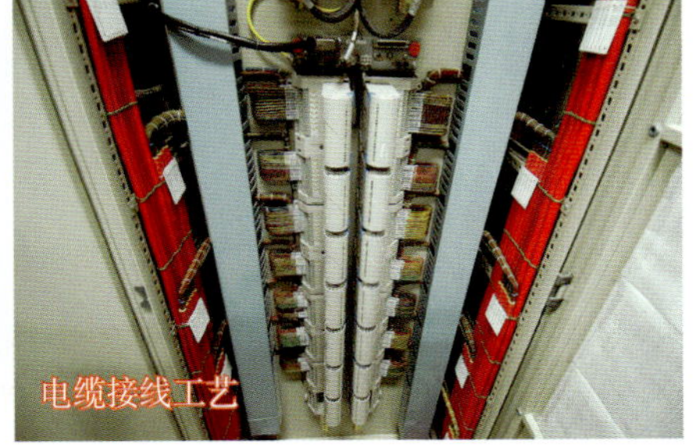
电缆接线工艺

山东万斯达集团有限公司创建于1998年，是山东省建筑建材行业的大型高科技企业，是省内成立最早，规模最大的钢结构设计、制作、安装定点企业，是中国优秀民营科技企业。集团总部地址位于济南市解放东路27号，生产基地位于济南市济北开发区和章丘市龙山工业园。

万斯达集团业务范围涵盖建筑钢结构、桥梁钢结构、建设机械、汽车配件、数控设备、停车设备、防撞栏杆、PK新型装配整体式房屋体系等。

目前，集团设有“山东省起重机械工程技术研究中心”、“建筑设计院”、“数控设备研究所”等科研机构；具备甲级建筑钢结构专项设计资质、壹级钢结构施工资质、桥式、梁式、门式起重机和立体车库制造安装A级资质；是中国建筑钢结构工程制作安装定点企业、中国建筑金属结构协会、上海钢结构协会等团体的会员单位、山东钢结构协会副理事长单位，公司自主研发的钢结构立体车库、数控冲床、高性能塔机多次填补国内空白，先后获得科技奖励5项、国家技术专利6项。集团还通过了ISO9001、ISO14001、GB/T18001质量、环境、职业健康“三合一”管理体系认证。集团生产的钢构件产品获得“山东名牌”和“山东省著名商标”称号。

万斯达大厦

长清大学城高层钢结构写字楼

第十一届全运会奥体中心主火炬塔

万斯达济阳工业园

青银高速公路济南黄河大桥

公司自主研发的门架式行走塔机

公司生产的重型汽车纵梁产品

山东万斯达建筑科技有限公司

2010年，万斯达集团积极响应国家节能降耗、绿色经济的号召，吹响了向住宅产业化、建筑工业化进军的号角，在济南市章丘明水经济开发区投资成立山东万斯达建筑科技有限公司，组建了国内第一家高科技，现代化的PK技术产品生产示范工厂，开发生产PK新型装配整体式房屋体系。本公司总占地13.1公顷，总建筑面积67188平方米。拥有自主研发的全国最先进的全自动化PK板生产线，实现了从张拉钢筋、上料、布料、蒸养、起板、存放运输的全自动化控制，拥有自主研发制造的自动化PK砖机，以及先进的全方位监控设备和实验室，保证了产品的高品质和高产量。

PK新型装配整体式房屋体系中PK意指“拼装”、“快速”的意思。该项技术是由我国著名建筑结构专家，现兰州大学校长，博士生导师周绪红教授和湖南大学博士生导师吴方伯教授历经七年时间研究完成。该体系荣获6项国家发明专利和50余项实用新型技术专利。并先后获得“2008年国家科技进步二等奖”、“2007年全国建设行业科技成果推广项目”、住建部《节能省地建筑推广目录》项目、教育部“2007年技术发明二等奖”、湖南省“2007年科技进步一等奖”等奖项。

山东省住房和城乡建设厅鲁建设函【2011】5号文件批准由山东同圆设计集团有限公司和山东万斯达集团共同编制的《PK预应力混凝土叠合板》（图集号：L10SG408）为山东省标准设计图集，于2011年3月10日施行。

PK砖已通过山东省建筑工程质量监督检验测试中心的空心率、壁厚、抗压强度等试验，并出具了产品合格检测报告。

志存高远，不断超越的万斯达集团正在发展中创造新的辉煌！

总部：济南市解放东路27号万斯达大厦
电话：0531-82315386
济阳工业园：济南市济北开发区纬三路3号
电话：0531-83143165
章丘工业园：济南市明水开发区龙枣工业园
电话：0531-83118681
网址：http://www.onestar.cn
E-mail：group@onestar.cn

公司自主研发的PK板生产线

公司生产的PK板产品

公司生产的PK砖产品

德州市环境卫生管理处

市委书记、人大主任吴翠云为垃圾焚烧发电项目奠基

市委副书记、市长陈先运亲切慰问环卫职工

党总支书记、主任　田志刚

德州市环境卫生管理处隶属市城管执法局，为副县级差额事业单位，内设办公室、业务督查科、基础设施管理科、财务科4个科室，下设四个清运公司、三个保洁公司、生活垃圾转运中心、生活垃圾综合处理厂、环卫执法中队、收费管理办公室、汽车修理厂、渣土公司、物业公司14个单位，共有干部职工1700余人。

主要职能：一是负责城区18条主次干道共357.7万平方米的道路保洁；二是对日产600余吨生活垃

整洁一新的城市道路

德兴北路环卫住宅区

德州市城市生活垃圾焚烧发电项目

圾、60吨粪便进行收集、清运及无害化处理；三是对辖区公厕、压缩转运站、垃圾桶、果皮箱及大型环卫车辆进行规范管理；四是统一管理建筑垃圾，查处车辆撒漏、乱扔乱倒垃圾和破坏环卫设施等行为；五是负责市区生活垃圾处理费的收缴工作。

近年来，以创建国家卫生城市为契机，德州市环卫事业得到长足发展，队伍素质显著提升，日常管理更加规范，环卫设施逐步完善，市容环境大幅提升。我们将秉承环卫人“宁愿一人脏，换来万人洁”的行业精神，以更加昂扬的斗志、更加坚定的信念，打造更加整洁靓丽的城市环境。

公路洗扫车作业

太阳能公厕

生活垃圾处理厂一角

密闭式垃圾运输车

环卫执法队伍

德州市建筑垃圾处理中心

3年精耕 3星闪耀，中海引领不止

以4000年积淀为背景，以600万人居为命题，以32年主流人居缔造为基础，中海使命构筑济南高端生活版图，36亿销售额冠冕济南首席地产品牌。3年深耕精作，3年影响共荣，中海地产引领济南人居一直向前。

2008年，中海地产登陆济南，首个作品中海·紫御东郡炫世登场，屡屡缔造热销传奇。以18个前所未有的豪宅标准，问鼎济南别墅市场之最，以“新、宽、精、致、明”五大空间标准，缔造济南高层典范。2009年更是创造2个月劲销1000套的市场传奇。

2009年，中海地产落子奥体片区，中海·奥龙观邸耀世登场，开盘热销5.9亿，鼎定济南第一豪宅。绝版不可复制的天赋龙脉之上，中海千万级别墅喜获300名亿万富豪的共同价值首肯，以王者别墅的永恒荣耀誉满泉城，其半山之上的精装豪宅亦屡次刷新精装豪宅之标准，重构大家阔邸风范。

2010年，中海再次超越城市所想。城南九曲的十里城市山谷之内，一座难以再生的森林之城，经典荟萃的国际之城，万象丰饶的一生之城——中海国际社区磅礴启幕。20亿美金运营，310万平方米欧陆城邦，10000亩原生山地博养，五大建筑组团、十大景观主题，“全配套”复合社区，6万国际人群汇聚，构筑一生一城的磅礴大美。

中海国际社区实景图

中海国际社区实景图

中海国际社区鸟瞰图

中海紫御东郡鸟瞰图

中海奥龙观邸鸟瞰图

深入落实科学发展观 加快济南西部新城建设

济南市西区投融资管理中心

2011年1月1日，省委书记姜异康在济南市委书记焉荣竹等领导的陪同下看望慰问一线工人

2010年10月22日，省长姜大明出席文化中心开工仪式并发表讲话

“十一五”期间，济南市西区投融资管理中心在济南市委、市政府的正确领导下，坚持以科学发展观为指导，科学系统编制济南西部新城中、长期发展规划，扎实高效推进新城开发建设，开创了济南市城市发展新格局。

大学科技园片区。规划面积约43平方公里，规划总人口约40万人。按照规划，大学科技园将形成“一轴、两心、多组团”的城市发展结构，一轴即沿大沙河的生态景观轴，两心即依托园博园形成的现代产业核心和依托文化创意形成的综合功能中心，多组团即高校、居住、研发产业、生态旅游、休闲度假等多个功能组团。园区内100多公里主次干道已全部建成；市政配套设施已建成并正常运转；建成各类教辅设施350万平方米，已有10所高校入驻园区，在校师生达18万人；建成8万平方米的学生商业街和14.5万平方米的文化创意产业园，引进优秀企业32家。2009年9月22日至2010年5月8日，第七届中国(济南)国际园林花卉博览会在大学科技园济南国际园林花卉博览园成功举办。本届园博会创造了规模最大、展园最全、工期最短、科技成果运用最广、建园艺术水平最高等多项纪录，工程已被住房城乡建设部、中国建筑业协会评选为建筑工程“鲁班奖”。

西客站片区。规划面积约55平方公里，规划总人口约50万。西客站片区是未来济南西部新城的发展核心，将依托京沪高铁济南西站建设发展成为集商业中心、交易服务和总部经济中心、艺术和会展中心、金融服务中心于一体的城市新区。片区开发建设以来，先后编制完成各类专项规划120余项，开工建设安置房110万平方米、市政道路25公里，河道整治5.3公里，同步建设站前综合体、场站一体化、厂源、园林绿化等市政配套工程。作为第十届中国艺术节的主场馆，省会文化艺术中心工程于2010年10月22日开工建设，项目位于济南市西客站片区核心区，规划面积约480亩，总建筑面积62.5万平方米，主要包括大剧院综合体及图书馆、美术馆、群众艺术馆，预计2013年4月交付试运行。

济西湿地公园。一期规划面积约11.3平方公里。济西湿地公园将在立足保护湿地生态的基础上，发展休闲旅游、科普教育、生态环保，打造济南的生态文化教育休闲区，提升济南城市品质。项目已被批准为国家级湿地公园，预计2013年10月基本建成，建成后将成为江北最大、最具特色的湿地公园。

围绕2011年京沪高铁通车和2013年举办第十届中国艺术节两大节点，济南市西区投融资管理中心将坚持高起点规划、高标准建设、高效能管理，全力打造现代、时尚、大气的西部新城，为济南市“西进”战略的顺利实施做出新的更大的贡献。

园博园主展馆——坐落于长清湖畔

园博园水之门

中铁十局集团

济南铁路工程有限公司

胶新铁路（2006年度第六届詹天佑土木工程大奖）

青岛站（2010年度第九届詹天佑土木工程大奖）

济钢工业北路铁路立交桥（2006年度山东省冶金优质工程奖）

性质与资质 中铁十局集团济南铁路工程有限公司（下称济铁公司），是世界企业500强、世界品牌500强的中国中铁成员企业中铁十局的子公司，是具有国家批准的铁路工程施工总承包壹级、市政公用工程施工总承包壹级、房屋建筑工程施工总承包壹级、钢结构工程专业承包壹级、桥梁工程专业承包壹级、水利水电工程施工总承包贰级、预应力工程专业承包贰级、混凝土预制构件工程专业承包贰级等8项资质的央属企业。

人员与装备 济铁公司现有员工3140人，具有各类职称的工程技术、经济管理等工作人员1762人，其中工程技术人员1400人。拥有各类机械设备355台（套），固定资产原值5585.2万元，净值2046.3万元；总功率14615千瓦，全员人均技术装备率1.56万元/人，人均动力装备率4.59千瓦/人。2007年完成营业收入21.9亿元，2008年完成营业收入26.2亿元，2009年完成营业收入29.2亿元，2010年度营业收入51.2亿元。

体制与沿革 1953年始建于铁道部济南铁路局，辖济南、泰安、徐州、淄博等地区八个独立单位，主要从事铁路线路、桥梁、房建、电务、机械化等专业施工，人员最多达13000余人。伴随国家的体制改革，于2004年1月剥离铁路系统，企业重组合并成立中铁十局，为其核心单位。历经几年的整合，相继使徐州、泰安、淄博及济南的建筑、电务等专业公司独立，缩为现在规模。

业绩与荣誉 济铁公司先后承建了宝成、枝柳、津浦、京广、陇海、胶济、蓝烟、邯济、新菏兖日、西宁、龙东、渝怀、京秦、宁启、胶新、郑徐、上海浦东铁路等数十条铁路干线长大区段的新建、改建工程；承建了济南、济西、东风、徐州、青岛、烟台、泰安、兖州、济宁等地区路网性铁路枢纽和大中型区

世界企业500强，世界品牌500强——

济南站无柱雨棚（2008年度火车头优质工程一等奖）

济宁洸府河斜拉桥（2009年度AAA级安全文明标准化诚信工地）

段站改扩建工程；承建了济南市经十路道路、北园路道路、顺河街高架路跨胶济铁路系杆拱桥、纬六路跨铁路斜拉桥、上海浦东金汇港大桥、广州地铁四号线、成都地铁一号线、青岛快速路、济南领秀城商住房等一大批市政、房屋建筑、公路、水利、地方铁路及厂矿铁路专用线工程；参加过坦赞铁路的修建，承揽了委内瑞拉国家铁路局卡贝略港至巴基西梅托的铁路工程施工任务。荣获过国家优质工程、“鲁班奖”、詹天佑土木工程大奖和中国市政工程金杯奖工程5项、省部级优质工程26项、国家级优秀QC成果6项、省部级科技成果3项。

公司先后荣获“全国先进施工企业”“全国优秀施工企业”“全国质量效益型先进施工企业”“全国精神文明建设工作先进单位（转接给十局）”“国家质量技术监督局计量认证合格单位”“全国铁路总工会模范职工之家”“全国青年文明号”“全国五四红旗团支部”“山东省特级（AAA）信用企业”“山东省思想政治工作优秀企业”“山东省企业文化建设示范单位”“山东省劳动关系和谐企业”“济南市建筑业综合实力20强企业”等荣誉称号，被建设部确定为全国百家推进全面质量管理排头兵企业，连续十多年被评为“山东省重合同守信用”企业，连续15年保持了“山东省省级文明单位”称号，并连续多年通过了GB/T19001—2000、GB/T24001—2004、GB/T28001—2001质量管理体系、环境管理体系及职业健康安全管理体系“三标一体”国际标准认证。

文化与理念 历年来总结凝练了和谐文化、感恩文化、安全文化、廉洁文化、品牌文化五种文化理念，恪守“诚信、和谐、求知、创新”的企业精神，“安全、优质、高效、重信”的经营宗旨，“追求卓越、铸造精品、保护环境、关爱生命”的管理方针。

济南市经十路公铁立交桥（2005年度国家鲁班奖）

济南市北园高架桥（2009年度市政金杯示范工程）

烟台站站房（2010年度国家优质工程银质奖）

中国中铁成员企业中铁十局旗下子公司

济钢集团国际工程技术有限公司

总经理刘卫国出席标准审定会

总经理刘卫国（前右一）与鞍钢领导共同签署工程总承包合同

济钢集团国际工程技术有限公司（简称："济钢国际"）是济钢的全资子公司，是山钢集团和济钢的工程咨询、设计及技术管理部门，是山东省高新技术企业，经过多年的技术积累和管理提升，在钢铁企业的循环经济、节能减排、环境保护和产业升级等方面形成了优势技术，在工程技术服务和研发领域已跻身国内先进企业行列，是钢铁企业结构调整和节能服务的专家。

济钢国际完成的"济钢热能资源高效阶梯综合利用项目"是国家重点支持项目，目前处于国内领先水平，在"烧结余热利用""干熄焦""煤调湿""渣处理""烧结烟气脱硫""资源综合利用"等方面形成了专有技术，其中干熄焦项目获得国家科技进步二等奖，高效裂解法清洁处理及利用液态钢渣技术的研究与应用获得国家冶金科技进步二等奖。主编了国家级干熄焦节能技术规范、烧结余热利用技术规范、钢渣处理技术，参编了钢铁行业蓄热式燃烧技术规范。

公司开发建设的济钢2×70t/h干熄焦工程，利用N_2吸收红焦热量，并转换成热能用以发电。该项目是国家重大节能环保示范项目，也是国内第一套拥有自主知识产权的干熄焦项目，该技术已经成功推广到柳钢、八钢、新兴铸管、黑龙江宝泰隆等二十余家钢铁企业或独立焦化企业。

2007年先后开发建成了济钢——炼钢蒸汽余

总经理刘卫国（前左五）出席冶金行业标准审定会

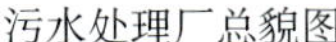

污水处理厂总貌图

煤调湿装置总貌图

热发电和济钢320平方米烧结机余热发电项目，后者成为国内第一套国产化的烧结余热发电项目。炼钢及烧结余热发电技术已成功推广到鞍钢、沙钢、淮钢、张钢、燕山钢铁、天柱集团等多家钢铁企业。

公司相继开发建设了济钢高炉炉顶余压TRT发电、焦化煤调湿、无蒸汽蒸氨、负压蒸苯、转炉焖渣综合利用等多项循环经济、节能减排项目，取得了良好的经济效益和社会效益。

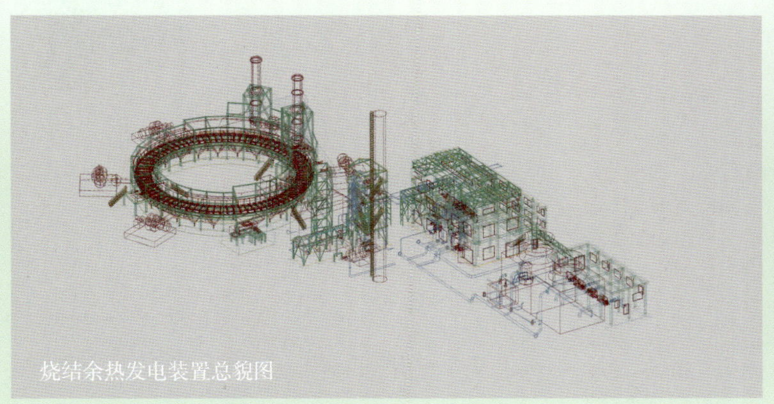

烧结余热发电装置总貌图

脱苯塔

无蒸汽蒸氨装置总貌图

干熄焦装置总貌图

建设发展中的济南森林公园

森林公园是2010年3月，济南市委、市政府着眼创建园林城市的长远发展目标，提升济南中心城市西部环境形象，完善公园绿地布局的战略构思，投资1亿元在原济南市园林苗圃的基础上，经过九个月的艰苦奋战，当年建设，当年竣工，当年免费开放。

新建成的公园座落于泉城古景点齐烟九点的匡山脚下，兴济河畔，南邻张庄路，北至济西路，东达兴济河，西到二环西路。“一环、一轴、一湾、一潭、三湖、九园、十二桥”，总体规划占地面积69.5公顷（1042.5亩），其中绿化面积60.1公顷，水系面积4.8公顷，公园是以植物为主体并具城市综合公园功能，集科学普及、休闲娱乐、防险避灾、运动健身和游览观赏等活动为一体的城市林荫公园。古朴、自然、野趣，宛如一方绿洲和珍珠镶嵌在泉城主城区西部，被誉为天然氧吧，休闲天堂。

新公园突出以人为本。隐身在树丛绿荫中占地面积8.49公顷的夏木园健身广场，设有篮球、羽毛球、乒乓球场地，单、双杠、吊环等健身器械40余件（组），可同时容纳近500人健身活动。儿童游乐园“摇篮秋千”“索菲亚”“丛林”“活动塔”“四合一游戏塔”、跷跷板等20余件大型游乐器械设施全部由芬兰进口，场地全部由细软的海沙铺垫。棋苑区内各

省委常委、济南市委书记焉荣竹视察森林公园建设情况

济南市园林绿化局局长韩晓光向市长张建国汇报森林公园建设情况

树木认养挂牌仪式

森林公园儿童游乐园

类娱乐项目、新型棋具设施、桌椅齐备。新公园新理念，建设中采用太阳能光伏发电的光伏建筑一体化新技术和新材料，生态环保、低碳节能。前湖后丘和谐统一，植物综合类和多功能影音科普馆，是济南市唯一的园林科普展览。

新建成的森林公园，或高大宽阔，或原始野趣，特点明显，靓点突出。映翠湖内水草丛生，野鸭游弋，湖中小岛将湖面边缘分隔，形成湖溪流连接。园内枕波桥、涵碧桥、杉木屋、对杉亭、木栈道等更显原始古朴、自然野趣。森林公园是主城区公园中独有的湿地园。花雨湾、积翠潭、揽翠湖、涌翠湖、映翠湖组成公园水景及水系，整个公园水系浑然一体，宛若天开，涓涓溪流汇聚成河，贯穿了公园全景；烟雨桥、晴川桥、清音桥、景鸿桥、惊虹桥、掬霞桥、挹清桥、枕波桥、涵碧桥、知鱼桥、步云桥和智乐桥或平或弓，或长或短点缀在九园中情趣无限。

公园具有时代气息和现代特色。林荫景观路，青红黄绿，交相辉映，纵横交错，蜿蜒曲折。九个园区内涵丰富，特点突出。台地园玫瑰花雨音乐喷泉在悠扬的音乐节奏中起伏腾空；花雨湾烟雨桥和梳柳亭，小桥流水，亭廊相连；翠溪岭波光石影，清流映黛，水石相击，珠迸玉碎；秋景园春色烂漫，夏荫浓郁，秋色斑斓，冬景苍翠。隐于烟波浩渺的林海之中，漫步在花团锦簇的花木丛中，满眼的生态，满目的青翠，嗅着林木的芳香，怡人心魂，令人流连忘返。

公园中西文化，新老文化相融，气息浓郁。面积最大、如梦如幻的雕塑园云集了国内外顶端雕塑艺术大师的杰作，《普罗米修斯》人物生动，整个雕像雕刻细腻，是一个绝佳精品，具有极高的观赏价值和艺术价值；《湖光山色》《故乡的雨》《聆听》《绿荫》《关爱》《同根》等22组件雕塑，或抽象，或大气或灵动，无不引起共鸣和遐想，使人感受到博大精深的雕塑文化。

森林公园将敞开胸怀，以优美的环境、优良的秩序和优质的服务欢迎游客的光临。

雕塑 普罗米修斯

玫瑰花语喷泉广场

秋景园一角

营特 山东营特建设项目管理有限公司

企业简介

山东营特建设项目管理有限公司创立于2002年，是一家集项目策划、专题研究、项目管理、建设监理、招标代理、数字技术应用开发及教育培训等为一体的综合性建设管理咨询公司，由山东建筑大学管理学院院长、教授徐友全博士创建，是山东省首家专业化建设项目管理公司。

近年来承担了济南市经十路综合开发改造、济南市大学科技园、济南龙奥大厦、济南奥体中心、小清河综合治理、省会文化艺术中心等政府投资重点工程的前期策划、专题研究、项目管理及项目管理信息平台研究开发等咨询服务任务，取得了较好的社会效益，得到了政府和社会同行的认可和支持。

济南龙奥大厦

业务范围

1. 项目策划
2. 专题研究
3. 土地开发经营管理咨询
4. 项目管理咨询
5. 项目管理
6. 工程监理
7. 招标代理
8. 造价咨询
9. 数字城市开发
10. 信息平台开发
11. 网站开发
12. BIM技术应用服务
13. 教育培训等

第七届园博会主展馆

济南奥体中心

企业文化

指导思想：项目利益高于一切

工作准则：平等、沟通、合作、共赢

行为标准：诚信、敬业、乐群、创新

发展目标：创“营特”品牌；做“受行业尊敬”的中国“百强”工程咨询企业

地址：山东济南历山路173号B座301
邮编：250014
联系方式：0531-86998587、82958580
传真：0531-86998587
网址： http://www.sdytpm.com
邮箱：yingte@sdytpm.com

小清河综合治理工程

省会文化艺术中心大剧院及配套商业高层工程

第 三 篇

领 导 讲 话

山东省副省长郭兆信在全省建设工作会议上的讲话

（2010年1月8日）

同志们：

这次全省建设工作会议开得很好、很成功。一天来，大家参观了滨州城市建设现场，8个单位作了经验交流，会议还表彰了省级园林城市和省人居环境奖获奖城市及项目。焕彩同志做了工作报告，从十个方面总结了去年建设工作成绩，实事求是地分析了工作中存在的一些矛盾和问题，强调了8项重点工作，提出了5项保障措施，讲得很好，我都同意。省委、省政府对这次会议非常重视，姜大明省长专门听取汇报并发来贺信，对全省建设工作给予充分肯定，并对今年工作提出了殷切希望和明确要求。大家要认真学习领会，切实抓好贯彻落实。下面，我讲几点意见。

一、认清形势，进一步增强做好建设工作的责任感和紧迫感

去年以来，全省建设系统深入贯彻落实科学发展观，坚决执行中央和省委、省政府关于保增长、保民生、保稳定的一系列决策部署，迎难而上，真抓实干，做了大量卓有成效的工作，为全省经济社会平稳较快发展做出了突出贡献。一是有力促进了全省经济增长。去年前11个月，全省城市基础设施、住宅与房地产、村镇建设完成投资4 433亿元，同比增长32.5%，占全社会固定资产投资的25.4%，拉动GDP增长约4.2个百分点。二是住房工作取得显著成效。按照去年初省人代会确定的“三个一头”的要求，大规模推进保障性住房建设，全面启动农房建设与危房改造，规范商品住房市场，解决了11万户城镇低收入家庭住房困难，进一步改善了城乡居民居住条件。三是新型城镇化工作扎实推进。省委、省政府召开了全省城镇化工作会议，出台了《关于大力推进新型城镇化的意见》，明确了今后一个时期的工作思路和要求。各级党委政府对城镇化高度重视，作为推进经济社会发展的重大战略摆上了重要位置。四是城乡面貌发生显著变化。各地扎实开展迎全运环境整治集中行动，加大城乡建设投入，改善城市管理，打造了一批新的亮点，成功举办了园博会，展示了山东的良好形象。五是推动了生态文明建设。建筑节能和城镇减排力度加大，新建建筑节能标准执行较好，既有建筑节能改造年度任务超额完成，城市污水收集率和处理质量稳步提高，生活垃圾无害化处理设施建设全面铺开，园林绿化和风景名胜区工作上了一个新台阶。这些成绩的取得，建设系统全体干部职工出了大力，立了大功。省委、省政府对建设工作是满意的。在此，我代表省政府向建设系统广大干部职工表示衷心感谢和亲切慰问。

中央和全省经济工作会议都明确提出，要把转方式、调结构、惠民生、提高质量和效益作为今年经济工作的主基调，继续保持宏观经济政策的连续性和稳定性，继续实施积极的财政政策和适度宽松的货币政策，要以扩大内需特别是增加居民消费需求为重点，以稳步推进城镇化为依托，优化产业结构，努力使经济结构调整取得明显进展。省委、省政府把推进新型城镇化作为经济社会发展的重大战略，提出打造山东半岛蓝色经济区、推进黄河三角洲高效生态经济区建设、加快发展鲁南临港产业发展、建设胶东半岛高端产业区、加快发展省会经济的重大战略布局。所有这些，都为我们建设工作提出了新的更高要求，赋予了更加繁重的任务。一是工程建设项目多。全省经济工作会议确定，今年固定资产投资预期增长18%，将超过2.2万亿元，仅续建工程投资就达1.4万亿元，还将启动一批民生和基础设施重大项目。各地为加快推进新型城镇化，都安排了大量城市基础建设和公共服务设施项目。这些项目，绝大多数要由建设系统来承担。二是住房保障任务重。中央和省都把城乡保障性住房建设作为惠民生、促和谐的重要内容，明确硬任务，下达硬指标。在农房建设与危房改造、廉租住房保障、经济适用住房建设、棚户区改造等方面，都明确了具体工作任务和目标，各级必须不折不扣、保质保量如期完成。三是节能减排工作量大。省委、省政府确定，今年要全面完成“十一五”节能减排目标，建筑节能、污水和垃圾处理、城镇节水等工作都担负着繁重的任务。面对新形势新要求，全省建设系统要切实增强责任感和紧迫感，进一步理清工作思路，坚定信心，振奋精神，突破重点难题，扎实做好各项工作，努力开创建设工作新局面。

二、深入贯彻落实全省城镇化工作会议精神，加快推进新型城镇化

当前，我省城镇化发展总体态势是好的。去年11月，省委、省政府专门召开了全省城镇化工作会议，姜异康书记、姜大明省长都做了重要讲话，提出了明确要求。各市要切实抓好贯彻落实，按照中央和省委、省政府的要求，扎实做好工作。一是扎实开展和谐城乡建设行动。省委、省政府关于大力推进新型城镇化的《意见》确定，从今年起开展为期三年的和谐城乡建设行动。省住房城乡建设厅已经拟定了实施意见。各地要根据省里的部署，结合当地实际，重点围绕城乡规划、住房建设、节能减排、基础设施、城乡管理等方面，分解任务，细化措施，开展好这项行动，年底省里还将组织检查考核。二是继续抓好城镇体系规划修编完善工作。要结合山东半岛蓝色经济区、黄河三角洲高效生态经济区、鲁南临港产业区、省会城市建设发展等区域重点带动战略，加强各级各类城乡规划编制和实施工作，大力推进城乡规划全覆盖，构筑“一群一圈一区一带”城镇体系大格局。要继续坚持“大力推进特大城市和大城市建设，积极发展中小城市，培育中心镇”的发展方针，以济南和青岛为中心、区域中心城市为骨干、县级市和县城为基础、各类小城镇为支点，完善结构合理、城乡协调的山东特色城镇体系。三是着力加快中小城市和小城镇发展。这是推进城镇化的重要突破口。要进一步提升县级市、县城和中心镇综合承载和集聚辐射能力，为县域经济提供有力支撑，促进农村劳动力就地就近转移。各市县要积极探索，加快研究制定放宽中小城市户籍限制、解决进城农民工就业和生活问题的政策，推动进城农民尽快融入城镇。四是切实提高驾驭城镇化工作的能力。大明省长在全省城镇化工作会议上要求，对各级领导干部进行多形式、多层次、多渠道培训，大力提高各级领导班子、领导干部推动和领导城镇化发展的能力。省住房城乡建设厅要配合省委组织部，分期分批举办新型城镇化研修班，力争用两年时间，将各市县党政领导和建设主管部门负责人轮训一遍。最近，姜书记、姜省长提出，省人代会后要亲自到各市地调研城镇化工作，希望各地结合实际，认真研究提出对策措施，提高城镇化发展水平和质量。

三、按照“三个一头”的要求，全面加强城乡住房工作

搞好住房工作，既能提高群众生活水平，又能有效拉动投资，大力促进消费，还顺民意、得民心，是稳增长、惠民生、保稳定的重要举措。各级要按照“三个一头”的要求，进一步强化措施，落实责任，全面加强住房工作。

（一）保住一头。重点是抓好住房保障和棚户区改造，促进城市困难群众住有所居。去年12月28日，国务院在山西大同召开全国城市和国有工矿棚户区改造会议，李克强副总理作了重要讲话，提出用5年时间完成集中连片棚户区改造，东部沿海地区力争3年完成，同时加快保障性住房建设，解决城镇低收入家庭住房困难。对此，省委、省政府非常重视，还要专门召开会议作出安排部署。各级政府要引起高度重视，进一步完善住房保障体系，以廉租房实物配租保障低保家庭，以经济适用房保障低收入家庭，以公共租赁房保障新就业人员，并以公积金和保障房补贴为补充，使住房保障制度全部覆盖低收入住房困难群体。一是切实抓好保障性住房建设任务的落实。今年我省的住房保障和棚户区改造目标是：新增廉租住房保障2万户，建成经济适用住房4万套，改造棚户区400万平方米。省建设厅会同有关部门要抓紧搞好任务分解落实。廉租住房建设是中央和省委、省政府确定的政治任务，对国家和省下达的计划，任何市县都没有讨价还价的余地，必须做到项目开工率、资金配套率、问题整改率、如期竣工率四个100%。要千方百计筹集配套资金，切实加强监督管理，确保廉租住房中央预算内投资在建项目的进度和质量，同时做好2010年度项目储备上报工作，积极争取中央资金。要抓好经济适用住房建设，尽早做到项目、用地、资金和优惠政策四到位。要全面推行在普通商品房小区中配建保障房，集中建设的要尽可能安排在交通便利、配套设施齐全的地方，降低困难群众的生活成本。二是大力推进棚户区改造。中央要求，棚改工作由省级政府负总责，市县政府负第一责任，具体操作。各级政府要强化责任意识，建设或房管部门要履行好牵头部门的职责，有关部门要加强协调配合，共同把这件好事办好。我省棚改工作起步早、成效大，剩余数量不多，各地也积累了许多好经验，我们完全有条件加快推进，在3年内全部完成。要按照李克强副总理提出的群众得到实惠、资金及时到位、优惠政策有效落实、改造工作规范有序、分配过程公平公开“五个确保”的要求，坚持科学规划、政府主导、政策扶持、市场运作、群众参与，加快推进城市和国有工矿棚户区改造。要分清轻重缓急，把握工作节奏，优先改造规模较大、集中连片、住房条件差、安全隐患严重、群众要求迫切的棚户区，逐步解决零星分散的棚户区。要积极争取中央补助资金，统筹安排使用土地收益、城建资金和住房保障特别是廉租住房资金，对棚改安置房实行土地划拨供应，免征各种行政事业性收费和政府性基金。棚改安置房要保证工程质量，完善使用功能，尽可能应用节能环保型材料。三是积极探索公共租赁住房制度。近年来，我省大中城市和部分发达县市新就业的大学生和外来务工人员急剧增加，他们的收入还比较低，暂时买不起房，房租上涨也加重了他们的生活负担。这一群体是城市发展活力的重要源泉，帮助他们解决过渡性基本居住问题，不仅有利于社会和谐稳定，更有利于提高城市竞争力。有关市县要抓紧研究和探索公共租赁住房制度，实行政府主导、社会参与、市场运作的建设和筹集方式，重点引导鼓励大中型企业和各类园区建设职工公寓，主要供新就业大学生和外来务工人员低价租住。省住房城乡建设厅要总结我省一些地方的好做法，学习借鉴外省经验，尽快在全省推开。

（二）启动一头。重点是加快推进农房建设和危房改造，促进农民生活条件不断改善。这项工作启动一年来，经过各级各部门的共同努力，初步实现“群众得实惠、企业得市场、发展得空间、党政得民心”，成为全省保增长、惠民生的一大亮点。顺应广大农民群众的热切期盼，省委、省政府确定今年完成农房建设100万户，力争达到120万户，改造危房18.5万户。去年启动的农房集中建设改造项目大多是城中村、城边村和经济强村，今年开展工作的任务加重、难度加大。为推进这项工作，省政府近期将组织几个工作组到各地督查，还将就棚户区改造和农房建设召开专题会议。各级各有关部门要继续运用好以往行之有效的机制，并积极研究探索不具备市场运作条件村庄的改造办法，确保完成全年任务。一是抓好规划实施。要抓紧调整完善县域村镇体系规划、农房建设与危房改造三年规划、农房集中建设改造项目详细规划，增强规划的可操作性。要加快改造城中村，争取三年内基本改造完毕。要严格按规划实施建设，统筹安排基础设施、公共服务设施配套和周边环境建设，坚决防止“只见新房、不见新村”。农房建筑设计要力求体现内部实用性、外部艺术性、建筑节能性、群体协调性，努力建设布局合理、功能齐全、安全实用、经济美观的“百年住宅”。二是抓好政策落实。要落实好房屋拆迁补偿政策，最大限度地让利于民，让拆了旧房的农民少花钱甚至不花钱就能住上新房，让百姓见好处、得实惠。要建立土地转换平台，用好用活城乡建设用地增减挂钩政策，搞好土地收储、置换和出让转让，切实盘活存量土地，将土地运作收益最大限度地用于农房建设。要加大财政投入，整合涉农资金，拓展融资渠道，解决好启动资金问题。三是抓好质量安全。要把所有农房集中建设改造项目纳入工程建设程序，由县以上建设部门实施全过程监管，在项目选址、地质勘察、建筑设计、施工组织、建材选用等关键环节严格把关，确保工程质量和施工安全不出问题。同时，要把农房建设与发展农村经济、促进农民增收、完善农村社保、推动农民就业创业结合起来，与建设新型农村社区、推动城乡公共服务均等化结合起来，促进城乡一体化发展。

（三）规范一头。重点是加强房地产市场监管，继续保持房地产市场健康稳定发展。总的看，我省房地产市场发展是健康的，对于保增长、扩内需、惠民生发挥了重要作用。去年以来，全省各级认真贯彻中央一系列促进房地产市场健康发展的政策措施，取得明显成效，住房投资和消费都有较大幅度的增长。去年前11个月，全省房地产业缴纳各种税收309亿元，占全省地税和财政系统组织税收收入的22.1%。房地产开发和商品住房，仍然是今年增加投资、扩大消费的重点领域。各级要继续抓好中央和省里关于促进房地产市场健康发展的方针政策，以中小套型、中低价位商品住房为重点，进一步增加房地产投资，改善住房供应结构。要抓好国家和省各项优惠政策落实，进一步提高住房公积金个人贷款使用率，促进居民自住和改善型住房消费。针对最近一个时期有的城市房价上涨过快的问题，国务院常务会议提出了明确要求。各级各有关方面要认真贯彻国务院常务会议精神，进一步加强房地产市场调控和监管，以满足城镇居民基本住房需求为出发点，抑制投资和投机性需求，遏制房价过快上涨，防止形成泡沫，造成房地产市场大起大落。房价较高的大城市，可学习借鉴青岛的做法，组织建设限价商品房，或适当放宽购买经济适用房的资格条件，解决既买不起商品房、又享受不到保障房的“夹心层”群体住房问题。

四、加强监管，确保工程质量安全

质量是工程建设永恒的主题，是建筑业的生命线，是领导关心、社会关注的焦点、难点。各级要牢固树立“百年大计、质量第一”的观念，以工程质量安身立命，进一步落实责任，强化措施。一是全面落实工程质量终身责任制。要严格落实工程质量的终身责任，全面建立起建设、勘察、设计、施工、监理等单位的法定代表人负责制，项目经理、总监理工程师、设计代表的项目负责制，以及一线操作人员的岗位负责制，使每一个工程、每一道工序、每一个环节、每一个部位都能责任到人。一旦出现工程质量问题，不论这些责任人员从事何种职业、身居何职，都要依法追究责任。二是强化政府对工程质量的监管。要继续深入开展工程质量大检查，加大对各类开发区、工业园区、大学城、城乡结合部、村镇工程质量的检查和巡查力度，消除质量监管盲区。对于严重违反建设程序、逃避监管、造成重大质量事故的，要严肃追究，该清除建筑市场的清除市场，该吊销执照的吊销执照，还要依法依纪追究相关企业负责人的责任。三是大力推进工程建设“阳光操作”。在工程建设中，坚持公开、公正、公平、透明，有利于确保工程质量，有利于最大限度地减少腐败。要进一步规范决策行为，着重解决未批先建、违规审批、工期不科学、造价不合理等问题；进一步规范工程招投标活动，着重解决虚假招标、围标串标、评标不公等问题；进一步规范工程建设实施监管，着重解决倒手转包、违法分包、质量责任不落实、安全措施不到位等问题；进一步规范工程合同和价款结算行为，着重解决“阴阳合同”和拖欠问题；进一步规范行政行为，严肃查处行政人员特别是领导干部利用职权干预工程建设等腐败问题。要进一步开放建筑市场，坚决取消投标前的登记、备案等制约市场要素自由流动的相关规定，吸引省内外高、精、尖企业甚至国际知名企业，参与当地工程建设。四是加强工程建设全过程的质量管理。要从建筑设计抓起，大力引进和培养高素质设计人才，建立激励机制，繁荣创作市场，不断提高建筑设计的质量和水平。要加强过程控制，从队伍选择、材料选用、工程施工、建设监理等环节，严格把关。要大力实施“精品工程”战略，继续开展鲁班奖、国优工程、装饰工程奖、泰山杯奖评选活动，指导督促企业完善工程质量自我约束机制和内部控制体系，确保工程质量。

五、切实做好建设领域的稳定工作，促进社会和谐

春节和省两会即将来临，要扎实做好建设领域的稳定工作，全力维护社会和谐稳定。一是维护好农民工合法权益。要建立健全农民工工资拖欠预防和处置机制，坚持好工资保证金制度和工资支付监控制度，把控制拖欠纳入日常监管。现在农民工即将大量集中返乡，建设部门要提前部署、提前排查，及时发现和纠正拖欠苗头，让农民工拿钱回家过年，防止出现集中讨薪事件。二是维护好被拆迁群众合法权益。要坚持“依法拆迁、文明拆迁、和谐拆迁、阳光拆迁”，最大限度地维护好被拆迁群众合法权益。下一步，大规模的棚户区和城中村、城边村改造即将展开，拆迁量很大。要进一步完善政策，强化管理，规范行为，突出抓好拆迁安置房建设。要抓好拆迁信访积案排查和处理，解决好历史遗留问题。三要维护好城市运营安全。从往年经验看，冬季供水、供气、供热等极易发生故障，一旦出现问题，将严重影响城市运转和居民生活。各级各有关部门要防患于未然，提前做好各项保障工作。要建立完善城市地下管线信息动态管理机制，减少堵塞、爆裂和因野蛮施工造成的各类管线事故。要千方百计保证供热用煤，积极争取天然气气源，抓好备用气源建设，确保供热、供气安全稳定供应。要抓好城市供水水质监测和工艺改造，确保饮用水安全。要抓好节日期间公园和景区安全管理，确保各种各类设施安全运行。同时，要加强冬季建筑施工安全管理，杜绝重特大安全事故。

同志们，建设工作行业多，涉及面广，与经济发展、群众生活密切相关。建设系统广大干部职工要牢固树立和不断强化以人为本的执政理念，更加注重基础工作，更加注重解决民生问题，更加注重工作效果。要加强对城乡规划建设管理业务知识和法律法规的学习，减少失误，多留遗产，少留遗憾。要坚持求真务实，在落实上狠下功夫，对每一项工作，都要落实到具体人员，明确应该干什么，干到什么程度，责任是什么。要不断加强党风廉政建设和政风行风建设，努力塑造品质优良、作风顽强、能打硬仗的干部职工队伍。

春节即将到来，提前给大家拜个早年，祝大家工作顺利，在新的一年里取得更大成绩！

山东省副省长郭兆信
在全省棚户区改造暨住房保障工作会议上的讲话

（2010年3月5日）

同志们：

这次会议是省政府确定召开的。主要任务是贯彻全国城市和国有工矿棚户区改造工作会议精神，总结工作，交流经验，就加快推进棚户区改造、完善住房保障体系、促进房地产市场平稳健康发展等三项重点工作作出安排部署。省委、省政府对这次会议高度重视，姜异康书记专门作了重要批示，省政府常务会议专门听取汇报，姜大明省长提出了明确要求。刚才，万利国同志传达了全国城市和国有工矿棚户区改造会议精神，部分城市和部门作了发言。下面，我根据省政府常务会议研究的精神，讲几点意见。

一、充分认识棚户区改造和住房保障工作的重大意义，切实增强工作责任感和紧迫感

推进棚户区改造，做好住房保障工作，促进房地产市场平稳健康发展，是当前经济工作的一项重要任务，也是一项重要的民生工程。党中央、国务院和省委、省政府对此高度重视。去年12月中旬，温家宝总理主持召开国务院常务会议，专题研究房地产市场形势和对策，国务院办公厅专门下发了《关于促进房地产市场平稳健康发展的通知》。12月28日，李克强常务副总理在山西大同主持召开会议，研究部署棚改政策、住房保障及房地产市场调控工作，国家五部委就城市和国有工矿棚户区改造工作，出台了指导意见。姜异康书记、姜大明省长多次对保障性安居工程作出指示，提出要求。去年省政府连续召开重要会议，研究部署保障性住房工作。今年全省经济工作会议、省十一届人大三次会议都把住房工作作为重要内容，明确提出了今年的工作任务和目标要求。所有这些都为我们做好住房工作指明了方向。各级各有关部门一定要充分认识做好这几项工作的重大意义，真正把思想统一到中央和省委、省政府的决策部署上来，切实增强工作责任感和紧迫感，扎扎实实抓紧抓好。

*第一，推进棚户区改造、抓好住房保障工作，是保障改善民生、构建和谐社会的迫切要求。*安居是民生之要。由于历史、经济等多方面原因，我省目前还有20多万户城市低收入家庭，人均住宅建筑面积不足15平方米，居住在棚户区的居民还有10多万户。这些棚户区大多是改革开放以前建成的小平房和筒子楼，漏雨、透风，许多户共用一个水龙头和公厕，更谈不上暖气、煤气，居住条件很差。这些居民，主要是下岗失业职工、伤病残疾人员、老煤矿职工及转为市民的原城中村村民，都属于低收入弱势群体，靠自身力量无法解决住房困难，在一些地方已成为影响社会和谐的重要因素。推进棚户区改造，扩大住房保障覆盖面，帮助他们改善住房条件，让他们生活得更有尊严，是政府应尽的职责，是民心工程、德政工程，同时也是一项“和谐”工程。

*第二，推进棚户区改造、抓好住房保障工作，是完善城市功能、加快新型城镇化进程的必然要求。*中央经济工作会议提出，积极稳妥地推

进城镇化，提高城镇综合承载能力，提高城镇发展质量和水平。改造棚户区，为低收入家庭提供住房保障，把低矮破旧的简陋房改建成高楼大厦，配套完善城市基础设施和公共服务设施，避免出现国外城镇化过程中的“贫民窟”现象，可以有效提升城市功能，集约利用土地，提高城镇化质量。

第三，推进棚户区改造、抓好住房保障工作，对于促进房地产市场健康发展具有十分重要的意义，是转方式调结构、保持经济平稳较快发展的重大举措。中央和省委、省政府，都把转方式、调结构，保持经济平稳较快发展，作为今年经济工作的主基调。房地产业是国民经济的支柱产业，能够有效拉动投资、扩大消费，有力促进现代服务业发展、增加就业，还能够为城市基础设施建设提供资金支持。促进房地产业平稳较快发展，我省不仅有很大空间和潜力，也有利于实现服务业跨越发展，进而促进经济结构调整。加快推进棚户区改造，健全完善住房保障体系，着力解决困难群众住房问题，有利于房地产市场的持续稳定和健康发展。这对转方式、调结构，保持经济平稳较快发展都具有重要意义。

去年全省各级各有关部门按照省委、省政府提出的“三个一头”的要求，加大保障性住房建设力度，启动农村住房建设与危房改造，规范普通商品住房消费，取得显著成效。推进保障性安居工程建设，争取到中央专项补助资金 6.91 亿元，新增廉租住房保障 2 万户，建成经济适用住房 370 万平方米，改造棚户区 270 万平方米，为 10 万多户城镇低收入家庭解决了住房问题。全省完成房地产开发投资 2 429 亿元，实现商品房销售额 2 436 亿元，房地产业提供地税和契税 447.6 亿元，分别增长 26%、49%、30%，房地产业提供的地方税收占地税和财政系统组织税收收入的 29.1%，有力地促进了经济增长、民生改善和社会稳定。同时，也必须清醒的看到，保障性住房建设任务非常繁重，个别地方和单位对保障性住房投入的积极性不高，在规划、资金、政策、监督等方面还存在一些问题。我省房地产业总体发展水平比东部沿海省份还存在一定差距，商品房销售额仅相当于江苏的 49%、广东的 53%、浙江的 57%。这些问题，需要在今后的工作中认真研究解决。

二、加大力度，扎实推进城市和国有工矿棚户区改造

城市和国有工矿棚户区改造惠民生、保稳定、促发展，是党中央、国务院着眼经济社会发展大局作出的一项重大决策部署。李克强副总理在全国城市和国有工矿棚户区改造工作会议上要求，用 5 年时间完成集中连片棚户区改造，东部沿海地区力争 3 年完成。2 月 1 日，姜大明省长主持召开省政府常务会议，明确提出用三年时间将全省棚户区改造完毕，其中，今年改造 400 万平方米。省住房城乡建设厅近期将工作任务分解落实到各市。希望大家抓紧工作，严格按照中央“五个确保”的要求，即：确保群众得到实惠、确保资金及时到位、确保优惠政策有效落实、确保改造工作规范有序、确保分配过程公平公开，按时高质量完成棚户区改造任务。

（一）科学制定规划，认真组织实施。各地要按照三年完成改造任务的要求，进一步摸清底数，抓紧组织编制本地棚户区改造规划和年度计划，把目标任务落实到责任单位，具体到每个项目或片区。要分清轻重缓急，把握工作节奏，优先改造规模大、条件差、安全隐患严重、群众要求迫切的集中片区，逐步解决零星分散片区。要根据棚户区居民人口、收入、住房面积特别是安置意愿，精心制定改造方案。所有棚改项目，都应先建安置房，后建商品房。

（二）加大资金投入，落实优惠政策。现存的棚户区特别是工矿棚户区，大多居住人口多、建筑密度大、拆迁改造成本高、商业开发价值低，需要政府投入和优惠政策支持。国家确定把廉租住房建设与棚户区改造统筹考虑，还将对棚改给予专项资金支持。各级政府可将廉租住房中央预算内投资补助和中央财政专项补助资金，分别用于棚户区改造中的新建廉租房和租赁补贴以及收购改建廉租住房开支，同时也要加大财政投入，有条件的可建立棚改贷款担保机制，也可对棚改项目给予贷款贴息。国家和省里已经制定了棚改优惠政策，要确保把这些政策落实到位。对棚改项目免征各种行政事业性收费和政府基金；棚改安置房用地优先安排，划拨供应；新建棚改安置小区的路、水、电、气、热、通讯和有线电视等市政公用设施，由各相关单位出资建设，适当减免入网、增容等经营性收费。

（三）*精心统筹谋划，创新棚改方式*。我省大多数城市现存棚户区零星分散，单独运作成本高、难度大。应采取将城市棚户区、危旧房和城中村就近整合、项目捆绑的办法，与农房建设和危房改造结合起来，进行统一规划、连片开发、配套建设、系统改造。位于城市较好位置的棚改项目，在保证居民安置的前提下，应当适当安排建设商业、商务用房，为发展服务业提供载体。远离城镇的工矿、林区、垦区棚户区，原则上就地进行改造。确需异地改建的，可将安置小区调整到城市近郊或小城镇周边地区，以便利群众生活。涉及新增建设用地占用耕地的，原址应予复垦，依法履行耕地占补平衡义务。

（四）*加强监督管理，确保棚改质量*。对棚改项目要加强监管，严格履行工程建设程序，抓好施工图审查、招投标、建设监理、质量监督和竣工验收，确保工程质量。要以中小套型为主设计建设棚改安置房，同时在使用功能、配套设施、节能环保、小区绿化等方面，与同一小区内商品房保持标准一致，不让困难群众受歧视。

（五）*严格规范运作，真正安民惠民*。在棚改工作中，必须把保障和改善民生放在首位，最大限度地让利于民，全过程阳光操作，切实把棚改工程建成民心工程、德政工程、廉政工程。制定棚改方案特别是拆迁安置方案前，要事前征询并充分尊重群众意愿。要在拆一补一的前提下，适当奖励，实行阶梯式的价格，基本保障是45～60平方米的部分按成本价，再高出的部分按市场价格计算。要严格执行《山东省城市房屋拆迁管理条例》规定，确保各项保障、补偿标准落实到位，保证困难群众住房条件得到改善。要尽可能就地就近安置棚户区居民，棚改安置房要遵循“大分散、小集中”原则，在城区范围内分散，防止形成新的贫民区，在一个小区内相对集中，以便于设计、建设和管理。棚改安置房的物业管理，应由社区居委会自主确定，实行物业低收费，特困家庭适当减免。

（六）*积极开展整治，改善群众生活*。各地都有一大批1990年前建成的旧住宅区，没有暖气、煤气，水电容量不足且管线老化，还有个别筒子楼，群众热切盼望改善居住条件。对这些住宅应当主要采取综合整治的办法，不要千篇一律地划为棚户区拆除重建。各地要继续把开展旧住宅区整治作为改善政府公共服务的重要内容，制定工作计划，力争用三年时间基本完成。要多渠道筹集整治资金，道路、楼体、绿化等公共部位的改造由财政投资，电力、通讯、供水、燃气、热力等管线改造由相应的公用事业企业承担，住房内部设施改善由居民承担部分成本费用。建设、房管或城管部门要搞好组织协调，并充分发挥街道和社区的作用，调动广大居民的积极性，拆除违章搭建，清理乱堆杂物，整修道路、绿化、建筑立面和楼顶，配套完善市政公用和生活服务设施，符合条件的还可以搞“平改坡”和节能改造。

三、狠抓落实，进一步健全完善住房保障体系

姜大明省长在今年的政府工作报告中提出，加大城市保障性住房建设力度，2010年新增廉租住房2万户，为低收入家庭提供经济适用住房4万套，启动政府公共租赁住房试点工作。这些任务已分解下达到各市，各级各部门要狠抓工作落

实，确保完成任务。

（一）进一步健全廉租住房保障制度。廉租住房是住房保障的主渠道，必须突出抓好保障扩面工作。目前，各市、县的廉租住房保障范围，都已经由低保家庭扩大到低收入住房困难家庭，但各地收入线划分标准差别较大，一些地方标准偏低。各地要结合当地财政保障能力，合理确定廉租住房准入标准并逐步提高，争取尽快与经济适用住房准入标准并轨，进一步扩大廉租住房保障覆盖面，并切实提高实物配租比例。要严格执行国家和省有关规定，把廉租住房保障资金纳入年度预算安排，尤其要把土地出让净收益、公积金增值净收益支持廉租住房保障的政策落到实处。各市从住房公积金增值净收益中，提取的廉租住房建设补充资金，应按缴存比例返还所辖县、市。去年中央下达我省的廉租住房专项补助资金，还有近1亿元尚未使用，下一步要优先安排使用，以免影响今后中央资金分配。

（二）加大保障性住房建设力度。廉租住房建设是一项政治任务，对国家和省下达的计划，任何地方都没有讨价还价的余地。要千方百计筹集配套资金，切实加强监督管理，确保项目进度和质量，今年必须做到2008、2009年度廉租住房中央预算内投资项目全部竣工，2010年度项目全部开工。要做好廉租住房建设与棚户区改造结合的文章，尽可能将中央预算内投资的廉租住房项目，在棚改小区中配建，同时要严格把关、规范运作，确保中央资金真正用于保障性住房建设。要继续抓好经济适用住房建设，切实做到项目、用地、资金和优惠政策四到位，保持合理供应规模。要引导符合条件的企业，组织集资合作建房，纳入经济适用住房规范管理，解决企业职工的住房困难。要全面推行在普通商品房小区、棚改项目中配建保障房，集中建设的要尽可能安排在交通便利、配套设施齐全的地方，降低困难群众的生活成本。

（三）全面启动公共租赁住房试点。近年来，我省大中城市和部分发达县市，高校毕业生、外来务工人员急剧增加，他们的收入还比较低，暂时买不起房，房租上涨也加重了他们的生活负担。帮助他们解决过渡性居住问题，不仅有利于社会和谐稳定，更有利于提高城市竞争力。设区城市和外来务工人员较多的县市，今年要全部开展公共租赁住房试点。公共租赁住房应以集体宿舍和单身公寓为主，主要供家庭不在本地的新就业大中专毕业生、务工人员临时租住。公共租赁住房的建设、筹集和管理，要坚持政府主导、社会参与、市场运作，以社会资金投入为主，重点引导鼓励大中型企业、各类产业园区建设和筹集公共租赁住房，也可在城中村、城边村改造项目和普通商品住房项目中配建，政府给予相应的优惠政策支持。对公共租赁住房要实行准入管理，逐步建立健全申请、审核、公示、轮候、配租和退出机制。省住房城乡建设厅要及时总结各地的做法，学习借鉴外省经验，尽快全面推开。

（四）切实发挥住房公积金对住房保障的促进作用。要继续扩大住房公积金制度覆盖范围，重点督促外资企业、民营企业、社会团体为职工缴存住房公积金，提高职工住房消费能力。要搞好住房公积金贷款支持保障性住房建设试点，把闲置的公积金用于支持经济适用住房、棚改安置住房、公共租赁住房建设。

四、认真贯彻落实国家各项宏观调控政策，促进房地产业健康稳定发展

针对去年三季度以来一些城市房价上涨过快的问题，国务院常务会议专题研究，发出了《关于促进房地产市场平稳健康发展的通知》。从我省情况看，房地产市场发展总体上是理性的、健康的。去年我省商品房价格每平方米3 514元，低于全国平均水平1 181元，分别比浙江、广东、江苏低4 274元、3 004元、1 479元，涨幅也比全国平均水平低5.8个百分点。但是，对个别城市房价上升偏快的势头我们也不能忽视。各级各部门要从实际出发，贯彻落实国家调控政策，实施差别化的住房税收和信贷政策，继续鼓励居民自住和改善型住房消费，限制投资投机性购房，避免我省房地产市场大起大落。

（一）加快编制实施住房建设规划。各地要以国民经济和社会发展规划、城市总体规划、土地利用总体规划为依据，深入分析当地居民合理住房需求和供应能力，集合土地、能源、水资源和环境等综合承载力，科学确定住房供应规模和比例，抓紧组织编制 2010－2012 年住房建设规划。在规划中，要以满足城市居民基本住房需求为出发点，重点明确中低价位、中小套型普通商品住房和限价商品住房、公共租赁住房、经济适用住房、廉租住房的建设规模，把各类房源落实到建设项目上，落实到住房用地年度供应计划中，进而落实到具体地块。今年 7 月底前，各市要编制完成三年住房建设规划并向社会公布，稳定房地产投资者和消费者的心理预期。要同步配套建立保障性住房与房地产开发项目库，明确每个项目的建设时序、规划要求、住房套型结构比例、保障性住房配建比例、住宅产业化主要技术要求等控制性指标，保证住房建设规划有效实施。

（二）进一步优化住房供应结构。要以满足城市普通居民的住房需求为目的，促进房地产业稳定健康发展。要坚持以中小套型、中低价位商品住房为重点，进一步扩大房地产投资，增加面向城市普通居民的住房供应，优化结构，拓展市场，拓宽空间。对已批未建、已建未售的普通商品住房项目，要采取促开工、促上市措施，督促加快项目建设和销售，尽快形成有效供给。外来购房者较多、房价收入比偏高的大城市，应组织建设限价商品房，定向供应本地的城市中等偏下收入无房家庭，解决既不符合住房保障条件、又无力购买商品房的“夹心层”住房问题。限价商品房应一律控制在 90 平方米以下，建设标准和供应对象要由当地政府确定。

（三）加强房地产开发用地管理。各地要综合考虑土地价格、开发时限、企业闲置地、基础设施和公共设施配套、保障性住房配建等因素，合理确定土地供应方式和内容，探索土地出让综合评标方法。对拖欠土地价款、违反合同约定、存在严重不良行为的单位和个人，要限制其参与土地出让活动。要从严控制商品住房项目单宗土地出让面积。要根据住房建设规划，及时向社会公布住房用地年度供应计划，并确保供地计划落到实处。

（四）强化房地产市场监管。要继续整顿房地产市场秩序，严厉查处各种违法违规行为，同时着力构建规范市场的长效机制。一要建立源头控制机制。全面实行房地产开发项目建设条件意见书制度，将各类配套设施建设安排、节能节地节水节材环保等建设条件，作为土地出让综合评标的重要依据。探索建立住宅产业化技术方案审查制度，引导住宅建设模式转变。二要强化过程监控机制。加强商品房预售管理，规划条件、建设条件不落实的，不予核发商品房预售许可证。严格执行新建商品房买卖合同网上备案制度，加强商品房预售资金监管，维护消费者权益。三要健全终端控制机制。全面实行房地产开发项目综合验收制度，达不到要求的不得交付使用，不予办理房屋确权登记，不准承接新的开发项目。四要完善风险防范机制。加强房地产信贷风险管理，严格执行房地产项目资本金要求，严禁对不符合信贷政策规定的企业或项目发放开发贷款。五要健全市场监测机制。各级政府要加大资金投入，加快房地产市场信息系统建设，尽快实现省、市、县三级联网，加强统计、分析和监测，及时发布有关市场供求和房价变化情况的信息，稳定市场预期，引导理性消费。

（五）规范发展物业管理。这几年物业纠纷大幅度增加，物业管理成为社会焦点之一。要深入贯彻实施《山东省物业管理条例》，促进物业服务规范化、专业化、规模化。住房城乡建设部门要建立完善专项维修资金管理制度、物业质量保修金制度，督促开发企业将已竣工的住宅小区水电气暖等专业设施设备产权加快移交，从源头上理清物业管理的权责关系。要发挥好街道、居委会和物业联席会议的作用，建立健全住宅小区业主大会和业主委员会，开展物业服务招投标，推动物业管理与社区管理有机融合。要制定住宅小区、写字楼等各类物业的服务标准，实行物业服务合同备案制度，加强对物业服务企业的考核监督，不断提高物业服务质量和水平。

五、加强组织领导，务求工作实效

推进棚户区改造，做好住房保障和房地产工作，事关经济社会发展大局，事关人民群众切身利益，涉及面广，任务繁重，必须切实加强组织领导，务求取得实效。

一是明确工作责任。推进棚户区改造，实施住房保障，保持房地产市场健康稳定发展，由省政府负总责，市县政府抓落实。棚户区改造工作，所在市县政府是责任主体，有关国有工矿企业、农场、林场是实施主体，市长、县（市、区）长是第一责任人。省里已把住房保障工作纳入对各级党委、政府科学发展综合考核内容，实行目标责任制管理。省住房城乡建设厅要会同省有关部门，及时调度情况，加强检查督导，定期上报和通报。

二是加强协调配合。针对工作出现的新情况、新问题，各市政府分管领导要及时召集有关部门，召开住房保障和房地产市场调控两个联席会议，深入研究，提出对策。住房城乡建设部门要发挥好牵头作用，发改、经信、财政、国土、农业、国资、地税、林业、人行等部门要认真履行职责，加强沟通协调，形成工作合力。

三是加强监督检查。无论是棚户区改造还是保障性住房建设，都要注重加强对资金、土地、税收等政策落实情况的监督检查。坚决防止强拆强迁，切实做好拆迁安置、资金监管工作，防止滋生腐败，决不能损害群众利益，不能将政府资金挪作他用，更不允许贪赃枉法，否则严惩不贷。通过严格的检查监督，确保把棚户区改造和保障性住房建设工作打造成为德政工程、廉政工程。

四是搞好舆论宣传。要坚持正确的舆论导向，采取多种形式，广泛宣传棚户区改造和住房保障工作的重要意义，宣传中央和省、市、县各级加大投入、解决群众住房难问题的措施和效果，形成全社会理解并积极支持配合的良好氛围。

同志们，加快推进棚户区改造，完善住房保障体系，促进房地产市场健康稳定发展，得民心、顺民意。让我们在省委、省政府的坚强领导下，通过全省上下共同努力，扎实推进各项工作，确保取得明显成效，为经济文化强省建设做出新的贡献。

山东省副省长郭兆信
在农村住房与城市保障性安居工程建设调度会上的讲话

（2010 年 9 月 3 日）

同志们：

这次全省农村住房与城市保障性安居工程建设调度会议是根据大明省长的要求召开的。主要任务是传达贯彻李克强副总理在常州主持召开的国务院加快保障性安居工程建设工作座谈会精神，通报我省保障性安居工程与农村住房建设情况，交流经验，分析问题，查找原因，研究对策，确保完成全年任务。

为了更有针对性地研究工作，我们从8月30日至9月3日，分别在寿光、荣成、齐河分片召开现场会，组织各市县分管负责同志参观农村住房和保障性安居工程建设现场，相互交流经验做法，与会同志普遍感到收获很大，深受启发和教育。会上，吴英同志传达了国务院加快保障性安居工程建设工作座谈会特别是李克强副总理讲话精神，张俊乾同志通报了各市、县农村住房与城市保障性安居工程建设情况，各市、部分县和省直有关部门的负责同志作了发言，讲得都很好。从各地情况看，各市、县党委、政府特别是主要负责同志高度重视，分管同志靠上具体抓落实，工作认真负责，措施比较有力，较好地按进度完成了任务。下面，我讲几点意见：

一、关于城市保障性安居工程

最近，国务院在江苏常州市召开了加快保障性安居工程建设工作座谈会，李克强副总理主持会议并作重要讲话。会议要求进一步加快保障性安居工程建设，到9月底，今年计划建设的项目必须全部开工；到年底，建成或基本建成的要达到60%以上。10月份，国家将公布各地保障性安居工程进展情况，并约谈没有全部开工省市区的分管负责人及相关部门负责人；年底，将对年度任务完成情况进行考核并上报国务院，对没有完成的地方，要通报批评，并对有关领导实施问责。

从我省情况看，各地按照中央和省委、省政府部署要求，加强对保障性住房工作的组织领导，城市保障性安居工程稳步推进。5月份，国家与我省签订住房保障目标责任书、下达11.5万套建设任务后，省里立即将任务分解落实到了各市。截至7月底，全省开工建设各类城市保障性安居工程10.8万套，占国家下达任务的93.9%，完成投资116.8亿元。各市总体进展情况是好的，但工作还很不平衡。根据省住房建设厅调度统计的情况，青岛、济宁、威海、日照、莱芜、临沂、德州、滨州、菏泽等9个市年度任务完成率超过全省平均水平，其他8个市年度任务完成率低于全省平均水平，其中最低的只有32.9%。保障性住房建设是一项硬任务，各级各有关部门要当成惠民生的一件大事，切实抓紧抓好，特别是进度较慢的部分市县，要认真研究，分析原因，落实改进措施，加快工作推进。

今年以来，国家和省级财政安排廉租住房、经济适用房、公共租赁住房、棚户区改造奖补等资金6.08亿元，省里已及时分解到各市，各市要抓紧分解落实到项目，尽快投入使用。下一步，总的要求是加大资金投入，落实土地供应，加强规划管理，强化监督检查。目前已进入施工的黄金季节，各地要抓住有利时机，加快建设进度，确保全面完成保障性安居工程建设任务。

一是加强督查。各市对列入今年建设计划的项目，要逐个进行检查督办。对已经开工的项目，要严格按照计划加快建设进度；对尚未开工的项目，要逐一进行调度研究，做到责任落实到人，明确开工日期，抓紧协调落实项目各项前期手续，确保9月底前全部开工建设，尽快形成实物工作量，到年底建成或基本建成的要达到年度建设项目的60%以上。特别是2008、2009年度的廉租住房中央预算内投资项目，要确保年内全部竣工。

二是完善政策。要按照“保基本、可持续、促公平”的原则，完善保障性安居工程进入、退出机制。为使这项工作更符合实际，允许在建设任务总量不减少的前提下，对各类保障性住房的具体任务适当进行结构调整，但今年的任务必须不折不扣地完成，明后年的任务可根据实际情况提出调整意见并按程序审批；允许对限价商品房和经济适用住房实行租售并举，促进各类保障性住房政策的有机衔接；在满足低收入家庭需要的

前提下，廉租住房可以和公共租赁住房统筹安排，加大公共租赁住房建设力度。廉租住房要积极推行实物配租，以分散建设为主，经济适用住房也一般不搞集中建设。公共租赁住房可以集中也可以分散建设。

三是强化问责。年底，国家将对保障性安居工程年度任务完成情况进行考核，对没有完成的地方，通报批评，并对有关领导实施问责。省里也将照此办理，请大家务必引起高度重视，切实抓紧抓好。10月份，省保障性安居工程联席会议将对各市进行检查考核，对完成情况不好的地方实行约谈、通报批评直至实施问责；对完成情况好的，将给予表扬，并给予追加补助资金的奖励。

二、关于农村住房建设与危房改造

今年是我省实施农村住房建设与危房改造的第二年，也是完成三年规划建设任务至关重要的一年。今年4月份，姜大明省长亲自在济宁主持召开农村住房建设与危房改造工作现场会，各地进一步明确工作重点，细化政策措施，破解工作难题，形成了新一轮农房建设热潮。截至7月底，全省农房新开工集中建设项目3 171个、70.2万户，完成全年任务的65%。

从调度的情况看，我省农房建设呈现几个突出的特点：一是财政支持不断加大。各地普遍设立了农村住房建设专项资金，以奖代补，极大地调动了农民群众和社会资金参与农房建设的积极性。二是始终坚持让利于民。各地通过返还级差地租收益，减免基础设施配套费等行政事业性收费，减免采暖费、电梯运行费等生活开支，多措并举，最大限度地向农民群众返还利益，让农民群众在农房迁建中真正得实惠。三是注重基础设施建设。各地在农房建设中注重配套搞好水、电、暖、气等基础设施和教育、卫生等公共服务设施，真正做到统筹城乡发展。四是坚持合村并居与搞好新型农村社区相结合。以农村社区建设带动农房建设与危房改造，统一规划，整体推进，切实增强综合服务功能，使农民群众享受到更方便、更优质的服务。五是确保群众长远生计。各地认真落实政策规定，为村集体留足用地指标，统筹用于二三产业和今后新增人口安置，依托稳定的集体收入解决农民群众后续生活保障问题，解除了农民群众的后顾之忧。总之，各地在农房建设与危房改造中立足实际，因地制宜，积累创造了很多好的经验，走出了各具特色的路子。希望大家相互学习，相互借鉴，促进工作健康顺利开展。

各地农房建设与危房改造总体情况不错，但也有一些市县工作滞后、进展迟缓。目前，全省还有近40个县市区开工数量不到全年任务的一半，少数县市区只有百分之十左右，工作差距较大。这三次片会上，分别点了东、中、西各片工作进度排在后面11个县市区的名。会后，这11个县市区要认真查找原因，所在市要向省住房城乡建设厅作出书面说明，提出改进措施，省住房城乡建设厅汇总后报省政府。农村住房建设与危房改造工作已经开展了一年多，资金、用地、信贷等支持政策都很明确，实施步骤和工作要求也很清楚，广大群众有愿望有要求，绝大多数地方工作推动顺畅，有很多县市区超额完成了任务。个别市县工作差距较大，原因是多方面的，但关键还是思想重视不够、方法路子不清、工作落实不够。现在已进入9月份，完成全年工作任务，时间紧，任务重。各级必须进一步增强对这项工作重要性和紧迫性的认识，加强领导，强化措施，加大力度，狠抓落实。各市县要倒排工期，加强督导，尤其是对进度慢的，要逐镇逐村调查摸底，帮助解决存在的困难和问题，争取更多项目早日开工建设，确保完成全年任务目标。

第一，要完善优化政策。各项优惠政策到位，最大限度让利于民，这是做好农房建设的关键所在。省财政今年已经将以奖代补资金下发，各级政府也要加大扶持力度，将省、市、县扶持资金尽快发放到项目，支持农房建设。从全省看，各地增减挂钩指标资金补助差别很大。如果补助太少，很难调动村里和农户建设改造的积极性。下一步，各地要结合实际，尽快制定合理的增减挂钩指标补助标准，使土地收益成为农房建设资金的重要来源，最大限度地让利于民，尽可能让农民少花钱甚至不花钱就能住上新房。一要尽快建立土地转换平台，广开融资渠道，搞好土地收储和出让、转让，多渠道筹集建设资金。二要严格执行城乡土地增减挂钩有关规定，增减挂钩指标优先用于农村住宅、农村基础设施和公共服务设施建设，节余土地指标要留足农村发展用地，不得全部拿到城市。要将不低于40%的置换指标安排用于经营性用地“招拍挂”，增减挂钩所取得的相关收益，全部返还给提供节余指标的农村，用于农民住房和社区基础设施配套。三要简化工作程序，缩短挂钩资金兑现时间，为农房建设提供更多资金支持。从各市县实践看，还利于民、让利于民的力度越大，农民的积极性就越高，工作就越好开展。有的市县动员强企参与农房建设，以工促农，村企互动双赢，值得借鉴。

第二，要切实搞好规划。继续坚持先易后难、稳妥推进的原则，以城中村、城边村、乡镇驻地村、大企业周边村、经济强村、矿区搬迁村和城乡建设用地增减挂钩试点村为重点，按照规划实施整体改造。总的想法是要坚持城乡统一规划，农房建设质量、标准、设施不低于城市标准。在建设规模上按照方便群众生产生活的要求，宜大则大、宜小则小。在选点上一定要充分尊重群众意愿，选择群众认识统一、迁建条件具备的村镇去做，坚决防止违背群众意愿、不顾客观条件硬性集中布点。对农民群众意见不统一的村、历史文化村等不能盲目迁建，没有编制规划的村庄不得审批农房及其他建设项目。新建农村社区容积率不要太大，要符合农民群众的生产生活习惯，为今后发展留足空间。

第三，要搞好设施配套。要加大农村新建社区内道路硬化和供水、供气、供暖设施建设力度，搞好以垃圾收集、污水处理为重点的周边环境建设，积极推广应用秸秆气化、大中型沼气、节能门窗等节能环保适用技术和新材料、新工艺。要统筹配置城乡公共资源，合理布局学校、幼儿园、敬老院、警务室、医疗、文化、体育等设施，让农民群众享受到更方便、更优质的服务。

第四，要抓好质量安全。要把农房集中建设改造项目纳入工程建设程序，由县以上建设部门实施全过程监管，在项目选址、地质勘察、建筑设计、施工组织、建材选用等环节严格把关。要组织农民派代表参加全过程监管，确保工程质量和施工安全不出问题。

第五，要加强社区管理。对新型农村社区建成后基层党建、社区组织形式和运行方式、物业管理等新问题新情况，要认真研究解决，给农民群众创造良好的生产生活环境。

三、切实加强对农村住房和城市保障性安居工程建设的组织领导

一是提高思想认识。农村住房和城市保障性安居工程建设是惠及民生的大事，也是拉动消费、扩大投资、增加财源、推动经济平稳健康发展的重要举措。近期，省里将对各地贯彻落实科学发展观、转方式调结构情况进行观摩，其中农村住房、城市保障性安居工程建设和城乡一体化工作是观摩的重要内容。这项工作，省级负总责，市县抓落实。各市县政府主要领导要亲自过问，分管领导要靠上抓，建立必要的工作组织协调机制，及时协调解决工程建设中遇到的困难和问题。同时要真正理清工作思路，明确方法路子。要对照下达的工作任务，逐一查找工作差距，深入分析原因，研究制定有针对性的工作措施，并认真抓好落实。工作开展好的要再接再厉，一般的要再加一把劲，差的要下大力气抓开工、抓进度，迅速扭转被动局面，迎头赶上。

二是加大督导力度。发改、监察、财政、国土、住房城乡建设等有关部门要各司其职，各负其责，密切配合，转变工作作风，提高工作效率。省住房城乡建设厅要会同有关部门，加强对农房建设和保障性安居工程建设的督查指导，及时向省政府汇报工作进展情况。对工作滞后的市，要进行跟踪指导，督促其加快建设进度，必要时约谈政府分管负责同志。对不能按期完成任务的市，要通报批评或进行行政问责。各设区城市政府也要加强对所辖县、市、区的督查指导，确保按时完成任务。

三是坚持实事求是。各地情况不同，工作中要坚持因地制宜，分类实施。要充分尊重群众意愿，充分考虑群众需求，决不能搞行政命令、一刀切，坚决反对弄虚作假，确保让群众得到实惠，确保好事办好。同时，要坚持依法规范操作，真正把农民群众满意作为检验农房建设工作成效的标准。

四是加强调查研究。对工作中出现的新情况、新问题，如社区组织形式、物业管理、群众今后的生产生活等，要及时研究，拿出切合实际的解决办法。各地要认真总结好的经验做法，特别是各地创造的行之有效的好经验、好模式，要及时予以完善推广，并形成浓厚的舆论氛围。通过典型引路，抓点带面，指导全省面上工作健康开展。

同志们，农房建设与危房改造和城市保障性安居工程建设事关经济发展和社会稳定，事关人民群众切身利益。相信大家会在省委、省政府的坚强领导下，有决心、有能力、有水平做好工作，全面完成各项建设任务，为加快经济文化强省建设、实现人民群众安居乐业做出新贡献。

山东省住房和城乡建设厅厅长杨焕彩在全省建设工作会议上的报告

（2010 年 1 月 8 日）

同志们：

这次全省建设工作会议的主要任务是，深入贯彻党的十七届四中全会、中央和全省经济工作会议、全省城镇化工作会议精神，总结 2009 年工作，分析当前形势，研究部署 2010 年工作任务。上午，部分城市介绍了工作经验，我们参观了滨州城市建设现场，大家深受启发和鼓舞。刚才省政府张传亭副秘书长传达了姜大明省长的致信，郭兆信副省长还要作重要讲话，大家要深入学习领会，抓好贯彻落实。下面，我讲几个问题。

一、积极作为，科学务实，2009 年建设工作取得显著成效

2009 年，是新世纪以来我省经济社会发展最为困难的一年，也是建设工作形势特别严峻、任务特别艰巨、成果特别丰硕的一年。一年来，全省建设系统在省委、省政府的正确领导下，以党的十七届三中、四中全会精神为指导，深入贯彻落实科学发展观和胡锦涛总书记视察山东讲话精神，坚决执行中央和省“保增长、扩内需、调结构、惠民生”一系列决策部署，抓住扩内需、迎全运两大机遇，迎难而上，扎实工作，建设经济先于全省经济企稳回升，建设事业持续快速健康发展，为全省经济社会平稳较快发展做出了突出贡献。

（一）推进新型城镇化形成浓厚氛围。省委、省政府 11 月初召开高规格的全省城镇化工作会议，出台了《关于大力推进新型城镇化的意见》，解决了一些事关城镇化特别是建设事业健康发展的深层次问题，在全省上下引起很大反响。各级党委政府迅速传达贯彻会议精神，17市均召开了市委常委会或政府常务会，东营、烟台、济宁、日照、莱芜、聊城、菏泽7市已召开全市城镇化工作会议，全省形成了加快推进新型城镇化的浓厚氛围。

（二）城市保障性住房建设大规模推进。争取到廉租住房中央补助资金5.91亿元，省财政设立奖补资金5 000万元，累计从住房公积金增值收益中提取廉租住房建设补充资金12.9亿元，各市县都安排专项资金用于住房保障。廉租住房保障范围已全部覆盖低收入住房困难家庭，年内新增保障2万户，累计保障8万户。238个廉租住房中央预算内投资项目全部开工，利用省调控资金10.7亿元，施工4.5万套、竣工4 200套；完成经济适用住房投资80亿元，建成5万套、370万平方米；改造棚户区270万平方米，解决棚户区居民近4万户。

（三）农村住房建设与危房改造全面启动。省政府专门召开会议，制定政策性文件，各地结合实际积极开展工作。截至11月底，全省启动农房建设104万户，总投资额1 133亿元，其中整村改造村庄3 400多个，在建和完工共72.9万户，改造危房15.8万户，同步新建改造了一大批村镇基础设施和公共服务设施。这项工作成为山东保增长、惠民生的一大亮点。

（四）房地产市场持续回升。各地认真贯彻落实中央和省有关政策措施，房地产市场迅速回暖且增势强劲。1～11月份，全省完成房地产开发投资2 186亿元，销售商品房5 471万平方米，实现销售额1 924亿元，同比分别增长29.4%、34.5%、54.5%。省人大颁布施行了《山东省物业管理条例》，房地产市场信息系统建设、监测分析及专项整治工作扎实开展。累计归集住房公积金1 450亿元，发放个人贷款700多亿元，个贷率达到50%。新增1个国家住宅产业化基地，5个项目获“广厦奖”，11个小区（大厦）入选全国物业管理示范项目。

（五）迎全运环境整治集中行动成效显著。按照“快重准实”的要求，将126个城建项目列入中央扩大内需投资计划，争取到中央补助资金8.92亿元、省调控资金22.1亿元。各地精心策划实施了一批城市基础设施和环境整治重点项目，全省前11个月完成城建投资752亿元，同比增长43.2%。成功举办了第七届园博会，各市参建的齐鲁园得到各界一致好评。潍坊、泰安、临沂等5市3县申报国家园林城市和县城，新增枣庄、滨州等15个省级园林城市。国家和省级风景名胜区环境面貌、资源管理、生态保护水平都有新提高。开展了占道经营、户外广告等市容环境集中治理，城市管理规范化、精细化、人性化、数字化步伐加快，青岛、烟台数字化城管系统通过国家验收，滨州实行了环卫机械化作业和垃圾公交化收集。全省城市面貌发生新变化，济南的新面貌充分展示了山东城市建设成果，日照荣获联合国人居奖。

（六）建设领域节能减排和科技创新扎实推进。新型墙材生产和应用比例分别达到80%、96%，“禁实”范围由县城扩大到建制镇。新建建筑节能标准设计、施工阶段执行率分别达到100%、94%，完成既有居住建筑节能改造1 110万平方米，新增可再生能源建筑应用面积1 800万平方米，威海、德州和沂水被列为国家首批可再生能源建筑应用示范城市和示范县。供热系统节能技改全面启动，热电联产集中供热系列节能技术被评为省重大节能成果。新增污水和垃圾日处理能力45.5万吨、2 850吨，城市和县城污水集中处理率、生活垃圾无害化处理率分别可达80%、70%。组建了省建设科技专家委员会，评选了首届山东建设技术创新奖，全系统37个项目列入部科技计划，9个项目获省科技进步奖，其中省建科院“既有建筑节能改造成套技术研究”获一等奖。

（七）城乡规划的引导和调控作用进一步增强。编制了《山东半岛蓝色经济区城镇体系规划》《黄河三角洲城镇体系规划》和《鲁南城镇带规划》，启动了《山东省城镇体系规划》修编。70个市县的城市总体规划已获批，淄博等17市县编制了城乡统筹规划，全省编制近期建设和专业专项规划300余项，控规覆盖率提高5个百分点，济南、青岛等35个市县实现城市规划建成区控规全覆盖。以大中型项目为重点，为各类扩内需项目提供了优质高效的规划服务。县域村镇体系规划、农房建设与危房改造三年规划全部完成，农房集中建设改造项目均编制了详细规划。历史文化遗产保护力度加大，新增3个省级历史文化名城。

（八）工程建设和建筑业稳步发展。继续整顿规范建筑市场，确保了扩内需项目质量安全和投资效益。全省应招标工程招标率、应公开招标工程公开招标率均达到99%，1.4万个项目进入有形建筑市场公开交易，东营依托有形建筑市场建立了市级统一的公共资源交易平台。编制国家标准1项、行业标准4项、地方标准10项和我省首部工程概算定额，对13类建设工业产品实行了登记备案管理。推行勘察设计责任保险制度，举办国际建筑设计大奖赛和省装饰设计大赛，勘察设计行业年营业收入265亿元。实行建设机械行业分类指导，评出行业名牌53个，建机行业年产值450亿元。建筑业完成总产值6 800亿元、利税145亿元，同比分别增长19.6%、20.5%。对外工程承包前11个月新签合同额79亿美元，完成营业额36亿美元，分别增长17.9%、48.3%。工程质量稳中有升，获鲁班奖6项、国优工程16项，创泰山杯142项、装饰泰山杯55项，日照水上运动基地等3个项目入选新中国成立60周年百项经典暨精品工程。全系统近万名干部职工在援川一线奋战，为北川灾后重建做出了突出贡献。

（九）建设行业保持和谐稳定。开展安全生产责任落实年活动，全系统上报的事故起数和死亡人数比上年下降9.5%、9.4%，8个市实现“零死亡”。以城建档案归集查询为核心的城市地下管线安全管理机制基本建立，供水水质监测和城市防汛工作进一步加强。针对今冬暴雪骤冷天气，积极争取天然气气源，启动热煤购储调运调度机制，基本保证了城镇居民用气，大多数城市提前供暖。拆迁管理和信访工作加强，在城乡房屋拆迁量剧增的情况下，来省到京上访案件与上年基本持平。农民工工资防拖欠机制进一步完善，省厅受理的投诉和案值比上年减少50%、69%。

（十）建设系统干部职工素质不断提高。各级各部门通过深入开展学习实践科学发展观活动，提高了党员干部的理论素养和行政能力。深入宣传学习崔学选同志的先进事迹，激发了干部职工干事创业的热情和干劲。落实党风廉政建设责任制，贯彻建立健全惩治和预防腐败体系省委《实施办法》及部《实施意见》，开展了扩内需项目监督检查、工程建设领域突出问题专项治理、房地产开发领域违规变更规划调整容积率问题专项治理。省政府审议通过了《山东省城镇容貌和环境卫生管理办法》，省厅制定了《山东省房地产开发项目竣工综合验收备案办法》等24个规范性文件。强化建设执业师队伍建设，新增执业师3.6万人，累计达到13万人，其中11.3万人已注册，实施执业师继续教育培训近万人。注重培养优秀拔尖人才，评出山东省首届勘察设计大师16人。着力提高普通劳动者技能，培训建筑业从业人员6.2万人，培训农民工20.6万人次。建设系统精神文明创建活动深入开展，依法行政和为民服务水平进一步提高。

在国际金融危机严重冲击、发展形势异常复杂严峻的情况下，建设事业实现跨越发展、逆势上扬，成绩来之不易。这些成绩的取得，得益于省委、省政府和各级党委政府对建设工作的高度重视和关心支持；得益于我们坚决贯彻执行中央和省各项重大决策部署，见事早、行动快、措施硬、方法活、工作实；得益于我们把应对短期困难和谋划长远发展结合起来，办成了一些大事难事；得益于各级各部门紧密结合实际，相互协调配合，创造性地开展工作；得益于我们坚持以人为本，高度关注民生，得到了广大群众的广泛认可和积极参与；得益于我们坚持不懈抓政风、带行风，培育了一支爱岗敬业、吃苦耐劳、能打硬仗、勇于创新、甘于奉献的干部职工队伍。

同时，我们也要清醒地认识到，建设事业发展还存在一些矛盾和问题。一是城乡建设工程量大与资金投入相对不足的矛盾。维修维护和建设改造城乡基础设施、公共服务设施及保障性住房都需要大量资金投入，单靠现有筹资融资渠道难以满足需要。二是转变发展方式要求高与建设科技含量低的矛盾。建设“两型”社会，发展低碳经济，迫切要求转变高投入、高消耗的建设经济增长方式。建设行业大多为传统行业，科技含量不高、人才总量不足、创新能力不强、科技贡献率偏低，已成为制约建设领域转方式、调结构的突出问题。三是促进房地产业健康发展与市场调控手段弱的矛盾。当前，房地产业已成为国民经济的重要支柱产业、消费结构升级的重要着力点和地方财政收入的重要来源，同时房价过快上涨引起社会广泛关注，特别是投资性、投机性需求的上升加大了房地产市场风险。作为房地产业主管部门，我们调控市场的手段有限。如何充分运用现有手段，既推动行业发展，又防控市场风险，是今后一个时期需要认真研究的重大课题。

二、明确任务，突出重点，推动全省建设事业又好又快发展

今年是实施“十一五”规划的最后一年，是应对国际金融危机的关键之年，也是我省推进新型城镇化的重要一年，全省建设工作面临新的形势和任务。中央和省委、省政府都对建设工作高度关注并寄予厚望，建设事业迎来了加快发展的大好机遇。根据中央和省的决策部署，今年全省建设工作的总体思路是：深入贯彻中央和全省经济工作会议、全省城镇化工作会议精神，以科学发展观统领全局，把加快推进新型城镇化作为转变发展方式、调整经济结构的重要依托，按照“一二三四五”的工作布局，积极作为，真抓实干，为建设经济文化强省做出新的更大的贡献。

围绕一条主线：大力实施新型城镇化战略，深入开展和谐城乡建设行动；提升两大产业：调整优化房地产业，做大做强建筑业；坚持三高要求：坚持高起点规划，全面实现城乡规划全覆盖；坚持高水平建设，全面提升城镇综合承载能力；坚持高效能管理，创新城乡管理体制机制；突出四个重点：住房保障，农房建设，节能减排，质量安全；强化五项保障：科技创新、城建投融资改革、行业稳定、依法行政、党风廉政和行业精神文明建设。

（一）扎实做好城镇化工作，提高规划编制和管理水平。一要发挥好城镇化工作牵头部门的作用。各市建设部门要完善城镇化领导小组工作机制，可参照省厅的做法，抽调人员组建工作班子，及时调度县市区、乡镇和相关部门落实省、市城镇化会议及政策性文件的情况，总结推广好的经验和做法。围绕城镇空间布局、城市发展方略、城乡一体化发展、低碳城市建设、农村劳动力转移等，开展城镇化重大课题研究，为党委、政府决策提供参考和依据。会同统计部门搞好城镇化监测分析，有针对性地提出对策建议。会同宣传部门组织新闻媒体，采取现场采访、专家访谈、专题报道等形式，加大城镇化宣传力度。春节后，省厅将配合省委政研室开展城镇化工作督查调研，各市县要积极配合。二要编制实施区域性、战略性规划。编制到2030年的省域城镇体系规划，优化城镇空间结构。研究制定《山东省海岸带规划管理办法》，促进海岸带保护与合理利用。组织实施《山东半岛蓝色经济区城镇体系规划》《黄河三角洲城镇体系规划》和《鲁南城镇带规划》，推动半岛蓝色经济区、黄三角高效生态经济区和鲁南经济带开发建设。以县市为单位，加快编制城乡统筹建设规划，力争年内完成50%以上。三要加快编制各类城乡规划。今年实现城乡规划全覆盖，是省政府确定的工作任务，必须确保如期高质量完成。抓好新一轮城市总体规划报批，争取由国务院审批的11个城市尽快批复，确保由省、市政府审批的市县年内全部批复。结合"十二五"经济社会发展规划，启动城市近期建设规划编制，将重大项目落实到用地空间上。各地要有针对性地编制城市综合交通、停车场、历史文化保护、地下空间利用、景观风貌等各类专项、专业规划，促进城市总体规划深化落实。加快城市控制性详细规划编制，所有市县年内必须做到城市规划建成区和规划区内居民点建设用地控规全覆盖。要继续增加对村镇规划的投入，深化完善县域村镇体系规划，全部完成新一轮小城镇和中心村建设规划，大幅度提高小城镇详细规划覆盖率。四要提高规划管理水平。配合省人大，做好《山东省城乡规划条例》立法工作。充实完善延伸到街居、乡镇的规划管理网络，确保实现规划管理全覆盖。严格实施"六线管制"制度，从严管理用地性质和容积率调整。建立派驻规划督察员和规划行政责任追究制度，加强事前、事中、事后监督。加大规划执法力度，严肃查处违法用地、违法建设。搞好城市综合体策划设计，抓好公共文化服务设施布局和选址定点，为发展服务业提供优良空间。

（二）做好住房保障工作，解决城镇低收入家庭住房困难。中央和省委、省政府都对保障性住房建设和棚户区改造高度关注，提出了明确要求。各级各部门要结合实际狠抓落实，坚决完成好省里确定的任务。一要完善住房保障体系。会同有关部门，编制实施城镇保障性住房三年规划。落实廉租住房保障资金，严格执行国家关于10%以上土地出让净收益用于廉租住房保障的规定。抓好廉租住房中央预算内投资项目建设，做好项目储备上报工作，组织好经济适用住房建设，对保障性住房全面实行分户验收。研究公共租赁住房制度，组织开展利用社会资金建设公共租赁住房试点。二要推进棚户区改造。落实全国城市和国有工矿棚户区改造会议精神和国家五部委指导意见，制定改造规划和工作方案，用三年时间将全省城市和国有工矿棚户区基本改造完毕。坚持科学规划、政府主导、政策扶持、市场运作、群众参与的方针，对城市棚户区采取就近整合、项目捆绑方式尽可能集中连片统一改造，对工矿棚户区采取增减挂钩、土地置换方式尽可能在城镇建设安置房，尽可能就近就地安置棚户区居民，并用好用活土地划拨、税费减免等优惠政策，严格执行房屋拆迁最低套型面积保障标准，让群众享便利、得实惠。三要完善住房公积金制度。继续扩大公积金归集覆盖面，突出抓规模以上私营企业、农民合同制产业工人和确立劳动关系的新就业人员，维护职工合法权益。适应人员流动加快的情况，加快建立全省联网的公积金信息系统，力争今年实现公积金省内异地贷款。建立健全公积金运行管理及实时监管系统，确保资金安全。继续抓好公积金支持住房消费，提高个人贷款使用率。有关城市要积极稳妥地做好工作，搞好公积金贷款支持保障性住房建设试点。四要规范住房保障管理。实行住房保障对象认定标准、保障标准动态管理，严格控制"50、60"的保障房建设标准，开展廉租住房年度复核，规范经济适用住房上市交易，建立住房保障信息系统，确保住房保障公开公平公正。

（三）推进农房建设和危房改造，改善农民生产生活条件。这项工作，各级领导高度重视，广大群众踊跃参与，已经成为一项扩内需、促增长、惠民生、集约利用土地、推动城乡统筹的民心工程。我们必须保护好广大农民群众建设美好新家园的积极性，按照省委、省政府的要求，把这件好事办得更好。一要突出重点。继续以城中村、城边村、乡镇驻地村、大企业周边村、经济强村和矿区搬迁村为重点，搞好详细规划编制和工程设计施工，实施整体改造，同步进行配套设施和周边环境建设。有条件的地方，可以把各类开发区、工业园区内的村庄列为整体改造重点，并逐步向一般村庄拓展。二要加大投入。省财政今年将继续安排农房建设奖补资金，各市县也应积极争取财政支持。要充分发挥领导小组办公室的作用，将农村道路、供水、沼气、电网、广电及中小学、卫生室、社区、党建等涉农专项资金统筹使用，支持农房集中建设改造项目；把农村特困户和民政优抚对象的危房改造列入民政支持范围，视情况予以分类补贴。要配合国土资源部门，建立土地转换平台，缩短有关资金返还和兑现时间；有条件的地方，要学习借鉴淄博的做法，建立农房建设融资平台，提前注入建设资金，使项目早启动、新房早建成、农民早受益。三要提高新建农房综合性能。所有集中建设改造的农房都要使用新型墙材，尽可能统一安装太阳能热水器，有条件的要实行管道供气、集中供热。要大力推广秸秆气化、锅炉、型煤等技术，解决新建农房特别是楼房的供气、采暖问题，既促进秸秆资源利用，又降低农民生活成本。

（四）调整优化房地产业，做大做强建筑业。房地产业是现代服务业的重要组成部分，建筑业是劳动密集型产业，对于拉动经济增长、促进财政和农民增收发挥了重要作用。要进一步提升两大产业，切实增强产业竞争力，提高经济贡献率。一要改进房地产市场调控。实施商品住房供求双向调节，抓监控、促开工、稳房价。采取有效措施，增加中低价位、中小套型普通商品住房供应，加快在建工程建设进度，督促已批项目尽快开工。继续支持居民自住和改善型住房消费，抑制投资投机性购房，防范住房按揭贷款风险。二要加强房地产市场监管。继续整顿市场秩序，会同有关部门严厉查处“囤地不建、捂盘待涨”行为。全面实行开发项目建设条件意见书和竣工综合验收制度，实行商品房预售和二手房交易资金监管制度，加强商品房预售销售价格监管。抓好房地产市场信息系统建设和运行，搞好市场监测分析。深入贯彻实施《山东省物业管理条例》，继续扩大物业服务覆盖面，提高服务质量和水平。三要推动建筑施工企业转型升级。以优势企业为依托，以资产为纽带，引导建筑企业联合重组，壮大规模和实力。鼓励大型施工企业向可研、勘察、设计、项目运营延伸，向房地产、建材加工、建筑构件生产等领域拓展，加强银企联合，由施工总承包向工程总承包、项目总承包转变，由承建商向开发商、投资商转变。要培植一批装饰装修重点企业，带动装饰工程整体水平提升。中小型建筑企业要瞄准市场前景好、节能省地、绿色环保、高附加值的项目和行业，走专业化、精细化、尖端化路子。四要拓展建筑市场。我省建筑业与江苏、浙江的差距，主要差在外出施工上，差在高端工程上。在确保省内市场份额的同时，要全力开拓外埠建筑市场，巩固和扩大沿海发达地区市场，努力抢占中西部潜力市场，站稳东南亚、中东等传统境外市场，加大非洲、南美洲等新兴市场开拓力度。要提高技术力量、装备水平、工艺研发和施工组织能力，努力开拓海洋、矿山、能源、港航、轨道交通以及大型公共建筑、超高层建筑等高端工程市场。

（五）加强建设领域节能减排，为发展低碳经济做贡献。一要抓好供热计量改革和既有建筑节能改造。本采暖季抓好按用热量收费项目试点及模拟运转，下个采暖季新建建筑和完成供热计量改造的既有建筑全部按用热量计价收费。加快推进供热系统节能技改，推广低温循环水技术，停止蒸汽供热采暖，确保到2011年实现省政府确定的三年改造目标。各地要以机关、高校、大企业职工居住区为重点，抓紧落实今年进行既有居住建筑供热计量及节能改造的项目，确保完成国家下达的“十一五”节能改造任务。对居住人员较杂的老住宅楼，要结合旧住宅区整治，学习借鉴唐山加层、扩容、重建等办法，用市场手段筹集资金，开展节能改造。机关办公建筑和大型公共建筑要建立节能监管体系，有条件的要进行节能改造。二要抓好新建建筑节能和可再生能源建筑应用。加强工程建设全过程监管，确保所有新建工程严格执行建筑节能新标准。推行外墙保温施工企业专项资质和建筑节能关键岗位持证上岗制度，组织研发节能保温与建筑结构一体化技术和产品。大力推进可再生能源建筑应用，对县城以上城市规划区内所有新建12层及以下住宅和热水消耗量大的宾馆、浴场、学校、医院等公共建筑，强制安装使用太阳能光热系统；对新建大型公共建筑，鼓励安装太阳能光电系统；对城市供热管网覆盖不到的新建住宅小区和学校，推广使用地源热泵采暖制冷。威海、德州及沂水要切实发挥示范带动作用。三要抓好污水和垃圾处理。加快污水处理厂特别是配套管网建设，积极推进雨污分流，改造提升处理工艺，提高污水收集率和处理质量。选择部分中心镇和经济强镇，建设经济适用的小型污水处理设施。要以2011年实现全省"一县一场"为目标，以垃圾处理中央预算内投资项目为突破口，加快建设生活垃圾无害化处理场，完善渗滤液处理和收集转运设施，构建城乡垃圾一体化处理体系。抓好污水和垃圾处理设施运行监管，实现达标排放。四要抓好墙材革新和建筑节材。加快建制镇规划区禁用实心粘土砖步伐，从城镇向农村延伸，从"禁实"向"禁粘"推进，从"禁用"向"禁产"发展。大力推广各类高性能、低材耗、可再生利用的建材，提高建筑品质和使用年限。继续重点发展以煤矸石、粉煤灰、工业废渣为原料的利废型新型墙材，促进资源循环综合利用。针对城乡旧建筑拆迁量大的情况，各地要抓好建筑部品回收利用，特别要抓紧兴办和大力支持利用建筑垃圾生产加工广场砖、步道砖、路沿石等的企业。五要抓好城市节水。加快居民生活用水"一户一表"改造，加强计划用水和定额用水管理，推行阶梯式水价。大力推广节水技术和器具，鼓励中水回用和雨水、海水、杂排水、再生水利用。六要抓好城镇绿色照明。按照试点先行、注重实效、稳步推开、功能照明与景观照明同步推进的原则，从城镇道路、广场、绿地和大型公共建筑抓起，全面推广LED照明产品、太阳能路灯和节能自控技术。七要抓好住宅产业现代化。实行住宅产业化技术方案审查、住宅部品认证、住宅品质状况表、住宅性能认定四项制度，推广新建住宅全装修和SI住宅体系等成套技术，延长使用寿命，建造百年住宅。抓好海尔家居、力诺瑞特太阳能、万华节能建材3个国家住宅产业化基地建设。组织好国家康居示范工程建设，引导更多项目争创广厦奖和A级住宅。

（六）狠抓城乡基础设施建设和环境整治，全面提升城镇综合承载能力。一要抓好城市基础设施建设。各市有关部门要精心组织筹划，全力抓好党委政府确定的重点城建项目，带动承载能力大提升、城市面貌大变化。抓好城市综合交通枢纽、快速干道和公共停车场建设，保留和积极修建自行车道、人行道，缓解交通拥堵，减少能耗和污染。统筹各类工程管线建设，提倡建设管线共同沟，推广管线不开挖技术。二要提高市政公用事业运营效率。建立完善城市地下管线信息系统，防范管线事故。加快实施水气热等老旧管线改造，降低网损漏失率，提高供应保障率。加强维护管养，提高市政设施完好率。要改造供水工艺，抓好水质监测，保障饮用水安全，让老百姓喝洁净水、放心水。抓好热源厂和天然气备用气源建设，提高集中供热和管道燃气普及率，确保稳定供应。三要提高村镇基础设施水平。配合农房建设与危房改造，以道路、供排水、污水处理和照明为重点，加强村镇基础设施建设。加快城市供水、供气、供热、污水处理等基础设施向周边村镇延伸，促进城乡基础设施共享。组织搞好"百镇千村"建设示范活动总评。四要继续开展城乡环境综合整治。总结迎全运环境整治集中行动经验，大力实施净化、绿化、亮化、美化，全面开展城市旧住宅区综合整治，突出抓好河湖水系和破损山体治理，有序开展村庄整治，进一步提升城乡人居环境质量。五要搞好园林绿化和风景名胜区保护。以创建园林城市为载体，以推进节约型绿化为重点，加强城市中心区、城乡结合部绿化建设，推广屋顶绿化、立体绿化和绿荫停车场，建设一批城市生态廊道、湿地公园和郊野公园。风景名胜区要重视资源保护、景点建设与生态修复，严格执行景区内建设项目选址审批制度，严肃查处违规违法行为。加大历史文化名城、名镇、名村、街区和历史优秀建筑保护力度，保护开发一批工业遗产，提升城乡文化内涵。

（七）创新工作理念和模式，全面提高城市管理水平。现在城市规模越来越大，人口越来越来多，城市管理越来越重要。必须坚持以人为本，不断推动城市管理模式创新。一要“堵疏并举”。坚决管住乱搭乱建、乱贴乱画、乱摆乱卖等有碍城市秩序和形象的行为，同时要换位思考，为群众生计谋出路，为就业创业搭平台，从源头上减少乃至杜绝违法违规行为。二要“宽严有度”。坚持适度从严的原则，秉公执法、严格执法，坚决纠正市民不文明行为，同时要倡导人性化执法和服务型管理，对情节轻微的尽量采取教育引导的办法，使其由“他律”向“自律”转变，提升市民文明素质。三要“专群一体”。不断加强城管执法队伍建设，提高执法人员业务能力和执法水平，同时要建立社会参与机制，广泛发动和充分依靠广大市民，提高群众参与城市管理的积极性和主动性。四要“软硬同推”。大力推进12319服务热线和数字化城管系统建设，持续改善环卫保洁、市政养护、绿化管护、管理监控、交通通讯等硬件设施和技术装备，同时要建立健全由指挥协调、事务办理、意见反馈、监督检查等环节组成的工作机制，切实增强城市管理的科学性和时效性。五要“长短结合”。着力构建城市管理长效机制，强化区、街、社区的城市管理主体责任，完善目标管理、路段承包、市容环卫责任区等管理办法和制度，实现城市管理常态化、规范化，同时要针对群众反映强烈的突出问题开展突击性、阶段性的专项集中整治，巩固长效管理成果。村镇管理也要进一步改进和加强，鼓励小城镇和中心村设立市政、环卫、绿化专业队伍，鼓励中心镇积极探索行之有效的管理模式，从体制机制上解决村镇环境脏乱差问题。

（八）强化工程建设管理，确保质量安全。我们要深入落实郭兆信副省长在全省建筑业暨工程建设工作会议上的要求，以提高工程质量为核心抓好相关工作。一要创新工程建设管理方式。建立完善勘察设计质量监管体系，积极开展各类设计创优活动，加强超限高层抗震设防管理。严格工程招投标管理，拓展有形建筑市场服务范围。严格执行国家和省工程建设各项标准，严把初步设计审查、施工图审查、施工许可、竣工验收备案关。推行工程量清单计价和全过程造价控制，提高投资效益。推行业主工程款支付担保和承包商履约担保，实施执业人员责任险制度。以城市基础设施和大型公共建筑为突破口，推行工程总承包和项目管理。加快建筑市场、建设类执业师信用体系建设，规范业主、企业和执业师行为。加强施工机械等建设工业产品备案管理，严防不合格产品用到工程上。以农房建设为契机，把城市工程建设管理模式向村镇延伸。按照中央和省有关部署，用两年时间集中治理工程建设领域突出问题。二要加强工程质量管理。规范工程档案记录、收缴和归集，把工程质量终身责任制落到实处。解决好质监机构经费问题，建立健全质量信用和质量保险制度，确保主体结构质量，改善使用功能质量，提高工程观感质量。开展为期三年的住宅工程质量通病再治理活动，推行分户验收制度，让老百姓住放心房。实施“精品工程”战略，争创鲁班奖、泰山杯。加大对各类开发区、工业园区、大学城、城乡结合部、村镇工程质量的巡查力度，减少质量监管盲区，严防出现重大质量事故。三要抓好建筑施工和城市安全。落实建筑施工安全生产责任制，开展深基坑、高支模、脚手架、起重机等安全专项治理，继续开展“安康杯”竞赛和创建安全质量标准化工地活动，力争不发生重特大安全事故。加强城市应急管理，加强市政公用行业运营监管，抓好燃气安全和城市防汛工作，及时妥善处置各类突发事件。

三、深化改革，提升素质，为建设事业发展提供有力保障

今年建设工作任务十分繁重。我们必须保持奋发有为的精神状态，坚持改革创新，坚持依法行政，内强素质、外树形象，为做好各项重点工作提供保障。

（一）加大建设科技创新和人才培养力度。必须依靠科技、依靠人才，推动建设行业发展方式转变和产业结构优化升级。各级各部门要研究制定鼓励建设科研开发和成果转化应用的政策，营造促进建设科技创新的良好环境。重点围绕节地、节能、节水、节材、治污和工程质量安全，大力推广应用先进成熟适用的技术和产品。建立企业为主体、市场为导向、产学研相结合的科技创新体系，加强城镇区域规划与动态监测、城市功能提升与空间集约利用、城乡人居环境质量保障等重点领域科技研发，引导和组织绿色建筑、数字城市、可再生能源建筑一体化等重点技术优化集成研究，力争取得一批具有自主知识产权、可迅速复制和推广的建设科技成果，切实提高科技进步对城镇化发展和建设经济增长的贡献率。要在城乡规划、勘察设计、建筑节能、施工技术四大领域积极引进和培养优秀拔尖人才，同时以涉外工程项目管理人员为重点，积极培养项目管理、建筑商务、投资经纪等高级复合型人才。抓好建设系统领导干部专题培训，组织好建设执业师继续教育培训，组织好专业技术人员和企业经营管理人员业务培训，组织好关键岗位从业人员岗位培训和一线人员技能培训。

（二）深化城乡建设投融资体制改革。坚持政府指导调控、财政资金引导、社会资金投入的方针，按照城镇资源资本化、融资运作公司化、城乡建设市场化的思路，加快建立完善城乡投融资新体制。以城建投资公司等机构为依托，搭建城建投融资平台，建立城市资产和资源的注入机制、城乡规划建设与土地收储经营的联动机制、重点工程指挥部协调与法人实体相结合的项目实施机制、政府债务风险控制和清偿保障机制，切实提高融资能力和资本运作水平。提高城乡建设市场开放度，不断推出重大项目对外招商，采取BT（建设—转让）、BOT（建设—运营—转让）、TOT（转让—运营—转让）等模式，吸引国内外大企业和战略投资者参与基础设施、公共设施建设经营及特定片区综合开发。加强建设领域各行业的国际交流与合作，重点在建筑节能、住宅产业化、水处理、垃圾处理等方面，积极引进国外资本和智力。

（三）维护行业和谐稳定。加强建设信访工作，畅通群众信访渠道，强化信访积案排查，实行领导包案和跟踪问效制度，及时妥善处置各类群体性突发事件。建立完善农民工工资拖欠预防和处置机制，健全农民工工资支付监控体系，把拖欠农民工工资行为纳入日常监管。要继续规范城镇国有土地房屋征收，加强拆迁管理，高度重视并妥善灵活调解处置集体土地房屋拆迁矛盾，维护好被拆迁群众合法权益，从源头上减少矛盾纠纷。

（四）提高依法行政水平。做好法规制定工作，完成好建设领域地方性法规和政府规章的调研起草任务。加大普法宣传力度，落实好建设行政执法责任制，有针对性地组织开展执法检查。加强执法队伍建设，逐步推行工程建设领域和城市管理综合执法。加强行政执法监督，实行考核考评和行政过错追究制度。大力推进政务公开和信息公开，提高建设行政工作的公开化和规范化水平。加强行政复议工作，对群众针对具体行政行为提出的复议申请和投诉事项，必须全部受理、不推不拖，做到事事有回音、件件有结果，维护建设行政机关的公信力。

（五）加强党风廉政和行业精神文明建设。深入贯彻党的十七届四中全会精神，巩固学习实践科学发展观活动成果，切实加强各级党组织的思想和作风建设。严格落实党风廉政建设责任制，围绕住房城乡建设中心工作，把好重点部位和关键环节，推进反腐倡廉机制和制度建设，强化源头预防与专项治理。继续开展“劳动关系和谐企业”创建活动，维护职工合法权益。以“执政为民、科学发展”为核心，扎实推进行业作风建设，树立和强化行业良好形象。以机关行政文化建设为重点，推进建设系统文化建设，提升建设事业发展的“软实力”。发挥好文明示范窗口、青年文明号、巾帼文明示范岗等的引领作用，广泛开展文明行业、文明单位、文明工地、文明小区、文明景区创建活动，把精神文明建设渗透到推进建设事业科学发展之中。

目前，市、县两级的政府机构改革正在进行，有些地方已基本完成。总的看，这次改革建设系统的部门和单位变动不大，大多是对原有机构及职能的理顺与整合，体现了各级党委、政府对建设工作重视和支持。凡涉及机构调整的，职能要尽快衔接，工作要尽快到位。建设口各部门要相互协调，密切配合，形成合力。

同志们，做好今年的建设工作，任务艰巨，意义深远。我们一定要以科学发展观统领全局，在省委、省政府的坚强领导下，进一步解放思想、锐意进取、埋头苦干、扎实工作，为加快推进新型城镇化、促进经济文化强省建设做出新的更大的贡献！

山东省住房和城乡建设厅厅长
杨焕彩在全省建设科技工作会议上的讲话

（2010年2月26日）

同志们：

这次会议，是在全省上下认真贯彻落实中央和省委省政府转方式、调结构重大决策部署，加快推进新型城镇化的形势下召开的一次重要会议。会议的主要任务是：深入贯彻落实省委、省政府“建设创新型省份”的战略决策，按照住房城乡建设部关于建设科技事业发展的工作部署，总结交流近年来我省建设科技发展成就，分析形势，研究部署今后一段时期的工作，以科技创新支撑和引领全省住房城乡建设事业又好又快发展。

省政府和住房城乡建设部对这次会议十分重视，郭兆信副省长专门致信，建设部建筑节能与科技司陈宜明司长、省科技厅崔建海副厅长出席会议并讲话，省科协林兆谦副主席参加会议。让我们以热烈的掌声，向他们表示衷心的感谢！

刚才，我们表彰了建设科教、墙材革新与建筑节能工作先进集体、先进个人，颁发了首届“山东建设技术创新奖”，命名了建设技术创新示范企业和建筑节能优秀示范工程，三个单位介绍了各自的经验和做法。在此，向受表彰的单位和个人表示热烈祝贺！下面，我讲几点意见。

一、锐意创新，真抓实干，我省建设科技工作取得显著成绩

近年来，在省委、省政府的正确领导和住房城乡建设部的精心指导下，各级建设部门认真贯彻国家和省建设科技工作一系列决策部署，紧紧围绕建设事业发展大局，狠抓墙改建筑节能与城镇减排，加强先进技术推广应用和科技研发，建设领域各行业科技含量不断提升，行业发展后劲和竞争力不断增强。

（一）创建节约型建设行业扎实推进。墙体材料革新与建筑节能成效突出，县城以上城市规划区已全面禁用实心粘土砖并正向建制镇推开，新型墙材生产和应用比例分别达到80%、96%；在全国率先全面执行65%、50%的建筑节能新标准，设计、施工阶段执行率分别达到100%、94%；实施既有居住建筑供热计量及节能改造1 110万平方米，争取国家奖补资金3亿多元；34个项目入选国家可再生能源建筑应用示范，6个项目被列为国家太阳能光电建筑应用示范，威海、德州和沂水成为首批国家可再生能源建筑应用示范市、示范县，获得国家财政补助资金4.67亿元；通过墙改与建筑节能，2006－2009年四年节能990万吨标煤，节地21万亩，利废1.35亿吨，减排二氧化碳2 580万吨、二氧化硫23万吨。节水技术和器具得到广泛应用，城市和县城年节水量达4.8亿吨，拥有9个国家节水型城市，数量居全国第一。为全省节能减排目标的实现做出了积极贡献。钢结构、塑钢窗、塑料管材、新型涂料大量应用到工程建设中，节材效果明显。通过规划设计方案优化和推广高层、小高层建筑，节省了大量土地。

（二）建设科技创新步伐明显加快。全省建设类科研院所、高等院校、大型企业不断加大科技开发力度。2006年以来省厅先后扶持开发各类新技术、新产品300余项，组织科技成果鉴定150项。山东省城镇化发展研究、H型钢结构节能住宅建筑体系、外墙外保温板、寒冷地区太阳能采暖技术、建筑屋面保温板成套技术、既有建筑节能改造成套技术等成果，均达到国内领先水平。这几年，我省建设领域先后获国家科技进步奖2项，省科技进步一、二等奖20项，省重大节能成果奖1项，节能优秀成果奖23项，特别是济南市政公用局承担了国家“水体污染控制与治理”科技重大专项中的部分课题，取得了重大研究成果。另外，海尔家居集成、力诺瑞特太阳能、万华节能建材3家企业被命名为国家住宅产业化基地，5个项目列入省高新技术自主创新工程专项，3个项目列入省资源节约型社会科技支撑体系建设专项，10个项目列入省科技攻关计划，12个项目列入省软科学研究计划，186个项目纳入住房城乡建设部科技计划。

（三）建设科技成果推广应用成效显著。围绕城乡规划、勘察设计、工程施工、城市管理、建筑节能、污水和垃圾处理等重点工作，省厅先后编制发布了两批推广应用和限制禁止使用技术目录，各地结合实际推广了一大批先进适用的技术、材料和产品。目前，外墙外保温板、中空双玻窗、应用煤矸石烧结砖、粉煤灰蒸压砖等节能利废产品，地源热泵、地板辐射采暖、太阳能建筑一体化、地下管线非开挖施工、热电联产集中供热系列节能等新技术，地理信息、遥感监测、数字化城管等新手段，已在全省建设领域各行业大量应用，产生了良好的经济、社会和环境效益。部分科研单位和大中型企业建立了中试基地和科技先导型实体，一批建设科技推广机构积极开展工作，促进了科技成果转化。

（四）推动建设科技进步的政策和技术法规不断完善。省政府制定的《山东省新型墙体材料发展应用与建筑节能管理规定》得到较好执行，省厅制定了建设领域推广应用新技术管理办法、建设系统高新技术产业发展纲要、可再生能源建筑应用发展规划等规范性和指导性文件，各市县政府和建设部门也制定实施了有关政策。全省编制建筑设计、施工、质量验收及计价等技术标准和设计图集77项、省级工法638项，7项标准被列为国家和行业标准，50项工法成为国家级工法，16个系列的住宅部品通过国家康居认证。根据推广新技术的工作需要，还编制了钢结构绿色节能住宅建筑体系等技术导则12项。

（五）建设科技人才队伍进一步壮大。全省建设企事业单位专业技术人员数量、质量同“十五”时期相比均有较大增长，形成了一支由学术带头人、技术骨干和一般技术人员组成的专业人才梯队。目前，全省取得建设执业资格的技术和管理人员已达13万人，其中已注册11.3万人，这些规划师、建筑师、结构工程师、岩土工程师、工程造价师、监理工程师、房地产估价师、建造师等，都是建设领域的技术骨干。一批专业拔尖人才不断涌现，全国和省工程勘察设计大师分别有5名、16名。

在肯定成绩的同时，我们也要清醒地认识到，我省建设科技工作总体水平还不够高，与先进省份相比还有较大差距，特别是科技创新和成果转化能力还远不适应推进新型城镇化、建设经济文化强省的要求。总的看，我省建设领域各行业还是一个传统产业集群，科技工作基础弱、底子薄、发展不平衡，整体技术素质低，科技贡献率低，创新能力建设滞后，城乡建设总体上还没有摆脱粗放型发展模式，高消耗、高污染、高投入、低效益的状况依然比较普遍。存在的主要问题：一是部分领导干部对科技创新的重要性认识不足，推进科技创新的自觉性、责任心和使命感不强，大中型建设企业作为科技创新主体的作用尚未显现。二是建设科技投入仍然偏低，多元化、多渠道的投入机制尚未形成。三是建设科技人才总量不足，整体素质有待提高，尤其是缺乏在全国有影响力的科技带头人，国家和省重点实验室、技术研发中心等创新平台建设严重滞后。四是建设科技服务体系社会化、市场化程度低，产学研脱节，科技成果推广网络不完善，推广手段少而软，影响科技成果转化应用。对这些问题，我们必须予以高度重视，采取有力措施，认真加以解决。

二、认清形势，提高认识，切实增强做好建设科技工作的紧迫感和责任感

当前和今后一段时期，转变建设事业发展方式、调整优化建设产业结构的任务十分艰巨。我们必须牢固树立并不断强化“科技兴业”意识，采取有效措施，强力推进建设科技进步。

（一）加快推进建设科技进步，是转方式调结构、建设创新型省份的必然要求。去年胡锦涛总书记来我省视察时强调，要下大力气转变经济发展方式，推进经济结构调整，大幅度提高科技进步对经济增长的贡献率。省委、省政府早已作出建设“创新型省份”的战略决策，最近召开的全省经济工作会议和省十一届人大三次会议提出，把转方式、调结构作为经济工作刻不容缓的重大任务和主攻方向，坚决打好这场硬仗。姜异康书记去年6月来省厅调研时专门强调，要在城乡建设中大量采用科技成果；姜大明省长在前几天召开的全省科技奖励暨技术创新工程推进大会上指出，要把推进国家技术创新工程山东省试点工作，作为我省加快转变发展方式、实现科学发展的重大机遇。建设行业是国民经济的基础性、先导性行业，每年城市基础设施、住宅与房地产、村镇建设投资占全社会固定资产投资的1/4左右，再加上勘察设计咨询业、建筑业、市政公用行业等完成的产值，建设行业在国民经济中的地位举足轻重。如果我们建设行业科技进步速度慢，科技含量上不去，就很难摆脱粗放的生产经营方式，就会拖建设创新型省份的后腿，就会影响全省转方式、调结构的大局。

（二）加快推进建设科技进步，是实施新型城镇化战略、提高城乡规划建设管理水平的重要依托。中央经济工作会议提出，把城镇化作为经济社会发展的持久动力。去年11月初省委、省政府召开的全省城镇化工作会议确定，着力推动全省城镇化由偏重数量规模增加向注重质量内涵提升转变，走资源节约、环境友好、经济高效、文化繁荣、社会和谐的新型城镇化道路。各级建设部门是城镇化工作的牵头部门，改进和加强城乡规划建设管理，加快城镇化进程，提高城镇化质量，我们责无旁贷。如果我们在建设科技工作上步子慢了、力度小了、措施软了，转变城镇发展模式、推进新型城镇化就难以支撑、缺乏依托、削弱动力，我们就愧对党委政府的信任和人民群众的期待。

*（三）加快推进建设科技进步，是实施节能减排、建设生态文明的迫切需要。*在去年的哥本哈根全球气候变化大会上，我国郑重承诺，到2020年单位GDP二氧化碳排放量比2005年下降40%至45%。建设行业是能源资源消耗的重点领域，蕴含着发展循环经济和低碳经济的巨大潜力，在建设资源节约型、环境友好型社会中担负着重要职责。无论是建筑节能还是城镇减排，无论是提高资源综合利用水平还是改善城乡人居环境，都离不开新技术、新材料、新产品，都离不开建设科技创新。

*（四）加快推进建设科技进步，是推动传统产业转型升级、提高建设行业发展质量的必由之路。*我省建设行业中，建筑业、市政公用等传统行业所占比重很大，标准化、自动化、信息化水平偏低，劳动生产率不高；房地产业技术集成能力较弱，城乡规划和勘察设计行业缺乏领军人物和高端人才，工程监理、造价咨询、招标代理、房地产评估等建设中介服务业技术力量相对薄弱。可以说，“大而不强”几乎是我省建设领域各行业的普遍现象。究其原因，主要在于我们的科技创新能力不足。必须把科技进步作为建设行业发展的强大动力，加快利用高新技术和先进适用技术改造提升传统产业，加快利用先进理念和优秀人才充实优化资金和技术密集型产业，同时通过政策引导和市场调控培育壮大节能建材和设备、可再生能源建筑应用技术及产品、污水和垃圾处理装备等新兴产业，提高我省建设行业的核心竞争力。

全省建设系统各级各部门，一定要从贯彻中央和省委、省政府战略决策的高度，切实增强做好建设科技工作的使命感、责任感和紧迫感，把加快推进建设科技进步摆到重要位置，务必抓紧抓实抓好。工作中要把握好四个原则：一要贴近中心，服务大局。要遵循国家和省科技工作方针，按照中央和省委、省政府对建设工作的要求，着眼长远，立足当前，从行业发展需要出发，找准科技创新的切入点，做到建设科技工作与住房城乡建设的中心工作合拍共振。二要抓住关键，突出重点。要坚持“有所为，有所不为”，整合建设科技资源，发挥现有优势，集中技术力量，集中投入资金，组织科技研发和推广，努力在重点领域和关键技术、共性技术上求突破。三要培养人才，用好人才。要把人才作为推进建设科技进步的最重要的资源，按照“用好现有人才、培养后备人才、引进急需人才”的原则，切实抓好科技人才队伍建设，为建设科技创新奠定坚实基础。四要面向市场，创新机制。要强化建设类企业在科技创新中的主体地位，引导企业与高等院校、科研院所密切合作，大力推进产学研结合，使市场成为建设科技创新导向，促进科技成果转化应用，带动行业整体水平提高。

三、明确目标，强化措施，大力推进我省建设科技进步

按照国家和省有关决策部署，当前和今后一段时期，全省建设科技工作的总体思路是：深入贯彻落实科学发展观，以提高建设科技贡献率为目标，以科技成果推广应用为重点，以人才为支撑，以企业为主体，以科技示范工程为载体，完善激励政策，优化体制机制，加大科技投入，突出集成创新，带动产业发展，推动建设领域节能减排，为加快推进新型城镇化、建设经济文化强省作出积极贡献。

主要目标是：全省建设科技投入每年增长5%以上，科技进步贡献率明显提高；到2015

年，基本建成城乡规划、行业监管、地下管线、数字城管、电子政务五大信息平台，建制镇以上建设工程新型墙材应用率达到100%，城市和县城新建建筑施工阶段节能标准执行率达到96%以上、应用可再生能源新建建筑比例达到50%以上。

工作布局是：实施山东建设科技“12223工程”，即从现在到2015年六年间，组织开展建设行业重点科技攻关100项，推广应用新技术、新产品200项，组织实施建设科技示范工程200个，培育省级以上住宅产业化基地20个，建立居国内同行业先进水平的建设技术研发中心30个。

（一）突出抓好建筑节能和城镇减排。以科技创新促进节能减排，是建设科技工作的首要任务。必须以新技术、新产品的研发和推广应用为支撑，大力推进建设领域节能减排。一要积极研发和推广节能优化设计、保温节能与结构一体化、既有建筑节能改造、能效测评、用能系统监控、节能检测等新技术，发展节能利废、可循环利用的新型墙材和装饰装修材料，推广应用H型钢节能住宅体系、自保温体系、保温装饰一体化系统、复合保温夹芯墙等新型墙材和结构体系，促进建筑节能、发展绿色建筑。二要重点做好太阳能光热建筑一体化应用技术与产品的研究开发，开展太阳能光电、太阳能空调系统、地源热泵技术的研发与推广，促进可再生能源建筑规模化应用。三要推广低温循环水、供热管道无补偿直埋技术、计算机远程调控、室外管网系统调节控制等技术，逐步淘汰蒸汽供热采暖技术，促进城市供热系统节能技改。四要在大型公共建筑、城镇道路、广场、绿地的功能和景观照明中，大力推广LED照明产品和节能自控技术。五要研发推广生活垃圾无害化处理、生物化处理技术和设备，开发和推广污水处理与资源化成套技术、污水再生利用技术及设备、中水回用技术等，发展污泥、建筑垃圾等固体废弃物回收与再利用技术，促进城镇污染物减排和资源综合循环利用。

（二）大力推进住宅产业现代化。推进住宅产业化，发展省地节能环保型住宅，既能提高住宅品质和科技含量，又有助于转变住宅建设模式，是建设领域集中利用各种先进适用技术和产品的优良载体。一要建立健全有关管理制度。要抓住房地产开发项目的确立、规划设计、竣工验收等关键环节，全面实行房地产项目开发建设条件意见书、住宅小区设计方案评审、住宅产业化技术方案审查、住宅品质状况表、住宅性能认定、房地产开发竣工综合验收备案制度，充分运用建设部门的管理职能和手段，把住宅产业化的有关要求落实到每个开发项目中。二要充分发挥开发企业在住宅产业化工作的实施主体和技术集成作用。引导鼓励大中型房地产开发企业，积极推广应用SI住宅、钢结构住宅、太阳能利用、建筑遮阳、中水和雨水利用、生化垃圾处理、住宅全装修、整体厨卫等住宅产业化成套技术。三要抓好住宅产业化基地建设。发挥好海尔家居集成、力诺瑞特太阳能、万华节能建材3个国家住宅产业化基地的示范带动作用，同时有针对性地选择有关企业，有计划、有步骤地培育命名一批省级住宅产业化基地。四要实行住宅部品认证制度，加快厨卫、隔墙等产品生产的标准化、模数化、通用化。五要打造示范平台，积极组织申报国家康居示范工程和A级住宅，引导更多企业争创“广厦奖”和省优秀住宅小区。

（三）着力推动科技成果转化应用。推广应用科技成果，是建设科技工作的重中之重。建设系统各级各部门，要对照省厅制定的推广应用和限制禁止使用技术目录，采取有力措施，抓紧推广一批先进适用、效益显著的新技术、新产品、新材料，坚决淘汰落后技术与产品。一要有重点地推广一批新技术、新产品。在城市建设与管理领域，重点推广地下管线共同沟、管线施工非开挖、管线信息系统、管线运行和水气热供应即时监控、饮用水安全保障、立体停车、节水型绿化等技术；在建筑业与工程建设领域，重点推广建筑业十大新技术；在村镇建设领域，重点推广新型墙材、外墙外保温板、节能门窗、被动式太阳能房、太阳能光热利用、生活污水处理等技术。二要建立完善建设科技推广网络。各市建委（建设局）、城市管理局（市政公用局、园林局）要抓紧建立科技推广机构，各县市区建设局要成立相应机构或委托有关单位开展科技推广工作，大中型建设企业应有部门或人员负责科技应用，同时要鼓励支持行业协会和技术服务机构参与建设科技推广。这方面，济南市政公用事业局带了个好头，春节前专门召开了“科技创新与节能减排工作会议”，说明他们有较强的科技创新意识，他们的科研成果也是很突出的。三要创新建设科技推广机制。依托高等院校、科研机构和大型企业，加强建设科技成果的中试环节建设，提高科技成果成熟度。开展建设新技术应用示范，在示范中完善技术，形成相应的工程建设标准、规程或技术导则。要研究办法，尽快将企业应用新技术、新产品的水平，与开发项目和建设工程招投标、资质审查和晋升、评奖评优等挂钩。

（四）有重点地开展建设科研开发。一要发挥优势搞创新。目前，我省在城市饮用水安全和水环境治理、墙体保温、节能门窗、太阳能光热建筑一体化、地源热泵、新型墙材等方面，有较好技术基础和较强研发力量。要充分利用和发挥这些优势，组织开展科技攻关，尽快取得更多的集成创新、消化吸收再创新和自主创新成果，力争取得一批具有自主知识产权、可迅速复制和推广的技术与产品。要抓好国家“水体污染控制与治理”科技重大专项有关子课题的研究开发，高质量地完成相关研究工作。二要构建体系促创新。引导、扶持大型建设企业建立企业技术中心和博士后工作站，集聚优秀人才，开展科技攻关。发挥科研院所、设计单位、高等院校在技术和人才方面的优势，建立工程技术研究中心、重点实验室等技术开发平台。鼓励建设类企业与高等院校、科研院所、设计单位之间建立长期的双边、多边技术协作机制，实施产学研一体化。省厅今后将建立全省建设科技计划制度，把建设系统各类研究开发项目纳入统一管理，对重点项目、关键技术研发给予专项资金支持。

（五）扎实搞好科技人才队伍建设。一要构建有利于创新人才成长的环境。各地各部门各单位，都要为建设行业骨干科技人才创造良好的工作和生活条件，建立完善科技人才培训、引进、使用和激励机制，特别要在科技经费和重大科研项目安排上向拔尖人才倾斜。鼓励企业聘用和培养优秀科技人才，引导科研院所和高等院校的科技人员面向市场开发先进适用技术，吸引国内外高层次人才为建设科技事业服务。二要建好人才梯队。要通过项目研究，发现和培养一批建设科技创新人才，形成相对稳定的科技创新骨干队伍。通过工作实践和有针对性的培养，选拔中青年优秀人才，培养学科带头人，形成完整的建设行业技术人才梯队。三要加强教育培训。鼓励科研院所、高等院校、大型企业合作培养研究型人才，完善专业技术人员继续教育制度，加强技师、高级技师等技能人才培养，全面提高建设系统各类从业人员的整体技术素质。四要发挥专家的作用。最近，省厅成立了科技委员会，将专家委员会调整充实到363人，集中了我省建设科技方面的骨干和精英。各市建设部门在组织策划、实施重点工程、重要项目时，可从省厅专家委员会中聘请相关行业的专家，参与研究论证和决策咨询。

（六）切实加强对建设科技工作的组织领导。全系统各级领导干部尤其是一把手，必须高度重视科技工作，认真思考，经常过问，定期研究，象抓重点工程一样抓科技创新。要加大对建设科技创新的激励和奖励力度，在各类评优评奖中把企业科技创新工作和工程项目的技术水平列为重要指标，科技含量低的不能授奖。今后，省厅每年评选一次“山东建设技术创新奖”，并定期表彰建设科技先进单位、先进个人、优秀项目。要不断增加建设科技投入，省厅将研究设立山东省建设科技创新基金，主要用于支持共性技术和关键技术的科研开发。各市住房城乡建设、城市管理等部门，也要设法安排科技专项资金。大中型建设企业要成为科技投入的主体，每年科技投入占利润总额的比例不应低于8%，建设类高新技术企业和科技型企业不应低于12%。

同志们，加快推进建设科技进步，提高建设科技含量，既是建设事业发展长远大计，也是做好建设工作当前所需。让我们全面贯彻落实科学发展观，以战略的思维、长远的眼光、务实的态度、有力的措施，努力开创建设科技工作新局面，促进建设事业又好又快发展！

山东省住房和城乡建设厅厅长杨焕彩在全省城市园林绿化工作会议上的讲话

（2010年5月25日）

同志们：

自2003年以来，省住房城乡建设厅坚持每年召开一次全省城市园林绿化工作会议，总结工作，部署任务，推广典型，对全省城市园林绿化事业的持续健康发展起到了积极的推动作用。这次会议选在诸城，是省住房城乡建设厅经过认真研究确定的。昨天下午，参观了诸城的园林绿化现场，今天上午又听了他们的经验介绍，相信大家对诸城的城市园林绿化工作有了一个比较直观全面的了解和认识。诸城市的经验主要有三个方面。一是领导高度重视。市委、市政府领导亲自部署，亲历亲为，对重点绿化项目精心谋划研究，及时协调解决工程建设过程中遇到的难题，有力推动了工作的开展。二是城市绿化建设投入多，规模大。近几年城市绿化投资每年平均达5亿元，城市绿量有了突破性增加。潍河公园、恐龙公园等建设项目投资多，有气魄，彰显了城市特色。三是全民绿化意识比较强。旅游、文物、水利等有关部门积极配合，社会各界和广大群众积极参与，形成了很好的工作合力。刚才，临沂、滕州、高青3个市（县）也作了典型发言，讲得都很好，其他城市的交流材料已经印发给大家，希望大家认真学习借鉴。下面，我讲三个问题。

一、2009年全省城市园林绿化工作实现了新跨越

2009年是我省城市园林绿化大事多、喜事多的1年。各地认真贯彻落实济南会议精神，把城市园林绿化作为贯彻落实科学发展观，促进城市可持续发展的关键措施来抓，以园林城市创建活动为抓手，围绕全运会、园博会两项重大活动，不断加大工作力度，强化工作措施，取得了丰硕成果，城市园林绿化实现了跨越式发展。2009年，我省全社会投入城市绿化建设资金145.7亿元，比2008年增加43.4%，是历年来最多的一年；全省新增园林绿地14 474公顷，城市园林绿地面积已达182 875公顷，比2008年增加8.6%；设市城市人均公园绿地达15.09平方米，居全国第一位；城市建成区绿化覆盖率达41.18%，绿地率达36.49%，均居全国前列。

（一）第七届济南园博会取得圆满成功，齐

鲁园成为最大亮点。本届园博会共有23个国家和地区、90个城市参展，总计建成108个室外展园，展园数量超过了历届园博会，创造了“展园全国覆盖，五洲都有参展”的新纪录。省住房城乡建设厅组织、17设区城市共同建设的齐鲁园，从设计理念到科技含量，从施工进度到工程质量，从文化内涵到景观效果，均获得了各级领导和广大群众的认可和高度评价，成为园博园的一大亮点，也是我省园林绿化行业发展过程中的里程碑。省委书记姜异康，省长姜大明，国家住房和城乡建设部部长姜伟新、副部长仇保兴等领导都参观了齐鲁园，一致认为齐鲁园建设水平高、施工精良、特色鲜明，充分展示了近年来山东改革发展成果，树立了山东崭新形象。在5月8日园博会闭幕式上，齐鲁园获唯一的最高奖，济南、东营、莱芜、潍坊4个城市获大奖，12个城市获金奖，大奖和金奖数量占全部展园的近一半，这是对齐鲁园的最大认可。这些成绩的取得是大家共同努力的结果，是在座各位心血和智慧的结晶。在这里，我代表省住房城乡建设厅向大家表示祝贺，也再一次谢谢大家！

（二）园林城市创建获突破性进展。去年12月份，省政府命名枣庄、德州、滨州、菏泽、莱西、滕州、招远、高密、高青、临朐、汶上、东平、莒南、费县、蒙阴等15个城市（县城）为“山东省园林城市”。今年2月份，住房城乡建设部命名潍坊、泰安、临沂、章丘、肥城等5个城市为国家园林城市，广饶、沂源、平邑等3个县为国家园林县城，肥城市石横镇为国家园林城镇，获奖城市数量全国最多。截至目前，我省共有国家园林城市20个，国家园林县城5个，国家园林城镇2个，省级园林城市28个。国家园林城市数量居全国第一，79.1%的设市城市成为园林城市，68%的县级市成为园林城市，25%的县城成为园林县城，全省形成了设区城市全覆盖，市、县、镇三级完整的园林城市体系，提前达到了章丘会议确定的“十一五”工作目标，成为名副其实的园林城市大省。

（三）园林绿化设施建设又上新水平。各市抓住国家扩大内需的机遇，以全运会为契机，以人口密集的旧城区、中心城区为重点，因地制宜进行绿化建设，让群众共享城市园林绿化建设的成果。加强全运场馆周边绿化建设，济南奥体中心，青岛、日照奥帆赛基地，济宁全民健身广场等绿化标准高，堪称精品工程和标志性工程。实施城区水系整治、截污、清淤、绿化等多措并举，有效促进了人、水、绿和谐。潍坊白浪河，临沂祊河、淄博猪龙河、枣庄东沙河、滨州新立河、东营广利河、莱芜青草河、聊城运河四期等河道整治项目相继建成，城市水环境持续改善。注重以人为本，千方百计增加旧城区、旧住宅区绿量，因地制宜建设街头绿地和游园，深受群众欢迎。滕州市投资1 600万元对老旧住宅小区进行绿化改造，群众居住环境得到明显改善。高青县投资3 000万元，在中心城区实施破硬造绿工程，在混凝土地面开挖树穴4 000余个，新增绿化面积30万平方米。从节水、节地、节材等方面入手，大力发展节约型绿化，城市园林绿化的可持续发展能力明显增强。临沂大力发展屋顶绿化，市区内屋顶绿化面积已达到200万平方米，营造出了绿意浓浓、生机盎然的“空中花园”城市屋顶景观。

（四）园林绿化队伍素质明显提升。设区城市新一轮机构改革基本完成，绝大多数城市园林部门的行业职能得到加强，地位有了新的提高，济南、青岛、淄博、济宁、泰安、威海、日照、莱芜、临沂等市成立了园林局，济南、临沂两市园林局还是政府直属机构。这些年的发展，最大的收获就是锻造了一只精通业务、勇于创新、特别能吃苦、特别能战斗、特别能奉献的园林队伍。近5年，有6名同志荣获全国绿化奖章，20名同志获省绿化奖章。在这次园博会闭幕式上，我省有16个城市荣获优秀组织奖，47个单位荣获先进集体称号，108名同志被评为园博会先进工作者。全省园林绿化产业发展迅速，一大批优秀园林企业不断发展壮大。到目前，全省有一级园林企业 20 家，二级园林企业 248 家，三级园林企业 891 家，园林项目经理 1 200 名，从业人员近 8 万人。各市苗木基地蓬勃发展，苗木自给率不断提高。省住房城乡建设厅去年 4 月初在菏泽举办了山东省第四届城市园林绿化苗木洽谈会，达成各类工程建设、经营合作意向 272 项，完成苗木交易额 8 000 多万元，取得了圆满成功。

（五）社会生态环境意识明显增强。经过这些年的发展，搞好城市绿化，创建园林城市，已成为各级领导和社会各界的共识，得到了广大群众的衷心认可和支持，全省上下拧成一股绳，形成了政府组织、部门联动、全民参与、齐抓共建的城市绿化格局。各级政府对城市园林绿化工作的重视程度、工作标准都有了新的提高，在资金、政策等方面的支持力度不断加大，许多领导同志亲历亲为，亲自调度部署，有力地促进了各项工作开展。人大代表、政协委员经常围绕城市园林绿化工作提出提案，献计献策，并对开展情况进行督察。舆论媒体围绕园林工作进行广泛宣传，并对一些热点问题展开讨论，征集意见，提出建议。坚持广泛深入开展花园式单位、花园式小区评选活动，有效带动了社会绿化的开展，2009 年授予 162 个单位“省级花园式单位”，75 个小区“省级花园式小区”荣誉称号。这些都很好地宣传和带动了全民绿化的开展，夯实了城市绿化工作的社会基础，形成了“人民城市人民建，绿化事业大家办”的良好绿化氛围。据民意调查显示，人民群众对所在城市的居住地周边绿化的满意程度高达 96%，对城市绿化满意率和创建园林城市的支持率几乎达到 100%，充分表明我们的城市园林绿化工作收到实实在在的成效，得到了老百姓的衷心拥护与支持。

二、坚持转方式、调结构，推动全省城市园林绿化工作实现新发展

中央和全省经济工作会议都明确提出，要把转方式、调结构、惠民生、提高质量和效益作为今年经济工作的主基调，以稳步推进城镇化为依托，努力使经济结构调整取得明显进展。胡锦涛总书记、温家宝总理在我省考察时明确指出，必须痛下决心、狠下功夫，坚决打好转方式、调结构这场硬仗，为长远发展打下坚实基础。省委、省政府领导多次强调，要在转方式、调结构上有新突破，在谋长远、抓重点上有新推进，在搞改革、促开放上有新举措，在惠民生、保稳定上有新成效，提高经济运行质量和效益，保持经济平稳较快发展，推动经济文化强省建设取得新进展。城市园林绿化是有生命的城市基础设施，既是民生工程，也是生态工程，应当在转方式、调结构中发挥更大作用。

（一）发展城市园林绿化是加快新型城镇化进程的迫切要求。省委、省政府把推进新型城镇化作为经济社会发展的重大战略，提出打造山东半岛蓝色经济区、推进黄河三角洲高效生态经济区建设、加快鲁南临港产业发展、建设胶东半岛高端产业区、加快发展省会经济的重大战略布局。在去年召开的全省城镇化工作会议上，明确指出要推进环境生态化，构建山川秀美的自然生态体系、舒适宜人的人居环境体系，构建城市园林与乡村农田、林网相联通的生态网络，实现人与自然和谐发展，科学规划生态功能区，重点加强城市过境水系、周边湿地和绿地的生态系统保护与建设，这些都对城市园林绿化工作提出了很高的要求。从今年开始，省里将连续开展三年和谐城乡建设行动，城市园林绿化也是考核的重点内容。

（二）发展城市园林绿化是建设低碳城市的客观需要。气候问题已成为全球关注的焦点问题，去年年底联合国在丹麦哥本哈根召开联合国气候变化大会，达成了《哥本哈根协议》，发展低碳经济、建设低碳城市，成为社会各界的共识。城市园林绿化是城市生态系统的一个子系统，它在保持整个城市的生态平衡方面起着不可替代的作用，是低碳城市建设的重要内容。一是吸收二氧化碳。据测算，一个成年人平均每天呼出二氧化碳0.9千克，吸进氧气0.75千克，而每亩绿地每天能吸收二氧化碳900千克，生产氧气600千克，可供1 000人的需要量，即每个城市居民要有10平方米绿地面积才能满足必须的生存环境。二是净化有害气体。城市绿地对城市工业和交通所排放的大量污染气体有阻挡、吸收、滞留和过滤的作用。作为主要污染物的二氧化硫，当通过绿地后，60%会被树叶滞留。一棵柳树一天可净化二氧化硫127.8克，杨树可净化112.9克。植物还可以吸收氟化氢、氯气等有害气体和致癌物质，并具有吸收和抵抗光化学烟雾污染物的能力。三是减弱噪声。经测定，40米宽的林带可降低噪音10～15分贝，30米宽的林带可降低噪音6～8分贝，绿篱和灌木丛能降低噪音5～7分贝。四是改善城市小气候。城市绿化地段有强烈蒸散作用，它可消耗掉太阳辐射能量的60%～75%，因而能使城市气温显著降低。城市绿化具有的这些生态特性，决定了城市绿化在改善城市生态环境方面具有不可替代的作用，是建设低碳城市的基础性工作。

（三）发展城市园林绿化是民生建设的重要内容。随着社会经济的发展和城镇化进程的加快，城市高楼林立，车行如梭，工作节奏很快，容易使人产生压抑感、疲劳感，缺乏宁静感，对整洁、优美、舒适环境的要求非常迫切。城市园林绿化是以人为主要服务对象的事业，目标是追求人与自然的和谐发展。园林绿化建设的服务功能，不仅体现于优化环境质量，促进人类身心健康，还能陶冶人们的情操，提高人们的文化艺术修养水平、社会行为道德水平和综合素质水平，全面提高人们的生活质量。没有城市绿化，从本质上说就不可能有适宜人们生活和工作的环境，更谈不上建设宜居城市。

经过前些年的发展，我省城市园林绿化已经取得了很大成绩，但相对于生态省建设和经济社会发展的要求而言、相对于广大群众的需求而言、相对于一些先进省市而言，仍然存在一定差距。城市之间和城市内部绿化发展不平衡、布局不均匀，县城、村镇绿化相对薄弱，单位、庭院绿化滞后，绿地养护管理水平有待提高，可持续发展能力不强等问题仍然不同程度的存在。城市园林绿化也应当积极贯彻转方式、调结构、惠民生要求，切实转变发展方式，调整绿化结构，在工作思路上着力实现“五个转变”，促进可持续发展。

在绿化发展模式上，由量的扩张转到质的提升上来，增强城市园林绿化的内生性。经过几年的发展，各市城市绿化覆盖率、绿地率、人均公共绿地指标均有较大幅度的增长，但低水平的重复建设问题仍程度不同的存在。要切实提高工程建设质量，打造园林精品工程，将绿化重点由过去的量的扩张转到质的提升上来。要加强绿化工程质量管理，全面落实绿化建设项目法人制、招投标制、监理制和质量监督制。要加强城市绿化科学的基础研究和应用研究，在规划设计、工程施工、选种育苗、栽培养护等各个环节，努力提高科技水平和科技含量。要抓紧研究并建立健全城市绿化建设管理的各项法规、规范性文件及技术标准、定额等，为工作提供依据。

在绿化建设模式上，转到节约型绿化上来，增强城市园林绿化的可持续性。要从园林绿化建设的理念上，在规划、设计、施工、养护、运营等各个具体环节上，综合考虑节地、节土、节水、节能、节材、节力措施，使有限的资源与能源真正得到合理分配与有效利用。要避免低水平重复建设，不能随意降低建设标准，要在节约的前提下建设优良工程，实现绿地景观效益、生态效益和社会效益的最大化。要遵循城市发展规律和市场经济规律，合理确定城市绿化建设档次和投资规模，讲求科学实用，决不搞华而不实、劳民伤财的形象工程。

在绿地植物配置上，转到复层配置模式上来，增强绿化的生态性。科学研究证明，复层植物配置的生态效益是单一草坪的50倍以上。植物配置应当遵循生态规律和种植规律，科学的确定植物密度，形成乔、灌、花、草各类植物相结合的多样性格局，促进城市绿化生态效益的提高。加强对乡土植物材料的选择和培育，按照适地适树的原则，积极发展和推广适应性强的乡土树种。重视城市绿化系统生物多样性和绿化新技术、新品种的运用推广研究，推广应用耐旱、节水、涵养水源的植物。加强大规格苗木的培育和应用，千方百计提高成活率。防止不顾自然规律片面引进洋树种、名贵树种，从整体上维持和保障生态安全。

在绿地结构布局上，转到人民群众最需要的地方来，增强绿化的均衡性。城市园林绿化工作必须把实现好、维护好、发展好最广大人民群众的根本利益作为立足点和出发点，做到贴近群众，服务百姓。城市中心区、老城区是人口最密集的地方，是市民生活工作学习的主要场所，也是体现城市功能、城市形象的区域。城市中心区、老城区绿化工作的好坏，直接关系到广大居民的切身利益。要把城市中心区、老城区作为绿化的重点部位，按照服务半径要求，多建设一些绿量大、品位高、设施全的街头游园和绿地，在绿地中增加休憩、健身设施，完善绿地功能。加强旧居住区的绿化改造和提升，补植大规格苗木，增加绿地面积，切实让广大居民享受到城市园林绿化的成果。统筹城镇绿化工作，着力提高县城和小城镇绿化水平，缩小城乡绿化差距。

在绿地管理上，要由粗放式管理转到精细化管理上来。随着近几年城市绿地建设规模持续扩大，园林养护管理任务越来越重，要求我们必须改进完善植物配置，加强绿化养护管理，尽快形成“建绿与管绿”并重的工作格局。要积极探索新的养护方式和方法，运用市场机制，推进养护的科学化、规范化和制度化。在旧城区和旧住宅区整治、城中村改造以及道路拓宽等城市改造时，最大限度地处理好城市改造与保护绿化的关系，保护好大树古树，严禁砍大树换小树。确需对树木进行移植的，要履行严格的审批程序，并向社会公示，征得群众同意，做好异地栽植工作。

三、扎扎实实做好今年的全省城市园林绿化工作

今年是实施“十一五”规划的最后一年，也是我省推进新型城镇化的重要一年。我们必须认清形势，进一步创新工作思路，推动城市园林绿化工作更好更快发展。在抓好增绿量、上水平、优布局、强管理等常规工作的基础上，重点抓好以下几个方面的具体工作：

（一）开展生态园林城市创建试点。经过前几年的努力，我省园林城市创建工作取得了长足进展，树立了一批典型，有力的带动了全省城市园林绿化的发展。要总结创建经验，查找存在不足，继续深入开展园林城市创建活动。现有国家园林城市要从现在开始，积极争创生态园林城市。创建生态园林城市是一项全新的工作，其内涵极为丰富，在考评内容、指标标准、评审程序等各个方面都提出了更高的要求。要学习借鉴深圳等城市的经验，坚持用生态学与系统学的原理来规划、建设、管理城市，促进城乡及区域生态环境向可持续的生态系统演变。要加强对园林城市标准的学习和研究，住房城乡建设部已经明确，凡是住宅供热计量收费面积占集中供热总面积的比例低于25%的城市，不受理其申报中国人居环境奖和国家园林城市；达不到上述标准的城市申报全国文明城市等称号，住房城乡建设部将提出否定的意见。对已获中国人居环境奖、国家园林城市称号的城市应限期达标，住房城乡建设部将进行督办。各市要按照住房城乡建设部要求，大力推行按用热量计价收费，加强新建建筑供热计量监管，加快既有居住建筑供热计量及节能改造，使人民群众享受到供热计量改革的成果。同时，在今后国家和省级园林城市考评中，将进一步强化城市生活垃圾、污水处理设施以及数字化城市管理、12319热线建设运行情况的考核，必要时实行一票否决。

（二）实施道路绿化提升和林荫停车场建设两个专项行动。一是开展道路绿化提升专项行动。道路绿化是城市绿化的经络，是城市的风景线。近几年的新建城市道路绿量普遍比较大，绿化档次较高，而老城区道路绿量相对较低，行道树断档断线现象普遍存在，有的道路甚至连行道树都没有。要加强城市道路的绿化提升改造，突出抓好行道树的栽植。行道树应选择深根性、分枝点高、冠大荫浓、生长健壮、适应城市道路环境条件，且落果对行人不会造成危害的树种。香樟等树种不宜在我省作为行道树栽植，有的城市已经有惨痛的教训，各市要引以为鉴。推广肥城等城市做法，大力推广行道树双排甚至多排种植。城市道路改造的，必须留出符合要求的绿化用地，道路绿量只能增加，不能减少。继续实施沿街单位的拆墙透绿或扩绿工程，使单位内部绿化与道路绿化融为一体。二是开展绿荫停车场建设专项行动。城市硬质铺装过多，缺乏林荫覆盖是当前各市存在的普遍问题。学习借鉴临沂、高青等城市做法，对具备条件的硬质铺装进行破硬造绿改造。加强停车场绿化，结合停车间隔带种植高大庇荫乔木，林下进行嵌草铺装，建设生态停车场。在居住小区、单位、商场、宾馆等硬质铺装过多、绿化过少的地方，大力实施“绿钉子”工程，破硬造绿，见缝插绿，补植大规格苗木，建设林荫广场，千方百计拓展绿化空间，为群众出行提供方便。

（三）突出加强园林文化建设。文化是园林的灵魂，没有文化内涵的园林是没有生命力的。城市的文化定位、风格和特色是城市园林的命脉。在园林规划设计、建设施工、植物配置等各个环节，都要融入文化因素，实行文化建园。要充分运用梅、兰、竹、菊、松、牡丹等富有文化内涵的园林植物，亭、台、楼、阁、石等园林建筑以及诗、文、书、画等各类文化要素，丰富园林建设的文化内涵。市花市树是城市文明的标志和城市文化的象征，必须在广泛征求专家和群众意见的基础上进行确定。古树是历史的见证，活的文物；名木是珍贵的资源，它们都是具有很高文化价值的历史遗产，能够为城市的文化增添厚重的一笔财富，必须保护好。要开展好园博会、书画展、摄影艺术展、盆景展、赏石展、菊展等主题活动，弘扬园林文化，营造舆论氛围。

（四）切实加强绿地养护管理。要严格落实省住房建设厅和省质量技术监督局共同颁发的《城市园林绿地养护服务规范》、《城市公园服务规范》要求，建立严格的养护管理责任机制和考核机制，加强对绿地责任单位和养护单位的考核，提高养护水平。加大执法力度，查处未经批准侵占城市绿地、乱伐树木和破坏绿化成果的行为，对擅自占用绿地或改变绿地性质的责任人，要严肃处理。严格落实美国白蛾防控责任制，认真贯彻“预防为主、科学防控、依法治理、促进健康”的方针，坚持“突出重点、分区治理、属地防治、联防联治”的原则，强化防控措施，确保不发生灾情，维护绿化成果。

（五）精心筹办好第三届山东省城市园林绿化博览会。2005 年 4 月和 2007 年 9 月，省建设厅分别在菏泽和济南举办了两届省园博会，均收到了很好的效果。根据青岛市的申请，省住房城乡建设厅决定于今年 9 ~ 10 月份，在青岛市举办第三届省园博会，并与第五届中国赏石暨国际赏石展同期举行。园博会采取室内布展和室外展示相结合的办法，室外展以“与石相映，循环再生”为主题，组织全省 17 设区城市建设室外园艺景观小品。除植物材料外，造园所用材料必须以回收利用的废旧材料为主，如玻璃制品、汽车轮胎、金属废弃物等。要用循环发展的理念和全新的造园手法，建设循环再生、生态环保、内涵丰富、可持续发展的园艺景观。室内展览包括节约型园林建设展、园林新技术新设备新材料展等内容，同期举办生态园林城市发展论坛等配套活动。大家一定要以积极的姿态，关心、关注、支持、参与园博会各项活动，根据各项工作分工抓好贯彻落实。青岛市作为东道主要全面加快各项筹办工作进程，精心策划好展览、论坛、开幕式等活动，确保办出高水平。要为各参展城市提供热情周到的会务接待和后勤保障服务，及时协调解决有关问题。

同志们，城市园林绿化工作站在了新的起点上，肩负着新的历史使命。希望各地坚持以科学发展观为指导，积极贯彻城镇化战略，继续以创建园林城市为抓手，大力推进城市绿化建设，努力开创全省城市园林绿化工作新局面，为全面构建资源节约型和环境友好型社会，实现人与自然的和谐发展做出新贡献。

谢谢大家!

山东省住房和城乡建设厅厅长杨焕彩在全省建筑节能电视会议上的讲话

（2010年7月5日）

同志们：

省住房城乡建设厅专门召开这次建筑节能电视会议，主要是传达学习国务院和省政府节能减排电视会议精神，总结近几年建筑节能工作，研究部署如何进一步加大工作力度，确保全面完成省政府和住房城乡建设部下达的2010年度建筑节能任务。刚才，传达了国务院、省政府、住房城乡建设部有关会议和文件精神，全省建设系统各级各部门要认真学习，切实抓好贯彻落实。下面，我讲三点意见。

一、近几年我省建筑节能工作取得显著成绩

近年来，全省建设系统认真贯彻国家和省有关决策部署，深入扎实地推进建筑节能工作，一些方面走在全国前列，为推动全社会节能减排做出了积极贡献。

（一）新建建筑节能扎实推进。在省域范围率先全面推行建筑节能新标准，建立了设计、图审、施工、监理、竣工验收备案层层把关的建筑节能闭合管理机制，实行了节能设计审查备案、节能材料进场复验、节能施工检查、节能建筑认定评审等制度，去年全省新建建筑节能标准执行率设计、施工阶段分别达到100%、94%，高于全国平均水平1个、4个百分点。青岛、淄博、东营、烟台等市严格监管，施工阶段节能标准执行率达到98%以上。绿色建筑和低能耗建筑建设试点进展顺利，7项工程被列入国家“百项绿色建筑示范工程”和“百项低能耗建筑示范工程”，省交通学院图书馆获得2星级绿色建筑评价标识。

（二）既有居住建筑供热计量及节能改造取得突破。省里将国家下达的“十一五”1 900万平方米改造任务分解到各市，制定了有关政策和技术标准，不断加强工作指导和督促检查；各市积极落实项目，筹措资金，创新改造方法和模式。到去年底，全省已完成节能改造1 110万平方米，获得国家奖补资金3亿多元，其中2009年节能改造工作量居全国第一，得到部里的充分肯定。东营、滨州两市已超额完成“十一五”节能改造任务，淄博、德州在节能改造融资方面走出一些新路子。

（三）城市供热节能技改成效显著。各地认

真贯彻省政府《关于加快推进城市供热节能工作的通知》，积极创造条件，对热源、供热管网、换热站进行节能技改。2008年冬季采暖期，全省供热企业通过节能改造，节约标煤近100万吨，减少二氧化碳排放近260万吨。2009年又有72家供热企业实施了88个供热节能改造项目，全部投入运行后，全省每年可节约标煤300万吨，减少二氧化碳排放780万吨。省厅组织研发的“热电联产集中供热系列节能技术”，荣获“山东省重大节能成果”称号。

（四）可再生能源建筑应用加速推开。省里举办了首届可再生能源建筑应用高层论坛，对太阳能与建筑一体化作了专项部署，要求12层以下住宅等4类建筑强制安装应用太阳能热水器。各地制定实施了推动可再生能源特别是太阳能建筑应用的政策措施，威海、德州、济南、烟台、潍坊、日照等市走在全省前列。2006年以来，全省已有40个项目入选国家可再生能源建筑应用示范，威海、德州、沂水成为首批国家可再生能源建筑应用示范市、县，累计获得国家财政补助资金4.67亿元。去年，全省可再生能源建筑应用面积达到1 800万平方米，占城市新建民用建筑的34%。

（五）墙体材料革新不断深化。各地一手抓新型墙体材料发展应用，一手抓实心粘土砖禁用禁产。全省所有设市城市、县城和部分建制镇已基本实现“禁实”目标，40多个市县已经禁止使用粘土制品。2006年以来，全省累计生产新型墙材1 160亿块标砖，建设工程应用新型墙材710亿块标砖，去年新型墙材生产比例、县城以上城市规划区应用比例分别达到80%、96%。

（六）机关办公建筑和大型公共建筑节能监管体系建设取得积极进展。各市都已开展机关办公建筑和大型公共建筑能耗统计，济南、青岛两个国家示范市和淄博等6个省级示范市节能监管体系建设进展较快，山东建筑大学、青岛海洋大学被列为国家节约型校园建设示范单位。

取得这些成绩，是建设系统各级各有关部门认真落实国务院和省政府有关决策部署，结合各地各行业实际，创造性开展工作的结果。但也要清醒地看到，我省的建筑节能工作成效还是阶段性的，与国家和省关于节能减排的总体要求相比，与转变发展方式、调整经济结构的宏观形势相比，与广大人民群众的期望相比，还有较大差距。工作中还存在一些问题：一是部分市、县建设主管部门一把手对建筑节能的重要性、紧迫性认识不足，工作主动性、积极性不强，政策跟不上，措施不得力；二是个别市、县建筑节能工作力量薄弱，有的至今没有成立专门机构，工作人员少，工作水平和能力无法适应日益繁重的工作任务；三是供热体制改革不到位，按实际用热量计价收费尚未推开，使已建成和完成改造的节能建筑达不到应有的节能效果，也不能给节能建筑用户带来实际的经济利益。对这些问题，我们必须予以高度重视，采取有力措施，认真加以解决。

二、明确目标，狠抓落实，确保全面完成今年的建筑节能工作任务

今年是完成“十一五”节能减排目标的最后一年，国务院和省政府都专门召开会议、发出文件，强调必须不折不扣地按期完成任务，对完不成任务的实行行政问责、“提帽来见”。省政府成立了“节能减排和淘汰落后工作”指挥部，从有关厅局抽调精干人员组成办公室，加强对节能减排工作的指挥调度，并把建筑节能有关任务纳入对各市政府的节能减排责任考核指标体系，还与省住房城乡建设厅签订了建筑节能目标责任书，部里也向各省建设主管部门下达了任务。根据省政府和住房城乡建设部的部署，今年我省建筑节能工作的主要任务有四项：一是城镇新建建筑执行节能强制性标准的比例达到95%以上，二是年内完成既有居住建筑供热计量及节能改造800万平方米，确保按时保质保量地完成“十一五”期间1 900万平方米的改造任务；三是太阳能光热系统建筑一体化应用面积达到1 200万平方米；

四是机关办公建筑和大型公共建筑节能、绿色建筑、可再生能源建筑应用、墙材革新、农村墙改建筑节能等工作取得积极进展。其中，前三项是列入省政府“双目标”责任考核的约束性指标，是必须确保完成的硬任务。为此，今后半年多时间，要突出抓好三个方面：

（一）进一步强化新建建筑节能管理。目前我省仍有部分市新建建筑节能强制性标准执行率偏低，达不到95%。已经达标的，要保持清醒头脑，坚持自我加压，继续提高执行率，为实现全省目标多作贡献；尚未达标的，更要奋起直追，强力推进，决不能拖全省的后腿。一要加强和改进建筑节能工程监管。要继续实施建筑节能闭合管理。建筑设计、施工图审查、施工许可、质量安全监督、竣工验收备案等各个环节，都要严格把关，确保严格执行节能标准。规划部门在核发建设工程规划许可证时，可就朝向、通风、采光等提出意见，从规划角度引导建筑节能。对大中型住宅小区要进行住宅产业化技术方案审查，审查中要把建筑节能作为重点。省里已经设立了外墙外保温工程专业承包资质，各地要以此为契机和抓手，加强对节能工程施工企业的监管，组织好从业人员培训，提高其技术水平和操作技能，从源头上解决施工质量不过关、细部保温措施不到位等问题。各市要加强对所辖县市的检查督导，尽快提高县市的节能标准执行率。二要全面推行民用建筑节能信息公示制度。建设、房管等部门要督促建设单位和房地产开发企业，严格执行节能信息公示制度，将新建建筑的能耗指标、节能措施及保护要求等信息，在施工现场和售房场所进行公示；在房屋买卖合同、住宅质量保证书和使用说明书中予以载明。对机关办公建筑、大型公共建筑、可再生能源建筑应用示范工程，还要推行能效测评标识制度，向社会公布建筑物的能耗水平和利用效率，接受公众监督。另外，要大力推广应用节能与结构一体化技术，有条件的地方要积极发展绿色建筑、低能耗建筑。

（二）全力推进既有居住建筑供热计量及节能改造。在今年建筑节能三项硬任务中，这项工作面临的压力最大。一要迅速落实改造项目。各地建设、市政公用部门要密切配合，把尚未完成的节能改造工作量，逐一分解落实到具体项目。已经完成或准备实施热源和管网改造的居住小区，要优先进行改造。项目确定后，要制定技术方案，筹集改造资金，抓紧组织实施，确保年底前不折不扣地完成任务，力争采暖期前基本完成。省厅将继续实行节能改造月调度、月通报，对工作进展不顺的市将重点督查。二要认真抓好项目验收。各市建设部门要会同市政公用和财政部门，按照《北方采暖地区既有居住建筑供热计量及节能改造项目验收办法》的规定，抓紧组织对去年已完成改造项目的验收评估工作，及时提请省里进行抽验，为迎接国家复验做好准备。建设系统内部各机构要进一步密切协作。整个项目验收工作由墙改节能主管机构牵头，其中：围护结构的验收由墙改节能主管机构具体负责，热源和室外管网热平衡、室内采暖系统热计量及温控装置的验收，由供热主管机构负责。三要加快推进供热计量改革。对这项工作，近期省政府还要专门开会部署，这里就不细讲了。同时，各地要组织做好既有建筑基本情况普查，为“十二五”节能改造提供依据。

（三）以太阳能光热建筑一体化为重点，扩大可再生能源建筑应用规模。一要确保完成1 200万平方米的太阳能光热建筑一体化应用任务。省厅已会同省政府节能办，把这项任务分解下达给各市，有的市已经落实到县市区和具体建设项目。尚未落实到项目的，要对拟建和在建工程抓紧进行核查，督促符合应用条件的工程，严格按照太阳能建筑一体化要求，进行设计和施工。要把太阳能建筑一体化纳入建筑节能闭合管理机制，确保城市和县城新建 12 层以下居住建筑和宾馆、学校、洗浴场所等公共建筑全面安装太阳能光热系统。同时，要以农房建设与危房改造为契机，在集中连片农房项目中积极推广应用太阳能热水系统。二要扎实做好可再生能源建筑应用示范工作。威海、德州、沂水要按照国家和省里的要求，用好用活补助资金，优选项目，抓好实施，充分发挥示范带动作用。对各类国家示范项目，有关市要加强管理和技术指导，打造节能减排效果优良的精品工程。下半年，省厅将会同有关部门，利用省新能源专项资金，以地源热泵建筑供热制冷、太阳能光电建筑应用、太阳能光伏与LED结合照明等三类项目为重点，组织开展省可再生能源建筑应用示范工程建设，各市要提前做好项目储备工作。

在抓好以上三个方面的同时，各市要加快推进机关办公建筑和大型公共建筑节能监管体系建设，选择部分高能耗建筑进行节能改造；要扎实推进墙材革新，尽快实现建制镇规划区“禁实”目标；鼓励和推动利用建筑垃圾生产新型建材；要抓好农村墙改与建筑节能，集中建设改造的农房项目要推广使用新型墙材，按节能标准建设；要抓好城市公共照明节能，推广LED照明产品、太阳能路灯和节能自控技术。

三、切实加强对建筑节能工作的领导

今年是实现“十一五”节能减排目标的攻坚之年、决战之年，建筑节能是全社会节能减排的重要组成部分。到年底还有半年多时间，时间紧，任务重，要求高。建设系统各级各部门，一定要增强责任感和紧迫感，切实加强对建筑节能工作的领导。一要明确工作责任。各市、县建委主任、建设局长是建筑节能工作的第一责任人，分管同志是直接责任人，主管科（处）长和有关单位一把手是具体责任人。供热主管部门的主要负责人和分管负责人，承担供热系统节能改造和热计量收费的工作责任。一旦到期完不成任务，要承担相应的责任。二要充实工作力量。要科学调配人员，努力创造条件设立或调整机构，使建筑节能工作有人干、干得好。三要加强协调配合。建设系统内部，建设、规划、房管、市政公用等部门之间首先要加强沟通和协作，真正形成合力；同时，要与发改、经信、财政等部门搞好协调，主动争取当地党委、政府的关心和支持，营造良好的工作环境。四要强化监督考核。省厅将对纳入省政府考核范围的建筑节能工作进行专项督导和检查，年底前对各市建筑节能任务完成情况进行评价考核。各市建设部门也要抓好对县市区及有关单位的监督考核，一级抓一级，层层抓落实。

同志们，完成今年的建筑节能工作任务，没有余地，没有退路。让我们以科学发展观为统领，全力以赴、扎实细致地做好各项工作，确保如期高质量完成任务，为全面实现我省“十一五”节能减排目标做出应有贡献！

山东省住房和城乡建设厅厅长杨焕彩在全省建设系统防暑防汛和安全生产视频会议上的讲话

（2010年8月5日）

同志们：

省住房城乡建设厅召开这次紧急会议，主要是针对最近持续高温、闷热多雨天气，安排部署全省建设系统作业防暑、城市防汛和安全生产工作，保障一线职工权益和城市正常运转，维护人民群众生命财产安全。下面，我讲几点意见。

一、充分认识当前极端天气频发可能造成的严重危害，保持高度的预见性和警惕性

进入夏季汛期以来，全省建设系统各级各部门认真贯彻中央和省有关安全和防汛的工作部署，严格落实各项安全防护和城市防汛措施，建筑施工、市政公用事业运营没有发生大的安全事故，城市防汛方面经受住了几场暴雨的考验。但是，由于最近几天我省连续出现35℃以上高温，加之空气湿度大，不少城市建设行业户外作业人员发生多起中暑事件，有的甚至导致死亡，在社会上产生较大反响，必须引起我们的高度重视。

最近一段时间，全国气候条件极端异常，许多地方相继出现极端恶劣天气，造成重大损失。先是广州连降特大暴雨，街道变成河道，城区一片汪洋；再是重庆、四川短时突降暴雨，重庆16个县区和四川18个市州、85个县市受灾，广元、达州城区被淹；河南西部、南部发生严重洪涝灾害，其中栾川县一处桥梁被冲垮，造成51人死亡、15人失踪；吉林省永吉县7 000只化工桶被洪水冲入松花江，通化市4条输水管线被洪水全部冲断，导致城区30万人断水四天。此外，因违规作业、操作不当也引发了一些重大安全事故。7月16日，大连新港输油管道爆炸，造成空气和海域严重污染；28日，南京一厂区在拆迁施工过程中，地下丙烯管线被挖断，丙烯泄露爆燃，周边近两平方公里建筑物严重受损，造成13人死亡、14人重伤、100多人受伤。这些灾害和事故，都给我们敲响了警钟。

党中央、国务院高度重视防汛抗洪和安全生产工作，胡锦涛总书记、温家宝总理都多次作出重要指示，要求确保人民群众生命安全，最大程度地减轻灾害损失。省委、省政府对此极为重视，姜异康书记7月20日专门到省防汛抗旱总指挥部现场办公，姜大明省长7月29日专程检查东平湖防汛工程，强调始终把人民群众的生命财产安全放在首位，进一步增强责任感和紧迫感，明确责任，狠抓落实，全力做好各项工作。郭兆信副省长7月7日到济南市检查城市防汛工作，要求深入开展隐患排查治理，加强市政公用设施运行保障，确保一旦发生重大汛情险情，能够有效有序应对。前两天，郭省长又专门给我打电话，进一步强调抓好城市防汛，并要求做好高温条件下一线职工的劳动防护工作。最近，针对防汛抗洪和安全生产，省委、省政府和住房城乡建设部相继发出了一系列文电，对有关工作提出了明确要求。全省建设系统各级各部门，一定要深入贯彻中央和省委、省政府的工作部署，以对人民群众高度负责的态度，坚决克服侥幸麻痹心理，保持高度的预见性和警惕性，进一步完善各项防范措施，把作业防暑、城市防汛和安全生产工作抓紧、抓实、抓到位，切实保障职工权益，维护城市安全。

二、未雨绸缪，积极应对，严格落实各项防范措施，坚决抓好建设系统暑期汛期安全工作

*（一）大力强化暑期户外作业劳动防护。*建设系统各级各部门，一定要把人的生命放在第一位，生命至上，不能动摇。我们的环卫保洁、建筑施工、市政维修、园林养护等行业，大量一线职工户外作业，高温闷热天气严重威胁他们的身体健康。必须牢固树立以人为本的思想，大力强化暑期户外作业劳动防护。一是科学安排作业时间。要统筹考虑、合理调整一线职工作息，户外作业要避开中午高温时段。气温高于36℃时，要立即停止户外作业；对拒不停工引发中暑死亡的施工企业，一律暂扣安全生产许可证，其中因高温停工延误工程合同时间的，按误工时间顺延合同工期。遇有停水、停气抢修和下水道疏通等紧急任务时，要合理安排轮班作业。遇到大风、暴雨等恶劣天气，建筑工地要迅速停工撤人。前几天，我们某个城市的主管部门检查施工企业时，要求落实高温停工措施，有人提出耽误工期谁负责？这样的理由很荒唐，完全颠倒了主次关系。

工期可以弥补，人的生命只有一次！对这样的企业一定不能客气，必须果断处理，立即停工。省里设立两部举报电话：一部设在省建管局工程安全监督站，电话是0531－86195339，负责建筑工程高温违规施工举报；另一部设在省厅城建处，电话是0531－87087022，接受市政公用、环卫、城市防汛、风景园林等方面高温违规作业投诉和安全隐患等举报。各市县也要设立投诉电话，并向社会公开。二是严格落实防暑措施。各地要督促作业单位，为户外作业人员购置配备遮阳帽、毛巾、清凉油等必要的防暑降温用品，每天给一线职工准备绿豆汤、茶水等清凉解暑饮品。要动员环卫、市政、园林作业的沿线单位，为一线职工提供休息纳凉场所。要对一线职工普及防暑降温常识，提高他们的自我防护意识。对年龄偏大、体质偏弱人员要重点关注，适当减少工作量，降低劳动强度。特别对环卫工人的关心，要体现在日常的工作和生活中，不要只在环卫工人节那几天搞得轰轰烈烈。最近，《齐鲁晚报》发起了“让环卫工人歇歇脚”的活动，引起社会良好反响。我们主管部门也要认真研究，把对环卫工人的关心体现在细节上。三是切实做好中暑应对工作。要组织有关单位，结合行业特点，制定完善户外作业人员应急救护预案，一旦有人中暑及时救治，最大限度地避免伤亡事故发生。

（二）进一步落实城市防汛各项措施。现在除山东、河北、北京、内蒙古外，其他省区市都不同程度地发生了水患。天有不测风云，发生较大汛情的可能性不是没有，我们要继续立足于防大汛，宁可备而不用，不可用而无备。要做到汛期不结束，工作不放松，1987年8月26日，济南就发了大水。目前，我省防汛工作正处于“七下八上”的关键时期，各地要保持高度警觉，坚持科学防控、综合防控、主动防控，强化责任制和应急机制，努力保证城市安全度汛。一是确保城市防汛设施正常运转。要严密监控各类防汛工程和设施运转情况，及时清理行洪河道、排水管道阻水障碍和垃圾污物，对积水路段和低洼地区提前安排好强排措施，确保汛情发生时排水通畅。对前期损耗的防汛物资，要立即清点，及时调度补充。二是加强危旧房屋和住宅小区汛期监控。对存有安全隐患的棚户房、危旧房、简易楼房尤其是直管公房，房管部门要重点监控，必要的应抓紧进行维修加固，严防出现房屋倒塌伤人事故。对实行物业管理的住宅小区，要组织物业服务企业，对地下室、地下车库等易进水部位和空调室外机、太阳能热水器等易脱落构件进行重点防范。三是继续完善预警和应急机制。各地城市防汛主管部门要与气象部门保持密切联系，一旦可能发生重大雨情、汛情，迅速通知到厂矿、学校、地下商业服务等重点防汛单位，遇有重大险情及时组织人员转移，确保群众生命安全。各级城市防汛队伍要24小时待命，一旦出现险情立即上岗到位。四是进一步加强值班调度。要坚持24小时值班制度，保证时间、人员、职责三到位，密切关注天气变化，及时调度雨情、汛情，加强与当地政府应急办和防汛指挥部的联系，确保汛情信息准确畅通、防汛指令及时执行。

（三）继续提高建筑施工安全生产水平。当前高温多雨，大风雷电等天气频发，正是建筑施工坍塌、中暑、中毒、雷击、电击以及高处坠落等安全事故的高发期。各地建筑业主管部门要组织施工企业，针对暑期汛期特点，落实好各项施工安全防范措施。一是强化施工现场安全防护。要根据现场周边环境、地质情况、工程特点，进一步完善雨季施工安全技术措施。排水沟、集水井等排水设施要确保畅通，基坑或管沟开挖要特别注意边坡稳定，梯子、坡道要设置防滑条和防护栏杆，塔吊、施工升降机、物料提升机、脚手架、模板支架等要保证基础稳固、搭接牢固，施工用电要严防漏电、触电事故，学校、集贸市场、人行道边的施工围墙要防止坍塌伤人。二是保证施工人员生活设施安全。工人宿舍要避开山洪、滑坡、塌陷易发地段，与在建工程保持一定安全距离，适当减少居住人数，保持室内通风和环境卫生。要加强施工现场饮用水和食品卫生管理，避免引发中毒事件。要设置淋浴间，让工人能洗澡；配备卫生室，备足防中暑、防中毒的药品。三是强化施工安全隐患排查治理。要加大对高边坡、高挡墙、深开挖、脚手架、物料堆积等部位的巡查力度，对查出的事故隐患，要落实责任及时整改，不能保证安全的要立即停工。要注意检查农房建设与危房改造、房屋拆除等工程，查找工作死角和薄弱环节，堵塞安全监管漏洞。

（四）全力保障市政公用设施安全运营。一是确保城市正常用水。要做好应急水源调配、备用电力储备工作，做好供水机电设备运行维护，确保高温条件下设备运行正常。要加强供水水质安全监测，增加对水源、出厂水的水质监测项目和频率，根据原水水质变化及时调整药剂投加量，严防急性传染病发生。二是确保燃气设施安全。要加强对燃气场站的安全巡查，保证消防水池、消防泵、喷淋管线以及安全阀、放散管、压力表、避雷系统有效运转，高温天气下要增加储气罐的喷淋次数。暴雨、洪水过后，要重点检查供气管道和储气设施状况，防止洪水冲刷造成管线悬空、变形及储气罐体基础塌陷带来的安全隐患。三是确保污水和垃圾处理设施正常运行。要督促污水处理厂及时清掏进水格栅，避免暴雨冲刷夹带的垃圾杂物堵塞管道、阀门和水泵；加强进水量及各处理构筑物的液位与水质监控，避免进水水量、水质剧烈变化影响处理效果。要加强垃圾填埋场安全检查，确保坝体安全，防止因暴雨引起坍塌，防范渗沥液外溢渗透引发水体污染。四是确保城市道路桥梁安全畅通。要加强对城市道路、桥梁等设施的巡查和检修，及时排除故障和隐患。要重点做好城市立交桥、隧道、地下通道等部位应对暴雨水淹的处置方案和应急物资储备，保证一旦发生暴雨，及时排出积水。

（五）切实改进城市地下管线安全管理。各地要认真吸取南京“7・28”管线泄露爆燃事故的惨痛教训，进一步改进和加强城市地下管线安全管理。要继续认真贯彻省政府去年发出的55号明电（《关于切实加强工业压力管道和城市地下管线安全管理的紧急通知》），按照近日省安委会3号明电（《关于汲取南京市7・28管线泄露爆燃事故教训认真做好我省化工企业安全生产工作的通知》）的要求，落实好地下管线安全管理职责，严防因情况不明、野蛮施工发生重大管线事故。一是坚决杜绝新建、改扩建工程危及管线安全。所有新建、改扩建项目进行工程设计前，建设单位必须到当地城建档案管理机构查询地下管线现状资料，然后科学确定设计方案，严禁违规操作，严防破坏管线。涉及地面开挖尤其是挖掘道路的建设项目，还应编制地下管线安全监护方案。未查询管线资料、编制监护方案的，一律不得办理规划、施工许可手续。二是严密防范工程施工损害地下管线。建设单位组织施工包括拆除前，必须将现有管线的分布、走向、埋深和位置向施工、监理单位进行技术交底，制定周密的管线安全防护措施；施工单位必须严格落实防护措施，并明确专人负责；对涉及现有管线部位的施工作业，监理单位必须实行全过程旁站式监控。主管部门要加强监督检查，发现不当操作要及时纠正。三是建立完善城市地下管线信息动态管理机制。要切实加强地下管线工程档案归集管理，及时补充更新完善管线资料，以备相关工程建设时查考。所有新建、改扩建的供水、排水、燃气、热力、电力、通讯、有线电视、工业管道等地下管线工程，未经当地城建档案管理机构进行档案资料预验收的，一律不得进行竣工验收；竣工验收后未向城建档案管理机构移交档案资料的，一律不予备案。已完成地下管线普查并建立信息系统的市县，要做好系统维护和资料更新工作；未完成的，要尽快开展普查，抓紧建立地下管线信息系统。

（六）着力保证公园和风景名胜区安全。暑期汛期，公园、景区易发游客中暑和山洪突发、危险地段落石等伤人事件。前几天，青岛崂山景区突降暴雨，几十名游客被山洪围困，幸亏救援及时，没有发生人身伤亡事故。各景区要引以为戒，举一反三，严密防范，遇有暴雨时可暂时关闭景区，加强对山体陡坡的维护和观测，并做好滞留游客的疏导和撤离工作。要指导公园、景区设置防暑降温服务站，做好高温防暑提示警示，并加强医疗、应急救援服务。6月底，深圳东部华侨城“太空迷航”发生死6人、伤10人的恶性事故，我们也要认真汲取教训，切实加强对公园、景区内大型游乐设施的安全检测，严防同类事故发生。此外，近期西安野生动物园老虎伤人，济南动物园大熊猫“泉泉”意外死亡，各地动物园要高度重视动物安全饲养，密切观察动物异常情况，严防发生意外事件。

三、加强领导，狠抓落实，切实维护人民群众生命财产安全

建设系统安全工作涉及面广，与人民群众日常生活和生命财产安全密切相关，事关社会和谐稳定大局，来不得半点松懈和疏忽。我刚刚参加了省政府常务会议，姜大明省长就户外作业人员中暑问题问我，你们有关的文件、规定都有了，为什么还会发生这样的事情？他说，我看关键是抓落实不够，要扑下身子抓落实。当前正是防暑防汛的关键时期，全系统各级各部门一定要按照姜大明省长的要求，在抓落实上狠下功夫。要在前一段安排部署的基础上，进行再督促、再检查、再落实，努力做好相关工作。

*一要强化组织领导。*要把防暑防汛和安全生产作为当前的中心工作来抓，各部门各单位一把手要亲自研究、靠前指挥，分管同志要深入一线、现场指导，班子成员要相互补台、齐抓共管。

*二要落实工作责任。*对作业防暑、城市防汛和安全生产，要按照“谁主管、谁负责”的原则，切实把工作责任落实到具体的部门、单位和个人。要严肃工作纪律，实行严格的问责制，对失职渎职、玩忽职守、措施不力造成后果的，要依法依纪追究责任。

*三要加强督导检查。*各市县建设口主管部门要抓好督查，突出督导重点工程、重点部位，特别要对当地工作中存在的薄弱环节进行专项督导，逐部位、逐环节进行现场调度、现场检查，对暴露出来的问题和隐患当场进行督导整改。再强调一下，一年中36℃以上的天气也没几天，大家要一个企业一个企业地查，一个工地一个工地地看，一条路段一条路段地盯，该处罚就处罚，该停工就停工，一定不能出问题。

同志们，让我们以高度的责任感、科学的态度、扎实细致的作风，全力以赴，奋力拼搏，坚决打赢当前这场防暑防汛和安全生产攻坚战，维护好人民群众生命财产安全。

山东省住房和城乡建设厅厅长杨焕彩在全省住房城乡建设系统质量安全紧急视频会议上的讲话

（2010年10月6日）

同志们：

国庆长假尚未结束我们就召开这次紧急会议，主要任务是通报青州10月3日发生的车间墙体倒塌事故，传达学习省委、省政府领导的批示精神和要求，分析当前的工程质量安全生产形势，研究细化工作措施，对当前和今后一段时期的质量安全工作进行再动员、再部署。

一、青州10月3日车间墙体倒塌事故的基本情况

10月3日，省厅陆续接到省府值班室转来的王省长、郭省长、姜省长关于青州建筑施工安全事故的重要批示，厅党组高度重视，立即责成省建管局高建忠副局长带领厅工程处和安监站负责人赶赴现场，了解事故情况并协助当地组织开展救援工作。经实地了解，10月3日上午10时左右，位于青州市经济开发区昌时车业公司的一在建车间，在墙体抹灰过程中发生倒塌，造成6人当场死亡，2人重伤、经抢救无效死亡，3人轻伤住院治疗。该车间东西长120米，南北宽85米，建筑面积10 200平方米，四跨轻钢结构形式，围护墙体采用240毫米免烧砖砌筑，檐口高度约11米，建设单位山东昌时车业公司系民营企业，施工单位青州大禹水利工程有限公司系水利工程施工二级资质企业，无房屋建筑施工资质。该项目无设计，无任何建设手续，属于典型的违法建设工程。据了解，青州开发区对建设项目从规划、设计、施工直至竣工验收备案，实行封闭管理，未纳入当地建设行政主管部门统一管理，开发区建管处及其监管人员很难满足建设管理工作的需要。经潍坊市初步分析，该墙体抗风柱设置不当，圈梁钢筋深入构造柱长度不足，混凝土强度明显偏低，砂浆标号明显不够，砖与砂浆的粘接度较差，墙体的整体强度明显偏低，施工采用单排脚手架且脚手架依靠墙体做支点，工人在脚手架上施工时对墙体产生挠动，使墙体侧向额外受力，风荷载瞬时过大，从塔吊上的擦痕看，怀疑塔吊使用不当，塔吊吊装时可能与墙体发生挂碰造成墙体坍塌。

事故发生后，潍坊及青州两级党委、政府高度重视，迅速做出反应，立即启动应急预案，书记、市长、分管市长立即赶赴现场，指挥、组织事故救援和善后处理工作。4日上午，我和宋瑞乾同志赶赴青州，实地查看了事故现场，代表两位省长到医院看望了受伤人员，与潍坊市、青州市政府及有关部门的负责同志进行了座谈交流，并就事故的调查处理及善后工作提出了意见和建议。目前，潍坊市已组成事故调查处理小组，展开事故调查，依法拘留了建设单位法定代表人、施工单位项目经理、包工头和两名工程技术人员；省建管局已下达执法文书，暂扣施工单位安全生产许可证和资质证书；为做好死者家属的安抚工作，青州市成立了8个安抚包靠组，正在对死亡人员家属做认真细致的安抚工作，死亡人员家属情绪基本稳定，3名受伤人员正在医院接受治疗，无生命危险。

对这起事故，省委、省政府领导高度重视，迅速作出批示和要求。姜大明省长批示："建筑领域的安全事故，不仅地方负有责任，建设部门也负有重要责任。请军民、兆信同志共同研究，采取有效措施，杜绝此类事故发生。"王军民副省长批示："请住建厅派人到现场指导好事故的组织处理工作，积极抢救伤员，对肇事单位停业整顿，暂扣相关资质，做好伤亡人员善后工作，总结事故教训，在全省建筑行业开展安全施工检查，坚决杜绝此类事故再次发生。把握好舆论宣传，按照四不放过要求，依法依规追究相关人员责任，保持社会稳定。"郭兆信副省长批示："请焕彩同志派人前去了解事故原因，并举一反三，杜绝此类事故再次发生。"今天上午，根据姜大明省长的批示要求，王军民副省长召集省安监局、省住房城乡建设厅、省建管局负责人会议，研究青州事故的有关情况，在听取了我和袁策局长的汇报后，王军民副省长作了重要讲话。王省长认为两个部门的汇报，情况比较清楚，大家对事故的分析比较透彻，事故情况基本明了。王省长指出，近年来建筑领域的安全生产形势总体是好的，各级都做了大量工作，取得了一定成效，但从青州这次事故也暴露出工作上仍然存在许多问题，像青州这个项目，无设计、无手续、无资质、无监理，是典型的违法工程，说明管理工作仍然存在漏洞、监督工作不到位，各管理部门必须进行认真研究，举一反三，吸取教训。同时，王省长提出了六条要求：一是认真学习贯彻好姜大明省长对这起事故的重要批示，把思想和认识统一到省长的批示上来，抓好贯彻落实。要对今年发生的安全事故进行一次清理和梳理，剖析事故的原因，通报全省。要教育和引导行业查找管理漏洞，消除隐患。要深入开展调查研究，摸清行业基本情况，总结成熟的经验和好的做法，找出规律，提请省政府出台加强工程质量和安全生产的意见。二是要把近期开展的安全质量大检查组织好，做到百分之百的监督到位，不漏掉一个项目，不放过一处隐患，实行严格的责任制。要强调“谁发证、谁负责”，研究层级管理的合理划分，实行分级管理、分级负责制；要层层建立目标责任制，将目标责任落实到监管部门、监督机构和市场主体，严格考核并终身追究；要利用科技信息手段、基础管理手段强化对建设项目的监控，加强对电力、交通、水利等专业工程的信息共享。中心镇以上的工程，要实行包干巡查，配备一定的交通工具，每周至少巡查一遍，包干人签字，发生问题追究包干人的责任。要重点开展基层基础年活动，坚持“属地管理、分级负责”，研究实施项目备案管理。三是同意召开住房城乡建设系统动员部署会议，通报事故情况，吸取教训，举一反三，对质量安全工作进行再动员、再部署，促使全行业在思想上再重视、认识上再提高、措施上再细化，确保各项工作落到实处。四是积极开展安全隐患的专项治理，同意开展住房城乡建设系统全行业的抽查、督查，严厉打击非法违法建设施工行为，全面落实招标投标、领导带班、避险撤人等制度，加强安全教育培训，恶劣天气一律暂停施工。五是按照“四不放过”的原则，做好事故的善后处理。省安监局要实行挂牌督办，处理意见要报省政府审查。六是加强建筑领域的监管力量，全面提高监管人员的素质，以适应繁重建设任务的需要。对各类开发区、园区监管机构和监管力量能够满足需要的，可成立分局，也可以给予授权，但必须接受住房城乡建设主管部门的统一管理，请住房城乡建设厅进行研究，提出意见。对王省长提出的6条要求，省厅还要再组织学习，认真研究，抓好落实。

青州8人死亡，损失惨重，教训深刻，再次为我们敲响了警钟。为此，4日厅里发出紧急通知，要求各级建设部门及其所属的安监机构、质监机构停止休假，立即组织开展全面的质量安全大检查，彻底排查和消除各类隐患，坚决防止类似事故再次发生。4日和5日下午，厅里连续召开厅长办公会议，专题研究如何汲取事故教训，举一反三，把各项工作做细、做扎实，不留后患。今天下午召开紧急会议，就是要贯彻落实省委、省政府领导的重要指示和要求，对全省建设工程质量和安全生产工作进行再动员、再部署，促使整个行业在思想上再重视、认识上再提高、措施上再细化、行动上再迅速，按照属地管理、分工负责的原则，进一步落实监管责任，确保各项工作落到实处、取得实效。

二、当前和今后一段时期应重点抓好的工作

青州事故的发生，使建设系统的安全生产形势骤然紧张，十分严峻。目前已进入四季度，工程建设的任务仍然繁重，象农房建设、危房改造、棚户区改造、城中村改造等建设任务都是硬指标，我们对省政府都有承诺，省政府年底将对我们的工作进行考核，时间紧、任务重很容易造成抢工期、赶进度，直接或间接地影响到工程的质量和安全生产，导致质量安全事故。特别是近年来，气候变化异常，各类自然灾害频发，极易诱发倒塌、坍塌等建筑施工事故。今年，省政府给我们下达的安全生产控制指标是死亡25人，同时要杜绝一次死亡3人以上的较大事故。从目前情况看，安全生产控制指标已达到极限，后一项指标已经落空，建设系统面临的形势和压力是空前的。为此，我们必须采取有效措施，狠抓工作的落实。

（一）要引导全行业提高认识，警示长悬。近年来，随着全省质量安全形势的全面好转，有些地方建设主管部门出现了盲目乐观和麻痹松懈思想，警惕性有所放松，该管的不管，该说的不说，该做的不做，没有履行好我们承担的责任，没有充分认识质量安全工作长期性、复杂性、艰巨性，没有筑牢质量安全的思想防线。面对这种情况，全省建设系统必须牢固树立质量第一、安全第一的方针，始终把安全和质量作为一切建设工作的生命线，以青州事故为戒，深刻反思，查找不足，查找差距，堵塞漏洞，以血的代价唤醒行业对质量安全重要性的认识，进一步增强责任感和紧迫感，为政府分忧，为群众解难，切实做到常抓不懈、警钟长鸣、防患未然。

（二）全面组织开展质量安全大检查。4日我们已下发紧急通知，要求各级建设主管部门及其质量安全监督机构停止休假，立即开展全省性的质量安全大检查。检查要覆盖所有的在建工程项目，特别是对各类开发区、园区、城乡结合部，以及招商引资工程进行重点检查，不放过任何一个在建工程，不放过任何一个危险源。过去，省厅也提出过类似的要求，但在部分地区、部分行业没有落到实处，检查走马观花、敷衍塞责、不负责任。同一个工程、同一个项目，我们检查没有发现问题，而省纪委建设领域突出问题专项治理办公室、建设部组织的检查，问题一大堆，这充分说明我们的拉网检查网扣太大，地毯式检查地毯铺的太小，检查工作不深入、不认真、不细致、不扎实。省纪委、建设部的工作作风值得提倡，值得我们学习，值得我们借鉴。只有这样，才能做到依法行政，严格执法。

（三）进一步理顺监管体制，切实履行监管责任。青州事故再次暴露了各类开发区、园区质量安全监管责任不落实的问题。这些年来，一些地区为发展地方经济，纷纷划出各类开发区、园区，对工程建设项目的规划、建设、管理实行封闭管理。由于上述区域监管机构不健全，监管人员不落实，监管责任不明确，质量安全事故屡屡发生。据统计，较大以上事故绝大部分发生在各类开发区、园区、城乡结合部。因此，各类开发区、园区、城乡结合部必须纳入建设主管部门的统一管理。潍坊市张新起书记已召集包括各类开发区、园区、高新区负责人在内的县市区领导会议，专门研究上述区域的监督管理问题，有望解决建设部门统一监管的问题。各市建设主管部门要将质量安全监管体制的建议向党委、政府做好汇报，当好参谋，做好争取工作，理顺管理体制，实施统一管理。近期，省厅将对各市质量安全管理体制进行调查，请各市如实反映。今天上午，省政府已表态，将出台关于进一步加强工程建设质量安全工作的通知，理顺开发区、园区建设管理体制，把开发区、园区的工程建设活动纳入市县建设主管部门的监管范围，实施统一管理。

（四）严厉打击房屋建筑和市政工程非法违法建设施工行为。据统计分析，近年来发生的较大安全事故，基本上都存在非法违法建设问题，青州这起事故就是一个典型的例子。为此，对非法违法建设行为，必须严厉打击，严厉制裁，绝不能心慈手软。各市建设主管部门要结合国家和省里正在开展的工程建设领域突出问题专项治理和打击非法违法建设施工行为专项行动，集中开展一次严厉打击房屋建筑和市政工程非法违法建设施工行为专项行动，重点打击建设工程项目不办理施工许可、安全质量监督等法定建设手续擅自开工的行为；建设单位肢解发包，随意压缩合理工期，不及时支付或扣减安全生产管理费用，干涉施工、监理单位正常项目建设管理活动的行为；施工企业无相关资质或超越资质范围承揽工程以及违法分包和转包工程的行为；无安全生产许可证或不具备安全生产条件擅自进行施工活动的行为；施工企业主要负责人、项目负责人、专职安全生产管理人员无安全生产考核合格证书，特种作业人员无操作资格证书从事建筑施工活动的行为；工程监理人员无法定资格证书从事监理活动的行为；勘察、设计、施工、监理单位违反工程建设强制性技术标准的行为；建设、施工等责任主体对行业监管部门和监理单位下达的质量安全隐患整改通知，不履行相关责任、不认真进行整改的行为；责令停工整改项目未经复查验收擅自复工的行为；危险性较大的分部分项工程不按规定编制专项施工方案、不按要求组织专家论证，建筑起重机械不按规定进行备案的行为；违反安全生产规程，违章指挥、违规作业、违反劳动纪律的“三违”行为；瞒报安全事故，对重大隐患隐瞒不报或不按规定限期整改，未依法严格追究事故责任以及责任追究不落实的行为等。要通过专项行动，有效预防和消除容易引发质量安全事故的各种隐患，切实把质量安全隐患消灭在萌芽状态，防患于未然。

（五）强化质量安全的监督管理。一是着力抓好各类开发区、园区工程建设的监督管理，确保工程建设各项手续齐全，质量安全保障措施落实；二是着力抓好高大模板、深基坑开挖、起重机械拆装、脚手架搭拆以及施工现场临时用电等危险性较大分部分项工程的监督管理，严格把关，落实责任；三是着力抓好工业厂房高大墙体施工质量安全监督管理，防止高大墙体倒塌造成的群死群伤事故；四是着力抓好隐患的排查治理和整改工作，实施隐患治理“回头看”，加大行政处罚力度，震慑违法违规行为；五是着力抓好预防预警工作，要加强与气象部门的联系，针对不同季节、不同气候对质量安全的影响，及时向主管部门和企业发出预警；六是着力改进质量安全监督管理的方式，要转变观念，开拓创新，积极探索推行质量安全“网格化”监管模式，主动作为、有效作为，努力提高监管效率，使有限的监管资源能发挥最大的作用；七是着力抓好节假日和重大活动期间的质量安全监督管理，凡是在法定节假日和重大活动期间需要连续施工作业的，各级质量安全监督机构的相关责任人及其领导一律不得休假，必须对施工现场进行不间断的检查巡查，确保不出问题。

（六）严肃追究事故责任单位和责任人的责任。各级建设主管部门要在当地党委、政府的统一领导下，认真组织或积极参与建筑施工安全事故的调查处理，切实履行安全生产的监管职责，依法对事故责任单位和责任人提出处理意见和建议。各级要对今年以来已经发生的质量安全事故进行一次梳理，已经结案的，严格对照结案报告追究责任单位和责任人的责任；尚未结案的，一律暂扣施工单位安全生产许可证，暂停其投标资格，直到处理结案。

（七）全面落实质量安全生产主体责任。一是各级建设主管部门要严格落实一把手负总责、分管领导“一岗双责”的责任制；二是对今年签订的质量安全目标责任制进行对照检查，凡是尚未落实的，要进一步明确责任，严格考核；三是认真贯彻国发〔2010〕23号和鲁政发〔2010〕77号文件精神，全面贯彻落实省建设厅制定的《关于进一步加强住房城乡建设系统生产经营单位安全生产工作的意见》，明确各生产经营单位在打非治违、隐患治理、避险撤人、领导带班、安全培训等方面的责任，并在落实部门监管责任、强化安全保障能力、实施信用联动等方面抓好落实。

现在天气渐凉，很快就要集中供暖，各类市政工程包括供热工程的施工正在紧张进行，冬季燃气安全和供热问题也极其重要，各市在抓好建筑施工质量安全工作的同时，也要抓好市政工程施工、冬季供热和燃气运营的安全生产，确保不出问题。

同志们，工程建设质量安全工作涉及人民群众的切身利益和生命财产安全，事关党和政府的形象，做好质量安全工作，意义重大，影响深远。我们一定要按照省委、省政府的一系列部署要求，勇担重任，认真履行省委、省政府赋予我们的职责，积极主动地为党委、政府分忧，切实维护人民群众的切身利益，积极采取有效措施，狠抓各项工作的落实，坚决扭转被动局面，力争质量安全形势的持续稳定、好转，为实现省委、省政府提出的建设文化、经济强省作出应有的贡献！

山东省住房和城乡建设厅厅长杨焕彩在全省可再生能源建筑应用现场会上的讲话

（2010年11月18日）

同志们：

这次现场会，主要是学习贯彻国家和省关于加快新能源发展应用的决策部署，总结我省可再生能源建筑应用工作，进一步统一思想，提高认识，加快推进。上午，我们参观了潍坊市可再生能源建筑应用项目现场，刚才又听取了潍坊、德州、单县建设局和天同宏基集团的经验介绍，他们的做法值得各地学习借鉴。下面，我讲几点意见。

一、真抓实干，我省可再生能源建筑应用工作取得积极成效

“十一五”以来，全省住房城乡建设系统按照国务院、省政府的决策部署，将可再生能源建筑应用作为建筑节能工作的重要着力点，积极出台政策，狠抓工作落实，全省可再生能源建筑应用工作扎实推进，取得了明显成效。

（一）太阳能光热建筑一体化应用全面推开。2007年以来，随着应用技术的不断成熟和节能减排力度的加大，各地对太阳能光热建筑应用的重视程度不断提高，17个设区市先后出台政策，在新建民用建筑中大力推广太阳能光热建筑一体化应用。潍坊、德州、烟台、济南、青岛、日照等市政策力度大，监管措施到位，工作走在全省前列。德州市近年来大力实施中国太阳城战略，新能源特别是太阳能产业发展迅速，可再生能源建筑应用得到强力推进，成功入选国家首批可再生能源建筑应用示范城市，今年又成功举办了第四届世界太阳城大会。2009年，省里出台了《关于加快太阳能光热系统推广应用的实施意见》，召开了现场会，对太阳能光热建筑一体化应用工作做出全面部署。根据省政府要求，省厅对这项工作进行了内部分工，将20项具体工作职责落实到相关处室、单位和省建管局，明确了监管措施和要求；积极争取省政府节能办等部门支持，将太阳能建筑一体化应用纳入省政府对各市的节能考核指标；按照王军民副省长指示精神，分解下达了1 200万平方米的任务，建立并实施了太阳能光热建筑一体化应用月调度月通报制度。菏泽市今年以来工作力度空前，除抓好县城以上城市规划区太阳能应用外，还专门召开农村推广应用太阳能工作会议，要求各县在农房建设中积极应用太阳能热水器，确定全市农村2010年推广3.7万台，并将任务分配给各县区。通过全省上下共同努力，太阳能光热建筑一体化应用工作已全面推开。截至10月底，17个设区市已开工太阳能光热建筑一体化工程713个，总建筑面积3 091.6

万平方米。其中，年底前可以完工1 600多万平方米，占省下达任务量的138%；10月底已完工近1 100万平方米，占总任务量的91%。

（二）可再生能源建筑应用国家示范工作成效显著。2006年以来，我们会同省财政厅，按照财政部、住房城乡建设部的统一部署，积极开展可再生能源建筑应用国家示范工作，各项工作走在全国前列。一是示范项目效果良好。2006－2008年，国家分4批组织建设了380个可再生能源建筑应用示范项目，主要示范内容包括太阳能光热、地源热泵系统以及太阳能光电建筑一体化应用。经过省、市财政和建设部门积极争取，我省先后有34个项目入选，总建筑面积428万平方米，获得国家财政补助资金近3亿元。目前，26个项目已经建成或基本完工，12个项目已通过验收，潍坊天同·双羊新城、淄博普利·艾伦庄园等项目取得了明显的节能减排效果，引来众多单位参观学习，示范效应开始显现。二是光电项目全面启动。2009年3月，国家启动"太阳能屋顶计划"以来，我们积极组织太阳能光电建筑应用项目的申报、评审与争取，两年内有18个项目入选，装机容量12兆瓦，获得国家财政补助1.66亿元。目前，3个项目已建成，其中力诺集团阳光科技园1.6兆瓦屋顶电站年可发电180万度，年可节约标煤630多吨，减排二氧化碳1 245吨。三是示范市县争取有力。2009年，国家将可再生能源建筑应用由项目示范改为城市示范和农村地区县级示范。两年中，我们认真组织做好申报、评审和推荐争取工作，威海、德州、青岛、烟台和沂水、垦利、兖州、巨野、即墨4市5县先后入选示范市、示范县，获国家财政补助资金3.7亿元，可再生能源建筑应用总面积达到1 982万平方米。四是配套能力得到增强。省厅组织举办了首届可再生能源建筑应用高层论坛，编制了《山东省可再生能源建筑应用配套能力建设实施方案》，开展了太阳能建筑一体化应用发展机制与关键技术研究，编制了地源热泵、太阳能光热建筑一体化等技术规程，指导省有关科研单位进行了建筑能效检测能力建设，可再生能源建筑应用的设计、施工水平不断提高，为全面推进可再生能源建筑应用打下了坚实基础。

（三）部分市县可再生能源建筑应用工作推进有力。在国家示范的强力推动下，可再生能源建筑应用日益引起市、县政府的关注。各地积极组织编制可再生能源建筑应用发展规划，积极申报示范城市和示范县，13个设区市、20多个县（市）先后申报国家示范市、县。各级建设部门按照政府的统一部署，出台推进政策，认真组织做好项目建设，全省工作呈现蓬勃发展势头。潍坊市政府成立了可再生能源建筑应用工作领导小组，出台了《关于进一步做好建筑领域可再生能源推广应用工作的意见》，市财政每年列支2 000万元资金用于新建建筑项目应用太阳能建筑一体化与地源热泵系统的补助。住房城乡建设局聘请专业机构，对全市可再生能源资源情况进行了详细地评估，委托中国建科院编制了高水平的全市可再生能源建筑应用专项规划和实施方案，依托本地雄厚的新能源产业基础和技术研发优势，在建设工程中积极推广应用可再生能源技术，整体工作走在全省前列。他们在今年启动了低碳社区建设，19个设区全部采用了太阳能光热系统和地源热泵供热制冷，总面积达到197万平方米，还有9个项目选用了太阳能光电建筑一体化技术、太阳能光伏与LED结合照明系统。经测算，这批项目建成后，整个小区可再生能源应用量可占总耗能量的20%以上。上午我们参观了4个项目，这些项目选用的可再生能源建筑应用技术先进、成熟、实用，代表了我省可再生能源应用的水平。菏泽市政府对可再生能源建筑应用高度重视，今年8月出台了《关于做好新能源在建筑领域规模化应用的通知》，召开了全市新能源建筑规模化应用工作会议，提出了"用6年时间，城镇新建建筑太阳能热水器安装率达到90%以上，农村住房太阳能热水器安装率达到50%左右，推广太阳能光伏与LED结合照明灯10万盏，建设太阳能光电建筑应用项目1万千瓦，地源热泵系统建筑应用面积达到500万平方米以上”的目标。他们在全省第一个提出，全市县城及以上城市规划区内新建、改建、扩建的30层及以下的住宅建筑和集中供应热水的公共建筑，全部应用太阳能光热系统，并与建筑进行一体化设计与施工。市政府在财力并不充裕的情况下，每年从城建资金和城市规划配套费中安排1 000万元，并要求每个县区每年拿出500万元，加大对新能源建筑应用的资金支持。他们还在农房建设中大力推广太阳能热水系统，走在全省前列。

（四）低碳生态城市、低碳社区建设开始起步。今年3月，东营市政府提出了与省厅共建低碳生态示范城市的建议。省厅对此高度重视，专门召开厅长办公会进行研究。我们认为，与东营市共建低碳生态示范城市，是建设系统贯彻国家、省关于建设黄河三角洲高效生态经济区战略的重要举措，是推进新型城镇化的有益探索，省厅应积极主动地做好工作，指导、配合东营搞好低碳生态城市建设。合作意向达成后，厅有关处室、单位与东营建委、规划局、城管局等部门进行了反复协商，确定了合作共建的指导思想、主要目标、工作重点、工作措施。11月5日，双方正式签署合作框架协议，标志着我省第一个低碳生态示范城市建设正式启动。另外，潍坊市今年制定了低碳社区建设相关标准，并启动了19个低碳社区项目；在年初召开的低碳中国论坛首届年会上，德州市荣获“低碳中国贡献城市”称号；青岛市市南区在旧城改造中引入“低碳理念”，提出打造青岛首个居住环境健康、舒适的低碳生活小区；济宁大力发展太阳能光电和半导体照明产业，倾力打造低碳型科技新城。

在总结成绩的同时，我们也要清醒地认识到，我省可再生能源建筑应用还存在一些不足，如地区之间发展不平衡，部分地区建设部门对这项工作的重视程度还不高，相关标准尚不完善，激励机制不够健全，工程监管力度需进一步加大等。由于这些问题的存在，我省可再生能源建筑应用总体上还处于示范推动阶段，距离规模化、高水平应用还有较大差距。

二、统一思想，进一步提高推进可再生能源建筑应用重要意义的认识

改革开放以来，我国经济发展迅猛，但也付出了相当大的资源和环境代价，这种发展是不可持续的。在国际上，世界金融危机之后，欧美日等发达国家正大力推进以高能效、低排放为核心的低碳革命，着力发展低碳技术，并对能源、产业、技术、贸易等政策进行重大调整，一场低碳经济的争夺战正逼近中国。为此，党的十七届五中全会提出，“要加快建设资源节约型环境友好型社会、提高生态文明水平，积极应对全球气候变化，大力发展循环经济，加强资源节约和管理”。《中共中央关于制定国民经济和社会发展第十二个五年规划的建议》，将建设资源节约型、环境友好型社会作为加快转变经济发展方式的重要着力点，要求深入贯彻节约资源和保护环境基本国策，节约能源，降低温室气体排放强度，发展循环经济，推广低碳技术，积极应对气候变化，促进经济社会发展与人口资源环境相协调，走可持续发展之路。全省城乡建设领域一定要认真学习、领会十七届五中全会精神，进一步提高对可再生能源建筑应用工作重要意义的认识。

（一）推进可再生能源建筑应用，是解决建筑用能最经济合理的选择。我省是太阳能利用条件较好的地区，近三分之二的国土面积年日照时数在2 200小时以上，年太阳辐照值大于每平方米5 000兆焦，年总辐照量相当于700多亿吨标煤。我省每年可利用的浅层地热能静态资源量相当于2亿多吨标煤。太阳能和浅层地热能都属于低品位能源，热值不高，按照分级用能原则，这些能源最适宜建筑生活用能。推广应用太阳能、浅层地热能等可再生能源，是解决建筑用能最经济合理的选择。特别是在城市集中供热不能覆盖的地区，通过开发利用浅层地热能，既能解决居民的采暖需求，又可以减轻政府投资供热设施的压力。

（二）推进可再生能源建筑应用，是建设领域节能减排的重要举措。近年来，我省工业化、城镇化进程明显加快，人民生活水平不断提高，全社会用能总量增加较快，能源供应与需求的矛盾日趋突出，节能减排面临的形势十分严峻。积极开发利用可再生能源，解决建筑的供热制冷、热水供应和部分用电需求，以及城市广场、道路及景观照明等用能需求，对增加能源供应、改善建筑能源需求结构、有效应对能源供需矛盾、减少二氧化碳等温室气体和有害气体排放、减轻城市“热岛”效应等，具有十分重要的作用，是深化节能减排的重要举措。

（三）推进可再生能源建筑应用，是落实转方式调结构战略部署的重要着力点。节能环保产业、新能源产业是“十二五”规划建议确定的战略性新兴产业。节能环保、新能源产业的发展壮大，离不开需求拉动，建设领域则是节能环保、新能源技术产品应用的重点领域。通过可再生能源建筑规模化应用，可以有效拉动太阳能、浅层地热能等技术及相关设备的开发，不仅可以促进新能源产业的发展，而且可以带动建材、化工、冶金、装备制造、电气、建筑安装、咨询服务等多个产业的发展，对促进发展方式转变和经济结构调整具有十分重要的现实意义。

（四）推进可再生能源建筑应用，是提高人民居住水平的重要举措。在建筑中使用可再生能源，不仅可以在住宅使用寿命周期内节约大量能源，而且有利于转变住宅建设模式和消费模式，提高住宅的品质和性价比，降低居民居住成本，切实提高人民群众的生活质量。我们上午参观的天同·双羊新城小区，采用了太阳能集中供应生活热水和地源热泵供热制冷技术，住户的居住舒适度高，成本又很低。小区地源热泵采暖运行成本每平方米仅为13.6元，大大低于市政供暖价格，整个小区每个采暖季可为居民节约热费近300万元。

三、开拓进取，推动我省可再生能源建筑应用再上新水平

即将到来的“十二五”，是我国经济社会发展的关键时期，也是经济增长方式的转型期，节能减排的任务会更加艰巨。特别是为实现国家领导人承诺的2020年单位生产总值碳排放量比2005年下降40% ~45%的目标，需要我们更加重视新能源的开发和利用。作为建筑节能的重要“开源”措施，可再生能源建筑应用任重道远，需要我们以更大的力度加快推进，尽快将我省建成可再生能源建筑应用大省、强省。

（一）进一步加强太阳能光热建筑一体化应用。太阳能光热建筑一体化应用，是我省可再生能源建筑应用工作的重中之重。在全省县城以上城市规划区新建、改建、扩建的12层以下居住建筑、集中供应热水的公共建筑中强制应用太阳能光热系统，并与建筑进行一体化设计与施工，是省政府提出的明确要求。抓好这项工作，是建设部门义不容辞的职责。2010年，在全省建设系统共同努力下，太阳能光热建筑一体化应用实现良好开局。下一步，各地要进一步加强规划、图审、施工许可、竣工验收备案等环节的监管。这项工作的牵头部门要切实履行职责，搞好调度检查，对违反规定的项目责令限期改正。9月29日，省人大常委会审议通过了修订后的《山东省建设工程勘察设计管理条例》。《条例》规定，“具备太阳能利用条件的城镇住宅建筑和集中供应热水的公共建筑，应当按照规定安装太阳能光热利用系统，并与建筑进行一体化同步设计”，“未按照规定进行一体化同步设计的，责令改正，并处以十万元以上三十万元以下罚款”，这就从法律上明确了太阳能光热建筑一体化的地位。各地在《条例》宣贯中，要有针对性地对此进行宣传，进一步强化设计单位的责任。在太阳能一体化应用中，有条件的地区要研究探索高层建筑太阳能光热系统建筑一体化应用工作。这方面各地已进行了一些探索，如烟台市规定，“新建12层以上高层住宅建筑，太阳能热水器应用比例要达到总户数的50%以上”；菏泽市规定，“全市县城及以上城市规划区内新建、改建、扩建的30层及以下的住宅建筑和集中供应热水的公共建筑，必须应用太阳能光热系统，并与建筑进行一体化设计与施工”。近几年济南、烟台、潍坊、临沂等地建成了一批高层建筑应用太阳能的样板工程，各地可以学习借鉴。在抓好城市太阳能光热系统应用的同时，还要利用国家太阳能下乡政策，在集中连片建设的农房中推广太阳能热水建筑一体化应用，提高广大农民的生活水平。

（二）高质量地做好国家示范城市、示范县和示范项目的管理工作。成为国家可再生能源建筑应用示范市、示范县，是一个巨大的荣誉，也是一份沉甸甸的责任。按照国家要求，兑现自己申报时的承诺，在两年内高质量地建设一批示范项目，并推动本地区工作的全面开展，有大量的工作要做，需要付出艰辛的劳动。目前来看，4市5县已做了大量工作，但整体进展偏慢，部分市、县尚未出台示范管理工作的政策，项目落实进度不快，建设部门对项目建设的技术指导力度不够，示范县建设部门对示范工作不熟悉、技术力量不能满足工作需要。如果不尽快改变这种现状，在两年内完成示范任务是不可能的。如果不能如期保质保量地完成示范任务，我们很难向国家交代。因此，威海、德州、青岛、烟台、沂水、垦利、兖州、巨野、即墨4市5县的建设部门要把国家示范列入重点工作，按照国家、省有关文件精神，狠抓工作落实。建设部门一把手要亲自抓，分管领导要靠上抓，尚未明确专门机构和专职管理人员的要尽快明确，尚未出台配套政策的要尽快制定。同时，要成立示范项目技术指导专家组，指导示范项目建设单位完善技术方案。全部项目落实后，由省厅组织进行专家论证，论证通过的方可作为示范工程。由于县一级技术力量相对薄弱，独立承担示范任务难度很大，临沂、东营、济宁、菏泽、青岛5市建设部门要加大对所属示范县的管理和指导力度。这次会议专门安排5个示范县建设部门主要负责人参加，就是希望你们学习借鉴各地的好经验、好做法，吃透国家、省关于示范县建设的有关政策，在此基础上拿出有力措施，高质量地组织做好示范工作。另外，本地区有国家可再生能源建筑应用示范项目、太阳能光电建筑应用示范项目的，市建设部门要配合省厅抓好项目管理，及时调度项目进展情况，帮助项目建设单位解决实施中遇到的问题。已经建成的项目，要及时提请省厅组织验收。

（三）积极出台推进可再生能源建筑应用的政策措施。大力推进可再生能源建筑应用，具有明显的经济、社会、环境效益，利国利民。哪个地方走在前面，哪个地方就早受益。目前，国家示范市、示范县数量很少，不可能惠及每个地区。各地要学习潍坊、菏泽等地的经验，不等不靠，结合本地实际，研究制定推动本地区可再生能源建筑应用的政策措施。各地建设部门要积极争取市政府领导支持，将可再生能源建筑应用纳入市政府议事日程，争取设立专项支持资金，组织开展示范项目建设。同时，每个市要选择1～2个具有一定财力、建筑节能基础较好的县和县级市，支持他们在可再生能源建筑应用方面率先突破，为其他县市摸索经验。对各地涌现出来的先进县，省厅将优先推荐为国家示范候选县。各地在推进可再生能源建筑应用工作中，除全力抓好太阳能光热建筑一体化外，要重点抓一下地源热泵系统建筑应用。我们上午参观的天同·双羊新城、凤凰太阳城两个小区都采用了地源热泵系统，建成后运行良好，为住户提供了舒适、健康的居住空间，节省了采暖和购置空调费用，具有非常好的节能减排效果。天同·双羊新城一期建筑面积15万平方米，地源热泵系统全年常规能源替代量达到两千多吨标煤，减排二氧化碳五千多吨。东营市近几年大力推广地源热泵系统，全市的应用面积达到160万平方米，全部建成后每年就可节约两万多吨标煤。此外，有条件的地区还应积极推进太阳能光电建筑应用、太阳能与LED结合道路或广场照明项目建设。

（四）充分发挥房地产开发企业和设计单位的作用。房子是由房地产开发企业组织建设的，房子按什么理念建、怎样建、用哪些技术建，开发企业起着决定性作用。因此，推进可再生能源建筑应用，房地产开发企业的地位和作用举足轻重。自国家开展可再生能源建筑应用工作以来，潍坊天同·宏基、淄博普利、山东兴唐等一批有远见和社会责任感的开发企业积极参与，建成了一批节能减排效果显著的工程项目，为全省可再生能源建筑应用工作的开展做出了重要贡献。希望我省的房地产开发企业贯彻国家转方式调结构的战略部署，积极作为，组织做好各类新技术特别是可再生能源等节能技术的推广与整合，开发用能量小、居住舒适、环境宜人的高品质房产。设计单位是各类建筑的设计者，担负着把各类可再生能源技术、设备与建筑本身有机结合起来的任务。没有好的设计，开发企业就无法组织建设。随着节能减排的不断深化和各级政府对可再生能源建筑应用的重视程度不断提高，越来越多的建设项目要采用可再生能源技术。设计单位一定要适应这一趋势，组织设计人员学习、掌握国家有关太阳能、地源热泵、太阳能光伏等方面的标准规程，考察优秀应用项目，提高可再生能源建筑应用项目设计的水平和能力。

（五）抓好建筑节能与供热计量改革的各项工作。当前，建筑节能的地位越来越重要，住房城乡建设部已将建筑节能列入明年工作重点，任务繁重。现在到年底还有一个多月的时间，各地要按照年初确定的目标，分析梳理各项工作的进展情况，搞好总结，做好迎接国务院、住房城乡建设部、省政府节能检查与考核的准备工作。新建建筑节能标准执行率、既有居住建筑供热计量及节能改造、机关办公建筑和大型公共建筑节能、供热计量改革等工作，省政府都有明确的目标和要求，省厅与省政府还签订有节能目标责任书。希望尚未完成任务的地方加大力度，采取各种措施，确保完成任务。

同志们，做好可再生能源建筑应用工作责任重大，使命光荣。全省住房城乡建设系统要按照党的十七届五中全会的决策部署，积极行动起来，不断加强组织领导，完善政策措施，学习先进经验，狠抓工作落实，尽快将我省建成国内可再生能源建筑应用大省、强省，为建设资源节约型、环境友好型社会做出积极贡献！

山东省住房和城乡建设厅
副厅长万利国在全省建筑安全视频会议上的讲话

（2010年3月22日）

同志们：

随着气温回暖，大量房屋建筑和市政工程集中开工、复工，安全生产进入事故高发时段，建筑安全监管工作面临很大压力。特别是近日，省内外接连发生建筑施工安全事故，3 月 13 日深圳一高层建筑发生坍塌事故，造成 9 死 1 伤；3 月 15 日贵州一会展中心发生坍塌事故，造成 7 死 19 伤；同一天我省济南银座三期工程发生平台坍塌事故，造成 2 死 2 伤；另外，3 月 10 日泰安发生的坍塌事故，造成 6 死 3 伤，虽然不在住房城乡建设部门的监管范围之内，但也为施工安全敲响了警钟。这一连串事故的发生，损失惨痛，教训深刻，也使得建筑安全形势变得骤然紧张。今年前两个半月，我省大建筑业范畴的事故起数和死亡人数都上升了 200%，这种严峻形势和不力开局，已经引起了省政府领导的高度关注。王军民副省长亲自打电话给我，要求我们立即采取过硬措施，坚决遏制这种不良势头。今天下午，王省长还要召开省安委会安全生产专题会议，听取有关部门汇报。今天上午的会议，就是要认真贯彻落实近期国家和省有关安全生产的指示精神，深入分析形势，研究措施，部署任务，迅速扭转当前的不力局面，确保全年建筑安全形势持续稳定。刚才，青岛市作了表态发言，他们工作措施比较有力，各市要相互借鉴，抓好落实。下面，我讲几点意见。

一、认清形势，提高认识，进一步增强做好建筑安全工作的紧迫感和责任感

今年以来，全省住房城乡建设系统各级各部门在省委、省政府和各级党委政府的领导下，提前谋划，周密部署，狠抓落实，房屋建筑和市政工程施工领域安全形势基本平稳，特别是在春节和全国、全省“两会”期间，没有发生大的事故，为维护行业和社会稳定作出了积极贡献。但是，大家也要充分认识到，今年房屋建筑和市政工程施工的安全监管工作，任务非常繁重。去年 11 月初，全省城镇化工作会议召开后，17 个市都有比较大的动作，在建工程量大面广。农房建设及危房改造工作，在去年推行的基础上，今年已经全面展开，省委、省政府确定今年完成农房建设 100 万户，力争达到 120 万户，改造危房 18.5 万户。棚户区改造和保障性住房建设工作，去年 12 月 28 日，李克强常务副总理亲自主持召开会议研究部署，今年我省计划改造棚户区 400 万平方米，新增廉租住房 2 万户，为低收入家庭提供经济适用住房 4 万套，同时还要启动政府公共租赁住房试点工作。既有建筑节能改造工作，各市也全面展开。加上已经上升到国家战略的黄河三角洲高效生态区建设，以及山东半岛蓝色经济区的打造，都将进一步加大全省房屋建筑和市政工程数量。而相对于投资规模和工程量的持续增长，省政府安委会今年下达给我们的安全生产控制指标却是继续下降，其中一次死亡 3 人以上的较大事故控制指标是零，压力非常大。从今年开局的这 2 个半月情况看，建筑安全事故仍然时有发生，形势不容乐观。对此，我们负有房屋建筑和市政工程施工安全监管责任的各级各有关部门，务必引起高度重视。要充分认识到做好安全生产工作的极端重要性，始终以科学发展观为指导，牢记安全发展理念，对所有的房屋建筑和市政工程，坚持科学建设、规范管理、严格监督，做到警钟长鸣、常抓不懈。大家要认清一个形势，其他工作是考核业绩，安全工作是要追究责任。每当有大的群死群伤事故发生，肯定会有一批单位和个人要被追究责任，包括监管部门。各级各主管部门都要认真吸取事故教训，对照事故排查薄弱环节，强化安全措施，消除安全隐患，切实做到防患于未然。

二、突出重点，强化措施，着力加强事故易发高发环节的安全监管

2003 年到 2008 年，6 年间，全省共发生 161 起建筑施工安全事故，造成 221 人死亡。从事故类型分析，高处坠落、施工坍塌和起重机械事故高发、频发，已成为建筑安全的三大“顽疾”。161 起死亡 221 人的事故中，高处坠落事故 86 起、死亡 108 人，分别占事故起数和死亡人数的 55% 和 49%；起重机械事故 59 起、死亡 76 人，分别占事故起数和死亡人数的 36.88% 和

34.55%；施工坍塌事故14起、死亡46人，分别占事故起数和死亡人数的8.75%、20.91%。其中，坍塌事故在较大及以上事故起数和死亡人数中占到第一位，尤其是模板支架坍塌事故，一旦发生就是群死群伤。我们主管安全生产工作的同志，对本地区、本行业的安全生产形势和事故发生特点，要经常性地进行分析总结，采取有针对性的措施，努力遏制事故的发生。从全省的情况看，当前和今后一段时期，要重点在以下几个方面下大力气抓一抓，切实把事故降下来。

*一是严格开复工前的检查验收。*经过春节一个长假，施工现场许多方面发生了新的变化。如，人员变化了，有些新进场的人员不具备基本的安全常识和操作技能，不熟悉施工现场情况；有些设备停用后安全性能变化了，难以保证安全使用，有些安全设施风吹雨淋、锈蚀风化，失去了应有的防护作用，工程新开、复工前，所有涉及安全的人员、机械、物品以及部位、环节、方案，需要重新教育培训、检查更换、维修维护，这是保障安全施工最基础的工作。对于工程开复前的检查验收，每到重大节假日前夕和春季，省厅省局都要发通知作出强调，为什么仍然有很多工程还在这个环节上出问题，就是没有认真贯彻执行，抓落实不够。从现在开始，各级主管部门和监督机构，对所有节后复工和新开工的工程，要组织开展一次全面检查，发现存在安全隐患的，立即整改，不能保证安全施工的一律暂停施工，跟踪复查整改合格后方可复工。4月份，省厅、省局将组织明查暗访，发现仍然存在安全问题的，要追究当地主管部门和监督机构检查不彻底、不到位、不得力的责任。

*二是规范建筑起重机械的拆装使用。*施工用的起重机械，主要是塔机、施工升降机和物料提升机。对于塔机的管理，建设部有部长令，省里有管理办法，其中规定的产权备案、安装告知、使用登记和超期检验四项制度，各地要严格落实，做到四个确保：确保施工现场使用经过备案的正规厂家生产的塔机，确保安装队伍和人员持证上岗，确保使用前联合验收并进行登记备案，确保超过一定期限的，经安全性能检测合格后再使用。如果这几个环节把好关，塔机事故就一定会有大幅度的下降。另外，要指导监督施工单位对现场使用的施工升降机和物料提升机的钢丝绳、限位器等关键部位，经常进行检查测试，严格落实“四门”防护和空载试运行制度，杜绝超载，对安全隐患做到早发现、早消除，确保安全使用。近期，省里即将针对塔式起重机安装拆卸和施工升降机安全性能评估出台技术规程，各地要结合原有的管理办法，认真宣贯，确保落实到施工现场使用的每一台起重机械。

*三是严把施工现场承重支架搭设关。*这个问题主要涉及三个方面，模板、卸料平台和结构安装的支架。首先，是搭设方案的编制审查问题，要严格执行专家论证制度，并且要严格按照审查通过的方案来搭设。同时要做到材料规格达标，基础和拉接严格按规范处理，避免超荷载，确保支架安全使用。施工、监理、监督机构务必把好关。

*四是确保基坑及管沟施工安全。*要认真遵照设计要求编制施工方案，严格按照规范标准落实放坡、支护、排水等措施，坚决防范沟边荷载过重，在作业面比较紧张的现场更要强化安全措施。这个问题，在市政工程施工和维护过程中也要引起高度重视，这几年市政行业几乎每年都在这个环节发生事故。一个是坍塌，一个是中毒。市政工程主管部门要好好研究一下，加强教育，强化措施，落实监管，坚决防范小工程、大事故。

*五是加强高处作业的安全防护。*这是房屋建筑施工现场最常见的问题，防范措施其实很简单。一个是安全防护要到位，不能让作业人员掉下去。这就要求施工单位加大安全投入，该防护的一定要防护到位，并且要确保购买使用合格的防护用品、用具。另一个是安全意识问题，要加

强对高处作业人员的安全培训和警示教育，使他们确实认识到随身挂安全带的重要性。高处作业人员不挂安全带的现象非常普遍，况且怎么讲都不听。下一步，各施工、监理和监督机构措施要强硬一些，第一次发现说服教育，说服教育不听再发现第二次就清除出场，不允许再在施工现场作业，对一个漠视自己生命安全的人没有客气可讲。

六是切实做好施工现场的防火。施工现场的火灾事故，一般不会造成大的人员伤亡，但是影响很大。前几年，济宁一个高层建筑、济南奥体中心的几把火，就在全省乃至全国造成了很坏的影响。近年来，随着高层建筑、大体量建筑物的不断增多，施工工艺越来越复杂，新型建筑材料大量应用，建筑施工现场火灾隐患大大增加。要加强对施工现场板房、装饰装修以及外墙保温等部位，在使用明火、用电、焊接等环节的安全管理，应当使用阻燃材料的要严把进场关，容易导致高温、燃烧现象的作业环节要科学安排施工时间，避免长时间连续作业。

七是确保拆除安全。拆除事故前几年我省发生过几起，这几年比较少，但是我们不能掉以轻心，因为拆除过程一旦发生问题，也都是群死群伤的大事故。近年来，省外一些大型建筑物、构筑物、市政桥梁拆除过程中发生的重特大事故，都是血的教训。在这里，要明确一个概念，就是拆除也是建筑施工活动，也要严格遵守《建筑法》《建设工程安全生产条例》等法律法规规定。要监督拆除方将拆除活动发包给有资质的施工单位，绝不能采用以料抵工等方式允许个人野蛮作业。负责拆除作业的施工单位要制定严密的拆除方案并严格执行，确保拆除机械设备安全可靠，拆除现场要落实好围挡、防护等安全警戒措施。

三、加强领导，落实责任，认真做好全年建筑安全监管各项工作

根据法律法规和部门三定方案有关规定，在建筑施工方面，住房城乡建设部门负责房屋建筑和市政工程施工的安全监管工作。这个分工，从国家到省里非常明确，各级政府安委会对我们的考核也是这两个指标。大家要明确职责、落实责任，各自根据职能分工，按照省政府开展“安全生产基层基础年”活动的总体部署要求，认真抓好主管行业领域的安全监管工作。

（一）全面落实监管责任。前面已经讲过，目前住房城乡建设部门负责安全监管的对象越来越复杂，既包括传统的房屋建筑和市政工程，又包括新兴的农房建设及危房改造工程、棚户区改造和保障性住房工程、既有建筑节能改造工程以及城镇化过程中的基础设施配套工程，等等。所有这些，从省里讲，主管部门就是住房城乡建设厅和建筑工程管理局，各市可能涉及建设、房管、市政公用等多个主管局。总的要求是，对每一类工程的施工安全，无论是由建筑安监站统管，还是建筑安监、村镇、市政、燃热、房管分头管，都必须对应到具体的监管科室，按照省政府提出的“网格化”管理的要求，把每一个房屋建筑和市政工程的安全监管责任落实到具体的监管人员。2010 年，对各市各有关主管部门安全生产控制指标的要求是，去年没有发生死亡事故的继续保持，去年发生过死亡事故的要有所下降，坚决杜绝一次死亡 3 人以上的较大及以上事故。

（二）进一步加强建筑市场管理。建筑安全监管工作不仅仅是现场管理的问题，要从建筑市场的源头管起，实现市场和现场的联动。在这个问题上，管现场的和管市场的要互相配合，管市场的要加强跟踪，将监管延伸到施工阶段；管现场的发现参建主体的市场不规范问题，要及时通报给市场管理部门，市场管理部门要及时作出处理。要加强对工程项目中标后和施工许可后的跟踪监管，要核实进场单位和人员是否与中标结果和施工许可批复一致，不一致的是否经过法定程序办理变更手续，严肃查处转包、违法分包、挂靠，擅自变更主要技术管理人员等现象，有效解决高资质队伍中标、低资质队伍进场的问题，从确保参建队伍安全管理水平这个源头入手，确保建筑施工安全水平。

（三）严格事故上报和处理制度。每次涉及安全生产的会议都会强调这个问题，但是始终没有得到很好地解决。去年的事故有个别市迟报、漏报，使得我们的工作非常被动，省安委会和建设部都不满意。在1月29日的会议上，厅里曾不点名地进行了批评，并再次就事故上报和处理工作提出要求。但现在看，有的市仍然没有改进。1月16日枣庄发生的这起事故，我们收到报告是3月8号，拖了整整50天。3月15日济南这起事故，省厅是建设部打电话要求落实情况我们才得知的。去年事故补报的时候，有的市在报告上竟然不知道部里和省里对事故上报的要求。在这里，再次进行重申：凡是房屋建筑和市政工程施工安全事故，事故发生单位要在一个小时内上报行业主管部门，各级主管部门上报的时限是在接到事故报告的两个小时内。不管最终确定是不是我们的事故，都先报上来，电话报告也可以，随后再书面补报。如果最终落实不是我们主管的或者政府确定不是你这个部门负责的，省里会剔除掉，不会算到你们头上，大家不要有顾虑。关于事故的调查处理，省政府办公厅有明文规定，凡是发生了死亡事故的，对施工单位首先暂扣安全生产许可证、停止投标资格、在建工程停工整改，待事故调查报告和政府的结案批复出来后，再按照结案报告的要求落实最终的处罚。从现在开始，凡是不再规定时限内上报，不按照上述要求作出处理的，要在全省通报。对事故发生单位未及时报告当地主管部门的，要记入不良行为记录，对其参与市场竞争作出限制。

（四）充分发挥现场监督作用。各级安监机构要坚持落实好现场监督工作，安监人员就要象交警一样，常年巡回坚守在施工现场。每个工程的安全监督工作都要落实到具体的监督人员，每个监督人员对所分工负责的工程，必须严格监督参建单位主体责任是否落实，现场的机械设备设施是否安全可靠，现场的安全防护是否到位有效，现场人员的教育培训是否及时到位，施工现场的安全隐患是否及时整改消除。目前面对繁重的监管任务，我们的监管力量确实有限，每个施工现场每台塔机安装、脚手架搭设，安监人员不可能做到随时在场。但是，一个工程施工周期少则数月，多则数年，这么长时间内，如果现场使用不合格的塔机、脚手架搭设严重违规等问题，你都没有发现，那么就是失职，甚至是渎职，一旦发生事故要严肃追究责任。另外，各级各有关部门也要积极向当地政府反映，争取编制和资金，为监督人员配备必要的工具设备，为建筑安全监督工作创造更好的环境。

同志们，建筑安全工作量大面广，偶然因素很多，稍有不慎极易发生安全事故，容不得半点马虎和松懈。希望大家时刻绷紧安全生产这跟弦，结合新的机构改革和三定方案，进一步明确职责，落实责任，强化措施，狠抓落实，确保建筑安全形势持续稳定好转，为全省住房和城乡建设事业又好又快发展做出新的贡献！

山东省住房和城乡建设厅
副厅长万利国在全省城市规划工作会议上的讲话

（2010 年 4 月 13 日）

同志们：

这次全省城市规划工作会议，主题是贯彻党的十七届四中全会、全国和全省“两会”精神，落实全省城镇化工作会议、全省建设工作会议关于规划工作的有关要求，总结 2009 年城市规划工作，分析当前形势，研究部署 2010 年工作任务。今年的规划会在东营召开，主要是近年来东营市委、市政府高度重视规划工作，在完善规划体系、打造黄河水城、推进黄河三角洲高效生态经济区规划建设方面成效显著，通过科学规划、精心建设、依法管理，东营的城市面貌和生态环境质量明显提升，湿地之城、生态宜居的城市名片越来越响亮。下午大家还要现场参观，相信会有更多的收获和体会。刚才几个市规划局、执法局作了典型发言，各参会单位都形成了交流材料，请大家相互学习借鉴。下面，我讲几点意见。

一、2009 年全省规划工作取得显著成绩

2009 年，全省城市规划行业坚持以党的十七届三中、四中全会和省九次党代会精神为指导，深入贯彻落实科学发展观，坚决执行中央和省“保增长、扩内需、调结构、惠民生”一系列决策部署，强化规划管理，科学指导建设，为全省经济社会平稳较快发展做出了积极贡献。

（一）区域统筹、城乡统筹规划研究取得新成果。经省政府和住房城乡建设部分别批复同意，启动了《山东省城镇体系规划》修编工作。结合国家和省内经济社会发展实际，对《黄河三角洲城镇体系规划》和《鲁南城镇带规划》进行了深化完善，编制完成了《山东半岛蓝色经济区城镇体系规划》。城乡统筹规划编制进一步推开，继莱芜之后，淄博、东营、泰安、威海、日照等 16 个市县编制了城乡统筹规划。

（二）城乡规划全覆盖继续推进。按照省政府统一部署，各级政府和规划部门加强督导，大力推进城乡规划全覆盖。全省已有 71 个市县的城市总体规划获省、市政府审批。未审批的 37 个市县中，3 个已上报国务院待批，22 个在省国土资源厅等待会签，还有 12 个正在组织上报。各地完成近期建设规划和综合交通、绿地系统、市政公用设施、公共服务设施等专项、专业规划 258 项。控制性详细规划覆盖率稳步提高。全省各市县城市控制性详细规划覆盖率同比提高 5%，济南、青岛、潍坊、威海、泰安、莱芜、菏泽等 40 个市县实现了规划建成区控规全覆盖，25 个市县控规覆盖率超过 80%。生态景观资源和历史文化遗产保护力度加大，济宁、泰安、蓬莱市编制了历史文化名城保护规划，威海市编制了市区山体和海岸线利用与保护规划，枣庄、滕州、文登 3 市被省政府批准为省级历史文化名城。各地以规划为依据建成了一批精品项目，如济南“东荷西柳”奥体场馆、大明湖新景区、园博园和潍坊白浪绿洲湿地公园等，成为新的城市亮点。

（三）为重大项目、民生工程提供了及时高

效的规划服务。各地依据城市总体规划和近期建设规划，编制了保障性住房规划和公益性公共设施、基础设施建设规划。规划部门据此研究提出了一批对推动经济发展、提升城市功能、改善民生质量有重大促进作用的重点城建项目，精心组织规划设计，并在审批过程中实行主动上门、专人负责、跟踪服务，提高了服务质量和审批效率。去年我省成功举办了第十一届全运会，各市比赛场馆和相关设施规划建设、城市环境综合整治等工作，得到了中央和省领导及各省来宾的高度评价，其中规划部门也功不可没。济南市围绕奥体文博、泉城特色标志区、腊山西客站、小清河整治等重点工程，编制完成了100多项规划，完成了38个集中连片棚户区和43个零星片区的规划策划，城市面貌大为提升；青岛市通过实行规划在一线对接、工作在一线落实、问题在一线解决、作风在一线转变的服务模式，全力推进项目开工建设；潍坊市通过规划策划招商，引导和促进拟开发区域的熟化，力促项目落地。

（四）容积率专项治理工作深入开展。按照住房城乡建设部、监察部违规变更规划调整容积率专项治理工作要求，全省各级规划、监察部门成立领导小组，完善有关制度，加强督导检查，深入开展了项目清理、自查自纠和整改工作，取得了阶段性成果。省住房城乡建设厅、监察厅联合制定实施了《山东省城市建设用地性质和容积率调整规划管理办法》，各市也完善制度，建立了集体会审、专家审查、公示听证、规划委员会审议、城市政府审批的办理程序，最大程度地减少违规操作和腐败行为发生的可能。去年全省共核查房地产开发项目5 133项，其中变更规划、调整容积率的项目582项；清理出违法违规变更规划、调整容积率的项目96项，用地面积352公顷，都依法进行了严肃查处。全省在专项治理中已收缴有关规费、罚款31 617万余元，数名违法违纪人员受到处理。这项工作，增强了各级政府、规划部门、建设单位和广大群众的规划法制意识、依法行政意识、维权意识。

（五）城市规划法规和管理体系不断完善。各级规划部门以《城乡规划法》为依据，研究起草了一批配套法规、规章和规范性文件。省厅制定出台了《山东省城市公共停车场（库）设置规定》，起草了《山东省城乡规划条例》初稿，去年底征求了各市的意见，正在修改完善。各地结合工作实际完善管理制度，细化和规范了管理环节。日照市制定了日照分析技术规程、城乡规划公示制度、配套设施竣工规划验收办法等规定。枣庄市分管市长亲自兼任规划局长，上收山亭区、峄城区规划管理权，强化了规划的集中统一管理。

（六）规划执法工作力度和规范化程度不断提高。各市规划执法主管部门积极创新和规范监督管理措施，动态巡查监管与集中整治相结合，并加强与有关部门及各区政府、街办的协作配合，调动基层政府组织查违积极性，对违法建设的查处力度进一步加大。青岛市针对项目建设过程中的每一个环节明确执法工作程序，坚持现场实测，2009年拆除各类违法建筑41.76万平方米。聊城市积极推行"网格管理"和"绩效考核"城管执法模式，将城区划分为若干个网格，把119项执法职能落实到网格内，针对不同区域实行分类管理，责任到人，定期考核。

（七）规划设计行业管理和城市雕塑工作不断加强。在全国优秀规划设计评选中，我省获一等奖1项、二等奖1项、三等奖5项，创历史最好成绩。为庆祝新中国成立60周年，组织评选了"建国60周年全省城市规划设计成就奖"，开展了全省城市雕塑成就奖评选及论文竞赛，配合全国城雕委在滨州举办了全国城市雕塑展。积极开展业务培训，组织各市业务骨干到外省考察学习了规划全覆盖和雕塑管理工作。菏泽市在北京市长培训中心举办了城乡规划建设管理培训班，对市、县、镇（办事处）三级54名领导干部进行了培训。

但必须清醒地看到，工作中还存在一些问题和不足。一是区域性、战略性规划的实施机制还不健全，事权划分、协调机制和管理法规有待完善；二是有些城市城乡规划全覆盖特别是控规全覆盖工作不到位，造成管理无据、自由裁量空间大；三是对县级市、县城规划工作的指导和监督管理还需加强；四是规划设计水平有待进一步提高，对规划的科学性、适用性以及城市文化、特色塑造等还需深入研究。

二、认清形势，提高认识，正确把握规划工作的战略方向

2010年是实施“十一五”规划的最后一年，是应对国际金融危机的关键之年，也是我省推进新型城镇化的重要一年，全省规划工作面临新的形势和任务。中央和全省经济工作会议、全国和全省“两会”，都把转方式、调结构、扩内需、惠民生作为今年工作的主线。全省规划工作者要注意从全局和战略高度出发，分析形势，研究问题，把思想统一到中央和省的决策部署上来，把握方向，明确重点，贯彻落实好五大指导方针，切实增强规划工作的主动性和超前性。

*一是要着力促进城乡统筹和区域协调发展，充分发挥规划对城镇化发展的引导调控作用。*中央经济工作会议提出，稳步推进城镇化是扩内需、调结构的重要抓手，是经济平稳较快发展的长久动力。去年11月初省委、省政府召开了高规格的全省城镇化工作会议，出台了《关于大力推进新型城镇化的意见》。今年全国和省“两会”都专门对城镇化工作提出要求。3月初杨焕彩厅长陪同姜异康书记、姜大明省长到建设部拜会部领导时，姜伟新部长表示今年部里已把加大城镇化研究力度、着力解决城镇化关键性问题作为重点工作。姜异康书记最近还将亲自到有关市县进行城镇化调研。规划工作者必须深刻认识推进新型城镇化的重大意义，把握城镇化发展面临的历史机遇，更好地发挥规划对城镇化的引领作用。要通过超前研究、科学编制、有效实施各类城乡规划，不断优化城镇空间布局，推动大中小城市与小城镇协调发展。要统筹区域发展，提高城镇综合承载能力，增强中心城市对区域发展的辐射带动能力，不断提高区域资源整合、设施共享和产业协作水平。要统筹城乡发展，综合安排城乡基础设施和公共服务设施，并对农村地区适当倾斜，改善城乡居民生产生活条件，促进城乡良性互动、一体化发展。

*二是要为“转方式、调结构”搞好规划服务，促进生产力合理布局。*为应对国际金融危机，去年以来中央、省制定出台了一系列扩内需、促增长的措施，已取得明显成效。我国在全球率先实现经济回升向好，但面临的形势依然十分复杂，经济回升内在动力仍然不足，尤其是经济增长高度依赖国际市场，企业技术创新能力不强，产业结构不合理，资源环境矛盾日益突出，已成为经济发展面临诸多困难和问题的根源。胡锦涛总书记在中央经济工作会议上指出，国际金融危机对我国经济的冲击，表面上是对经济增长速度的冲击，实质上是对经济发展方式的冲击，转变经济发展方式已刻不容缓。城乡规划作为合理调控城乡土地和空间资源、指导城乡经济社会发展和各项建设的科学依据，对引导城市产业结构和布局优化，促进战略性新兴产业项目科学选址、加快建设，限制高耗能和高耗水产业发展、淘汰落后产能，都具有重要作用。各级规划部门一定要有高度的政治敏感性和大局意识，在相关领域超前研究，统筹布局，科学规划，依法审批，促进发展方式转变和经济结构调整。

*三是要为山东半岛蓝色经济区和黄河三角洲高效生态经济区建设搞好规划服务，促进重大发展战略的实施。*去年胡锦涛总书记在山东考察时指示：“要大力发展海洋经济，科学开发海洋资源，培育海洋优势产业，打造山东半岛蓝色经济区。”黄河三角洲高效生态经济区已上升为国家战略，其比较优势和发展潜力日益凸显，面临良好的发展机遇。这两大经济区的发展建设，将对

完善我国沿海区域经济布局、提升我省区域经济地位发挥重大作用。目前《黄河三角洲城镇体系规划》和《鲁南城镇带规划》即将组织评审。有关市县规划部门要与省有关部门、规划编制单位加强沟通协调，在各类规划编制、实施工作中认真贯彻两大经济区的规划建设要求，为各级党委、政府当好参谋，充分发挥两大经济区的示范带动作用。

四是要为改善民生做好规划服务，促进和谐社会建设。目前社会普遍关注的民生问题中，住房保障、人居环境质量、公共服务水平等都与规划建设工作直接相关，医疗、教育、生活服务、交通、防灾等建设都要通过规划落实到城乡空间布局中。当前我省许多地区基础设施和生活服务设施还不到位，城镇、工矿还存在大量棚户区、城中村，农村地区还有大量空心村、危旧房，与现代化城市的发展、与城乡统筹理念、与和谐社会的要求很不协调。规划不仅是工程技术，更是社会科学，更是重要的公共政策，在维护公众利益，体现公平正义，促进社会和谐方面责无旁贷。在各层次规划编制和实施管理中，都要充分体现以人为本、为民服务的理念，对保障性住房、公益性公共服务设施和市政公用设施等民生项目进行超前规划、合理布局、精心设计，并加强监管，确保落实，改善城乡居民特别是弱势群体的居住条件，提高公共服务均等化水平，让城乡建设成果惠及全体人民群众。

五是要为生态文明建设搞好规划服务，促进可持续发展。我国、我省的资源条件、环境状况已经不允许再采取粗放扩张、过度消耗资源的发展模式。温家宝总理在今年政府工作报告中指出，要以工业、交通、建筑为重点，大力推进节能，提高能源效率，积极发展循环经济和节能环保产业，努力建设以低碳排放为特征的产业体系和消费模式。我们在规划工作中，要进一步强化可持续发展理念，把节约和珍惜各种资源、保护和优化生态环境作为城乡发展的重要前提，坚决扭转用地粗放、浪费资源、破坏环境的外延扩张型城镇发展模式，加快向节约集约的内涵式城镇发展模式转变。要充分考虑资源、环境的承载条件，科学确定城市规模及空间布局，合理安排各类基础设施，把促进节能减排、发展循环经济、建设宜居城市的要求落实到各项建设中。

三、明确任务，突出重点，推动全省规划工作又好又快发展

2010年全省规划工作总的思路是：深入学习实践科学发展观，认真贯彻落实中央经济工作会议和全省城镇化工作会议精神，紧紧围绕“转方式、调结构、扩内需、惠民生”的总体要求，突出总体规划审批、控规全覆盖、法规制度建设、容积率专项治理四个重点，扎实做好城乡规划编制，提高依法管理水平，维护规划权威性，营造行业发展的良好环境，促进全省规划事业又好又快发展。

（一）加快各类规划的科学编制、依法审批，为各项建设提供法定依据

一是编制实施好城乡统筹规划和城镇体系规划，促进城乡、区域协调发展。温家宝总理3月8日参加全国人大山东代表团审议时，指出山东在发展中要重视解决好几个问题，第一个就强调要搞好城乡统筹，指出要特别重视加强农村基础设施建设，重点发展中小城市和小城镇，引导农村劳动力有序转移，扎实推进城镇化。各市县要加快编制城乡统筹规划，争取年内半数以上编制完成，科学引导市县域城镇体系布局、设施建设和迁村并点，充分发挥城镇的辐射带动作用，促进资源保护与合理利用，构建城乡一体互促共进的发展格局。要组织好《黄河三角洲城镇体系规划》和《鲁南城镇带规划》成果评审、报批、宣传等工作，编制新的《山东省城镇体系规划》和《山东省“十二五”城镇体系建设规划》，为优化全省城镇布局、统筹重大基础设施建设、加快推进新型城镇化提供依据，各市要积极配合。半岛8市、济南都市圈7市要继续深化落实《山东

半岛城市群总体规划》、《济南都市圈规划》，在基础设施建设、产业布局、环境治理等方面加快一体化进程，实现发展共赢。要以生态保护和空间管制为重点，落实好《山东省海岸带规划》。沿海各市要编制、实施好海岸带分区规划和重点地段的控规，并可结合自身实际，制定加强海岸带管理的相关规定。

二是抓好城市总体规划的审批。前一阶段多个城市的总体规划审批陷于停滞，主要是因为城市土地利用总体规划未完成，影响了会签。省厅已经与国土资源厅做了进一步沟通协调，将尽快完成部门会签，并向住房城乡建设部积极汇报争取。3月初姜异康书记、姜大明省长到建设部拜会时，提出请部里对我省城市总体规划修编审批工作加强指导和支持。姜伟新部长表示今年部里把加快城市总体规划修编审批进度列为工作重点，会全力帮助山东做工作。现在各市的土地利用总体规划审批正在加快进行，省政府已批准10个市县的土地利用总体规划，11个由国务院审批的土地利用总体规划，都已上报国务院，加快审批城市总体规划的条件已经成熟。搞好城市总体规划和土地利用总体规划的相互衔接，促进审查报批，是城市政府的责任。城市总体规划尚未审批的市县，当地政府应当协调好城市总体规划和土地利用总体规划的关系，还未上报的12个市县要抓紧上报，已上报但两规划衔接不够的，当地政府应组织有关部门抓紧处理好。规划部门要向政府做好汇报，并加强与国土部门的联系，共同推进审查报批工作。力争年内由国务院审批的11个城市全部上报并部分获批，由省、市政府负责审批的城市总体规划全部完成批复。

三是加快城镇控制性详细规划全覆盖。近年来各地围绕城乡规划全覆盖作了许多工作，但要完成省政府今年实现全覆盖的部署，任务还很艰巨。其中最困难的就是城镇控制性详细规划全覆盖。到2009年底，全省尚有43个市、县控规覆盖率低于80%，个别市、县甚至低于20%。《城乡规划法》规定，对拟划拨用地的建设项目，规划主管部门要依据控规核定用地位置、面积、允许建设的范围；对拟出让的地块，规划主管部门要依据控规提出规划条件，并审核其修建性详规或建筑方案是否符合控规要求。没有控规的地块，不能办理建设用地和建设工程规划审批手续，违规审批要负法律责任。但是，由于部分城市特别是中小城市的控规覆盖率不高，规划管理中无控规依据或违反控规的情况还时有发生。各级规划部门要进一步明确控规的法律地位，以控规编制为重点，加快规划全覆盖步伐，做到责任落实、资金落实、进度落实，确保所有市县年内实现城市、镇规划建设区控规全覆盖。我们将加强对各地特别是县级市、县城的工作指导和检查，对工作进展快、质量高的予以表彰，对工作缓慢的进行通报批评，必要时提请省政府进行督查。

四是做好各类专项规划编制，科学引导产业发展和民生建设。结合“十二五”经济社会发展规划，启动到2015年的城市近期建设规划编制，并编制近期和年度重点项目建设规划，将重大项目落实到用地空间上。要按照基本公共服务均等化的原则，有针对性地编制城市综合交通、停车场、公共服务设施、历史文化保护、景观风貌等规划，提高城镇综合承载能力和城乡一体化发展水平。要倡导开发利用地下空间，开拓城市发展新领域。要抓好经济适用房和廉租房建设规划、棚户区改造三年规划和具体改造项目详细规划的编制，改善中低收入家庭居住条件。

五是提高规划设计水平，打造城市新亮点。提高水平、打造亮点不能拘泥于边边角角，搞分散建设，而应在统一规划下成片成区进行开发或改造，这样才能利于高起点规划和各项设施的配套，做到建设一片、成功一片。要准确把握地方特点，顺应和利用好自然条件，继承和发扬好地方文化，找准突出特色、打造亮点的方向和途径，然后精心规划设计好重点区域，每年确定一批重点项目，集中力量做精做细。通过几年的连续努力，城市一定会有比较鲜明的特色和亮点。这方面济南的棚户区改造、潍坊的“三河”治理、临沂的新区建设、东营和聊城的“水城”建设等都给我们很好的启发。各地要以城市中心区、交通枢纽、重点地段、重要街道为重点，积极开展城市设计，引导详细规划编制和建筑设计。要鼓励和繁荣城市雕塑创作，加强雕塑研究和审批管理，提升城市文化品位。

（二）完善和规范规划管理，提高依法行政水平

一是严格按规定做好城市总体规划实施评估和修改工作。近期国务院办公厅下发的《城市总体规划修改工作规则》和住房城乡建设部制定的《城市总体规划实施评估办法》，对城市总体规划实施评估和修改的条件、程序、工作要求等做了明确规定。各地要按照上级要求，全面客观地总结评估规划实施效果，为正确分析问题、改进规划编制和管理方法、促进规划有效实施打好基础。城市总体规划一经审批，不能轻易修改，确需修改的必须符合工作规则规定的条件，按照规定程序办理，切实维护规划的严肃性、权威性和科学性。

二是加强建设项目选址规划管理工作。近年来投资建设程序日益规范，省、市规划部门受理的规划选址申请越来越多。但也出现了项目不按规划选址、规划初审把关不严的情况。省住建厅受理的申请中就有项目不符合规划用地布局甚至不在规划建设用地范围内，而不予许可的情况。各地在审查建设项目规划选址申请时，要严格依据经批准的城乡规划办理。各类建设项目应符合城乡规划确定的建设用地布局和使用性质，线性的区域基础设施应当符合城乡规划确定的走向和相关专业规划或专项工程设计的选线，不符合的不得批准，不得报上级规划部门审查。

三是进一步加强规划的集中统一管理。近几年违规下放规划管理权的趋势有所抬头，少数城市包括个别大城市下放了开发区或城市新区的规划管理权。规划工作是一项全局性的工作，必须实行集中统一管理，这是规划工作的性质决定的。各地要按照《城乡规划法》的要求，在城市、镇规划区内实行规划统一管理。各类开发区、工业园区、旅游度假区和城市新区，都要由所在城市的规划行政主管部门或其直属机构统一行使规划管理权，擅自下放的要立即收回。对拒不改正的，省住建厅将与监察厅联合进行查处。各设区城市要加强对各县（市）规划工作的指导，各县（市）要加强对乡镇规划工作的指导，在乡镇设立规划管理办公室，加快城乡规划统一管理步伐。

四是提高对各类开发区的规划管理水平。开发区作为产业集聚、招商引资的重要载体和建设的热点地区，其规划管理必须科学、高效、规范。各级规划行政主管部门要切实负起责任，不但要管住，更要管好。要依据城市总体规划确定开发区的规模、范围，并在规划主管部门指导下编制开发区总体规划，报省政府批准。不能不顾实际、盲目扩张，更不能在总体规划确定的建设用地范围之外圈定建设范围。要超前编制开发区控规，结合开发区的特点合理确定控制指标，不能等项目来了才匆忙应付。

（三）加大规划立法、监督和执法力度，维护规划工作的公正性、严肃性

一是完善规划法规体系，为依法行政、精细管理提供依据。要继续修改完善《山东省城乡规划条例》（讨论稿），争取尽快上报审查；修改完善《山东省城乡规划编制资质管理办法》《山东省建设项目选址意见书审批办法》《山东省城市建设项目配建停车位设置规范》等一批配套法规文件，尽快颁布实施，推进规划工作法制化、规范化。各地有利于规划立法工作的好思路、好点子或典型问题，要及时沟通，共同促进规划法规体系的完善。

二是继续深入开展违规变更规划调整容积率

专项治理工作。随意调整规划、变更容积率的行为，已经成为社会关注的焦点问题之一，不仅严重损害规划的严肃性，侵害土地竞标者、购房者的合法权益，更破坏诚信、公平、正义的社会价值观。规划用地性质和容积率并不是一概不能调整，关键看站在什么立场、按什么程序来办理。这方面规划部门自身一定要把握好，对于不合理的规划变更和容积率调整，一定要坚持原则，顶住压力，坚决维护规划的严肃性；对于合理的规划变更和容积率调整，严格依法按程序办理，并请监察机关做好监督。按照住房城乡建设部、监察部的部署，违规调整规划、变更容积率专项治理工作将由2年延长到3年。要继续深入开展专项治理，贯彻落实好《山东省城市建设用地性质和容积率调整规划管理办法》，不仅要纠正以前的错误，更重要的是规范今后的行为。对专项治理中发现的问题要认真整改，依法依规处理到位。我们和省监察厅将继续加强督导，对有投诉的房地产项目进行重点检查、跟踪督办。

三是积极推行城乡规划督察员制度。住房城乡建设部刚刚召开了全国城乡规划督察工作专题会议，姜伟新部长、仇保兴副部长都作了重要讲话，会议确定将于1～2年内向所有国务院审批总体规划的城市派出城乡规划督察员，并要求各省尽快建立规划督察员制度，由省向各省辖市、历史文化名城、风景名胜区派出规划督察员。我省将加大工作力度，争取尽快在全省推行规划督察员制度。各市要充分认识规划督察工作的重要意义和作用，支持规划督察员的工作，共同促进规划的科学编制和依法实施。

四是要进一步加大对违法建设的查处力度。各地主管部门要完善规划监管网络，发挥好街道、村居规划管理人员的作用，加强巡查，对违法建设做到早发现、早制止、早查处，降低查处难度，维护法律权威，避免更大损失。要完善规划、城管执法、房管、公安等部门之间的协调联动机制。规划处罚权由城管执法部分行使的城市，要合理划分部门职能，由规划部门把好违法建设性质认定关，确保及时准确严格执法。要充分运用好《城乡规划法》赋予的权力，积极争取党委政府支持，深化细化相关措施，对不停止建设或逾期不拆除的违法建设采取查封施工现场、强制拆除等措施，依法从严从快查处违法建设。

（四）改进管理方式，加强行风和廉政建设，为规划事业发展营造良好环境

一是加强对县城的规划指导和监督。与设区城市相比，大部分县城在规划人才队伍、机构设置、管理水平上还有很大差距，要满足科学引导各项建设、促进新型城镇化发展的需要，还需进一步充实力量，提高水平。我们将根据省管县的思路，首先在已确定的试点县范围内，由省里加强规划指导和监督，如县城总体规划由省政府审批、加强规划业务指导、强化监督检查等，待条件成熟后将好的经验做法向全省推开。各设区城市也要加大对所辖县级市、县城的规划指导和监督。

二是进一步加强规划与土地管理的协调。在用地管理上，城乡规划侧重于建设用地的规模、布局、使用功能和开发强度，土地利用规划侧重于城乡土地总量控制、指标管理。在可用于城乡建设的土地范围内，决定土地空间利用的是城乡规划，由城市、镇总体规划确定城镇建设用地规模、发展方向和用地功能布局。这方面规划部门要发挥好主导作用，向领导做好汇报争取工作，与土地管理部门加强协调。要依据城市近期建设规划、近期和年度重点项目建设规划，科学指导城市土地经营，引导土地储备和出让转让，促进产业结构调整，盘活存量土地，保证重大项目、民生项目用地供给。

三是进一步完善公开、民主、科学、高效的规划管理机制。规划公示、听证和民主决策制度已推行多年，但有的城市还存在实施不到位、机制不完善的问题。各地要按照有关规定，认真落实“阳光规划”制度、规划委员会制度和规划许

可听证制度，规范和完善工作程序，细化具体环节，使这些制度切实执行到位、发挥作用。要在依法行政的前提下提高审批效率，对重大项目主动跟踪服务，并与发展改革、国土资源等部门搞好协调，做到超前服务、高效审批。要积极推进规划信息化建设，做好规划统计等基础性工作，提高规划工作的科技含量。

四是注重环境营造和学习培训，提高规划队伍的专业水平和职业素养。各级规划管理部门和规划编制单位要创新体制机制，营造吸引人才、培养人才的良好环境，为行业持续健康发展打下坚实基础。我省将逐步推行山东省规划大师评定制度，鼓励优秀人才脱颖而出，争取培养一批在全国规划界有影响的高级规划人才。规划工作人员要不断适应新情况，研究新问题，吸收学习国内外新的理论、方法、技术，提高规划的科学性、实用性和前瞻性。近年规划部门有些领导由外单位调任，带来了其他行业的先进经验，但规划工作专业性、技术性比较强，必须加强专业学习，尽快熟悉业务。省厅将积极组织规划培训、高层论坛和参观考察，提高行业水平。各市也要积极组织培训，今年滨州市与同济大学、菏泽市与清华大学都将联合举办城乡规划培训班。

五是加强廉政建设，提高队伍的凝聚力和战斗力。近年来重庆、海口等地相继发生了几起规划腐败大案，在全行业产生了很大震动，我们必须引以为戒，汲取教训，对规划廉政建设常抓不懈，防患于未然。各级规划部门要不断加强行业作风建设和廉政监督体系建设，通过制度规范和教育引导并举，形成科学严谨、勇于创新、廉洁勤政的工作作风，有效预防和惩治腐败，使规划从业人员不想腐败、不敢腐败、不能腐败。规划工作者要充分认识城乡规划在调控空间资源、指导各项建设、维护公众利益中所担负的重要职责，牢记社会责任，恪守职业道德，不断提高思想素质和工作水平。各级规划部门的领导干部尤其是一把手，一定要树立正确的权力观、地位观、利益观和政绩观，常修为政之德、常思贪欲之害、常怀律己之心。要严格落实党风廉政建设责任制，加强对规划行业全体干部的廉政教育，尤其要抓好对领导班子成员和重要岗位人员的警示教育，筑牢拒腐防变的思想道德防线。

同志们，做好今年规划工作任务艰巨，意义重大。让我们深入贯彻落实科学发展观，在省委、省政府的坚强领导下，进一步解放思想、团结拼搏、扎实苦干，为加快推进新型城镇化、促进经济文化强省建设做出积极贡献！

山东省住房和城乡建设厅副厅长张俊乾在全省建设工程和地下管线档案归集管理工作会议上的讲话

（2010 年 12 月 16 日）

同志们：

这次全省建设工程和地下管线档案归集管理工作会议，是继今年 4 月份在莱芜召开的全省住房城乡建设档案工作会议之后，省厅召开的城建档案方面的又一次重要会议。临近年底，各位主任、局长、科长们都很忙，之所以把大家请来，主要出于这么几个考虑：一是随着城镇化快速推进，各地工程建设量很大，如果工程和管线档案收不起来，会给将来留下很多麻烦和隐患，现在就有一些地方由于档案缺失、盲目开挖造成质量和安全事故；二是虽然档案工作本身并不急迫，但这项基础性工作却事关城乡规划建设管理全局，决不单单是城建档案馆一家的事，与在座建设口各委局都有关系，需要大家予以重视和支持；三是在即将进入“十二五”、推进新型城镇化的新形势下，面对日趋复杂的工程建设各方主体，面对保证工程质量、维护城市安全的巨大压力，加之农房建设、建筑节能工作的实际需要，迫切需要我们共同研究，建立起城乡建设档案归集管理和查询利用的新机制。刚才，省建管局高建中副局长通报了全省城建档案执法检查情况，青岛、济宁、泰安、威海、寿光、河口的六个部门和单位，从不同角度介绍了他们的做法和成绩，各级各部门各单位要结合实际，认真学习借鉴。下面，我讲几点意见。

一、进一步增强对建设工程和地下管线档案归集管理工作重要性的认识

大家知道，人类文明留存下来的遗迹主要有两种，一种是建筑物，另一种是文字资料。对于建设项目来说，无论规模大小、工期长短、过程繁简，最终只产生两个成果，一个是属于硬件成果的工程实体，另一个就是属于软件成果的工程档案。我们今天研究的就是这个软件成果。与一般的文书档案相比，工程档案的原始性、专业性、查考性更强，是稀缺的、不可再生的信息资源，是城乡规划建设管理工作的重要依据。江泽民同志当年在上海工作时，在指导处置一起地下管线工程事故时曾深刻指出：“档案工作是各项事业发展的一个重要基础，这个基础不牢固，将来我们要负历史责任的。”

这些年，我们每个城市、县城甚至是乡镇、村庄，地上的建设工程量越来越大，地下各类管线越来越复杂，各种改建、扩建和拆迁项目也越来越多。这就不可避免地要查考既有建筑物、构筑物的内部构造、建设年限、使用寿命，了解地下管线的走向、位置、材质和用途。这些资料，都应当记载在工程档案里，保存在城建档案馆或其他相关机构中。但是，不少地方就有档案找不着、资料查不了的情况，也有的该查档案的不去查，给工作带来被动、造成损失，甚至酿成安全事故。可以预见的是，将来对于工程档案、管线档案的查找和利用，会更加频繁和普遍。我们的城建档案，可以说“用不着时不觉重要，用得着时千金难买”。

归集工程档案和管线档案，对于我们的城乡规划建设管理工作而言，是辅助性、从属性的，但又是不可或缺的，是基础性的。做好这项工作，对于实施各类城乡规划、加强工程质量监督、追究质量安全责任、调节处理社会纠纷、保障城市安全运行、应对处置突发事件，都具有不可替代的重要作用。加强建设工程和地下管线档案归集管理，是国家有关法律法规和建设部规章的明确规定，是提高城乡规划建设管理水平、推进新型城镇化的客观需要，是住房城乡建设系统各级各部门应尽的职责。

二、全面落实建设工程档案归集管理制度

工程档案是建筑物的构造图和说明书，是工程实体质量状况的完整记录，工程档案归集是城建档案工作的基础。我省从1999年开始实行工程档案移交合同书、合格证制度，2000年又增加了档案预验收意见书，形成了“两书一证”制度。但是，我省各地各部门在执行程序上不尽一致，有的部门认识还不到位，造成一些档案流失。为此，省厅今年4月份制定了《关于切实做好住房城乡建设档案工作的意见》，这次会上又印发了《关于进一步加强建设工程档案归集管理的通知》，目的在于统一认识、统一步骤、统一要求、统一文书，把国家和省有关规定落到实处，从根本上解决档案流失问题。

对于新建、改扩建工程特别是房屋建筑工

程，各级规划、建设、房管部门要认真履行职责，把签署《山东省建设工程档案移交合同书（责任书）》作为核发建设工程规划许可证或施工许可证的前置条件，把《山东省建设工程档案预验收意见书》作为发放规划验收合格证或办理竣工验收备案手续的必备要件，把《山东省建设工程档案合格证》作为办理房屋产权初始登记的必备要件。省厅专门制作了全省统一编号、带防伪标识的“两书一证”，每套有合同书一式 3 份、意见书一式 2 份、合格证一式 1 份，从 2011 年 1 月 1 日起统一使用。各地要按照国家《建设工程文件归档整理规范》的规定，对一个单位工程使用编号一致的同一套“两书一证”。各级各部门要严格把关，切实做到未签档案合同书的，不予办理规划许可或施工许可；未通过档案预验收的，不予办理规划核查或竣工备案；未取得档案合格证的，不予受理房屋产权初始登记申请。

三、切实抓好城市地下管线工程档案归集管理和查询利用

地下管线是城市的“血脉”和“神经”，管线工程是特殊的“生命线”工程，与城市运转和公共安全密切相关。管线档案归集和利用，不仅是城建档案工作的核心，更是城市安全运营管理的重要组成部分。这项工作抓不好，是要出大事的。今年南京丙烯管线爆燃、武汉天然气管线爆燃、郑州自来水主干管爆裂等事故，都震惊全国。据不完全统计，全国每年仅因情况不明、盲目施工引发的管线安全事故，就造成直接经济损失 50 亿元、间接经济损失 400 亿元。

我省的管线档案管理工作起步早、基础好，目前 10 个市县和 1 个高新区已完成管线普查并建立信息系统，5 个市县即将完成，一些市政公用企业还采用了先进的物联网技术，总体上走在全国前列。国务院和住房城乡建设部对管线档案管理十分重视，今年 10 月份国务院参事、前部党组成员车书剑同志带队，城建司一名副司长参加，专程来山东调研，对我省的做法予以高度肯定。但大家应该清醒的看到，近些年我省虽然没出大事，但各地的地下管线事故也不少，决不可掉以轻心。

下一步，各地要继续按照省政府和省厅有关文件的要求，以管线档案归集管理和查询利用为核心，建立完善城市地下管线信息动态管理机制和安全监控机制。一要完整准确归集管线档案。地下管线工程竣工验收前，规划或市政工程施工主管部门要责成建设单位，对管线进行竣工测量；也可预收管线测量费用，定期组织补测。当地政府在城建档案馆之外又指定管线信息管理机构的，管线工程档案预验收由管线信息管理机构负责，但竣工备案后管线产权单位应向城建档案馆移交一套完整的管线档案文本资料。二要强化管线档案查询利用。对涉及管线的工程项目，规划部门办理规划许可时，必须要求报送管线现状资料并提供管线查询证明；对涉及挖掘道路的项目特别是管线工程，主管部门办理施工许可，还应要求提交既有管线的安全监护方案。否则，一律不得受理，违规予以许可尤其是导致管线安全事故的，要追究有关人员的责任。三要开展管线普查并建立完善信息系统。在确保及时准确归集管线档案的前提下，有关部门应提请当地政府组织管线普查，建立健全管线信息系统，争取成为城市公共数据共享平台。已完成的市县，要做好管线资料更新和信息系统保密、维护、升级工作，与“数字城市”“数字化城管”“数字市政”等有机结合起来，并将管线信息系统覆盖范围向住宅小区延伸、向城市建成区外拓展。有条件的市县，还可引导燃气、热力、供水、排水、供电、通讯等单位，以管线信息系统为依托，研发运用物联网技术，对管线安全运行进行实时监控和远程调控。

四、收集整理好以农房集中建设项目为重点的村镇建设档案

长期以来，由于各类村镇建设项目处于城市和县城规划区之外，受工程建设管理体制差异的影响和管理力量不足的限制，除少数县市区外，大量村镇建设档案没有实现统一收集、规范管理。2009年初，省委、省政府从根本上改善农民居住条件和生活环境，组织开展了大规模的农村住房建设与危房改造，目前全省8 000多个旧村庄已经或正在建成楼房林立、设施配套、环境优美的新型农村社区。当年9月，省厅专门就农房建设项目档案收集工作作出部署，各地结合实际抓落实，取得显著成效。

下一步，各地要继续贯彻省厅鲁建村字〔2009〕8号文件，保证项目建设档案资料的真实性和完整性，为保证农房质量安全、维护农民合法权益夯实技术资料基础。凡是执行工程建设程序的农房建设项目以及其他村镇建设项目，要和城里的项目一样执行工程档案“两书一证”制度。各县市区城建档案馆，要与当地村镇建设科、工程质监站密切配合，加强与街道办事处、乡镇政府的沟通协作，主动上门为农房建设项目实施主体尤其是村委会、居委会提供指导和服务，培训工程档案专兼职人员，需代整档案的费用按最低限收取，确保农房集中建设项目归档率达到100%。要积极创造条件，把村庄改造前的旧貌拍摄下来，留作珍贵资料。对农房建设项目区之外的村镇建设项目，要以地下管线、市政设施、公共服务设施为重点，把涉及公共安全和农民生命财产安全的工程档案收集齐、整理好。

五、收集整理好以外墙外保温工程为重点的建筑节能档案

推进节能减排、建设生态文明，已经成为全民共识和国家战略部署，建筑节能又是节能减排的重点领域。2006年起我省在全国率先全面实施建筑节能新标准，既有居住建筑节能改造也全面完成“十一五”目标。但是，现在大量应用的建筑节能产品和设备，其使用寿命有的20年，有的10多年，而建筑主体的使用寿命一般在50年到70年，甚至上百年。这些节能产品和设备，到期后如果不及时更换，不仅无法保证节能效果，而且还隐藏着质量和安全隐患。特别是在外墙外保温系统中大量使用的聚苯板等有机材料，随着时间推移会逐步降低保温性能和结构强度，影响居住舒适度，还可能会发生空鼓、脱落等问题。收齐整好建筑节能工程档案，为以后的维护、更换、改造提供依据和方便，就显得尤为必要了。为此，省厅在全国率先制定并在这次会上印发了《关于做好建筑节能工程档案收集整理工作的通知》。

下一步，各级建设部门和工程质监站、城建档案馆，要按照国家《建筑节能工程施工质量验收规范》，责成建设单位牵头，指导设计、施工、监理和部品生产供应单位，将各种建筑节能工程的技术资料完整地收集起来，尤其要收集好所用材料和产品的材质、热工性能、使用寿命等资料，在进行工程质量和档案验收时都要予以查验。城建档案馆要做好建筑节能工程技术资料收集整理的宣传、指导和单独组卷工作，特别要把外墙外保温材料、建筑幕墙和节能门窗、供热分户计量和温控装置、太阳能热水系统和光伏发电设备、地源热泵设备这5类技术资料另外复制和存放，编录使用年限册，在其使用寿命临近时，及时告知业主、使用人和建设部门。这样，不仅能够从长远上维护建筑节能成果，而且可以保证建筑安全使用。

六、进一步加强对城建档案工作的组织领导

依法归集、科学管理和有效利用城乡建设各类档案，是保证工程质量、保护群众权益、维护城市安全、改进公共服务的重要基础性工作。各级建设、规划、城管、市政公用、房管部门要切实加强对档案工作的领导，定期了解情况，加强沟通协调，相互密切配合，及时研究解决制约工作开展的重大问题。一要加强机构建设。各级城建档案主管部门要理顺管理体制，加强机构建设，配强工作班子，引进专业人才，加大资金投入，改善馆藏设施，为做好城建档案工作提供必要条件。城建档案和管线信息管理机构要主动做好汇报、沟通和宣传工作，端正服务态度，讲求工作效率，提高服务水平。二要加强业务指导。各市城建档案主管部门及管理机构，要加强对县市区工作的业务指导和监督检查，力争到2015年，全省所有县市区、国家级高新区和开发区、部分中心镇都建有符合国家标准规范的城建档案馆（室），城区20万人以上的县市建成运行城市地下管线信息系统。三要加大执法力度。各地组织城乡规划、工程质量安全、建筑市场、房地产市场等执法检查时，要有城建档案方面的内容，并尽可能吸收城建档案专职人员参加。要适时组织城建档案专项执法检查，对拒不报送建设工程档案的违法违规行为，要发现一起、查处一起，性质恶劣的要依法从重处罚。对工程档案“两书一证”制度和管线档案查询利用制度的执行情况，省厅明年将组织一次专项检查。四要应用科技手段。我认为，做好城建档案工作，要靠制度保证，要靠事业心和责任心，还要靠现代科技手段。各地要为城建档案馆配备必要的先进设备，加快实现馆藏档案数字化，加快开展声像档案拍摄制作和电子档案接收存储工作。要积极创造条件，做好管线信息、重点工程等重要数字化档案的异馆、异地备份存储工作，确保档案安全。

同志们，明年是“十二五”开局之年。让我们深入贯彻党的十七届五中全会精神，以务实扎实踏实的作风，以创新创先创优的精神，加强建设工程和地下管线档案归集管理，为住房城乡建设事业又好又快发展做出积极贡献！

山东省住房和城乡建设厅副厅长吴英在全省城市房屋拆迁信访工作会议上的讲话

（2010年8月11日）

同志们：

这次会议的主要任务是，贯彻落实国务院和省政府关于加强拆迁管理工作、切实维护群众合法权益有关文件要求，研究上半年全省进京拆迁上访案件调查处理情况，分析当前房屋拆迁工作面临的新形势、新问题，安排部署下一步的城市房屋拆迁信访工作。省信访局刘东范处长专门出席今天的会议并讲话，充分体现了省委、省政府对建设信访工作的高度重视。（多年来，省信访局指导帮助我们解决了不少疑难案件，协调处理了许多具体问题，在此，让我们以热烈的掌声，向省信访局和刘东范处长表示衷心的感谢！）崔秀顺同志通报了全省拆迁信访工作情况，各市汇报了进京上访案件处理情况和下步工作打算，讲得都很好，希望各地相互借鉴，取长补短，进一步提升拆迁信访工作水平。下面，我讲几点意见。

一、认清形势，进一步增强做好城市房屋拆迁信访工作的责任感和紧迫感

第一、全省城市房屋拆迁和信访工作取得一定成效

去年以来，在省委、省政府的坚强领导下，在省信访局的大力支持和指导下，全省住房和城乡建设系统深入贯彻中央和省有关部署，认真实施《山东省城市房屋拆迁管理条例》，先后召开全省建设系统信访工作会议和信访积案化解工作座谈会，积极开展拆迁信访积案排查化解，着力

解决各类矛盾纠纷，努力维护社会稳定，取得一定成效。

城市房屋拆迁管理进一步规范。去年全省计划拆迁1 340万平方米，实际拆迁1 130万平方米；今年全省计划拆迁2 030万平方米，上半年完成920万平方米。在拆迁中，各地认真实施城市房屋拆迁管理条例，坚持“四合法两到位”，严把房屋拆迁许可证审批关，做好拆迁调解、听证和裁决，依法实施强制拆迁，维护了群众合法权益。各市严格拆迁单位资格审查，公布了130家合格拆迁单位名单，规范了拆迁单位行为。上半年，全省受理拆迁裁决申请369件，同比下降7%；强制拆迁8户，行政强迁8户，同比分别下降90%、89%。

拆迁安置房建设进一步加快。各地按照“先补偿安置、后实施拆迁”的原则，继续加快拆迁安置房建设步伐。去年全省拆迁安置房施工810万平方米，竣工325万平方米，实际安置290万平方米。上半年全省拆迁安置房施工625万平方米，竣工248万平方米，实际安置210万平方米，基本扭转了拆迁安置房建设滞后、不能满足安置需要的不利局面。

拆迁信访工作进一步加强。主要抓了四个方面：一是做好拆迁信访积案排查化解。各地按照住房城乡建设部《关于开展城镇房屋拆迁信访积案化解工作的意见》和省有关要求，明确工作目标和重点，制定了具体实施方案和配套措施，集中力量开展排查，共梳理出拆迁信访积案110件，在此基础上深入研究剖析，找准问题症结，落实领导包案，一批历史遗留问题和重点疑难案件被成功结服，截至目前已化解98件，处结率达到89%。二是全面开展信访事项复查复核。各地按照《山东省信访事项复查复核办法》有关要求，认真做好拆迁信访复查复核工作，省厅共受理复查复核案件4件，协助省信访局提出审查意见2件，目前4件已经结案。三是切实做好重点时期信访维稳工作。按照部里的要求，我们对国庆六十周年、十一运和上海世博会期间信访维稳工作进行部署。各级建设部门进一步加强领导，制定方案，全面落实各项防范措施，妥善处置各类突发事件，在这些重点时期建设信访工作没有出现大的纰漏。四是提高拆迁信访工作人员素质。去年底省厅组织了全省拆迁信访培训班，邀请了住房城乡建设部、省信访局和省委党校领导和专家授课，400名拆迁信访工作人员参训，拆迁信访一线工作人员能力和水平进一步提高。

第二、城市房屋拆迁信访工作出现了一些新问题

一是拆迁上访数量居高不下。上半年全省实际拆迁920万平方米、8.2万户，同比分别增长78%、103%。在拆迁量激增的情况下，省厅受理拆迁上访数量持续上升，1～7月份我省建设系统到部上访143批次、351人次，其中拆迁上访94批次、243人次，同比分别上升19%和42%，半年中有3个月份上访数量排名全国前三，1个月份排名第一。

二是集体访、重复访和缠访闹访问题突出。从我省到部上访情况看，1～7月份到部拆迁集体访20批次、164人次，占到部上访总量的42%；到部重复访57批次，占到部上访总量的45%。其中青岛市到部重复上访29批次，占青岛市到部上访的65%，几乎都是老上访户。特别是青岛姚景辉、丁耀琴夫妇以及滕州关丽华等上访人，长时间在部办公楼前缠访闹访，围堵领导，造谣生事，煽动群众，造成极坏影响。

三是拆迁信访遗留问题突出，集体土地拆迁有待规范。上半年我省到部上访反映2007年前拆迁问题的信访案件46起，占到部上访案件的40%，其中青岛市到部拆迁上访案件的90%都是拆迁信访遗留问题。集体土地房屋拆迁行为不规范，引发的矛盾纠纷比较多，上半年到厅上访反映集体土地拆迁的案件20起，占拆迁上访总量的20%，应引起足够的重视。

第三、城市房屋拆迁信访工作面临新的形势

房屋拆迁的社会关注度空前高涨。房屋拆迁涉及被拆迁群众切身利益，事关社会和谐稳定，一直以来都是社会关注、百姓关心的焦点问题。去年，成都、上海等地相继发生征地拆迁致人死伤事件，国内知名学者联名建言国务院加快修订房屋征收条例。国务院法制办针对房屋征收条例，面向全社会征求意见，经媒体宣传报道，引起各界广泛关注和公众热议。今年6月，青岛市八大湖拆迁又被中央电视台焦点访谈栏目曝光。一段时间以来，房屋拆迁的社会关注度空前高涨，拆迁和拆迁信访工作面临的压力空前加大。

房屋拆迁成本上升引发的矛盾有所增加。在中央和省扩大内需、城镇化进程加快推进的大背景下，各地加快实施城市基础设施建设和棚户区改造等保障性安居工程，房屋拆迁作为城镇建设发展的基础性工作，规模迅速增大，引发的矛盾纠纷不断增加。从房地产市场看，开发投资出现较快增长态势，房地产市场企稳回升。自去年底开始，国内部分城市包括我省个别城市房价增速较快。6月份全省住宅价格同比上涨7.6%，二手房价格同比上涨8%。商品住宅价格涨幅较大的威海、淄博、济南3市分别达到10.9%、10.3%、8.4%，二手住房价格涨幅较大的东营、济宁、聊城、淄博、青岛5市分别达到22.2%、10.7%、8.7%、8.5%、8.3%。由于房价走高，致使拆迁成本不断上升，拆迁矛盾加剧。

中央和省对拆迁管理的要求更加严格。中央和省高度重视拆迁管理工作。国务院法制办对房屋征收条例公开征求了修改意见，但由于房屋拆迁问题政策性强、利益面广、关注度高，这部行政法规的出台还需要进一步的酝酿和完善。在征收条例未出台的情况下，为加强征地拆迁管理、减少新的矛盾、防止暴力拆迁血案频繁发生，5月份国办下发了《关于进一步严格征地拆迁管理工作切实维护群众合法权益的紧急通知》（国办发〔2010〕15号）。省住房城乡建设厅会同国土资源厅研究提出实施意见，省政府办公厅以鲁政办明电〔2010〕83号下发。为深入贯彻国务院和省政府文件精神，厅里还下发了《关于进一步做好城市房屋拆迁工作的通知》（鲁建房字〔2010〕24号），对加强城市房屋拆迁管理、切实维护群众的合法权益提出了明确要求。

各级建设部门要牢固树立大局意识和政治意识，切实增强信访工作的紧迫感和责任感，强化忧患意识，知难而进，迎难而上，高度重视信访工作的新情况、新矛盾、新问题，进一步坚定信心和决心，把各类信访特别是城市房屋拆迁信访数量降下来，促进社会和谐稳定。

二、坚定信心，切实抓好城市房屋拆迁和拆迁信访工作

按照国办15号、鲁政办明电83号和全省综治维稳工作电视会议精神，结合住房和城乡建设工作实际，当前和今后一段时间全省城市房屋拆迁工作的总体思路是：以科学发展观为统领，以贯彻落实省拆迁条例为核心，以维护被拆迁群众合法权益为出发点和落脚点，坚持依法拆迁、和谐拆迁、阳光拆迁，进一步完善政策，强化管理，规范行为，着力解决拆迁历史遗留问题，推动全省拆迁工作平稳有序发展。拆迁信访工作目标是：力争年内到省进京上访数量同比有所下降，我省到住房城乡建设部上访月度排名保持在十位以后。

一方面，进一步加强管理、规范行为，努力做好城镇房屋拆迁工作。

（一）*严格控制房屋拆迁规模*。一是要广泛征求意见。项目立项前，要组织专家对项目进行充分论证，广泛征求社会各界特别是被拆迁人意见。要按照“阳光规划”的要求，充分做好建设项目批前公示。在拆迁地块上的新建项目规划审批前，规划主管部门要在建设用地上设立公示牌将相关规划内容进行公示。二是要严格拆迁许可。重点审查申报项目批准文件是否齐全、拆迁主体是否合法、补偿安置方案是否可行、安置房建设资金是否落实、补偿资金和安置房源是否到位、拆迁范围房屋产权是否清晰、社会稳定风险是否评估。凡违反城市规划、未列入年度拆迁计划、群众意见较大、不稳定因素较多的项目，一律不得发放房屋拆迁许可证。三是要控制拆迁规模。今年全省审批拆迁计划高于去年，主要是保证城市和国有工矿棚户区改造需要，扣除棚户区改造规模，今年与去年计划审批规模持平。要发挥好房屋拆迁许可、年度拆迁计划对拆迁规模的调控作用，从严控制非公益性项目拆迁。对矛盾纠纷多和群众反映问题突出的项目要暂停拆迁，待问题妥善处理后实施。要采取有效措施，坚决防止无拆迁规划、无拆迁许可的盲目拆迁、擅自拆迁现象。对发生到省进京集体上访、重复上访、非正常上访和缠访闹访且处置不力的市、县，我厅将暂停审批下年度房屋拆迁计划。

（二）加强拆迁补偿安置工作。一是进一步健全拆迁补偿机制。要充分保证被拆迁群众的参与权、知情权和监督权，把拆迁许可证、拆迁单位及评估单位资格、补偿安置方案、拆迁评估结果、安置房规划图户型图、搬迁户排序等全部上墙，充分听取群众意见，接受社会和群众监督。要充分尊重被拆迁人选择产权调换、货币补偿等方面的意愿，不得强制推行货币补偿。要按照“先补偿安置后实施拆迁”的原则，加快安置房建设步伐，凡具备回迁条件的，要进行回迁安置。二是做好困难家庭补偿安置工作。要严格落实《山东省城市房屋拆迁管理条例》确定的拆迁补偿最低货币补偿标准和最低住房保障制度。对无力购买安置房且符合住房保障条件的，要帮助申请经济适用房或廉租房，确保被拆迁居民中的低收入住房困难家庭的基本居住需要。三是妥善解决历史遗留问题。“住改非”问题要严格落实省条例的有关规定。因历史原因形成的手续不完备的房屋，要按照“尊重历史，实事求是”的原则，综合考虑房屋建造时法律法规和管理工作实际等情况，结合现行有关法律法规补办相关手续。对于规划管理法规出台前建造的房屋，应当按照房屋原面积和使用性质进行补偿安置；对于规划管理法规出台后建设或改变用途的，应当按照有关法律法规政策规定处理，但对于所建房屋用于居住且当事人他处没有住房的，应当保障被拆迁人的居住条件。不得以政策不明确为由而久拖不决。四是加强拆迁补偿安置资金监管。要进一步加强拆迁补偿安置资金监管，所有拆迁项目的拆迁补偿安置资金必须确保足额到位、专户存储、专款专用。要会同有关监管单位按照拆迁进度拨付拆迁补偿安置资金，并对资金使用情况进行监督。要积极采取措施，坚决杜绝挤占、挪用拆迁补偿安置资金现象发生。

（三）进一步规范拆迁管理行为。一是进一步规范拆迁估价管理。未经当地房屋拆迁管理部门公示的评估机构，不得接受拆迁评估委托，不得出具拆迁估价报告。对违反规定出具不实估价报告，与拆迁当事人一方串通损害另一方合法权益，以不正当手段获取拆迁评估业务的，一经核实，我厅将按照有关规定给予降级或吊销评估资质处理。二是进一步加强拆迁单位管理。要严格拆迁单位资格审查，对违规拆迁单位要严肃查处，情节严重的要清出拆迁市场。要按照《关于认真做好城市房屋拆迁单位资格审查及延期工作的通知》（鲁建房字〔2009〕20号）规定内容，抓紧开展资格审查。对严格执行拆迁政策、业绩突出、群众满意度高且符合拆迁单位资格条件的拆迁单位，经各市审查批准后到我厅备案发证。国务院房屋征收条例出台前，未经我厅同意，各市原则上不再审批新的拆迁单位。三是严格控制行政强制拆迁数量。未经行政裁决和听证、补偿安置不到位、被拆迁人居住条件未得到保障以及未制定应急预案的，一律不得实施强制拆迁。确需强制拆迁的，必须严格依法、按程序实施，各县（市）实施行政强制拆迁的，要报请上一级人民政府备案，各设区城市实施行政强制拆迁的，要报我厅备案。四是强化房屋拆除安全管理。承担房屋拆除的施工单位要具有相应资质等级，并对房屋拆除施工安全负责。各地要把城市房屋拆除安全监督管理作为一项重点工作，认真审查拆除施工组织方案的安全保障情况，切实加强对房屋拆除施工全过程的安全监督，严防发生房屋拆除安全事故。

另一方面，认真落实国办发明电〔2010〕15号和鲁政办发明电〔2010〕83号文件精神，大力加强拆迁信访工作。

（一）进一步健全信访工作机制。一是要按照信访评估到位、审批程序到位、政策公开到位、补偿安置到位的要求，建立健全房屋拆迁信息沟通与协作机制，及时掌握和化解苗头性、倾向性问题，防止矛盾积累激化。二是要健全拆迁信访工作责任制，加快建立上下贯通的信访信息系统，积极探索拆迁矛盾纠纷排查调处机制，采取各种有效方式做好群众思想工作，防止简单粗暴压制群众，避免因拆迁问题引发新的上访事件。要深入到问题较多的地方去接访、下访，主动倾听群众诉求，把问题解决在初始阶段。三是要完善有关信访工作制度。省里将定期向各市分管市长通报各地建设系统进京来省上访的情况，对问题突出的市县建设、规划、房管等部门主要负责人进行约谈，并限期解决问题。要继续完善信访考核制度，把信访工作纳入建设工作考核的重要内容，信访工作好坏将直接影响今后的评先评优。要严格落实信息报告制度，各级各部门要对容易引发大规模越级上访的苗头性信息，以及本单位发生的重大集体上访，按规定及时向上级主管部门报告，信访工作责任人和联络员手机必须24小时开机，确保联系通畅。四是要完善信访应急工作预案。各地要切实加强拆迁信访形势分析研判，进一步完善应急工作预案。一旦发生恶性和群体性事件，要及时启动应急预案，做好稳控工作，防止事态扩大。五是要继续执行轮流进京值班制度。进京上访量大的城市，要抓紧选派工作能力强、业务水平高、工作经验丰富的同志，从本月开始，在厅里的统一安排下轮流进京值班。

（二）进一步落实化解包案责任。各地要将拆迁矛盾纠纷和信访积案排查化解作为当前加强拆迁管理工作的重要内容，要重点排查可能诱发集体上访、非正常上访、重复上访和群体性事件的苗头，重点排查近年来反复缠访闹访、精神偏执、心态失衡，容易印发极端事件的上访人员。对排查出的信访积案和到省进京上访案件，要按照“属地管理、分级负责”和“谁主管、谁负责”的原则，落实领导包案，落实工作责任，用心研究，找准工作突破口，力争“案结事了”和“息诉罢访”。

（三）全面开展信访事项复查复核，切实解决信访疑难案件和历史遗留问题。要认真贯彻落实《山东省信访事项复查复核办法》，依法履行复查复核职责，认真办理本单位职责范围内的复查复核事项。一是要及时受理复查复核申请，对确实不属于复查复核范围或应当依法通过行政复议、诉讼、仲裁等途径解决的事项，要耐心细致地解释清楚，做好分流工作。二是要严格规范复查复核层级制度，不允许以没有专门机构、人员不足等借口将本机关受理的复查复核事项委托交由下级机关代办。三是要不断提高复查复核事项办理质量，坚持依法办案、依法明理，充分发挥复查复核定纷止争的作用，对违法、不当或者侵害人民群众权益的处理意见，该撤销的坚决撤销，该变更的坚决变更；对重大、复杂和群众关注的信访问题，要通过公开听证进行调查，确保听证参加人特别是信访人对有关事实和依据进行平等充分的质证和辩论，增强复查复核的透明度和公信力。

（四）积极推动工作重心下移，狠抓信访工作责任落实。各市必须坚持信访工作重心下移，畅通基层信访渠道，把信访工作重点放在一线，按照“属地管理”、“一把手负总责”的要求，深入开展领导干部定期公开接访、带案下访和巡回接访活动，做到所有转办、交办的案件件件有有结果。要依法规范信访工作秩序，认真解决群众合理诉求，切实维护群众合法权益，从源头上预防和减少信访问题，真正把问题解决在基层，把矛盾化解在萌芽状态。凡是发生到省进京上访的，主管部门要在第一时间派人到现场，立即把人带回去，问题要彻底解决，不得发生重复访。特别是重要敏感时期，绝对不能出问题，一旦有行动不迅速、处理不果断、措施不得力，引发信访突出问题或重大群体性事件，并造成严重后果的，要按照中纪委、监察部、国家信访局等部门《关于违反信访工作纪律适用〈中国共产党纪律处分条例〉若干问题的解释》和《关于违反信访工作纪律处分暂行规定》，严肃追究相关责任单位和责任人的责任。

同志们，做好房屋拆迁和拆迁信访工作是一项重要的政治任务。各级房屋拆迁管理部门要继续发扬细致严谨的作风、吃苦耐劳的精神和认真负责的态度，扑下身子抓落实，带着感情做工作，努力实现到省进京上访数量持续下降，为促进和谐社会建设做出积极贡献！

山东省住房和城乡建设厅副厅长 昝龙亮在全省建造师执业资格制度宣贯会议上的讲话

（2010 年 4 月 1 日）

同志们：

在实施注册建造师执业一周年之际，省住房城乡建设厅、省建管局召开全省建造师执业资格制度宣贯会议，主要任务是总结交流工作经验，分析当前形势，找出存在的问题，部署下一步的工作任务，研究落实相关工作措施，推进建造师执业资格制度的全面贯彻落实，保障我省建筑业的又快又好发展。

昨天，同济大学丁士昭教授做了精彩的专题讲座，大家观看了建造师执业资格制度科教光盘。刚才，几个城市主管部门、施工企业及培训单位的代表介绍了工作经验，部注册中心陶建明副主任还要作重要讲话，大家要深入学习领会，抓好贯彻落实。下面，我讲几个问题。

一、锐意进取，扎实工作，我省建造师执业资格制度实现平稳过渡

建造师执业资格制度是我国建筑施工项目管理体制的一项重要的改革和制度创新，是国家强化项目管理，加快与国际工程管理惯例接轨的重要举措。按照住建部部署，我省从 2004 年开始启动建造师执业制度，省、市各级建设主管部门主要领导和分管领导都对贯彻落实建造师执业资格制度给予高度重视，加强了考试考务、注册管理、继续教育等各项工作的管理力度，对制度的贯彻落实起到了良好的推动作用。2009 年 3 月 1 日，我省全面启动了注册建造师执业制度，各级建设主管部门行动迅速，结合本地区实际，研究制定落实措施，调整健全了组织机构，深入各类建筑企业调研，解决制度推进中的问题，做了大量的卓有成效的工作，确保了我省项目经理资质制度向建造师执业制度平稳过渡，推动了全省建造师执业资格制度健康有序发展。

（一）建造师执业资格制度体系基本建立。20 世纪 90 年初，建设部着手研究建造师执业资格制度以来，经过调研、启动、发展和不断完善，陆续建立了一套完整的管理制度体系，为推进建造师执业资格制度的实施打下了坚实的基础。1997年颁布的《建筑法》明确规定："从事建筑活动的专业技术人员，应当依法取得相应的执业资格证书，并在执业证书许可的范围内从事建筑活动"，这一规定从上位法的角度为实施建造师制度确立了法律地位。2002年，原人事部、建设部颁布《建造师执业资格制度暂行规定》，随后，建设部陆续出台了《建造师执业资格考试实施办法》《注册建造师管理规定》《注册建造师执业管理办法》等一系列管理制度，制定了《注册建造师执业工程规模标准》《注册建造师施工管理签章文件目录》等技术性文件。我省也依据国家法律法规及部规章制定了山东省二级建造师执业资格考试考务工作规程、规则规定，《山东省二级建造师注册实施办法》《山东省二级建造师继续教育管理规定》《山东省注册建造师执业管理办法》等规范性文件，逐步形成了以认证考试制度、执业注册制度、继续教育制度、执业管理制度为主要内容的建造师执业资格制度体系。

（二）建造师执业资格管理体制进一步理顺。建设厅党组历来高度重视建设执业资格注册管理工作，杨焕彩厅长多次对建造师制度的实施作出重要批示，提出明确要求。为更好促进建造师执业资格制度实施，厅党组将建造师的考试、注册、执业和继续教育管理授权省建设厅执业资格注册中心实现全过程集中统一管理。多年来，在部注册中心及有关业务司局指导下，省注册中心加强与厅机关业务处室和建管局业务部门的沟通和联系，认真指导各市有关管理机构开展建造师执业资格管理工作，同时，加强了与人事及相关行业主管部门的协作配合，形成了上下联动、左右沟通的工作机制。各市主管部门也较好的理顺了管理体制，确定了牵头部门，在考试、注册、执业监督、继续教育管理过程中，加强了人事、工程、城建、建管、招标、质量、安全等部门间的联动配合，将各项管理工作落到实处，提高了建造师执业资格管理工作的整体水平。泰安市成立了建造师管理工作领导小组，设立了领导小组办公室，办公室由综合协调组、注册管理组、考试教育组、市场管理组组成，明确了职责分工，坚持了每月例会制度，形成了"管理一盘棋，服务一条龙"的管理模式，进一步提高服务水平和办事效率。

（三）建造师执业资格考试、注册、继续教育工作稳步推进。建造师执业资格注册制度实施以来，各级管理部门都能严格依据国家法律法规和建设部有关管理规定，坚持依法办事，规范管理，提高效率，保证各项管理工作准确、及时。

一是二级建造师考试考务工作安全运行。二级建造师考试是我们建设主管部门独立承担的一项大型考试工作，自2005年起，按照全国统一部署，我省顺利组织实施五个年度的二级建造师执业资格考试考务工作，先后组织了24.1万人次参加二级建造师执业资格考试。在考试工作组织实施过程中，各级建设主管部门加强领导，精心策划，周密安排，严把申报材料审查关口，严守保密措施，严肃考风考纪。各市在考试报名、资格审查、数据信息统计上报、考务组织工作等方面做了大量卓有成效的工作，各考区考场秩序良好，整个考试工作未出现一丝纰漏，确保了二级建造师执业资格考试公开、公正、公平。

二是建造师注册工作井然有序。建造师注册是取得建造师执业资格人员进入建设市场执业的准入证。按照建设部的统一部署，2007年下半年开始，我省启动了建造师注册工作。由于建造师注册工作在建设类执业注册工作中开展较晚，涉及企业类型，特别是施工类企业数量和人数最多，注册管理任务非常繁杂和艰巨。注册工作开展三年以来，省注册中心与各市建造师管理部门密切配合，精心组织、周密安排，通过集中受理和日常受理相结合的方式，分期分批进行建造师的注册。各级主管部门严格执行注册建造师管理规定，认真审查建造师本人“三证、一合同”的原件，对批准的注册人员，省市主管部门按各自的职责，及时打印注册证书、刻制印章，按时发放到注册建造师手中；对于不符合注册条件的人员坚决不予注册，确保了我省建造师注册工作有序开展。截止目前，全省共注册一、二级建造师95 222人，有效保障建筑企业资质管理和企业正常生产经营。

三是二级建造师继续教育工作顺利实施。为提高建造师的整体素质和执业能力，努力造就一支素质过硬的施工项目负责人队伍，我省加强了建造师继续教育的工作，省建设厅制定出台了《山东省二级建造师继续教育管理规定》，组织高等院校及有关管理部门、施工企业的专家教授多次进行论证，科学制定第一个周期二级建造师继续教育大纲，并组织编写了较强针对性、实用性和适度超前性的继续教育教材。经过严格考察和审定，确定了省建管局培训中心及中国海洋大学培训中心、山东建筑大学成教学院、山东大学土建与水利学院、山东交通学院等单位为二级建造师的定点培训单位，具体组织建造师继续教育培训工作，并制定出台了《山东省二级建造师继续教育培训单位管理规定》，科学制定继续教育实施方案，建立了全省统一的继续教育师资专家库，为开展好继续教育、提高继续教育培训效果奠定了基础。二年来，全省共组织了3.5万名建造师和1.5万名临时资格证书人员参加了二级建造师参加继续教育培训。通过有针对性的教育培训，有效提高了建造师的法律法规意识、专业技能和执业能力。

（四）建造师队伍得到发展壮大、素质不断提高。多年来，我省始终以建设一支高水平、高素质的建造师人才队伍为目标，实行管理与服务并举，大胆进行机制创新和制度创新，充分发挥了主管部门、行业组织、企业单位在人才队伍建设中的作用，逐步形成了主管部门引导、行业组织指导、企业单位激励、专业技术人员自觉主动学习的有效机制。在考核认定、考试组织过程中，各级主管部门采取多种形式作了大量宣传发动工作，五年来，全省先后组织了近35万人次参加了一、二级建造师资格考试。很多企业组织和鼓励符合条件的技术人员参加考前培训，并制定了激励政策，比如济南城建工程公司在05年投入20万元专项资金组织考前培训工作，中铁十局集团公司对考取建造师资格人员除发给一次性奖励外，每年发放岗位证书补贴等等。截止目前，全省取得建造师执业资格证书和临时执业资格证书人员达11.5万人，取得增项资格4 500余人次。全省已注册建造师95 222人，其中，一级注册建造师11 212人，二级注册建造师59 280人，发放一级临时建造师资格证书2 214人，二级临时建造师资格证书10 524人，山东省二级临时建造师资格证书11 984人。从建造师队伍总量上来看，基本能满足我省施工企业发展和工程建设管理的需求。针对取得建造师执业资格的人员往往受项目管理和实践经验等诸多因素的影响，并不一定都有能力担任项目经理的状况，各级管理部门和施工企业加大人才培养力度，中铁十四局集团公司推行“导师带徒”的人才培养机制，将取得建造师执业资格的年轻职工放到相应的工作岗位上，加强系统的项目管理综合能力培训，不断进行继续教育、知识更新和经验积累，在实践中锻炼成长为施工项目负责人候选人。青建集团股份公司出台了《大学生导师带徒制度》，通过传帮带的形式，让年轻建造师尽快转变角色，更多地参与到项目的各项决策事务中，尽快胜任施工项目负责人的岗位，还有很多企业都创造性地开展了建造师的培养。通过这些不同形式的教育培训，促使全省建建造师队伍不断发展壮大，素质进一步提高，执业水平不断增强，为建筑业发展和提高工程质量、安全生产水平提供了人才支撑。

（五）建造师执业工作顺利实施。国务院国

发〔2003〕5 号文规定：取消建筑施工企业项目经理资质核定，由注册建造师代替，并设立过渡期。按照国务院和建设部的统一部署，省住房和城乡建设厅 2009 年初发文部署废止项目经理证书、全面启动注册建造师执业工作，文件要求自 2009 年 3 月 1 日起，所有新开工的大中型工程施工项目负责人必须由注册建造师担任。能否实现项目经理资质制度向建造师执业资格制度顺利过渡，关系到国家推进的这项重大改革的成败，关系到工程建设质量和安全生产，关系到建筑企业的生存和发展。杨焕彩厅长为此专门在山东建设报上发表了《全面实施注册建造师执业推进建设事业又好又快发展》文章，要求全省建设系统加强宣传，正确引导，强化监督，积极稳妥地推进这一改革举措全面深入进行。省建设厅党组副书记、副厅长万利国同志、省建筑工程管理局局长宋瑞乾同志以答记者问的形式，就我省全面实施注册建造师执业有关问题进行了宣传。各级建设部门都把这项工作作为做一项重要而紧迫的任务，积极行动起来，协调各个管理部门认真做好启动建造师执业的各项准备工作，积极通过各种有效途径，大力宣传实施注册建造师执业工作的重要性和必要性，宣传建造师执业资格制度的法规政策，积极引导建筑施工企业和建造师提高认识、统一思想，引导社会各界提高对建造师执业资格制度的认知度。各级建设主管部门加大对实施注册建造师执业的指导和监控工作力度，及时有效的解决制度推行过程中的问题，确保建筑业企业平稳过渡和行业健康发展。

（六）建造师执业行为监管工作不断增强。担任施工项目负责人的注册建造师既是工程项目的组织实施者、施工项目运转的核心和灵魂，又是施工企业创效的责任主体。对注册建造师执业行为的监管必须贯穿于企业运营和项目施工的全过程。目前，各市均成立了由市建委主要领导为主管的建造师注册管理机构，抽调相关科室工作人员，组成专门班子，按照工作流程，严格标准和条件，加强对建造师执业行为的监督管理工作。各市建设系统所属的建管、招标、质监、安监等部门齐抓共管，建立了相关业务协调联动机制。在资质申报审查时，认真核对专业人员的数量和注册情况，严格审查注册建造师的劳动合同及社保证明，严厉打击挂靠行为；在招投标管理中，将注册建造师作为企业参与招投标资格认定的必备条件，实行项目施工负责人备案制度，杜绝在建工程项目负责人参与其他项目投标；办理质监、安监手续和竣工验收备案时，严格审核施工单位资质、注册建造师资格、建造师执业范围和签署文件的有效性，同时定期对备案的注册建造师履行合同情况进行监督检查。在监督执法过程中，各市还将建造师执业资格制度的执行情况纳入日常检查，抽查企业的建造师人员配备是否到位、建造师执业过程中是否存在违法违规行为，对存在的问题，一经查出，限期整改，情节严重的由相关部门作出行政处罚。青岛、淄博、潍坊等市利用网络手段监管注册建造师执业信息，并与相关部门共享信息，有效加大监管力度，效果良好。

同志们，这些年来全省各级建设行政管理部门积极深入基层，加强调查研究，积极探索，因地制宜地制定措施，解决建造师执业资格制度推进中的问题，已初步探索出了一些行之有效的管理模式。从省注册中心到各级建造师管理部门，“寓管理于服务中”的服务行政理念深入人心，受到了广大建筑施工企业和执业人员的好评。大家无私奉献，用心血和汗水换来全省建造师执业资格制度管理工作的良好局面，建设部对我省建造师执业资格制度的推进工作给予了高度评价，建设厅党组对我们的工作是非常满意的。在此向从事建造师执业资格管理工作的广大干部职工表示衷心的感谢！

二、总结经验，正视问题，切实增强贯彻执行建造师执业资格制度的责任感和使命感

回顾几年来我省推进建造师执业资格制度的

工作历程，有几点经验体会对做好下一步工作有指导意义。

*一是领导重视、精心组织是贯彻好建造师执业资格制度的重要保证。*建造师是各类建设执业师中规模最大的，涉及的专业也多，管理工作任务十分艰巨。多年来，部、省对这项工作给与高度重视，及时协调解决工作中遇到的重大问题。各级建设主管部门精心组织，周密部署，认真抓好每一项工作的落实，保障了建造师执业资格制度的顺利实施。

*二是完善的制度和健全的工作规程是贯彻好建造师执业资格制度的根本。*我省从建造师考核认定、考试、注册到继续教育管理，每一步工作都注重了各项制度的研究，省建设厅制定了一系列的管理规定和工作规程，涵盖了管理工作的方方面面，并认真组织各级管理人员学习贯彻执行。各市也从本地实际出发，制定了详细的实施方案和责任制度。这些制度的建立和完善，从政策上指导和保障了建造师执业资格管理工作的有序开展。

*三是强烈的责任心和认真的工作态度是贯彻好建造师执业资格制度的关键。*建造师管理工作量大、琐碎、细致，从事建造师管理的人员都能以极高的工作热情和积极的工作态度，认真细致的考虑每一个环节，以每一个环节不出任何纰漏为最低标准来要求。特别是在考试组织工作中，省厅与各市建设主管部门签订了目标责任书，明确了各自的责任和奖惩机制。各市也层层签订了责任书，明确了岗位责任。各级建设主管部门的负责同志都表现出高度的责任心和一丝不苟的工作作风，扎实做好组织工作。有关工作人员也不辞辛苦，加班加点，许多同志考试期间不分昼夜坚守在工作岗位，大家这种肩负使命的责任感和无私奉献的精神，正是我们做好这项工作的关键。

*四是密切配合、协同作战是贯彻好建造师执业资格制度的基础。*建造师管理工作是一项系统工程，涉及建设领域各行各业，面广量大，需要众多部门通力协作。在管理工作中，各级建设主管部门加大了协调力度，主动与人事、纪检监察、水利、交通等有关部门通力协作，取得了他们的大力支持，保障了考核认定、考试、注册、继续教育等项工作有条不紊进行，为顺利做好各项管理工作打下了坚实的基础。

*五是依法办事、严格履行承诺是贯彻好建造师执业资格制度的重要保障。*建造师各项管理工作政策性强、时效性强。在考核认定和考试工作中，各级管理人员严格审查标准，严肃考风考纪，把好资格准入关，有效地保证了考核认定和考试工作信度和水平。在注册和继续教育工作中，各级各部门严格按规章和程序办事，强化服务意识，严格履行承诺，不断提高管理工作水平，为广大建造师提供优质便捷的服务。在执业监督工作中，各有关部门协调联动，严格执法，有力地促进了建造师执业资格制度的贯彻实施。

近年来，在建设部的领导下，在各级主管部门的共同努力下，我省推进建造师执业资格制度工作，取得了明显成效，为全省建筑业人才培养和储备奠定了坚实基础。但必须清醒地认识到，作为工程建设管理制度改革的一项新生的制度，建造师制度本身尚不完善。在制度的推进和发展过程中仍然存在着一些不容忽视的问题，亟待研究和解决。主要表现在以下几个方面：第一，部份建筑企业和执业人员对制度的认知度亟待提高。启动建造师执业资格制度已将近6年，是否拥有一定数量的建造师已经成为企业生存和发展的首要条件，但是部分企业和执业人员对推行建造师执业制度的重大意义重视不够，对建造师执业资格制度有关规定、建造师的执业行为规范等知之甚少。第二，注册建造师在不同地区、不同级别的企业、不同专业中分布不均衡的问题仍然存在。从地域分布看，由于各市建筑行业发展水平有差异、建造师注册管理工作重视程度存有差异、辖区内建筑施工企业数量和层次差异，导致发达地区注册建造师人数相对较多，队伍不断壮大，而欠发达地区注册建造师缺口较大，且人才流失现象严重。从各类资质建筑企业分布看，取得一、二级建造师执业资格的人员大部分集中在中央驻鲁、省直、市直企业和部分县区的大中型企业，三级资质企业、专业承包企业和新成立的企业注册建造师需求缺口较大。从专业分布来看，截止目前，我省共有建筑专业一级注册建造师5 745人，公路、机电专业一级注册建造师均在1 500人以上，而矿山、通信、民航三个专业人数却在百人以内。新的特级企业资质标准严格按照高端放开、低端准入的原则，扩大了特级企业承担任务的范围和空间，而相关专业建造师稀缺，必将制约特级企业业务的拓展。第三，“会考不会干”与“会干不会考”的矛盾依然突出。据我们对全省十七个市进行调研了解，目前取得注册建造师证书能担任施工项目负责人不足50%。一方面，通过建造师考试的，多为有着丰富理论知识的高学历的年轻人。这批年轻人，思维活跃，知识丰富，但缺少实践经验，短期内还不可能直接走上施工项目负责人岗位，企业面临着严重的人才断层。另一方面，部分年龄偏大、具有丰富实践经验的老项目经理取得建造师资格比例较低，面临淘汰。第四，人证分离、证书“挂靠”现象普遍存在。建设部明文规定，一个建设类注册执业师拥有多个资格，必须注册到同一个单位。一部分人员在考取一、二级建造师之前，还有其它资格注册到了勘察、设计、监理、造价、招标代理等单位，无法再将建造师资格注册到建筑施工企业。部分事业单位管理人员或高校教师等，虽然取得建造师资格注册到了施工企业，但本人无法到位，不能参与执业。企业取得建造师执业资格的人员中，部分人员或在管理岗位上，或由于缺乏基层工作经验，无法完成执业等等，这些现象的存在直接导致人证分离的现象发生。此外，个别企业建造师数量不够，由于资质升级、资质增项等需要，就通过“挂靠”给予补贴的方式招揽人才，也给建筑业市场造成了混乱。对于建造师执业制度建设在推进和发展过程中存在的这些问题，必须引起我们的高度重视，省、市、县各级建设行政管理部门要认真研究对策，采取切实可行的措施，着力解决好这些问题。

中央和全省经济工作会议都明确提出，要把转方式、调结构、惠民生、提高质量和效益作为今年经济工作的主基调，继续保持宏观经济政策的连续性和稳定性。省委、省政府把推进新型城镇化作为经济社会发展的重大战略，提出打造山东半岛蓝色经济区、推进黄河三角洲高效生态经济区建设、加快鲁南临港产业发展、建设胶东半岛高端产业区、加快发展省会经济的重大战略布局。省委省政府召开了全省城镇化工作会议，并决定在全省开展和谐城乡建设三年行动，为全省城乡规划建设和建筑业发展带来新的机遇。所有这些，都为我们建设工作提出了新的更高要求，赋予了更加繁重的任务。全省经济工作会议确定，今年固定资产投资预期增长18%，将超过2.2万亿元，仅续建工程投资就达1.4万亿元，还将启动一批民生和基础设施重大项目。各地为加快推进新型城镇化，都安排了大量城市基础建设和公共服务设施项目。中央和省都把城乡保障性住房建设作为惠民生、促和谐的重要内容，明确硬任务，下达硬指标。我省农房建设与危房改造、廉租住房保障、经济适用住房建设、棚户区改造等任务十分艰巨，建筑业大发展迎来了难得的机遇。面对新形势新要求，各级建设行政管理部门和建筑业企业，要切实增强责任感和使命感，进一步理清工作思路，坚定信心，振奋精神，突破重点难题，开拓进取，扎实工作，为推进我省建造师执业制度保障建筑业健康发展作出应有贡献。

三、开拓创新，强化监督，全面推进建造师执业制度健康发展

国家对全面推进建造师执业资格制度的目

标、任务、要求已十分明确，围绕全省建设工作大局，全面推进建造师执业资格制度的新发展，努力开创建造师管理工作新局面，为建设事业的又好又快发展提供强有力的人才保证是我们面临的主要任务。省、市、县各级建设行政管理部门必须高度重视，不断深化建造师执业资格制度，按照建设部总体部署和要求，结合本地区、本单位实际，制订举措，加大管理力度，引导企业挖掘自身潜力，以规范建造师执业行为为抓手，将建造师执业资格制度建设引向深入。要着重做好以下工作：

（一）加大宣贯力度，进一步提高全社会对建造师执业资格制度的认识。推行建造师执业资格制度是建筑行业改革的一项重大举措，有利于规范我国建筑市场秩序，建立执业人员准入体系和与之配套的市场清出机制，实现政府对执业人员的有效监管，规范执业行为；有利于发挥执业人员的技术支撑作用，降低资源和能源消耗、保护环境、控制工程建设投资成本，落实政府实施宏观调控措施；有利于强化执业人员法律责任，使工程建设质量同执业人员个人责任有机联系在一起，增强执业人员责任心，确保工程质量和安全生产；有利于加强建筑业用工监管，防止拖欠农民工工资，促进社会和谐稳定；有利于加快我省建筑企业“走出去”步伐、提升我省建筑业国内、国际竞争力。各级建设主管部门，要继续加大宣传力度，利用网站、电视、报刊等多种媒体手段，召开研讨会、座谈会、专题调研等形式，通过各种有效途径，大力宣传实施注册建造师执业制度的重要性、必要性和迫切性，将建造师执业资格制度推行的意义、建设部有关建造师执业资格的法律法规政策、省厅有关建造师执业管理规定、建造师执业资格注册程序及注册情况反馈信息、继续教育安排等，及时传达给广大从业人员。各级建设主管部门要加强指导，积极引导建筑施工企业和建造师提高认识，统一思想，提高从业人员对建造师执业资格制度的认知度。这次宣贯会上，我们编印了一本文集，将各地市、骨干企业在建造师管理方面好的经验、做法印发给大家，供大家学习、交流。为配合宣贯工作，省建设厅执业资格注册中心组织制作了“山东省注册建造师科教知识光盘”，该光盘全面介绍了建造师的起源、发展、概念、考试、注册、继续教育、建造师的权利、义务、执业要求、能力要求、监督管理及法律责任等知识，还通过阐述施工管理全过程，讲解了建造师担任施工项目负责人的岗位职责，具有很强的指导性、实用性。各级主管部门要开展多种形式的宣贯活动，宣贯的范围要覆盖辖区内各级相关业务主管单位的工作人员和施工企业的负责人，有条件的市还要对全体建造师进行宣贯，为顺利实施注册建造师执业和提高工程建设管理水平奠定坚实基础。

（二）精心组织，确保建造师执业资格考试工作安全。建造师执业资格考试工作是执业制度建设中一个十分重要的组成部分，保证考试的公正、质量、安全、效率是考试工作的核心。二级建造师执业资格考试是建设主管部门独立承担的一项重大考试事项，也是一项风险性、专业性、政策性很强的工作，各级主管部门工作质量的高低直接关系到考试工作的成败。大家重担在肩，责任重大，必须做到防微杜渐，警钟长鸣，要进一步强化责任意识，切实把好考试报名、资格审查、考务组织、阅卷评分等工作各关口。今年二级建造师资格考试将于6月26～27日进行，考试报名组织工作昨天会议已进行了部署，各级建设主管部门要精心组织，周密部署，通过各种途径、方式将考试信息传达到每一个企业，要鼓励取得二级建造师临时资格证书人员报名参加考试，争取使这一批项目管理骨干尽早取得建造师执业资格。要严格条件、严格把关，认真做好考试报名资格审查工作，不得扩大报考范围，严禁降低免试条件。要继续在制度建设上下功夫，对考试工作的各个环节都要制定和完善严格的规章制度，明确职责分工，规范工作程序。要一丝不苟的继续抓好保密工作，在试卷的接收、运送、保管的每一个环节都必须依法进行，严格办理交接手续，务必做到保密工作不出现一丝一毫纰漏。要切实抓好考风考纪工作，建立预警机制，制定考试突发事件的应急措施，提高预防和应对突发事件的能力，防患于未然，确保考试工作安全顺利进行。这项工作必须严肃对待，认真组织，精密安排，确保不出问题。

（三）改革创新，抓好建造师的继续教育工作。教育培训是提高队伍素质的重要途径，是从业人员知识更新、提高实践能力的前提。要严格执行建造师继续教育制度，强化继续教育制度的约束作用，促进建造师及时掌握新的理论知识和标准规范，提高注册人员的执业能力。在继续教育中，进一步加强法律法规培训内容，使建造师掌握本专业的法律法规，了解相关专业的法律法规，切实提高执业人员依法执业的意识和能力。注重加强职业道德教育，提高注册人员“诚信、公正、敬业、进取”的职业道德意识。要组织有关专家、主管部门管理人员和执业师代表深入开展研究论证，不断改进继续教育工作，提高继续教育培训质量。在制定新的注册有效期继续教育方案时，培训内容应侧重实务，与时俱进，解读施工中的问题，增加案例，提高建造师处理问题的实际能力。要把国家的产业政策、行业的新技术、新设备、新材料及新规范、规定纳入教育内容，确保执业师知识得到及时更新。探讨继续教育方式的改革，在坚持继续教育的针对性、实效性的同时，增加继续教育的互动性，如组织执业师到先进的管理单位或施工现场进行案例教学，召开有专家、学者参加的研讨会解惑答疑，集中培训时采取半天授课半天答疑等方式，切实提高学习效果。要积极探索新型继续教育路子，对选修课程的培训积极探索运用多媒体手段，制作录像带、光盘进行授课的路子，利用互联网技术，开展远程继续教育等形式，为提升执业人员素质创造良好条件。各市主管部门要履行好职责，认真做好建造师继续教育组织协调调度工作。

（四）正确引导，推动企业加大人才培养力度。建筑行业要发展，迫切需要高素质人才。企业要增强市场竞争能力，担任施工项目负责人的建造师管理水平起到至关重要的作用。各级主管部门要发挥行业指导作用，引导企业着眼未来，把建造师人才培养和储备工作作为企业战略规划的一个核心重点来抓。一是引导企业强化考前培训，培养人才。鼓励企业制定政策，发动员工积极参加相关培训机构组织的考前培训。在日常工作中有针对性的给予学习时间和机会，确保项目管理人员参试并尽早获得建造师执业资格，为企业发展和参与市场竞争提高人才保障。二是要引导企业建立激励机制，留住人才。引导企业要根据实际情况，对取得资格的人员给予一定激励政策，及时将取得建造师执业资格的年轻员工纳入施工项目负责人后备人员名单，放到关键岗位培养锻炼，为员工发挥潜能提供平台，以充分调动员工积极性，将企业培养的优秀人才留得住。三是引导企业加强岗位培训，用好人才。引导企业要从实际出发，将取得建造师执业资格的年轻人员放到项目团队主要成员位置上，如副经理、商务经理、项目总工等关键岗位，通过系统的项目管理综合能力培训，不断更新知识和经验积累。推广一些先进企业“传帮带”的人才培养模式，有的放矢地安排建造师从事工程管理，让有施工业绩和丰富实践经验施工项目负责人，以老带新，使年轻的建造师尽快在实践中锻炼成为合格的施工项目负责人。四是要引导企业完善内部管理机制，管好人才。引导企业加强对建造师职业道德和法治教育，明确建造师享有的权利和承担的法律风险。要建立规范的管理流程和领导审批制度，对注册建造师的转出、转入进行严格把关，确保在册员工的注册建造师证书不外流。

（五）强化监督，抓好建造师制度实施过程中的执法工作。加强建设执业资格制度执法工作，是推进这项制度顺利实施的重要环节。随着建造师执业资格制度的推进，国家和省里制定和出台了一系列管理规定和规范性文件，对建造师资格考试、注册、执业、继续教育、证章管理和执业监督管理的各个环节都做出明确规定，对县级以上建设主管部门及有关部门依法履行监督管理职责提出明确要求，对管理工作人员及建造师在注册和执业过程中的违法违规行为设立了法律责任的条款。各级建设主管部门要按照建设部的统一部署，抓紧贯彻执行《注册建造师施工管理签章文件（试行）》，落实好注册建造师印章的使用，通过精心管理，堵塞漏洞，确保注册建造师执业制度健康稳步推进。要认真推行执法责任制，界定各管理部门执法责任，规范执法程序，把执法责任分解、落实到岗位和个人，强化监督约束、责任追究。要发挥好县级主管部门在行业管理中至关重要的地位，逐步建立起省、市、县三级执法监督体系，切实加大执法工作力度。要进一步畅通投诉举报渠道，认真受理和查处建造师执业资格制度实施过程中的违法违规行为，各市对省里转办的案件要在规定的时限内完成调查处理，并及时上报处理意见或建议。要进一步改进注册管理软件，完善建造师信息查询功能，为各级主管部门提供管理信息平台，为社会提供必要的信息查询平台。要遵循市场规则，正确对待建造师在企业间的合理流动，切实保障法律法规赋予执业人员的合法权益。要严肃查处出租、出借、非法转让注册证书或执业印章等一系列扰乱了正常的执业资格管理秩序的问题，对查处的违法违规行为要按照有关规定处罚到位，以震慑违法违规行为，净化市场秩序。

（六）积极探索，加快建造师诚信体系建设。诚信是创业之基、为人之本。建设执业师只有恪守诚信，忠于职守，才能有作为、有地位，得到同行和社会的承认与尊重，从而最大程度地实现社会价值和自我价值。2007 年，建设部下发了《建筑市场诚信行为信息管理办法》，确定了“政府启动、市场运作、权威发布、信息共享”的工作思路，要求进一步规范市场秩序，健全建筑市场诚信体系，加强对建筑市场各方主体的动态监管，营造诚实守信的市场环境，建立本地区的建筑市场综合监管信息系统和诚信信息平台。信用体系建设是一项复杂的系统工程，涉及面广，各级主管部门要积极探索，本着因地制宜、先易后难的原则推进这项工作。省注册中心应充分利用现有的资源，尽快建立注册建造师的信息档案系统，包括建造师的注册、继续教育等基本情况，这个系统是动态的，要随时更新，为各级、各部门的监管工作提供信息。要积极会同建管、安监、质监、招投标等部门，认真研究建立建造师信用档案、信用评价制度，构建统一建造师信用体系整体框架，制订统一的标准，逐步形成以信用管理为基础的建造师监管新模式。各市建设管理部门要记录好建造师的执业状态、业绩、违法违规行为及行政处罚等内容外，适时开展建造师执业行为评价。

同志们，面对新形势和新任务，我们一定要在省委、省政府和住建部的领导下，全面贯彻落实科学发展观，进一步解放思想，与时俱进，开拓创新，积极作为，继续保持奋发向上的精神状态，努力开创建造师执业资格注册管理工作的新局面，促进全省建设事业又好又快发展！

山东省纪委驻省住房城乡建设厅纪检组长从吉东在全省住房城乡建设系统党风廉政建设工作会议上的讲话

（2010年3月19日）

同志们：

今天我们召开2010年度全省建设系统党风廉政建设工作会议，主要任务是：深入贯彻中纪委、省纪委全会和住建部党风廉政建设工作会议精神，总结回顾2009年全省建设系统党风廉政建设和反腐败工作情况，研究部署2010年的工作任务。党组副书记、副厅长万利国同志要作重要讲话，省纪委领导亲临会议指导，将作重要指示。大家要认真学习，全面贯彻落实。今天各市纪委分管建设的派驻纪检组负责同志也应邀参加会议，对此，我们表示衷心的感谢和热烈欢迎。下面，我代表党组作工作报告。

一、标本兼治，惩防并举，2009年全省建设系统反腐倡廉建设取得明显成效

2009年，全省建设系统认真学习党的十七届三中、四中全会精神，深入贯彻落实中央、省委和地方党委一系列重大决策部署，按照各级纪委的要求，严格实行党风廉政建设责任制，狠抓各项措施的落实，积极构建惩治和预防腐败体系，较好地完成了各项任务，促进了建设事业健康快速发展。主要表现在以下几个方面：

（一）*不断加大监督检查力度，“扩内需、保增长”的决策部署得到较好落实。*省厅派出6个检查组，先后4次对中央和省里投资的廉租房、市政公用、污水垃圾处理、建筑节能、农房建设和危房改造项目的资金使用、建设进度和工程质量等情况进行了监督检查，对发现的问题，提出了整改要求。各级建设主管部门结合自身实际，不断加大监督检查力度。济南市政公用局纪委主动参与32项重大市政工程项目的招投标活动，实施全过程的监督，有效杜绝了暗箱操作和违规违纪行为的发生。德州市建委、泰安市建委、东营市建委紧紧围绕建设项目的审批程序、施工管理、资金使用等重点环节进行监督检查，认真梳理问题，制定整改措施，不断加大违规违纪处罚力度，确保了施工进度、工程质量和资金安全。

（二）*不断深化专项治理，权力运行和市场行为进一步规范。*在继续做好规划效能监察、建筑市场、房地产市场和商业贿赂等专项治理的同时，重点开展了对住房公积金、违规变更规划调整容积率、工程建设领域突出问题和设立“小金库”等内容的专项治理。共偿还违规挪用住房公积金4 120万元，清退超比例缴存住房公积金1.88亿元；查处违法违规变更规划、调整容积率的项目96项，用地面积351.96公顷，其中撤销规划许可17项。青岛市规划局对350个房地产项目进行了清理，进一步规范了开发项目用地性质、容积率变更的审批。济南市建委、临沂市规划局、淄博市规划局在工程建设领域突出问题专项治理中，明确治理内容，分析存在问题的症结，强化督导监管。泰安市住房公积金管理中心对没建立住房公积金制度的7家单位进行了重点抽查，并督促其抓紧制定相关的制度。

（三）*不断强化源头治本措施，惩防体系建*

设稳步推进。驻厅纪检组去年分别在威海、临沂召开了系统纪委书记（纪检组长）或分管领导座谈会，对惩防体系建设情况进行了调度。从调度情况看，各级建设主管部门以“加强党性修养、弘扬优良传统”为主题，进行了多种形式的廉政教育，开展了向崔学选同志学习活动，组织观看了典型案例录像片。按照厅党组印发的《实施方案》，制定了城乡规划、物业管理、招标投标、因公出国等一系列规章制度，明确了惩防体系建设的具体措施。为约束权力的运行，凡涉及群众切身利益的重大问题都及时向社会公开，定期征求人大、政协对建设工作的意见，自觉接受新闻舆论的监督，认真执行述职述廉、经济审计等项规定。菏泽市房管局把廉政教育、职业道德教育和法律法规教育相结合。济南市规划局邀请市纪委、市检察院的领导作典型案例、职务犯罪方面的专题讲座，拓宽了教育内容，增强了教育的针对性。枣庄市建委先后制定下发了行政许可、事业性收费和干部轮岗交流等项规章制度，营造了用制度管人、管事的浓厚氛围。青岛国土房管局积极搭建电子政务平台，12项行政审批事项全部试行网上审批，提高了科技防腐能力。枣庄市规划局总体规划、重要地段设计、重大市政项目、住宅小区建设全部向社会公示，自觉接受人民群众的监督。

（四）不断加强纠风工作，人民群众反映的突出问题逐步解决。坚持“管行业必须管行风”的原则，各级建设主管部门以民主评议行风反馈的意见为重点，着力解决房屋拆迁、维护进城务工人员合法权益、城管执法、物业管理、供水供气供热等方面的突出问题。全年累计清理解决农民工工资6 554万元，拆迁信访处结率达到91%，省厅受理投诉比上年减少50%。济南市规划局在“万名代表评机关”和“民主评议行风”中，聘请300多名行风监督员，定期征求服务效率、服务态度和廉洁守纪等方面的意见和建议。临沂建设局强化拖欠农民工工资解决力度，建立健全约谈处罚机制，全年清理拖欠农民工工资1 600万元，涉及农民工2 900人次，被住房和城乡建设部、劳动和社会保障部、全国总工会授予农民工工资专项检查先进单位。日照市建委积极创新纠风工作运行机制，采取内部行评、定期召开监督员座谈会、发放征求意见函、成立效能投诉中心等形式，及时发现问题，进行整改。

（五）不断提高执纪办案能力，信访举报和违法违纪案件有效查处。去年，驻厅纪检组共受理信访举报38件（次），其中涉及系统领导干部违反廉洁规定、资质资格审批、批招标投标等方面的举报26件（次），有关部门和单位都按照办案要求和程序查清了事实，提出了处理意见。据不完全统计，去年全省各级建设主管部门因违法违纪被政法和纪检监察机关立案的违法违纪案件10人。其中贪污受贿的5人，私分公款的5人；受到刑事处理的3人，还有3人没有结案。相关单位积极配合政法和纪检监察部门查清问题，并对发生的案件进行剖析，查找了机制体制和管理方面的漏洞，认真研究整改措施。济宁市建委高度重视信访举报，积极开展“信访积案化解年”活动，成立了10个专案组，多方筹措资金办理省市交办的信访积案，减少了越级上访事件的发生。淄博市城市管理执法局将市、区（县）投诉电话全部向社会公开，实行24小时值班，畅通、及时地解决群众反映的问题。

（六）不断落实领导责任，党风廉政建设的任务顺利衔接。按照省纪委的统一部署，2009年各市纪委派驻纪检监察机构进行了改革，市级建设主管部门大部分纪检机构相继撤消，纪检监察业务工作由各市纪委派驻纪检组直接管理。市级建设主管部门切实担负起了党风廉政建设的领导责任，主要领导认真履行“第一责任人”职责，重大问题亲自抓，重要工作亲自部署。分管党风廉政建设的领导同志，认真熟悉情况，明确任务和要求，主动与相关派驻纪检组汇报情况，请示工作，建立相应的沟通机制。潍坊市建设局凡重要问题及时征求归口纪检组的意见，重要工作邀请归口纪检组的同志参加，并请纪检组领导上党课。滨州市建设局定期向归口纪检组汇报情况，接受指导，先后6次邀请归口纪检组的同志参加局里重大活动和重要会议。同时，各市分管建设的派驻纪检组对我们的工作给予了大力地支持，有力促进了系统的反腐倡廉建设。

二、分析形势，查找问题，为做好2010年反腐倡廉工作奠定坚实基础

正确分析和认识当前反腐倡廉形势，认真查找党风廉政建设存在的问题，能进一步坚定信心、凝聚力量，制定出有针对性的对策措施。多年来，在党委、政府和纪委的正确领导下，各级建设主管部门认真贯彻中央、省委和当地党委的决策部署，不断加大工作力度，积极探索方式方法，反腐倡廉建设稳步推进。但我们必须清醒认识到，全省建设系统反腐倡廉建设既取得了显著成效，又面临着严峻形势。

（一）腐败现象不同程度地存在。近几年，建设系统仍处于违法违纪案件的高发时期。从检察机关立案审查情况看，2008年至2009年，全省建设系统共发生违法违纪37人，其中索贿受贿的23人，贪污和挪用公款的12人，违反规定将举报信交给被举报人的1人，非法入股买地1人；市级建设主管部门27人，县级建设主管部门10人。这些案件主要涉及城乡规划、房地产开发、工程项目建设、墙改和科技资金管理、购买有关设备等。从各级建设主管部门受理的信访举报看，资质资格的审批、评优评奖的审定、招标投标、住房公积金监管等领域仍存在一些腐败行为。从人民群众和服务对象反映的情况看，不给好处不办事，给了好处乱办事的腐败现象仍没有从根本上得到遏制。

（二）违法违纪行为呈现新的特点。随着形势的变化，违法违纪案件和腐败现象呈现出一些新的特点。“一把手”违法违纪突出，涉案金额大。37起案件中，涉及主要负责人就有20起，且个别案件数额巨大，影响极坏。某市房管局长受贿1 028万元，有600多万元财产不能说明来源，被判无期徒刑；涉案面宽，涉案人员广。一些被认为“清水衙门”的部门和单位违法违纪案件时有发生。某市建委养老办主任受贿25万元，一审被判处有期徒刑10年；经济案件居多，窝案、串案时有发生。37起案件中，经济案件就有35起。其中有两起是单位领导人员，采取私设“小金库”、账外账等手段私分公款，集体违法违纪。作案形式多样，财务人员涉案增多。有的以促销费、赞助费、科研费、咨询费等名义，或以报销各种费用等形式实施商业贿赂。有的单位对财务人员监管不到位，审查账目不严，致使发生违法违纪案件。某市建委住宅产业办会计那用公款271万元，被判处有期徒刑5年；出纳挪用公款19. 8万元，被判处有期徒刑1年。

（三）损害群众利益问题比较突出。在城乡规划方面，特别是房地产开发中违规变更规划调整容积率，破坏了群众的居住环境；在房地产方面，市场信心不公开、房屋面积测量不准确，中介费、咨询费、评估费和物业管理费收取不规范，特别是违规拆迁、强行拆迁等行为时有发生，侵害了群众的切身利益；在工程建设招标投标方面，围标、串标、陪标等问题不同程度地存在，损害了社会公平公正；在建筑市场方面，施工组织不认真、安全措施不落实造成质量通病和伤亡事故时有发生，特别是拖欠工程款和农民工工资还没有得到根本遏制，群众对此意见很大；在城市执法管理方面，“为人民管理城市”的理念树立不牢；“拆、扒、扣罚”等执法方式仍不同程度存在，群众对此十分反感。

（四）尚不适应纪检监察新体制。市级政府部门派驻纪检监察机构实行统一管理，是中央、省委关于反腐倡廉建设采取的重大决策部署，是实施对政府部门领导干部监督的重要措施。但由于时间比较短，又没有成熟的经验可借鉴。因此，思想上还有不同的认识，工作上还不够顺茬，沟通上还不够及时，工作的方式方法还需要改进。

特别是哪些问题必须向归口纪检组汇报，以便接受指导、支持和监督，还需要进行积极探索。

三、结合实际，抓住关键，明确2010年建设系统反腐倡廉工作的重点任务

2010年是全面贯彻党的十七大和十七届四中全会精神，加强和改进新形势下党的建设的重要一年，也是建设事业平稳较快发展的重要之年。全省建设系统党风廉政建设和反腐败工作总体要求是：按照中纪委五次全会、省纪委六次全会以及住建部党组党风廉政建设工作会议的总体部署，紧密结合建设事业中心工作，重点抓好监督检查、专项治理、廉政教育、制度建设、行风建设和查处信访举报等“六项任务”，全面推进全省建设系统党风廉政建设和反腐败工作。

*（一）充分发挥职能作用，加强对中央和省委重大决策部署执行情况的监督检查。*各级建设主管部门要进一步增强纪律观念和大局意识，根据各自职能和所承担的任务，认真组织，主动配合，切实开展各项监督检查，确保中央和省委重大决策部署在全省建设系统的贯彻落实。一是加强对贯彻落实科学发展观情况的监督检查。重点加强对城乡统筹发展、住房保障、农房建设和危房改造、建筑节能、污水和垃圾处理建设运行等情况的监督检查，确保中央、省委和厅党组关于结构调整、自主创新、改善民生和环境保护政策措施落到实处。二是加强对扩内需保增长决策部署执行情况的监督检查。要以中央、省新增投资的工程建设项目为重点，全面落实责任制，加大督查督办力度，及时掌握中央新增投资项目计划安排、资金到位、工程进度、施工管理和质量安全等方面的具体情况，对问题早发现早整改，确保中央省委扩内需保增长项目安全顺利实施，政策措施得到落实。三是加强对促进房地产市场平稳健康发展政策措施落实情况的监督检查。认真落实国务院、省政府关于促进房地产市场平稳健康发展的通知要求，加快保障性住房建设，及时公布住房用地年度供应、保障性安居工程建设计划、建设进度和资金使用等情况，加强市场监管，采取有效措施遏制部分城市房价过快上涨的势头。四是加强对惩防体系建设情况的监督检查。部党组今年将对惩防体系建设进行检查，要加强对落实党风廉政责任制，实行“一岗双责”，反腐倡廉任务完成情况和贯彻《廉政准则》促进廉洁自律等方面情况的自我检查，认真对照惩防体系建设的各项要求，从教育、制度、监督、改革、纠风和惩处等六大重点环节入手，全面构筑起反腐倡廉的体制机制。

*（二）继续抓好专项治理，着力解决人民群众反映强烈的突出问题。*开展专项治理，是解决群众反映突出问题的重要措施，是党风廉政建设的重要内容。要在去年工作的基础上，采取有效措施，不断深化专项治理。一是继续开展工程建设领域突出问题专项治理。以政府投资和使用国有资金项目为重点，认真组织开展项目排查工作，搞好重点抽查，着力纠正工程建设招标投标、规划管理、工程建设、工程质量和安全管理等方面存在的突出问题，加快治理工程建设领域突出问题的长效机制建设。二是继续开展房地产开发中违规变更规划调整容积率专项治理。继续做好调研抽查工作，针对查找和检查中发现的问题，切实制定有效对策和措施，积极进行整改解决；抓好《山东省城市建设用地性质和容积率规划管理办法》的宣传贯彻和执行，加强规划立法，完善责任追究制度，建立长效机制。三是继续开展住房公积金专项治理。认真履行牵头任务的职责，继续会同有关部门，排查和处置住房公积金管理中存在的资金风险，对挤占挪用资金回收情况进行重点检查，纠正服务不规范、办理时间长、提取手续复杂等问题。四是继续开展“小金库”专项治理。按照上级的要求，继续组织机关和事业单位“小金库”专项治理“回头看”活动，切实落实整改措施。认真开展建设系统学会、协会和国有企业“小金库”专项治理，研究制定治理的实施方案，明确治理重点，深入查找

问题，切实加强资金管理，尽快建立长效机制，从源头上防止和杜绝违法违纪行为的发生。

（三）扎实开展廉政教育，筑牢拒腐防变的思想道德防线。从我省建设系统发生的典型案件剖析看，领导干部违法违纪根本原因是放松了世界观的改造。要紧紧围绕省纪委和当地纪委部署的主题教育活动，不断强化廉洁从政教育，着力提高党员干部拒腐防变的能力。一是深入开展反腐倡廉形势和任务教育。认真组织党员干部学习中纪委、省纪委全会和部党风廉政工作会议精神，正确认识当前反腐倡廉形势，特别是建设系统反腐倡廉形势，明确工作重点和主要任务，增强工作的自觉性和责任感。二是深入开展各项制度教育。按照胡锦涛总书记在中纪委五次全会上提出的“要增强全党的制度意识，筑牢遵纪守法思想基础”的要求，认真组织党员干部学习中央、省委下发的一系列廉洁自律规章制度，领会制度精神、熟知制度内容、增强制度意识、树立制度观念，养成自觉执行制度的习惯。三是深入开展岗位廉政教育。针对建设行业的职责任务，认真组织党员干部学习《公务员法》、《行政许可法》和职业道德方面的文件规定，紧紧围绕人财物管理及资质资格审批等，搞好岗位廉政教育，增强针对性。四是深入开展正反方面典型教育。充分利用典型案列，特别是深入剖析我省系统内发生的违法违纪案件进行警示教育，促使党员干部引以为戒。同时要大力宣传廉政勤政的先进典型，营造尚勤倡廉的良好氛围。

（四）不断健全完善各项规章制度，采取有效措施提高制度的执行力。加强制度建设，既是反腐倡廉的重要组成部分，又是反腐倡廉的重要保障。要以全省开展的“制度创新年”活动为载体，不断推进制度创新，逐步建成内容科学、程序严密，配套完备、有效管用的反腐倡廉制度体系，并采取有效措施，提高制度的执行力。一是切实推进各项制度创新。根据形势的发展和机构改革后职责的变化，在全面梳理原来制定的规章制度的基础上，修改完善城乡规划、房地产开发、住房保障、工程招投标、住房公积金、市政公用事业等行业监管，资质资格审批、评优评奖审定、公共事业服务、政务公开等内部权力运行和公务接待、公务用车、政府采购等方面的规章制度。二是认真分析规章制度执行不力的主要原因。要紧紧围绕容易发生腐败问题的重点行业，容易出现不廉洁行为的关键环节，从梳理权力事项和业务交流入手，组织党员干部特别是领导干部认真查找岗位职责、工作流程、业务管理和体制机制权力运行的风险点，深刻剖析存在问题的原因。三是积极研究制定落实各项规章制度的具体措施。最近，中央、省委分别召开了电视电话会议，贺国强、姜异康等领导同志对落实《廉政准则》提出了明确要求，中纪委、省纪委全委会对领导干部廉洁自律也作出了明确规定，同时系统行业监管的法律法规和内部各项规章制度将陆续出台。要根据《廉政准则》、上级的规定和系统即将出台的各项规章制度，制定符合实际的实施细则和具体措施，最大限度地堵塞以权谋私制度和管理上的漏洞。四是强化《廉政准则》和各项规章制度落实的监督。要建立健全制度执行的监管机制，明确监督执行的部门和单位，落实监督措施，并作为领导干部述职述廉的重要内容，结合民主生活会、半年和年终工作总结，对制度执行情况进行认真检查，凡是违反各项规章制度的要严肃查处，切实提高制度执行力，增强制度实效性。

（五）切实加强作风建设，着力提升建设系统的形象。建设行业与众多民生问题息息相关，群众对建设行业作风建设的满意程度，直接影响到对各级政府的满意度，加强作风建设至关重要。一是加强领导干部和各级建设机关作风建设。各级建设主管部门要大兴密切联系群众之风，大兴求真务实之风，大兴艰苦奋斗之风，大兴批评和自我批评之风，及时发现和纠正少数党员干部在社会交往、休闲娱乐、生活作风等方面的不良现象，下大力解决领导机关和领导干部作风方面存在的突出问题，努力把领导干部和机关作风建设提高到新水平。二是坚决纠正城镇房屋拆迁中侵害群众利益的不正之风。按照《物权法》的精神，加强对房屋拆迁行为的监管，完善城镇房屋拆迁配套政策规定，解决拆迁资金不到位、拆迁手续不完备和强拆强迁等行为，维护被拆迁人的合法权益。三是加强对行业协会、学会和市场中介组织的监管。按照“廉洁建会”的要求，严格收费标准，坚决制止乱收费、乱办班等违法违纪行为；强化对招标代理、造价咨询、房地产经纪等中介组织的监管，不断规范中介组织行为；巩固清理规范评比达标表彰工作成果，坚决撤销各种脱离实际的评比达标表彰活动，不断把评比达标表彰工作纳入制度化轨道，纠正借评比达标表彰活动谋取不正当利益的问题；继续严肃清理拖欠工程款和农民工工资。四是加强12319服务热线建设，规范城管执法行为。切实树立城管执法“亲民、文明、和谐”的理念，在服务中实施管理，于管理中体现服务。积极推动服务热线与数字化城市管理模式相结合，不断扩大服务覆盖面，拓展服务功能，提升服务质量和管理水平。

（六）认真受理信访举报，严肃处理发生在建设系统的违法违纪行为。资质资格审查、评优评奖审定、规划项目审批、工程承发包交易、房地产交易、市政公用事业服务等，是建设领域的重点环节，容易出现腐败行为，应当严加规范，一旦发现问题，必须严肃查处。一是要认真做好信访举报工作。认真受理建设行业的信访举报，是净化建设市场，加强监督监管的重要手段。各级建设主管部门一定要认真对待每一封信和每一个诉求，通过群众信访举报，了解基层情况，把握相关政策，及时化解矛盾，消除群体性事件隐患，严肃处理违纪违规人员，确保政令畅通，促进社会和谐和事业健康发展。二是大力实施信访监督。建设系统行业多、热点难点问题突出，信访量比较大，有许多信访案件需转下级部门调查处理。要认真研究信访新问题，把握信访的规律，加强对信访的监督，及时解决有关问题。三是积极配合相关部门查处违法违纪案件。要积极配合当地纪检监察和政法部门，严肃查处发生在建设机关和干部中的滥用职权、失职渎职案件；严肃查处在工程建设领域突出问题、房地产开发中违规变更规划调整容积率和建设领域商业贿赂专项治理中的违法违纪案件；严肃查处在城镇房屋拆迁、拖欠农民工工资和工程款等方面的违法违纪案件。要及时提供案件线索，移交有关资料，协助查清问题。四是要加强调查研究，做好典型案例剖析。加强对信访举报的调查研究，查找体制机制方面的漏洞和薄弱环节，有针对性地采取措施。

四、明确责任，完善机制，不断强化反腐倡廉工作的各项措施

今年反腐倡廉工作任务重，要求高，各级建设主管部门要正确把握贯彻落实党的十七届四中全会精神这条“主线”，把惩防体系建设与加强党的建设、贯彻中央省委决策部署、落实全省建设工作会议精神和本部门本单位业务工作结合起来。加强组织领导、坚持分类指导、创新方式方法、强化检查督导，确保反腐倡廉建设再上新水平、取得新进展。

（一）切实加强领导。去年，各市进行了机构改革，市级建设行政主管部门机构设置发生了变化，市级纪检监察管理体制也作了调整。各级建设主管部门的领导干部，特别是主要负责同志要适应形势的变化，进一步增强政治意识和大局意识，认真承担起党风廉政建设的政治责任和领导责任，切实履行好“第一责任人”的职责，将党风廉政建设纳入建设事业工作大局，与业务工作同时部署、同时开展、同时检查；分管领导要定期研究情况，分析存在问题，有针对性的采取措施。具体工作人员要切实加强学习，不断提高素质，努力熟悉情况，尽快进入角色，积极做好职责范围内的各项工作。同时要加强与市纪委对口派驻纪检组和驻厅纪检组的联系，及时沟通情况，特别是要定期向市纪委对口派驻纪检组汇报工作，听取指示，接受监督，也请市纪委对口派驻组加强对各地建设主管部门党风廉政建设工作的领导、支持和关心。

（二）坚持分类指导。建设系统行业多、直属单位多，且都承担不同的职责任务，因此我们要结合各自实际，制定工作方案，进行任务分解，明确牵头部门和单位，确定责任人员，并在坚持反腐倡廉建设总体要求的前提下，结合各自实际，从不同层面、不同角度入手，加强分类指导。各级建设主管部门要不断深化专项治理，强化监督检查，落实相关制度，制定整改措施，保证上级部署落到实处；各级建设主管部门的机关，要重点抓好《廉政准则》和各项规章制度的落实，带头执行廉洁自律各项规定；直属单位和行业协会学会，要不断规范各种经营活动，严格资金管理，严肃财务制度，规范收费行为；建设系统各行各业，要突出抓好行业作风建设，不断提高行业服务质量和服务水平。

（三）创新方式方法。党风廉政建设面临的新情况新问题，人民群众对建设事业的新要求新期待，都要求我们必须用科学的方法推进反腐倡廉建设。各级建设主管部门要按照省纪委《关于运用现代科技手段预防腐败的意见》和当地纪委的要求，根据厅里统一部署，抓紧建立行政权力网络运行系统、工程建设项目招标投标业务系统及电子监察系统、住房公积金监管系统，规范行政行为，打造“阳光政务”。要明确职能定位，创新工作的方式方法，积极应对互联网发展对党风廉政建设带来的深刻影响，建立健全反腐倡廉网络收集、处理和反馈机制，有计划、按步骤地完成科技防腐各项任务，提高反腐倡廉科技含量。

（四）强化检查督导。强化监督检查督导是反腐倡廉建设取得成效的重要措施。各级建设主管部门要按照上级的部署和要求，紧密结合自身实际和所担负的任务，强化检查督导，特别是要健全督查、奖惩、测评等项工作机制，把党风廉政建设纳入领导班子和领导干部考评范围，作为评选树优、调整使用干部的重要内容。定期对上级重大决策部署的贯彻、党风廉政建设责任制的执行、惩防体系的构建和《廉政准则》的落实等情况进行监督检查，发现问题及时整改，重要情况及时通报，成绩突出的单位和个人及时表彰。

同志们，今年建设系统党风廉政建设和反腐败工作任务艰巨，责任重大。我们要切实增强责任感和使命感，解放思想，开拓创新，狠抓落实，努力取得党风廉政建设和反腐败斗争的新成效，为全省住房和城乡建设事业的发展做出新贡献！

山东省住房和城乡建设厅副厅长宋守军在全省勘察设计工作会议暨省勘察设计协会六届二次会议上的讲话

（2010年4月21日）

同志们：

这次会议的主要任务是，贯彻中央、全省经济工作会议和全国、全省“两会”及建设工作会议精神，总结2009年的勘察设计工作，研究部署2010年的工作任务，推动我省勘察设计行业再上新台阶。万厅长还要做重要讲话，希望大家认真学习领会，结合实际抓好贯彻落实。下面，我讲几点意见：

一、2009年勘察设计工作成效显著，全行业保持良好发展态势

2009年，全省勘察设计行业在省委、省政府的正确领导下，按照全省建设工作的统一部署和安排，坚持科学发展，积极改革创新，加强法规和制度建设，狠抓市场监管，完善工程勘察设计人才培养机制，努力提高勘察设计质量和水平，各项工作都取得了显著成绩，为我省城乡建设和经济社会发展做出了积极贡献。

（一）勘察设计咨询业不断发展壮大，整体实力稳步提升

一是行业队伍数量和质量进一步提高。截止2009年底，全省有勘察设计单位1 263家，其中甲级237家，乙级615家，丙级270家。勘察设计从业人员92 342人，其中，具有技术职称的54 470人，高、中、初级职称专业技术人员分别为14 688、20 845、16 870人。注册执业人员9 073人，其中，一级注册建筑师848名，二级注册建筑师1 046名；一级注册结构工程师1 431名，二级注册工程结构师323名。二是企业业绩大幅提升。2009年全省工程勘察完成合同额10.6亿元，比去年增加13%；岩土工程治理完成合同额2.7亿元，比去年增加103%；工程设计完成合同额78.8亿元，比去年增加23%；施工图完成投资额2 477亿元，比去年增加26%，完成建筑面积22 682万平方米，比去年增加107%；企业营业总收入293.4亿元，比去年增加31%；人均营业收入31.8万元，比去年略有提高；利润总额22.2亿元，比去年增加21%；上交所得税4.2亿元，比去年增加29%；全行业资产合计307.4亿元，比去年增加20%。三是队伍结构更趋合理，企业活力不断增强。勘察设计单位不断深化改革，努力转变经营机制，改革创新劳动、人事、分配制度，产权结构、经营模式和管理模式向多元化方向发展，以电力、化工、煤炭行业为代表的一批设计单位按国际通行模式改制成了国际型工程公司，有的设计单位开展多项经营等，向“设计＋总承包”模式迈出了一大步，初步形成了结构多样、层次较合理的工程勘察设计咨询业队伍。

（二）依法监管，勘察设计市场得到有效规范

各市、各部门积极探索适合我省勘察设计行业发展的管理措施，勘察设计市场更加规范。一是勘察设计单位维护市场秩序的自觉性明显提高。各勘察设计单位更加注重提升企业形象、信誉和声誉，从低层次的价格竞争逐步转向技术与水平的高层次竞争，恶性压价、乱挂靠等扰乱市场的现象和行为明显减少。二是市场管理制度逐步完善，管理水平不断提高。建立和完善了勘察设计市场准入与清除制度、资质后续监管制度、招投标管理制度和市场主体不良行为记录制度等各项市场管理制度。各地认真贯彻执行国家法律法规，创新管理机制，完善管理制度，规范市场行为。重点强化了资质管理和审批，严格市场准入和清除。资质审批时，坚持公开、公平、公正、高效和专家审查的原则，做到了公开管理权限、公开审批条件、公开审批程序、公开审批时限“四公开”，为全省勘察设计企业提供了及时、便捷、高效的服务。09年共有430家企业申报各类资质，依法实施行政许可274家，上报建设部审批91家。三是严格市场执法，规范市场秩序。组织开展了勘察设计市场、省外勘察设计单位进鲁承担业务备案管理专项检查。在全省勘察设计市场专项检查中，组织专家检查省内勘察设计单位365家，抽查勘察设计项目394项。通过检查，46家单位被予以限期整顿，其中34家单位整改合格；12家单位因整改不合格，相关资质证书被依法撤销；自行放弃资质的23家单位，被依法予以注销资质；抽检中，76家单位在承担勘

察设计任务时有违规行为，被予以不良行为记录。在省外勘察设计单位进鲁承担业务备案管理专项检查中，共抽查了95个项目，涉及94个省外勘察设计单位，给予13家单位警告处分，给予20家单位2年内不予办理进鲁备案手续处分。通过检查，进一步规范了市场秩序，勘察设计市场中出卖证书、证章、图签、乱挂靠、压价竞争等不良现象得到了有效遏制。四是创新管理机制和措施，为优秀企业发展创造良好市场环境。在我省勘察设计行业管理中实行“绿色通道”制度，进一步完善我省勘察设计市场管理体制，健全以守信用、重质量为主要内容的监管体系。有100家单位提交了申报材料，经评审，山东省城乡规划设计研究院等30家单位进入山东省勘察设计行业管理“绿色通道”。五是行业诚信体系建设稳步推进。积极进行行业自律建设，实施行业公约，稳步推进行业诚信体系建设。经我省初评并推荐，山东正元建设有限公司等20家单位通过中国勘察设计协会第一批全国工程勘察与岩土行业“诚信单位”复审；济南市勘察测绘研究院、山东省冶金地质水文勘察公司、青岛市城阳勘察测绘有限公司3家单位被评为第二批全国工程勘察与岩土行业“诚信单位”。六是积极推进勘察设计责任保险工作。各勘察设计单位的风险意识明显增强，积极参保或续保，全省勘察设计单位的投保率已达49%，有效地转嫁了勘察设计单位的风险。为进一步推进勘察设计保险工作规范、有序开展，最大限度地维护投保单位的合法权益，制定了规范勘察设计责任保险工作的指导意见，推动勘察设计责任保险工作合法、健康开展。

（三）勘察设计创新能力进一步增强，技术水平不断提高

一是积极组织开展各类评优活动，努力营造争优创优的良好氛围。各市组织开展了优秀勘察设计评选活动，涌现出一批优秀作品。省厅组织开展了2009年度山东省优秀工程勘察设计评选工作，本次评选共收到申报项目422项，其中工程设计342项，工程勘察75项，标准设计3项，软件2项。经省优秀工程勘察设计评选委员会认真评选，评出一等奖39项，二等奖64项，三等奖115项。同时，组织开展了山东省优秀智能建筑及智能住宅小区工程综合奖评选，评选出金奖4项，银奖3项，铜奖3项，单项奖二等奖2项，三等奖1项；会同中国建筑学会、威海市政府组织举办了“蓝星杯”第五届中国威海国际建筑设计大奖赛，评出金奖2项，银奖5项，铜奖10项，优秀奖71项，组织奖1项；组织举办了“第一届山东省优秀建筑设计方案评选活动”，评出一等奖26项，二等奖52项，三等奖65项；组织开展了山东省第四届优秀建筑装饰工程设计大赛，评出一等奖5个，二等奖10个，三等奖14个，优秀奖35个。通过组织开展各类评优活动，勘察设计人员的创作热情空前提高，全省上下争创一流、多出精品的勘察设计氛围更加浓厚，精品工程不断涌现。二是积极申报国优、部优项目，争创精品。在2008年度全国优秀工程勘察设计奖评选中，我省获得银奖1项，铜奖7项。在2009年度全国优秀工程勘察设计行业奖评选中，我省获得二等奖4项，三等奖10项。同时，各级建设行政主管部门、行业协会和勘察设计单位不断加大对获奖作品的宣传力度，带动全省勘察设计整体水平的不断提高。三是积极营造繁荣创作的良好环境。组织召开了全省规范勘察设计市场、繁荣建筑创作座谈会，进一步完善我省工程勘察设计市场管理体制，为优秀企业等各类企业发展创造良好的市场环境。同时组织举办了建筑创作高峰论坛，邀请了4名国家设计大师和知名专家做学术报告，全省近500名建筑师参加了会议，繁荣建筑创作的氛围空前浓厚。四是勘察设计单位的计算机应用和信息化建设水平不断提高。目前，全省勘察设计单位的CAD出图率达100%，信息化应用水平不断提高，不少单位实现了计算机电子图档管理、项目管理、流程管

理，有的向三维设计、协同设计等方向发展。五是各勘察设计单位的科技投入和创新能力不断提升。各单位不断加强工程产品的设计研究，加大科技投入，09年科技活动费用支出总额5.1亿元，科技成果转让收入总额3.3亿元，企业累计拥有专利545项，比去年增长31%。此外，部分勘察设计单位成立了科技发展中心或相关专业的研究所，在智能建筑、生态建筑、节能建筑、健康建筑等方面取得了可喜成果。

（四）强化措施，加强工程勘察设计人才培养

勘察设计行业的持续健康发展需要合理的人才梯队支撑，我省在培养、选拔大师级人才、优秀建筑师、优秀学生等方面开展了一系列工作，加快我省工程勘察设计领域多层次人才队伍建设步伐，激发勘察设计人员的工作积极性和创造性，增强他们的责任心和荣誉感，不断提高工程勘察设计水平。一是组织开展了山东省首届工程勘察设计大师评选活动。为深入实施人才强省、人才兴业战略，选拔和造就一批勘察设计行业拔尖人才，省厅组织开展了山东省首届工程勘察设计大师评选活动。经由全国勘察设计大师和权威专家组成的评委会认真评选，共评出16名同志，分布在全省建筑、勘察、电力、石化等12个专业。这16名同志基本代表了目前我省勘察设计行业相关专业的最高技术水平。为宣传他们先进的设计理念、突出成绩和优秀作品，分别在大众日报、山东卫视、山东建设报、山东勘察设计和相关网站等媒体上做了宣传报道。为规范此项工作并两年一度地持续开展下去，省厅印发了《山东省工程勘察设计大师评选办法》《山东省工程勘察设计大师评选工作实施细则》，以期强化实施人才发展战略，培养、造就行业拔尖人才，带动全行业队伍整体素质的提高，促进行业做大做强。二是加强对优秀青年建筑师的培养。在全省建筑设计单位中选拔了16名45岁以下重点培养青年建筑师，邀请了4名全国设计大师和知名专家与对16名建筑师的作品进行了面对面点评与交流。同时，鼓励各相关建筑设计单位在不降低优秀建筑师收入的基础上，制定出详细的培养计划，并提供每年不少于2个月的培训或研修机会，以不断提升优秀建筑师的设计水准和境界。三是注重优秀青年学生的培养，组织开展了大学生建筑设计竞赛活动，经由省内外著名专家组成的评审委员会评选，共评出一等奖3个，二等奖8个，三等奖16个，鼓励奖46个。并对获奖学生进行就业推荐工作，这对加强优秀建筑师人才储备，具有重要意义。同时，积极创新人才服务管理机制，改进工作方法，规范人才管理，为勘察设计大师等各级各类人才创造更加优越的发展环境，用事业凝聚人才，用机制激励人才，形成人才辈出、人尽其才的良好局面。

（五）勘察设计质量监管体系日臻完善，质量水平不断提高

一是企业质量管理体系不断完善。全省勘察设计单位普遍树立“质量第一”的观念，建立健全了质量保证体系和岗位责任制，将质量管理贯穿到勘察设计的全过程，并落实到位。不少勘察设计单位注重贯标工作，通过了ISO9000系列质量体系认证。二是施工图审查作为质量监管总抓手的作用更加突出。目前，全省共有施工图审查机构50家，其中一类审查机构18家，二类32家。各施工图审查机构的自身制度建设不断完善，管理水平日益提升。施工图审查工作在确保工程质量、规范市场秩序、提升勘察设计水平等方面的综合作用日益显现。为加强政府主管部门对施工图审查机构的日常监督管理，规范审查内容和行为，确保审查质量，印发了《山东省建设工程施工图设计文件审查要点（2009年版）》，并召开了施工图审查机构负责人座谈会和审查技术人员技术经验交流会，就审查要点和施工图审查中的问题进行交流研讨，进一步提高施工图审查水平。三是加强了全面质量管理工作，组织开展了09年度全省工程建设（勘察设计）优秀QC

小组评选活动，共评出一等奖22个，二等奖32个，三等奖42个。山东省地质测绘院遥感QC小组等5个QC小组在国家工程建设（勘察设计）优秀QC小组评选中获奖，获奖数量居全国各省市前列。四是加强了工程勘察与建筑基坑工程质量监督管理。出台了《关于加强山东省工程勘察质量管理工作的实施意见》；积极开展工程勘察报告质量审查和深基坑设计方案评审，全年共审查各类勘察报告220项，深基坑评审8项；注重经验交流，在烟台市组织召开了全省基坑工程勘察设计审查与评审现场会，总结交流了各市开展基坑工程勘察设计审查与评审工作情况。五是积极开展各类专业技术人员培训工作，确保勘察设计质量，举办了施工图审查工程师业务培训等各类培训活动，累计培训愈千人次，提高了勘察设计人员的质量意识和技术水平。

（六）勘察设计服务全省建设全局的地位更加突出，作用更加显著

一是着重抓好大中型建设项目初步设计审查工作。印发了《关于进一步加强建设项目初步设计审查管理的意见》，加强了对重点工程项目和大型公共建筑工程的初步设计审批工作，09年共审查各类工程项目60项，经优化设计方案，为国家节约了大量资金，同时提升了建筑设计水平，保证了工程质量与安全。二是完成了标准设计图集12项，进一步加强了我省工程建设标准设计工作管理，规范了工程建设标准设计的制图、编制等技术要求，提高了编制质量，为更好地指导我省工程项目建设提供依据。

（七）抗震防灾工作有新突破

一是积极做好抗震新规范、标准的贯彻实施，认真做好新修订的国家标准《建筑工程抗震设防分类标准》和《建筑抗震设计规范》的实施工作；积极贯彻落实《关于进一步加强全省城乡建设和工程建设抗震防灾工作的意见》。二是切实做好地震应急工作，印发了《山东省建设厅破坏性地震应急预案》。三是积极做好抗震防灾规划的编制、修编和实施工作。根据新的抗震防灾规划编制标准，切实做好城乡抗震防灾规划的编制与修编工作，提高城乡综合抗震防灾能力，最大限度地减轻地震灾害。四是加强了新建高层建筑工程抗震设防管理工作。组织专家对济南市检察院办公楼等4项超限工程进行了抗震设防专项审查，确保了工程抗震设防质量。

（八）协会工作富有成效，凝聚力不断增强

省勘察设计协会在各会员单位的大力支持下，工作稳妥扎实、富有成效，在自身建设、行业管理、促进技术进步与创新、繁荣创作市场、传递信息、组织交流等方面做了大量的工作，为推动行业发展发挥了积极作用，协会的社会影响力和行业凝聚力进一步增强。09年被省民政厅评为“优秀社会团体”，被中国勘察设计协会授予“建国60周年业绩显著协会大奖”。

我省的勘察设计工作虽然取得了一定成绩，但我们也应清醒地看到，与先进省市相比，我省勘察设计行业还存在一些问题。一是勘察设计单位“多而不强”。我省勘察设计单位数量居全国首位，但全国百强院中我省仅有2个，人均营业收入明显低于先进省市。二是勘察设计拔尖人才缺乏，尤其缺少大师级的领军人才。我省国家勘察设计大师的总数尚不如北京一个大院的数量多，这与我们勘察设计大省和经济大省的地位极不相称。三是勘察设计水平有待进一步提高。对重要工程的投标竞争力不强，省内不少重大工程由省外或境外设计单位中标承担，同时我省缺乏冲击国优金奖和银奖的建筑工程项目。四是勘察设计单位体制改革尚未全部完成，尤其是省直大院的改革明显滞后。五是勘察设计管理法规和市场秩序需要进一步完善。这些问题应引起我们的足够重视，在今后工作中认真研究解决。

二、认清形势，真抓实干，努力开创勘察设计工作新局面

今年，全省勘察设计工作的指导思想是：以邓小平理论和“三个代表”重要思想为指导，深

入贯彻党的十七大、十七届三中、四中全会精神，全面落实中央和省一系列重大决策部署，坚持科学发展观，按照“三高”要求，紧紧围绕全省建设工作大局，以建大院、出大师、创大作为目标，深化勘察设计体制改革，提高企业活力和市场竞争力，规范勘察设计市场，打造诚信行业，繁荣建筑创作，提高设计质量和水平，发挥勘察设计的先导作用，推动节约社会、和谐社会的建设，努力开创勘察设计工作新局面。具体做好以下工作：

（一）完善法规制度，为行业发展提供法制保障

一是加强法制建设，完成《山东省建设工程勘察设计管理条例》的修订和出台工作。《山东省建设工程勘察设计管理条例》（以下简称《条例》）自1999年实施以来，在规范勘察设计市场行为、保障建设工程质量、提高投资效益等方面发挥了重要作用。近年来，该《条例》的有些规定与国家现行法律法规及建设部的有关规章不相衔接。因此，必须对《条例》进行修改、补充和完善。经过一年多的调研和修改，完成了修订征求意见稿，并征求了各市和省直有关部门的意见，今年将在继续调研和广泛征求意见的基础上，会同厅法规处进一步修改完善，提交省人大法工委、省政府法制办，力争尽快出台，为勘察设计管理提供法律保障。二是规范行政许可，进一步完善市场准入制度。贯彻落实《建设工程勘察设计资质管理规定》（建设部第160号令），实施新的《工程设计资质标准》，严格把关，控制小型勘察设计企业增长速度，各市对新申报单位进行初审时，必须严格标准，从严控制。鼓励企业重组、合并，做大做强，增强企业的市场竞争力。同时完善资质审批机制，发挥资质审批的在行业改革与发展、技术进步、质量管理等方面的引导作用。三是进一步完善勘察设计招投标制度。落实《关于进一步加强山东省建筑工程设计招标投标管理的通知》精神，加大宣传和监管力度，严格招标投保程序，依法查处招标投标活动中的违法行为，规范招标投标市场秩序。

（二）打造诚信行业，构建公开、公平、公正、竞争有序的市场秩序

一是完善市场信用体系，继续推行勘察设计行业“绿色通道”制度。一方面，建立以不良行为记录为主的诚信档案，将工程设计质量不合格的责任主体清除出设计市场，维护勘察设计市场秩序。按照建设部《建筑市场诚信行为信息管理办法》和《全国建筑市场各方主体不良行为记录认定标准》，在总结工程勘察与岩土行业诚信评估经验的基础上，开展全省勘察设计行业诚信评估工作。另一方面，以简化监督检查手续和跨地区承担工程项目备案手续等优惠措施，继续完善“绿色通道”制度，进一步促进优秀企业发展。30家进入“绿色通道”的勘察设计单位要加强管理，充分发挥带头作用，促进市场竞争良性循环，引导全省勘察设计行业向更加科学、有利的方向发展。二是加大执法检查力度，继续开展勘察设计市场大检查，彻查违法违规行为。检查的重点是省外进鲁勘察设计单位和我省中小型勘察设计单位，要严厉查处无证挂靠、越级设计和无证设计、私下拉人搞设计等严重扰乱市场的现象。采取有力措施，规范业主行为，杜绝恶性压价竞争，保证合理的设计周期和收费。规范注册师行为，严禁人证分离。对违规单位和个人进行处罚并定期公布，接受社会舆论监督。各市建设行政主管部门要搞好市场日常监管，努力维护市场秩序。三是继续抓好进鲁承担勘察设计业务的备案工作，严格省外勘察设计单位进鲁承揽业务的备案管理，坚决杜绝乱挂靠行为。

（三）深化体制改革，进一步增强企业活力和综合竞争力

一是加强宣传发动，进一步提高认识，增强改革的自觉性。各级建设行政主管部门、各勘察设计单位要进一步提高对改企建制工作重要性、紧迫性的认识，克服畏难情绪和坐等观望思想，

抢抓机遇，勇于探索，积极稳妥推进改革工作。二是分类开展调研，详细摸清各类勘察设计单位改革的主要难点和阻力，积极做好劳动、人事、国资委等省直相关部门的协调和沟通。三是认真做好省直大院改革的经验交流，尤其是并入大企业集团的成功经验，探讨可供相似院借鉴的经验。并积极邀请省外不同类型、不同规模的改革成功的企业进行交流。四是完善机制，营造良好的宏观环境。要完善市场调节机制、风险社会化机制、人才培养、交流机制和政府监管机制等，为企业改革提供保障。积极引导企业加快经营结构调整，按照“市场需求、优势互补、企业自愿、政府引导”的原则，不断拓宽服务领域。要鼓励和支持企业间的横向联合和改制重组，努力把企业做强、做大，中小企业要突出主业做精、做专，形成特色。通过改革、改制，逐步实现我省勘察设计行业形成层次合理、相互补充，以大企业为主导，大中小企业协调发展的有序结构，从总体上提高我省勘察设计行业的综合竞争力。五是加强企业发展战略研究，提高企业综合竞争力。鼓励勘察设计单位优势互补、强强联合，做大做强、做精做专，促进勘察设计行业健康发展。六是各勘察设计单位要加强企业文化建设和企业品牌建设。企业文化是企业发展的力量之源。要在传承和弘扬优秀传统文化的同时，积极倡导并践行与时俱进、体现行业实际的先进企业文化，以文化的力量推动企业科学发展。我省部分勘察设计单位和施工图审查机构企业文化建设较好，如青岛市建筑设计院、山东同圆设计集团有限公司、日照市建筑设计院、山东圣凯建筑设计院、济南勘察设计质量监督站、淄博鲁中施工图审查中心等单位企业文化建设较好。各勘察设计单位要积极学习先进单位的文化建设经验，积极推进本单位的企业文化建设，促进企业内涵建设。勘察设计单位的品牌决定其可持续发展的能力。我省的部分重要工程被省外和境外的勘察设计单位中标，既与他们的水平有关，也和他们的品牌有关。各勘察设计单位要凭借自身的技术水平、设计水平和服务水平，努力创建企业品牌，促进企业长远发展，提高综合竞争力。

（四）以勘察设计审查为抓手，进一步健全质量管理体系

各级建设行政主管部门、各有关单位要把勘察设计质量作为头等大事来抓。一是加快企业自律制度建设，落实企业内部质量责任制度。继续抓好勘察设计单位全面质量管理和贯标工作，组织开展本年度的优秀勘察设计 QC 小组评选与发布工作。二是继续强化施工图审查工作。各级建设行政主管部门要加大对施工图审查机构的日常管理，切实发挥施工图审查机构为政府实施质量把关的作用。要加大对施工图审查的监督、检查力度，在检查的基础上，充分发挥施工图审查专家委员会的作用，对各审查机构的审查质量进行不定期抽查，并将抽查结果在网上公布。对有违规行为的施工图审查机构进行不良行为记录，维护施工图审查秩序。实施新修订的《山东省施工图审查大纲》，及时研究解决实施中发现的问题。加强对各级审查人员的技术培训和职业道德教育，确保审查人员素质和审查质量。出台《山东省施工图审查机构考核标准（试行）》，对施工图审查机构在机构建设、工作水平等方面实行考评量化管理，进一步规范施工图审查机构，通过考核、评比促进其在管理和技术两个层面的工作能力以及服务态度等多方面的提高，进一步稳固施工图审查在工程勘察设计质量监督体系的总抓手地位。三是继续抓好大型项目的初步设计审查工作。各级建设行政主管部门要根据新的“三定”方案，切实抓好初步设计审查工作。省厅着重抓好重点工程项目和大型公共建筑工程的初步设计审批工作，各市要根据各自职责，分级抓好本地的初步设计审查工作，进一步优化设计方案，保证工艺合理，结构安全，节约资金。四是继续加强工程勘察质量管理。积极开展勘察报告前置审查，大力推进勘察全过程质量监督，开展机长、

记录员等关键岗位人员持证上岗工作。认真贯彻落实《关于加强山东省工程勘察质量管理工作的实施意见》，全力推进工程勘察的审查工作。五是继续抓好标准设计和设计标准的管理工作。促进科技成果的转化、推广和应用，提高勘察设计质量和技术水平。六是继续推进勘察设计责任保险工作。按照国家住房和城乡建设部的统一要求，本着突出重点，分别指导，稳步推进的原则，积极稳妥地推进勘察设计责任保险，做好参保单位的续保工作，努力维护投标单位的合法权益，增强勘察设计单位抗风险能力，保证工程建设投资安全。

（五）繁荣创作市场，完善人才培养机制，推进技术创新和设计创优

紧紧围绕“建大院、出大师、创大作”的行业发展目标，牢固树立精品意识、创新意识和质量意识，加大科技投入，推进技术创新，建立激励机制，努力营造良好的创作环境。一是完善激励机制，培养、选拔高素质人才。切实做好第二批山东省工程勘察设计大师评选和宣传活动，树立个人品牌，在全行业营造尊重人才、用好人才的良好氛围。同时，继续加强对16名山东省重点培养青年建筑师的培养工作，积极为他们提供到省外著名建筑设计事务所进修和与国家设计大师和知名专家学习、交流的机会。努力完善人才培养机制，建设优秀设计人才梯队。二是繁荣建筑创作，积极营造争优创优的良好氛围。积极组织开展各种形式的评优活动，组织开展“城市设计精品评选”、“建筑设计与城市文化建设高峰论坛”、“新能源利用技术竞赛”等评选活动，不断推出优秀作品。通过各类评优，努力营造全行业争优、创优的氛围。三是推动企业技术进步，提高自主创新能力。健全激励机制，不断提高企业的原始创新和集成创新能力；加强勘察设计专有技术、设计文件和设计方案创新和知识产权保护；鼓励勘察设计单积极采用“四新”技术；继续推动计算机应用和信息化工作，推广正版化、国产化设计软件，加大三维设计、协同设计等新技术应用，提高行业信息化应用水平。

（六）加强抗震防灾工作，提高城乡综合防灾能力

一是继续做好重点工程及生命线工程的抗震鉴定与加固工作。加大对鉴定加固市场行为的监督和管理，积极探索建设工程全寿命周期质量安全监管机制。争取省财政多安排抗震加固经费，会同省财政厅对抗震经费使用情况进行专项检查。二是加强新建工程抗震设防管理。三是严格超限高层建筑工程的抗震设防监管力度，积极开展超限高层建筑工程抗震设防专项审查。按照《山东省超限高层建筑抗震设防专项审查管理办法》要求，加大政策宣传力度做到应审尽审，杜绝漏审补审，抓好初步设计阶段超限高层建筑工程的抗震设防专项审查工作。组织开展超限高层建筑工程抗震设防质量检查，确保工程抗震质量。

（七）加强协会建设，强化服务功能

充分发挥勘察设计协会提供服务、反映诉求、规范行为的职能，努力围绕规范市场，繁荣创作，提高勘察设计质量与水平开展工作。关于协会工作，会上已经印发给大家，希望大家抓好落实，我再强调以下工作：一是抓好行业自律，促进诚信体系建设；二是分类搞好行业调研，为行业管理提供支持；三是开展勘察设计行业信息化建设达标评审，推动三维设计和协同设计，提高信息化应用水平；四是充分发挥各分会和专业委员会的作用，组织开展多种学术、技术交流和评优活动，活跃学术氛围，努力成为有作为的勘察设计单位之家。

同志们，让我们在省委、省政府的正确领导下，全面贯彻落实科学发展观，扎实工作，开拓进取，努力开创勘察设计工作新局面，为全省经济社会发展做出新的贡献！

山东省住房和城乡建设厅副巡视员
耿庆海在全省住房城乡建设系统法制工作会议上的讲话

（2010年6月22日）

同志们：

这次会议是经省住房和城乡建设厅厅长办公会研究确定召开的。会议主题是，认真贯彻省政府和国家住房城乡建设部法制工作会议精神，总结工作，表彰先进，部署任务。刚才，宣读了省建设厅《关于表彰全省住房城乡建设系统行政执法责任制先进单位和先进个人的通报》，并向先进单位和先进个人代表颁发了奖牌、奖状，我代表省建设厅向获奖的单位和个人表示热烈祝贺！会议安排部分单位作了典型发言，印发了《全省住房城乡建设系统法制工作会议交流材料》，各地从不同方面总结了推进建设法制工作的经验做法，请大家结合工作实际，认真学习借鉴。希望大家把这次会议精神和各地的经验带回去，向本单位的领导作好汇报，结合当地实际情况认真贯彻，狠抓落实，使我省建设法制工作再上新台阶。

下面我就全省建设系统法制工作情况及今后一个时期进一步加强全省建设法制工作，讲几点意见。

一、围绕中心，开拓进取，建设法制工作成效显著

（一）建设立法工作取得新进展。为进一步完善我省建设法律体系，一年来，加大了与省政府和省人大协调力度，结合建设系统行业的特点，立足于改革与发展的需求，制定符合建设系统实际的立法计划。充实、调整了《山东省建设法规体系规划方案》，重新修订了《厅机关立法工作程序和分工的规定》，印发了《厅立法工作计划及分工》，一系列立法制度的构建对于提高立法质量起着十分重要的作用。2009年，省厅共有12件立法项目列入了全省年度立法计划，先后出台了《山东省物业管理条例》、《山东省建筑装饰装修管理办法》和《山东省城镇容貌和环境卫生管理办法》，还制定了10件规范性文件。据不完全统计，济南市出台了《济南市房屋建筑工程施工分包管理办法》等规范性文件，青岛市出台了《青岛市民用建筑节能条例》等地方性法规规章，淄博市出台了《淄博市建设工程投标保证金管理暂行办法》等规范性文件，其他市以市人大、市政府名义出台了70多件涉及建设行政的规范性文件。这些地方性法规、政府规章和规范性文件的出台，进一步完善了建设法规体系，促进了我省建设事业的可持续健康发展。

（二）建设行政执法工作稳步推进。一是行政执法程序进一步规范。各市在行政执法过程中注重对执法行为的过程控制，做到了“四个明确四个确保”，即明确工作步骤或者执法环节，确保执法行为的完整和规范；明确工作形式，确保每项执法行为有相应的记录备查；明确工作时限，确保执法机制的高效运行；明确岗位责任界限，确保各个岗位和环节的衔接，杜绝推诿扯皮、责任不清现象。菏泽市建设局编印了《菏泽市建设局执法依据梳理表》、临沂市城管局编印了《临沂城管执法权力与责任清单》、济南市城管局推行“网上办案”试点、青岛市市政局推行建设项目联合审批、青岛市城管局建成城管执法业务网上运行系统、济宁市住建局实行房地产开发项目行政审批联审联办及规费征收“一费制”，进一步规范了工作流程，行政执法程序更加规范、公正、透明。滨州市住建局收回了下属各个具体部门对建设工程的处罚权，成立了建设工程项目监察大队，实现了审批、监管、处罚三权分立，促进了建设工程管理的规范健康发展，新华社高管信息2008年10月29日第43期就《滨州市建设局对建设工程集中统一行使处罚权》做了经验介绍。省厅对建设系统行政执法依据进行了认真梳理、分类、汇集，形成了《山东省建设法规汇编》（2007－2008年）和《山东省建设法规精选》等建设行政执法依据汇编，供各地使用。二是执法检查力度进一步加大。针对社会反映的热点问题，省厅制定了《山东省建设厅2009年度执法检查计划》，确定将建筑市场和房地产市场、墙改与建筑节能、勘察设计市场秩序、风景名胜区、燃气安全、建设执业资格作为2009年执法检查的重点。执法检查范围广，力度大，注重实效，不走过场。依法查处了一批违法建设、拖欠工程款和农民工工资、扰乱房地产市场等建设领域违法行为。尤其是配合迎全运，集中开展了城市综合整治，各城市依据城乡规划法、城市建设管理条例、城市房屋拆迁管理条例等法律法规，严肃查处了一大批违法建设，共拆除违法建筑15 460处，面积455万平方米；清除卫生死角16.7万处；取缔占道摊点52万处，整治广告牌匾57万块，清理乱贴乱画365万处，各城市的出入口、主干道、旅游景点等窗口部位的面貌明显改观，住宅小区、背街小巷、城乡结合部的环境得到显著改善。东营市城管局针对流动商贩管理难题，投资300万元，制作411辆小吃餐车，无偿提供给下岗失业人员使用，即解决了部分人员的生计问题，又规范了城市市容管理，一举两得。泰安市城管局推行“门前三包”、“档案式”城市管理等工作模式，收到良好效果。三是行政执法责任制工作得到广泛重视。各市非常重视推行行政执法责任制工作，将其纳入重要的工作日程，主要领导亲自过问，分管领导主抓，法制机构具体负责，确保了行政执法责任制目标的有效落实，各地都能按照省厅的要求，结合本地本部门的实际情况，研究制定本级行政执法责任制方案，对行政执法责任制目标进行细化、量化，分解到具体的执法单位和个人。威海市城乡建设委、烟台市住建局、临沂市房管局制定了行政处罚裁量权执行标准，将全局（委）所有行政处罚事项全部细化分解，确定了具体的处罚标准。潍坊市住建局、烟台市规划局制定了《行政执法过错追究暂行规定》等规章制度，加强内部管理，规范行政执法行为。莱芜市建委将涉及到建设系统的243条法律条文逐一落实到委属15个科室单位，构建“分解岗位职责—规范行为和程序—明确岗位职责—考核评价—责任追究”的监督和管理机制。菏泽市城管局、即墨市建设局、青岛城阳区规划建设局制定印发了《行政执法责任制示范文本》，作为部门执法的工具书，做到了有法可依，有据可查，完善了行政执法责任制体系，为推行行政执法责任制奠定了坚实基础。莱芜市城管局数字化城市管理监督指挥系统，将管理区域划分为1 384个单元网格，执法任务分解定位到每一条街巷，责任明确定位到每一个人，城市管理问题处置能力明显提高，执法整体效能明显提升。泰安市泰山管理局按照“条块结合、以块为主”的原则进行机构改革，将原5个直属执法大队的执法人员进行分流组合，组建了8个属地执法大队，使主要景区都有了执法队伍。

（三）行政复议功能得到有效发挥。住房城乡建设系统行政管理工作涉面广，与群众利益密切相关，房屋拆迁、房屋登记、信息公开、城乡规划、质量安全等社会热点领域多，伴随着建设热潮，行政争议也在逐年增多。行政复议是把解决群众利益诉求纳入制度化、规范化、法制化轨道的重要制度。一年来，全省建设系统行政复议机关严格执行《行政复议法》、《山东省行政复议条例》和《山东省建设行政复议办法》，认真办理行政复议案件，建立健全相关配套制度，加强行政复议机构和队伍建设，充分发挥了行政复议的化解矛盾、保护权利、纠正错误、教育引导功能，增强了政府公信力。省厅按照行政复议法的规定，对市地建设系统各行政主管部门的行政处罚、行政裁决、行政许可等具体行政行为实施了有效监督。一年来依法公正及时地受理各类行政复议案件 12 件，全部办结。聊城市住建委编制了《法律就在咱身边》一书，日照市建委编发了《每月一案》内部简报，对典型案件进行剖析，以复议应诉工作的实践经验指导行政执法工作。菏泽市住房保障和房产管理局去年共办理行政复议案件 20 件，行政应诉案件 64 件，准备应诉和出庭材料 96 卷，及时纠正了一些违法或不当的具体行政行为，维护了行政管理相对人的合法权益。省厅被省人保厅、省政府法制办授予“山东省行政复议工作先进单位”称号。

（四）深入开展政务公开工作。全省建设系统紧紧围绕政府机关自身建设，紧密结合工作实际，不断研究新情况，解决新问题，推动了政务公开工作进一步深入，对全省建设事业实现又好又快发展起到了积极的促进作用。一是政务公开领导机构和工作机构基本建立。各地成立了政务公开工作领导小组或建立了政务公开工作联席会议制度，落实了政务公开工作机构和分管领导、责任人。潍坊市市政局成立了社会服务承诺领导小组，统一负责和组织社会服务承诺工作。二是相关制度建立健全。各地、各部门通过会议、座谈、下发文件和新闻媒体等形式宣传贯彻《政府信息公开条例》，建立健全相关制度。济南市、潍坊市、济宁市、聊城市、德州市、菏泽市规划局推行“阳光规划”，严格落实规划公示、公开听证等制度，依法实施政务公开，公开接受社会监督。东营市市政局专门下发了《关于开展办事公开工作的意见》，先后制定出台了论证听证制等制度 40 余项，并将有关制度上墙张贴对外公开。三是政务公开载体建设普遍加强。在原来政务公开栏、公开墙、办事公开指南手册等传统方式的基础上，增加了电子公开屏幕、审批服务大厅、招投标服务中心等，特别是许多城市还利用互联网开设了办事公开的网页，政务公开内容更加全面，更加具有时效性、互动性、服务性，更加贴近人民群众的需要。滨州市规划局建设三维可视信息规划管理系统，筹建新的数字化规划展馆，通过先进的技术，为市民了解规划，参与规划，感受规划提供更好、更直观的平台。青岛、淄博、东营、烟台、威海、泰安等城市建设规划管理部门成立了政务办理大厅或政务办理窗口，将行业各单位的审批行政事项进行整合，实行“一站式、一门式”服务。烟台市自来水公司、热力公司分别投资建立了客户服务中心，将收费、业务接待、维修、投诉、受理等服务项目集中起来，一个“窗口”对外。聊城市水务集团有限公司在办事公开的形式上拓宽渠道，采取上网、上墙、上桌、上媒体等“四上”的形式，大力宣传办事公开的内容。积极推广城建行业服务热线，省建设厅会同省电信公司相继下发了《关于在全省建立推广 98111 城建行业服务热线的通知》和《山东省城建行业 98111 服务热线技术方案》，举办了专题技术讲座培训，协调省通信管理局批复了有关城市“96111”电信网码使用权。建设部确定推广 12319 热线之后，我省又立即着手热线过渡工作。目前已有 11 个城市开通了全省统一的 12319（96111）城建行业服务热线，为广大市民提供了一条解决生活难题的便捷通道。四是政务公开内容有了新拓展。各地在公开与群众生产生活密切相关、与经济发展密切联系、社会密切关注的热点、难点问题的同时，不断丰富政务公开内容，公开事项由少到多，由小到大，从开始的“热点”问题逐步扩大到事关“钱、权、人”等重大问题、重大决策。威海市对办事公开的内容专门进行了整理，扩大了对外公开的内容。临沂市实行社会服务承诺制度，积极公开公用事业单位生产运营情况，做到涉及群众日常生活服务的事情要公开，涉及职工切身利益的问题要公开，重大改革事项要公开。去年，省厅在全国住房和城乡建设系统政府信息公开暨政务公开工作座谈会上作了典型发言，受到国家住建部领导肯定。

（五）深化普法宣传教育。各级建设主管部门认真贯彻落实“五五”普法规划，深入开展法制宣传教育。一是抓机关法制教育工作，夯实依法行政基础。厅机关多次邀请全国人大、住建部、人民大学、中国政法大学、扬州大学等单位的专家学者授课，全面讲授《物权法》、《城乡规划法》、《行政许可法》等相关法律法规及业务知识，形成了良好的学法用法氛围。厅领导和机关公务员积极参加省里组织的普法考试，参考率与合格率达到95%和100%，其中，省普法工作领导小组组织的“五五”普法年度考试，我厅9名厅级干部平均成绩97.5分，位列省直机关第二名。临沂市住建委、威海市房管局局属单位聘请了专职律师作为法律顾问和普法法律辅导员。临沂市城管局制定了调训制度，将各部门填制法律文书的负责人抽调到法制部门进行一周的培训。临沂市规划局创办了“临沂市规划建筑名家讲堂”，定期邀请全国的规划、建筑和法律专家来局作授课报告，提高了全局干部职工的专业知识水平和法律意识。二是形式多样，广泛深入开展法制宣传。各地在《山东建设报》和建设法协会刊《政策法规纵横》上，专门开辟“法制园地”，全年共编辑40多期，组稿数百篇。重点开展了《民用建筑节能条例》《山东省物业管理条例》《山东省建筑装饰装修管理办法》等新法规的宣贯工作。认真组织参加了《行政复议法》实施10周年法制宣传、“12·4”法制宣传日等活动，掀起了“五五”普法的高潮。枣庄市住建委在《枣庄日报》《枣庄广播电视报》开辟了建设知识宣传窗口，开设了《建设周刊》等专题栏目，宣传报道建设法规、建设事业发展规划，建设工作成绩及经验等。泰安市房管局举办法律法规知识电视大赛，宣传普及房产管理法律法规知识。日照市城管局通过在《日照日报》开设“城管执法在行动”专栏，威海市城管局与威海广播电台组建“城市之音”专题栏目，广泛宣传城管执法工作。烟台市各区城管部门编发了《执法动态》《执法交流》等刊物，设置新法速递、案例评析、有问必答、执法卡片、简讯等栏目，及时交流法制工作情况，取得了良好的社会和法律效果。三是注重法制培训，提高执法人员法律素质。厅政策法规处重新修编了执法人员培训教材和建设法规汇编，举办执法骨干培训、建设法规培训多期，并派员到全省各地进行普法宣讲，全年参训人数达5 000余人次。莱芜规划局组织乡镇建设办主任参加法律知识培训班，对建设法律法规进行系统学习，使每一名乡镇建设工作人员都学法懂法，按法律程序办事。淄博市住建局建管处通过建立建筑安全教育基地，德州市住建局通过举办农民工夜校、“送法到工地”等活动，加强对建设单位负责人及设计人员、监理人员和施工项目经理、农民工的培训。烟台市住建局编印了建筑领域农民工法律常识手册1万份，向农民工免费发放，满足了农民工对有关法律知识的需求。

（六）执法人员素质不断提高。首先，大部分市地都充实和加强了法制工作机构。在设立了独立机构的同时，配置了一批具有法律专业知识的年轻同志，个别没有单设法制机构的，也确定了法制工作部门和专职工作人员。其次，各地进一步加强了行政执法队伍的素质建设。通过举办各类业务培训等形式，提高执法人员的基础理论素质，通过对行政执法案卷的评查和工作效能的评比，提高执法人员的业务能力，通过文明执法的教育，提高执法人员执政为民的基本理念。德州市城管局坚持用形象像军官、执法像警官、办案像法官、当好宣传员、督导员、协调员、服务员的“三官四员”标准建设队伍。莱芜市房管局制定“三守”（守法、守规、守纪）责任和“三无”目标（干部职工无违纪、管理工作无差错、服务工作无投诉），全面提升队伍综合素质。第三，通过推行行政执法责任制及过错责任追究制，将建设执法行为置于内部和外部的监督之下，对执法人员的执法水平提出了更高的要求，执法人员的压力增大了，依法办事的责任意识明显增强，办事效率进一步提高，工作作风有了明显转变。滨州市规划局建立了城乡规划重大违法违规案件审理委员会，定期召开审理会议，对前期通过监察和群众举报发现的违法违规案件进行集体讨论，统一审理。泰安市规划局在规划审批中，严格执行专家论证会、规划局办公例会、市政府建设项目审批会和城市规划委员会审议“四级会审”制度，实现规划依法民主决策。青岛市城乡建设委聘请了常年法律顾问，协助做好重大决策法律论证和行政复议、应诉工作，聘请了知名法学专家和人大代表、政协委员为社会监督员，为领导决策提供参考。济南市城乡建设委建立了领导信访接待日制度，现场解决群众反映的热点难点问题。聊城市城管局专门设立督察大队、开通 2 部投诉电话、聘请 100 名社会监督员，加强对局执法人员的行政执法活动实施监督检查，深受人民群众的好评。

以上六个方面工作成绩的取得，是全省建设系统从事法制工作的同志们围绕中心，服务大局，埋头苦干、努力拼搏的结果，凝聚着大家的心血和汗水。在这里，我代表省建设厅向大家表示衷心的感谢和诚挚的慰问！

二、做好建设法制工作的几点体会

（一）*必须完善建设行政法规体系，提供良好的依法行政规范。*完善的法规、规章体系是依法行政的前提，必须重视和加强立法工作，做到立法和改革相统一、与改革进程相适应，主要应解决好两个问题：一是“量”的问题。即在坚持以民为本、完善社会保障、规范市场主体、维护市场秩序等方面的立法为重点的同时，从我省建设事业实际出发，根据轻重缓急，抓紧制定依法行政中急需的行政执法责任制、评议考核制、行政执法资格认定以及编制、法制宣传教育等方面的法规、规章，使行政管理各项活动有法可依、有章可循；二是“质”的问题。即必须进一步完善立法程序，改革法规、规章草案由部门起草的习惯立法，充分发挥专家学者在立法工作中的作用。坚持群众路线，深入、全面地搞好调查研究和论证，增大立法的透明度，逐步扩大人民群众参与立法的范围和程度，重要的法规、规章草案必要时可以通过报刊向社会公布，广泛征求各界意见，增强法规、规章的科学性、可行性，不断提高立法质量。对现有的法规、规章，也应根据国家法律、法规和我省经济社会发展的需要，做好修订、废止工作，确保法规、规章的质量和有效性。

（二）*必须改革建设行政执法体制，实行执法责任追究制。*针对执法体制不畅、权责不清、操作困难、效果不佳的客观事实，要进一步改革行政执法体制，具体落实行政执法责任追究制。一要整合执法资源，理顺管理体制。系统内整合职能配置上的执法资源，统筹考虑房地产和建筑市场、墙改与建筑节能、勘察设计市场秩序、风景名胜区、燃气安全、建设执业资格等管理职责。系统外与国土资源、财政、公安、消防等部门联合，最大限度地发挥联合执法检查优势。二要规范执法行为，完善运行机制。主要实现“五统一”，即：统一执法主体，所有执法检查行为，全部由行政执法部门牵头开展；统一执法政策，规范行政处罚自由裁量权，对同一违法行为实施统一的处罚标准；统一执法证件，执法人员全部持有执法证件；统一执法文书，对授权实施的法律法规，均以行政主管部门的名义作出行政决定；统一执法标志，执法服装、执法车辆全部实行统一标志。三要严格执法程序。实施执法处罚工作，必须由2名以上的执法人员共同参加，并首先向当事人出示执法证件，没有执法资格的一律不能参与执法检查工作；执法检查坚持以事实为依据，以法律为准绳，严格按规定制作《责令停止违法行为通知书》等法律文书，并将有关事项告知管理相对人。四要规范处罚行为。成立专门案件审查机构，定期召开会议，集中研究处理重大处罚案件。

*（三）必须加强建设依法行政观念，提高行政执法水平。*当前，要积极主动地采取措施促使执法主体转变观念，解放思想，坚持依法执法，使人们对问题的观察与思考不再停留在“人的权威”阶段，而进入到“法律权威”阶段。要进一步提高执法人员的法律意识，摒弃传统的“人治”观念，树立全新的法治观念，实现从经验管理向科学管理方式的转变，实现从“人治”向“法治”的发展。目前，优化执法队伍，提高行政执法人员的思想素质、专业素质、法律素质已迫在眉睫。要严把行政执法人员入口的质量关，从事行政执法的人员必须要经过专业学习和培训。要建立科学规范的考核制度、奖惩制度和定期培训制度。对依法执法、责任心强、考核优秀的人员予以奖励提拔，对有法不依、有章不循、执法犯法的“害群之马”坚决予以辞退或严惩，以确保执法队伍整体素质的提高。

*（四）必须强化建设行政执法监督机制，推进依法行政进程。*要提高行政执法的质量，达到依法行政的目的，必须强化行政执法监督。一要建立对抽象行政行为的监督制度。坚持不懈地做好行政规章、行政措施等规范性文件的备案审查工作。认真组织开展行政法规、规章清理工作，切实解决法律规范之间的矛盾和冲突，努力做到法规、规章的立、改、废与经济社会发展进程相适应。二要加强对具体行政行为的执法监督。建设行政主管部门的法制机构要坚持不懈地认真开展行政执法监督检查工作，组织开展对建筑市场、建筑节能、建设规划、勘察设计、城市建设、工程质量安全等领域的法律、法规、规章执行情况的监督检查，对依法行政中的不正之风、违法违纪现象及时披露，坚决查处。三要建立健全行政复议制度，纠正违法或不当的具体行政行为。通过行政复议，上级行政机关可以直接纠正下级行政机关因决策失误引发的行政争议；及时纠正下级机关行政执法中违法或者不当行为，对带有普遍性的问题及时提出改进建议，切实维护人民群众的合法权益，有力促进住房城乡建设部门依法行政。

三、突出重点，强化措施，实现建设法制工作的新突破

今年我们将对全省建设系统“四五”依法行政和“五五”普法工作进行全面总结，还将迎来住建部和省政府对我省五年来建设法制工作的考核和验收，做好今年的工作，对取得和巩固“四五”依法行政和“五五”普法工作成绩，制定好、开展好下一个五年规划至关重要。

*（一）加大普法宣传力度。*依据住建部、省政府的安排部署，做好“五五”普法、“四五”依法行政工作总结，结合我省建设系统实际，明确目标，确定重点，制定好下一个普法规划和依法行政规划及年度工作计划。对各级领导干部和行政机关工作人员，继续抓好行政许可法、行政处罚法、行政复议法等法律法规的学习。对行政执法人员，重点加强建设专业法律法规的学习。进一步建立完善学法日、考试考核、干部任用先进行法律知识考试等制度，确保普法效果。继续在《山东建设报》等报刊杂志、新闻媒体开设普法园地，为全省建设系统广大干部职工提供互相学习、互相交流、共同提高的平台。深入调查研究，发现和总结各地学法用法的好经验，通过电台、电视台、大众日报及《法治通讯》等新闻媒体进行宣传报道，广造舆论，扩大社会影响。继续组织普法宣讲团，深入各地进行普法辅导，提高普法水平和质量。

（二）加快立法步伐。一要抓好《山东省勘察设计条例》《山东省招标投标管理办法》已经列入立法计划法规的制定，要认真扎实做好工作，争取尽快出台实施；二要集中时间和力量，积极做好《山东省工程造价咨询管理办法》等政府规章的调查论证工作，为下步的立法工作打好基础。三要抓好规范性文件的制定。各地要与时俱进，积极争取市政府出台建设领域的规范性文件，完善部门规章体系，做到有法可依。在立法工作中，继续落实“定班子、定任务、定时间、保质量”立法责任制，确保省人大和省政府确定的立法计划的完成，进一步完善建设法规体系。探索研究建立公众参与立法机制，通过媒体向社会公布，广泛征求各方面的意见。建立专家咨询制度，地方性法规、政府规章起草过程中，组织专家进行论证，确保建设立法的质量。

（三）全面推行建设行政执法责任制。通过推行行政执法责任制，提高依法行政能力和综合执法水平，使执法活动步入良性发展轨道。一要根据国务院办公厅《关于推行行政执法责任制若干意见》和省政府的要求，集中力量清理、梳理执法依据，重新修订建设行政执法责任制，依法界定执法职责，科学设立执法岗位，层层分解执法责任，具体落实到每一个岗位；二要加强考核，逐步建立完善执法责任制的监督、奖惩制度，切实把执法责任考核与岗位责任、公务员考核、奖惩、任免等结合起来，把考核结果作为评定领导干部政绩的重要内容；三要完善行政过错追究制度，对违法作为和消极不作为而造成重大后果的，依法追究有关责任人的责任；四要研究探索建立系统内综合执法体制。《国务院关于进一步推进相对集中行政处罚权工作的决定》实施以来，我省建设领域的行政执法体制发生了很大变化，许多行政处罚权划归单设的行政执法局，剩下的不少也都分散在系统内的有关局，造成了建设执法工作的散和乱，形不成拳头。为此，我们拟组织人员到兄弟省市考察学习，探索成立省、市建设行政综合执法队伍，统一行使城乡规划建设、建筑业、房屋装饰装修业、住宅与房地产业、勘察设计咨询业、风景名胜区等行业的行政执法权和处罚权，逐步理顺和建立全省建设系统行政综合执法管理体制。认真总结东营等地建设系统内部综合执法的经验，适时召开现场会大力推广；五要积极开展建设法律法规的执法检查，要加大力度，严密组织，确保效果。通过检查，进一步规范建设领域市场秩序，维护人民群众的合法权益，保障建设事业健康发展。

（四）加强行政监督工作。通过加强行政监督，提高建设行政效能，推进建设执法再上新水平。一要在接受社会、舆论、司法等监督的同时，切实加强建设系统内部的层级监督。认真贯彻实施《国家赔偿法》，切实保障人民群众依法取得的权利；二要建立完善行政许可、处罚听证制度。严格执行《行政许可法》、《行政处罚法》的规定，对当事人要求听证的，建设行政机关应当组织听证，以确保行政许可和行政处罚决定的合法性；三要严格执行《行政复议法》和省实施条例，认真履行职责。对公民、法人和其他组织依法提出的行政复议申请，必须积极受理。对违法或不当的具体行政行为，予以撤销、变更，对无正当理由不予受理的、或不按规定转送行政复议申请的、或在法定期限内不作出行政复议决定的，坚决予以纠正，并依法追究有关领导和相关人员的法律责任；四要完善行政执法案卷管理。对建设系统行政机关的行政许可、行政处罚、行政裁决等行政执法活动，建立起完整、规范的案卷制度。定期对行政执法案卷进行检查或抽查，将检查结果纳入执法责任制考核。

（五）推进信息公开和政务公开工作。一要加快建章立制步伐。着力完善信息公开和政务公开的各项规章制度，保证公开内容真实可信和全面落实。认真学习总结各地在办事公开方面的好经验、好做法，制定统一规范的办事公开制度，对公开的内容、事项、时限、程序、监督、组织领导等都要加以规范。同时，研究探讨建立内部约束制度建设，使信息公开和政务公开制度处处有制约，环环有监督。二要继续增加信息公开和政务公开内容。凡是与群众利益密切相关的服务事项，都要通过政府公告、新闻媒体、政府公众信息网等形式进行公开，增强工作的透明度和群众的参与度。同时，必须注重实际效果，力戒形式主义，要把群众满意不满意作为衡量政务公开工作好坏的主要标准，坚决反对弄虚作假、走形式走过场的行为。三要完善信息公开和政务公开的载体。目前全省已有 11 个城市建立了 12319 服务热线，但在部分城市存在服务范围窄、运转机制不灵活、人员编制不到位等问题，下一步要总结济南、青岛、东营 12319（96111）服务热线的经验做法，逐步使热线服务规范化、制度化，成为城市管理服务的品牌。

（六）加强执法队伍素质建设。要努力学习中国特色社会主义理论体系，坚持科学发展观，以人为本，和谐发展。要加强业务学习和相关专业知识学习，提高政策水平、法律知识水平和办案技能、解决矛盾的能力，为领导当好法律顾问和参谋；要提高综合协调能力和表达能力，在处理涉法问题时，既要敢于说“不”，又要善于说“行”；要搞好有关部门的协调，树立良好的行业形象；要进一步转变工作作风，深入调查研究，提高改革创新意识；要改进工作方法，树立大局意识，群众关心的热点和领导关注的焦点，就是我们工作的重点；要切实增强爱民、为民、富民、安民意识，努力为人民群众办实事、办好事。我们要充分认识自己所担负的职责和任务，不断加强自身建设，努力提高政治、业务素质，为推进全省建设系统法制建设做出更大的贡献！

山东省住房和城乡建设厅副巡视员
李兴军在全省建设教育培训工作座谈会上的讲话

（2010 年 12 月 24 日）

同志们：

省厅今天召开这次工作座谈会，主要是为了交流“十一五”建设教育培训工作，研讨“十二五”工作思路。“十一五”以来，全省建设教育工作者以科学发展观为指导，按照国家、省关于建设教育工作的部署，开拓创新，努力工作，在成人高等学历教育、干部培训、专业管理人员岗位培训、专业技术人员继续教育“三新”培训等方面做了大量的工作，为建设系统职工队伍素质提高做出了积极贡献。在此，我代表省住房城乡建设厅和杨焕彩厅长以及出席今天会议的孙松青处长、梁泽庆主任等几位同志向大家表示衷心的感谢。下面，我讲三个问题：

一、“十一五”建设教育培训工作的基本回顾

“十一五”以来，省厅在教育培训方面主要做了五个方面的工作。

（一）加强制度建设。为加强建设教育管理，制止乱办班、乱收费、乱发证等现象，确保培训质量，省厅制定下发了《关于加强建设教育管理工作的意见》，对各类建设教育培训活动进行了规范，明确了建设教育归口管理的原则，进一步

确立了教育主管部门的地位和作用。部分市建设部门根据这个意见，出台了符合本地实际的教育培训归口管理政策。根据建设部《建设继续教育管理规定》和《山东省专业技术人员继续教育条例》精神，研究制定了《山东省建设系统专业技术人员继续教育实施办法》，并与原省人事厅联合下发，对全省建设系统专业技术人员继续教育工作作出部署。同时，组织有关高校编写了各专业继续教育教材，批准了首批继续教育培训机构。为加强对各类学习班、研讨会、论坛的管理，规范各类学习研讨活动，制定下发了《关于进一步加强对各类学习班、研讨会、论坛管理的通知》，规定了报批的内容和报批的程序，明确了责任。根据建设部有关文件精神，下发了《关于做好市政‘七大员’岗位培训工作的通知》，对市政‘七大员’岗位培训教材、培训管理、培训范围、继续教育、岗位证书管理等都做了明确规定。坚持了厅机关处室、直属单位教育培训计划管理制度，规定厅处室、直属单位组织的面向全省举办的培训班，必须统一纳入厅年度教育培训计划，未列入计划的班次不允许举办。同时实行办班批件制度，凡列入计划的培训班次，培训组织单位或承办单位要在办班前到节能科技处领取办班批件，按批件组织培训、办理培训证书验印。

（二）办好成人高等学历教育。自1994年与省委党校联合举办建设经济管理专业业余本、专科班以来，累计培养本、专科学员23 274人，其中本科班毕业人数10 380人，专科毕业人数12 894人。近5年来，党校学历教育经历了招生规模由兴到衰的过程，在整个招生形势不好的情况下，建设经济管理专业仍培养4 128人，其中本科2 648人，专科1 480人，而且较好地保证了教学质量，2008年荣获省委党校招生先进单位。党校成人学历教育是“十一五”建设教育分量很重的工作，为建设系统培养了一大批优秀人才，有的已晋升为工程师、高级工程师，有的成为了建设企事业单位的领导，还有的走上了处级、厅级等领导岗位，为建设系统干部队伍素质的提高和学历提升起到了十分重要的作用。

（三）开展相关行业关键岗位培训。近年来，重点组织开展了市政施工企业“七大员”、物业管理企业部门经理和管理员、房地产产权产籍管理人员培训，年培训量在3 500人左右。今年，组织开展了外墙外保温企业从业人员岗位资格培训，共培训6 500余人。自2008年起，实行了全省统考，培考分离，培训管理进一步规范，培训质量得到提高。还统一了资格性岗位培训的证书验印，全省资格性岗位培训证书统一使用“山东省建设系统资格性岗位培训证书专用章”验印，证书的颁发、编号也逐步实现了微机化管理；完成建筑业企业关键岗位管理人员培训31.2万人，其中：专业管理人员培训及继续教育23.6万人、项目经理培训及继续教育5.3万人、二级注册建造师继续教育1.7万人、注册建造师考前培训6 000人。上海的“11.15”火灾，就是具体施工人员违规操作造成的，使58位鲜活的生命永远消失了，教训十分惨痛和深刻。因此加强这方面的管理和培训太重要了。这项工作下一步将继续加强。在关键岗位培训工作中，省厅不断研究加强管理的措施。自2008年起，我们实行了全省统考，培考分离，培训管理进一步规范，培训质量得到提高。我们还统一了资格性岗位培训的证书验印，全省资格性岗位培训证书统一使用“山东省建设系统资格性岗位培训证书专用章”验印，证书的颁发、编号也逐步实现了微机化管理。

（四）推动建设职业教育发展。近年来，国家对职业教育越来越重视，国务院、省政府先后出台政策，鼓励大力发展职业教育。建设系统以劳动密集型产业为主的特点，决定了职业教育人才是建设行业需求量最大、对工程质量和安全影响也最大的人才。德国的产品质量、工程质量世界闻名，与他们先进的“双元制”职业教育模式密不可分。为搞好建设类职业教育，省厅积极争取省政府和省教育厅等部门的支持，力促山东城建学校发展壮大。经过省厅和山东城建学校共同努力，学校于2006年4月被省政府正式批准，升格为山东城市建设职业学院，我省建设系统有了自己的高等职业学院。城建学院成立后，省厅大力支持学校的改革和发展，积极帮助学院解决发展中遇到的困难和问题。目前，学院已经成为省内办学实力最强、开设专业最全的建设类职业院校。2008年以来，为整合全省建设职业教育资源，进一步促进校企、校校合作，促进职业教育办学水平提高，按照省政府关于大力发展职业教育有关政策，省厅又积极支持城建学院，牵头成立由教育培训单位、建设类企业、协会学会等参加的山东省建设职业教育集团，集团于2009年12月经省教育厅、经贸委正式批准成立。目前，集团有成员单位近百个，全省建设类中专、技校、培训中心大都加入了集团，越来越多的企业成为集团成员单位。

（五）组织开展的其它培训。围绕建设行业科技进步，特别是墙材革新与建筑节能工作的开展，厅节能科技处和有关处室、单位积极组织开展新技术、新标准、新材料培训，年培训三万多人次；为落实我省务实援藏、科技援藏精神，省厅精心组织了西藏日喀则地区规划城建管理干部培训班，培训藏族干部16人；为更好地支援北川建设，会同省援川办联合举办了北川党政干部培训班，培训44人，收到了较好效果；组织开展建设系统各类执业注册师继续教育培训9万人；培训鉴定生产一线操作工人38人，颁发职业技能岗位证书35万本，新增行业技师1.1万人，创建农民工业校6 000所，培训农民工150万人次。

在总结成绩的同时，我们也要清醒地认识到，我省建设教育培训工作还存一些不容忽视的问题。一是省厅节能科技处这些年来在建筑节能、墙材革新等方面的工作任务十分繁重，处里的大部分精力和人员都用在了这两项工作上，对教育培训工作的重视程度不够，人员和精力投入不够；二是在建设部取消关键岗位持证上岗制度，对岗位培训有没有新的部署的情况下，存在“等、靠”思想，影响关键岗位培训力度，也没有随着行业发展需要及时设立新的关键岗位；三是部分市建委（建设局）的教育主管部门工作积极性、主动性不够，有的市在教育培训方面职责分工不明确，还有的就教育抓教育，教育工作与本系统的中心工作“两张皮”；四是个别教育培训单位重经济效益，轻教育培训质量，培训质量不高。这些问题，需要引起大家的高度重视，并在今后的工作中努力加以解决。

二、充分认识做好建设教育培训工作的重要意义

百年大计，教育为本。国民教育关系民族的未来，建设教育关系行业的兴衰。目前，建设类本科以上学历教育属于教育部门的工作范围，作为行业教育，我们的重点是职业教育、专业技术人员继续教育、关键岗位管理人员培训、“三新”培训、职业技能培训、干部培训等。这些培训对我们行业来讲都很重要。

（一）从职业教育来讲。职业教育是教育的重要组成部分，肩负着为生产、服务一线培养技能型人才的重任。大力发展职业教育，对提高劳动者素质，促进就业，不断提高产品、工程质量和服务质量意义重大，对把我国巨大的人口压力转变为宝贵的人力资源也有重要促进作用。随着我省城镇化进程的持续推进和加快，中国的城镇化要达到80%的水平，至少还得需要30年。工业化提供需求，而城镇化创造需求，建筑业、房地产业、市政公用事业都得到快速发展，取得了很大的成绩，随之形成了300万人的建设大军。目前，我省有建筑企业6 500多家，房地产开发企业2 000多家，市政公用事业企业1 200多家，但不论是建筑企业还是房地产企业，在国内有较强竞争力的大企业极少，能走出国门参与国际竞争的企业几乎没有。同国内实力雄厚的大企业相比，我省建设企业最大的差距在人才总量不足和素质不高。在事关工程质量和安全的一线操作人员中，高素质高技能人才严重不足，80%以上是未经严格培训的农民工。这样的人力资源状况，不但影响工程质量和安全，影响建设企业的发展壮大，也势必影响建设事业的健康快速发展。因此，建设职业教育需要大的发展，建设行业的发展需要更高层次、更高水平的职业教育。

（二）从继续教育来看。建设继续教育是指对专业人员进行相关专业知识、技能的补充、更新、拓展，完善知识结构，提高综合素质，增强创新能力的教育。就教育而言，除从小学到大学的正规教育外，对人生影响最大，时间最长，意义和作用最大的就是继续教育。由于科学技术的发展速度越来越快，新知识层出不穷，原有的知识老化也就越来越快，人们必须不断接受继续教育，不断学习补充新知识和拓宽专业知识，才能不断增强业务工作能力和创新能力。当前，持续培训、终身学习已经成为世界各国教育培训发展的共同理念，成为现代人的一种基本生存方式。建设系统的专业技术人员是工程建设领域科技创新的骨干力量，是各类工程建设必须依靠的技术力量。随着建设事业发展理念的更新和科技进步的加速，新知识、新技术、新材料、新规范、新标准不断涌现，专业技术人员的专业知识加速“老化”，如不及时进行“充电”，他们就难以胜任今后的工作。由于专业技术人员大都工作繁忙，不可能长时间脱产参加学历教育，有针对性地参加短期继续教育培训班就成为他们学习提高的首选。

（三）从关键岗位培训来讲。关键岗位是指建筑业、房地产业、市政公用事业等企业中关系工程质量、产品质量、服务质量、经济效益、生产安全和人民生命财产安全的重要岗位。对这些岗位的人员进行严格的基本知识、基本能力、职业道德、法律法规方面的培训，使之具备在本职岗位上能称职工作的水平和能力，是非常重要的。目前来看，不管是大学生、研究生，还是高职、中专生，到企业后，基本都做不到马上顶岗工作的水平。就拿建造师来讲，一个本科生、研究生，尽管理论上有较高水平，但你叫他刚毕业就组织建设一个工程，他不可能组织好。因此，只有通过行业组织的专门培训，才能使他们具备在关键岗位工作的能力。

（四）从“三新”培训来看。随着科学技术的进步，建设行业的科技含量逐年增加，新技术、新工艺、新材料、新产品得到广泛应用。特别是随着高新技术在建设领域的广泛应用，建设领域的技术含量将不断提高。这些新东西要用好，必须对相关设计、施工、监理人员进行必要的培训。如建筑节能方面，最近5年来出现了几十项新技术、上百种的新材料、十几个新标准，相应的培训就组织的很多。

（五）从干部培训来看。建设系统的各级干部是城市规划建设管理的组织者、管理者，他们的水平高低直接影响建设工作的质量。从我省来看，相当一批干部本身不是学习建设类专业的，有的从党政机关、其他行业来到建设系统工作，对建设工作不熟悉，对相关专业知识不了解。因此，需要不定期组织开展干部培训，不断提高建设系统干部队伍素质。崇高的敬业精神，务实的工作态度，优良的技术素质是做建设工作的根本保证，在当前的形势下，优良的技术素质显得尤为重要。

三、对下一步建设教育培训工作的基本要求

再有不到十天，我们就将迎来2011年，迎来“十二五”。“十二五”时期，将是我省建设事业发展的关键时期。我们要大力推进新型城镇化，加快社会主义新农村建设，深化建设领域节能减排，加快建设领域体制机制创新。这些繁重的任务，对教育培训工作提出了更高的要求。我们要以科学发展观为指导，认真学习党的十七届五中全会精神，按照山东省建设人才队伍“十二五”发展规划，开拓创新，积极进取，大力开展建设教育培训，建设行业提供强有力的人才支持。关于下一步建设教育培训抓些什么，怎么抓，我想听听大家的意见。这里给大家提四点要求：

（一）理清工作思路。只有有了正确的工作思路，下一步的教育培训工作才能搞好。厅节能科技处、各市建设教育主管科室、各教育培训单位要结合“十二五”规划和2011年工作计划的制定，对建设教育培训工作进行梳理，主动地去思考、谋划今后的工作，理清工作思路。在理清工作思路的过程中，要切实做到解放思想，开拓创新。省、市建设教育主管单位一定要加强政策研究，加强调查研究，真正摸清建设行业的人才需求，学习其他省、市的好经验、好做法，在此基础上制定切实可行的政策措施。各教育培训单位负责人也要多一些创新型思维，勤于思考，积极给主管部门提建议，配合主管部门做好政策制定工作。现在有的单位、有的人嘴上讲创新，但在行动上却循规蹈矩，这种做法是要不得的。

（二）提高培训质量。质量是企业的生命，也是教育培训单位的生命。多年来，大部分教育培训单位的教育培训质量是有保障的，但也确有个别单位的培训质量不高，既影响人才培养质量，也影响教育培训行业的声誉。现在我们的许多企业不愿意派人参加培训，原因很多，但培训质量不高是重要原因。如果企业拿钱、派人参加某个单位组织的培训，参训人员回去后在知识上、技术上、能力上没有提高，或提高有限，投入产出比严重不合理，企业对这个培训单位就会产生不信任，你再组织培训企业自然不愿参加。

（三）加强能力建设。省、市建设教育主管单位和每个建设教育培训机构，在今后的工作中都要把能力建设置于重中之重的位置。教育主管单位的管理人员一定要加强学习，熟练掌握国家、省、市有关教育工作的政策，提高组织培训、管理培训的能力。教育培训单位更要注重能力建设，这是因为，要提高培训质量，就要有好的师资，好的教学设施，好的课程设置，好的教学组织。现在，部分教育培训单位师资力量偏弱，管理人员的组织管理能力不高，办学设施落后，不适应提高培训质量的要求，需要尽快改善。

（四）注重交流学习。教育培训行业近年发展很快，新的理念、新的模式纷纷涌现。许多民营教育培训单位迅速崛起，创造了不平凡的业绩，他们的许多做法值得我们学习借鉴。在我们建设行业内部，省内外也有许多成功的教育培训单位，他们的成功经验值得学习。下一步，我们要广泛开展学习交流。各市建设教育主管科室之间、教育培训单位之间要加强交流，互相取长补短。厅节能科技处也要有计划地组织主管科室和教育培训单位到外省参观考察，学习外省的好经验，好做法。今天这个会议，就给大家提供了一个交流平台，希望大家踊跃发言。

同志们，“十二五”建设工作的任务繁重，对教育培训提出了更高的要求。让我们解放思想，求真务实，真抓实干，在建设教育这个平凡的岗位上做出不平凡的业绩，为建设事业的健康快速发展提供有力的人才支撑。

谢谢大家！

第四篇

政策文件

第四卷

[illegible]

山东省建设工程勘察设计管理条例

第一章　总　则

第一条　为了加强建设工程勘察设计管理，规范建设工程勘察设计市场秩序，保证建设工程质量，保护人民生命和财产安全，促进资源节约和环境保护，根据《中华人民共和国建筑法》、国务院《建设工程勘察设计管理条例》等法律、行政法规，结合本省实际，制定本条例。

第二条　在本省行政区域内从事建设工程勘察设计活动以及对建设工程勘察设计活动实施监督管理，适用本条例。

第三条　本条例所称建设工程勘察设计活动，包括建设工程勘察、设计以及施工图审查活动。

本条例所称建设工程勘察，是指根据建设工程的要求，查明、分析、评价建设场地的地质地理环境特征和岩土工程条件，编制建设工程勘察文件的活动。

本条例所称建设工程设计，是指根据建设工程的要求，对建设工程所需的技术、经济、资源、环境等条件进行综合分析、论证，编制建设工程设计文件的活动。

本条例所称施工图审查，是指施工图审查机构按照国家有关规定，对建设工程勘察文件、施工图设计文件涉及公共利益、公众安全和工程建设强制性标准的内容进行审查的活动。

第四条　从事建设工程勘察设计活动，应当遵循公平竞争、诚实信用的原则。任何地区和部门不得封锁、垄断勘察设计市场。

建设工程勘察设计应当坚持节能、节水、节地、节材的原则，严格执行工程建设强制性标准，并符合安全实用、环境保护和经济美观的要求。

从事工程建设活动，应当先勘察、后设计、再施工。

第五条　省住房城乡建设行政主管部门负责全省建设工程勘察设计活动的监督管理工作。

设区的市、县（市）住房城乡建设行政主管部门负责本行政区域内建设工程勘察设计活动的监督管理工作。

交通运输、水利等有关部门应当按照职责分工，做好相关建设工程勘察设计活动的管理工作。

第六条　鼓励在建设工程勘察设计活动中采用先进技术、先进工艺、先进设备、新型材料和现代管理方法。

建设工程勘察、设计企业和人员应当创优创新，提高勘察设计水平。

对在建设工程勘察设计活动中取得优秀成果的单位和个人，由住房城乡建设行政主管部门会同有关部门组织评选，予以表彰。

第七条　建设工程勘察设计行业应当依法建立健全自律组织，加强行业自律，规范行业行为，维护从业单位及人员的合法权益，促进行业健康发展。

第二章　资质与资格

第八条　对从事建设工程勘察设计活动的单位，实行资质管理制度。

从事建设工程勘察、设计的单位，应当依法

办理企业注册登记手续，并向住房城乡建设行政主管部门申领建设工程勘察、设计资质证书。

第九条 取得建设工程勘察、设计资质证书的企业，应当按照国家建设工程勘察、设计资质标准的规定，在其资质等级许可范围内从事建设工程勘察设计活动。

取得建设工程设计资质证书的企业，可以承担与其资质等级相应的建设工程总承包、工程项目管理以及相关的技术、咨询与管理服务。

第十条 建设工程勘察、设计资质证书有效期为五年。资质证书有效期届满需要延续的，应当在资质证书有效期届满六十日前向原发证机关提出延续申请。

第十一条 建设工程勘察、设计企业终止、合并或者分立的，应当按照有关规定到原发证机关注销资质证书或者重新申领资质证书。

第十二条 建设工程勘察、设计企业的名称、地址、注册资本、法定代表人等发生变化的，应当在工商行政管理部门办理变更手续后三十日内，到原发证机关办理资质证书变更手续。

第十三条 建设工程勘察、设计企业的资质条件发生变化的，省住房城乡建设行政主管部门应当按照规定权限调整其资质等级或者注销其资质证书。

第十四条 建设工程勘察、设计企业不得有下列行为：

（一）超越资质等级许可范围承揽业务；

（二）伪造、出借、转让、出卖资质证书或者证书专用章；

（三）以其他建设工程勘察、设计企业的名义承揽业务；

（四）法律、法规禁止的其他行为。

第十五条 从事房屋建筑和市政基础设施工程施工图审查活动的机构，应当按照国家规定向省住房城乡建设行政主管部门提出认定申请，取得施工图审查资格后，方可在认定的业务范围内承揽施工图审查业务。

第十六条 施工图审查机构不得有下列行为：

（一）超出认定的业务范围从事施工图审查；

（二）使用不具备执业资格的人员进行审查；

（三）未按照规定的审查内容进行审查；

（四）出具虚假的施工图审查合格书；

（五）从事施工图审查以外的建设工程勘察、设计及其他咨询服务活动；

（六）发现违法违规行为不及时上报住房城乡建设行政主管部门；

（七）法律、法规禁止的其他行为。

第十七条 对从事建设工程勘察设计活动的专业技术人员，实行执业资格注册制度。专业技术人员执业资格注册管理，按照国家有关规定执行。

未经注册的建设工程勘察、设计人员，不得以注册执业人员的名义从事建设工程勘察设计活动。

第十八条 从事建设工程勘察设计活动的注册执业人员和其他专业技术人员只能受聘于一个建设工程勘察、设计企业或者施工图审查机构；未受聘于建设工程勘察、设计企业或者施工图审查机构的人员，不得从事建设工程的勘察、设计和施工图审查活动。

禁止伪造、出借、转让、出卖注册执业证书或者注册执业专用章。

第十九条 住房城乡建设行政主管部门应当建立健全建设工程勘察、设计企业和施工图审查机构统计报告制度和信用档案制度。

建设工程勘察、设计企业和施工图审查机构应当按照规定向住房城乡建设行政主管部门报送统计报表，并提供真实、准确、完整的信用档案信息。

信用档案应当包括建设工程勘察、设计企业和施工图审查机构及其注册执业人员的基本情况、服务质量、诚信状况等内容。

第二十条 住房城乡建设行政主管部门应当

对建设工程勘察、设计企业和施工图审查机构及其注册执业人员、其他专业技术人员进行动态管理，定期监督检查并公布检查结果。

建设工程勘察设计注册执业人员和其他专业技术人员应当按照规定接受继续教育。

第三章　发包与承包

第二十一条　法律、法规规定应当进行招标投标的建设工程勘察、设计项目，建设单位应当按照公开、公正、公平的原则组织招标投标，择优选择承包方。

禁止将建设工程勘察、设计项目发包给无资质证书或者不具备相应资质等级的单位或者个人。

第二十二条　建设工程勘察、设计方案评标，由依法组建的评标委员会负责。评标委员会应当以勘察、设计方案的优劣、投标人的业绩、信誉和勘察、设计人员的能力为依据，进行综合评定。

建设单位需要综合采用未中标的勘察、设计方案内容的，应当征得该勘察、设计方案投标人的同意，并向其支付使用费。

第二十三条　对重要标志性建筑物、构筑物，影响城市景观和公共利益的建筑物、构筑物，以及重大的市政基础设施工程的设计方案，建设单位应当组织专家评审，并征求公众意见。

第二十四条　建设单位应当将建设工程勘察、设计项目发包给一个勘察、设计企业。大型或者技术复杂的建设工程勘察、设计可以发包给两个以上的勘察、设计企业，并选择其中一个企业为主体勘察、设计企业，负责项目的统筹和协调。

第二十五条　民用住宅建设工程中的消防、人防、抗震设防、防雷、供排水、供电、供气、供热、电视、通讯等专业设计，应当与该建设工程统一委托勘察、设计，不得分别发包。

由专业经营单位负责投资建设的供水、供电、供气、供热等专业经营设施设备的设计，按照有关规定执行。

第二十六条　承包整个建设工程勘察、设计项目的总承包企业，经建设单位书面同意，可以将所承包的勘察、设计中的部分专业或者非主体业务，分包给其他具有相应资质等级的勘察、设计企业；分包企业不得将业务再分包。分包企业对总承包企业负责，总承包企业对建设单位负责。

建设工程勘察、设计企业不得以任何形式将所承包的全部勘察、设计业务转包给其他单位或者个人。

第二十七条　建设单位与建设工程勘察、设计项目承包企业，应当参照国家和省推荐的合同示范文本，签订建设工程勘察、设计合同。

承包企业应当在合同签订之日起三十日内，将合同文本报工程所在地住房城乡建设行政主管部门备案。

第二十八条　建设单位与建设工程勘察、设计项目承包企业应当执行国家和省规定的建设工程勘察、设计收费标准，不得违反规定压低建设工程勘察费、设计费。

第二十九条　省外、境外建设工程勘察、设计企业来本省承包建设工程勘察、设计项目的，应当到省住房城乡建设行政主管部门办理备案手续，备案不得收取费用。

第三十条　禁止任何单位和个人干预和阻挠依法进行的建设工程勘察、设计发包、承包活动。

有关行政管理部门应当对建设工程勘察设计招标投标活动实施监督，依法查处招标投标活动中的违法行为。

第四章　文件编制与审查

第三十一条　编制建设工程勘察、设计文件应当遵守土地管理、水土保持、文物保护、消防安全、防洪等法律、法规的规定，符合城乡规划和抗震防灾要求。

建设工程勘察、设计文件应当编制环境保护和节能设计专篇，采用先进的设计理念和技术，提高环保水平，降低能源消耗和建设成本。

第三十二条 国家机关办公建筑和大型公共建筑设计，应当包含用电分项计量装置和节能监测系统。

实行集中供热的居住建筑应当设计用热计量装置，并满足分户计量的要求。

具备太阳能利用条件的城镇住宅建筑和集中供应热水的公共建筑，应当按照规定安装太阳能光热利用系统，并与建筑进行一体化同步设计。

鼓励房地产开发企业对其销售的商品住宅进行建筑与装饰装修一体化设计、施工。

第三十三条 建设工程勘察文件的编制，一般按照初步勘察、详细勘察两个阶段进行。工程规模较小，地质情况、工程结构简单的，可以适当合并。

初步勘察文件应当满足建设工程项目的规划选址定点、可行性研究、初步设计文件编制的要求；详细勘察文件应当满足岩土治理、施工图设计文件编制和工程施工的要求。

第三十四条 建设工程设计文件的编制，一般按照方案设计、初步设计和施工图设计三个阶段进行。属于小型建设工程范围的，可以适当合并；国家另有规定的，从其规定。

方案设计文件应当满足编制初步设计文件和控制概算的需要；初步设计文件应当满足编制施工招标文件、主要设备材料订货和编制施工图设计文件的需要；施工图设计文件应当满足设备材料采购、非标准设备制作和工程施工的需要，并注明建设工程合理使用年限。

第三十五条 建设工程设计企业不得为未取得城乡建设规划许可手续的建设项目编制建设工程施工图设计文件。

第三十六条 建设工程勘察、设计文件应当符合下列要求：

（一）符合勘察、设计标准、规范、规程；

（二）符合勘察、设计合同约定；

（三）注册执业人员和其他专业技术人员签字；

（四）企业法定代表人、技术负责人或者其委托人签字；

（五）加盖资质证书专用章、注册人员执业专用章；

（六）法律、法规规定的其他要求。

第三十七条 建设工程勘察文件编制完成后，建设单位应当将该文件送具备建设工程勘察审查资格的施工图审查机构审查。

无勘察文件依据、勘察文件未经审查或者经审查未通过的，建设工程设计企业不得进行建设工程设计。

第三十八条 政府投资的大中型建设工程项目，其初步设计文件编制完成后，建设单位应当按照项目规模，分别向省或者设区的市住房城乡建设行政主管部门申请初步设计审查。未经审查或者经审查未通过的，建设单位不得交付施工。

申请初步设计审查，应当提交下列材料：

（一）建设工程勘察文件；

（二）建设工程初步设计文件；

（三）项目立项批准文件；

（四）城乡规划、国土资源、环境保护、消防、安全生产等行政主管部门的批准文件；

（五）法律、法规规定需要提交的其他材料。

交通运输、水利等专业建设工程项目的初步设计审查，按照国家有关规定执行。

第三十九条 超限建筑工程初步设计文件编制完成后，建设单位应当向省住房城乡建设行政主管部门申请抗震设防专项审查；学校、幼儿园、医院等建筑工程设计文件编制完成后，建设单位应当向设区的市住房城乡建设行政主管部门申请抗震设防专项审查。

超限建筑工程和学校、幼儿园、医院等建筑工程未经抗震设防专项审查或者经审查未通过的，建设单位不得交付施工。

本条所称超限建筑工程，是指超出国家现行规范、规程所规定的适用高度和适用结构类型，或者体型特别不规则以及国家规定应当进行抗震设防专项审查的建筑工程。

第四十条 申报抗震设防专项审查，应当提交下列材料：

（一）设计的主要内容、技术依据、可行性论证报告；

（二）主要的抗震措施；

（三）建设工程勘察文件；

（四）结构设计计算的主要结果；

（五）结构抗震薄弱部位分析和相应措施；

（六）初步设计文件；

（七）法律、法规规定需要提交的其他材料。

第四十一条 建设工程项目施工图设计文件编制完成后，建设单位应当将该文件送施工图审查机构审查。施工图设计文件未经审查或者经审查未通过的，建设单位不得交付施工。

施工图审查机构应当对施工图设计文件中涉及公共利益、公众安全和工程建设强制性标准的内容进行技术性审查。对审查合格的，出具审查合格书；对审查不合格的，应当提出书面意见。

施工图审查机构应当按照有关规定将房屋建筑和市政基础设施工程施工图审查结果，报住房城乡建设行政主管部门备案。

交通运输、水利等专业建设工程施工图设计文件的审查，按照国家有关规定执行。

第四十二条 建设工程勘察、设计文件审查合格后，任何单位和个人不得擅自修改。确需修改的，应当由原建设工程勘察、设计企业承担；原建设工程勘察、设计企业无法承担或者经其书面同意，发包单位可以委托其他具有相应资质的建设工程勘察、设计企业进行修改。修改勘察、设计文件的企业应当对其修改部分负责。

建设单位应当将修改后的施工图设计文件送原施工图审查机构重新审查。

第五章 质量管理

第四十三条 建设工程勘察、设计企业应当建立健全质量保证制度和责任追究制度。

建设工程勘察、设计企业及其法定代表人对本单位编制的勘察、设计文件负责。

建设工程勘察、设计企业的技术负责人、注册执业人员和其他专业技术人员对其签字盖章的勘察、设计文件负责。

第四十四条 施工图审查机构及其审查人员应当在国家规定的时间内完成建设工程勘察文件、施工图设计文件技术性审查，并对其审查的文件负责。

第四十五条 建设单位应当向建设工程勘察、设计企业提供与建设工程有关的原始资料，并对所提供原始资料的完整性、真实性和准确性负责。

建设单位不得要求建设工程勘察、设计企业违反法律、法规或者建筑工程质量标准、安全标准和节能要求进行勘察、设计；不得任意压缩合理的建设工程勘察、设计工期。

第四十六条 建设单位和建设工程勘察、设计企业法定代表人和直接责任人员应当按照各自的职责，对其经办或者负责的建设工程勘察、设计事项，在建设工程合理使用年限内依法承担责任。

第四十七条 建设单位在建设工程施工前，应当组织建设工程勘察、设计企业向施工企业和监理企业说明建设工程勘察、设计意图，解释建设工程勘察、设计文件。

建设工程勘察、设计企业应当提供施工现场技术服务，按照国家规定参加工程验收，配合有关部门调查建设工程质量事故。

第四十八条 施工、监理企业应当按照审查合格的施工图设计文件和施工技术标准进行施工、监理。在施工、监理过程中发现施工图设计文件有错漏的，应当及时向建设单位和建设工程设计企业提出。建设单位和建设工程设计企业应当及时处理。

第四十九条 省住房城乡建设行政主管部门应当组织有关单位编制建设工程通用标准设计和建筑相关产品应用标准设计。建设工程设计企业进行设计时，应当优先采用标准设计。

第五十条 住房城乡建设、交通运输、水利等行政主管部门应当建立和完善勘察设计质量管理体系、监督检查机制和质量事故报告制度，推行建设工程勘察设计责任保险制度。

第六章 法律责任

第五十一条 违反本条例规定的行为，法律、法规对法律责任已有规定的，从其规定。

第五十二条 违反本条例规定，建设单位有下列行为之一的，由住房城乡建设行政主管部门责令改正，并按照下列规定予以处罚：

（一）政府投资的大中型建设工程项目初步设计文件未经审查或者经审查未通过，擅自交付施工的，处以二十万元以上五十万元以下罚款；

（二）超限建筑工程和学校、幼儿园、医院等建筑工程未经抗震设防专项审查或者经审查未通过，擅自交付施工的，处以二十万元以上五十万元以下罚款。

第五十三条 违反本条例规定，建设工程勘察、设计企业有下列行为之一的，由住房城乡建设行政主管部门予以处罚：

（一）不及时办理资质证书变更手续的，由资质证书许可机关责令限期办理；逾期不办理的，处以一千元以上一万元以下罚款；

（二）伪造、出借、转让、出卖资质证书或者证书专用章的，责令改正，给予警告，并处以一万元以上三万元以下罚款；

（三）未按照规定向住房城乡建设行政主管部门报送统计报表和信用档案信息的，责令限期改正；逾期不改正的，处以一千元以上一万元以下罚款；

（四）未将签订的建设工程勘察、设计合同报住房城乡建设行政主管部门备案的，责令限期改正；逾期不改正的，处以三万元以下罚款；

（五）省外、境外建设工程勘察、设计企业来本省承包建设工程勘察、设计项目未办理备案手续的，责令限期改正；逾期不改正的，处以三万元以下罚款；

（六）国家机关办公建筑和大型公共建筑设计未包含用电分项计量装置和节能监测系统的，责令改正，并处以十万元以上三十万元以下罚款；

（七）对实行集中供热的居住建筑未设计分户用热计量装置的，责令改正，并处以十万元以上三十万元以下罚款；

（八）对具备太阳能利用条件的城镇住宅建筑和集中供应热水的公共建筑，未按照规定进行一体化同步设计的，责令改正，并处以十万元以上三十万元以下罚款；

（九）建设工程设计企业为未取得城乡建设规划许可手续的建设项目编制建设工程施工图设计文件的，没收违法所得，并处以合同约定设计费的一倍以上二倍以下罚款；情节严重的，责令停业整顿，降低资质等级或者吊销资质证书。

第五十四条 违反本条例规定，建设工程勘察设计注册执业人员和其他专业技术人员伪造、出借、转让、出卖注册执业证书或者注册执业专用章的，由住房城乡建设行政主管部门责令停止违法行为，没收违法所得，并处以违法所得五倍以下罚款；情节严重的，责令停止执行业务或者吊销注册执业证书。

第五十五条 违反本条例规定，施工图审查机构有下列行为之一的，由住房城乡建设行政主管部门责令改正，并处以一万元以上三万元以下罚款；情节严重的，由省住房城乡建设行政主管部门撤销其资格认定：

（一）超出认定的业务范围从事施工图审查的；

（二）使用不具备执业资格的人员进行审查的；

（三）未按照规定的审查内容进行审查的；

（四）发现违法违规行为不及时上报住房城乡建设行政主管部门的。

违反本条例规定，施工图审查机构出具虚假审查合格书的，审查合格书作废，由住房城乡建设行政主管部门没收违法所得，并处以三万元罚款；情节严重的，由省住房城乡建设行政主管部门撤销其资格认定。

第五十六条 违反本条例规定，建设单位、建设工程勘察、设计企业和施工图审查机构给他人造成损失的，应当依法承担赔偿责任。

依照本条例规定，给予单位罚款处罚的，对单位法定代表人和直接责任人员处以单位罚款数额百分之五以上百分之十以下的罚款。

第五十七条 住房城乡建设行政主管部门和其他有关部门，违反本条例规定，有下列行为之一的，对直接负责的主管人员和其他直接责任人员依法给予处分；构成犯罪的，依法追究刑事责任：

（一）违反规定审查或者核发建设工程勘察、设计企业资质证书、施工图审查机构认定文件的；

（二）核发建设工程勘察、设计企业资质证书、施工图审查机构认定文件后，不履行监督管理职责或者对建设工程勘察设计违法违规行为不予查处的；

（三）不按照规定进行初步设计审查、抗震设防专项审查的；

（四）对跨地区承接勘察、设计业务的勘察、设计企业设置前置性审批条件或者其他形式的限制，或者收取费用的；

（五）其他滥用职权、玩忽职守、徇私舞弊的行为。

第七章 附 则

第五十八条 军事建设工程、抢险救灾及其他临时性建筑和农民宅基地自建两层以下住宅的勘察设计活动，不适用本条例。

第五十九条 本条例自2010年12月1日起施行。

山东省人民政府令

第218号

《山东省城镇容貌和环境卫生管理办法》已经2009年12月25日省政府第59次常务会议通过，现予公布，自2010年3月1日起施行。

省 长 姜大明

二〇一〇年一月八日

山东省城镇容貌和环境卫生管理办法

第一章 总 则

第一条 为了加强城镇容貌和环境卫生管理，创造整洁、优美环境，促进城镇文明建设，提高居民生活质量，根据国务院《城市市容和环境卫生管理条例》等法律、法规规定，结合本省实际，制定本办法。

第二条 本办法适用于本省行政区域城市、镇规划区范围内的城镇容貌和环境卫生管理及相关活动。

第三条 城镇容貌和环境卫生管理应当坚持以人为本，遵循统一领导、分级管理、公众参与、社会监督的原则。

第四条 各级人民政府应当将城镇容貌和环境卫生事业纳入国民经济和社会发展计划，建立以公共财政为主、社会资金为辅的多元化投入机制。

第五条 省人民政府住房和城乡建设行政主管部门负责全省的城镇容貌和环境卫生管理工作。

设区的市、县（市、区）人民政府城镇容貌和环境卫生行政主管部门负责本行政区域内的城镇容貌和环境卫生管理工作。

城乡规划、城管执法、公安、民政、工商行政管理、价格、卫生、交通、环境保护等部门按照各自职责，做好与城镇容貌和环境卫生有关的管理工作。街道办事处、镇人民政府负责本行政区域内的城镇容貌和环境卫生管理工作，对城镇容貌和环境卫生工作进行协调、监督和检查，督促有关单位和个人履行维护城镇容貌和环境卫生义务。

第六条 城市、县、镇人民政府应当按照规定组织编制重要地段景观、户外广告、照明、停车场、集贸市场、环境卫生等专项规划，按照法定程序批准后实施。

城镇容貌和环境卫生行政主管部门应当根据国家和省有关规定，结合本地实际，编制城镇容貌标准，报本级人民政府批准后实施。

第七条 城镇容貌和环境卫生管理实行责任区制度，明确相关责任人的责任。

责任区由城镇容貌和环境卫生行政主管部门、镇人民政府按照下列规定进行划分：

（一）城镇道路、广场、过街天桥、地下通道等公共区域，以及公共厕所、垃圾转运站及其他环境卫生公共设施，由城镇容貌和环境卫生行政主管部门负责；

（二）街巷、居民住宅区，由街道办事处、镇人民政府负责；实行专业物业管理的居民住宅区，按照物业服务合同由物业服务企业负责；

（三）机关、团体、部队、企业、事业等单位的管理区域，由本单位负责；

（四）机场、车站、码头、停车场、集贸市场、文化、体育、娱乐、公园等公众聚集场所，由管理单位负责；

（五）铁路、公路、隧道、河道、水域及沿岸，由管理单位负责；

（六）施工工地由施工企业负责，待建地块由土地使用权人负责；

（七）临街商户、各种摊点周围由经营者负责。

责任区划定后，城镇容貌和环境卫生行政主管部门、镇人民政府应当将责任区具体范围和责任要求书面告知责任人，并与相关责任人签订责任书。

责任人应当按照责任书的要求，做好责任区内卫生保洁、清扫冰雪、清除乱贴乱画等城镇容貌和环境卫生工作，保证责任区符合城镇容貌标准和环境卫生标准。

第八条 鼓励采用节能、环保的新技术、新能源，推广应用数字化城镇管理模式，推进管理体制机制创新，提高城镇容貌和环境卫生管理效能和水平。

第九条 广播、电视、报刊、网络等公众媒体，应当加强城镇容貌和环境卫生法律、法规和科学知识的宣传教育，提高公民的城镇容貌和环境卫生意识及公共道德水平。

第十条 任何单位和个人都有享受良好城镇容貌和环境卫生的权利，负有维护城镇容貌和环境卫生的义务，并有权对损害城镇容貌和环境卫生的行为进行劝阻和举报。

对在城镇容貌和环境卫生工作中做出显著成绩的单位和个人，由县级以上人民政府给予表彰和奖励。

第二章 城镇容貌管理

第十一条 城镇道路两侧建筑物需要进行外部装修或者改建临街门窗的，应当符合城镇容貌标准，并依法办理相关手续。有关部门在办理相关手续时，应当征求城镇容貌和环境卫生行政主管部门的意见。

任何单位和个人不得在建筑物顶部、阳台外或者窗外擅自搭建鸽舍、棚屋。

第十二条 城镇主要道路两侧和景观区域内的建筑物、构筑物、雕塑和其他设施的所有人、使用人或者管理人，应当保持建筑物、构筑物、雕塑和其他设施完好、整洁，并按照当地人民政府规定的时间、标准进行修整、清洗、粉刷。

第十三条 在城镇道路两侧建筑物的顶部、阳台外、窗外，不得堆放、吊挂或者晾晒有碍城镇容貌的物品。

建筑物外走廊、阳（平）台需要进行封闭的，不得超出建筑物外墙面，其外型、规格、色彩应当符合城镇容貌标准.

在建筑物外部安装空调、太阳能热水器、防盗网、遮阳罩等的，应当符合城镇容貌标准。

第十四条 除国家另有规定外，城镇主要道路两侧的建筑物前，应当选用透景围墙、栅栏或者绿篱、花坛、草坪等作为分界；既有的封闭式实体围墙应当逐步进行改造。

第十五条 城镇道路的养护、保洁单位，应当保持道路路面的完好、整洁，每日巡查不少于一次。发现路面损坏时，应当及时组织修复；发现路面有杂物时，应当立即清理。

第十六条 在城镇道路上设置各种井盖、沟盖、雨箅等设施，应当符合国家规定的质量标准和技术规范，并由产权单位或者管理单位采取必要措施，保持其完好、正位。

产权单位或者管理单位对城镇道路上设置的各种井盖、沟盖、雨箅等设施，每日巡查不少于一次。发现或者得知井盖、沟盖、雨箅等设施丢失、破损或者移位时，应当立即设立警示标志，并在24小时内补装、更换或者正位；未及时补装、更换或者正位的，应当采取避险措施；因产权单位或者管理单位的责任造成他人人身财产损害的，应当依法承担赔偿责任。

鼓励有条件的城市、镇建立城镇道路设施综合巡查制度，对城镇道路上设置的各种井盖、沟盖、雨箅等设施实施统一巡查。

禁止非法收购城镇道路上设置的各种井盖、沟盖、雨箅等设施。

第十七条 未经许可，任何单位和个人不得占用城镇道路从事非交通活动。

城镇容貌和环境卫生行政主管部门应当会同公安等部门编制城镇道路摊点设置导则，按照合理布局、疏堵并举、方便市民、整洁有序、规范管理的原则，在广泛听取居民意见的基础上，对允许设置摊点的道路路段、摊点种类、经营时间、保洁要求等作出规定，报本级人民政府批准后，向社会公布施行。

失业职工、残疾人等困难群体根据城镇道路摊点设置导则申请在城镇道路上设置摊点的，城镇容貌和环境卫生行政主管部门应当予以照顾。

第十八条 在城镇道路两侧和公共场地不得擅自堆放物料，搭建建筑物、构筑物或者其他设施。临时堆放物料，搭建临时性的建筑物、构筑物或者其他设施的，应当向城镇容貌和环境卫生行政主管部门提出申请，经审查同意后方可按照规定办理相关手续。

城镇道路两侧的经营者不得超出门窗或者外墙摆卖商品。

禁止在城镇道路两侧的护栏、线杆、树木、绿篱等处吊挂杂物或者晾晒衣物。

第十九条 城镇道路改造时，沿路设置线杆的产权单位应当按照道路改造标准同步进行线路改造，并自线路改造完成之日起30日内拆除废弃的线杆。

第二十条 在城镇道路上行驶的机动车应当保持车容整洁，禁止机动车带泥上路。

运输砂石、土方、渣土、混凝土、灰浆等散体、流体物质或者生活垃圾、建筑垃圾，应当对运输车辆采取覆盖、密闭措施，不得造成泄漏或者遗撒。

第二十一条 城镇供排水管理单位应当加强对供排水管网设施的管理和维护，保证供排水管网设施正常运行。开挖城镇道路、维修管道、清疏河道或者排水管（沟）所产生的淤泥、污物，栽培或者修剪树木、花卉、草坪等作业所产生的枝叶、泥土，施工或者养护单位应当及时清理。

第二十二条 再生资源回收企业和个体经营者，应当保持回收场所整洁，对存储场所采取围挡、遮盖等措施，不得乱堆乱放或者焚烧废旧物品。

第二十三条 施工单位从事现场作业的，应当遵守下列规定：

（一）在临街施工现场周围设置硬质围挡；

（二）对车辆进出道路进行硬化；

（三）施工时采取防尘措施；

（四）及时清运渣土等建筑垃圾；

（五）保持驶离施工现场车辆的清洁；

（六）按规定排水，不得污染路面；

（七）工程停工、竣工后，及时清理和平整场地。

经批准占用城镇道路施工作业的，施工单位应当在批准的路段和期限内进行。

第二十四条 设置户外广告牌、牌匾标识、标语牌、指示牌、画廊、橱窗、霓虹灯、灯箱、条幅、旗帜、显示屏幕、充气装置和实物造型等，应当内容健康、文字规范、外形美观、安全牢固，不得遮挡、影响交通标志、交通信号灯，不得妨碍交通通行。对陈旧毁损、色彩剥蚀，影响城镇容貌的，设置单位应当及时整修、清洗或者更换；对有安全隐患的，应当加固或者拆除。

第二十五条 设置大型户外广告，应当向城镇容貌和环境卫生行政主管部门提出书面申请，并提供广告设置的位置、规格、色彩及效果图等资料，经城镇容貌和环境卫生行政主管部门同意后，依照有关规定办理审批手续。

户外广告设施空置的，设置者应当临时设置公益性广告。

第二十六条 在城镇建筑物、构筑物和其他设施上张贴、张挂宣传品，或者利用实物造型、悬挂物、充气装置等载体设置宣传品的，应当依法经有关部门批准，并按照规定的期限和地点张贴、张挂、设置，期限届满后及时撤除。

第二十七条 禁止擅自在建筑物、构筑物的外墙或者公共设施、路面、线杆、树木等处进行张贴、涂写或者刻画。

建筑物、构筑物、公共设施、路面、线杆、树木等的所有者、使用者或者管理者，发现张贴、涂写或者刻画的，应当立即进行清理。

第二十八条 城镇容貌和环境卫生行政主管部门或者街道办事处、镇人民政府，应当在街巷、居住区选择适当地点组织设置公共信息栏，供有关组织和居民免费发布便民信息，并负责管理和保洁。

第二十九条 城镇道路照明管理单位，应当保证路灯亮灯率、设备完好率达到国家规定标准。

城镇主要道路两侧建筑物、构筑物及公共场所等，应当按照城镇照明专业规划的要求设置景观照明设施。

城市、县、镇人民政府应当根据不同季节和时段，规定景观照明设施的开启和关闭时间。

第三章　城镇环境卫生管理

第三十条　城镇容貌和环境卫生行政主管部门应当按照城镇环境卫生专业规划和设施建设标准，组织建设公共厕所、垃圾转运站、垃圾箱、洒水（冲洗）车供水器、环境卫生车辆停车场和环境卫生作业人员工作休息场所等环境卫生设施。

纳入城镇环境卫生专项规划的环境卫生设施建设项目，经城乡规划行政主管部门批准定点后，任何单位和个人不得阻挠建设项目施工。

第三十一条　城镇新区开发、旧城改造、道路新建和改建，应当依照国家和省有关规定及城镇环境卫生专业规划，配套建设公共厕所、垃圾转运站、垃圾箱等环境卫生设施，并与主体工程同时设计、同时施工、同时交付使用，所需经费纳入建设工程概算。

机场、车站、码头等交通集散点和大中型商场、文化体育设施、旅游景点、饭店及其他人流集散场所，应当按照环境卫生设施设置标准，配套建设公共厕所和其他环境卫生设施。

新建公共厕所，应当建成水冲式或者生态式公共厕所；现有旱厕应当逐步改造成水冲式或者生态式公共厕所。

第三十二条　环境卫生设施所有人或者管理人应当对环境卫生设施及时进行维护维修，保证环境卫生设施完好和正常使用。

公共厕所应当免费对外开放，设有明显标志，并由专人负责保洁。使用公共厕所，应当自觉维护公共厕所的清洁卫生，爱护公共厕所的设备。

第三十三条　任何单位和个人不得占用、损坏环境卫生设施或者改变环境卫生设施用途，不得擅自拆除、迁移环境卫生设施。确需拆除、迁移的，建设单位应当事先提出拆除、迁移方案，报城镇容貌和环境卫生行政主管部门批准后方可实施，并依法进行重建或者给予补偿。

第三十四条　城镇道路、公共场地的清扫保洁责任人，应当按照作业规范和环境卫生标准要求，定时清扫、保洁。每日首次清扫保洁作业，应当在城镇容貌和环境卫生行政主管部门规定的时间内完成。

严禁将树叶和垃圾扫入下水道、绿地和河沟内。

第三十五条　城市建成区内不得饲养鸡、鸭、鹅、兔、羊、猪等家禽家畜和食用鸽。依法从事教学、科研或者其他特殊活动的除外。

饲养宠物不得影响环境卫生。养犬人携犬出户，应当用束犬链（绳）牵领，并随身携带清除犬粪用具，及时清除犬粪。

第三十六条　任何单位和个人不得有下列行为：

（一）随地吐痰或者便溺；

（二）乱扔果皮、纸屑、烟蒂、口香糖、塑料袋、饮料瓶（盒）等废弃物；

（三）不按照规定倾倒垃圾、污水或者粪便；

（四）不按照规定从事烧烤经营；

（五）在露天场所、垃圾收集容器内焚烧枝叶、垃圾或者其他废弃物；

（六）其他损害城镇容貌和环境卫生的行为。

第三十七条　单位和个人应当按照规定的地点、时间等要求，将生活垃圾投放到指定的垃圾容器或者收集场所。废旧家具等大件垃圾应当按照规定时间投放到指定的收集场所。

实行生活垃圾分类收集、回收利用制度。实行生活垃圾分类收集、回收利用的区域、时间，由城镇容貌和环境卫生行政主管部门确定并公布。实行生活垃圾分类收集的地区，单位和个人应当按照规定的分类要求，将生活垃圾装入相应的垃圾袋内，投放到指定的垃圾容器或者收集场所。

第三十八条 垃圾产生者应当按照规定缴纳生活垃圾处理费。生活垃圾处理费应当专项用于生活垃圾的收集、运输和处置，严禁挪作他用。

第三十九条 居民产生的生活垃圾和未接入污水处理系统的粪便，由城镇容貌和环境卫生行政主管部门统一组织收集、运输。单位产生的生活垃圾，由单位负责收集、运输，或者委托城镇容貌和环境卫生作业服务单位收集、运输。

生活垃圾应当运送到城镇容貌和环境卫生行政主管部门指定的生活垃圾处理场进行处置。

第四十条 从事生活垃圾清扫、收集、运输、处置经营活动，应当向城镇容貌和环境卫生行政主管部门提出申请，取得经营许可证后，方可进行经营。

第四十一条 单位食堂和饮食业经营者产生的餐厨垃圾，应当按照所在地人民政府的有关规定单独收集和处置，或者委托有关专业单位收集和处置，不得排入雨水、污水排水管道、河道、公共厕所或者与其他垃圾混倒。

对工业垃圾、医疗垃圾、电子垃圾等各类危险、有毒有害垃圾，应当实行定点收集，由具有相应资质的单位进行处置，不得投放到生活垃圾容器中或者随意丢弃。

第四十二条 施工单位处置建筑垃圾和运输单位运输建筑垃圾，应当向城镇容貌和环境卫生行政主管部门提出申请，取得建筑垃圾处置核准后，方可处置、运输建筑垃圾。

运输建筑垃圾的车辆，应当随车携带建筑垃圾处置核准证件，按照城镇容貌和环境卫生行政主管部门批准的时间、路线、数量，将建筑垃圾运送到指定的处理场所，不得擅自丢弃。

施工单位不得将建筑垃圾交给个人或者未取得建筑垃圾处置核准的运输单位运输。

第四十三条 居民进行房屋装饰装修活动产生的建筑垃圾，应当按照物业服务企业或者社区居民委员会指定的地点堆放，并承担清运费用。

物业服务企业或者社区居民委员会应当及时委托环境卫生专业单位，将居民装饰装修房屋产生的建筑垃圾运送到城镇容貌和环境卫生行政主管部门指定的场所处置。

第四章 执法监督

第四十四条 城市、县、镇人民政府应当建立健全城镇容貌和环境卫生行政执法责任制度和过错追究制度。

城镇容貌和环境卫生行政主管部门、城市管理行政执法机构应当加强行政执法队伍建设，对执法人员加强教育、培训、监督，提高执法人员素质。

第四十五条 城镇容貌和环境卫生行政主管部门对单位和个人提出的涉及城镇容貌和环境卫生方面的行政许可申请事项，除当场可以作出行政许可决定的外，应当自受理行政许可申请之日起20日内作出决定；作出不予行政许可的书面决定的，应当说明理由。

第四十六条 城镇容貌和环境卫生行政主管部门、城市管理行政执法机构的工作人员，应当主动出示行政执法证件，遵守法定程序，做到公正、文明执法，并不得有下列行为：

（一）不依照法定职责或者法定程序进行行政执法；

（二）对应当受理的举报、投诉不予受理或者对已受理的举报、投诉不予调查处理；

（三）打骂、威胁或者侮辱当事人；

（四）故意损坏、擅自处理或者侵占当事人物品；

（五）以吃、拿、卡、要等方式刁难当事人。

第四十七条 城镇容貌和环境卫生行政主管部门、城市管理行政执法机构应当建立投诉、举报受理制度，设置、公布城镇容貌和环境卫生违法行为投诉、举报电话和电子信箱，并对投诉和举报及时进行调查处理。

对投诉、举报城镇容貌和环境卫生行政主管部门、城市管理行政执法机构执法人员违法行为的，接到投诉、举报的部门应当及时调查处理。

第五章 法律责任

第四十八条 违反本办法规定的行为，法律、法规、规章已作出处罚规定的，按照其规定执行；法律、法规、规章未作出处罚规定的，按照本办法的规定执行。

第四十九条 违反本办法规定，城镇容貌和环境卫生责任区的责任人未按照规定要求做好责任区内卫生保洁、清扫冰雪、清除乱贴乱画等城镇容貌和环境卫生工作的，由城镇容貌和环境卫生行政主管部门责令限期改正；逾期不改正的，给予通报批评。

第五十条 违反本办法规定，有下列行为之一的，由城镇容貌和环境卫生行政主管部门或者其他有关部门进行劝导、告诫，责令限期改正；逾期不改正的，可以按照有关法律、法规、规章的规定予以处罚：

（一）超出建筑物外墙面对建筑物外走廊、阳（平）台进行封闭，或者其外型、规格、色彩不符合城镇容貌标准的；

（二）违反城镇容貌标准在建筑物外部安装空调、太阳能热水器、防盗网、遮阳罩等的；

（三）城镇道路两侧的经营者超出门窗或者外墙摆卖商品的；

（四）在城镇道路两侧的护栏、线杆、树木、绿篱等处吊挂杂物或者晾晒衣物的；

（五）擅自饲养鸡、鸭、鹅、兔、羊、猪等家禽家畜或者食用鸽，影响城镇容貌和环境卫生的；

（六）养犬人携犬出户未及时清除犬粪的；

（七）随地吐痰、便溺或者乱扔果皮、纸屑、烟蒂、口香糖、塑料袋、饮料瓶（盒）等废弃物的；

（八）不按照规定倾倒垃圾、污水或者粪便的；

（九）不按照规定从事烧烤经营的。

第五十一条 违反本办法规定，有下列行为之一的，由城镇容貌和环境卫生行政主管部门责令停止违法行为，限期清理、拆除或者采取其他补救措施；逾期未清理、拆除或者采取其他补救措施的，可以按照下列规定处以罚款：

（一）在建筑物顶部、阳台外或者窗外擅自搭建鸽舍的，处以50元以上500元以下罚款；

（二）在城镇道路两侧建筑物的顶部、阳台外、窗外堆放、吊挂或者晾晒有碍城镇容貌的物品的，处以50元以上200元以下罚款；

（三）未及时清理路面杂物或者补装、更换井盖、沟盖、雨箅等相关设施的，处以1 000元以上2万元以下罚款；

（四）未经批准擅自在城镇道路两侧或者公共场所堆放物料，影响城镇容貌的，处以500元以上5 000元以下罚款；

（五）对运输砂石、土方、渣土、混凝土、灰浆等散体、流体物质或者生活垃圾、建筑垃圾的车辆，未采取覆盖、密闭措施，造成泄漏或者遗撒的，按照污染道路面积及污染程度处以每平方米20元以上50元以下罚款，但罚款总额不得超过3万元；

（六）再生资源回收企业或者个体经营者乱堆乱放或者焚烧废旧物品的，对单位处以500元以上5 000元以下罚款，对个人处以50元以上200元以下罚款；

（七）施工单位违反施工现场作业管理规定，未在临街施工现场周围设置硬质围挡、未对车辆进出道路进行硬化、施工时未采取防尘措施、未及时清运渣土等建筑垃圾、未保持驶离施工现场车辆的清洁、未按规定排水致使污染路面、工程竣工或者停工后未及时清理和平整场地的，处以1 000元以上2万元以下罚款；

（八）未经城镇容貌和环境卫生行政主管部门同意，擅自设置大型户外广告，影响城镇容貌的，处以2 000元以上2万元以下罚款；

（九）未经城镇容貌和环境卫生行政主管部门批准，在城镇建筑物、构筑物或者其他设施上张贴、张挂宣传品，或者利用实物造型、悬挂物、充气装置等载体设置宣传品，影响城镇容貌的，处以200元以上5 000元以下罚款；

（十）擅自在建筑物、构筑物的外墙或者公共设施、路面、线杆、树木等处进行张贴、涂写、刻画的，处以100元以上1 000元以下罚款；逾期未清除或者拒不接受处理的，可书面通知通信企业暂停其在张贴、涂写、刻画中标明的通信号码的使用；

（十一）在露天场所、垃圾收集容器内焚烧枝叶、垃圾或者其他废弃物的，处以50元以上200元以下罚款。

第五十二条 违反本办法规定，不符合城镇容貌标准、环境卫生标准的建筑物或者设施，由城镇容貌和环境卫生行政主管部门会同城乡规划行政主管部门，责令有关单位和个人限期改造或者拆除；逾期未改造或者未拆除的，经县级以上人民政府批准，由城镇容貌和环境卫生行政主管部门或者城乡规划行政主管部门组织强制拆除，并可处以1 000元以上3万元以下罚款。

第五十三条 违反本办法规定，损坏城镇容貌和环境卫生设施的，当事人应当恢复原状；造成损失的，应当依法承担赔偿责任。

非法收购井盖、沟盖、雨箅等设施的，由公安部门按照有关法律、法规予以处罚；构成犯罪的，依法追究刑事责任。阻碍城镇容貌和环境卫生行政主管部门、城市管理行政执法机构的工作人员依法执行公务的，由公安部门依法处罚；构成犯罪的，依法追究刑事责任。

第五十四条 在实行相对集中行政处罚权的城市、县、镇，本办法规定的行政处罚，由城市管理行政执法机构按照国务院或者省人民政府确定的职责实施。

第五十五条 城镇容貌和环境卫生行政主管部门、城市管理行政执法机构的工作人员，在城镇容貌和环境卫生管理工作中，有下列行为之一的，依法给予处分；构成犯罪的，依法追究刑事责任：

（一）不依照法定职责或者法定程序进行行政执法的；

（二）对应当受理的举报、投诉不予受理或者对已受理的举报、投诉不予调查处理的；

（三）打骂、威胁或者侮辱当事人的；

（四）故意损坏、擅自处理或者侵占当事人物品的；

（五）以吃、拿、卡、要等方式刁难当事人的；

（六）其他玩忽职守、滥用职权、徇私舞弊的行为。

第六章 附 则

第五十六条 本办法自2010年3月1日起施行。1995年5月2日山东省人民政府发布的《山东省实施〈城市市容和环境卫生管理条例〉办法》（鲁政发〔1995〕49号）同时废止。

山东省人民政府令

第 228 号

《山东省人民政府关于修改〈山东省乡镇、街道治安保卫责任制暂行规定〉等 13 件省政府规章的决定》已经 2010 年 11 月 24 日省政府第 85 次常务会议通过，现予公布，自公布之日起施行。

省　长　姜大明

二〇一〇年十一月二十九日

山东省城镇控制性详细规划管理办法

（2002 年 10 月 8 日山东省人民政府令第 144 号发布，2003 年 1 月 1 日起施行；2010 年 11 月 29 日山东省人民政府令第 228 号修改后公布施行）

第一条　为了科学合理地制定城镇控制性详细规划，保证城乡规划的有效实施，促进城市健康有序的发展，根据《中华人民共和国城乡规划法》等法律法规的规定，结合本省实际，制定本办法。

第二条　本省行政区域内城市、镇控制性详细规划的编制、审批和实施，适用本办法。

第三条　本办法所称城镇控制性详细规划，是指以城市、镇总体规划或者分区规划为依据，为控制建设用地性质、使用强度和空间环境，对城镇建设用地和空间布局的各项控制指标及其他规划要求作出的规划。

第四条　城市、镇人民政府应当根据城市、镇总体规划的要求，组织编制城镇控制性详细规划。

城乡规划工作经费应当纳入政府公共财政预算，保证城镇控制性详细规划的编制和城乡规划管理工作的正常开展。

第五条　控制性详细规划应当覆盖城市、镇总体规划确定的规划建设用地。城市、镇的中心地区、旧城改造地区、近期发展地区、储备土地、下一年度建设用地和拟出让的用地以及其他重要控制区域，应当优先编制控制性详细规划。

第六条　省城乡规划行政主管部门负责全省控制性详细规划的组织实施和监督管理工作。

城市、县人民政府城乡规划行政主管部门负责本行政区域内控制性详细规划的具体实施和监督管理工作。

第七条　省城乡规划行政主管部门应当制定控制性详细规划的编制规范，指导和规范全省控制性详细规划的编制工作。

第八条　控制性详细规划应当按照规划设计单位具体编制，城乡规划行政主管部门审查并征求公众意见，城市规划委员会审议，城市或者县人民政府审批、公布、备案的程序进行。

第九条　城乡规划行政主管部门应当通过方案征集等方式，择优确定具备相应资质的规划设计单位承担控制性详细规划的具体编制工作。

第十条 控制性详细规划编制，应当根据城市总体规划或者分区规划的要求，综合考虑自然环境、人文因素、公众意愿和社会经济发展的需要，并符合提高城市环境质量、生活质量和景观艺术水平的总体发展要求。

第十一条 控制性详细规划的具体编制单位完成编制工作后，应当将控制性详细规划草案报城乡规划行政主管部门审查。

城乡规划行政主管部门对控制性详细规划草案初审后，应当将草案的主要内容和图纸广泛征求公众意见。

征求公众意见的时间、地点和公众提交意见的期限、方式应当在当地主要新闻媒体上公布。

征求公众意见的时间一般不少于30天。

第十二条 公众可以在规定的时间、地点查阅规划草案的文本，就控制性详细规划草案向城乡规划行政主管部门提出意见，并载明提出意见的理由和联系方式。

第十三条 城乡规划行政主管部门应当组织收集、整理和研究公众意见，必要时可以通过召开座谈会、听证会等方式进行论证。

城乡规划行政主管部门应当组织控制性详细规划编制单位参考公众意见对控制性详细规划草案进行修改。

控制性详细规划草案修改完成后，由城乡规划行政主管部门提交城市规划委员会审议，并附具城乡规划行政主管部门的审查意见、公众意见以及对公众意见的处理情况。

第十四条 实行城乡规划委员会制度。城乡规划委员会由公务员、专家学者和公众代表组成。

城乡规划委员会委员由城市、县人民政府聘任，其中非公务员委员应多于公务员委员。主任委员和副主任委员由城市、县人民政府主要负责人从委员中指定。

第十五条 城乡规划委员会会议由主任委员或主任委员委托副主任委员召集，有三分之二以上委员出席，且非公务员委员多于公务员委员的情况下，始得举行。

第十六条 城乡规划委员会审议控制性详细规划草案时，应当采取无记名投票的方式进行表决。城乡规划委员会的审议意见必须经参加会议的三分之二以上的委员通过。审议意见由主任委员或主任委员委托召集会议的副主任委员签署。

第十七条 控制性详细规划草案经城乡规划委员会审议后，由城乡规划行政主管部门报本级城市、县人民政府审批，并附具城乡规划委员会的审议意见。

城乡规划委员会的审议意见，应当作为本级人民政府审批〔城市〕控制性详细规划的决策依据。

未经城乡规划委员会审议的，城市、县人民政府不得审批。

第十八条 控制性详细规划应当经城市、县人民政府常务会议或全体会议讨论决定。讨论通过的，由城市、县人民政府公布实施。

控制性详细规划讨论通过后30日内，城市、县人民政府应当在当地主要新闻媒体上公告。公告的内容应包括该控制性详细规划的具体范围、实施时间、查询方式以及城市、县人民政府认为需要公告的其他内容。

第十九条 控制性详细规划经批准公布后，报城市、镇总体规划的审批机关备案。其中，经国务院批准城市总体规划的城市，报省人民政府备案。

第二十条 控制性详细规划一经批准，非经法定程序不得变更；但有下列情形之一的，应当按照本办法规定的审批程序进行调整：

（一）城市总体规划发生变化，对控制性详细规划控制区域的功能与布局产生较大影响的；

（二）设立重大项目，对控制性详细规划控制地块的功能与布局产生较大影响的；

（三）在实施城市建设中发现控制性详细规划有明显错误，确有必要修改的；

（四）法律、法规规定的其他情形。

第二十一条 控制性详细规划应当作为城镇规划建设管理的依据。在城市、镇规划区内进行土地利用和开发建设的，应当符合控制性详细规划的要求。

进行城镇国有土地使用权出让、转让的，城乡规划行政主管部门应当根据控制性详细规划提出出让、转让地块的规划条件及附图，作为制定土地出让、转让方案的依据。

未取得或违反城乡规划行政主管部门提出的规划条件及附图的，城乡规划行政主管部门不得核发建设用地规划许可证。

第二十二条 城乡规划行政主管部门应当对控制性详细规划的实施进行监督检查。

上级城乡规划行政主管部门发现下级城乡规划行政主管部门在实施控制性详细规划过程中的行政行为明显不当的，应当责令下级城乡规划行政主管部门予以改正。

上级城乡规划行政主管部门认为必要时，可以查处下级城乡规划行政主管部门管辖的违法案件。

第二十三条 任何单位和个人都有检举和控告违反控制性详细规划行为的权利，都有遵守控制性详细规划的义务。

城乡规划行政主管部门受理违反控制性详细规划行为的检举和控告后，应当在15个工作日内予以答复。

第二十四条 城市、县人民政府有下列行为之一的，其审批、调整的控制性详细规划无效，由负责备案审查的人民政府责令改正：

（一）违反本办法规定的程序审批、调整控制性详细规划的；

（二）未按本办法规定进行控制性详细规划备案的；

（三）控制性详细规划违反城市、镇总体规划的。

第二十五条 城乡规划行政主管部门违反控制性详细规划批准建设的，其审批行为无效，由本级人民政府予以撤销；造成建设单位损失的，由有过错的行政机关负责赔偿。

第二十六条 国家工作人员违反本办法规定，玩忽职守、滥用职权、徇私舞弊，构成犯罪的，依法追究刑事责任；尚不构成犯罪的，依法追究行政责任。

行政责任追究办法由省城乡规划行政主管部门会同省监察部门制定，报省人民政府批准后施行。

第二十七条 本办法自2003年1月1日起施行。

山东省开发区规划管理办法

（1996年8月1日鲁政发〔1996〕77号发布施行，
2010年11月29日山东省人民政府令第228号修改后公布施行）

第一条 为加强各类开发区的规划管理，保证城市规划的实施，根据《中华人民共和国城乡规划法》等法律、法规，结合本省实际，制定本办法。

第二条 制定和实施开发区规划，在开发区内进行建设，〔必须〕应当遵守有关城市规划法律、法规、规章和本办法。

第三条 本办法所称开发区，是指在本省行政区域内，经国务院和省人民政府批准设立的实行特定〔经济〕优惠政策的区域，包括经济〔技术〕开发区、高新技术产业开发区、旅游度假区、外向型工业加工区、开放开发综合试验区、旅游经济开发区、保税区等。

第四条 开发区是所在城市、镇的有机组成部分，开发区规划应当纳入城市、镇总体规划，实施统一的规划管理。

第五条 省住房城乡建设行政主管部门主管全省开发区规划管理工作。

城市、县人民政府城乡规划行政主管部门主管本行政区域内的开发区规划管理工作。

第六条 开发区选址由设区的市人民政府负责组织，由城乡规划行政主管部门会同有关部门实施。开发区报请批准时，应当附有省城乡规划行政主管部门的选址意见书。

第七条 开发区规划由所在地城市、县人民政府负责组织编制。编制开发区规划，应当遵循国家和省制定的城乡规划技术规范。

第八条 编制开发区规划，应当在城市、镇总体规划指导下先编制总体规划，总体规划批准后再编制详细规划。出让的地块应当编制控制性详细规划。

第九条 开发区总体规划，由省人民政府审批。设在县（市）的开发区总体规划须经设区的城市人民政府审查后，方可报省人民政府审批。

开发区详细规划经城乡规划行政主管部门审查后，报同级人民政府审批。

第十条 城市、县人民政府可以根据经济和社会发展需要，对开发区总体规划进行局部调整，并报原批准机关备案。但涉及开发区位置、规模、发展方向和总体布局重大变更的，须报省人民政府审批。

开发区详细规划经批准后，不得随意变更；确需变更的，应当依法报城市、县人民政府审批。

第十一条 城乡规划行政主管部门应当会同国土资源等有关部门根据开发区规划实施步骤和要求，编制国有土地使用权出让规划和计划，进行开发区土地分等定级和出让金测算。

第十二条 开发区内建设工程的选址和布局应当符合开发区规划。需要有关部门审批或者核准的建设项目，在有关部门审批或者核准前，应当取得城乡规划行政主管部门核发的选址意见书。

第十三条 在开发区内需申请行政划拨土地进行建设的，应当持国家批准建设项目的有关文件，向城乡规划行政主管部门申请定点，由城乡规划行政主管部门核定其用地性质、位置和界限，提出规划条件，核发建设用地规划许可证。建设单位或者个人在取得建设用地规划许可证后，方可向县级以上人民政府土地管理部门申请用地，经县级以上人民政府审查批准后，由土地管理部门划拨土地。

第十四条 在开发区内需要通过出让、转让方式取得土地使用权进行建设的，其出让、转让合同中应当具有城乡规划行政主管部门提出的规划条件及附图。

土地出让、转让合同签订后，建设单位或者个人应当持合同向城乡规划行政主管部门申领建设用地规划许可证，建设单位或者个人在取得建设用地规划许可证后，方可向县级以上人民政府土地管理部门办理用地手续。

第十五条 任何单位和个人不得擅自变更规划条件及附图；确需变更的，应当按照规定程序，报城乡规划行政主管部门审批。

因变更规划设计条件获得的收益，应上交同级财政部门。

第十六条 在开发区进行各类工程建设，建设单位或者个人应当持建设用地规划许可证、土地使用权属证明及其他有关证件，向城乡规划行政主管部门提出申请，经审查批准并核发建设工程规划许可证后，方可办理施工许可手续。

第十七条 建设工程竣工后，城乡规划行政主管部门应当对建设工程进行竣工规划核实，对符合城乡规划要求的核发建设工程竣工规划核实证明文件。

建设单位或者个人应当在竣工验收后6个月内向城乡规划行政主管部门报送有关竣工资料。

第十八条 在开发区内进行挖取砂石、土方，围填水面，设置生产、生活废弃物堆放场所等改变地形、地貌的活动，应当经城乡规划行政主管部门和有关部门批准。

第十九条 违反法律、法规规定，建设项目未取得城乡规划行政主管部门核发的选址意见书而取得批准或者核准文件的，其批准或者核准文件无效。

第二十条 在开发区内未取得或者擅自变更建设用地规划许可证而取得土地使用权属证明的，土地权属证明无效，占用的土地由县级以上人民政府责令退回。

第二十一条 建设工程未取得城乡规划行政主管部门核发的建设工程竣工规划核实证明文件，即交付使用的，处以30 000元以下的罚款。

第二十二条 本办法自发布之日起施行。

山东省城镇临时建设、临时用地规划管理办法

（1994年10月13日鲁政发〔1994〕115号发布，
1994年12月1日起施行；2010年11月29日山东省人民政府令第228号修改后公布施行）

第一条 为加强对城镇临时建设、临时用地的规划管理，保证城乡规划的顺利实施，根据《中华人民共和国城乡规划法》（以下简称《城乡规划法》）等法律、法规规定，结合我省实际情况，制定本办法。

第二条 本办法所称临时建设，是指经城乡规划行政主管部门批准临时搭建、临时使用并限期拆除的建筑物、构筑物、棚厦、管线及其他设施。临时用地，是指建设工程施工堆料、堆物或其他情况需要临时使用并按期收回的土地。

第三条 凡在本省城市、镇规划区内，需要临时用地、进行临时建设的，均应当遵守本办法。

第四条 各级城乡规划行政主管部门负责本行政区域内的城镇临时建设和临时用地规划管理工作。

第五条 任何单位或者个人在城市、镇规划区内进行临时建设，应当征得有关部门同意后，向城乡规划行政主管部门提出申请，经审查批准，核发临时建设工程规划许可证，并按照批准的内容进行建设。

任何单位或者个人在城市、镇规划区内临时使用土地，应当向城乡规划行政主管部门提出申请，经审查批准，核发临时建设用地规划许可证后，方可到有关部门办理手续。

第六条 临时用地确需占用耕地的，应当按照有关规定向财政部门缴纳耕地占用税。

第七条 任何单位和个人在领取临时建设工程规划许可证、临时建设用地规划许可证后3个月内，未进行建设或使用土地的，其规划许可证和用地批准文件自行失效。

第八条 临时建设、临时用地使用期限不得超过两年。确需延期使用的，应当在使用期满30日前，向城市规划行政主管部门和有关部门申请办理延期使用手续。

第九条 临时建设、临时用地使用期满后，使用单位和个人应当在30日内自行拆除、清场，并到原批准机关办理相应手续。

第十条 临时建设、临时用地如遇国家建设需要，使用单位和个人应当及时拆除、退地。

第十一条 临时建设工程规划许可证，不得作为房屋确权的依据。

第十二条 临时建设和临时用地不得买卖、交换、出租、转让，赠与或者擅自改变其使用性质。在临时用地上，不得建设永久性的建筑物、构筑物及其他设施。

第十三条 未按照批准内容进行临时建设，或者临时建设逾期不拆除的，由城乡规划行政主

管部门责令限期拆除，可以并处临时建设工程造价一倍以下的罚款。逾期不拆除的，所在地县级以上地方人民政府可以责成有关部门采取强制拆除等措施，或者申请人民法院强制执行。临时用地逾期不退出的，按城乡规划对违法用地的有关规定处理。

第十四条 在城市、镇规划区内，未取得临时用地规划许可证而取得临时用地批准文件、占用土地的，其批准文件无效，占用的土地由县级以上人民政府责令退回。

第十五条 本办法具体应用中的问题由省住房城乡建设行政主管部门负责解释。

第十六条 本办法自1994年12月1日起施行。

山东省人民政府
关于保持全省房地产市场稳定健康发展的意见

鲁政发〔2010〕57号

各市人民政府，各县（市、区）人民政府，省政府各部门、各直属机构，各大企业，各高等院校：

为保持我省房地产市场稳定健康发展、改善人民群众居住条件、促进经济社会又好又快发展，根据《国务院关于坚决遏制部分城市房价过快上涨的通知》（国发〔2010〕10号）及《国务院办公厅关于促进房地产市场平稳健康发展的通知》（国办发〔2010〕4号）精神，结合我省实际，提出如下意见。

一、增加面向城市普通居民的住房供应

（一）加快编制实施住房建设规划。各地要以国民经济和社会发展规划、土地利用总体规划、城市总体规划为依据，深入分析当地居民合理住房需求和供应能力，统筹考虑土地、能源、水资源和环境等综合承载力，科学确定住房供应规模和比例，尽快组织编制2010－2012年住房建设规划。规划要以满足城市居民基本住房需求为出发点，重点明确中低价位、中小套型普通商品住房和限价商品住房、保障性住房的建设数量和比例，把各类房源落实到建设项目上，落实到住房用地年度供应计划中，落实到具体地块。编制住房建设规划，由住房城乡建设部门牵头，发展改革、财政、国土资源、规划等部门配合。各地要在7月底前编制完成3年住房建设规划并向上一级政府主管部门备案，同时向社会公布，稳定房地产投资者和消费者的心理预期。要同步配套建立保障性住房与房地产开发项目库，明确每个项目的建设时序、规划要求、住房套型结构比例、保障性住房配建比例等控制性指标，保证住房建设规划有效实施。

（二）进一步优化住房供应结构。在保持住房供求总量基本平衡的同时，着力增加中低价位、中小套型普通商品住房供应，合理安排经济适用住房建设规模，全面开展公共租赁住房试点工作，扩大廉租住房保障范围。住房城乡建设部门要加快对普通商品住房的规划、开工建设和预售的审批，尽快形成有效供应。保障性住房、棚户区改造和中小套型普通商品住房用地不低于住房建设用地供应总量的70%，并优先保证供应。

城乡规划、房地产主管部门要积极配合国土资源部门，将住房销售价位、套数、套型面积、保障性住房配建比例以及开竣工时间、违约处罚条款等纳入土地出让合同，确保中小套型住房供应结构比例严格按照有关规定落实到位，满足不同收入居民的合理居住需求。

（三）组织建设限价商品住房。外来购房者较多、房价收入比偏高的城市，可根据当地实际情况，组织建设限价商品住房。要选择交通便利、配套设施齐全的地块，按照“政府组织协调、企业市场运作”的原则，组织建设限价商品住房，定向供应本地的城市中等偏下收入无住房家庭。限价商品住房的套型要控制在90平方米以下，建设标准、对外销售和供应对象的条件由当地政府制定，住房城乡建设、国土资源、规划、房管等部门要根据各自职责做好相关工作。限价商品住房也可在普通商品住房项目中按一定比例配建。

二、深入推进保障性安居工程建设

各地要进一步完善城市住房保障体系，建立健全向低收入家庭提供廉租住房和经济适用住房，向中低偏下收入家庭及新就业职工、外来务工人员提供公共租赁住房的城市住房保障制度。同时，加快推进城市和国有工矿棚户区改造，改善棚户区居民住房条件，使住房保障制度惠及更多的住房困难群体。

（一）抓紧编制保障性住房建设规划。各地要深入分析中低收入居民基本住房需求，抓紧组织编制2010－2012年保障性住房建设规划，明确近3年廉租住房、经济适用住房、公共租赁住房建设和棚户区改造目标及分年度计划，并落实到具体项目和地块。各地的保障性住房建设规划要于2010年7月底前编制完成，并向社会公布。设区城市的保障性住房建设规划报省住房城乡建设厅、省发展改革委、省财政厅备案。

（二）加快解决城市低收入家庭住房困难。通过新建、改建、政府购置和棚户区改造等方式，增加廉租住房和经济适用住房房源，2010－2012年解决23万户城市低收入家庭的住房困难。扩大廉租住房覆盖范围，尽快实现廉租住房和经济适用住房准入标准并轨，3年新增保障性住房6万户（每年不少于2万户），其中新建、筹集廉租住房3万套，不断提高实物配租在廉租住房保障中所占比重；通过棚户区改造，解决符合廉租住房保障条件的低收入家庭5万户。保持合理的经济适用住房建设规模，3年竣工12万套，每年不少于4万套。

（三）加快推进城市和国有工矿棚户区改造。坚持科学规划、政府主导、政策扶持、市场运作、群众参与，确保用3年时间基本完成1 188万平方米、17.29万户棚户区改造任务。分清轻重缓急，把握工作节奏，优先改造规模大、条件差、安全隐患严重、群众要求迫切的棚户区，逐步解决零星分散的棚户区。对城市棚户区，要与相邻的棚户区、危旧房、旧厂区及城中村统筹安排，采取就近整合、项目捆绑方式集中连片统一改造。对远离城镇的国有工矿棚户区，凡符合国家城乡建设用地增减挂钩政策的，可将其纳入增减挂钩项目区规划，将安置小区调整到城市近郊或小城镇周边地区。

（四）加快发展公共租赁住房。公共租赁住房是解决中等偏下收入家庭和新就业职工、外来务工人员（含农民工）等特殊群体阶段性基本居住需求的重要措施。各地要按照政府组织、社会参与的原则，加快发展公共租赁住房。各级政府要加大投入，设区城市和外来务工人员较多的县（市），2010年内要全面启动公共租赁住房试点。根据供应对象的基本居住需求，公共租赁住房既可是成套住房，也可以是集体宿舍。要引导鼓励大中型企业、各类产业园区建设和筹集公共租赁住房，也可在城中村、城边村改造项目和普通商品住房项目中配建，政府给予相应的优惠政策支持。公共租赁住房实行准入管理，逐步建立健全申请、审核、公示、轮候、配租和退出等机制。

（五）加大对保障性安居工程建设的支持力度。要切实落实国家和省确定的土地供应、资金投入和税费优惠等政策，确保完成计划任务。廉租住房、经济适用住房、棚户区改造项目，免收城市基础设施配套费、防空地下室易地建设费等行政事业性收费和政府性基金，涉及经济适用住房和廉租住房建设项目安置房用地实行行政划拨，列入省建设投资计划的廉租住房和经济适用住房项目所需新增建设用地的应予以重点支持，切实保证供应；加强成本审核，合理确定经济适用住房基准价格和廉租住房租金标准；廉租住房和经济适用住房的建设、经营、管理，严格执行财政部、国家税务总局有关税收优惠政策。省级财政在安排廉租住房保障奖补资金支持各地廉租住房制度建设的同时，还将对廉租住房中央预算内投资项目给予适当补助。各地要落实保障性安居工程项目建设用地和资金，并及时向社会公布建设计划、建设进度、资金使用等情况。

（六）切实发挥住房公积金对住房保障的促进作用。继续扩大住房公积金制度覆盖范围，重点督促外资企业、民营企业、社会团体为职工缴存住房公积金，力求覆盖所有在职职工。单位和职工住房公积金缴存比例均不得低于5%，并逐步上调至不高于12%。搞好住房公积金贷款支持保障性住房建设试点，定向用于建设经济适用住房、列入保障性住房规划的棚户区改造安置房、政府投资的公共租赁住房。

三、合理引导住房消费

（一）加大差别化信贷政策执行力度。金融机构要继续支持居民首次贷款购买普通自住房，同时严格二套住房购房贷款管理，抑制投资投机性购房需求。对购买首套自住房且套型建筑面积在90平方米以上的家庭（包括借款人、配偶及未成年子女，下同），贷款首付款比例不得低于30%；对贷款购买第二套住房的家庭，贷款首付款比例不得低于50%，贷款利率不得低于基准利率的1.1倍；对贷款购买第三套及以上住房的，贷款首付款比例和贷款利率应大幅度提高，具体由商业银行根据风险管理原则自主确定，各级住房城乡建设部门要积极提供房屋权属登记等相关信息。

要严格限制各种名目的炒房和投机性购房。商品住房价格过高、上涨过快、供应紧张的城市，商业银行可根据风险状况，暂停发放购买第三套及以上住房贷款；对不能提供1年以上当地纳税证明或社会保险缴纳证明的非本地居民暂停发放购买住房贷款。人民银行、银监部门要指导和监督商业银行严格住房消费贷款管理。各市人民政府可根据实际情况，采取临时性措施，在一定时期内限定购房套数。对境外机构和个人在境内投资购买房地产的，要严格执行国家现行政策。

（二）继续实施差别化的住房税收政策。严格执行国家有关引导个人合理住房消费和调节个人房产收益的差别化税收政策。对不符合规定条件的，一律不得给予相关税收优惠。税务部门要严格按照税法和有关政策规定，认真做好土地增值税的征收管理工作，对定价过高、涨幅过快的房地产开发项目进行重点清算和稽查。

四、切实加强房地产市场监管

（一）加强房地产开发用地管理。国土资源部门要指导督促各地及时制定并公布以住房为主的房地产供地计划，并切实予以落实。房价上涨过快的城市，要增加居住用地的供应总量。各地要综合考虑土地价格、价款缴纳、合同约定开发时限及企业闲置地情况等因素，合理确定土地供应方式和内容，探索土地出让综合评标方法，在坚持和完善土地招拍挂制度的同时，探索“综合评标”“一次竞价”“双向竞价”等出让方式，抑制居住用地出让价格非理性上涨。对拖欠土地价款、违反合同约定、存在严重不良行为的单位和个人，要限制其参与土地出让活动。对收回的闲置土地，要优先安排用于普通住房建设。从严控制商品住房项目单宗土地出让面积。

（二）完善房地产开发经营管理机制。强化过程监控机制，加强商品房预售管理，规划条件、建设条件不落实的，不予核发商品房预售许可证；结合当地实际，合理确定商品房预售许可的最低规模，不得分层、分单元办理预售许可；督导取得预售许可的房地产开发企业，对取得预售许可或者办理现房销售备案的房地产开发项目，要在规定时间内一次性公开全部销售房源，严格按照申报价格，明码标价对外销售；严格执行新建商品房买卖合同网上备案和商品房预售资金监管制度，维护消费者权益。健全终端控制机制，全面实行房地产开发项目综合验收制度，达不到要求的不得交付使用。

（三）加强房地产信贷风险管理。金融机构要进一步完善房地产信贷风险管理制度，坚持公平有序竞争，严格执行信贷标准。要严格执行房地产项目资本金要求，严禁对不符合信贷政策规定的房地产开发企业或开发项目发放房地产开发贷款。人民银行、银监部门要加大对金融机构房地产贷款业务的监督管理和窗口指导。有关部门要加强对信贷资金流向和跨境投融资活动的监控，防范信贷资金违规进入房地产市场。

（四）提升住房品质和房地产业竞争力。加强对住房工程的质量安全监管，深入开展住宅工程质量通病再治理活动，实行分户验收制度、住宅品质状况表制度和物业质量保修金制度。推广新建住宅全装修，减少资源浪费和污染；推行住宅部品认证制度，推进厨卫、隔墙等住宅部品通用化、标准化、工业化。以大型房地产开发企业为龙头、住宅部品骨干企业为依托、科研单位为技术支撑，提高房地产业转化应用先进适用技术和产品的技术集成水平。选择我省部分实力强、业绩优、信誉好、管理规范、技术先进的房地产开发骨干企业，予以重点培育和扶持，促进其进一步做大做强，提高在全国房地产市场的竞争力。

（五）继续规范房地产市场秩序。住房城乡建设部门要会同有关部门，组织开展房地产市场秩序专项检查，对已发放预售许可证的商品住房项目进行清理，对存在捂盘惜售、囤积房源、哄抬房价等行为的房地产开发企业，要加大曝光和处罚力度，问题严重的要取消经营资格，对存在违法违规行为的要追究相关人员的责任。住房城乡建设部门要会同有关部门抓紧制定房屋租赁管理办法，规范发展租赁市场。国土资源部门要加大专项整治和清理力度，严格土地出让价款的收缴，规范分期缴纳行为，深化合同执行监管。房地产开发企业在参与土地竞拍和开发建设过程中，其股东不得违规对其提供借款、转贷、担保或其他相关融资便利。国有资产和金融监管部门要加大对非房地产主业的国有及国有控股企业参与商业性土地开发和房地产经营行为的查处力度。价格等有关部门要强化商品住房价格与涉房收费监管，依法查处在房地产开发、销售和中介服务中的价格欺诈、哄抬房价以及违反明码标价规定等行为。税务部门要进一步加大对房地产开发企业偷漏税行为的查处力度。各设区城市人民政府要对本地区房地产开发企业经营行为进行一次检查，及时纠正和严肃处理违法违规行为，检查处理结果要于2010年6月20日之前报省政府。住房城乡建设部门要会同有关部门组织抽查，确保检查工作取得实效。

（六）进一步加强房地产市场监测。各地要及时向社会公布住房建设计划和住房用地年度供应计划。各级政府要加大资金投入，加快推进房地产市场信息系统建设，由住房城乡建设部门牵头，发展改革、国土资源、规划、财政、税务、公安、价格、金融等部门配合，尽快实现省、市、县三级联网，搭建统一规范、数据共享的信息平台。要依托房地产市场信息系统，加强统计、分析和监测，及时发布能够反映不同区位、不同类型住房价格变动的信息，稳定市场预期，引导理性消费。

五、加强对房地产市场调控工作的组织领导

（一）统一思想，提高认识。住房问题关系

国计民生，既是经济问题，也是影响社会稳定的重要民生问题。房价过高、上涨过快，加大了居民通过市场解决住房问题的难度，增加了金融风险，不利于经济社会协调发展。各地、各有关部门要充分认识保持房地产市场稳定健康发展的重要意义，认真落实中央确定的房地产市场调控政策，根据各地实际情况，分类施策，不搞一刀切。当前，房价仍过快上涨的地方，要采取坚决措施予以遏制，努力促进经济社会和谐稳定发展。

（二）落实责任，建立考核问责机制。稳定房价和住房保障工作，实行省级人民政府负总责，市、县（市、区）人民政府抓落实的工作责任制。继续实行省、市住房保障和房地产市场宏观调控联席会议制度，落实各有关部门的职责分工，加强协调配合，把国家和省各项政策落到实处。各级政府要定期分析形势，依据当地情况研究制定相应的政策措施，保障居民住房的正常供应，确保房地产市场稳定健康发展。省住房城乡建设厅、监察厅等部门要加强督查，对相关工作进行检查考核，对稳定房价、推进保障性住房建设工作不力，影响社会发展和稳定的，要追究责任。

（三）坚持正确的舆论导向，引导理性住房消费。进一步健全房地产市场信息发布机制，增加市场透明度。各有关部门、新闻媒体要客观、公正、全面地做好房地产市场信息披露、市场价格以及走势等的宣传报道，营造公开、公正、透明有序的房地产市场环境；引导居民树立合理、节约的住房消费观念，根据自身居住状况和经济承受能力理性消费，形成有利于房地产市场稳定健康发展的社会氛围。

山东省人民政府

二〇一〇年六月十六日

山东省人民政府办公厅关于进一步加快城市和国有工矿棚户区改造工作的通知

鲁政办发〔2010〕10号

各市人民政府，各县（市、区）人民政府，省政府各部门、各直属机构，各大企业，各高等院校：

为认真贯彻《国务院关于解决城市低收入家庭住房困难的若干意见》（国发〔2007〕24号）及住房和城乡建设部等部门《关于推进城市和国有工矿棚户区改造工作的指导意见》（建保〔2009〕295号）精神，进一步加快推进我省城市和国有工矿棚户区改造，结合我省实际，经省政府同意，现就有关问题通知如下：

一、充分认识城市和国有工矿棚户区改造的重要意义

（一）城市和国有工矿棚户区改造是保障和改善民生的重大举措。城市和国有工矿棚户区简易结构房屋较多，建筑密度较大，房屋使用年限较长，房屋质量较差，使用功能不全，基础设施简陋。棚户区居民中低收入家庭比例高，特别是下岗失业、退休职工比较集中，群众要求改造的呼声强烈。实施棚户区改造，有利于加快解决中低收入群众的住房困难，提高生活质量，改善生活

环境，共享改革发展成果，提高党和政府的威信。

（二）城市和国有工矿棚户区改造是完善城市功能、加快推进城镇化进程的客观要求。城市和国有工矿棚户区安全隐患突出，影响群众生命财产安全，与城市现代化建设很不协调。实施棚户区改造，完善配套市政设施和公共服务设施，有利于改善城市环境，增强城市承载能力，提升城市品位；有利于优化土地资源配置和集约利用土地，加快推进城镇化进程。

（三）城市和国有工矿棚户区改造是促进经济社会协调发展、维护社会和谐稳定的有效途径。实施棚户区改造，既可以带动社会投资，促进居民消费，扩大社会就业，又可以发展社区公共服务，加强社会管理，减少不稳定因素，推进平安社区建设，是扩内需、惠民生、保稳定的重要结合点。

二、总体要求和基本原则

（一）总体要求。以邓小平理论和“三个代表”重要思想为指导，深入贯彻落实科学发展观，以改善群众居住条件为根本目的，坚持科学规划、政府主导、政策扶持、市场运作、群众参与，加大力度，协调推进，在前几年工作基础上，再用3年时间基本完成全省集中连片及零星城市和国有工矿棚户区1 000万平方米改造任务，从根本上改善10.2万户棚户区群众的居住条件。

（二）基本原则。

1. 科学规划，分步实施。要根据当地经济社会发展水平和政府财政能力，结合城市规划、土地利用规划和保障性住房建设规划，合理确定城市和国有工矿棚户区改造的目标任务，区分轻重缓急，优先安排连片规模较大、住房条件困难、安全隐患严重、群众要求迫切的项目，有计划有步骤地组织实施。

2. 政府主导，市场运作。城市和国有工矿棚户区改造政策性、公益性强，必须发挥政府的组织引导作用，在政策和资金等方面给予必要支持，注重发挥市场机制的作用，充分调动企业和棚户区居民的积极性，动员社会力量广泛参与。

3. 以人为本，依法拆迁。城市和国有工矿棚户区改造项目的确定和安置补偿方案的制订，要充分尊重群众意愿，采取多种方式征询群众意见，在得到绝大多数群众支持的基础上组织实施，做到公开、公平、公正。严格执行城市房屋拆迁等有关法律法规的规定，维护群众的合法权益，切实让群众得到实惠。

4. 因地制宜，区别对待。坚持整治、保护与改造相结合，严格界定改造范围。对可整治的旧住宅区和规划保留的建筑，主要进行房屋维修、配套设施和无障碍设施完善、环境整治和建筑节能改造。要重视维护城市传统风貌特色，切实保护历史文化街区和历史建筑，严禁大拆大建。

5. 统筹兼顾，配套建设。坚持全面规划、合理布局、节约用地、综合开发，组织好新建安置小区的供水、供电、供气、供热、通讯、污水与垃圾处理等市政设施和商业、教育、医疗卫生、无障碍设施等配套公共服务设施的建设，促进以改善民生为重点的社会建设。

三、政策措施

（一）资金筹措政策。采取财政补助、银行贷款、企业支持、群众自筹、市场开发等办法多渠道筹集资金。

1. 加大财政支持力度。积极争取中央对城市和国有工矿棚户区改造的支持补助资金。省财政采取以奖代补的方式，对改造力度大、进展情况好的市、县（区）进行奖励，由各设区市人民政府统筹使用，通过奖励、补助等形式用于城市和国有工矿棚户区改造。省重点建设调控资金要对棚户区改造项目给予重点支持。各级人民政府要切实加大资金投入，从城市维护建设税、城镇公用事业附加、城市基础设施配套费、土地出让收入中，按规定安排资金，对符合条件的棚户区改造支出项目给予重点支持。有条件的市、县（区）可对城市和国有工矿棚户区改造项目给予贷款贴息。城市和国有工矿棚户区改造项目执行廉租住房建设项目资本金占20%的规定。

2. 加大信贷支持力度。鼓励金融机构向符合贷款条件的城市和国有工矿棚户区改造项目提供贷款，创新金融产品，改善金融服务。根据改造项目特点合理确定信贷条件，对符合信贷条件的项目要在信贷资金规模上给予保障。有条件的市、县（区）可建立城市和国有工矿棚户区改造贷款担保机制，引导信贷资金投入。

3. 鼓励采取共建的方式改造国有工矿棚户区。国有工矿棚户区改造应纳入当地政府统一规划，统一管理。按矿区的法人单位和企业性质，国有独资公司应严格落实省政府要求和有关规定，筹措资金专项用于棚户区改造；国有控股公司应通过股东会决定用于棚户区改造的资金；国有参股公司国有股东应积极做好其他股东工作，落实用于棚户区改造的资金。棚户区居民要合理承担安置住房建设资金。要积极引导社会资金投入城市和国有工矿棚户区改造，支持有实力、信誉好的房地产开发企业参与棚户区改造。

（二）税费优惠政策。对城市和国有工矿棚户区改造项目，免征城市基础设施配套费等各种行政事业性收费和政府性基金，涉及的经营性收费减半征收。城市和国有工矿棚户区改造安置住房建设和通过收购筹集安置房源的，执行经济适用住房的税收优惠政策。电力、通讯、市政公用事业等企业要对城市和国有工矿棚户区改造给予支持，新建安置小区有线电视和供水、供电、供气、供热、排水、通讯、道路等市政公用设施，由各相关单位出资配套建设，并适当减免入网、管网增容等经营性收费。棚户区居民因拆迁而重新购买的普通住房价款未超出拆迁补偿款的免征契税，承建棚户区改造项目的开发企业用于廉租住房、经济适用房的建设用地可减免城镇土地使用税。

（三）土地供应政策。城市和国有工矿棚户区改造安置住房用地纳入当地土地供应计划优先安排，并简化行政审批流程，提高审批效率。安置住房中涉及的经济适用住房和廉租住房建设项目可以划拨方式供地，应在《国有建设用地划拨决定书》中明确约定住房套型建筑面积、项目开竣工时间等土地使用条件。对于配套建设的商业、服务业等经营性用地，必须以招标拍卖挂牌出让方式供地。严禁将已供应的经济适用住房、廉租住房用地改变用途用于商品住房等开发建设。城市棚户区改造要与相邻的零星棚户片区、不配套的低层楼房以及旧厂区统筹规划，采用就近整合或项目捆绑等方式，进行集中连片改造。远离城镇的国有工矿棚户区改造，确需异地改建的，应按照城市总体规划和土地利用总体规划，经充分论证后，可将安置小区调整到城市近郊或小城镇周边地区，并在土地供应计划中优先安排。异地改建中涉及新增建设用地的，应纳入土地利用计划，依法办理农用地转用审批程序；涉及占用耕地的，应依法履行耕地占补平衡义务。

（四）拆迁补偿政策。年度拆迁计划要优先满足城市和国有工矿棚户区改造需要。棚户区改造采取产权调换和货币补偿两种方式，由被拆迁人自愿选择。房屋安置面积超出最低拆迁套型面积或原有面积的，按阶梯型价格购买并拥有完全产权。安置房建设以就近为主；异地建设的，应选择交通便利、基础设施齐全的区域。

（五）住房保障政策。各地城市棚户区和工矿棚户区改造项目中要配建一定比例的廉租住房，具体比例由各市、县根据当地实际确定；符合当地政府规定的住房保障条件的被拆迁人，通过相应保障方式优先安排。

四、组织实施

（一）编制规划计划。各设区市人民政府要把城市和国有工矿棚户区改造与廉租住房、经济适用住房建设结合起来，纳入保障性住房建设规划。要依据城市总体规划、城市住房发展规划、棚户区改造任务及资金筹集情况，编制棚户区改造规划和年度计划，报省人民政府批准后实施。

（二）依法组织拆迁。各级人民政府要严格

执行拆迁政策法规，充分发挥在棚户区拆迁改造中的主导作用，实行阳光拆迁，做到拆迁项目、主体、程序、补偿安置标准合法和拆迁补偿安置资金、安置房源到位，做好拆迁政策的宣传和解释工作，把工作做实、做细，切实防止引发不安定因素。

（三）确保工程质量。要严格执行法定建设程序和技术标准规范，加强施工管理，确保工程质量。要优化新建安置住房的规划设计，在较小户型内实现基本的使用功能，满足基本居住需要。要按照节能省地环保要求，推广新技术、新工艺、新材料和新设备。有关住房质量、建筑节能和使用功能等方面的要求，应在建设合同中予以明确。

（四）强化物业管理。棚户区新建安置小区可采取自助式管理模式，由社区居委会负责组建物业服务机构，实行物业低收费，特困家庭适当减免。要适当增加棚户区新建安置小区公共建筑面积，按照房屋总建筑面积3‰的比例，建设社区服务、物业管理和居民公共活动用房；按照房屋总建筑面积4‰的比例，建设经营用房，公建出租、经营收入用于物业服务。

五、加强领导

（一）健全机制，落实责任。各级人民政府要把城市和国有工矿棚户区改造工作摆上重要议事日程，加强组织领导，建立目标责任制度，切实抓紧抓好、抓出成效。各市、县人民政府是城市和国有工矿棚户区改造的责任主体，要明确部门及国有工矿企业的具体责任和措施，切实做到规划到位、资金到位、供地到位、政策到位和分配公平，确保城市和国有工矿棚户区改造工作顺利实施。住房城乡建设（住房保障和房产管理）部门负责棚户区改造规划、计划的制定，指导棚户区改造工作的组织实施；发展改革部门负责棚户区改造项目立项，配合住房城乡建设（住房保障和房产管理）部门编制审批棚户区改造项目拆迁计划；财政部门要会同有关部门负责制定落实棚户区改造的税收支持政策，参与棚户区改造规划、年度计划、项目实施方案和拆迁补偿安置方案的制定；国土资源部门负责落实土地供应政策；各级金融机构要做好金融服务工作；监察、审计部门负责改造资金使用的监督；公安、民政、税务、电力、通信等部门负责行业指导及本系统相关优惠政策的落实。各部门要密切配合，各负其责，形成合力。有棚户区改造任务的国有工矿企业要切实加强项目的组织实施，认真做好依法落实建设用地和筹集资金等相关工作。

（二）强化督查，严格奖惩。各市、县人民政府要加强监督检查，实施全方位监管，及时发现并解决各种问题。每年7月31日和次年1月31日前，省里对各市城市和国有工矿棚户区改造半年工作进展情况、年度计划完成情况及土地供应开发情况进行检查，对工作不落实、措施不到位的市、县，要通报批评，限期整改。

（三）加强宣传，正确引导。要采取多种形式，广泛宣传城市和国有工矿棚户区改造的重要意义，准确解读政策措施，及时反映工作进展情况，取得城市和国有工矿棚户区居民的理解和支持，为城市和国有工矿棚户区改造工作营造良好的舆论氛围。

山东省人民政府办公厅

二〇一〇年三月四日

山东省人民政府办公厅转发省经济和信息化委等部门关于进一步做好建筑垃圾综合利用工作的意见的通知

鲁政办发〔2010〕11号

各市人民政府，各县（市、区）人民政府，省政府各部门、各直属机构，各大企业，各高等院校：

省经济和信息化委、省住房城乡建设厅、省财政厅、省环保厅、省政府节能办《关于进一步做好建筑垃圾综合利用工作的意见》已经省政府同意，现转发给你们，请认真组织实施。

山东省人民政府办公厅
二〇一〇年三月四日

关于进一步做好建筑垃圾综合利用工作的意见

为大力发展循环经济，提高资源利用效率，促进资源节约型、环境友好型社会的建设，结合我省实际，现就进一步做好建筑垃圾综合利用工作提出如下意见。

一、充分认识综合利用建筑垃圾的重要意义

近年来，随着经济快速发展、城市化进程加快，旧城改造、基础设施建设等产生了大量的建筑垃圾。传统处理方式基本上采用露天堆放或者简易填埋，既占用了大量土地、影响了城市面貌，又对环境造成了污染，同时也是资源的巨大浪费。

综合利用建筑垃圾是节约土地、节约资源的重要途径，是抑制城市扬尘、减少环境污染的迫切需要。潍坊市高度重视建筑垃圾综合利用工作，建立了部门协调配合、共同推进的工作机制，在建筑垃圾的供应、新型建材的市场准入、资源综合利用等方面制定了鼓励政策，积极引导企业加快建筑垃圾综合利用项目建设进度，多渠道利用建筑垃圾，基本实现了城区建筑垃圾全部综合利用，取得了良好的经济效益、社会效益和生态效益。各级、各部门要认真学习借鉴潍坊市的经验和做法，把建筑垃圾的综合利用作为发展循环经济、提高资源综合利用效率的一项重要工作，作为城乡环境综合整治的重要内容，切实抓紧抓好，抓出成效。

二、指导思想和主要目标

（一）指导思想。深入贯彻科学发展观，按照循环经济理念，坚持“统筹规划、合理布局、政策引导、企业实施、政府推动、公众参与”的原则，以提高资源综合利用效率为目标，充分发挥政策的扶持和引导作用，调动全社会力量参与，实现建筑垃圾的“减量化、资源化、无害化”，促进全省经济社会可持续发展。

（二）主要目标。到2011年，各设区市建立起建筑垃圾综合利用企业，建筑垃圾综合利用率达到60%以上。到2012年末，建筑垃圾综合利用率达到80%以上。有条件的设区市要全面采用新型建材，并提前实现粘土砖禁产目标。各地通过建筑垃圾综合利用后不再新设建筑垃圾填埋场，并根据建筑垃圾资源利用情况，逐步关闭原有填埋场。

三、政策措施

（一）加强规划引导。要根据区域建筑垃圾存量及增量预测情况，结合城乡环境综合整治，按照资源就近利用原则，尽快制定切实可行的建筑垃圾科学治理和综合利用中长期规划，合理规划布局企业数量和生产规模，控制建筑垃圾综合利用企业的数量和规模，确保各地建筑垃圾综合利用有序、健康发展。

（二）加大资金与政策支持力度。综合利用财政、税收、投资等经济杠杆支持建筑垃圾的综合利用，鼓励采取企业直接投资、BOT等投资方式推进建筑垃圾综合利用项目建设。凡按照规划建设建筑垃圾综合利用处理厂的，投资主管部门、国土资源部门要在项目立项、土地审批等环节给予优先考虑；经济和信息化、财政、税务部门要按照资源综合利用有关政策给予税收优惠，以增强建筑垃圾综合利用企业的自我生存能力。科技部门要大力支持企业技术进步，着力推动企业产品结构优化升级。各地可采取向建筑垃圾产生单位收取处置费、政府补贴等方式，支持建筑垃圾综合利用企业发展。

（三）加强对建筑垃圾的综合管理。贯彻执行国家、省有关规定，严把拆迁项目审批关，统筹安排拆迁项目，合理确定拆迁规模，最大限度地减少建筑垃圾的产生。对已经产生的建筑垃圾，要制定有效措施，确保建筑垃圾优先并无偿供应给建筑垃圾综合利用企业。要严格执法，强化城市管理、环境保护、资源利用的监督管理，加大对建筑垃圾乱堆乱放和就近填埋行为的查处力度，减少或者避免建筑垃圾污染环境和乱占土地问题的发生。

（四）加快建筑垃圾综合利用的科技创新步伐。积极引进国外先进、成熟的建筑垃圾综合利用技术与设备，引导、鼓励高校、科研机构、建材生产企业研究开发建筑垃圾综合利用的新技术、新工艺、新设备，不断提高建筑垃圾综合利用的技术水平和产业化水平。各建筑垃圾综合利用企业要根据市场需求，不断开拓建筑垃圾新型建材的应用领域，扩展建筑垃圾制取新型建材的品种、规格。

（五）加大建筑垃圾综合利用产品推广应用力度。将建筑垃圾综合利用产品纳入政府采购目录，各级财政、市政、住房建设部门在城市公用设施和公共建筑建设中，要优先采用建筑垃圾综合利用产品。在新型墙材认定中优先支持建筑垃圾综合利用产品，及时组织编制建筑垃圾综合利用产品的技术导则、设计标准、图集和施工与验收规范。建筑设计部门在设计环节要优先采用建筑垃圾综合利用产品。在保证建筑质量和相关要求的前提下，任何部门、单位不得以任何理由拒绝采用建筑垃圾综合利用产品。

四、切实加强建筑垃圾综合利用工作的组织领导

建筑垃圾综合利用涉及多个部门，需要政府有关部门、建材生产企业以及建筑企业的共同努力。各级政府节能办要切实担负起组织协调的职责，会同住房城乡建设、城市管理等行政主管部门加强对建筑垃圾综合利用的指导，积极推动建筑垃圾综合利用产业化。各级财政、税务、环保等部门要依据各自职能，认真研究落实政策措施，加快推进建筑垃圾综合利用产业又好又快发展。各新闻媒体要加大对建筑垃圾综合利用工作的宣传力度，让社会公众了解综合利用建筑垃圾的重要性，提高全社会的资源节约意识，理解和支持建筑垃圾的综合利用，促进经济与资源、环境协调可持续发展。

省经济和信息化委　省住房城乡建设厅
省财政厅　省环保厅　省政府节能办
二〇一〇年二月二十六日

山东省人民政府办公厅关于印发和谐城乡建设行动实施方案的通知

鲁政办发〔2010〕31号

各市人民政府，各县（市、区）人民政府，省政府各部门、各直属机构：

经省政府同意，现将《和谐城乡建设行动实施方案》印发给你们，请认真贯彻执行。

山东省人民政府办公厅
二〇一〇年六月七日

和谐城乡建设行动实施方案

根据《中共山东省委山东省人民政府关于大力推进新型城镇化的意见》（鲁发〔2009〕21号）精神，确定从2010年起开展为期3年的和谐城乡建设行动，为确保和谐城乡建设行动顺利开展，制定本方案。

一、指导原则和工作目标

（一）指导原则。坚持高点定位、规划引领；坚持城乡统筹、协调推进；坚持生态优先、集约节约发展；坚持因地制宜、突出特色；坚持以人为本、关注民生。

（二）工作目标。争取到2012年，城乡基础设施配套明显进步，城乡人居环境明显改善，社会保障和公共服务水平明显提升，城镇化水平明显提高。

二、考核方式与步骤

和谐城乡建设行动每年考核一次，第三年进行总评表彰。考核分为和谐城市、和谐乡镇、和谐村庄（社区）三个层次，考核内容主要包括城乡规划、设施建设、环境整治、城乡管理、节能减排、房地产业和住房保障、公共服务和社会保障、城镇化水平等。

（一）考核方式。包括工作实绩、组织保障和公众满意度三部分。工作实绩进行定量考核。各项考核指标先按现状（考评年度的指标绝对值）和改善情况（考评年度较上一年度增加或减少的指标相对值）分别进行排序打分，再按照现状情况占40%、改善情况占60%计算总得分。2010年考核只计算现状情况得分。组织保障实行定性考核，主要采取材料审核和随机抽查等方式进行。公众满意度主要采取问卷调查的方式进行。

（二）考核步骤。

1. 审核评分。设区市按要求报送考核材料，省城市化工作领导小组办公室根据考核材料，对工作实绩和组织保障材料进行评分。

2. 实地考察。省城市化工作领导小组办公室组织有关部门和专家对各地进行实地考察。

3. 公布成绩。根据审核评分和实地考察情况，形成各地和谐城乡建设行动考核综合得分，并以适当形式公布。

对虚报、瞒报考核材料的，一经查实，该项指标按零分计算，并按规定追究有关人员责任。

三、加强组织领导

和谐城乡建设行动考核由省城市化工作领导小组牵头，省城市化工作领导小组办公室（省住房城乡建设厅）负责制定和谐城市、和谐乡镇、和谐村庄（社区）的考核指标及组织考核等具体工作。各地要参照本方案，制定本地区和谐城乡建设行动的考核办法，逐级开展考核工作，考核结果报省城市化工作领导小组办公室。根据3年和谐城乡建设行动考核结果，对工作成效显著的设区市、县（市、区）及先进单位和先进个人将按规定给予表彰。

附件：

1. 和谐城乡建设行动考核项目（略）
2. 和谐城市工作实绩考核内容（略）
3. 和谐乡镇工作实绩考核内容（略）
4. 和谐村庄（社区）工作实绩考核内容（略）

山东省人民政府办公厅转发省住房城乡建设厅等部门关于加快发展公共租赁住房的实施办法的通知

鲁政办发〔2010〕45号

各市人民政府，各县（市、区）人民政府，省政府各部门、各直属机构，各大企业，各高等院校：

省住房城乡建设厅等部门《关于加快发展公共租赁住房的实施办法》已经省政府同意，现印发给你们，请结合实际，认真贯彻执行。

山东省人民政府办公厅

二〇一〇年七月二十六日

关于加快发展公共租赁住房的实施办法

为认真贯彻落实《国务院关于坚决遏制部分城市房价过快上涨的通知》（国发〔2010〕10号）、《国务院办公厅关于促进房地产市场平稳健康发展的通知》（国办发〔2010〕4号）、《山东省人民政府关于保持全省房地产市场稳定健康发展的意见》（鲁政发〔2010〕57号）及住房城乡建设部等部门《关于加快发展公共租赁住房的指导意见》（建保〔2010〕87号）精神，加快发展公共租赁住房，妥善解决城市中等偏下收入家庭的住房困难，制定本办法。

一、提高对发展公共租赁住房重要意义的认识

近年来，我省住房建设快速发展，住房保障制度建设积极推进，城市居民住房条件明显改善，低收入家庭住房困难得到缓解。但应当看到，尚有部分城市中等偏下收入家庭既不符合现行住房保障条件，又无力通过市场租赁或购买住房，住房问题仍较为突出。同时，随着城镇化快速推进，新职工的阶段性住房支付能力不足的矛盾日益显现，外来务工人员居住条件也亟需改善。当前，大力发展公共租赁住房，满足城市中等偏下收入家庭及其他困难群体的基本住房需求，对于完善住房保障体系、加大民生保障和改善力度、促进社会和谐稳定，对于调整住房供应结构、合理引导住房投资和消费、促进房地产市场稳定健康发展具有重要意义。各级、各部门要统一思想，提高认识，精心组织，加大投入，积极稳妥地推进公共租赁住房建设。

二、基本原则

（一）政府组织，社会参与。各市、县在加大政府对公共租赁住房投入的同时，要采取土地、财税、金融等支持政策，充分发挥市场机制作用，调动各类企业和其他机构投资、经营公共租赁住房的积极性。

（二）因地制宜，分类指导。各市、县要在国家和省统一政策的指导下，根据当地经济发展水平、中等偏下收入住房困难家庭租赁住房需求和市场小户型租赁住房供需情况等因素，合理确定公共租赁住房供应对象和供应规模。商品住房价格较高、小户型租赁住房供应紧张的城市，要加大公共租赁住房建设和筹集力度。

（三）积极试点，稳妥推进。2010 年，设区城市要全部开展公共租赁住房试点。在总结试点经验的基础上，完善措施机制，全面深入推进，力争 3 年内取得明显成效，使中等偏下收入家庭和新就业职工等特殊群体的住房困难逐步得到缓解。

（四）统筹规划，分步实施。各市、县要在尽快摸清公共租赁住房需求底数的基础上，科学制订公共租赁住房发展规划和年度计划，并纳入2010～2012 年保障性住房建设规划和“十二五”住房保障规划，分年度组织实施。

三、建设筹集

（一）公共租赁住房房源通过新建、改建、收购、在市场上长期租赁住房等方式多渠道建设和筹集。新建公共租赁住房以配建为主，也可相对集中建设。要依据城市总体规划、近期建设规划和产业布局，充分考虑供应对象的就业和生活要求，科学规划，合理布局，尽可能安排在交通便利、公共设施较为齐全的区域，并同步做好小区内外配套设施建设。

（二）外来务工人员集中的开发区、工业园区和产业园区，市、县人民政府应当按照集约用地的原则，统筹规划，引导各类投资主体建设公共租赁住房，面向用工单位或园区就业人员出租。

（三）住房困难职工较多的企业，在符合土地利用总体规划、城市总体规划的前提下，经市、县人民政府批准，可以利用自用土地建设公共租赁住房，优先向本企业符合条件的职工出租，但不得出售。

（四）公共租赁住房主要满足基本居住需求，既可以是成套住房，也可以是集体宿舍。新建的成套公共租赁住房，套型建筑面积严格控制在60平方米以内。

（五）公共租赁住房应符合安全卫生标准和节能环保要求，确保工程质量安全。以集体宿舍形式建设的公共租赁住房，应认真落实宿舍建筑设计规范的有关规定。

（六）鼓励机构和个人将符合安全卫生标准的存量住房向政府审定的公共租赁住房对象出租。

四、配租管理

（一）公共租赁住房供应对象主要为城市中等偏下收入家庭及新就业职工中的住房困难群体。有条件的市、县，可逐步将有稳定职业并在城市居住一定年限的外来务工人员纳入供应范围。公共租赁住房的供应范围和供应对象的收入线标准、家庭财产标准和住房困难标准，由市、县人民政府根据当地人均可支配收入和人均住房水平，结合城市经济发展水平、住房价格水平合理确定。政府财力较弱、住房解困压力较大的市、县，可以低水平起步，逐步提高。

（二）符合廉租住房、经济适用住房保障条件的家庭和个人，可以申请公共租赁住房；但已享受廉租住房实物配租或已购买经济适用住房的家庭和个人不得申请。符合公共租赁住房供应条件的家庭，可以承租一套公共租赁住房。

（三）公共租赁住房的租金水平，由市、县人民政府统筹考虑住房市场租金水平和供应对象的支付能力等因素合理确定，并按年度实行动态调整。符合廉租住房保障条件的家庭承租公共租赁住房的，可以同时申请廉租住房租赁补贴。

（四）社会机构享受政府支持政策投资建设的公共租赁住房，配租工作由政府住房保障管理部门统一组织；企业自建的公共租赁住房，按照所在市、县公共租赁住房有关规定组织配租，配租情况应当报住房保障管理部门备案。

（五）公共租赁住房出租人（包括公共租赁住房产权人或其委托的运营机构）应当与承租人签订租赁合同。公共租赁住房租赁合同期限一般为3~5年。租赁合同应当载明租金标准及支付方式、租赁期限、物业服务费缴纳、退出约定、违约责任等事项。省住房城乡建设部门应当制定公共租赁住房租赁合同示范文本。

五、租后管理

（一）公共租赁住房承租人应当按照合同约定，按时缴纳租金及其他费用，合理使用公共租赁住房，不得转借、转租、闲置，不得用于从事其他经营活动。对承租人拖欠租金及其他费用的，可以通报所在单位，从其工资收入中直接划扣。

（二）承租人购买、受赠、继承或租赁其他住房的，应当在合同约定的期限内退出承租的公共租赁住房。

（三）租赁合同期满后仍需继续承租公共租赁住房的，应在合同期满前3个月提出申请。经住房保障主管部门复核符合条件的，重新确定配租资格，续签租赁合同。租赁合同期满未提出续租申请，或虽提出申请但经复核不符合条件的，应当在合同约定时限内退出承租的公共租赁住房；暂不能退出的，要提高租金水平。

（四）各市、县应明确公共租赁住房运营机构，或委托专业化的企业或机构，具体负责政府公共租赁住房的运营管理和维修养护，并对公共租赁住房使用情况进行巡查，及时发现和查处违反租赁合同约定的行为。

（五）政府投资建设的公共租赁住房的租金收入，应按照政府非税收入管理的规定缴入同级国库，实行“收支两条线”管理。租金收入专项用于偿还公共租赁住房贷款，以及公共租赁住房的维护、管理和投资补助。

六、政策支持

（一）各地要把公共租赁住房建设用地纳入年度土地供应计划，予以重点保障。面向经济适用住房对象供应的公共租赁住房，建设用地实行划拨供应。其他方式投资的公共租赁住房，建设用地可以采用出让、租赁或作价入股等方式有偿使用，并将所建公共租赁住房的租金水平、套型结构、建设标准和设施条件等作为土地供应的前置条件，所建住房只能租赁，不得出售。

（二）市、县人民政府要通过直接投资、资本金注入、投资补助、贷款贴息等方式，加大对公共租赁住房建设和运营的投入。省财政采取以奖代补的方式给予适当支持。

（三）对公共租赁住房的建设和运营，按照国家有关规定给予税收优惠。公共租赁住房建设涉及的行政事业性收费和政府性基金，按照经济适用住房的相关政策执行。

（四）鼓励金融机构按照人民银行、银监会有关规定发放公共租赁住房中长期贷款。探索运用保险资金、信托资金和房地产信托投资基金拓展公共租赁住房融资渠道。支持符合条件的企业通过发行中长期债券等方式筹集资金，专项用于公共租赁住房建设和运营。政府投资建设的公共租赁住房，纳入住房公积金贷款支持保障性住房建设试点范围。

（五）公共租赁住房建设实行“谁投资、谁所有”，并在房地产登记簿和权属证书上载明公共租赁住房性质；属于共有的，应当注明共有份额。在公共租赁住房性质不变的前提下，投资者权益可以依法转让。

七、监督管理

（一）发展公共租赁住房实行省政府负总责，市、县政府抓落实的责任制。各市、县人民政府要加强组织领导，明确工作责任，健全住房保障管理机制和工作机构，落实人员和经费，确保公共租赁住房工作顺利实施。

（二）各级住房城乡建设（住房保障）部门负责公共租赁住房的行政管理工作，发展改革、监察、财政、国土资源、税务、规划等有关部门按照各自职责分工，负责做好公共租赁住房规划选址、项目立项、资金筹措、用地和税费优惠政策落实及供应对象收入、资产、住房情况审核等相关工作。省住房城乡建设主管部门要会同有关部门，加强对各地公共租赁住房工作的指导和监督。

（三）市、县人民政府要建立健全公共租赁住房申请、审核、公示、轮候、配租和租后管理制度。住房保障部门要按照规定的程序严格准入审批，加强对公共租赁住房运营的监督管理，做到配租过程公开透明、配租结果公平公正。对存在滥用职权、玩忽职守、徇私舞弊等违法违规行为的，要依法依纪严肃追究相关单位和人员的责任。

（四）各地可根据本办法制订具体实施细则。各地已经出台的政策性租赁住房、租赁型经济适用住房、经济租赁住房、农民工公寓（集体宿舍）等政策，统一按本办法规定进行调整。

山东省人民政府办公厅关于印发山东省城市总体规划修改工作规则的通知

鲁政办发〔2010〕53号

各市人民政府，各县（市、区）人民政府，省政府各部门、各直属机构：

《山东省城市总体规划修改工作规则》已经省政府同意，现印发给你们，请认真贯彻执行。

山东省人民政府办公厅
二〇一〇年九月二日

山东省城市总体规划修改工作规则

为维护城市总体规划的严肃性，规范全省城市总体规划修改工作程序和内容，依据《中华人民共和国城乡规划法》《城市总体规划修改工作规则》（国办发〔2010〕20号），结合山东实际，制定本工作规则。

一、报经国务院审批的城市总体规划修改，适用本工作规则和《城市总体规划修改工作规则》。

报经省人民政府审批的城市总体规划修改，适用本工作规则。

二、城市总体规划修改，要贯彻落实科学发展观，维护人民群众合法权益，正确处理局部与整体、近期与长远、需要与可能、发展与保护的关系，促进城市经济社会与生态资源环境全面协调可持续发展。

三、有下列情形之一的，组织编制机关可按照规定的权限和程序修改城市总体规划：

（一）上级人民政府制定的城乡规划发生变更，提出修改规划要求的；

（二）行政区划调整确需修改规划的；

（三）因国务院、省人民政府批准重大建设工程确需修改规划的；

（四）经评估确需修改规划的；

（五）国务院、省人民政府认为应当修改规划的其他情形。

四、拟修改城市总体规划的城市人民政府，应根据《中华人民共和国城乡规划法》的要求，结合城市发展和建设的实际，对原规划的实施情况进行评估。评估报告要明确原规划实施中遇到的新情况、新问题，深入分析论证修改的必要性，提出拟修改的主要内容，以及是否涉及强制性内容。

五、拟修改城市总体规划涉及强制性内容的，城市人民政府除按规定实施评估外，还应就修改强制性内容的必要性和可行性进行专题论证，编制专题论证报告。

城市总体规划的强制性内容包括：

（一）规划区范围；

（二）规划区内建设用地规模；

（三）基础设施和公共服务设施用地；

（四）水源地和水系；

（五）基本农田和绿化用地；

（六）环境保护控制性指标；

（七）自然和历史文化遗产保护区范围；

（八）城市防灾减灾设施用地；

（九）法律法规规定的其他内容。

六、济南、青岛、淄博、枣庄、东营、烟台、潍坊、泰安、威海、临沂、德州等11个报国务院审批城市总体规划的城市，修改城市总体规划按下述程序进行：

（一）设区的市人民政府向省人民政府报送要求修改城市总体规划的请示。原规划实施评估报告和修改强制性内容专题论证报告，应作为报送省人民政府请示的附件，一并上报。

（二）省人民政府办公厅将设区的市人民政府要求修改规划的请示转省住房城乡建设厅商有关部门研究办理。省住房城乡建设厅应及时对申报材料进行核查，提出是否同意修改的审查意见，函复设区的市人民政府，并抄送省人民政府办公厅。其中，对拟修改城市总体规划涉及强制性内容的，省住房城乡建设厅应组织有关部门和专家，对原规划实施评估报告和修改强制性内容专题论证报告进行审查，提出审查意见报省人民政府同意后，函复设区的市人民政府。

（三）经审查同意修改城市总体规划的，省人民政府向国务院报送要求修改规划的请示，由住房城乡建设部提出是否同意修改及修改工作要求的审查意见。住房城乡建设部同意修改规划的，城市人民政府根据住房城乡建设部审查意见组织修改城市总体规划，编制规划修改方案，进行公告、公示，征求专家和公众意见，并报本级人民代表大会常务委员会审议通过后，由设区的市人民政府向省人民政府报送申请审查城市总体规划的报告（以下简称申请报告）。申请报告附件材料包括：城市总体规划文本和图纸、修改方案专题论证报告、专家评审意见及采纳情况、公众意见及采纳情况、城市人民代表大会常务委员会审议意见。

（四）省人民政府办公厅将申请报告转省住房城乡建设厅商有关部门进行审查。省住房城乡建设厅对申请报告及附件材料进行初步审核，对有关材料不齐全或内容不符合要求的，应要求有关方面补充完善。

（五）省住房城乡建设厅组织专家和有关部

门对修改后的城市总体规划进行审查，提出审查意见报省人民政府，由省人民政府审核并报国务院审批。

七、报省人民政府审批城市总体规划的济宁、日照、莱芜、聊城、滨州、菏泽等6个设区的市以及县级市，修改城市总体规划按下述程序进行：

（一）城市人民政府向省人民政府报送要求修改城市总体规划的请示。其中，由设区的市代管的县级市申请修改城市总体规划的，由县级市人民政府向设区的市人民政府报送要求修改总体规划的请示，经审查同意后，由设区的市人民政府向省人民政府报送要求修改总体规划的请示。原规划实施评估报告和修改强制性内容专题论证报告，应作为报送省政府请示的附件，一并上报。

（二）省人民政府办公厅将要求修改规划的请示转省住房城乡建设厅商有关部门研究办理。省住房城乡建设厅应及时对申报材料进行核查，提出是否同意修改及修改工作要求的审查意见，函复有关城市人民政府，并抄送省人民政府办公厅。其中，对拟修改城市总体规划涉及强制性内容的，由省住房城乡建设厅组织有关部门和专家，对原规划实施评估报告和修改强制性内容专题论证报告进行审查，提出审查意见报省人民政府同意后，函复有关城市人民政府。

（三）城市人民政府根据省住房城乡建设厅复函组织修改城市总体规划，编制规划修改方案，进行公告、公示，征求专家和公众意见，并报本级人民代表大会常务委员会审议。修改后的城市总体规划，由城市人民政府报省人民政府审批；其中，设区的市代管的县级市城市总体规划，经设区的市人民政府审核同意后报省人民政府审批。报批材料包括：城市人民政府申请审批城市总体规划的请示、城市总体规划文本和图纸、修改方案专题论证报告、专家评审意见及采纳情况、公众意见及采纳情况、城市人民代表大会常务委员会审议意见及采纳情况，设区的市代管的县级市城市总体规划还应报送设区的市人民政府审查意见。

（四）省人民政府办公厅将城市人民政府的请示转省住房城乡建设厅商有关部门研究办理。省住房城乡建设厅对报批材料进行初步审核，对有关材料不齐全或内容不符合要求的，应要求有关方面补充完善。

（五）省住房城乡建设厅组织专家和有关部门召开审查会，对修改后的城市总体规划提出审查意见。城市人民政府按照审查意见对城市总体规划进行修改完善后，由省住房城乡建设厅报省人民政府审批。

八、依法应当修改城市总体规划而城市人民政府未提出修改的，由省住房城乡建设厅督促城市人民政府按法定程序开展规划修改工作；其中，设区的市代管的县级市由省住房城乡建设厅会同设区的市人民政府督促县级市人民政府按法定程序开展规划修改工作。

九、县的城市总体规划修改工作程序和要求，参照本工作规则中对县级市的规定执行。

山东省住房和城乡建设厅
关于进一步加快我省建设科技事业发展的意见

鲁建发〔2010〕3号

各市住房城乡建委（建设局），有关行业主管局，各有关单位：

科技工作是建设事业发展的基础，建设科技的发展水平决定着整个建设事业的发展水平。根据国家、省关于加强科技创新，加快建设创新型国家、创新型省份的一系列部署，为贯彻落实全省城镇化工作会议和姜异康书记关于建设科技创新工作的指示精神，现就进一步加快我省建设科技事业发展提出以下意见：

一、进一步提高对建设科技事业发展重要性和紧迫性的认识

（一）加快建设科技事业发展，是推进新型城镇化的客观要求。省委、省政府提出，“要坚定不移地实施新型城镇化战略，全省城镇化水平到2012年争取达到50%以上，到2020年达到60%以上”。新型城镇化的健康推进，建设事业发展方式的转变，离不开科技事业的有力支撑。充分依靠科技创新来推动新型城镇化，是历史赋予我们的神圣职责。在城镇化的快速推进中，要大规模开展城乡基础设施建设、住房建设、生态环境建设，建设系统所承担的工作任务将十分繁重。同时，随着科技进步的加快，城乡建设新技术、新材料、新产品不断涌现，各类建设项目的科技含量越来越高，施工难度越来越大。要完成繁重的工作任务，建设系统必须更加注重科技事业的发展。

（二）加快建设科技事业发展，是城乡建设事业自身发展的迫切需要。同国际、国内先进水平相比，我省建设系统主要行业的技术基础相对薄弱，整体技术水平偏低，人才总量偏少和尖端人才严重短缺的问题并存，科技对建设事业发展的贡献率不高。大多数特级资质施工企业没有省级工程技术中心，多数房地产开发企业缺乏技术集成能力；每年取得的省部级科技奖励仅十几项，一等奖很少，同其他行业相比有较大差距。这与我们经济大省、建筑业大省的地位极不相称，与我们承担的繁重任务不相适应。要改变这种现状，必须进一步提高全行业对科技工作重要性的认识，采取有力措施，大力加强科技创新与成果推广，依靠科技创新实现关键技术的突破，培育发展新兴产业；依靠科技推广，用高新技术和先进适用技术改造提升建筑业、房地产业和市政公用事业，加速传统产业的技术升级。同时，通过科技事业发展，促进建设事业发展方式和住宅建设模式的转变，实现城乡建设事业的又好又快发展。

（三）加快建设科技事业发展，是做好建设领域节能减排工作的重要基础。建设领域是节能减排的重点领域。扎实做好节地、节能、节水、节材和环境保护工作，加快建设能源资源消耗少、生态环境质量高、更加适宜人民群众生产生活的新型城镇和农村社区，是建设系统的重要任务。建筑节能、绿色建筑、可再生能源建筑应用、污水垃圾处理、城市节水、建筑节材等工作的开展，住宅产业现代化的推进，节能省地环保型住宅的建设，需要新的理念、新的技术、新的材料来支撑，需要科技创新的引领。建设系统必须加快科技事业发展，为节能减排提供有力的技术支撑。

二、指导思想和基本原则

（四）指导思想

以邓小平理论、“三个代表”重要思想为指导，深入贯彻落实科学发展观，围绕全省城乡建设事业中心工作，按照“优化体制机制，完善激励政策，加大科技投入，扶持产业发展”的总体思路，以提高城乡建设事业科技贡献率为目标，进一步加强科技研发，更加注重科技成果转化推广，搭建技术集成应用平台，加强企业创新能力建设，扶持建设科技产业发展，为城乡建设事业又好又快发展提供有力支撑，为新型城镇化和经济文化强省建设作出积极贡献。

（五）基本原则

1. 政府引导扶持原则。各级建设行政主管部门要坚持“科教兴业”方针，按照加快建设科技事业发展的总要求，在政府的统一领导下，积极引导、扶持建设科技事业发展。要通过制定科技发展规划，建立科技项目计划制度，完善经济激励制度和科技奖励制度，定期公布科技研发重点技术领域和新技术推广与限制淘汰目录等政策措施，引导、促进建设科技事业的健康发展。

2. 企业主体地位原则。通过政府鼓励、引导，调动企业参与科技创新的积极性，促进建设企业根据市场需求，积极主动开展科技研发与成果推广，使各类建设企业特别是大型企业成为科技创新主体。

3. 突出重点原则。科技创新应坚持“有所为，有所不为”原则，围绕不同阶段城乡建设事业中心任务，确定重点技术领域，搞好关键技术研发和先进适用技术推广，以点带面，全面推进。

4. 交流合作原则。在科技创新中，要注重国外、省外先进技术、设备、产品的引进、消化、吸收，重视发达国家科技创新政策措施的学习借鉴，促进我省建设行业技术水平提高。

5. 人才先行原则。科技创新人才是科技事业发展不可或缺的因素。要以建立一支道德高尚，素质优良，业务精湛，乐于奉献的建设科技创新人才队伍为目标，切实加强科技人才培养，打造推动科技创新的雄厚人才基础。

三、重点任务和目标

（六）培育一批有较强实力的科技研发机构和具有一定规模的推广机构

科研机构是科技创新的重要基地和平台，在科技创新中起着十分关键的作用。要依托现有的建设类科研院所和高校、企业的科研力量，通过行业主管部门在研究课题、经费支持、成果鉴定与评奖、职称评定、人才引进等方面的政策支持，不断加强其能力建设，提升技术水平，提高研发能力。5 年内力争建立 30 个左右在国内同行业中居先进水平的建设类技术开发中心，并使其中的 10 个左右进入省级工程技术研究中心行列。甲级勘察设计单位、一级企业（含建筑、装饰装修、市政、园林、房地产开发）、日综合供水能力 100 万立方米以上的供水企业、日处理能力 20 万吨以上的污水处理企业、省里批准的供热和燃气企业要逐步建立自己的技术研发机构，落实专职研究人员和研究经费，围绕企业生产经营开展技术研究开发，不断提高企业的科技创新水平。科技成果推广转化是建设科技工作的重点。发展一批专业性强、有一定规模的建设科技推广机构，对加强科技推广，实现科技成果向现实生产力转化意义重大。省、市建设行政主管部门重点培育扶持一批科技推广单位，使之成为我省建设科技推广工作的骨干力量；各设区市市政公用、园林、环卫等主管部门要逐步建立本行业的科技推广机构，负责做好科技推广工作；各县（市）建设行政主管部门要委托具体单位，负责本地区的建设科技推广工作；大中型建设企业要逐步建立科技推广机构或部门，负责本企业的科技成果推广应用工作；鼓励、支持行业协会、技术评估、技术咨询机构等社会中介组织和民营企业，参与建设科技推广和产业化活动。5 年内，全省力争建成 100 个左右具有一定规模的建设科技成果推广机构，大型建设企业普遍建立技术推广部门，形成较为完善的推广应用网络。

不断深化建设科技体制改革，大力扶持科技型企业的发展。鼓励科研机构与企业根据优势互补、利益共享、风险共担的原则，合作建立科技型企业；鼓励有一定科技实力和人才基础的技术咨询服务机构，通过与建设企业合作等形式，发展成为科技型企业。5 年内力争发展建设类科技型企业 100 个。

（七）研发、推广一批具有较高水平的科技成果和先进适用技术

组织省内科研力量，或采取省内外合作的形式，5 年内实施 100 项左右的科技项目攻关，研发一批关键技术。一要搞好自主原始创新，力争取得 20 项左右的原始创新成果；二要以工程、设备和产品为依托，大力推进集成创新，力争取得 50 项左右的集成创新成果；三是注重国外先进技术的消化、吸收和再创新，实现技术升级，力争完成 30 项国外先进技术的引进和再创新工作。

及时将国内外成熟、适用的新技术特别是我省的自主创新成果纳入省建设科技推广目录，定期发布，指导科技推广工作的开展。城乡规划、勘察设计、工程施工、园林绿化、城市基础设施建设与管理、房地产开发、质量监督等行业、单位，要进一步加强科技成果推广，大力推广应用新技术、新产品、新材料。要充分利用建设科技推广网络，依托新墙材建筑节能技术产品认定、住宅部品认定、科技推广证书、建设工业产品备案等手段，通过及时编制发布标准规范和技术导则，把建设新技术推广应用到城乡建设的各个领域。5 年内力争推广建设新技术、新产品、新材料 200 项左右。

（八）建设一批科技创新示范工程

依托科技创新和推广，围绕建筑节能、绿色建筑、可再生能源建筑应用、城乡基础设施建设、住宅产业现代化等方面，组织建设不同种类的科技创新示范工程。5 年力争建设 200 项科技创新示范工程。

（九）组织制定一批新技术应用的工程建设标准

标准化是科技创新的“桥梁”。提高工程建设标准化水平，是推动城乡建设领域科技事业持续发展的有效手段。要加大工作力度，加大人力、财力投入，组织科研机构、高等院校、企业等社会各方力量，深入调研，总结经验，收集整理可靠技术数据，积极制定工程建设标准，为新技术的推广应用提供技术法律依据。5 年内力争制定各类新技术工程建设标准 30 项。

四、科技创新与推广应用的重点领域

（十）建筑节能与绿色建筑领域

重点包括：建筑节能技术政策和标准体系，建筑节能优化设计技术，建筑能效测评技术，可再生能源与建筑一体化应用技术，节能建筑围护结构与节能门窗，建筑节能缺陷防治技术，中央空调节能技术，建筑能耗分项计量、检测与评价分析技术，供热系统节能技术，保温与结构同寿命新型建筑体系，节能环保装饰装修材料，建筑垃圾资源化利用技术，可循环利用新型建材及绿色建材，绿色光源照明技术等。

（十一）房地产开发与住宅建设领域

重点包括：SI 住宅，钢结构绿色节能住宅，非承重内隔墙成套技术，厨房卫生间成套技术，住宅设备与管网技术，住宅全装修技术，建筑遮阳技术，居住小区雨水收集利用技术，中水利用技术，住宅环境保障技术，生活垃圾生化处理技术，住宅及小区管理智能化技术，旧住宅改造技术等。

（十二）城市生态居住环境质量保障领域

重点包括：人居适宜性评价与监测技术，城

市园林绿化与景观规划技术，城市湿地恢复技术，城市饮用水安全保障关键技术和设备，城市生活节水技术及器具，城市污水再生利用技术及设备，城市生活垃圾与污泥资源化处置利用技术与装备，城市水环境改善技术等。

（十三）城市交通建设与空间节约利用领域

重点包括：城市交通规划的理论与技术方法，城市轨道交通建设关键技术，城市道路桥梁建设技术，城市地下空间开发和利用技术，立体停车设备工程应用技术，城市市政基础设施和重要公共建筑的结构技术，城市给排水、燃气热力关键技术，供热管道无补偿直埋技术，城市防灾减灾集成技术，重大生产事故预警与救援技术等。

（十四）城市管理信息化领域

重点包括：城市基础设施信息共享与服务技术，数字城市管理技术，城市和风景区遥感监测技术，数字园林技术，城市工程质量、安全和交易监管技术，城市地下管线运营与监控技术，城市建设公共安全应急管理平台，小城镇综合信息管理与服务平台，城建档案信息管理技术等。

（十五）城乡规划与动态监测领域

重点包括：城镇化发展模式与政策，城乡空间布局，城乡基础设施和公共服务设施规划设计、一体化配置与共享技术，城乡规划与人口、资源、环境、经济发展互动模拟预测和动态监测技术，城乡重大自然灾害监测与预防技术，城市仿真模拟技术等。

（十六）工程建设领域与建筑业

重点包括：地基基础和地下空间工程技术，高性能混凝土技术，高效钢筋与预应力技术，新型模板及脚手架应用技术，钢结构及装配式结构施工技术，安装工程应用技术，建筑防水新技术，施工过程监测和控制技术，建筑工程检测技术，建筑企业管理信息化技术，新型施工机具工程应用技术，绿色施工技术，精致建造施工技术等。

（十七）村镇建设领域

重点包括：小城镇与新农村规划建设管理技术，外墙外保温体系与节能门窗，被动式太阳能房屋设计技术，可再生能源建筑应用技术，秸杆类轻质墙板、非粘土类节能建筑材料，饮用水臭氧或紫外线消毒技术、栅条或网格等絮凝水质净化技术、生活污水生物处理技术、生活污水人工湿地处理技术，有机垃圾产沼气利用技术、有机垃圾堆肥技术等。

五、建设科技创新的环境和支撑条件

（十八）营造建设科技创新的良好政策环境

省、市建设行政主管部门要通过完善政策法规、提供优质服务等途径，创造有利于建设科技事业发展的政策环境。建立省建设科技计划制度，将所有的科技研究开发项目纳入统一管理。不断规范市场竞争，通过竞争机制促进市场主体科技创新意识和积极性的提高。在工程招投标、规划设计方案评选中，将技术的先进性、适用性作为评价的重要内容。加大对建设科技创新的激励和奖励力度，在建设行业的各类评优评奖中，把工程项目的技术创新水平作为重要指标，确保各类奖项的科技含量；每年组织评选“山东建设技术创新奖”，定期表彰建设科技创新先进单位、先进个人、优秀项目。

（十九）不断加大对建设科技创新的投入

要进一步推进建设科技投入体制改革，建立企业、社会、政府相结合的多元化科技投入新机制，不断增加建设科技投入。省市两级建设行政主管部门每年要选择推荐一批对行业发展有显著带动作用和显著效益的科技创新项目，争取财政、科技等部门的资金支持。产业化前景好、有市场收益能力的研究开发项目，要以企业投入为主。大中型建设企业要在企业利润中开辟稳定的科技经费渠道，每年的科技投入占利润总额不应低于8%，建设类高新技术企业和科技型企业不低于12%，用于技术研发、推广与设备更新。企业研究开发新产品，新技术，新工艺所发生的各项费用，依据国家规定享受税前抵扣等相关优惠政策。通过政府投入、企业捐资等形式，建立山东省建设科技创新基金，用于关键技术的科研开发补助和优秀成果的表彰奖励。

（二十）抓好新技术推广应用平台建设

组织建设不同类型的新技术应用示范工程，通过示范，实现新技术的集成应用。加强房地产开发与住宅建设领域新技术推广应用平台建设。房地产主管部门要完善开发项目实施建设条件意见书制度，围绕节能、节地、节水、节材和环境保护等方面，对开发项目应用新技术提出明确要求，并通过技术审查、综合验收等管理手段确保项目应用新技术。鼓励在康居示范项目、性能认定项目中率先应用新技术，并将新技术应用情况作为省市级优秀住宅小区评选的重要条件，对工作成绩突出的开发企业、先进个人和优秀项目进行表彰。

（二十一）确立企业的技术创新主体地位

在市场经济条件下，企业具有依靠创新占领市场的内在动力，具有把科技成果转化为产品的先天优势，有直接面向市场并了解市场需求的灵敏机制，有开展技术创新所需的人、财、物力条件，应当而且有条件成为技术创新的主体。各级建设行政主管部门要通过体制机制改革，促使企业加强科技创新，建立以企业为主体，科研单位为支撑、中介机构为桥梁的合作平台，发挥各自优势，以市场为纽带，走产、学、研一体化的道路。要采取更加有力的措施，使企业真正成为研究开发投入的主体、技术创新活动的主体、创新成果推广应用的主体。

（二十二）建设一支高素质的建设科技队伍

要为建设行业骨干科技人才创造良好的工作和生活条件，努力创造一种尊重人才、吸引人才、用好人才的良好氛围，形成相对稳定的科技骨干队伍。要注重选拔中青年优秀人才，培养学科带头人，形成完整的行业技术人才梯队，努力造就一批能够跟踪世界先进技术、懂管理、善经营的管理人员队伍。加大科技创新人才的培养力度，通过项目研究造就和培养一批建设科技创新人才。依托技术力量雄厚的大中型企业及高校、科研院所，结合重点研发项目和重大工程，建立博士后流动站、工作站等，培训培养技术创新人才。鼓励企业培养和聘用优秀科技人才，引导科研院所和高等院校的科技人员面向市场开发先进适用技术。制定和实施人才战略，吸引留学和海外高水平人才为建设科技事业服务。充分发挥教育在创新人才培养中的重要作用，鼓励科研院所与高等院校合作培养研究型人才，完善在职人员岗位技术培训和继续教育制度，实施技师、高级技师培养计划和建设行业技能型紧缺人才培训、培养工程，全面提高从业人员的整体技术素质。充分发挥山东省建设科技委员会和专家委员会的作用，为全省的建设科技创新提供智力支持。各类建设企业要不断加大科技奖励力度，建立合理的奖励机制和长期固定的奖励基金，对在科技工作中取得突出成绩的部门、项目组或项目经理给予重奖，对科技人员从事技术创新活动所产生的效益，应提取10%以上或者以期股的形式，作为技术创新项目完成者的奖励，同时各企业也可以对有贡献的科技人员给予提高养老保险和医疗保险等待遇，以充分调动科技人员的积极性、创造性。

（二十三）积极拓展对外科技交流与合作

增强大型建设企业的使命感和紧迫感，引导他们瞄准本行业的国际、国内先进技术水准，明确赶超目标，立足国内市场，进军国际市场，多层次、全方位地拓展科技交流与合作渠道，通过合作增强实力，不断缩小与国内、国际先进水平差距。省市两级建设行政主管部门要大力支持企业引进国外智力项目，组织开展政府间和民间的国际科技合作与交流活动，组织科研人员和管理人员出国考察和进修培训，了解和掌握当代科学技术发展水平和发展趋势。

（二十四）加强对建设科技工作的组织领导

各级建设行政主管部门要进一步加强对建设

科技工作的领导，加强科技工作体系建设，做到组织落实、机构落实、人员落实、经费落实，使科技创新工作真正落到实处。要针对城乡建设事业发展中遇到的各种新情况、新问题，及时进行调查研究，加强建设行业科技政策理论研究，提高指导行业科技发展的理论水平。要结合第十二个五年规划的编制与实施，通过系统的调研和战略研究，进一步明确本地区建设行业技术创新工作的战略目标和重点，拟定切实可行的实施方案，提出具有可操作性的具体对策措施。要结合建设行业的具体情况，研究制定科技创新的政策措施，及时修订相关的行业技术标准和技术规范，尤其要加紧制定新兴科技产业的技术标准和技术规范。要进一步增强全局观念和法制观念，打破地方保护，严格执行国家有关科技成果推广和落后技术与产品的限制淘汰制度，加强监督检查，建立统一、规范、有序的全省性技术市场，保障建设行业技术创新工作顺利推进。

山东省住房和城乡建设厅
二〇一〇年二月二十三日

山东省住房和城乡建设厅
关于切实做好住房城乡建设档案工作的意见

鲁建发〔2010〕7号

各市住房城乡建委（建设局）、规划局、城市管理局（执法局），济南、青岛、菏泽市房管局，济南、青岛、聊城市市政公用局，各县（县级市、市辖区）建设局：

为切实做好住房城乡建设档案工作，更好地服务于建设领域中心工作，服务于经济社会发展，服务于社会公众需求，根据国家和省有关法律法规及规范性文件，结合我省大力推进新型城镇化的新形势，特提出以下意见：

一、充分认识做好住房城乡建设档案工作的重要意义

住房城乡建设档案，是城乡可持续发展的宝贵资源，是社会管理和公共服务的重要信息，是住房工作和城乡规划建设管理的重要基础资料，是建设系统各级行政主管部门依法履行职责、制定执行政策、实施行政管理、进行市场调控和行业监管的重要依据，也是工程建设、运营养护、维修改造等工作的重要依据。做好住房城乡建设档案工作，能够有效保证工程质量、保障城市秩序、维护公共安全、应对突发事件，对于实现建设事业又好又快发展、加快新型城镇化进程具有十分重要的意义。

二、明确住房城乡建设档案工作的指导思想和总体目标

今后一个时期，全省住房城乡建设档案工作的指导思想是：以科学发展观为统领，认真落实全省城镇化工作会议精神，紧密结合城市现代化、城乡一体化、环境生态化进程，加大执法力度，创新体制机制，突出工作重点，提高科技含量，努力全面收集、安全保管、充分利用各类建设档案，推动建设系统档案工作迈上新台阶，最大限度地满足城乡规划建设管理和社会公众对建设档案信息资源的利用需求。

总体目标是：到2015年，各级政府和建设系统各级行政主管部门对建设档案工作的投入基本满足工作需要；各类建设档案收集齐全、整理规范、移交及时、利用便捷；所有设区城市、县市区及部分中心镇，都建有符合国家标准规范的城建档案馆（室）；各级城建、房产和机关文书档案馆（室），基本达到设施完备、功能完善、技术先进、查询便利的要求；设区城市和城区人口20万以上的县市，都建成运行城市地下管线信息系统；大中城市全部实现城建档案、房产档案数字化，基本完成重要档案资料异馆、异地数据备份。

三、突出工作重点，加强住房城乡建设各类档案归集管理

（一）全面收齐管好房屋建筑和市政工程档案，把工程质量终身责任制落到实处。认真贯彻执行国家《城乡规划法》《工程质量管理条例》和建设部《城市建设档案管理规定》（部令90号），指导督促建设单位，负责把各类房屋建筑和市政工程的可行性研究、项目立项、环境影响评价、地质勘察、规划、设计、施工、监理及招投标、质量安全监督、竣工验收等技术档案和文件资料全部进行收集整理，特别要确保把与工程质量密切相关尤其是涉及结构安全的勘察报告、设计变更、地基处理、建材检测、施工试验、隐蔽工程验收等的相关记录和技术资料真实准确地收集起来，明确记录责任单位及责任人，在工程竣工验收及备案后三个月内报送城建档案馆（室）。城市规划区、独立工矿区内的工业建筑，也应参照上述要求执行。

（二）大力加强各类管线特别是城市地下管线工程档案归集管理和查询利用，有效防范管线安全事故。认真贯彻执行建设部《城市地下管线工程档案管理办法》（部令136号）和省政府《关于切实加强工业压力管道和城市地下管线安全管理的紧急通知》（鲁政办明电〔2009〕55号）及省建设厅《关于切实抓好城市地下管线安全工作的紧急通知》（鲁建发〔2009〕8号），指导督促由管线产权单位负责，设计、施工、监理单位配合，把城市规划区内供排水、燃气、热力、电力、通讯、广电、工业等各类地下管线和管线共同沟及相关人防、地铁等的工程档案全部进行收集整理，特别要确保在地下管线竣工覆土前对管线位置进行准确勘测，在工程竣工验收及备案后三个月内报送城建档案馆（室）或当地政府确定的管线档案接收单位。各类管线档案的原件，原则上应向城建档案馆（室）或当地政府确定的管线档案接收单位移交，也可由管线产权单位自行保管，但必须移交原件复制件。城市规划区内的新建、改扩建项目，在进行工程设计之前，建设单位必须查询并取得项目选址区域的地下管线现状资料，科学合理地确定既不影响管线安全又不影响项目使用人安全的设计方案；涉及挖掘道路的建设项目特别是地下管线项目，还应编制既有地下管线的安全监护方案。城乡各类地下和地上管线工程，也应参照上述要求执行。

（三）认真做好房地产权属档案工作，为住房保障、房地产市场调控和群众财产权益维护提供依据。房地产权属档案管理是房地产产权产籍管理的重要内容。要认真贯彻执行建设部《城市房地产权属档案管理办法》（部令101号），把房地产行政主管部门在房地产权属登记、调查、测绘、权属转移、变更等房地产权属管理工作中直接形成的资料准确完整地加以收集，及时整理归档，予以妥善保管。要按照保证档案安全、便于房地产产权产籍管理、便于查询利用的原则，由房地产登记管理机关或房地产交易服务机构管理房地产权属档案。

（四）积极收集整理基础设施、公共服务设施和住宅小区公用设施建设工程档案，为维护公共安全提供技术资料。对各类基础设施和公共服务设施尤其是地方政府投资的重点建设项目，建设或规划部门要委派城建档案专业人员，采取进驻工程指挥部或定期指导建设单位技术资料管理人员等方式，主动上门，跟踪服务，全程参与，力求工程档案完整收集、及时入馆（室）。对铁路、公路、机场、港口、河道、堤坝、隧道等重大专业工程，要积极争取建设单位和主管部门的支持，并配合发展改革、档案行政主管部门搞好工程档案验收工作，将工程档案原件的复制件保存在城建档案馆（室）。对住宅小区内的水、电、气、暖、通讯、广电和各类便民服务设施，要以小区或组团为单位，单独整理备份，以备小区业主和物业服务企业查考。

（五）努力收集以农村住房建设与危房改造项目工程档案为重点的村镇建设档案，推动城乡建设档案管理一体化。要按照省建设厅《关于做好农村住房建设与危房改造项目工程档案收集工作的通知》（鲁建村字〔2009〕8号）要求，以农村住房集中连片建设改造项目为重点，以涉及公共安全和农民生命财产安全的工程档案为核心，指导督促项目实施主体或项目所在乡镇建设主管部门，收齐相关文件和技术资料，及时移交城建档案馆（室）。

（六）全力收集、单独备份管理各类建筑节能工程档案，促进建筑安全使用和低碳建筑、绿色建筑发展。城建档案馆（室）要把各类新建、改建、扩建的建筑节能工程技术资料，包括建筑节能设计专篇和建筑热工计算书及外墙外保温、太阳能建筑一体化、地源热泵、节能门窗等设施部品资料，尤其是建筑节能工程所用材料和产品的材质、热工性能、使用寿命等，按照《建筑节能工程施工质量验收规范》（GB50411－2007）的要求单独组卷，在随主体工程原件归档的同时，予以另外复制和存放，并编录建筑节能产品和设施使用年限册，在其使用寿命临近时及时告知业主和使用人。

（七）精心制作城乡建设重大项目声像档案，留下宝贵的历史记忆。紧紧围绕城建重点工程、城市和村镇原貌、拆迁改造和城乡环境综合整治过程、历史文化街区和历史优秀建筑保护、风景名胜区整治等，主动全方位跟踪拍摄，积累有价值的声像资料。

（八）强化建设系统行政机关文书档案管理，为领导决策、指导工作提供参考资料。认真贯彻执行中办、国办《机关档案工作条例》，把机关工作活动中产生的具有保存价值的正式公文、领导讲话、会议纪要、工作简报等文件材料及时收集起来，整理立卷，定期归档。建设系统各专业管理部门或机构，要把工作中形成的有关住房工作和城乡规划建设管理的专业技术档案，及时收集整理，妥善保管，也可移交城建档案馆（室）。

四、强化保障措施，推动住房城乡建设档案工作上新水平

（一）加强组织领导。管理住房城乡建设档案，是建设系统各级行政主管部门的重要职责。各级主管部门要充分重视档案工作，在全局工作中摆上应有位置，列入年度工作计划。加强档案工作机构建设，尚未设立城建档案馆（室）的县市区，应在2012年年底前全部建馆或设室。各级应在城建档案馆（室）加挂城建档案管理处（或管理办公室）的牌子，解决城建档案管理具体执行单位缺位问题。配强城建档案工作机构领导班子特别是“一把手”，配备和引进档案、工程、计算机等专业技术人员。

（二）落实管理制度。认真贯彻执行建设部《关于加强中小城市城乡建设档案工作的意见》（建办〔2007〕68号）和省建设厅《山东省建设工程档案移交规定》（鲁建发〔1999〕50号）、《山东省房地产开发项目竣工综合验收备案办法》（鲁建发〔2009〕11号），在有关环节严格把关，落实好建设工程档案“两书一证”制度。城市规划区内所有新建、改建、扩建工程，建设单位未签署《建设工程档案移交合同书（责任书）》的，不予核发建设工程规划许可证，不予办理施工许可证；未出具《建设工程档案预验收意见书》的，不准进行竣工验收，不予核发规划验收合格证，不予办理竣工验收备案手续；未按规定向城建档案管理机构移交工程档案并取得《山东省建设工程档案合格证》的，不予受理房屋初始登记申请，不得申报各级优质工程及人居环境奖等奖项。各市、县（市、区）建设或规划行政主管部门，要积极汇报争取，在当地政府行政审批中心内，设置建设工程档案归集管理的席位或窗口。从2011年1月1日起，在全省范围内统一使用省住房城乡建设厅制发的“两书一证”。

（三）强化执法监督。按照国家、省、市有关法律法规和规范性文件，建立完善依法收集、依法管理、依法提供利用的城建、房产档案工作机制。组织城乡规划、工程质量安全、建筑市场、房地产市场等执法检查时，应有城建档案、房产档案方面的内容，并吸收档案专业人员参加。省住房城乡建设厅将适时组织城建和房产档案专项执法检查，检查结果向全系统通报。各地要依法查处一批违法违规行为，维护城建和房产档案法律法规的严肃性。

（四）改进行业指导。设区城市城建（房产、机关文书）档案管理机构，要加强对所辖县市区、开发区（高新区）建设档案工作的指导，帮助其不断提高业务技能和执法水平。建设系统各级档案管理机构，要加强对房地产开发、勘察设计、建筑施工、工程监理、项目管理、物业服务等企事业单位技术资料工作人员的专业技能培训，不断提高其整理移交和管理档案的能力。对城建、房产档案管理机构关键岗位工作人员和建设类企业资料员，逐步实行资格性岗位培训制度，未经培训不得上岗。发挥好省城建档案学会的作用，组织经常性的业务培训和学术交流活动。

（五）提高科技含量。各地要根据实际情况，为城建、房产档案馆（室）配备必要的计算机软硬件和网络设备，加快实现馆藏档案检索数字化。有条件的馆（室），应从使用率较高的馆藏档案做起，有序推进纸质档案、声像档案数字化。积极做好接收、保存城乡建设电子文件和电子档案的相关工作。要在确保管线档案及时全面归集基础上，开展管线普查，加快建设管线信息系统，尽快实现规划、建设、城管、市政公用等部门及各类管线产权单位信息共享。有条件的城市，应积极探索应用物联网技术，实现管线安全实时监控和预警。要以地下管线信息系统为依托，以地上建筑的数字化档案为补充，建立城市三维地理信息系统，并逐步与城市管理、国土资源、公共卫生、社会治安、应急管理等信息系统相链接，形成数字城市的重要平台。做好重要数字化档案的异馆、异地备份存储工作，确保档案安全。

（六）搞好开发利用。认真整理和加工档案信息资源，提高档案利用率和利用效益。充分利用馆藏档案，为城乡规划编制、重大建设项目选址与建设、违章建筑查处、建筑物维修、项目审计稽查、工程改扩建、管线敷设、棚户区和危旧房改造、房地产市场监管、抢险救灾等，提供详实可靠的信息。利用现有的城建档案信息、技术设备和人才条件，通过举办展览、编辑书目、制作专题片等，大力宣传城乡规划建设管理成就和知识，为社会提供优质高效的档案信息服务。

（七）解决经费问题。各级建设或规划行政主管部门，要积极争取政府和财政部门的重视与支持，努力把城建档案事业经费列入当地财政预算，满足馆舍建设和档案工作实际需要。为从根本上解决城建档案业务工作经费不足的问题，各市、县（市、区）主管部门，可根据国家发展改革委、省物价局《关于城建档案馆技术咨询服务收费性质问题的复函》（发改办价格〔2003〕197号，鲁价费函〔2003〕97号）的规定，在城建档案馆组建技术服务型企业，到当地物价部门申领收费许可证，请物价部门根据服务内容、成本支出等情况核定收费标准。城建档案技术服务型企业，要按照自愿有偿原则，接受工程项目建设单位和其他相关单位的委托，优质高效地提供技术、信息咨询等服务，合理收取经营服务性费用，并凭收费许可证领购和使用税务发票，依法纳税。

山东省住房和城乡建设厅
二〇一〇年四月二十九日

山东省住房和城乡建设厅
关于印发《山东省建筑能源审计管理暂行办法》的通知

鲁建发〔2010〕9号

各市住房城乡建委（建设局），各有关单位：

为规范建筑能源审计管理，保证建筑能源审计工作的顺利开展，根据国家有关规定，结合我省实际，我厅制定了《山东省建筑能源审计管理暂行办法》。现印发给你们，请认真遵照执行。

执行中有何问题请及时向省住房城乡建设厅建筑节能与科技处反映。

山东省住房和城乡建设厅
二〇一〇年五月二十五日

山东省建筑能源审计管理暂行办法

第一章　总　则

第一条　为规范建筑能源审计行为，加强建筑能源审计管理，促进节能减排，根据国家有关规定，结合我省实际，制定本办法。

第二条　本办法所称建筑能源审计，是指建筑能源审计机构受政府主管部门或业主的委托，对建筑的部分或全部能源活动进行检查、诊断、审核，对能源利用的合理性做出评价，并提出改进措施建议，以增强对建筑用能活动的监控能力和提高建筑能源利用效率的活动。

第三条　本办法适用于本省行政区域内，受政府或业主委托的机关办公建筑和大型公共建筑的能源审计及其相关管理活动。

本办法所称“机关办公建筑”是指国家机关、党派、人民团体的办公建筑，以及参照公务员管理和财政拨款事业单位的办公建筑；“大型公共建筑”是指除机关办公建筑外，单体建筑面积2万平方米以上的公共建筑。

第四条　省住房和城乡建设行政主管部门负责全省建筑能源审计工作的组织实施和监督管理。

设区的市、县（市）人民政府住房城乡建设行政主管部门负责本行政区域内建筑能源审计工作的组织实施和监督管理。

第二章　审计对象和内容

第五条　机关办公建筑和大型公共建筑应当每两年进行一次能源审计。

第六条　具有下列情形之一的建筑，必须进行能源审计：

（一）政府投资进行节能改造的；

（二）建筑用能过程中存在违反节能法律法规，未达到节能标准的；

（三）被列为省、市重点用能对象的；

（四）依法责令限期整改期满，需要确认是否达到整改要求的；

（五）单位能耗超过同类型建筑单位能耗限

额的；

（六）法律法规规定应当进行能源审计的。

第七条 建筑能源审计内容。

建筑能源审计分为三种形式：一般审计、专项审计和深度审计。一般审计应包括下列内容：

（一）查阅节能管理文件、建筑物竣工验收资料和用能系统、设备台账资料，检查节能设计标准的执行情况；

（二）检查建筑能源计量及统计状况，核对能源消耗记录和财务账单，计算分析分类与分项能耗；

（三）检查用能系统、设备的运行状况，随机抽测室内基本环境状况（温度、湿度、CO_2浓度、照度）；

（四）检查前一次建筑能源审计合理用能建议的落实情况；

（五）查找存在节能潜力的用能环节或者部位，提出合理使用能源的建议。

专项审计和深度审计是一般审计基础上的扩展，审计内容依照《山东省建筑能源审计导则》进行。

第三章 审计实施

第八条 建筑能源审计机构按照《山东省建筑能源审计导则》进行能源审计。

第九条 受委托的能源审计机构指派专人成立建筑能源审计小组，负责能源审计的全部具体工作并出具最终报告。审计小组组长对审计结果和最终报告的真实可靠负责。

第十条 建筑能源审计小组应由三名以上相关专业人员组成，其中至少两名取得建筑能源审计培训合格证。

能源审计小组成员在能源审计过程中，应客观公正，实事求是。

第十一条 审计机构应于实施审计前，告知审计对象审计的时间、内容及需要配合的事项。

审计对象应按要求做好准备，并在审计过程中积极配合，为顺利开展建筑能源审计提供必要的工作条件和技术辅助。

第十二条 能源审计完成后，审计机构将审计报告送审计对象，并同时报送住房城乡建设行政主管部门备案。

第十三条 建筑能源审计机构及建筑能源审计管理部门应当为审计对象保守商业和技术秘密。审计人员对于被审计建筑的能耗情况及与能源审计无关的经营财务情况负有保密义务。

第四章 审计机构

第十四条 建筑能源审计机构应具备以下条件：

（一）应当具有独立的法人资格；

（二）具有一定规模的业务活动固定场所和开展审计所需的设施及办公条件；

（三）有五名以上熟悉建筑节能法律法规和标准的建筑学（或建筑物理、建筑节能）、暖通空调、电气等专业技术人员，具备建筑节能相关专业知识及工作经验，经建筑能源审计培训考核取得合格证书；

（四）有两年以上的建筑节能相关工作业绩；

（五）具有一定的科研能力，开展过与建筑节能相关课题的研究或者承担过相关标准的编制工作；

（六）具有测试室内基本环境状况所需的仪器设备；

（七）从事建筑能源专项审计或深度审计，还应当具有建筑节能检验测试技术条件并通过计量认证，检验范围及通过认证的计量检测项目应当满足《山东省建筑能源审计导则》所规定审计内容的需要；

（八）经省住房和城乡建设厅考核认可，并获得山东省建筑能源审计机构认定证书。

第十五条 建筑能源审计机构申请认定程序：

（一）拟从事建筑能源审计的单位填写申报

材料，经所在设区市建设行政主管部门初审后，报省住房和城乡建设厅；

（二）省直单位、中央驻鲁单位直接向省住房和城乡建设厅申报；

（三）省住房和城乡建设厅组织进行审查；

（四）对经审查合格的审计机构进行网上公示。公示期满后，由省住房和城乡建设厅公布认定名单并颁发认定证书。

第十六条 申报建筑能源审计机构应当提交下列材料：

（一）山东省建筑能源审计机构认定申报书；

（二）申请单位出具的表明其具备相应能力和工作业绩的书面申请报告；

（三）审计机构中专业技术人员的学历证书、职称证书、身份证和培训合格证；

（四）提供近年来取得的相关科研成果证书和成果材料；

（五）计量认证证书及其附件。

第十七条 建筑能源审计机构及其工作人员有下列情形之一的，责令限期改正，情节严重者撤销审计资格，收回认定证书：

（一）出具虚假审计报告的；

（二）不按照标准、规范和导则进行审计的；

（三）涂改、倒卖、出租、出借、转让认定证书的；

（四）审计小组人员不符合要求的；

（五）档案资料管理混乱，造成审计数据无法追溯的；

（六）泄露审计对象商业和技术秘密的；

（七）审计人员滥用职权、徇私舞弊、玩忽职守的。

第十八条 建筑能源审计机构认定证书每两年复审一次。

第十九条 省外审计机构在山东省开展建筑能源审计，须在省住房和城乡建设厅备案。

第五章 附 则

第二十条 其它建筑的能源审计，参照本办法执行。

第二十一条 本办法由省住房和城乡建设厅负责解释。

第二十二条 本办法自发布之日起施行。

山东省住房和城乡建设厅关于进一步加强我省智能建筑工程质量检测管理工作的通知

鲁建发〔2010〕10号

各市住房城乡建委（建设局）：

省建设厅2002年下发了《关于加强全省智能建筑工程质量检测管理工作的通知》（鲁建设字〔2002〕9号），各市高度重视，加强了技术管理，严把了智能建筑工程质量关，全省涌现出一大批优秀智能建筑和智能化住宅小区，有42个项目获省智能建筑金、银、铜奖和优秀智能住宅小区奖。获奖项目起到了积极的示范带动作用，推动了我省智能建筑应用技术发展，为数字化城市建设和建筑节能奠定了基础。为进一步加强智能建筑工程质量管理，顺应城市绿色建筑化、数字化、网络化、信息化发展趋势，全面提高我省智能建筑工程质量管理水平，现提出如下意见，望贯彻执行。

一、提高认识，增强责任

智能建筑是建筑行业高级发展阶段，智能建筑技术与绿色建筑的联袂，是绿色建筑发展的必由之路，也是智能建筑发展的方向和目的，是节约能源，降低消耗，减少污染，提高效率的平台，是建设行业落实科学发展观的主渠道，做好建筑智能化有利于建设资源节约型社会，有利于建设行业全面落实节能减排目标和任务。当前智能建筑投资量越来越大，普及面越来越广，但是数量的增长与质量的控制管理还不相适应和协调，社会各界要求加强对智能建筑的质量管理，从法律职责上讲，按照《中华人民共和国建筑法》《建设工程质量管理条例》《智能建筑工程质量验收规范》（GB50339－2003），智能化系统工程也是建筑工程中的重要组成部分，把建筑智能化系统质量纳入建筑工程质量管理体系，是建设行政主管部门义不容辞的责任。各级建设行政主管部门、建设质量监督部门和工程建设各方主体要从践行“科学发展观”的高度，本着质量重于泰山的原则，按照职责权限加强智能工程质量管理、监督管理，严把建筑工程智能化系统质量关。

二、加强检测，强化监管

对智能建筑各系统进行检测督查是严把质量关的核心，也是新形势下智能建筑监管的新要求。根据《智能建筑工程质量验收规范》的技术规定，结合我省目前对智能建筑工程监督实际情况，应大力推行实施智能建筑工程系统检测。智能建筑工程系统检测适用于建筑物或建筑群中的通信网络系统、信息网络系统、楼宇设备自控系统、火灾自动报警及消防联动系统、安全防范系统、综合布线系统、智能化系统集成、电源及接地、环境及住宅（小区）智能化等的各系统功能、性能、各类电气参数及安装质量的检测和测试。各级建设行政主管部门特别是建设工程质量监督部门要积极支持智能建筑监督检测工作，将智能建筑工程纳入建筑工程质量管理体系，要求建设单位必须将智能建筑工程（含智能住宅小区）进行检测，系统检测报告作为竣工验收的主要依据之一。未经检测的智能建筑工程（含智能住宅小区），不得验收交付使用。

三、密切配合，严格把关

智能建筑检测工作是一项技术性很强的工作，省智能建筑工程质量监督检测中心是经省住房城乡建设厅、物价局批准授权省内唯一的智能建筑工程质量监督检测部门，下辖若干具有国家和省实验室资格的智能建筑检测机构开展具体检测业务。为了进一步推动我省智能建筑检测机构与技术力量的发展，各市凡是具备技术条件和力量的机构可向省住房城乡建设厅申请检测认定资格和授权，在各地开展智能建筑工程检测业务。省智能建筑工程质量监督检测中心，要按照省厅赋予的职责做好智能建筑检测管理工作，要与省建设工程质量监督总站密切配合，指导各级建筑工程质量监督部门和检测机构积极开展辖区内智能建筑质量检测把关工作。

山东省住房和城乡建设厅
二〇一〇年五月十八日

山东省住房和城乡建设厅关于印发《山东省住宅工程质量分户验收管理办法》的通知

鲁建发〔2010〕13号

各市住房和城乡建委（建设局），建管局（处、办），房管（开发）局（处、办）：

根据住房和城乡建设部《关于做好住宅工程质量分户验收工作的通知》精神，在总结部分市开展住宅工程质量分户验收试点工作的基础上，省住房和城乡建设厅制定了《山东省住宅工程质量分户验收管理办法》，现印发给你们，请认真贯彻实施。

住宅工程的质量直接关系到人民群众的切身利益和生命财产安全，事关党和政府的形象。各市要充分认识做好住宅工程质量分户验收的重要意义，增强工作的责任感和使命感，把这项工作摆上重要的议事日程，切实抓紧抓好。要认真总结前几年试点工作的好经验、好做法，广泛征求社会各界的意见，进一步加强领导，落实责任，明确要求，细化措施，加强监管，在住宅工程特别是保障性住房中全面实行质量分户验收制度，确保住宅工程的质量和使用功能，促进全省工程质量整体水平的进一步提高。

山东省住房和城乡建设厅
二○一○年六月十八日

山东省住宅工程质量分户验收管理办法

第一条 为了加强住宅工程质量管理，保障住宅工程的质量和使用功能，落实住宅工程参建各方主体质量责任，根据国务院《建设工程质量管理条例》、住房和城乡建设部《房屋建筑工程和市政基础设施工程竣工验收备案管理办法》、《关于做好住宅工程质量分户验收工作的通知》及国家施工质量验收规范和有关标准，结合本省实际，制定本办法。

第二条 在本省行政区域内，住宅工程质量分户验收及其监督管理，适用于本办法。

第三条 本办法所称住宅工程质量分户验收（以下简称分户验收），是指建设单位组织施工、监理等单位，在住宅工程各检验批、分项、分部工程验收合格的基础上，在住宅工程竣工验收前，依据国家有关工程质量验收标准，对每户住宅及相关公共部位的观感质量和使用功能等进行检查验收，并出具验收合格证明的活动。

第四条 住宅工程质量分户验收应当依据国家和省有关的法律、法规和规范、标准，以及经审查合格的施工图设计文件进行。

第五条 住宅工程未经分户验收或分户验收不合格的，建设单位不得组织单位工程竣工验收。

第六条 分户验收内容主要包括：

（一）地面、墙面和顶棚质量；

（二）门窗质量；

（三）栏杆、护栏质量；

（四）防水工程质量；

（五）室内主要空间尺寸；

（六）给水排水系统安装质量；

（七）室内电气工程安装质量；

（八）采暖工程安装质量；

（九）建筑节能工程质量；

（十）有关合同中约定的其他内容。

第七条 住宅工程分户验收应当按照以下程序进行：

（一）分户验收内容完成后，施工单位应首先进行全面的自检评定，自检合格后向建设单位提出住宅工程分户质量验收书面申请。

（二）建设单位组织监理、施工等单位的有关人员按照国家工程质量验收标准的要求，逐户按照本办法要求的分户验收内容确定检查部位、数量并适时进行检查验收；分包单位项目经理、项目技术负责人也应参加分包项目的分户验收；已选定物业公司的，物业公司应当参加分户验收工作。

（三）参加分户验收的人员应具备相应的技术能力和资格，并经当地监督机构认可与备案。

（四）分户质量验收前，施工单位应在建筑物相应部位标识好暗埋水、电管线的走向，分户验收应配备必要的检测仪器；建设单位应提前5个工作日向当地工程质量监督机构进行告知。

（五）分户验收应逐户、逐间检查，并做好记录。分户质量验收不合格的，须经整改符合要求后重新组织验收。

（六）每户住宅和规定的公共部位验收完毕，应填写《住宅工程质量分户验收表》（见附表一），由建设单位和施工单位项目负责人、监理单位项目总监理工程师等分别签字确认，并加盖公章后，张贴于户内醒目位置。

第八条 建设、施工、监理等单位应严格履行分户验收职责，对分户验收的结论进行签认，不得简化分户验收程序。对于经检查不符合要求的，施工单位应及时进行返修，监理单位负责复查。返修完成后由建设单位重新组织分户验收。

第九条 工程质量监督机构应加强对分户验收工作的监督检查，发现问题及时监督有关方面认真整改，确保分户验收工作质量。

第十条 住宅工程竣工验收前，建设单位应制作工程标牌，镶嵌在建筑外墙显著部位，规格尺寸不小于为500mm×700mm。工程标牌应包括以下内容：

（一）工程名称、开工日期、竣工日期；

（二）建设、勘察、设计、监理、施工单位全称；

（三）建设单位项目负责人，勘察、设计单位项目负责人，监理单位总监理工程师，施工单位项目经理姓名。

第十一条 住宅工程交付使用时，《住宅工程质量分户验收表》（见附表一）应当作为《住宅质量保证书》的附件一并交给住户。

住宅工程建设单位应当在《住宅质量保证书》中注明以下事项：

（一）保修范围和保修期限；

（二）工程质量保修程序和处理时限；

（三）建设单位工程质量保修监督电话及负责人姓名；

（四）施工单位工程质量保修负责人姓名、电话以及办公地点；

（五）物业公司名称、电话。

第十二条 建设单位在申报工程竣工验收监督时，应当将《住宅工程质量分户验收表》（见附表一）、《住宅工程质量分户验收汇总表》（附表二）和工程竣工验收报告等有关资料一起报送工程质量监督机构，工程质量监督机构对分户验收情况进行监督抽查。

第十三条 对于在分户验收中弄虚作假、降低质量标准，将不合格工程按合格工程验收的，责令改正，依法对有关单位和责任人进行处罚，并纳入不良行为记录。

第十四条 各地结合本地区实际情况，可根据本办法制定实施细则。

第十五条 本办法自发布之日起施行。

山东省住房和城乡建设厅 关于深入开展住宅工程质量通病专项治理活动的通知

鲁建发〔2010〕14号

各市住房和城乡建委（建设局），建管局（处、办），房管（开发）局（处、办）：

多年来，全省上下高度重视建设工程质量管理工作。从1997年开始，我省先后开展了治理工程质量通病、创建无质量通病住宅和创建“质量诚信、用户满意”工程活动，各级建设部门和广大工程参建单位不断强化建筑工程质量监管，完善内部质量保证体系，狠抓质量通病的治理，取得了明显成效。近年来，随着经济社会发展和人们生活水平的提高，人民群众对住宅工程质量有了更高的期望。同时，大量新技术新材料新工艺的推广应用和精装修成品房的逐步涌现，在施工队伍素质和施工过程控制方面的矛盾逐渐扩大，出现了一些新的质量通病，个别原已消除的质量通病也有所反弹，影响了工程使用功能，群众对此有些意见。为巩固近年来住宅工程质量管理工作成果，从更高标准推动全省住宅工程质量整体水平的提高，让人民群众住上满意房、放心房，省住房和城乡建设厅、省建筑工程管理局决定在全省深入开展住宅工程质量通病专项治理活动（以下简称专项治理活动），现将有关事项通知如下：

一、充分认识开展专项治理活动的重要意义

住宅工程的质量，涉及到人民群众的公共安全和切身利益，事关党和政府的形象和社会稳定的大局。开展专项治理活动，是对前些年治理质量通病工作的深化和提高，也是进一步贯彻落实科学发展观，落实以人为本，建设和谐社会的具体体现，更是我们党和政府密切与人民群众血肉联系，维护广大人民群众根本利益，为群众办实事的重要标志。各级住房和城乡建设行政主管部门要站在讲政治的高度，充分认识专项治理活动的重要意义，增强工作责任感和紧迫感，统筹规划，突出重点，强化措施，积极引导工程参建各方加强管理，健全质量保证体系，严格监督工程建设标准的实施，扎扎实实开展专项治理活动。要加强舆论引导，积极通过各种宣传工具，广泛深入地开展宣传发动，号召社会广泛参与，营造良好舆论氛围。要积极通过培训教育等形式强化引导，使参建各方统一行动，明确目标要求，自觉强化质量管理工作，推动专项治理活动深入开展。

二、明确专项治理活动的指导思想、主要内容和工作目标

指导思想：全面贯彻落实科学发展观要求，坚持工程建设“百年大计、质量第一”方针，从解决涉及群众切身利益的热点、难点问题出发，强化工程参建各方主体责任，强化各项法律法规和强制性建设标准的落实，强化工程质量监管机制，强化工程质量的过程控制，在巩固住宅工程主体结构质量的基础上确保使用功能质量，推动全省住宅工程质量总体水平再上新台阶。

主要内容：从现在开始，利用三年时间对当前影响住宅工程主要使用功能的渗漏、裂缝、电气、水暖四大类十二项突出工程质量通病进行专项治理。

工作目标：到 2013 年，全省住宅工程四大类十二项质量通病得到有效治理，质量投诉明显下降，工程参建各方质量意识显著增强，法律法规和强制性建设标准得到严格执行，住户对住宅工程质量的满意度达到95%以上。

三、明确住宅工程参建各方主体的质量责任，认真落实专项治理措施

建设单位作为住宅工程建设的组织者，应牵头负责具体工程专项治理活动的组织实施工作。要严格履行法定建设程序，不得肢解发包工程、压级压价、任意压缩合理工期。在工程开工前要下达住宅工程专项治理任务书，审批施工单位专项治理方案，明确专项治理的奖罚措施。在工程建设过程中要及时督促参建各方落实专项治理责任，协调解决工作中出现的问题。组织工程竣工验收时，应将施工单位的专项治理自评报告和监理单位的专项治理评估报告作为竣工验收的重要审查内容，发现工程存在质量通病的，责令施工单位整改后方可验收交付使用。

设计单位应根据专项治理内容和工程实际，针对性地深化细部设计，有关分部、分项工程要明确设计详图和施工做法，并做好设计交底。在验收环节应严格审查质量通病防治方面的按图施工情况。

施工图审查机构应将质量通病防治设计列入重点审查内容，未落实专项治理要求的设计图纸，不予核发审查合格证书。质量通病防治做法方面的重大设计变更，应按规定经施工图审查机构审核批准后，方可进行施工。

施工单位作为住宅工程建设的实施者，应全面负责具体工程的专项治理工作。要成立住宅工程质量通病专项治理领导小组，明确责任，细化措施。工程施工组织设计应包含专项治理内容，并明确专项治理技术方案，经监理单位审查，建设单位批准后实施。专业承包企业应提出专业承包工程相关的专项治理措施，由施工总承包单位审查，监理（建设）单位批准后实施。施工过程中要严格执行专项治理技术方案和治理措施，强化技术交底和监督检查，加强专项治理的过程控制和中间环节验收。工程完工后，应组织自评自改并提出专项治理自评报告。

监理单位应针对质量通病防治提出具体监理措施，列入《监理规划》和《监理实施细则》，开工前要认真审查施工单位专项治理技术方案，工程中要针对专项治理有关分部分项工程和关键环节，加强旁站、巡视和平行检验，督促施工单位落实防治措施。工程完工后，应提出工程专项治理工作评估报告。

建筑材料供应单位和质量检测机构等其他参建各方，应严格按照国家和省有关规定和建设标准落实专项治理措施。

四、加强政府监管，确保专项治理要求落实到位

各级住房和城乡建设行政主管部门要把住宅工程质量通病防治作为住宅工程建设管理工作的重点内容，加强对建设、勘察、设计、施工、监理以及质量检测、施工图审查等有关单位执行工程质量管理法律法规、标准规范和质量通病防治措施情况的监督检查，加大责任追究力度，强化参建各方主体责任落实，切实提高全省住宅工程质量总体水平。工程招投标监管机构应将专项治理措施列入竞标内容。工程造价监管机构应对专项治理给予合理的价格政策支持，施工单位因采取专项治理措施所增加且定额中未包括的相关费用，要列入工程措施费。工程质量监督机构要把专项治理措施落实情况作为重要内容列入监督计划，通过抽查、巡查、专项检查等手段，督促工程参建各方落实专项治理责任，及时发现和纠正质量通病问题和隐患。工程完工后专项治理效果达不到要求的，不予竣工验收备案。

五、建立激励与约束机制，健全质量通病治理的制度规范

各级住房和城乡建设行政主管部门要把专项治理工作情况同企业资质及评优树先、业绩考核、经济奖惩等挂钩，充分调动企业参与专项治理活动的积极性、主动性。专项治理情况要列入各类工程质量评优考核内容，不开展专项治理活动的企业和住宅工程不能参加各类工程质量评优和优秀住宅小区评选。省住房和城乡建设厅、省建筑工程管理局每年择优表彰一批省级住宅工程质量通病专项治理样板工程，并优先推荐鲁班奖、国优、广厦奖工程。各市也要表彰一批市级专项治理样板工程，抓好典型，发挥示范带动作用。未开展专项治理活动，工程存在较多质量通病的企业，要计入企业不良行为记录，进行通报批评，并在市场竞争中给予限制。各市要以专项治理活动为契机，以四大类十二项质量通病治理为重点，不断总结经验、巩固措施，逐步拓宽治理范围，推动各类工程质量通病治理工作的全面开展。省住房和城乡建设厅、省建筑工程管理局将在总结全省专项治理经验的基础上，对一些成熟有效的治理措施进行总结，逐步形成全省质量通病控制的地方标准，促进全省建筑工程质量整体水平的提高。

六、加强组织领导，把专项治理活动落到实处

各级住房和城乡建设行政主管部门要把住宅工程质量通病专项治理作为当前和今后一段时期的重点工作摆上重要议事日程，主要领导要亲自部署、亲自抓，及时调度掌握工作进展情况，分管领导要靠上做工作，及时协调解决工作中遇到的各种问题。为加强组织领导，省住房和城乡建设厅、省建筑工程管理局成立全省住宅工程质量通病专项治理活动领导小组，办公室设在省建设工程质量监督总站，统一组织全省专项治理工作。各级也要参照省里的做法组建相应的领导机构，强化组织协调，加强内部科室、单位之间的协调配合，形成推动专项治理活动的工作合力。要结合地方实际，进一步深化工作方案，细化工作措施，强化责任分解、责任考核和责任追究，确保专项治理活动不走过场、不走形式，取得实实在在的效果。省专项治理活动领导小组将适时组织对各地专项治理工作开展检查和总结，对活动开展扎实深入、成效显著的，将给予通报表彰，对敷衍塞责、走过场、走形式、成效不明显的，将进行通报批评。通过三年努力，使住宅工程质量通病专项治理活动取得突破性进展，推动全省建筑工程质量整体水平再上一个大台阶。

附：山东省住宅工程质量通病专项治理技术措施（略）

山东省住房和城乡建设厅

二〇一〇年六月十八日

山东省住房和城乡建设厅关于印发《山东省物业质量保修金管理办法（试行）》的通知

鲁建发〔2010〕18号

各市住房城乡建委（建设局）、有关城市房管局：

为明确保修期内物业的保修责任，促进房地

产开发企业和建筑施工企业提高质量责任意识，及时处理物业保修期内质量投诉和纠纷，更好地维护广大业主权益。根据《山东省物业管理条例》及有关法律法规，省住房城乡建设厅制定了《山东省物业质量保修金管理办法（试行）》，现印发给你们，请遵照执行。

山东省住房和城乡建设厅

二〇一〇年九月十五日

山东省物业质量保修金管理办法（试行）

第一章 总 则

第一条 为了加强物业质量保修金管理，维护相关业主的合法权益，保障相关物业在保修期内的正常使用和维修，根据《山东省物业管理条例》和有关法律法规，结合本省实际，制定本办法。

第二条 本办法所称的物业质量保修金（以下简称保修金）是指房地产开发企业（以下简称开发企业）按照规定比例向物业主管部门交存的，作为保修期内履行保修义务保证的资金。

第三条 本办法适用于本省行政区域内新建物业质量保修金的交存、使用、退还和监管。

第四条 保修金管理坚持统一交存、权属明晰、专款专用、政府监管的原则。

第五条 省住房城乡建设行政主管部门负责全省保修金管理工作的指导和监督。

设区的市、县（市、区）物业主管部门负责本行政区域内保修金的监督管理工作。

第六条 县级以上物业主管部门应当建立健全保修金管理机构，具体负责保修金的收取、核算、退还等工作；设区的市、县（市、区）物业主管部门已设有住宅专项维修资金管理机构的，宜由该机构负责保修金的日常管理工作。

第七条 保修金管理应当接受财政、审计等部门的监督。

第二章 交 存

第八条 开发企业新建用于销售的物业，均应按照建筑安装总造价的3~5%交存保修金，具体标准为低层和多层建筑3%、小高层建筑4%、高层建筑5%。

设区的市、县（市）物业主管部门可根据物业类型和本地实际，按前款规定的交存比例，合理确定保修金的具体收取方式。

开发企业应依照本办法的规定，将按国家《建设工程质量保证金管理暂行办法》规定预留的工程质量保证金转作物业质量保修金，交物业主管部门进行监管。

第九条 各级住房和城乡建设主管部门要积极鼓励开发企业创建精品工程，树立品牌意识。经物业主管部门会同房地产开发主管部门核准，可根据开发企业信用状况、资质等级、售后服务体系建立等情况适当降低保修金收取标准，并应当遵守如下规定：

（一）开发企业购买了工程质量责任保险的，所承保物业可不交存保修金；

（二）通过住宅性能认定终审的3A级、2A级、1A级的开发项目，可分别相应降低或退还该项目保修金交存比例的3个、2个、1个百分点；

（三）获得广厦奖、鲁班奖等国家级优良工程奖，省优秀住宅小区、泰山杯等省级优良工程奖，市级优秀住宅小区等市级优良工程奖的项目，可在该项目获奖后分别退还3个、2个、1个百分点比例的保修金；

（四）开发企业质量保证体系及售后维修服务体系健全，企业信用等级较高或者前期物业管理质量控制措施到位的项目，交存标准可适当降低，但最多不超过1个百分点。

前款（二）至（四）项累计计算，实际交存比例最低不得低于物业建筑安装总造价的1%。

第十条 物业主管部门可以根据当地工程造价水平统一测算核定不同类型建筑的建筑安装造价平均数额，并将开发企业需交存的保修金标准和具体数额函告开发企业和商品房预售款监管部门。

第十一条 开发企业对交存保修金的数额有异议的，应当在接到函告后7日内向物业主管部门提出复核申请，物业主管部门应当及时复核并提出处理意见。

第十二条 开发企业在向业主办理商品房屋交付前，应当一次性足额向物业主管部门指定的帐户按幢交存保修金。

第十三条 实行了商品房预售资金监管的项目，预售资金监管部门应在商品房屋交付前，按物业主管部门的要求，从预售款中一次性划转规定数额的保修金到指定专户，并告知开发企业。

第十四条 物业主管部门收取保修金，应当开具财政主管部门监制的专用票据。

第十五条 在商品房屋交付使用时，开发企业应当向业主提供保修金交存证明。

未交纳保修金的项目，开发企业不得将商品房屋交付业主，业主有权拒绝接收。相关部门不得办理商品房屋综合验收备案、房屋确权登记等手续。

第十六条 开发企业不按本办法的规定交存保修金的，由物业主管部门责令限期交纳；逾期仍不交纳的，自逾期之日起按日加收欠交部分千分之三的滞纳金，并依法予以处罚。

物业主管部门应将开发企业交存保修金的情况及时通报开发主管部门，作为开发企业办理开发项目综合验收备案的依据。开发主管部门应将保修金交存情况记入开发企业信用档案，并与其社会信用评价挂钩。

第三章 使用

第十七条 在保修期内，物业出现质量问题，需要维修时，开发企业不履行保修义务或者因歇业、破产等原因无法履行保修义务的，可按本办法有关规定使用保修金。

第十八条 正常使用条件下，国家、省规定的商品房屋的保修范围和最低保修期限为：

（一）房屋建筑的地基工程和主体结构工程、基础设施工程，为设计文件规定的该工程的合理使用年限；

（二）屋面防水工程不低于5年，有防水要求的卫生间、房间和外墙面的防渗漏不低于5年；

（三）外墙外保温工程不低于5年；

（四）供热与供冷系统，为2个采暖期、供冷期；

（五）电气管线、给排水管道、设备安装工程为2年；

（六）开发企业统一进行装饰装修的商品房装修工程为2年。

其他项目的保修期限和保修范围，由开发企业和业主在商品房销售合同和质量保证书中约定。

商品房屋的保修期，自商品房屋交付使用之日起计算。

第十九条 下列情形不属于保修范围，不应使用保修金进行维修：

（一）因业主不当使用物业或者擅自改动房屋结构、设备位置和不当装修等造成的物业质量问题；

（二）非开发企业建设的专业经营设施设备出现的质量问题；

（三）因不可抗力造成的物业质量问题。

第二十条 物业专有部位发生可以使用保修金的情形时，由相关业主提出保修金使用申请。

物业共用部位、共用设施设备出现可以使用保修金的情形时，由物业服务企业、业主委员会向物业主管部门提出保修金使用申请；业主委员会尚未成立的，可以由物业服务企业和业主推选的业主代表向物业主管部门提出保修金使用申请。

第二十一条 物业主管部门接到申请后，应向开发企业进行核实、并对申请事项进行审查，经核实审查决定使用保修金的，应当确定由物业服务企业或其他具有相应施工资格的施工单位进行维修。

第二十二条 承担维修的单位，应当编制维修方案及资金预算，报物业主管部门审查后组织维修。

实施维修的物业服务企业、施工单位应合理控制维修成本，完成维修后，填写物业维修工程费用清单，并由保修金使用申请人签章确认。

第二十三条 物业主管部门在收到物业维修工程费用清单后核实有关情况，并于20日内向保修金使用申请人或维修单位转账，将维修费用从保修金中列支。

第二十四条 开发企业对维修责任存在异议的，应当委托工程质量检测机构进行检测。

物业主管部门认为必要时，也可以责令开发企业委托工程质量检测机构对相关物业质量问题进行检测。

第二十五条 发生涉及结构安全或严重影响使用功能的紧急抢修事故时，业主或物业服务企业可先行垫资维修，并应当保存相关证据，在责任认定明确后，符合本办法规定的保修金使用情形的，可以申请使用保修金清偿。

第二十六条 保修金使用后，物业主管部门应在维修工程结算之日起30日内将保修金使用明细函告开发企业。

第四章 监管及退还

第二十七条 各市物业主管部门应在所在地商业银行开立专户存储保修金。

保修金存储最长年限为5年，按人民银行公布的同期活期存款利率计息。

第二十八条 物业主管部门应当每年以相关业主方便查阅的形式定期公示相关保修金的交存、使用、退还等情况，接受业主、开发企业的监督。

第二十九条 开发企业积极配合，认真履行了相应的保修义务的，物业主管部门应当在各分部工程保修期满后30天内退还开发企业相应部分保修金本息余额。

第三十条 物业保修期内发生严重质量缺陷，经反复维修，截止保修期到期仍有影响物业正常使用的质量遗留问题的，保修金暂不予以退还，直至相关质量问题得到修复为止。

第五章 附 则

第三十一条 各设区的市可依据本办法，结合本市实际，制定本行政区域内的保修金管理办法实施细则。

第三十二条 本办法由省住房城乡建设主管部门制定并负责解释。

第三十三条 本办法自发布之日起实施。

山东省住房和城乡建设厅关于进一步加强燃气热力专项发展规划编制实施工作的通知

鲁建燃热字〔2010〕17号

各市住房城乡建委（建设局）、有关市行业主管局：

为贯彻落实国务院、省政府有关节能减排工作的要求，依据我省燃气供热法规规定，切实搞好燃气供热专项规划编制实施工作，规范燃气热力行业发展，大力推广应用清洁能源，推进节能降耗和供热计量工作的开展。现将有关事项通知如下：

一、进一步提高对燃气热力专项规划编制工作重要性的认识

燃气热力行业是新兴重要能源行业，燃气热力设施是重要市政基础设施和能源设施，事关城市经济社会协调持续发展，事关人民群众切身利益。燃气热力供应系统性、技术性较强，如果不进行超前规划，指导燃气热力设施工程建设，将给燃气供热系统安全稳定运行带来不利影响，也极大地影响基础设施的配套建设。各级燃气热力管理部门要高度重视燃气热力规划编制工作的重要性，要从调结构、转方式、惠民生大局出发，从落实科学发展观、促进节能减排、维护社会和谐稳定的高度，认识做好这项工作的重要性，将这项工作作为一项统领燃气热力行业全局性的紧迫的任务，务必采取强有力的措施抓实抓好。

二、明确城市燃气供热专项规划的目标和技术要求

燃气供热专项规划是城乡规划的重要组成部分，是实施燃气热力设施工程项目的基础。燃气热力规划必须坚持以科学发展观为指导，贯彻落实国家和省一些列节能减排的政策文件，充分考虑当地经济社会发展条件，坚持统筹城乡发展、增强服务功能的原则，大力推进燃气供热设施建设和行业发展，改善城乡生产生活条件和居住环境，提高居民生活质量。燃气专项规划要实施多气源并重，积极稳妥地推进天然气的发展应用，分阶段实施“气化山东”的目标，根据当地实际明确各地“气化山东”的目标、范围、期限和措施。设区市、县（市）燃气专项规划都要统筹考虑本行政区域内天然气高压、次高压管道的布局，在满足《山东省燃气专项规划编制技术规定》要求得到基础上，着力搞好辖区内天然气储存、输配系统、CNG、LNG等的规划布局，要把握城乡统筹、城乡一体化发展趋势，对乡村燃气发展纳入专项规划作出科学安排。供热专项规划要根据当地用热负荷，多途径加快城市热源建设，积极实施包括热电联产、区域锅炉房等热源设施建设，积极推广蒸汽网改水网、低温循环水利用、系统自动化控制等系统节能先进适用技术，因地制宜、科学利用地热、生物质热能、太阳能等供热采暖，努力提高集中供热水平和供热质量。要结合集中供热分户计量改革工作，积极推进供热系统节能改造，大力推进节能降耗。要满足建设部等《关于加强城市供热规划管理工作的通知》（建城字〔1995〕126号）有关《城市供热规划技术要求》《城市供热规划内容深度》

规定，符合有关技术和内容深度要求。燃气供热专项规划的成果必须包括文本、图纸和说明书，缺一不可，图纸必须绘制在电子地形图上，与总体规划相关图纸保持一致，凡达不到要求的，一律不予评审和审查。

三、强化城市燃气供热专项规划成果的审查审批工作

各地燃气热力行业主管部门要会同规划等部门进一步加强燃气热力专项发展规划编制单位资质审查工作，任何单位不得超过省里规定的资质条件编制燃气供热专项规划。设区市燃气专项规划、设市城市供热规划的编制工作要由具备甲级资格的规划设计单位承担；县（市）燃气专项规划和县城的供热规划编制工作要由乙级以上规划设计资格的单位承担。要采取措施保证规划编制经费到位，可申请财政经费予以支持，财政经费困难的可从基础设施配套费、开户费中列支规划编制经费。设市城市的燃气供热规划要经省住房城乡建设厅组织专家进行技术论证，县的燃气供热专项规划要经过设区市燃气供热行政主管部门组织专家进行技术论证，凡未经规定的主管部门组织技术审查论证的燃气供热专项规划一律不得审批和实施。燃气供热专项规划编制单位必须根据专家论证意见，对编制的燃气供热专项规划进行修改完善，各地燃气供热主管部门要依据专家审查意见，对修改完善后的规划成果进行严格审查，修改意见较多的还要由专家组组长进行把关，并出具书面审查的意见，确保规划成果符合有关规定要求。要加强对燃气供热规划的成果、内容深度、技术要求的审查把关，凡达不到规定的规划成果、内容深度和技术要求的，一律不予审查通过。要严格按照国家和省里的规定，强化燃气供热规划的审查工作，设区市、县（市）燃气供热专项规划经技术审查合格的，要将规划文本图纸、政府批复意见等报省住房城乡建设厅备案，凡达不到规定要求的，省住房城乡建设厅将不予备案。计划单列市、省会城市和规划供热面积在1 000万平方米以上（含1 000万平方米）的供热专项规划，要报请省住房城乡建设厅审查批准；规划供热面积1 000万平方米以下的供热专项规划，要报请设区市人民政府建设行政主管部门审查批准。

四、做好城市燃气热力专项规划的组织实施工作

修改完善后的燃气专项规划，燃气行政主管部门依据有关法规规定报当地人民政府批准，并由当地燃气行政主管部门会同有关部门依法组织实施。各地要加大规划组织实施力度，加强对燃气热力工程的审查审批工作，严格执法，严肃处理违法违规行为。要积极协调规划、发改、经贸等部门，明确职责，齐抓共管，形成合力。要把实施燃气热力规划作为调结构、转方式、惠民生的重要工作，时刻抓在手上，通过抓规划实施加快推进燃气热力行业发展，规范市场行为。要加大燃气市场监管工作力度，已经报政府批准实施的燃气专项规划，要抓紧制定政策文件，科学划定管道燃气企业经营区域，确定区域“气化”时间、目标和任务，积极推行城乡一体化供气体系，严禁违反规划划定管道燃气经营区域，严禁给未经省里审批的管道燃气企业划定燃气经营区域。要科学论证热源、热力管网等供热设施工程项目，特别是新上城市热源项目要由上一级供热主管部门组织专家进行技术论证，不得盲目上马热源项目。各级燃气供热主管部门要加强组织领导，严格落实国家、省里的政策文件，加强督导落实，加快燃气供热专项规划编制工作，严格组织实施好规划，推进燃气热力行业快速协调发展。

山东省住房和城乡建设厅
二○一○年九月十四日

山东省住房和城乡建设厅关于印发《山东省可再生能源建筑应用技术产品认定实施细则（试行）》的通知

鲁建发〔2010〕21号

各市住房城乡建委（建设局），各有关单位：

现将《山东省可再生能源建筑应用技术产品认定实施细则（试行）》印发给你们，请遵照执行。执行中如有问题，请与我厅建筑节能与科技处联系，联系电话：0531—87087009。

山东省住房和城乡建设厅

二〇一〇年十一月十六日

山东省可再生能源建筑应用技术产品认定实施细则（试行）

第一章 总 则

第一条 为规范我省可再生能源建筑应用技术产品管理，促进可再生能源建筑应用工作的顺利开展，根据《山东省新型墙体材料发展应用与建筑节能管理规定》、《山东省新型墙材建筑节能技术产品应用认定管理办法》的规定，结合本省实际，制定本细则。

第二条 凡申请山东省可再生能源建筑应用技术产品认定的生产、设备集成企业和负责认定监督管理工作的部门，均适用本细则。

第三条 本细则所称可再生能源建筑应用技术产品，主要包括太阳能光热系统、地源（含水源、土壤源、海水源、污水源，下同）热泵空调系统及其配套技术产品等。

第四条 省住房城乡建设行政主管部门负责全省可再生能源建筑应用技术产品认定及监督管理工作。各设区的市住房城乡建设行政主管部门负责当地可再生能源建筑应用技术产品认定初审及监督管理工作。认定管理具体工作由其所属的建设科技管理机构具体承担。

第五条 可再生能源建筑应用技术产品实行全省统一认定制度。省建设行政主管部门统一确定认定管理范围、制定认定标准、制发认定证书。

各地不得另行制发或变相制发认定证书。

第六条 以下可再生能源建筑应用项目应使用经过认定的技术产品：

（一）国家可再生能源建筑应用示范市、县的相关应用项目；

（二）国家可再生能源建筑应用示范项目；

（三）山东省可再生能源建筑应用示范项目；

（四）全省太阳能光热建筑一体化应用项目。

其他可再生能源建筑应用工程项目宜选用经过认定的技术产品。

第二章 申报条件及认定程序

第七条 申请认定可再生能源建筑应用技术产品的企业应具备下列条件：

（一）具有独立法人资格；

（二）产品符合国家、省产业政策和相关标准要求；

（三）质量保证体系健全，运行有效；

（四）生产及检测设备配套齐全，生产工艺合理，质量稳定可靠。

第八条 企业申请认定可再生能源建筑应用技术产品时，须提供下列资料：

（一）认定申请表（见附件4）；

（二）企业营业执照及法人代表证明材料；

（三）企业概况；

（四）产品工艺流程图，生产及检测设备清单，产品执行标准清单等；

（五）质量管理手册及体系认证证书或生产许可证、3C认证等强制性认证证书；

（六）省级以上权威检测机构出具的检测报告（有效期在一年之内）；

（七）科技成果鉴定证书或专家考察意见书；

（八）产品技术说明书；

（九）近两年的一体化应用工程清单；

（十）其他有关证明材料。

第九条 认定程序：

（一）申报企业向所在设区的市住房城乡建设行政主管部门提出认定申请，设区的市住房城乡建设行政主管部门初审后，提出推荐意见并加盖公章，报省住房城乡建设行政主管部门；省外企业直接向省住房城乡建设行政主管部门提出认定申请。

（二）省住房城乡建设行政主管部门对申报资料进行审查，决定是否受理认定申请。不予受理的将申请材料退回申请单位，并出具书面意见。同意受理的，根据技术产品认定条件（详见附件1、2），组织专家对申报企业进行现场考察。考察的主要内容包括：

1. 基础设施：包括生产场所、生产设备、监测设备等；

2. 人员素质：包括技术人员数量和构成，生产施工人员技能，持证上岗情况等；

3. 生产工艺控制：包括质量管理运行情况、生产工艺控制情况、生产工艺记录等；

4. 产品质量：包括主要零部件及原材料的进厂检验、生产过程检验、出厂检验、型式检验、施工过程检验的方式方法和检验结果等。

企业主要技术产品通过省级以上科技成果鉴定的，现场考察从简。

（三）符合认定条件的企业，对技术产品主要性能指标进行检测（检测项目详见附件3）。具体要求如下：

1. 对太阳能光热系统，在现场考察时抽取一台样品，委托省级以上检测机构进行检测，并随机查看一个应用工程。已通过“金太阳”认证的技术产品，可不再进行检测；

2. 对地源热泵空调系统，随机选择一个应用工程，依据国家有关标准规范进行现场实测，并视情对系统有关部件进行抽样检测。已在国家可再生能源建筑应用示范工程中使用，且工程通过验收的，可不再进行检测；

3. 企业同时申请多项认定的，在同一类技术产品中选择一个具有代表性的进行检测。

（四）经检测合格的技术产品，组织专家进行评审。通过评审的，在有关媒体公示10日，经公示无异议的，由省住房城乡建设行政主管部门颁发《山东省新型墙材建筑节能技术产品认定证书》。

第十条 认定证书有效期二年。有效期满前三个月，企业应主动提出换证申请，办理复审换证手续。逾期不申请换证的，认定证书自动失效。

当产品设计或工艺有重大改变影响产品性能时，应及时重新申请认定。

第三章 监督管理

第十一条 在认定证书有效期内，省住房城乡建设行政主管部门将进行不定期监督检查，对达不到认定标准要求的，责令限期整改，逾期仍达不到要求的，撤消其产品认定证书，并向社会公告。

第十二条 认定企业在各类可再生能源建筑应用工程中，使用劣质或达不到设计要求的技术产品，造成不良后果的，由省住房城乡建设行政主管部门撤销生产企业的认定证书，并向社会公告。

第十三条 各设区的市住房城乡建设行政主管部门负责本地区已认定技术产品的日常动态监督管理，对出现重大质量安全事故的企业应及时建议省住房城乡建设行政主管部门撤销其认定证书。

第四章 附 则

第十四条 本细则由省住房城乡建设行政主管部门负责解释。

第十五条 本细则自印发之日起施行。

山东省住房和城乡建设厅
关于进一步加强建设工程档案归集管理的通知

鲁建发〔2010〕24 号

各市住房城乡建委（建设局）、规划局、城管局（市政公用局）、房管局，各市高新区、开发区建设主管部门，各县（县级市、市辖区）建设局、规划局、房管局：

根据《城乡规划法》（国家主席令 74 号）、《建设工程质量管理条例》（国务院令 279 号）、建设部《城市建设档案管理规定》和《城市地下管线工程档案管理办法》（部令 90 号、136 号）、省政府《关于切实加强工业压力管道和城市地下管线安全管理的紧急通知》（鲁政办发〔2009〕55 号明电）中的有关规定，为把省住房城乡建设厅《山东省房地产开发项目竣工综合验收备案办法》（鲁建发〔2009〕11 号）、《关于切实做好住房城乡建设档案工作的意见》（鲁建发〔2010〕7 号）的有关要求落到实处，进一步加强建设工程档案归集管理，从根本上解决档案流失问题，现将有关事项通知如下：

一、充分认识加强建设工程档案归集管理的重要意义

建设工程档案，是在工程建设活动中直接形成的具有归档保存价值的文字、图表、电子、声像等历史记录的总称，包括建设项目从提出、立项、规划、征地、勘察、设计、招投标、施工、监理到竣工验收备案等工程建设全过程形成的各种载体的文件和资料。建设工程档案是对项目准备、规划、勘察、设计、施工过程以及所用材料、产品、设备、技术的真实记录，是建设成果的真实反映，是责任主体的真实记载，是住房城乡建设档案的核心内容。做好建设工程档案归集管理工作，可以为实施城乡规划、组织工程建设、进行维修改造、调处社会纠纷提供重要依据，能够有效保证工程质量、保障城市秩序、维护公共安全、应对突发事件，更好地服务于城乡建设和经济社会发展。

二、明确归集建设工程档案的范围、步骤和要求

从 2011 年 1 月 1 日起，全省统一使用省住房城乡建设厅印制的《山东省建设工程档案移交合同书（责任书）》《山东省建设工程档案预验收意见书》《山东省建设工程档案合格证》（简称

"两书一证")。为深化落实"两书一证"制度，全省县城以上城市规划区内所有新建、改建、扩建的房屋建筑和市政工程项目，村镇规划区内执行工程建设程序的建设项目，其工程档案归集按以下步骤和要求办理：

（一）建设部门核发建设工程施工许可证（或规划部门核发建设工程规划许可证）前，当地城建档案管理机构必须与建设单位签订《山东省建设工程档案移交合同书（责任书）》（见附件1），将工程竣工后需移交的工程档案内容和要求告知建设单位。未签署合同书（责任书）的，不予办理施工许可（或规划许可）手续。

对涉及地下管线的建设项目，规划部门核发建设工程规划许可证时，还应要求建设单位报送管线现状资料并提供城建档案管理机构（或当地政府指定的管线信息管理机构）出具的管线查询证明；对涉及挖掘道路的建设项目特别是地下管线工程，建设部门或城管（市政公用）部门在核发施工许可证时，还应要求建设单位提交既有地下管线的安全监护方案。

（二）建设部门办理建设工程竣工验收备案手续（或规划部门核发建设工程竣工规划验收合格证），必须把《山东省建设工程档案预验收意见书》（见附件2）作为必备要件。未出具预验收意见书的，不准进行竣工验收，不予办理竣工验收备案手续（或不予进行规划核查）。

建设单位在组织工程竣工验收前，应当提请当地城建档案管理机构进行工程档案预验收。城建档案管理机构要本着既保证重要审批文件和技术资料不缺失、又方便行政相对人的原则，在接到申请后5个工作日内完成预验收，预验收合格的出具《山东省建设工程档案预验收意见书》；验收不合格的，必须将整改意见一次性明确告知建设单位，限期补充完善相关资料。

地下管线工程竣工验收前，建设（或规划、城管、市政公用）部门还应责成建设单位，委托具有相应资质的工程测量单位，按照《城市地下管线探测技术规程》（CJJ61）进行竣工测量，管线测量成果作为工程档案预验收的必查资料；也可预先收取地下管线测量费用，定期对新竣工的管线统一组织补测。城建档案管理机构与管线信息管理机构分设的，地下管线工程档案预验收由管线信息管理机构负责。

（三）房管部门受理房屋产权初始登记申请，必须把《山东省建设工程档案合格证》（见附件3）作为必备要件。未按规定向城建档案管理机构移交工程档案并取得合格证的，不予受理房屋产权初始登记申请。

城建档案管理机构要督促建设单位，在工程竣工验收及备案后三个月内，向其移交一套符合《建设工程文件归档整理规范》（GB/T50328－2001）的工程档案，并核发《山东省建设工程档案合格证》。

地下管线工程档案的原件，原则上应向城建档案管理机构或当地政府指定的管线信息管理机构移交，也可由管线产权单位自行保管，但必须移交一套完整的复制件。

其他建设项目的档案归集，可参照以上步骤和要求办理。

三、从严把好建设工程档案归集管理关口

工程档案归集管理，是工程建设程序的组成部分，是工程质量管理的法定环节，是城乡长远发展和社会公共安全的重要保证。各级建设、规划、城管（市政公用）、房管部门要按照国家和省有关规定，切实履行职责，相互密切配合，在规划许可、施工许可、竣工验收备案、房屋产权初始登记等关键环节严格把关，把"两书一证"制度落实到位，不断提高建设工程档案归集率。各市城建档案管理机构（地下管线信息管理机构）要主动做好汇报、沟通和宣传工作，提高建设单位的工程档案意识，指导、督促和协助工程项目的勘察、设计、施工、监理、测量等单位做好工程档案的收集和整理工作，端正服务态度，讲求工作效率，提高服务水平。

自2011年1月1日起，原山东省建设委员会制定的《山东省建设工程档案移交规定》（鲁建发〔1999〕50号）废止。各市现行的建设工程档案归集管理有关制度和规定，应按本《通知》要求予以调整。省住房城乡建设厅将定期或不定期对本《通知》执行情况进行督查，对拒不执行本《通知》规定的单位及其责任人在全省建设系统通报批评。

附件：

1.《山东省建设工程档案移交合同书（责任书）》（略）

2.《山东省建设工程档案预验收意见书》（略）

3.《山东省建设工程档案合格证》（略）

山东省住房和城乡建设厅

二〇一〇年十二月七日

山东省住房和城乡建设厅关于授予中国（济南）国际园博园等项目2010年山东人居环境范例奖的通报

鲁建城字〔2010〕61号

各市住房城乡建委（建设局）、有关行业主管局：

根据山东人居环境（范例）奖申报和评选的有关规定，在各有关城市推荐申报的基础上，经组织审查，决定授予“中国（济南）国际园博园”等17个项目“山东人居环境范例奖”。

希望获奖项目和单位认真学习党的十七届五中全会和省九届十一次全委会精神，深入贯彻落实科学发展观，戒骄戒躁，继续扎实开展工作，争取在人居环境建设方面取得更大成绩。各地要以获奖项目为榜样，坚持以科学发展观为指导，不断加强基础设施建设和生态环境建设，大力实施节能减排，推动城乡人居环境不断改善，努力构建资源节约、环境友好型社会，为建设经济文化强省、推进新型城镇化进程做出新的贡献。

山东省住房和城乡建设厅

二〇一〇年十二月三十一日

附件：2010年山东人居环境范例奖获奖项目名单

2010年山东人居环境范例奖获奖项目名单

1. 中国（济南）国际园博园

2. 济南市历下区甸柳新村街道办事处社区环境整治

3. 青岛市城阳区节能建筑建设

4. 青岛市李沧区李村河上游综合治理工程

5. 胶南市隆海·海之韵住宅小区海水冲厕示范工程

6. 淄博市猪龙河综合治理工程

7. 淄博市体育公园建设工程

8. 枣庄市全民健身中心（东湖公园）

9. 寿光市滨河湿地
10. 诸城市首批既有建筑节能改造示范项目
11. 诸城市辛兴镇新型农村社区建设
12. 肥城市城市道路绿化建设
13. 日照市梦幻海滩公园建设工程
14. 莱芜市青草河水系综合治理工程
15. 莱芜市城管执法城乡一体化体系建设
16. 沂南县铜井镇竹泉村旧村改造工程
17. 德州市旧城区改造与环境提升

山东省住房和城乡建设厅关于印发《山东省城市园林绿化博览会管理办法》的通知

各市住房城乡建委（建设局）、有关行业主管局：

自2005年以来，我省已先后在菏泽、济南、青岛三市举办了三届山东省城市园林绿化博览会，对扩大省内外园林绿化行业交流、展示园林绿化成果、传播园林文化、推动行业健康发展发挥了重要作用。为规范省园博会的各项管理工作，我们制定了《山东省城市园林绿化博览会管理办法》，现印发给你们，请认真贯彻执行。

附件：山东省城市园林绿化博览会申报城市人民政府承诺书

山东省住房和城乡建设厅
二〇一〇年十一月二日

山东省城市园林绿化博览会管理办法

第一章　总　则

第一条　为做好山东省城市园林绿化博览会（以下简称省园博会）的申报与实施工作，保障各项活动正常有序开展，制定本办法。

第二条　省园博会坚持生态优先、传承文化、节约环保、规模适度、鼓励创新、永续发展的原则。

第三条　省园博会由省住房城乡建设厅、承办地设区城市人民政府共同主办。

由省风景园林协会、设区城市园林绿化行政主管部门共同承办。在县（市）举办的，县（市）人民政府作为承办单位。

每届园博会视具体情况，邀请住房城乡建设部城建司、中国风景园林学会等作为支持单位。

鼓励国内外企业、团体、社会组织、个人以适当形式参与省园博会各项工作。

第四条　园博会一般每2年举办一届。每届园博会都应根据行业发展形势确定一个主题。

园博会一般包括室外展、室内展和论坛等配套活动。室外展主要围绕省园博会主题，利用现代造园手法，营造特色园林艺术景观，充分展示园林绿化行业新技术、新材料、新成果等。室内主要展示各类园林艺术作品、赏石、盆景、插花等。展会期间应结合展会主题和行业发展需要，组织高层论坛、学术研讨、特色文化艺术展示、展演等系列活动。

第二章　申　办

第五条　申办城市应为国家园林城市，其园林绿化机构和职能明确，积极参加历届省园博会的各项活动并取得优异成绩。

申办城市应落实省园博会举办场地和展馆，保障建设和运行资金，落实工作经费。

第六条　单数年为省园博会申报年，偶数年为举办年。申办城市的申请需在申报年的3月31日前报省住房城乡建设厅。

第七条　在规定的申办期限内，城市人民政府自愿向省住房城乡建设厅提出申办申请，提交申办城市政府承诺书和申办报告等文件。

县（市）申办的需提供设区城市人民政府同意意见。每届省园博会每个设区城市只能推荐一个城市参加申办。园博会原则上不在同一设区城市连续举办。

第八条　申办期限截止后，省住房城乡建设厅组织专家委员会对申办城市进行综合评审，提出初步意见报省住房城乡建设厅研究后，确定并公布承办城市。

第三章　筹　办

第九条　园博会组委会由主办方和承办方的相关领导组成，统筹领导园博会筹办工作，下设办公室作为日常办事机构。

园博会组委会的主要职责包括：组织召开园博会新闻发布会；审定园博会组织实施方案、园区规划方案；审定园博会开幕式、闭幕式方案；听取园博会筹办期间各项工作进展情况报告，及时协调解决筹办过程中的有关问题；组织园博会评奖。

第十条　省住房城乡建设厅是省园博会的第一主办单位，主要职责包括：组建园博会组委会；组建专家委员会，授权并监督专家委员会开展工作；组织全省园林绿化行业支持、参与园博会工作。

第十一条　承办城市所在设区城市人民政府作为省园博会的第二主办单位，主要职责包括：对承办城市提供相关指导服务，督促承办城市兑现政府承诺、按期完成园博会筹办工作；

设区城市直接承办时，主要职责包括：兑现政府承诺；对具体承办单位提供相关支持与服务，按期完成园博会筹办和运营各项工作；负责协调与园博会相关的各有关部门之间的关系。

第十二条　承办单位在主办方领导下，完成园博会筹办各项工作。主要职责包括：组织起草园博会组织实施方案，包括展会主题和目标、组织领导、经费预算、工作计划及具体落实措施；编制园博会展园总体规划方案，组织实施相关基础建设工程；协调室内展馆；积极配合专家委员会的各项工作；为参展城市和单位提供必要的服务和后勤保障；负责园博会筹办和运营期间安全保障工作。

第十三条　专家委员会遵照省住房城乡建设厅要求，对园博会筹办工作进行指导和服务。主要职责包括：参与园博会相关专业技术方案的评审；对园博会筹办过程以及重点工作进展进行指导、服务和评估。

第十四条　参展城市、单位建设室外展园应坚持特色、专业、节约、可持续的原则，以植物造景为主，充分体现当地特色和园艺水平。

第十五条　参展经费原则上由参展城市、有关单位自行承担。

参展城市、有关单位的参展方案须报组委会办公室审定，并严格按照组委会审定的方案组织实施，保质、保量、按时完成。

第四章　后续管理

第十六条　园博会开幕后，承办城市应严格遵照实施方案要求，加强园区的维护管理。对闭幕后不宜长期保留的室外展园，承办城市应商其建设单位同意后拆除。

省住房城乡建设厅对在园博会筹办、运营期间做出突出贡献的单位和个人给予表彰。

第十七条 本办法自发布之日起施行，由省住房城乡建设厅负责解释。

附件：山东省城市园林绿化博览会申报城市人民政府承诺书（样本）

山东省城市园林绿化博览会申报城市人民政府承诺书（样本）

省住房城乡建设厅：

经认真研究，我市正式提出申办第______届山东省城市园林绿化博览会（以下简称省园博会）。如能获得省园博会承办权，我市将履行以下承诺：

一、成立专门的园博会筹办组织机构，认真组织实施各项筹备工作，保证省园博会按期顺利举办。

二、园博会主场地位于________，占地面积________公顷，主展馆位于________，标准展位________个，能够满足举办园博会的各项要求，保证不随意变更选址。

三、为园博会举办、园博园的建设维护提供资金保障。

四、为参展单位提供相关便利条件、配套服务及后勤保障。

五、加强园博会全过程的宣传推介工作，扩大园博会影响力。

市人民政府（盖章）

年 月 日

山东省住房和城乡建设厅
关于做好2010年机关办公建筑和大型公共建筑节能工作的意见

鲁建节科字〔2010〕9号

各市住房城乡建委（建设局）：

为贯彻落实《民用建筑节能条例》《建设部、财政部关于加强国家机关办公建筑和大型公共建筑节能管理工作的实施意见》要求，推动我省机关办公建筑和大型公共建筑节能工作全面深入开展，经研究，提出2010年机关办公建筑和大型公共建筑节能工作意见如下：

一、提高认识，增强做好机关办公建筑和大型公共建筑节能工作的紧迫感和责任感

机关办公和大型公共建筑能耗高、节能潜力大、社会影响大，据调查，机关办公建筑和大型公共建筑年耗电量约占全国城镇总耗电量的22%，每平方米年耗电量是普通居民住宅的10～20倍。做好机关办公建筑和大型公共建筑的节能工作，对促进和带动全社会节能工作，实现节能减排目标，落实“转方式、调结构”重大战略具有重要意义。中央、省委省政府对这项工作高度重视，国务院印发的节能减排综合性工作方案和节能减排工作要点等均提出了明确要求，并将这项工作列入对省级人民政府节能减排目标责任考核。省政府节能减排工作方案作出具体部署，列为省节能目标考核内容。建设部、财政部印发《关于加强国家机关办公建筑和大型公共建筑节能管理工作的实施意见》《国家机关办公建筑和大型公共建筑节能专项资金管理暂行办法》等文件，提出具体要求。建设部节能科技司把这项工作列为2010年重点工作，并要求我省加快推进机关办公建筑和大型公共建筑节能工作开展。

随着城镇化进程的加快，大型公共建筑快速增加，能耗迅速增长，机关办公和大型公共建筑节能工作成为全社会节能工作的重要方面。加快推进机关办公建筑和大型公共建筑节能工作，是建筑节能工作深入发展的必然要求，是建设低碳生态城市的迫切需要。各地务必充分认识加强机关办公建筑和大型公共建筑节能工作的重要性和紧迫性，进一步加大工作力度。

二、加大措施，推动机关办公建筑和大型公共建筑节能工作全面深入开展

2010年，我省机关办公和大型公建节能工作要以科学发展观为指导，认真贯彻国家、省有关规定要求，以节能监测系统建设为重点，以大型公共建筑节能改造为突破口，完善政策措施，强化督导考核，攻坚克难，强力推进，争取完成“六个一批”：制定一批政策标准、培育一批审计机构和技术支撑单位、改造一批高耗能建筑、建立一批节能监测平台、审计一批典型建筑、培植一批节约型高校，实现机制创新和工作成效“双突破”，打造我省建筑节能工作新亮点。

（一）加强制度建设。研究制定《山东省建筑能源审计管理暂行办法》、《山东省机关办公建筑和大型公共建筑节能专项资金管理暂行办法》、《关于加强机关办公建筑和大型公共建筑节能管理工作的意见》等政策。加快建筑节能立法步伐，把推进机关办公建筑和大型公共建筑节能等工作的政策措施立法予以确定，依法推动我省机关办公建筑和大型公共建筑节能工作深入开展。

（二）着力突破节能改造。2009年，我省居住建筑节能改造实现突破性进展，既有机关办公和大型公建节能改造工作是我省面临的又一重点难点工作。各市要认真总结居住建筑节能改造的成功经验，继续发扬不畏艰难、勇于开拓精神，按照“试点先行，逐步推开”的原则，组织开展机关办公和大型公建节能改造试点示范工程建设。要在能源审计（诊断）基础上，选择一批节能潜力较大的大型公建和机关办公建筑进行节能改造（主要是用电系统改造），并同步建立节能监测系统。

（三）大力推进节能监测系统建设。组织研究编制《山东省公共建筑节能监测系统建设技术规范》，开展宣贯培训，尽快培育一批技术支撑单位。加强对监测系统建设项目设计、施工、验收的指导和管理，组织研究完善监管系统软件。2010年，要在100栋以上不同类型建筑建立节能监测系统，并在8个国家、省示范城市初步建立节能监管数据中心。

（四）全面开展能耗统计、能源审计工作。在全省机关办公建筑和大型公共建筑进行建筑基本信息和能耗统计。组织开展能源审计培训，确认公布一批建筑能源审计机构。所有设区市完成本市重点建筑的能源审计，并将审计结果予以公示。

（五）积极组织节约型校园建设。从2010年开始每年选取3所左右有一定基础条件的高校，会同省有关部门组织开展省级节约型校园建设。适时召开全省节约型校园建设工作现场会，推广节约型校园建设成功经验。各市要积极组织本地有关大专院校，按照《高等学校节约型校园建设管理与技术导则》、《高等学校校园建筑节能监管系统建设技术导则》等文件规定要求，制定工作实施方案，开展节约型校园建设试点示范。

（六）加大资金支持力度。省里对节能监测系统建设、节能改造（主要是用电系统改造并同步进行监测系统建设）的试点示范项目，以及能源审计、能耗统计、节约型校园建设给予适当资金支持。各市要积极争取当地财政部门的支持，加大对机关办公和大型公建节能工作的资金支持力度。

（七）加强组织领导。各市要将机关办公和大型公共建筑节能工作列入重要议事日程，切实加强组织领导，抓紧制定相关政策措施，强化督导考核，确保完成机关办公和大型公共建筑节能工作目标任务。各市机关办公和大型公共建筑节能工作任务指标完成情况，将作为年度建筑节能目标考核和执法检查的重要内容。

山东省住房和城乡建设厅

二〇一〇年三月十九日

山东省住房和城乡建设厅 关于贯彻落实国务院、省政府节能减排工作电视电话会议精神 确保完成2010年建筑节能工作任务的通知

鲁建节科字〔2010〕16号

各市住房和城乡建设委（建设局），有关行业主管局，各有关单位：

为贯彻落实国务院和省政府节能减排工作电视电话会议精神，按照《国务院关于进一步加大工作力度确保实现“十一五”节能减排目标的通知》（国发〔2010〕12号）、《山东省政府关于进一步做好节能降耗工作确保完成“十一五”节能目标的通知》（鲁政发明电〔2010〕2号）和《住房和城乡建设部关于进一步加大工作力度确保完成“十一五”建筑节能任务的通知》（建科〔2010〕73号）、《住房和城乡建设部关于加大工作力度确保完成北方采暖地区既有居住建筑供热计量及节能改造工作任务的通知》（建科〔2010〕84号）有关要求，进一步明确目标任务，强化工作措施，确保完成2010年建筑节能工作任务，现就有关事项通知如下：

一、增强做好建筑节能工作的紧迫感和责任感

2006年以来，全省建设系统各部门、各单位以科学发展观为指导，强化责任考核，完善政策机制，狠抓工作落实，建筑节能工作取得良好成效。今年是完成“十一五”节能目标的攻坚之年，也是“十二五”节能工作的谋划之年，建筑节能任务十分艰巨。5月5日，国务院和省政府分别召开节能减排工作电视电话会议，对节能减排工作进行再动员、再部署，明确提出了建筑节能工作的目标要求。住房和城乡建设部也下发通知，要求各地进一步加大工作力度，扎实推进建筑节能各项重点工作深入开展。按照国务院、省政府和住房城乡建设部有关通知及会议精神，我省建筑节能工作主要有三项纳入考核的量化任务：一是全省城镇新建建筑执行节能强制性标准比例达到95%以上；二是今年底前完成800万平方米既有居住建筑供热计量及节能改造任务，确

保“十一五”期间完成1 900万平方米的改造任务；三是全省太阳能光热系统建筑一体化应用面积1 200万平方米。全省建设系统各部门、各单位要认真贯彻落实国家和省有关决策部署，把建筑节能工作摆到更加突出的位置，进一步增强紧迫感和责任感，下更大决心，花更大气力，采取更加有效的措施，全力以赴打好建筑节能攻坚战，确保完成今年各项任务目标，为全省节能目标的实现作出应有贡献。

二、进一步加强新建建筑节能管理

继续强化以节能强制性标准贯彻执行为主要内容的全过程监管，严把规划、设计、施工图审查、竣工验收备案等关口，确保节能标准落实到工程建设各环节、全过程。特别是在规划阶段，各地住房城乡建设主管部门与规划主管部门要加强配合，密切协作，建立完善规划审查制度，确保建筑的布局、形状和朝向等符合民用建筑节能强制性标准。加强建筑节能工程施工监管，各地建筑节能、供热管理、质量监督和工程监理等有关单位要进一步明确职责分工，完善协作联动机制，提高新建建筑施工阶段标准执行率。8月份，以小城市、县城和建制镇新建建筑工程为重点，对节能强制性标准执行情况进行专项检查，对违反强制性标准的工程项目，依法严肃查处，限期整改。组织实施“建筑节能外墙外保温工程专业承包资质”，加强对相关施工企业的资质管理，提高建筑节能工程质量。建立实行建筑节能关键岗位资格培训制度，对相关从业人员进行岗前培训，提高其技术水平和操作技能。各地住房城乡建设、房管等主管部门要督促建设单位和房地产开发企业，严格执行节能信息公示制度，将新建建筑的能耗指标、节能措施及保护要求等信息，在施工现场和售房场所进行公示，在房屋买卖合同、住宅质量保证书和使用说明书中予以载明。以机关办公建筑、大型公共建筑和可再生能源建筑应用示范工程等为重点，积极推行能效测评标识制度，向社会公布建筑物的能耗水平和利用效率，接受公众监督。积极研发推广节能与建筑结构一体化技术，完善建筑节能技术支撑体系。大力发展绿色建筑，组织实施省级绿色建筑示范工程，启动一、二星级绿色建筑评价标识。

三、毫不放松地抓好既有居住建筑供热计量及节能改造工作

组织开展节能改造技术培训，对改造工作进行建立月调度、月通报，对工作进展缓慢的地区进行重点督导，督促各地做好本地区既有民用建筑普查摸底工作，推动工作深入开展。各地住房城乡建设、供热主管部门要会同财政部门，按照《省住房城乡建设厅、省财政厅关于推进既有居住建筑供热计量及节能改造工作的意见》有关要求和确定的改造任务，明确责任分工，加大工作力度，切实抓紧抓好。尚未完成任务的，要尽快安排改造计划及改造项目。正在改造的项目要加快施工进度。要加强改造项目的质量监管，对不符合《供热计量技术规程》和《山东省既有居住建筑供热计量及节能改造技术导则》，不能满足分户计量、不实行按用热量计量收费或达不到节能标准要求的改造项目，要限期整改。要按照《北方采暖地区既有居住建筑供热计量及节能改造项目验收办法》要求，做好已完成改造项目的验收评估工作，及时提请省住房城乡建设厅、省财政厅进行抽验，并为迎接住房城乡建设部、财政部复验做好准备。

四、大力推进可再生能源建筑应用

重点抓好太阳能光热系统与建筑一体化推广任务的落实，建立月调度和定期通报制度，确保按时保质完成任务。各地要按照《省政府办公厅关于加快太阳能光热系统推广应用的实施意见》（鲁政办发〔2009〕119号）要求，尽快把推广任务落实到具体项目，制定工作实施方案，建立从规划、设计、施工图审查、施工许可、质量监督、开发项目综合验收、房屋竣工验收备案等环节层层把关的工作机制，确保新建12层以下居住建筑和宾馆、学校、洗浴场所等公共建筑中的热水消耗大户全面实现太阳能光热系统建筑一体化应用。同时，要以大规模农房建设为契机，在整村迁建的农房建设中积极推广应用太阳能热水系统。充分发挥有关高校、科研院所、设计单位和企业的优势和主动性，积极开展太阳能建筑一体化应用关键技术与标准规范研究。利用省新能源扶持资金，以地源热泵建筑供热制冷、太阳能光电建筑应用、太阳能光伏与LED结合照明等三类项目为重点，积极开展示范工程建设。加强对国家可再生能源建筑应用示范项目和示范市、县的管理和指导，充分发挥其引领带动作用。有条件的市可积极探索低碳生态城市、低碳生态社区和居住小区建设。

五、加快推进机关办公建筑和大型公共建筑节能工作

各地要按照《关于做好2010年机关办公建筑和大型公共建筑节能工作的意见》有关要求，组织做好机关办公建筑和大型公共建筑能耗统计、能源审计和能效公示工作。济南、青岛、淄博、东营、烟台、潍坊、济宁、日照等八个示范城市，要加快节能监测系统建设步伐，确保年底前完成监测系统建设任务。积极推行合同能源管理等节能服务模式，实施既有高耗能机关办公建筑和大型公共建筑节能改造试点，有条件的地区要研究制定公共建筑能耗限额标准。加强对新建公共建筑空调系统设计、施工的监督管理，各地要对公共建筑室内空调温度监测和控制系统的设计进行专项审查，确保使用具有温度设定及调节功能的空调制冷设备。强化对公共建筑空调系统的运行管理，确保夏季空调温度设置不低于26摄氏度。在今年空调系统正常运行期间，各地要抽取一定数量的酒店、商场、办公楼等公共建筑，对空调温度设置及系统运行情况进行检查，于10月底前公布检查结果并上报省住房城乡建设厅。节约城市景观和公共照明用电，确保以道路照明为主的功能照明，严格控制装饰性景观照明，推广使用LED照明产品、太阳能路灯和节能自控技术。会同教育主管部门，做好节约型高等学校建设试点，抓好高等学校节能节水工作。

六、大力开展建筑节能宣传活动

组织开展好“节能宣传周”、“节能减排全民行动”等活动，普及建筑节能知识，推介建筑节能新技术、新产品。各地要制定建筑节能宣传方案，利用各种宣传媒体，通过新闻报导、专家访谈、专题展览等形式，广泛深入持久地开展宣传活动，大力宣传国家有关政策、建筑节能重要意义、重点工作、先进经验等，充分调动社会各界自觉参与的积极性，争取方方面面的支持和配合，营造良好的舆论氛围。同时，要认真梳理总结本地区建筑节能工作的进展情况、典型经验和做法等，及时上报省厅建筑节能与科技处。

七、强化责任考核和监督检查

省政府已将新建建筑节能、既有居住建筑供热计量及节能改造、可再生能源建筑应用、机关办公建筑和大型公共建筑节能等重点工作纳入对各市政府和省住房城乡建设厅的目标责任考核范围。根据住房城乡建设部有关要求，8月底前对纳入省政府考核范围的各项工作进行专项检查，第四季度对各地建筑节能任务完成情况进行评价考核，对未完成目标的地区追究责任。同时，根据工作需要，不定期地组织开展有关专项督察、检查等活动。各地住房城乡建设主管部门要对本地区建筑节能工作负总责，建立“主要领导为第一责任人，分管领导为直接责任人”的问责制，分解细化目标责任，研究制定工作方案，加强监督检查，做到领导到位、责任到位、措施到位、任务落实到位。规划、房管、市政公用等部门要增强工作主动性和责任意识，认真履行各自职责，加强协作配合，形成工作合力，共同打好建筑节能攻坚战。同时，要与发展改革、经信、财政等部门搞好协调，主动争取当地党委、政府的关心和支持，营造良好的工作环境。

山东省住房和城乡建设厅
二〇一〇年六月十三日

山东省住房和城乡建设厅
关于做好建筑节能工程档案收集整理工作的通知

鲁建节科字〔2010〕41号

各市住房城乡建委（建设局）、城管局（市政公用局）、建管局（处、办），各市高新区、开发区建设主管部门，各县市区建设局：

自2006年我省在全国率先全面执行居住建筑节能65%、公共建筑节能50%的标准以来，绝大多数新建建筑在设计、施工中使用了建筑节能技术、产品和设备，同时各地按照国家部署完成了“十一五”既有居住建筑供热计量及节能改造任务，产生了大量建筑节能工程技术资料。但是，由于2001年国家发布的《建设工程文件归档整理规范》（GB/T50328－2001）中未对建筑节能工程技术资料的归档整理作出规定，在归档时散布在工程设计、施工文件中，给查询利用带来许多不便。根据国家《建筑节能工程施工质量验收规范》（GB50411－2007），结合我省实际，现就建筑节能工程档案收集整理工作通知如下：

一、提高思想认识，加强协调配合

推进节能减排是国家的战略部署，建筑节能是节能减排的重点领域。目前大量应用的建筑节能产品和设备，其使用寿命与建筑主体结构是不一致的。这些产品和设备到期后若不及时更换和维护，不仅无法保证节能效果，而且还隐藏着质量和安全隐患。收集整理好建筑节能工程档案，对于提高建筑节能工程质量监管水平，从长远上维护建筑节能成果，搞好公共服务，维护公共安全，都具有重要的基础性作用。各级城建档案管理机构要与建筑节能管理机构、工程质量监督机构、供热管理机构密切配合，责成建设单位牵头，指导设计、施工、监理和部品生产供应单位，做好建筑节能工程技术资料收集工作，在进行建筑节能分部工程质量验收和建设工程档案预验收时都要予以查验。

二、明确归档范围，突出归档重点

自2011年1月1日起，全省范围内新建、改建、扩建的民用建筑工程采用建筑节能技术、产品、设备的，都要收集相关技术资料，工程竣工验收备案后三个月内，随建设工程档案移交当地城建档案管理机构。

（一）纳入归档范围的建筑节能分项工程包括：墙体、幕墙、门窗、屋面、采暖、通风空调、冷热源及管网、配电与照明、监测与控制的节能工程。

（二）应归档的建筑节能技术资料包括：

1. 设计文件、图纸会审记录、设计变更和洽商；

2. 主要材料、设备和构件的质量证明文件、进场检验记录、进场核查记录、进场复验报告、见证试验报告；

3. 隐蔽工程验收记录和相关图像资料；

4. 分项工程质量验收记录；

5. 建筑围护结构节能构造现场实体检验纪录；

6. 外窗气密性现场检测报告；

7. 风管及系统严密性检验纪录；

8. 现场组装的组合式空调机组的漏风量测试记录；

9. 设备单机试运转及调试记录；

10. 系统联合试运转及调试纪录；

11. 系统节能性能检验报告；

12. 其他对工程质量有影响的重要技术资料。

（三）归档重点是重要节能部位以及使用寿命与建筑主体结构不一致的建筑节能产品、设备、部品，主要包括：

1. 外墙外保温材料，尤其是聚苯乙烯泡沫板和聚氨酯材料；

2. 建筑幕墙，节能门窗；

3. 供热分户计量和温控装置；

4. 太阳能热水系统，太阳能光伏发电设备；

5. 地源（水源、气源）热泵设备。

三、明确组卷要求，搞好档案利用

各级城建档案管理机构指导日常工程档案收集工作和进行工程档案预验收时，对单独进行建筑节能分部工程验收的，要明确告知建设单位、施工企业将所有建筑节能工程技术资料单独组卷；对各类分部工程一并进行综合竣工验收的，通风空调、冷热源及管网、配电与照明、监测与控制四项建筑节能分项工程的技术资料，可一并归入电气、给排水、通风空调、燃气、建筑智能化等文件卷宗，但墙体、幕墙、门窗、屋面、采暖五项建筑节能分项工程的技术资料应单独组卷。

各级城建档案管理机构在接收工程档案时，对上述列为归档重点的五类建筑节能产品和设备资料，还应另外复制、单独存放、以备查考，并要编录上述建筑节能产品和设备使用年限册，在其使用寿命临近时，及时书面告知业主、使用人和建设部门。对现已归档并分散在各单位工程档案中的建筑节能工程技术资料，城建档案管理机构要组织力量，将本《通知》列为归档重点的五类资料重新整理、另外复制、单独存放，编录每个单位工程的建筑节能产品和设备使用年限册，原则上在2012年年底前完成。

山东省住房和城乡建设厅

二〇一〇年十二月十三日

第 五 篇

建设大事记

1月

8日 全省住房城乡建设工作会议在滨州召开。省委副书记、省长姜大明致信，副省长郭兆信出席会议并作重要讲话，省住房城乡建设厅厅长杨焕彩作工作报告。会议总结了2009年全省建设工作取得的成绩，明确新年度建设工作要把加快推进新型城镇化作为转变发展方式、调整经济结构的重要依托，确立了“一二三四五”的工作布局，并为获得山东人居环境奖、山东人居环境范例奖和山东省园林城市的获奖单位颁奖。

同日 姜大明省长签署山东省人民政府第218号令，公布《山东省城镇容貌和环境卫生管理办法》。《办法》自2011年3月1日起实施。

19日 省住房城乡建设厅组织完成了2009年度全省城市规划设计评优。评选活动邀请了国家建设部原总规划师陈为邦等9位全国知名规划专家，对全省185个项目进行了评选，共评出一等奖11项、二等奖26项、三等奖39项、表扬奖62项。

20日 省住房城乡建设厅、省公安厅联合印发《山东省城市公共停车场（库）设置规定（试行）》，以加强城市公共停车场（库）的规划建设和管理，保障城市交通协调发展。

29日 省住房城乡建设厅组织收听收看全国建筑施工安全生产电视电话会议，并召开全省住房城乡建设系统安全稳定工作视频会议，省住房城乡建设厅巡视员訾龙亮出席会议并讲话。

2月

8日 2010年春节“农民工平安返乡”欢送仪式在济南西客站建设工地举行。省人大常委会副主任、省总工会主席刘玉功、省住房城乡建设厅厅长杨焕彩、省总工会常务副主席吕明辰、省纪委驻省住房城乡建设厅纪检组长丛吉东等有关领导出席欢送会。

11日 副省长郭兆信在省政府副秘书长张传亭、省住房城乡建设厅厅长杨焕彩、济南市常务副市长王良的陪同下，看望了春节期间坚守在工作一线的环卫工人和供热站、自来水厂职工，向他们表示节日的问候。

23日 住房城乡建设部下发《关于2009年中国人居环境奖获奖名单的通报》（建城〔2010〕24号），山东省淄博市周村古商城历史文化遗产保护项目获中国人居环境范例奖。

26日 全省建设科技工作会议在济南召开。副省长郭兆信致信祝贺，省住房城乡建设厅厅长杨焕彩就建设科技重点工作进行了部署。住房城乡建设部建筑节能与科技司司长陈宜明到会讲话，省住房城乡建设厅副厅长万利国主持会议，省住房城乡建设厅副巡视员宋培杰、省建管局局长宋瑞乾出席会议。

27日 山东省暨济南市《山东省城镇容貌和环境卫生管理办法》宣传月活动启动仪式在济南泉城广场举行。省住房城乡建设厅、省政府法制办及济南市有关领导出席仪式，省住房城乡建设厅厅长杨焕彩致辞。

3月

3日 省住房城乡建设厅、省发展改革委、省财政厅联合下发《关于印发2010年住房保障工作计划的通知》（鲁建住字〔2010〕1号），将年度住房保障工作任务分解落实到各市。

4 日 省政府办公厅下发《关于进一步加快城市和国有工矿棚户区改造工作的通知》（鲁政办发〔2010〕10 号），对进一步加快城市和国有工矿棚户区改造工作提出了具体实施意见。

5 日 全省棚户区改造暨住房保障工作会议在济南召开。副省长郭兆信出席会议并讲话，省政府副秘书长张传亭主持会议，省住房城乡建设厅副厅长万利国、吴英出席会议。会议宣读了省委书记姜异康对全省住房城乡建设工作的批示，传达了全国城市和国有工矿棚户区改造工作会议精神，就加快推进棚户区改造、完善住房保障体系、促进房地产市场平稳健康发展等三项重点工作作出安排部署。

同日 全省燃气热力管理工作会议在日照召开。省住房城乡建设厅副厅长宋守军出席会议并讲话。会议总结推广了日照、临沂等市在燃气热力规划编制实施方面的经验，引导各地通过抓规划编制实施，加强对天然气市场的调控。

12 日 济南大学、山东省建设发展研究院共建研究生教育创新培养基地揭牌仪式在省建设发展研究院举行，省住房城乡建设厅副巡视员宋培杰、济南大学副校长杨波共同为培养基地揭牌。

17 日 山东省城市污水处理绩效考评工作会议在淄博召开。省住房城乡建设厅巡视员昝龙亮出席会议并讲话，济南市市政公用局、青岛市排水管理处、枣庄市排水管理处、潍坊市城市管理行政执法局等部门作经验介绍。

18 日 全省建筑施工安全生产工作视频会议召开。省建管局局长宋瑞乾通报了全省建筑安全生产情况，省住房城乡建设厅副厅长万利国出席会议并讲话。

同日 全省建设工程招投标工作会议暨省招投标协会三届二次理事会议在济南召开。省住房城乡建设厅副厅长万利国出席会议并讲话。会议还表彰了“全省十佳和优秀工程招标代理机构”。

19 日 全省住房城乡建设系统党风廉政建设工作会议在济南召开。省住房城乡建设厅副厅长张俊乾主持会议，省住房城乡建设厅党组副书记、副厅长万利国作重要讲话，厅党组成员、省纪委驻省住房城乡建设厅纪检组长丛吉东作工作报告，省纪委常委王凯祥出席会议。

21 日 省住房城乡建设厅印发《关于报送〈生活饮用水卫生标准〉实施方案的通知》（鲁建城函〔2010〕8 号），要求 17 设区城市最迟于 2010 年 7 月 1 日起实施《生活饮用水卫生标准》（GB5749—2006）。

26 日 省住房城乡建设厅召开社会组织学习实践科学发展观活动总结会议。省住房城乡建设厅党组副书记、副厅长万利国作重要讲话，副巡视员耿庆海主持会议。会议传达了全省深入学习实践科学发展观活动总结大会及社会组织深入学习实践科学发展观活动总结表彰大会会议精神。

30 日 全省建造师执业资格制度宣贯会议在济南召开。省住房城乡建设厅巡视员昝龙亮、住房城乡建设部注册中心副主任陶建明出席会议并讲话，省建管局局长宋瑞乾主持会议，青岛市建委等五个单位作典型发言，同济大学丁士昭教授作专题报告。

31 日 临沂市数字化城市管理试点通过国家验收。中国工程院院士崔俊芝及住房城乡建设部专家组一行 8 人，在省住房城乡建设厅巡视员昝龙亮的陪同下，对列入全国第三批试点的临沂市数字化城市管理系统进行了检查验收，一致同意通过验收并现场授牌。

4 月

1 日　全省住房公积金监督管理联席会议在济南召开。副省长郭兆信主持会议并讲话，省住房城乡建设、监察、财政、人民银行、银监局、审计、法制办、总工会等成员单位的负责同志参加会议。会议听取了省住房城乡建设厅副厅长吴英的工作汇报，充分肯定了住房公积金监管工作取得的成绩，并对下一步工作作了安排部署。

同日　山东省建筑业协会工作会议在天津召开。山东省住房和城乡建设厅副巡视员宋培杰主持会议，天津市建设交通委副主任刘翠乔、山东省建筑业协会会长宋瑞乾出席会议。会议听取了协会秘书长徐崇斌作的工作报告，对“十强县”和“十佳质量管理企业”进行了表彰，青岛、淄博两市作典型发言。各市建筑业主管部门负责人，“十强县”分管县（市）长等共 170 余人参加了会议。

2 日　山东省推荐的雕塑作品“五月的风”和“蒲松龄”荣获新中国城市雕塑建设成就奖，“青岛东海路系列雕塑组雕”荣获新中国城市雕塑建设成就提名奖。

10 日　力诺瑞特国家住宅产业化基地建设成果汇报会在济南召开。全国政协常委、环资委副主任、中国房地产协会会长、原建设部副部长刘志峰，山东省副省长王随莲，济南市常务副市长王良，住房城乡建设部住宅产业化促进中心主任刘灿，山东省住房和城乡建设厅副厅长万利国等出席会议并讲话。

13 日　全省城市规划工作会议在东营召开。省住房城乡建设厅副厅长万利国出席会议并讲话，东营市副市长闫树信致辞。会议提出了“超前编制规划，严格实施规划，促进科学发展”的工作任务，要求贯彻落实好五大指导方针。各设区市规划局局长、有关设区市的城管执法局分管局长、各县级市规划行政主管部门主要负责人等共 120 余人参加了会议。

15 ~ 16 日　省城市管理工作座谈会暨省城管监察协会四届五次常务理事会议在德州召开。省住房城乡建设厅巡视员昝龙亮出席会议并讲话，全省 17 城市城管部门负责人参加了会议。

17 ~ 28 日　省住房城乡建设厅、省财政厅、省监察厅、省银监局、中国人民银行济南分行等部门，联合对全省 17 个设区城市住房公积金管理工作进行了检查考核。

18 ~ 19 日　全省农村住房建设与危房改造工作现场会在济宁召开。省长姜大明出席会议并作重要讲话，副省长郭兆信主持会议，省住房城乡建设厅厅长杨焕彩、副厅长张俊乾出席会议，各市市长、分管副市长、住房城乡建设委主任（建设局局长）、国土资源局局长、各县（市、区）委书记、省农村住房建设与危房改造工作领导小组成员单位主要负责人参加会议。

21 日　全省勘察设计工作会议暨省勘察设计协会六届二次会议在济南召开。住房城乡建设部建筑市场监管司副司长刘宇昕、省住房城乡建设厅副厅长万利国出席会议并讲话，省住房城乡建设厅副厅长宋守军作工作报告。会议表彰了首届山东勘察设计行业先进单位和先进个人、2009 年度山东省优秀工程勘察设计奖、2009 年度山东省优秀建筑设计方案奖的获奖单位和个人，对下一步工作任务进行了部署。

同日　省住房城乡建设厅下发《关于进一步

规范廉租住房中央预算内项目建设工作的通知》（鲁建住〔2010〕3号），规范廉租住房项目建设。

23日 全省墙改建筑节能暨既有居住建筑供热计量及节能改造工作座谈会在淄博召开。省住房城乡建设厅副巡视员宋培杰出席会议并作重要讲话，厅节能科技处、燃热办，各市住房城乡建设委（建设局）和有关市市政公用（城管）局的负责人共120余人参加会议。

同日 中国城市规划协会公布“2009年度全国优秀城乡规划设计奖”评选结果，山东省参评项目共荣获11个奖项，其中二等奖2项、三等奖3项、表扬奖6项。

25日 全省住房城乡建设档案工作会议在莱芜召开。省住房城乡建设厅副巡视员耿庆海出席会议并讲话，莱芜市委常委、副市长刘民胜致辞，省档案局副局长曹明珍出席会议并讲话。会议明确了全省住房城乡建设档案工作的指导思想和总体目标，对今后工作提出了要求。

29日 2010中国·青岛国际新能源论坛暨建筑节能专题论坛在青岛举办。中共山东省委书记姜异康、山东省省长姜大明、德国前总理施罗德、德国巴伐利亚州州长泽霍夫等出席开幕式及主论坛活动。论坛由山东省政府和国家七部委联合主办，其中建筑节能专题论坛由山东省住房和城乡建设厅承办，省住房城乡建设厅副巡视员宋培杰主持论坛，住房城乡建设部总经济师李秉仁出席论坛并讲话。

5月

8日 第七届中国（济南）国际园林花卉博览会闭幕。该博览会历时近8个月，共有23个国家和地区、90个城市和机构参展，建成室外展园108个，接待国内外游客100多万人（次）。住房城乡建设部副部长仇保兴，山东省副省长郭兆信，济南市市长张建国，省住房城乡建设厅厅长杨焕彩、巡视员昝龙亮等出席闭幕式，并为在本届园博会中做出突出贡献的先进城市、单位和个人颁奖。

10～14日 省住房城乡建设厅厅长杨焕彩率山东省房地产代表团赴香港招商并取得丰硕成果。在香港期间，杨焕彩厅长陪同姜大明省长拜访了香港华懋集团和嘉里集团，出席了鲁港经贸合作高层圆桌会议和山东——香港国际投资贸易洽谈会暨重大合作项目签约仪式；代表山东省房地产业协会，与香港地产行政师学会等五家与房地产业有关的协会（学会）共同签署了《鲁港房地产专业服务合作交流协议》。

11日 副省长郭兆信视察寿光市农村住房和社区建设工作，要求确保把农村住房和社区建设成为人民满意的放心工程。

15日 第二届环渤海地区规划院院长论坛在济南召开。该论坛由山东省城乡规划设计研究院主办，中国城市规划协会副会长兼秘书长王燕、省住房城乡建设厅巡视员昝龙亮、住房城乡建设部城乡规划司司长李枫等出席论坛并讲话。来自环渤海地区的40余名规划界专家学者参加论坛。

同日 山东省暨济南市2010年“城市节约用水宣传周”活动启动仪式在泉城广场举行。本次活动的主题是“节水全民行动，共建生态家园”，全省及济南市的城市节水志愿者、部分用水单位代表、新闻记者等参加了活动。

16日 2010中国（潍坊）门窗幕墙博览会开幕。该博览会由省住房城乡建设厅、潍坊市人民政府联合主办，中国建筑金属结构协会会长姚兵、秘书长刘哲，省住房城乡建设厅副厅长万利国，潍坊市副市长夏芳晨等出席开幕式。

25 日 全省城市园林绿化工作会议在诸城召开。副省长郭兆信向会议致信，充分肯定了全省城市园林绿化工作。省住房城乡建设厅厅长杨焕彩出席会议并作重要讲话。省住房城乡建设厅巡视员昝龙亮主持会议，潍坊市副市长刘伟致辞，诸城、临沂、滕州、高青等四个城市作了典型发言。

同日 省住房城乡建设厅印发《山东省建筑能源审计管理暂行办法》(鲁建发〔2010〕9 号)，就建筑能源审计管理工作作出规定。

31 日 全省城市防汛工作电视会议召开。省住房城乡建设厅厅长杨焕彩出席会议并讲话。省防汛抗旱指挥部办公室副主任尹长文，省住房城乡建设厅、省建管局有关处室及城防办负责同志，各设区市及县（市、区）城防办负责同志在分会场参加了会议。

6 月

1 日 省住房城乡建设厅召开创先争优、争做齐鲁先锋活动动员大会，厅长杨焕彩作动员讲话，副厅长张俊乾、吴英，副巡视员宋培杰出席会议。

3 日 全国住房和城乡建设系统惩防体系建设暨行风建设经验交流会在日照召开。住房城乡建设部党组成员、副部长齐骥出席会议并讲话，省纪委副书记、监察厅厅长王维新，省住房城乡建设厅党组书记、厅长杨焕彩，日照市委书记杨军、市长赵效为等出席会议。会议期间，住房城乡建设部副部长齐骥在杨焕彩厅长、杨军书记的陪同下，参观了日照市规划建设系统行风建设窗口和城市建设情况，并给予高度评价。

7 日 省政府办公厅印发《关于印发和谐城乡建设行动实施方案的通知》(鲁政办发〔2010〕31 号)，确定从 2010 年起开展为期 3 年的和谐城乡建设行动，争取到 2012 年，城乡基础设施配套明显进步，城乡人居环境明显改善，社会保障和公共服务水平明显提升，城镇化水平明显提高。

16 日 省政府印发《关于保持全省房地产市场稳定健康发展的意见》(鲁政发〔2010〕57 号)，对今后稳定全省房地产市场发展、实现群众安居工作作出全面部署。

18 日 全省建筑节能电视会议召开。省住房城乡建设厅厅长杨焕彩就确保全面完成省政府和住房城乡建设部下达的 2010 年度建筑节能任务提出了明确要求，省住房城乡建设厅副厅长万利国主持会议，省住房城乡建设厅副厅长宋守军、巡视员昝龙亮、副巡视员宋培杰，省建管局局长宋瑞乾出席会议。

同日 省住房城乡建设厅印发《山东省一、二星级绿色建筑评价标识管理办法（试行)》，正式启动全省绿色建筑评价标识工作。

同日 省住房城乡建设厅下发《关于深入开展住宅工程质量通病专项治理活动的通知》(鲁建发〔2010〕14 号)，成立了全省住宅工程质量通病专项治理活动领导小组，省住房城乡建设厅厅长杨焕彩任组长，省住房城乡建设厅副厅长万利国、省建管局局长宋瑞乾任副组长，领导小组下设办公室，办公室设在省建设工程质量监督站。

22 日 全省住房城乡建设系统法制工作会议在济南召开。省住房城乡建设厅副巡视员耿庆海出席会议并讲话，省司法厅、省政府办公室、省住房城乡建设厅、省建管局及各设区市住房城乡建设委（建设局）、规划局、房产局和城市管理执法局等单位有关领导参加了会议。

24 日 全国加快住房信息系统建设工作现场会、山东省房地产市场信息系统联网仪式在青岛举行。会议由住房城乡建设部房地产监管司司长沈建忠主持，山东省副省长郭兆信代表省政府致辞，住房城乡建设部副部长齐骥到会作重要讲话，山东省住房和城乡建设厅厅长杨焕彩、副厅长吴英参加会议，各省及全国 40 个重点城市住房城乡建设部门的负责同志参加了会议。在会上，齐骥副部长、郭兆信副省长共同为山东省房地产市场信息系统联网剪彩。

同日 省财政厅、省住房城乡建设厅联合下发《关于下达 2010 年中央和省级廉租住房保障专项补助资金的通知》（鲁财综指〔2010〕12 号），将中央财政 26 514 万元补助资金及省级财政 5 000 万元奖补资金分解下达到各市。

6 月 省住房城乡建设厅会同省发展改革委、省监察厅、省财政厅、省国土资源厅、中国人民银行济南分行等部门，组成 7 个检查组，对全省房地产市场调控、住房保障、棚户区改造、农房建设和危房改造等情况进行了监督检查。

7 月

1 日 山东省第一部真实记录全省人民特别是广大建设者抗震援川建设过渡性安置房的长篇报告文学《真情大援川》首发式在省住房城乡建设厅举行。省政协副主席张传林，省住房城乡建设厅厅长杨焕彩，省政府副秘书长张传亭，省文联名誉主席王凤胜，省纪委驻省住房城乡建设厅纪检组长丛吉东，省住房城乡建设厅副厅长吴英、副巡视员耿庆海、副巡视员宋培杰出席仪式，并向援川建设者代表赠书。省文联、省作协、山东人民出版社、中建八局、中铁十四局等单位领导参加了仪式。

5～9 日 全国人大常委会预算工作委员会主任高强率调研组对山东省保障性住房建设情况进行专题调研。期间，调研组听取了郭兆信副省长代表省政府作的情况汇报，省住房城乡建设厅副厅长吴英陪同调研组对济南、烟台两市的保障性住房建设进行了实地考察。

7 日 副省长郭兆信到济南视察防汛工作，实地察看了城市河道治理工程和防汛救险设施、设备演示，观摩了城市防汛指挥中心。省政府副秘书长张传亭、省住房城乡建设厅巡视员昝龙亮等陪同。

8 日 省住房城乡建设厅召开全省保障性住房建设规划座谈会，落实全国保障性住房建设规划座谈会精神，研究部署全省保障性住房建设规划编制工作。省住房城乡建设厅副厅长吴英出席会议并讲话。

9 日 住房城乡建设部在烟台召开部分省市房地产市场形势分析会。会议由住房城乡建设部部长姜伟新主持，山东省政府副省长郭兆信致辞，山东省住房和城乡建设厅厅长杨焕彩及济南市、青岛市负责同志作会议发言，山东省住房和城乡建设厅副厅长吴英参加会议。

同日 住房城乡建设部副部长齐骥，烟台市委常委、副市长刘树琪为烟台万华“国家住宅产业化基地”揭牌，省住房城乡建设厅副厅长吴英主持揭牌仪式。

13 日 副省长郭兆信召集省直有关部门研究分析房地产形势，省住房城乡建设厅副厅长吴英介绍了全省房地产市场情况，郭兆信副省长作重要讲话。

22 日 省住房城乡建设系统“安康杯”竞赛活动现场推进会在济南召开。省纪委驻省住房城乡建设厅纪检组长丛吉东出席会议并讲话，省建管局及各市住房城乡建设委（建设局）的分管领导、部分建筑施工企业负责人共 150 多人参加会议。

23 日 2010 中国（烟台）国际住宅产业博览会在烟台国际博览中心开幕。本届博览会由住房城乡建设部住宅产业化促进中心、山东省住房和城乡建设厅、烟台市人民政府三级联办，主题为“节能低碳、责任地产、百年住宅、生态城市”。全国政协常委、中国房地产研究会会长、中国房地产业协会会长刘志峰，省住房城乡建设厅副厅长吴英，烟台市市长张江汀出席住博会开幕式。

24 日 全国政协常委、全国政协人口资源环境委员会副主任、中国房地产业协会会长刘志峰，在省住房城乡建设厅厅长杨焕彩陪同下，对诸城房地产业发展情况进行调研，并实地考察了东武古城等项目。

26 日 省住房城乡建设厅副巡视员，省对口支援新疆工作指挥部党委副书记、副总指挥李力等援疆干部抵达喀什，正式启动援疆工作。

28～29 日 全省公共租赁住房工作会议在青岛召开。省长姜大明致信，副省长郭兆信出席会议并作重要讲话，省住房城乡建设厅厅长杨焕彩、副厅长吴英参加会议。会议部署了全省公共租赁住房建设任务，要求 2010 年设区城市全面启动公共租赁住房试点。会议还下发了省政府办公厅批转省住房城乡建设厅、省发展改革委、省财政厅、省国土资源厅、省地税局、省银监局和中国人民银行济南分行制定的《关于加快发展公共租赁住房的实施办法》。

29 日 省发展改革委、省住房城乡建设厅、省国土资源厅联合下发《关于下达 2010 年全省经济适用住房建设投资计划的通知》（鲁发改投资〔2010〕951 号），正式下达了各市经济适用住房建设投资计划。

6～7 月 省住房城乡建设厅印发《关于开展 2010 年度“十佳百优”建设执业师评选活动的通知》，组织开展了 2008—2010 年度山东省“十佳”和优秀建设执业师评选，共评选出“十佳”建设执业师 50 名、优秀建设执业师 229 名。

8 月

5 日 省住房城乡建设厅召开全省住房和城乡建设系统防暑防汛和安全生产视频会议，厅长杨焕彩出席会议并讲话，安排部署全省住房和城乡建设系统作业防暑、城市防汛和安全生产工作。

同日 第四届全国建筑设计创新高峰论坛暨第二届山东省绿色建筑设计高峰论坛在烟台举办。论坛由中国建筑学会、山东省住房和城乡建设厅、烟台市人民政府联合举办，山东省住房和城乡建设厅副厅长宋守军主持论坛开幕式，中国建筑学会秘书长、高级建筑师周畅主持专题报告会，山东省住房和城乡建设厅副厅长万利国出席论坛并讲话。

同日 国家水专项黄河项目中试科研基地揭牌暨中试系统启动仪式在济南举行。住房城乡建设部科技司副司长、水专项办公室主任韩爱兴，国家水专项技术副总师、中国城市规划设计院副院长邵兴生，省住房城乡建设厅巡视员昝龙亮等出席仪式。

同日 省政府常务会议听取了省住房城乡建设厅关于供热计量改革工作的专题汇报，姜大明省长等省领导对供热计量改革工作取得的成绩予以充分肯定，并确定成立由分管省长任组长，省住房城乡建设、发展改革、财政、人力资源社会保障、民政、国税、地税、环保、节能和物价等部门负责人组成的省供热计量改革工作领导小组，负责协调解决改革中遇到的重大问题。

6日 当代著名建筑师作品展在烟台市规划展览馆举办。此次展览主题为“另一个，同一个——中国当代建筑的断面”，省住房城乡建设厅副厅长宋守军出席开幕式并讲话。

10日 省发展改革委、省财政厅、省住房城乡建设厅联合下发《关于下达2010年中央补助公共租赁住房专项资金的通知》（鲁财综指〔2010〕21号），将中央财政4 366万元补助资金（不含青岛市759万元）分解下达到各市。

11日 全省城市房屋拆迁信访工作会议在莱芜召开。会议通报了全省住房城乡建设系统信访工作情况，省住房城乡建设厅副厅长吴英出席会议并讲话。

12～16日 住房城乡建设部总经济师李秉仁率国家保障性安居工程建设第七督查组对山东省进行督查。省住房城乡建设厅厅长杨焕彩汇报了全省保障性安居工程建设的总体情况，副厅长吴英陪同督查组到济南、临沂的工程建设现场进行实地考察。

14～15日 省住房城乡建设厅厅长杨焕彩一行赴枣庄市调研棚户区改造和农村住房建设等工作情况，枣庄市委书记刘玉祥、市长陈伟等陪同。

17～27日 省政府办公厅成立《山东省城镇体系规划》编制工作领导小组，并在省住房城乡建设厅设立领导小组办公室。

23日～9月4日 应世界银行中国可持续发展部、墨西哥州城市发展和住房事务部的邀请，省住房城乡建设厅厅长杨焕彩率山东省世界银行项目考察团访问美国和墨西哥。

26日 副省长郭兆信对东营市农村住房与保障性住房建设情况进行调研，省政府副秘书长张传亭、省住房城乡建设厅副巡视员耿庆海、省人力资源社会保障厅副厅长管世隆等陪同。

26～27日 全国工程建设执业资格管理工作座谈会和注册建筑师、勘察设计注册工程师管理委员会会议在济南召开，山东省作了典型经验介绍。住房城乡建设部、人力资源社会保障部有关负责同志出席会议，山东省住房和城乡建设厅副厅长万利国、巡视员昝龙亮参加会议。

30日 潍坊、淄博、东营、莱芜、滨州5市农村住房与城市保障性安居工程建设调度会在寿光召开。会议由省政府副秘书长张传亭主持，副省长郭兆信到会并作重要讲话，省住房城乡建设厅副厅长张俊乾、吴英，省国土资源厅总规划师刘继宝出席会议，潍坊市市委副书记、市长许立全致辞。会议传达了国务院加快保障性安居工程建设工作座谈会精神，调度各地农村住房与城市保障性安居工程建设进展情况，并观摩了寿光市农村住房与城市保障性安居工程建设现场。

8 月 省住房城乡建设厅副巡视员，省援疆指挥部党委副书记、副总指挥李力分别与岳普湖、麦盖提、英吉沙 3 县党委、政府负责同志召开联席会议，专题研究援建岳普湖县下巴扎乡乌苏特村新农村、麦盖提县希依提墩乡亚胡木丹村・英叶儿村新农村、英吉沙县棚户区改造 3 个试点示范项目建设工作，并出席山东省对口支援麦盖提县亚胡木丹村・英叶儿村新农村示范项目、现代农业灌溉百眼机电井项目、山东兴邦汽车改装项目集中奠基开工仪式。

9 月

1 日 山东省东部片区农村住房与城市保障性安居工程建设调度会在荣成召开。副省长郭兆信出席会议并作重要讲话，省政府副秘书长张传亭主持会议，省住房城乡建设厅副厅长吴英传达了国务院加快保障性安居工程建设工作座谈会特别是李克强副总理讲话精神，省住房城乡建设厅副厅长张俊乾通报了威海、青岛、烟台、日照等 4 市农村住房与城市保障性安居工程建设情况。

2 日 省政府办公厅印发《山东省城市总体规划修改工作规则》（鲁政办发〔2010〕53 号）。

2 ~ 3 日 济南、泰安、德州、聊城 4 市农村住房与城市保障性安居工程建设调度会在德州召开。会议由省政府副秘书长张传亭主持，副省长郭兆信出席会议并作重要讲话，省住房城乡建设厅副厅长张俊乾、吴英参加会议。

11 日 山东智能建筑技术专家委员会工作会议在青岛召开。省住房城乡建设厅副巡视员耿庆海出席会议并讲话。来自全省的 60 多位专家参加会议，并就《山东省智能建筑地方标准》（2004 版）进行研讨。

16 日 中央财经领导小组办公室经济二组组长张松涛一行就山东省房地产市场调控措施及效果进行调研，省住房城乡建设厅副厅长吴英汇报了房地产市场调控有关情况。

17 ~ 18 日 2010 中国（潍坊）房地产科学发展高峰论坛暨住宅产业博览会举办。中国房地产研究会、中国房地产业协会会长刘志峰，住房城乡建设部住宅产业化促进中心主任刘灿，省住房城乡建设厅厅长杨焕彩、副厅长吴英，潍坊市委书记张新起、市长许立全出席论坛，杨焕彩厅长作重要讲话。

25 日 由山东援建的北川新县城整体移交并启动运行，山东省委书记姜异康出席了移交仪式。新县城总体预算超过 153 亿元，由山东省援建城镇安居、公共服务、基础设施、生态绿化、文化旅游、产业园区等 6 大类、82 个项目，总投资 44 亿元。在两年多的援建北川工作中，山东省共安排各类援建项目 368 个，对口支援实物工作量超过 100 亿元。

25 ~ 26 日 省住房城乡建设厅副厅长吴英带队，赴新疆参加全国住房和城乡建设系统对口支援新疆工作座谈会和对口支援新疆保障性住房建设工作座谈会，与山东省援建的疏勒、英吉沙、岳普湖和麦盖提 4 县住房城乡建设局负责人就住房保障规划编制等工作进行了对接。会后，吴英副厅长专程到喀什慰问山东省住房和城乡建设厅援疆干部。

25 日 ~ 10 月 5 日 第三届山东省城市园林绿化博览会在青岛中山公园举办。本次园博会由省住房城乡建设厅和青岛市人民政府共同主办，主题为“生态园林、和谐人居”，共分为半岛城市群、济南都市圈、鲁南城镇带、黄河三角洲四个组团，充分展示了山东省近几年来城市园林绿化建设的成就。

26日 省政府印发《山东省人民政府关于任免李绍增等工作人员职务的通知》（鲁政任〔2010〕118号），任命李绍增为山东省监察厅驻山东省住房和城乡建设厅监察专员；任命李兴军为山东省住房和城乡建设厅副巡视员。

同日 省财政厅、省住房城乡建设厅联合下发《关于下达2010年公共租赁住房“以奖代补”资金的通知》（鲁财综指〔2010〕27号），将省级财政3 000万元奖补资金分解下达到各市。

28日 省政府在滕州召开枣庄、济宁、临沂、菏泽4市农村住房与城市保障性安居工程建设调度会，副省长郭兆信作重要讲话。

28～29日 全省城市管理工作会议在烟台召开。副省长郭兆信致信，省住房城乡建设厅厅长杨焕彩作重要讲话。会议总结了全省城市管理工作情况，对当前和今后一个时期任务进行了安排部署。全省各设区市城市管理（行政执法、市政公用）局长、住房城乡建设委（建设局）分管负责人，县级市城市管理（行政执法）部门主要负责人参加会议。

28～30日 《黄河三角洲城镇体系规划》和《鲁南城镇带规划》通过省政府评审。省政府在济南分别召开了《黄河三角洲城镇体系规划》和《鲁南城镇带规划》评审会，邀请住房城乡建设部、中国科学院、中国社会科学院、北京大学、清华大学、南京大学、同济大学、华东师范大学的院士和知名专家，对省住房城乡建设厅组织、清华大学和省城乡规划设计研究院分别编制的两项规划进行评审。与会专家对两项规划成果给予高度评价，一致认为两个规划符合山东实际，有利于加快区域经济协调发展。

29日 《山东省建设工程勘察设计管理条例》经山东省十一届人大常委会第十九次会议审议通过，自2010年12月1日起施行。

10月

6日 全省住房城乡建设系统质量安全紧急视频会议召开。省住房城乡建设厅厅长杨焕彩，副厅长张俊乾、吴英、宋守军，省纪委驻省住房城乡建设厅纪检组长李绍增，巡视员昝龙亮，副巡视员耿庆海、李兴军，省建管局局长宋瑞乾出席会议。副厅长张俊乾主持会议，杨焕彩厅长作重要讲话。

13～15日 中国城市环境卫生协会华东地区第十八届年会在青岛召开。中国城市环境卫生协会理事长肖家保，省住房城乡建设厅副巡视员耿庆海出席会议，山东省环卫协会作了经验介绍。

17日 副省长郭兆信召集省直有关部门专题研究国有林场危旧房改造工作，针对国有林场危旧房改造中存在的问题，研究提出了下一步加快全省林区危旧房改造的工作措施。省住房城乡建设厅厅长杨焕彩、副厅长吴英，省林业局、省发展改革委、省财政厅等部门负责同志参加了会议。

18～22日 全国加强住房公积金专项治理工作领导小组到山东检查工作。省住房城乡建设厅厅长杨焕彩参加汇报会，副厅长吴英代表省住房公积金专项治理成员单位作工作汇报。检查组对山东省住房公积金行政监管制度的建立给予较高评价，并对专项治理工作给予充分肯定。

19日 住房城乡建设部副部长陈大卫一行就行政执法责任制开展情况来山东调研。省住房城乡建设厅厅长杨焕彩主持汇报会，副巡视员耿庆海作了情况汇报。

20～22日 住房城乡建设部建筑市场监管司副司长刘宇昕一行6人对山东省建筑安全工作进行专项督查，省住房城乡建设厅副厅长万利国、省建管局局长宋瑞乾等陪同。

21日 全省住房城乡建设系统宣传工作会议在临沂召开。临沂市副市长宋培杰致辞，省住房城乡建设厅副厅长张俊乾出席会议并讲话。会议对优秀记者站、优秀通联站、优秀记者进行表彰，临沂、烟台、济宁、枣庄、利津、诸城市作典型发言。

26日 全省住房城乡建设系统组织开展第十六届环卫工人节庆祝活动。省住房城乡建设厅印发了活动方案，确定以“科技环卫、和谐环卫”为主题，开展了市容环卫法律法规知识竞赛、省环卫劳模学习考察、全省环卫职工书画摄影比赛、开展慰问环卫工人等活动。省住房城乡建设厅厅长杨焕彩、巡视员昝龙亮、副巡视员耿庆海等分别出席了济南、东营、临沂、滨州等市的庆祝活动。

28～29日 全省市政行业职业技能竞赛在济南举行。竞赛包括城市道路照明电工和市政施工测量工两个工种，旨在进一步推动全省市政行业岗位练兵、技能比武活动深入开展，加快高技能人才队伍建设，全面提升市政行业技术工人的综合素质。

29日 2010年全省城市防汛工作总结表彰会议在滨州召开。会议表彰了2010年全省城市防汛先进集体和先进个人，济南、德州、聊城、滨州4个城市作典型发言，省住房城乡建设厅巡视员昝龙亮对下一步城市防汛工作提出了要求。

同日 省住房城乡建设厅组织收听收看全国建筑安全生产工作电视电话会议，并召开全省建筑安全生产工作视频会议。省住房城乡建设厅副厅长吴英、省纪委巡视员丛吉东、省建管局局长宋瑞乾出席会议。

29～30日 中央纪委、监察部在乌鲁木齐召开座谈会，研究部署中央支持新疆发展政策落实情况监督检查工作，山东省纪委副书记、省监察厅厅长王维新和省指挥部党委副书记、副总指挥李力参加会议，会后王维新专程来到喀什调研考察援疆监督检查工作，并慰问指挥部全体成员。

31日 新疆维吾尔自治区政府在乌鲁木齐召开19省（市）对口援疆前方指挥部指挥长会议，研究对口支援新疆富民安居工作，自治区主席努尔·白克力出席会议，山东省住房和城乡建设厅副巡视员，省援疆指挥部党委副书记、副总指挥李力作情况汇报。

11月

5日 省住房城乡建设厅、东营市政府共建低碳生态示范城市合作框架协议签字仪式在东营举行。签字仪式由东营市副市长闫树信主持，东营市副市长曹连杰、省住房城乡建设厅副巡视员李兴军分别致辞，省住房城乡建设厅厅长杨焕彩、东营市市长张建华代表双方签字。省住房城乡建设厅有关处室、东营市市直有关部门负责人以及各县（区）政府、有关建设企业代表共200多人参加签字仪式。此次合作共建的主要内容包括建立低碳生态城市规划管理和实施机制，建设低碳生态社区、绿色照明、绿色建筑、可再生能源建筑应用等各类低碳生态项目，建设低碳生态城市建设交流平台，建立低碳生态城市建设白皮书制度，加强低碳生态技术研发和创新，促进东营转变发展模式推动产业结构转型升级等六个方面的内容。

11日 全省城乡历史文化遗产保护与利用规划建设工作现场会在枣庄召开。省住房城乡建设厅厅长杨焕彩到会讲话，副厅长万利国、张俊乾出席会议。会议全面总结了近年来全省城乡历史文化遗产保护与利用工作情况，并推广了台儿庄古城重建工作经验。

同日 省财政厅、省住房城乡建设厅联合下发《关于下达2010年中央追加保障性安居工程补助资金的通知》（鲁财综指〔2010〕39号），将中央财政11 147万元补助资金分解下达到各市（不含青岛市338万元）。

同日 中石化高级副总裁王志刚就天然气供应问题来山东进行高层互访，副省长郭兆信、省住房城乡建设厅厅长杨焕彩、省直有关部门及济南市有关领导参加座谈。

12日 新疆自治区在和田召开农业富余劳动力转移就业工作现场交流会，山东省住房和城乡建设厅副巡视员，省援疆指挥部党委副书记、副总指挥李力出席会议，介绍了山东省援疆工作情况，是19个援疆省（市）中唯一作典型发言的单位。

15~16日 省住房城乡建设厅副巡视员，省援疆指挥部党委副书记、副总指挥李力带队分别与山东省援疆四市指挥机构负责人召开座谈会，研究对接2011年对口支援民生方面交钥匙项目推进工作安排。

18日 全省可再生能源建筑应用现场会在潍坊召开。会议由省住房城乡建设厅、潍坊市人民政府共同主办，省住房城乡建设厅厅长杨焕彩出席会议并讲话，副巡视员李兴军主持会议，潍坊市副市长刘伟致辞。

22日 全省住房保障工作座谈会召开。省住房城乡建设厅副厅长吴英出席会议并讲话，传达了国务院领导关于大幅度增加保障性安居工程建设的指示，落实全国住房保障工作座谈会精神，研究部署多渠道增加保障性安居工程建设规模。

24日 山东省低碳城市与绿色建筑研究院成立大会在山东建筑大学举行，省住房城乡建设厅厅长杨焕彩出席会议并讲话。该院是在省住房城乡建设厅、省科技厅、省教育厅等有关部门指导下，以山东建筑大学为主组建的专门从事低碳城市与绿色建筑理论研究及技术开发的综合性研究机构，日常办公机构设在山东建筑大学。

25日至12月3日 省住房城乡建设厅副厅长吴英、省建管局局长宋瑞乾分别带队赴辽宁、江苏，考察学习促进房地产和建筑业发展的经验做法。考察组到沈阳、大连、南京、苏州等市的房地产开发和建筑施工及装饰企业进行了实地考察，并与两省住房城乡建设厅、大连和南京两市住房城乡建设委、苏州市工业园区规划建设局以及部分企业负责人进行座谈交流。

26日 中央信访联席会议办公室副主任、国家信访局副局长张恩玺率中央信访工作督导组来山东督导住房城乡建设系统信访工作。省住房城乡建设厅厅长杨焕彩、副厅长吴英参加了座谈汇报，并陪同督导组考察了省住房城乡建设厅接访场所，同时查阅了部分信访案件台帐。

29日 《山东省人民政府关于修改〈山东省乡镇、街道治安保卫责任制暂行规定〉等13件省政府规章的决定》（山东省人民政府令第228号）颁布，即日起施行修订后的《山东省开发区规划管理办法》《山东省城镇控制性详细规划管理办法》《山东省城镇临时建设、临时用地规划管理办法》等13件省政府规章。

11月 省住房城乡建设厅印发《关于宣贯〈山东省建设工程勘察设计管理条例〉的通知》，将11月定为“《条例》宣传月”，各设区市建设行政主管部门、省直有关部门、各勘察设计企业就《条例》出台的意义和法规条款内容进行了认真学习和广泛宣传。

12月

6日 省发展改革委、省住房城乡建设厅联合下发《关于下达公共租赁住房2010年中央预算内投资计划的通知》（鲁发改投资〔2010〕1559号），将1 600万元中央预算内投资计划（不含青岛市400万元）分解下达到各市。

10日 副省长郭兆信召集省直有关部门和济南市政府、济南铁路局负责人就铁路棚户区改造问题进行研究，省住房城乡建设厅厅长杨焕彩出席会议，副厅长吴英汇报了铁路棚改工作方案。

12日 省住房城乡建设厅厅长杨焕彩到荣成市调研推进城乡一体化和农村环境综合整治工作，对荣成市推进城乡一体化和新农村建设工作给予充分肯定。

14日 全省住房公积金管理工作座谈会在济南召开。省住房城乡建设厅副厅长吴英出席会议并讲话。会议研究了《山东省住房公积金管理中心业务管理工作考核办法（征求意见稿）》《全省住房公积金管理工作“十二五”规划纲要》《2011年全省住房公积金管理工作要点》。

16日 全省建设工程和地下管线档案归集管理工作会议在济南召开。省住房城乡建设厅副厅长张俊乾出席会议并讲话。各设区市建设、规划、城管、房管、市政公用部门负责人，县（市、区）城建档案负责人共270多人参加会议。

16～17日 第五届山东省城镇水大会在济南举行。会议期间，举办了第五届山东省城镇水大会展览会，召开了全省供水协会2010年年会，举办了城镇供水企业发展论坛、城镇污水处理管理与技术论坛和城市节水暨节水型城市考核体系研讨会。省住房城乡建设厅巡视员昝龙亮出席会议并讲话。

17日 全省住房城乡建设系统行风工作会议在泰安召开。会议由省纪委驻省住房城乡建设厅纪检组长李绍增、省住房城乡建设厅副厅长张俊乾主持，泰安市市长李洪峰致辞，省住房城乡建设厅厅长杨焕彩出席会议并讲话，全省17城市住房城乡建设委（建设局）、各行业主管局分管领导、主管职能部门负责人，省建管局分管领导、省住房城乡建设厅有关处室负责人参加会议。

18日 全省房地产估价行业管理和培训会议在龙口召开。省住房城乡建设厅副厅长吴英出席会议并讲话，济南、青岛、泰安、潍坊、莱芜等5个城市交流了工作经验，估价机构代表签署了诚信倡议书。

22日 全省建设教育培训工作座谈会在济南召开。省住房城乡建设厅副巡视员李兴军出席会议并讲话，会议总结了“十一五”以来全省建设教育培训工作取得的成就，分析了存在的问题，对“十二五”期间建设教育培训工作提出任务与要求。

23日 省住房城乡建设厅印发《关于解决当前政府投资房屋建筑和市政工程建设中有关问题

的意见》（鲁建发〔2010〕25 号），从规范工程建设决策行为、招投标活动、资金安排使用以及加强实施阶段管理和建立健全长效机制等五个方面提出了 28 条意见。

同日　省住房城乡建设厅组织发布《山东省城市建设项目配建停车位设置规范》（DBJ14—070—2010），为停车场的规划建设提供了依据。

29 日　山东省援疆指挥部召开 2011 年民生援疆工作座谈会，总结 2010 年民生援疆工作，研究 2011 年工作安排，省住房城乡建设厅副巡视员，省援疆指挥部党委副书记、副总指挥李力出席会议并讲话。

31 日　省住房城乡建设厅下发《关于授予中国（济南）国际园博园等项目 2010 年山东人居环境范例奖的通报》（鲁建城字〔2010〕61 号），授予“中国（济南）国际园博园”等 17 个项目“山东人居环境范例奖”。

图片专版（后）

济南百合园林集团

济南百合园林集团成立于2000年，注册资金2218万元，隶属于济南市城市园林绿化局，是集园林科研、花卉苗木生产经营、园林工程设计施工、城市绿地养护管理于一体的大型综合性企业。

百合园林集团科研、技术力量雄厚，拥有中高级专业技术人员40余名。建有苗木生产基地600亩，3万平米温室及大型花卉展销市场。以红掌、百合、蝴蝶兰、一品红等中高档花卉为主导产品，每年向社会供应花卉30多种、50万盆，苗木70多种、30余万株。

百合园林集团拥有国家园林绿化施工壹级资质、风景园林专项设计乙级资质，具备大型园林工程设计、施工和绿地养护管理能力。相继完成了经十东路绿化工程、燕山健身广场建设、腊山文化广场建设、309国道绿化、旅游路绿化、龙奥大厦及其景观湖绿化建设、大明湖扩建工程、东西护城河改造工程、园博园建设、森林公园改造工程、百花公园改造、交通局绿化及其屋顶花园建设、济南儿童福利院绿化工程等园林工程建设，百合园林集团参与施工的“经十路道路及环境建设工程”、第七届中国国际园林花卉博览会获中国建筑工程最高奖——“鲁班奖”，“经十路道路及环境建设工程”并获中国市政协会“市政金杯示范工程”。济南大明湖东扩及护城河整治通航园林绿化工程获2010中国风景园林学会优秀园林绿化工程大金奖，并被评为山东省精品建设工程；济南历城区将山破损山体治理工程设计方案获中国人居典范景观设计方案金奖。百合园林集团通过ISO9001、ISO14001、OHS18001三项国际管理体系认证。

优良的经营业绩、较高的科技含量、灵活的运行机制、过硬的技术力量、科学的企业管理使集团先后获得了济南市“五一劳动奖状”“文明单位”等荣誉称号，被评为山东省“十大花卉企业”、山东省“种苗示范基地”，2010年度被评为全国十佳科研企业、全国十佳园林花木企业、全国十佳园林养护企业。

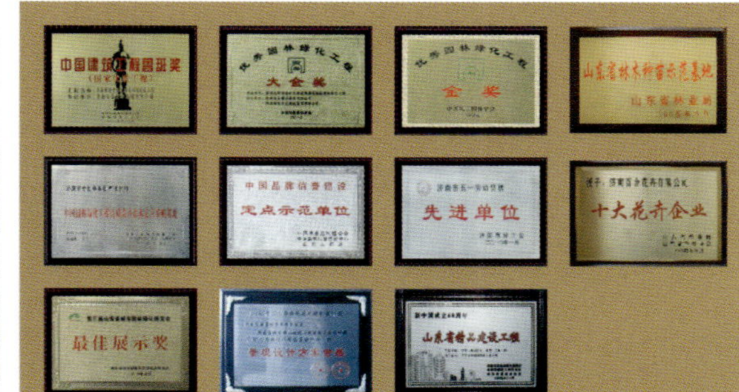
优秀园林绿化工程
大金奖
优秀园林绿化工程
金奖
山东省林木种苗示范基地
山东省林业厅
定点示范单位
先进单位
十大花卉企业
最佳展示奖
新中国成立60周年
山东省精品建设工程

济南鲍德房地

和谐人居　鲍德房产

执行董事兼经理　遇功民

济南鲍德房地产开发有限公司，是济钢集团有限公司出资成立的专业房地产开发公司，是集市场开发论证、项目报批报建、工程建设管理、楼盘销售和物业管理于一体的综合性房地产开发公司。公司现有员工100多人，其中高、中级管理技术人员40多人。

公司依托济钢集团，秉承“认真做事，诚实做人”的开发经营理念，于2001-2004年管理建设了86栋楼，近40万平方米的济钢职工集资房；2002-2010年在省内外又成功开发建设了济南茂岭花苑、德盛家园、华丰居、钢城新苑、现代逸城，日照蓝天花园，海南三亚温泉丽景等约90万平方米的商品房楼盘；2010年全年销售收入突破15亿元，利润突破1亿元。

公司在加强基础工作的科学规范化管理，建立健全各项规章制度的同时，按照“内强素质、外树形象”的要求，积极推进公司品牌战略的实施，连续多年被评为山东省和济南市“重合同、守信用”单位。2010年获得集团公司的荣誉有：效能监察优秀成果一等奖、档案工作先进单位、计划生育先进单位、绿化先进单位、和谐工会。2010年公司执行董事兼经理遇功民荣获济南市第十二届优秀企业家称号。公司获得省、市级统计先进单位、中国最具竞争力价值房地产开发企业、2010年中国房地产齐鲁名企大奖等荣誉称号；现代逸城项目获得2010年中国房地产齐鲁名盘大奖和2010年地产十大最具潜力楼盘，钢城新苑项目有6栋楼获济南2010年“泉城杯”奖。公司以高标准的楼盘品质，诚实守信人性化的周到服务，赢得了广大消费者的肯定和认可。

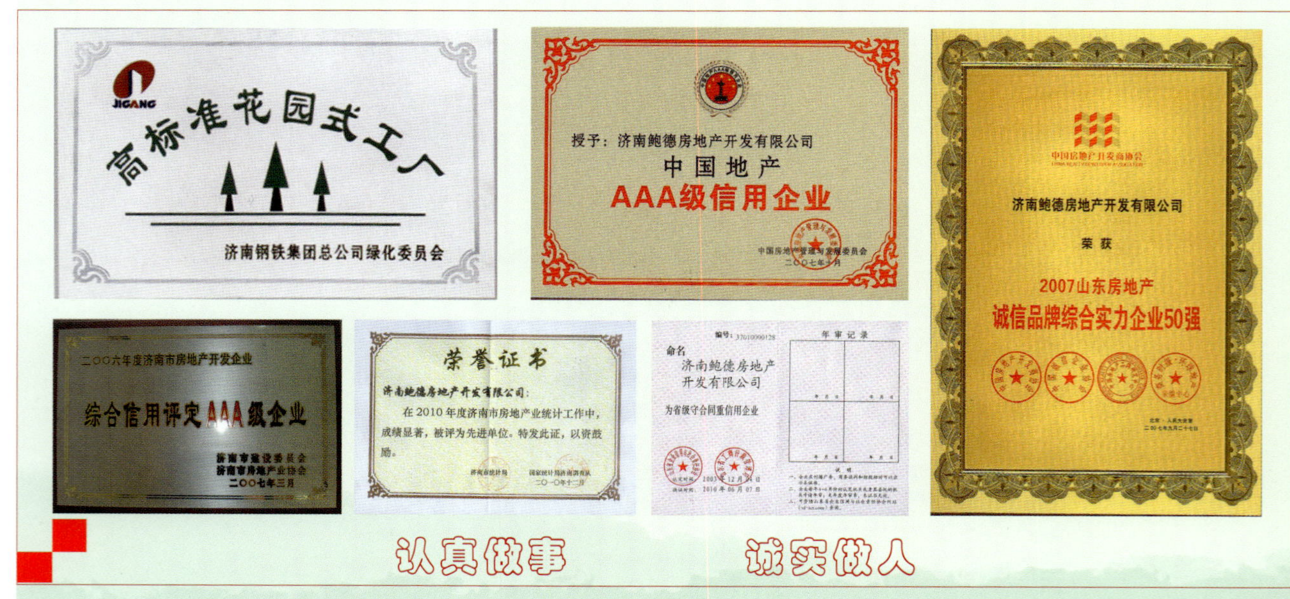

产开发有限公司

温泉丽景　茂岭花苑　华丰居小区

现代逸城　德盛家园　日照蓝天花园

钢城新苑总体鸟瞰

钢城新苑项目位于历城区郭店镇飞跃大道北侧、凤鸣路以西。项目总占地面积31.8公顷（478.16亩），共包括61个单体、64栋楼；其中住宅楼57栋，可容纳住户4500余户，总建筑面积60余万平方米。项目于2009年初开工，2010年10月1日交付使用。

——记青岛市房地产开发投资股份有限公司

青岛维也纳大酒店矗立在美丽的五四广场西侧，其独特的建筑风格，吸引了过往游人驻足欣赏，成为海滨一道亮丽的风景，它的建设者，就是隶属于东方金光集团的青岛市房地产开发投资股份有限公司。

青岛市房地产开发投资股份有限公司成立于1992年7月，是二级资质的房地产开发企业，主要从事房地产开发经营、城市基础设施建设、园林旅游工程建设、室内装潢、房地产租赁、技术咨询等。

多年来，公司坚持“以人为本、诚信至上、追求卓越、持续发展”的经营理念和“开拓、创新、拼搏、奋进”的企业精神，已形成一整套成熟且行之有效的“金光工程”管理模式，创出了自己的品牌“东方金光”，锤炼出一支学历高、实践经验丰富、结构合理、专业配套的房地产开发专业队伍，是岛城具有一定影响力的综合性房地产公司。

公司于2001年通过了ISO9001国际质量管理体系认证，是青岛市AAA级信誉企业，多次获得“山东省守合同重信用企业”“青岛市守合同重信用企业”“工商免检企业”“十佳房地产开发企业”等荣誉称号。

公司于2004年被评为“青岛市十大品牌房地产”，还作为市建委首批推荐参加由建设部组织的“百家房地产开发企业承诺销售‘放心房’联合宣言”活动的五家房地产企业之一，并受到建设部和青岛市建委的表彰。2005年，公司成为青岛市房地产业诚信联盟的创始企业之一；2005、2006年连续两年被评为“市南区税源经济建设突出单位”；2006年被评为“青岛市先进房地产开发企业”。

公司先后成功策划与开发建设了金光银城大厦、金光大厦、青岛市图书馆（扩建）、银城花园、金光绿茵新村、金光丽海新园、青岛市工商局办公大楼、维也纳大酒店、金光岭南风景、金光都市名家、海青公寓、青岛市检察院综合业务楼金光丽园等项目，为青岛市城市建设和旅游业发展做出了贡献。

公司在不断发展壮大的同时，也把回报社会作为自己的责任，近年来广泛参与了各项社会公益性事业；每年全体员工在公司领导的带领下积极参与的慈善一日捐活动已成为公司的惯例；还先后为抗击非典、希望工程、奥帆赛、四川地震等累计捐款百万元，多次被评为“青岛市爱心奉献先进单位”，受到社会各界的广泛好评。

爱在金光，家在丽园

公司开发建设的金光丽园位于青岛市崂山区高科园装饰城北侧，合肥路以南，劲松七路以东。项目所处区域紧邻市南CBD、市北CBD、崂山CBD、四方CBD以及李村商务核心五大商务核心，处于目前青岛市第4大可供开发的热点区域之一浮山后的核心位置。

金光丽园项目整体规划有18栋楼，层数为11~17层的小高层，规划户型面积为45~210平方米，套一、套二、

套三及目前最为时尚的跃层户型等一应俱全。户型采用南北通透设计，功能布局科学合理，融入更多人性关怀，体现了充分的居家氛围。小区的景观设计也别具匠心，设计理念上突出“山水富贵水主财”，从分别设于四个分中心的园林水景开始，通过蜿蜒的园区道路，一直延伸到中心跌水喷泉，寓意着“四归名堂，财水不外流”，象征入住业主在事业与财富方面蒸蒸日上。景观充分运用中西元素的结合，采用艺术的手法，力求达到人在景中，人景交融，物景交融的社区景观氛围，用装饰化处理景观，亭、台、廊、林、石，运用各种造园元素，着力打造精品园林景观。社区外围景观与三条景观轴线的中心景观相结合，把整个小区连成一个有机整体。独有的近150米视觉通廊设计，以及南北通透多阳台灵动空间，为业主打造了精致舒适的社区内境。此外，小区交通动线设计科学，保证了住户出入的安全性，减少了小区的噪音，提升了小区的优良品质。

金光丽园鸟瞰图

楼盘以不触动环境基本生态平衡为原则，充分利用自然资源，采用绿色建筑材料，达到环保节能标准，楼盘环境空气质量、噪音均达到国家规定的环保标准。另外，点、线、面结合，高低错落，形成绿化网络，在更大程度上发挥绿化调节空气、温度、美化景观和提供娱乐、休闲场所的功效。近日，在山东省环境科学十大生态楼盘评选中，金光丽园楼盘成功入选，还获得“2010青岛最受瞩目绿色人居住宅”的称号。

金光丽园交通便利，合肥路、辽阳西路、海尔路、青银高速是通往市内四区的主干道，十余条公交线路纵贯南北东西，地铁M2号线的规划也将大大提高交通的便利性。周边的配套设施更是齐备，大拇指广场、鹏利南华商业广场、啤酒城改造、利群商业中心等商业配套均已动工兴建，将为业主提供便利的生活条件。此外，周边共有约十所中小学及幼儿园，与高科园一中、崂山二中、青岛科技大学东部校区、中国海洋大学东部校区、青岛大学东部校区也十分接近，为孩子成长构建璀璨未来。

产权也是金光丽园的一大特色，作为崂山区为数不多的70年产权楼盘，金光丽园让消费者坐拥了极大的优惠，是目前浮山后区域少见的住宅精品楼盘。

公司荣誉

青岛柏高市政园林建设集团

青岛柏高市政园林建设集团有限公司（原青岛柏高建设集团有限公司），是集市政工程施工，公路工程建设，园林景观设计、施工，仿古建筑工程设计、施工等于一体的综合性施工企业，具有由住房城乡建设部颁发的市政公用工程施工总承包壹级资质和城市园林绿化企业壹级资质。

集团自成立以来，把握良好的市场机遇，取得了长足发展。近年来，公司内抓管理、外拓市场，内强素质、外树形象，综合实力日益增强，率先在行业内通过了ISO9001质量管理体系认证、ISO14001环境管理体系认证和OHSAS18001职业安全健康管理体系认证；连续多年获省、市级“守合同重信用企业”荣誉称号。所承建的工程多次获得国家、部、省、市优良工程奖项，工程达优率95%以上。

集团公司现有从业人员700多人，其中高级技术人员25人、中级技术人员121人、一级建造师26人、二级建造师51人；公司自有各类施工机具190多台（套），施工机具配套齐全，技术力量雄厚，管理科学完善，具有较强的市场竞争力。

集团公司长期秉承“诚信守约、科学管理、稳步发展、服务社会”的经营理念，视诚信为企业生存之本，视质量为企业兴盛之基，视绿色品牌为企业奋斗的主题，积极参与市场竞争。在工程项目管理中，公司严格执行“安全第一，质量第一”的管理目标，以“让业主满意，让群众放心”为基本的考核条件，以“团结拼搏、争创最佳；品质第一、用户至上”的生产口号，严格履行合同承诺，具有良好的社会信誉。

公司将秉承“构建和谐建设文化，营造绿色人文环境”的企业使命，竭诚与国内外各界朋友协作共赢。

青岛海湾大桥桥梁工程

青岛海湾大桥桥梁工程

青岛海湾大桥又称胶州湾跨海大桥，是国家高速公路网G22青岛/url到兰州高速公路的起点段，是山东省“五纵四横一环”公路网框架的重要组成部分，是青岛市规划的胶州湾东西两岸跨海通道“一路、一桥、一隧”中的“一桥”。大桥起自青岛主城区海尔路，经红岛到黄岛，全长41.58千米，投资100亿，历时4年，全长超过我国杭州湾跨海大桥与美国切萨皮克跨海大桥，是当今世界上最长的跨海大桥。大桥于2011年6月30日全线通车。

地 址：青岛市山东路40号广发金融大厦17层
邮 编：266071
电 话：（+86）532 86660266
网 址：www.china-paroo.com
传 真：（+86）532 86660278
邮 箱：office@china-parco.com

部分工程案例

青岛市空港产业区路网建设工程

青岛市空港产业区路网建设及立交桥周边畅通绿化工程是城阳区道路环境绿化的重点项目，位于城阳区南部与飞机场接壤处，是青岛市与外部交流的门户之一。工程由迎宾路、长城南路、机场路等三条道路组成，集团公司承建的第七标段被评为山东省市政金杯示范工程。

308国道拓宽改造工程

308国道由青岛起，经济南到达石家庄，是东西走向的国家干线公路之一。青岛段已建成的是从青岛市四方区的山东路、鞍山路口起，经李村、城阳至即墨的西元庄，途经四方区、崂山区、即墨市，全长31公里，该工程荣获山东省市政金杯示范工程。

西安世界园艺博览会秦岭园工程

西安世界园艺博览会秦岭园工程

2011年西安世界园艺博览会以“天人长安　创意自然——城市与自然和谐共生”为主题。会徽和吉祥物均命名为“长安花”，取意“春风得意马蹄疾，一日看尽长安花”。理念为“绿色引领时尚”，倡导“简单而不奢侈，低碳告别高耗，回归自然，不事雕饰，绿色生活成为追求的时尚”。

青岛市体育中心室外园林绿化景观工程

青岛市体育中心是中华人民共和国第11届运动会举办场地，是青岛承办大型体育赛事的的重要场馆。在工程实施中，贯穿地域文化特色，达到四季常绿、三季有花、色彩协调的效果。体育馆周边的花岗岩通道、景观小品和绿化景区等室外配置，遵循对比原则，实现了高低搭配，点面结合，为外部景观打造了一个有机融合的立体绿化系统。该工程荣获2010年度青岛市建设工程质量“青岛杯”奖。

青岛市开发区江山小区景观绿化工程

青岛市开发区江山小区环境景观工程总面积29535.15平方米，其中绿化面积10332平方米，道路广场等19203.15平方米。该工程是包括土方、园林绿化、园路、广场铺装、花坛建设、廊架安装、景墙等在内的园林景观综合工程，荣获2010年度青岛市建设工程质量“青岛杯”奖。

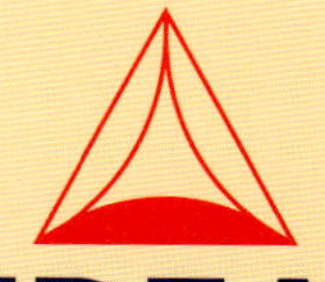

青岛恩地建设工程咨询有限公司

IDEA Qingdao IDEA Construction Engineering Consulting Co., Ltd.

董事长　彭青军

总经理　孟昭亭

青岛恩地建设工程咨询有限公司成立于1997年，拥有建设部建设监理甲级资质，业务范围包括房屋建筑工程、市政公用工程、公路工程、机电安装工程，同时具备造价咨询甲级资质和人防工程监理甲级资质。

公司组织机构设置合理，各项制度健全，管理手段先进，技术力量雄厚；现有职工150人，其中注册监理工程师47人，注册造价工程师13人，其他注册师5人。

公司重视管理标准化和服务标准化的可行性并有效实施，企业形象及服务水平逐步获得提升；2003年通过ISO9001质量管理体系认证，质量管理体系一直持续有效运行；公司重视企业文化的建设，逐步形成了有恩地特色的管理理念和服务理念，为实现人性化发展奠定了坚实的基础。

公司网站和内部期刊《恩地咨询快讯》为公司员工提供了学习、交流的平台；有计划的内部培训、外部培训，结合考试制度，有效提高了全员业务素质。

公司所监理的工程有多项先后荣获国家优质工程奖、钢结构金奖、泰山杯奖、山东省安全文明工地、青岛杯奖、优质结构工程奖、青岛市建筑业新技术应用示范工地、青岛市标准化示范工地等称号；公司获得“2002年度全省工程建设监理先进企业”“2003-2004年度全省工程建设监理先进企业”，2006、2008、2009、2010年度“青岛市先进监理企业”“2010年度青岛市工程质量管理先进单位”“2010年度青岛市建筑施工安全生产先进单位”“2010年度全省工程建设监理先进企业”等荣誉称号；多名优秀总监及监理工程师获得山东省“十佳”及“百优”监理工程师、青岛市优秀总监等光荣称号。

公司在全员中倡导“项目利益高于一切”的企业精神，追求高度的社会责任感、高尚的职业道德、合理的专业配套，力争为顾客提供一流的智能服务。

资质

人民防空工程建设监理单位

资质等级证书

青岛恩地建设工程咨询有限公司 经审查核定为

甲 级监理单位，特发此证书

国家人民防空办公室

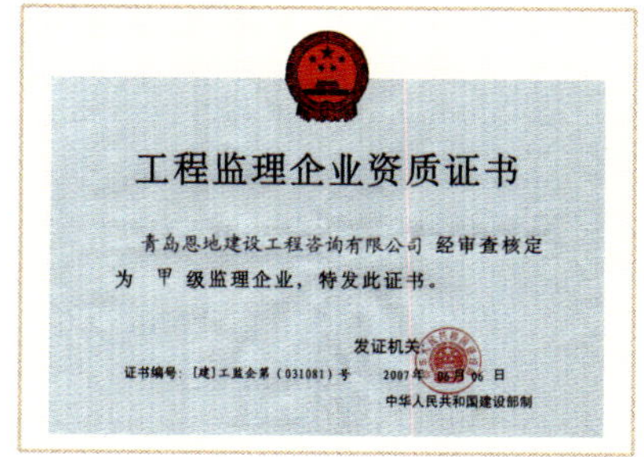

工程监理企业资质证书

青岛恩地建设工程咨询有限公司 经审查核定

为 甲 级监理企业，特发此证书。

发证机关

中华人民共和国建设部制

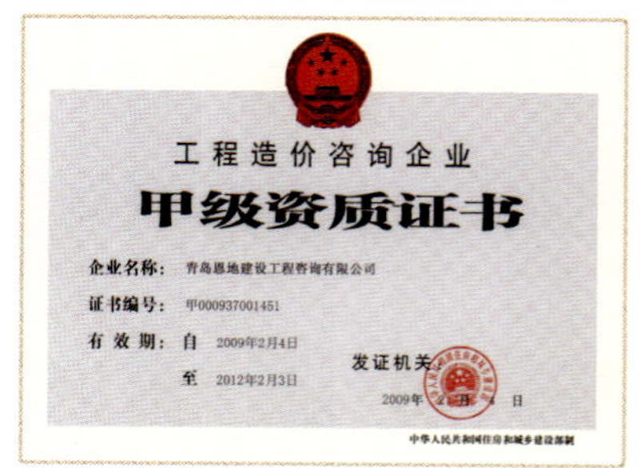

工程造价咨询企业

甲级资质证书

企业名称：青岛恩地建设工程咨询有限公司

有效期：自 2009年2月4日

至 2012年2月3日

发证机关

联系人：刘昌恩　13335036518
地址：青岛市宁德路20号　邮编：266071
电话：0532-85909026　85909027　85909029
传真：0532-85909060
邮箱：ideacec@126.com
网址：www.ideacec.com

优秀项目

华阳慧谷

石油大厦

环海大厦

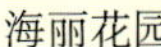
海丽花园

鲁信长春花园

燕岛国际

城阳人民医院

青岛中景建筑设计有限公司新建办公楼-中景设计创意中心

公司作品——青岛新兴体育馆

青岛新兴体育馆位于山东省青岛市市北区,南临延吉路,东靠徐州路,占地面积约2.5万平方米,总建筑面积2.6万平方米,2500座。

公司作品——银川中央商务区规划

银川中央商务区位于宁夏银川市,占地18.1公顷,总建筑面积79.22万平方米;区内拥有齐全的城市功能,使其成为银川市重要的核心商务场所和全新的标志性区域。

砺炼品质 熔铸精华

青岛中景建筑设计有限公司自2004年成立以来，努力奉行“诚信至上、质量为本、绩效卓著、服务一流”的经营方针，积极倡导“砺炼品质、熔铸精华”的企业精神；以青岛及周边地区为依托，业务辐射全省，并在西北、东北地区拥有良好的市场；遵纪守法、依法经营，重合同、守信誉，不断提高顾客的满意度；竭诚为社会各界提供更好的设计产品和更优质的服务。

公司现有各类专职技术人员百余人，其中高级工程师19人，工程师21人，助理工程师22人；国家一级注册建筑师4人，国家一级注册结构师4人，城市规划师、二级注册建筑师、二级注册结构工程师等多人。公司设市场发展部、行政综合部、财务部、技术质量室、规划所、建筑所、环艺所、结构所、设备所、多媒体所、图文中心、信息中心及档案资料室等部门；公司实行总经理领导下各部门、各岗位分工负责制。

公司分别于2007年升为建筑行业建筑工程甲级资质、2008年取得城市规划编制单位丙级资质、2010年取得风景园林工程乙级资质，并以此为契机促进全面发展。近年来公司在同龄建筑甲级设计单位中发展速度较快，业务成果显著，企业规模、效益及年产值逐年上升，技术水平、管理水平等稳步提高。

公司扎实做好各项基础管理工作，注重质量管理，并于2007年通过ISO9001质量管理体系认证。

公司自成立以来所完成的各类项目设计均通过各级施工图审查机构审查合格。

公司坚持制度创新和管理创新，重视人才培训，积极引进和采用新技术成果；逐步深化企业标准化、信息化建设，并与北京理正软件设计研究院有限公司共同开发了《青岛中景建筑设计有限公司管理信息系统》。

公司与国内外知名建筑设计公司如中国建筑科学研究院、日本株式会社久米设计、荷兰NITA设计集团等有着长期、良好的合作关系，部分业务已走出国门。

公司荣获2008年、2009年、2010年“青岛市AAA级诚信勘察、设计单位”，2009、2010年度“青岛市勘察设计咨询业先进单位”和“2009年山东省优秀勘察设计单位”等荣誉称号。公司目前是首批进入山东省勘察设计行业管理“绿色通道”单位、青岛市勘察设计协会理事单位和青岛市城市景观学会副理事长单位。

公司新址办公楼——中景设计创意中心于2010年12月30日正式落成，省住房城乡建设厅、青岛市、区政府及相关部门领导亲临现场祝贺，并为中景设计创意中心剪彩。

中景设计创意中心位于青岛市四方区青岛建筑设计创意产业园，占地面积3115平方米，建筑面积5930平方米，总投资4000万元；其中地上三层建筑面积4030平方米，地下一层建筑面积1900平方米；是一座采用了包括地源热泵空调等多项节能环保的新型高科技建筑材料与设备和国内领先高新技术的现代化、智能化办公楼；楼顶别致的“空中花园”不仅是员工休闲的场所，更能起到隔热保温和增加城市绿量、美化环境的作用。

整个中心的设计极富现代感，同时与周边的城市色彩、肌理相协调，充分体现了建筑设计的特色和绿色低碳的理念。

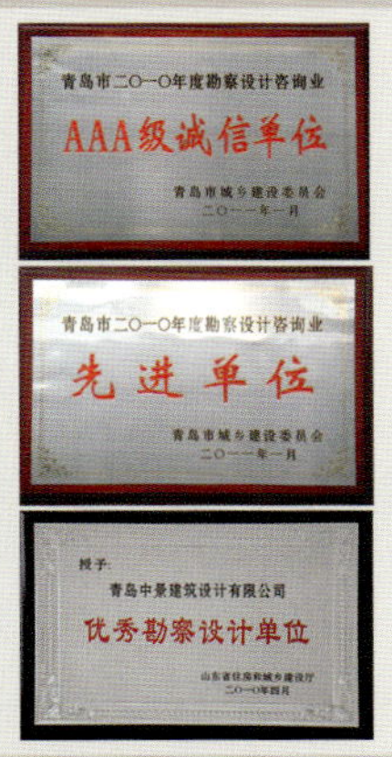

联系方式：
地址：中国山东省青岛市抚顺路15号甲
电话：0532-68876887
传真：0532-68876886
邮编：266033
公司邮箱：zjd@zjdchina.com
业务邮箱：abc-abc@126.com

规划：gh@zjdchina.com
建筑：jz@zjdchina.com
园林：yl@zjdchina.com
人事：hr@zjdchina.com
经营：jy@zjdchina.com
财务：cw@zjdchina.com

青岛施运机械

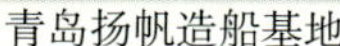
青岛扬帆造船基地

国际奥运帆船比赛基地

青岛施运机械施工有限责任公司是中国青建集团股份公司的成员单位，是青岛市地基与基础工程及大型土石方工程专业承包一级资质企业，是青岛市建设系统地基与基础工程施工的大型骨干企业。公司现已具备年完成200000平方米强夯、25000立方米预制桩基、50000立方米人工挖孔桩或灌注桩、100000延米锚杆、100000延米旋喷桩、500000立方米石方爆破、800万立方米土石方挖运的施工能力，是一支集地基强夯处理、预制桩基、灌注桩基、人工挖孔桩基施工及土石方爆破、开挖、运输、填筑、推平、碾压、深基坑边坡止水帷幕、灌注桩挡土、喷锚支护为一体，拥有先进的机械化施工设备和丰富施工管理经验的队伍。

公司设备配套齐全，施工技术先进。拥有国内外先进的工程施工设备：有土石方工程施工的挖掘、爆破、运输、摊平、碾压等机械，以及地基基础工程、支护工程的施工机械，如日本“小松”D155推土机、“小松”PC400-5挖掘机、“日立”EX300-3挖掘机，日产“川崎”KLD系列装载机，韩国“现代”、德国“奔驰”、斯太尔等系列自卸车，220马力、320马力推土机，30吨和50吨振动压路机；德国“克虏伯”液压破碎锤、17立方米“英格索兰”空压机及与之相配套的潜孔钻、Φ1250回旋钻机、Φ800长螺旋钻机、水泥搅拌桩机、旋喷桩机、HD90锚杆机、混凝土喷射机注浆泵，日产加藤60P打桩机、JUS100吨打桩机、32吨强夯机等设备，总计89台（辆），在大型地基与基础工程及大型土石方工程施工中，公司具有相当的设备优势和实力。

公司成立三十多年来，先后承揽施工了青岛市区及周边地区的大量地基与基础工程、深大基坑围护及土石方工程、软弱地基处理工程、大型土石方工程及旧建筑物拆除工程等，其中诸多工程已成为当

公司荣誉

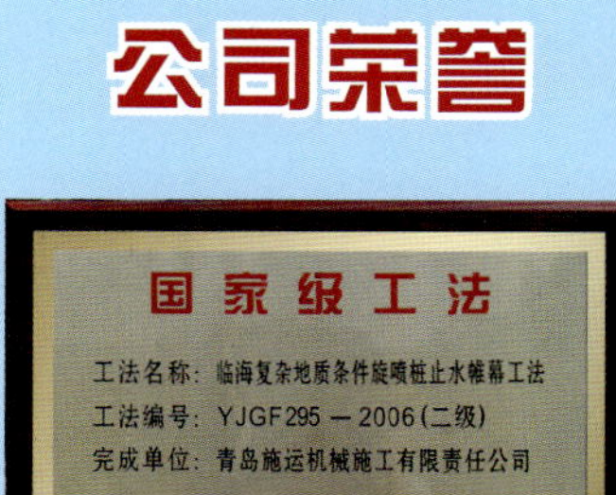
国家级工法

工法名称：临海复杂地质条件旋喷桩止水帷幕工法
工法编号：YJGF295－2006（二级）
完成单位：青岛施运机械施工有限责任公司

中华人民共和国住房和城乡建设部
二〇〇八年三月

山东省企业信誉评价

AAA级信誉企业

山东省企业信誉评价工作委员会
山东省企业联合会
二〇一〇年十二月

青岛市行政审批大厅

施工有限责任公司

地标志性建筑。

公司始终以完善的技术管理、先进的配套设备、可靠的施工信誉、优良的施工质量得到了社会各界的肯定。公司先后被评为“省级先进企业”、山东省AAA级信誉企业、青岛市“双十佳”企业，并先后荣获市颁发的“金马奖”“丰收杯”“效益杯”，参与施工的多项工程获得了“泰山杯”“鲁班奖”，公司连续十届被评为省、市“守合同，重信用”先进单位，并连续多年被评为青岛市精神文明先进单位，“务实创新、和谐诚信、团结合作、谋求发展”的经营理念得到了社会各界的广泛认可。公司愿与社会各界共同协作，共创美好未来。

香格里拉二期

青岛市市级机关办公楼

远雄国际广场

石老人海水浴场

万达广场

银沙滩

左岸绿洲

观海听涛

羊毛沟

银沙滩

左岸

弥河

青岛太行园林建设有限公司

Landscape Construction Co., Ltd. Qingdao Taihang

青岛太行园林建设有限公司成立于1985年，具有国家园林施工壹级资质和风景园林设计乙级资质。目前公司总资产达9000万元，苗圃面积1000多亩，各类经济管理、工程技术专业人才160多人，园林景观工程施工、风景园林设计和花卉市场是公司的三大主营业务。

太行园林将“营造精品”提升至企业品牌战略的高度，倡导“务实创新，打造品牌，追求卓越，营造精品”的经营理念，并将这一理念始终贯彻于企业的规划设计、建设施工和服务等过程中。近年来，公司承接了城市道路、住宅小区、厂区、公园、广场、高速公路等大量的园林景观工程，年施工面积达100多万平方米，工程造价2亿多元，其中多个项目被住建部、中国市政工程协会、中国风景园林学会、山东省建设厅、青岛市建委评为“中国建筑工程鲁班奖”“中国市政工程金杯奖”“中国风景园林优秀园林绿化工程”“山东省园林绿化工程优质奖”及“青岛市园林绿化精品工程”。公司也连续多年被评为省级“守信用重合同单位”“消费者满意单位”和“免检企业”，公司苗圃被国家林业局评为“全国质量信得过种苗基地”，成为山东省最具发展潜力企业。

公司注重企业文化建设，组织公司中高层管理人员、专业技术骨干参加国家、省级行业主要部门组织的MBA、DBA及专业技术培训，参加省、市主管部门组织的交流研讨会、各种培训会以及园林绿化博览会，公司全员年培训时间达15000小时，其中人均培训时间50多小时。“诚信为前提，制度为保障，人本管理，创新激情”的太行园林文化，在人力资源、团队建设、技术创新、价值提升等方面将进行升华，为提高人类的生活环境做出贡献。

公司自2005年以来实行《园林施工项目目标责任管理办法》，为行业的园林施工项目管理开拓了新的园林施工管理模式。多年来的管理实践证明，《园林施工项目目标责任管理办法》科学、高效、合理、实用，具有可持续改进的先进性，不仅极大的提高了劳动生产率，增强了企业的核心竞争力，更重要的是受到了社会各界、客户的高度评价。

公司各项目部项目经理均经公司严格的考评与考核，竞争上岗，个个年轻精干，有较高的素质修养和丰富的实践经验。项目部成员搭配合理，各专业人员配备齐全，能胜任各项大型园林景观项目的建设，是一支能吃苦、听指挥、易调动、打硬仗的团队。

公司所属的青岛太行园林规划设计院，具有高级的专业设计队伍和设计人才，是一个集园林规划、环境景观、市政道路、土建安装和水电管道等多专业的技术智囊团。由公司设计并施工的青岛银都景园、诸城火车站广场、天泰奥园、湖光山色、山水名园、汇泉湾广场等已显现诱人的魅力，百余个环境景观工程都得到建设方的好评与肯定，无不体现着太行园林的心血和智慧，无一不在诠释着太行园林对绿色的向往与追求。

打造园林品牌，创造精品工程是公司的管理理念；做任何一个项目都要树立太行园林的品牌，做成精品是每位员工为之拼搏的目标。拒绝挂靠是公司保障品牌建设的重要原则。我们将以“以人为本，做精做强”为指导思想，努力达到“满足或超过我们的客户、我们的内部团队、我们的社会对我们所完成项目的需求和希望”的管理目标，以崭新的姿态、高昂的激情向新的目标前进。

山东东信工程造价咨询事务所有限责任公司

山东东信工程造价咨询事务所有限责任公司，成立于1995年5月，注册资金200万，是国家住房和城乡建设部批准的工程造价咨询甲级资质企业。法人代表：张沛方，公司注册地址：青岛市东海西路16号。

公司拥有雄厚的工程造价咨询和工程管理人才，各专业配备齐全，有土建、装饰、安装、市政、园林绿化、道路桥梁等专业。其中高中级专业人员占90%以上，大专以上文化程度占总人数96%；其中有注册造价师、注册咨询师、注册建造师、注册会计师、高级工程师、高级会计师、工程师。这支队伍不仅有扎实的理论知识，而且有较丰富的实践经验。公司团结奋进，不断进取，已形成一支专业齐全，结构合理，业务娴熟，综合素质较高的专业队伍。

近年来，公司集技术人才的优势，开拓进取，紧跟当前工程造价咨询服务的前沿，在工程造价咨询业务中，承接了众多成片的房产开发和政府投资大项目。从工程项目筹建开始的工程项目估算编制、工程预算成本目标编制、限额设计概预算的跟踪、参与招投标工程量清单的编制和商务标的评审、工程进度款的审核、工程月度成本控制动态分析、工程竣工结算审核等全过程造价控制服务。公司运用成熟的造价控制和造价管理经验，圆满完成了各项工程造价咨询任

青岛市中级人民法院审判楼

青岛市南京路118号

卓越蔚蓝群岛一期

务，逐渐奠定了公司在工程造价咨询行业中的优势。

公司自成立以来，始终坚持“实事求是、客观公正、质量第一、信誉第一、客户有求第一”的原则，赢得了广大客户及上级主管部门的一致好评，曾多次获得“青岛市工程造价咨询先进单位”荣誉称号，2008年至2010年被授予山东省住房和城乡建设厅信用等级“A级”企业。

我们坚信“开拓创新、超越自我”是企业生存和发展的根本动力，公司将继续团结奋进，不断提高自身素质，在激烈的市场竞争中发展前进。

青岛鲁检宾馆

即墨国税局办公大楼

青岛市检察院综合业务楼

华山高尔夫球场

淄博绿博燃气有限公司

ZIBO LVBO GAS COMPANY LIMITED

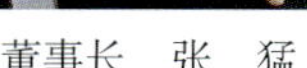
董事长　张　猛

总经理　赵　颙

“十一五”期间，淄博绿博燃气有限公司各项工作取得了较大成绩。五年间年供气量增幅达106%，年均增幅为21.2%；净利润增幅为74%，年均增幅为14.8%；上交税金增幅为212%，年均增幅为42.4%；国有资产增幅为313%，年均增幅为62.6%。

这些成绩的取得是董事会和全体员工努力奋斗的结果。五年来，公司把“观全局、看大势”摆在了首位，牢牢把握了国家及本省、本市天然气市场的走势，在天然气市场气源紧缺的情况下，研究供求规律，在供求规律中寻找生机。在此基础上，因地制宜，因势利导，及时捕捉战机，迅速开拓市场，从而在气源紧缺的弱势环境中，开拓出强势的市场，为公司赢得了迅猛发展的机会。合抱之木始于毫末，九层之台起于累土。从点滴做起，扎扎实实做好每一项工作，是五年来每天都在循环、周而复始进行的一项劳动，正是这种重复的、枯燥的、认真的劳动才创造了令人喜悦的财富，才有了丰硕的成果。供气安全是公司须臾不可放松的第一要务。安全之弦终日绷得紧紧的并非就能保证不出问题，关键是要掌握“月晕而风，础润而雨”的科学分析方法，查端倪，寻征兆，把隐患消灭在萌芽之中方为上策，五年来我们正是坚持了这一点，才切实保证了安全。成绩的取得还与当地党委、政府的正确领导和相关管理机构大力支持密不可分，更与中石油、中石化两大公司的鼎力支持和悉心关照密不可分，没有两大公司的鼎力支持我们将无从取得如此快速的发展。

新的五年计划已经开始，我们将秉承优良传统，总结经验教训，继续前进。

省住房城乡建设厅厅长杨焕彩到公司视察

市长周清利到公司视察

市委副书记陈家金到公司视察

淄博天然气首站

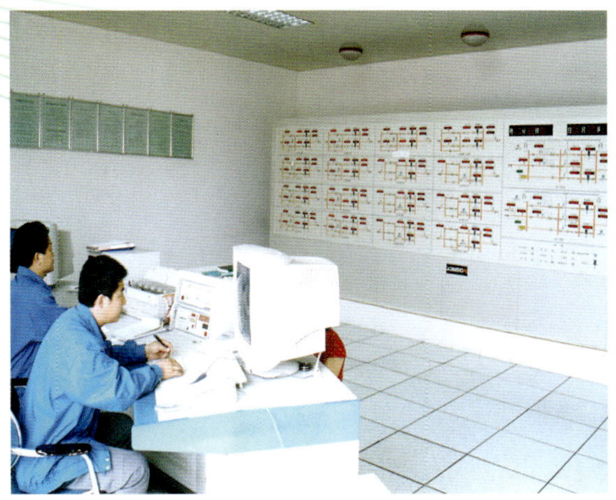

淄博天然气首站主控室

淄博天然气中心调峰站

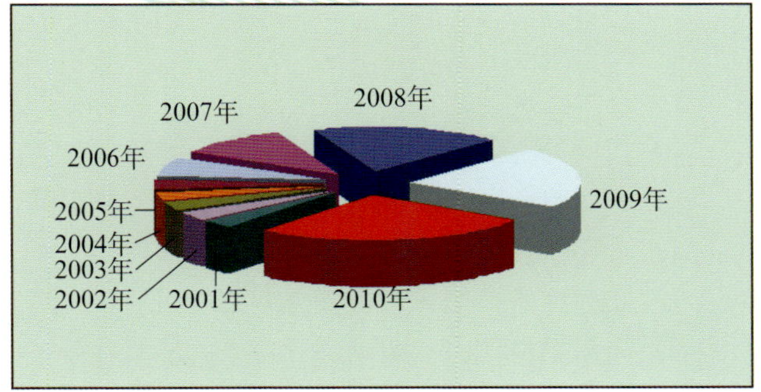

国有资产

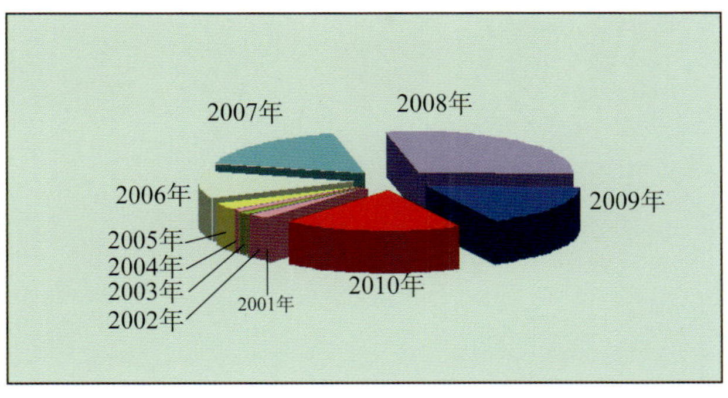

净利润

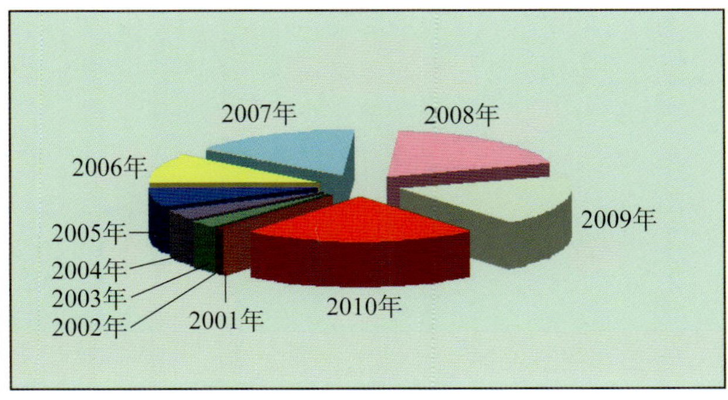

年销气量

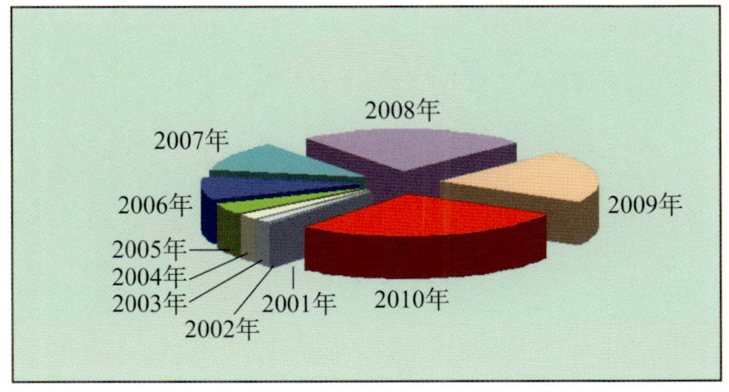

上缴税金

淄博市煤气公司

党委书记、经理　赵　颙

淄博市煤气公司成立于1979年4月，是全民所有制中型（一）类企业，注册资本2685万元，拥有山东省建设厅颁发的燃气经营许可证和市政公用工程总承包三级资质。2002年被淄博市委、市政府确立为淄博市天然气项目的业主单位。目前在职职工170人，其中各类专业技术人员42人，占职工总数的24.7%。

多年来，公司坚持以科学发展观统领企业发展方向，与时俱进，不断开拓创新，不仅吸引中石油、中石化将天然气输入淄博，而且运用资本运作模式，采取合资、合作、受让股权等方式，先后投资成立了淄博绿博燃气有限公司、淄博港华燃气有限公司、淄博城市燃气有限公司、淄博国能燃气有限公司等单位，为燃气事业的发展开辟了新道路。目前公司已拥有中石油沧淄管输天然气、中石化济青管输天然气、中原油田LNG液化天然气三大气源供应保障。并且利用中石油泰青威干线铺设契机，于2010年完成了淄博市天然气综合利用项目工程，该项目的建成结束了博山南部地区、沂源县无管输天然气的历史。全市形成了北至桓台，南到沂源，东进临淄，西及王村呈大“十”字型近260公里的天然气输配主管网。公司不断加快城市燃气管网建设和用户开发速度，截止到2010年底，公司及其参（控）企业拥有工业用户212家，居民用户14799家，日供气量228万立方米，年供气量达8.32亿立方米，形成了“一家引气，有序经营，相互协作，共同发展”的天然气供应格局。

市领导莅临现场指导工作

安全稳定是燃气行业的重中之重。多年来，公司通过制度建设、设备更新、强化培训等行之有效的措施，使各项安全工作正规运转，员工安全理念不断增强，应对紧急事件的能力不断提高。与此同时，公司始终坚持把加强企业管理作为企业树形象、求效益、谋发展的重要手段，积极探索科学的管理方法，并于2010年10月取得了ISO9001质量管理体系资质证书。

在未来的发展中，煤气公司的全体员工将一如既往的遵循“辛苦我一人、光热千万家”的服务宗旨和“绿色能源，惠通万家”的服务理念，发扬顽强拼搏的精神，齐心协力，为建设绿色文明、和谐淄博做出更大的贡献！

市领导莅临现场指导工作

煤气公司与中石油签订长期合作协议

天然气综合利用项目博山门站工地

天然气综合利用项目管道铺设工地

通过制度建设、强化培训、消防演练、宣传推广等行之有效的措施，不断提高公司员工安全生产理念和应急事件处置能力

亚太地区最大的卫星式液化天然气站——杨寨液化天然气站

淄博绿能燃气工程有限公司

团结奋进的公司领导班子

淄博绿能燃气工程有限公司，原为淄博市煤气公司管道液化气公司，成立于1994年，2001年注册为具有独立法人资格的股份有限公司。

公司注册资金2000万，固定资产5000多万，现有职工139人，各类专业技术人员60人，中级以上专业技术人员18人。具有市政公用工程施工总承包二级资质、燃气经营许可证、燃气燃烧器具安装维修许可证。公司拥有先进的施工设备，是本地区从事天然气、液化气工程施工及供应的专业公司，2003年9月取得了《压力管道安装许可证》GB1级、GC2级的安装资格，2004年通过ISO9001质量管理体系认证。

自2002年连续被评为市级“守合同重信用”企业；2006年7月，公司被评为全国燃气工程建设50强企业；2006年9月被评为全国工程建设全面达标单位；连续三年被评为淄博市诚信企业；2010年被评为淄博市最具影响力诚信企业（示范诚信企业）。

公司管网已覆盖周村、博山、淄博开发区、淄川经济开发区，主管线195公里，居民用户5万多户，工商用户70余户，日供气量12万立方米。主要工程包括：周村-王村天然气主管线工程24km(dn315)、淄博天然气管网输配工程临淄支线14.2km(dn250)、淄博市天然气输配管网630工程及博山工业陶瓷厂内天然气管线4km(dn250)。

消防安全培训

海阳分公司LNG站

2005年在海阳投资7600万元，其中LNG站投资800万元，LNG管网及户内投资6800万元。2008年6月正式运行，可达供气量4000立方米/小时，能同时供应2万户居民生活用气。

为提高公司整体服务水平，更好地为广大用户提供优质服务，公司开通了 “111”热线服务和24小时“119”维修抢险。

公司始终秉承：新思想，心服务，建优良工程，供优质燃气的企业宗旨。我们将以先进的技术，优质的工程，有力的供气保障，科学的管理体制，完善的售后，竭诚服务于广大民众。

公司荣誉

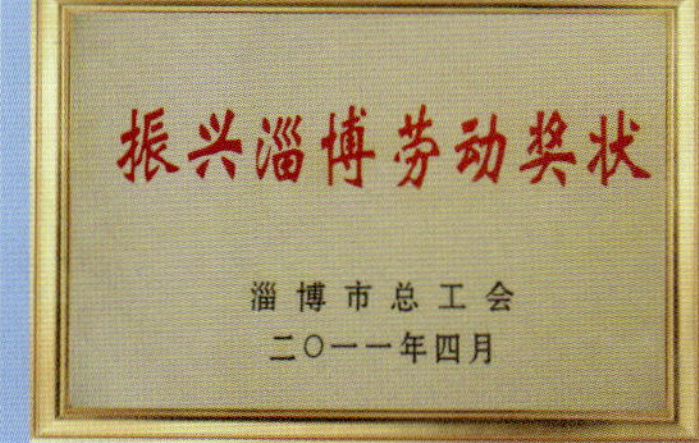
振兴淄博劳动奖状

淄博市总工会

二〇一一年四月

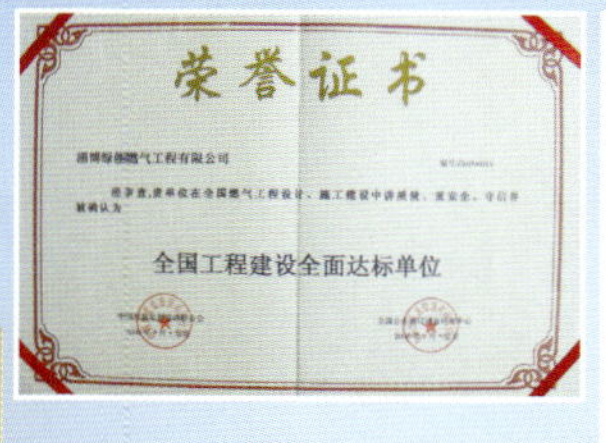
荣誉证书

全国工程建设全面达标单位

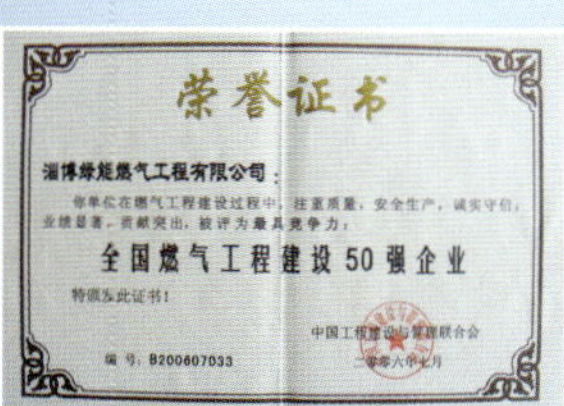
荣誉证书

淄博绿能燃气工程有限公司：

全国燃气工程建设50强企业

中经认证

质量管理体系认证证书

淄博绿能燃气工程有限公司

GB/T19001-2008 idt ISO9001:2008 标准

燃气设施、压力管道安装

荣誉证书

淄博市首届最具影响力

示范诚信企业

淄博绿能燃气工程有限公司

公司运行人员

山东创业房地产

山东创业房地产开发有限公司，成立于1992年，具有国家房地产开发一级资质。公司主营房地产开发，另外还涉及物业管理、商业贸易、园林绿化等领域。经过十几年的发展，现已成为总资产达16亿元，年开发能力30多万平方米的大型房地产企业。

公司在开发建设经营活动中坚持 “诚实守信”的市场行为准则，所开发建设的项目具有设计合理、质量优良、配套完善、价位适中、物业管理到位等优势，深受消费者欢迎。公司先后被国家建设部授予“销售放心房履行承诺企业”荣誉称号，被省政府确定为“山东省重点服务业企业” “山东省诚信示范企业”，连续八年被评为“山东省消费者满意单位”，被淄博市委表彰为“市级文明单位”，连续两年被淄博市开发办评为房地产开发AAA级信用企业，连续六年获淄博市房地产开发企业综合考核第一名。

多年来公司始终秉持“质量为本、客户至上”的核心理念，按照“以市场为导向、以效益为中心、以营销为重点、以质量为保障”的总体工作思路，扎实开展工作，先后开发建设了丽景苑、瑞景苑、世纪花园、齐鲁证券营业楼、淄博建行营业楼、学府花园、热电小区、聚贤苑、东城华府、上城名府、颐丰花园、康复中心项目、上城国际、齐悦花园等多个项目。世纪花园·帝景苑小区是淄博市首家通过国家建设部A级住宅性能认定项目；东城华府小区是全省建筑节能试点示范工程项目，被省住房城乡建设厅评为“山东省优秀住宅小区”；上城名府小区已顺利通过建设部2A级住宅性能认定中期检查评审，并被省住房城乡建设厅立项为“绿色建筑示范工程”项目；创业·颐丰花园项目已通过住房城乡建设部、省住房城乡建设厅共同组织的省地节能环保型“国家康居示范工程”中期检查评审，该项目通过检查评审是对我市创建国家康居示范工程和推进住宅产业化进程工作的充分肯定，带动全市住宅产业化的全面发展，也带动了新工艺、新材料、新技术、新设备的应用，提高了我市住宅建设的整体水平。

随着国际国内经济形势和房地产市场形势的不断变化，创业房地产公司面临着新的竞争和挑战。全体创业人将一如既往的坚持“铸质量品牌，创百年基业”的经营理念，为历史和我们居住的城市留下最优秀的产品，为居住文明及和谐社会的发展做出积极贡献。

齐悦国际花园住宅透视图

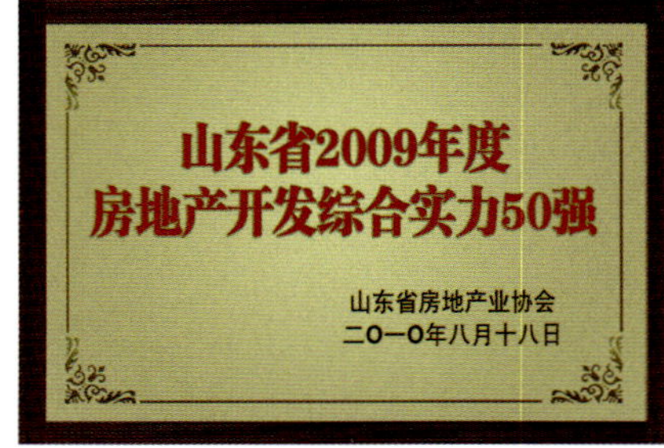

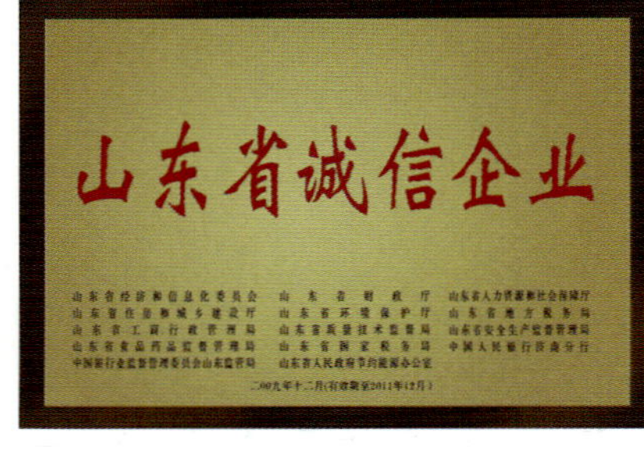

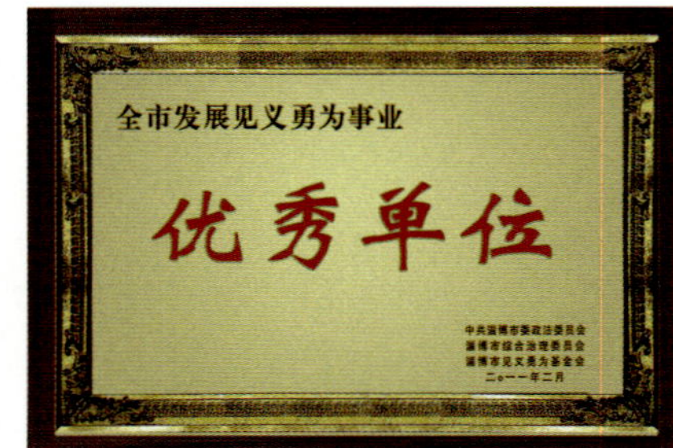

开发有限公司

颐丰花园——国家康居示范工程

颐丰花园单体效果图

上城国际——高新区核心区集商业办公与住宅同区的高档项目

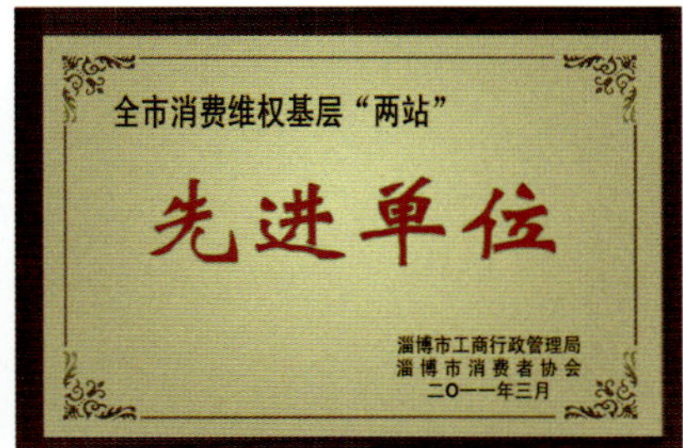

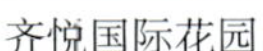

齐悦国际花园

山东雅迪陶瓷有限公司

YADITAOCI

董事长　宋文通

总经理　宋贻波

山东雅迪陶瓷有限公司位于"国家陶瓷名城""江北瓷都"淄博市，占地65000平方米，注册资金600万元，法人宋文通，现有员工1000余人。公司现有高档内墙砖生产线2条，仿古砖生产线1条，是山东省规模较大的建陶生产企业之一，各项指标均居全省前列。

公司引进意大利、西班牙生产设备，历经多年的精心研制，采用先进的生产工艺和滚筒印花技术，使产品纹理如石材般天然细腻，釉面如翡翠般明亮平整，光泽圆润；图案如自然风光般清新雅致，浑然天成；精细的磨边工艺，使产品具有边角规整，尺寸均匀，无缝铺贴的效果，高级的进口釉料及先进的烧成工艺，使产品具有不龟裂、无辐射、绿色环保等特点。雅迪公司是江北地区首家开发生产300mm×900mm等大规格内墙砖的企业，首家引进数码彩喷印花机，实现了产品的更新换代。采用国际标准生产，产品各项技术指标均达到标准要求，国家、省、市质监部门的各项抽查均为合格。通过ISO9001、ISO14001、ISO18000、测量体系、标准化良好行为认证，产品获得"中国十大瓷片品牌""山东名牌""山东省十大自主创新品牌""质量万里行推荐产品"等荣誉。

公司积极参与各项社会公益事业。投入800多万元对粉尘、噪声、污水等进行了有效的综合治理，积极交纳各项税款支持当地经济建设，连续三年获得"纳税先进企业"。

公司与西班牙CAYENNE TRADING INTL LIMITED公司、西班牙INTERMATEX有限公司、佛山创玮经贸有限公司、烟台凯诚国际贸易有限公司、大连高陶国际贸易有限公司等建立了长期稳定的合作伙伴关系，产品出口

展厅

丰富多彩的户外活动

厂区门口

欧盟、南美及澳大利亚、新西兰、印度、韩国等。在广东佛山瓷海国际成立营销中心，每年参加广交会，出口业务迅猛发展，初步形成了内销和外销互补发展的良好格局。

欧盟2010年6月19日对我国出口的瓷砖进行反倾销立案调查，山东雅迪陶瓷有限公司作为山东唯一一家被抽中参与此次反倾销调查的企业。2011年3月欧盟公布初裁结果，山东雅迪陶瓷有限公司和广东唯美、新润成等3家企业获得个案处理，充分说明了山东的陶瓷行业在中国的整个陶瓷行业中具有举足轻重的地位，一定程度上可以作为国内陶瓷行业的一个缩影和代表，而雅迪陶瓷作为抽中企业，此次更是成为了山东企业、乃至整个中国企业的代表。

欧盟反倾销调查团来厂调研

产品展示

参加广交会与外国客户合影

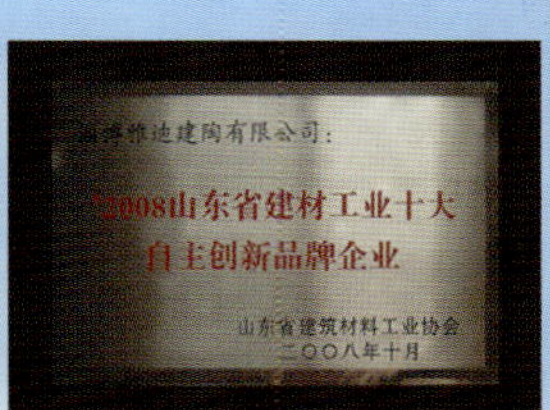

地址：淄博市淄川区双杨镇雅迪路中段

电话：0533－5496799　5496899　　　传真：0533-5492987

E－mail：sdyadi@126.com

山东桓台建设工程有限公司

山东桓台建设工程有限公司始建于1951年，系国家房屋建筑总承包一级资质大型多元化企业。公司下设多个生产经营单位，经营范围涵盖土建安装、装饰装修、钢结构、建筑幕墙、市政工程、房地产开发、设备租赁等多个领域。企业总资产达4.5亿元，拥有员工16000余人，其中一、二级注册建造师150人，中高级专业技术职称1000余人。

近年来，公司发展势头迅猛，年施工能力200多万平方米，年完成产值15亿元以上，房地产开发面积达30万平方米。公司先后创出了“鲁班奖”“全国建筑装饰奖”“部优”“建国60周年山东省60项精品工程”“泰山杯”等几百项精品工程。

多年来，公司先后获得了“全国先进施工企业”“全国优秀施工企业”“全国质量放心用户满意施工企业”“全国工程建设企业AAA级信用企业”“山东省建筑业二十强品牌企业”“山东省外出施工先进企业”“山东省重合同守信用企业”等多项荣誉称号。

公司地址：桓台县建筑商城28号

联系电话：0533-8222208

E-mail：huantaijianshe@163.com

济南南胡新村住宅

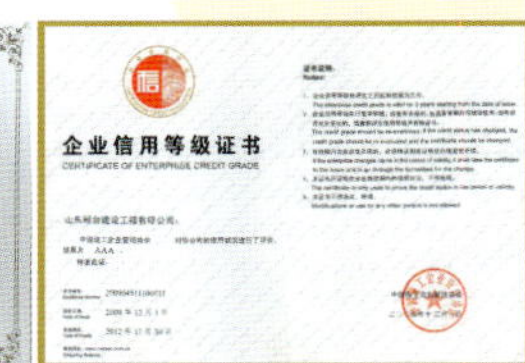

荣誉证书

天津汇德园住宅楼

淄博人民公园（荣获建国60周年精品工程奖）

淄博丽水景苑小区

济南盛福片区住宅小区（开发面积为35万平方米）

邹平客运中心综合楼（荣获“泰山杯”奖）

山东起凤建工股份有限公司

山东起凤建工股份有限公司始创于1970年，现为全国第一家在天津股权交易所挂牌交易的公众公司，系中国建筑业协会、中国施工企业管理协会团体会员单位。持有房屋建筑工程施工总承包一级资质和装饰装修、钢结构、路基、消防、起重设备、管道安装、防腐保温等增项贰级专业施工资质，可承担资质范围内各类工业、能源、交通、民用等工程建设施工总承包及专业施工。公司注册资本3亿多元，各类工程技术人员3000余人。

起凤建工自创建之初就以顽强的建筑铁军形象享誉齐鲁大地。多年来，公司始终坚持建造精品、争创一流的优良传统和作风，努力塑造强势企业品牌。2010年，第四次荣获“全国优秀施工企业”称号，并被表彰为“全国工程建设质量管理优秀企业”，喜获“国家优质工程”奖；荣获并保持“全省建筑业先进集体”、山东省“建筑施工企业综合实力五十强企业”和淄博市“建筑业十强企业”等诸多荣誉。

起凤建工坚持诚信为本，质量至上，连续10余年保持竣工工程优良率85%以上。每年都有两项工程获得“泰山杯”奖，到2010年，已累计有28项工程荣获“泰山杯”奖；还先后创出参建项目“鲁班奖”2项，创出国优工程1项、优质样板工程3项、建设部优质工程6项，山东省优质工程、省级用户满意工程160余项，地市级“十佳工程”70余项。公司连续10余年保持“省级守合同重信用企业”称号，被中国施工企业管理协会评定为“AAA级信誉企业”。公司于1998年在全省建筑行业中率先获得ISO9002国际质量体系认证证书，2003年获得ISO9001工程质量管理体系、ISO14001环境保护管理体系、OHSAS18001职业健康安全管理体系三证合一认证证书且经历年审核有效至今，被表彰为“山东省管理体系运行优秀单位”和山东省建筑业“十佳质量管理企业”。

起凤建工安全生产业绩卓著。近年来，公司先后创出部级安全文明工地2个、省级安全文明示范工地30个、省级安全文明工地100余个，连续多年被评为山东省安全生产先进单位、山东省“安康杯”竞赛优胜单位，还被表彰为山东省建筑业“十佳安全管理企业”，荣获2009年度“全国AAA级安全文明标准化诚信工地”称号。

近年来，起凤建工技术创新步伐日益加快，许多新技术应用达到省内先进水平，其中有22项被授予“山东省建筑业新技术应用示范工程”称号，此外，还有多部工法获《山东省省级工法证书》，有的技术研究获省建筑业技术进步奖。

面对新的机遇和挑战，起凤建工将进一步转方式、调结构，努力建设标准化、规范化、信息化、精细化企业，增强可持续发展实力，并按照现代企业制度的要求，以实现股本结构合理化、投资结构专业一体化、资本运作高效化为目的，精心打造资质等级高、产权制度新、经营机制活、核心竞争力强的品牌企业。

企业荣誉

山东明德物业管理有限公司

董事长　刘德明

山东明德物业管理有限公司成立于2004年，注册资金510万元，是国家一级资质企业，中国物业管理协会常务理事单位。经过短短7年的发展，目前，我公司在管项目面积达到1400余万平方米，涉及大学城、高档住宅区、写字楼、机关办公楼、工业园、医院、体育中心等多种物业业态。项目遍及山东、山西、河南、河北、重庆、云南、福建、黑龙江、北京、安徽等10个省市，在管项目186个，其中大学类项目占40%，是目前国内管理高校物业最多的物业管理企业，是我省唯一被国家教育部评定的“全国高校后勤优秀服务企业”。

公司坚持“立足山东、面向全国、走向世界”的战略目标，立志做大做强。目前，公司在全国投资的全资子公司有：北京明德伟业管理咨询有限公司、青岛明德物业管理有限公司、安徽明德物业管理有限公司、黑龙江明德物业管理有限公司、云南明德物业管理有限公司、山东明德文化传播有限公司、济南明德超市有限公司、济南明德杰瑞酒店管理有限公司等，并在河北、重庆、威海、东营设立了分公司。

明德物业拥有的北京明德咨询中心，定期举办“全国物业管理企业经理培训班”“注册物业师考前培训班”和对物业从业人员的实操培训。目前，明德咨询的培训足迹已踏遍中国30多个省、市、自治区，累计受训学员达3万多人次，在业内建立了良好的口碑。

明德物业秉承“人才至上”的理念，为提升员工队伍素质，公司主动与高校开展校企合作。我们先后与北京林业大学、山东青年政治学院、山东女子学院合作，开设“明德物业班”实施“订单式教育”“零距离就业”，每年为公司培养150余名品学兼优的学生，为公司人才梯队建设奠定了良好的基础。并在10几所高校设立“明德奖学金”，奖励高校奋发有为的莘莘学子，以此回报高校、回报社会。在不断吸收高素质人才的同时，明德物业还充分挖掘内部员工潜力，明德物业在国内首创了“预备经理、预备主管制度”，对每一位晋职管理人员的职工都实行预备岗位制度，为员工提供了一个公平、公正的竞争平台。

明德物业拥有一支专业过硬、技术超强的“专家型团队”。2010年全国首次物业管理师资格考试一次性通过17人，列山东省物业管理企业之首。

山东大学（威海分校）

山东师范大学

哈尔滨理工大学总校

济宁医学院

枣庄中安房屋开发有限公司

公司成立于1984年4月，系原枣庄市市中区房屋建设综合开发公司，2008年12月更名为枣庄中安房屋开发有限公司，为三级开发资质企业，注册资金2000万元，现有职工90人，其中有技术职称的管理人员56人，公司技术力量雄厚，各项组织制度健全，是以商品房开发建设为主多种经营并举的实力雄厚的国有企业。

公司成立以来共开发建设商品房200余万平方米，工程合格率100%，优良率70%以上，近年来开发建设的文苑、文馨、朝阳、阳光、文汇等小区及鲁南农副产品批发中心、中国（枣庄）二手车交易中心等项目深得社会好评，并成为枣庄地区经典小区及标志性建筑。在房地产开发建设过程中，公司始终坚持“用户至上、诚信守约、创精品小区、创优质工程”经营理念，认真贯彻国家法律、法规标准，企业经营行为规范，实行服务承诺，售后维修，物业管理，深受消费者满意。

中安鸣翠苑小区

文汇嘉园

中国（枣庄）二手车交易中心

文汇嘉园

文汇嘉园

文汇嘉园

山东中明工程咨询有限公司

董事长　巴树青

董事长巴树青到援川项目部现场指导工作

山东中明工程咨询有限公司是经山东省工商行政管理局注册登记，主营工程造价咨询、工程咨询、招标代理等业务的综合类经济鉴定中介机构。是东营市工程建设标准造价协会副理事长单位和山东省工程建设标准造价协会常务理事单位。公司已具备以下资质：（1）国家住房和城乡建设部“工程造价咨询甲级资质”；（2）山东省建设厅“招标代理乙级资质”；（3）财政部“政府采购代理甲级资格”；（4）省高院“司法鉴定资格”；（5）东营市“仲裁委仲裁鉴定资格”；（6）国家发改委“工程咨询资格”。服务领域涉及飞机场、引桥码头、公路、桥涵、工业与民用建筑、安装、化工、房地产、机械、咨询、中介等行业，遍布山东、四川、广东、北京、内蒙、河南等省市。公司现有从业人员67人，其中：注册造价工程师21人、注册工程咨询师5人、注册建造师6人、注册监理师5人、注册房地产估价师7人、高级工程师13人，从业人员中具备招标代理执业资格的12人；具备政府采购代理机构从业人员合格证14人。拥有自有产权办公场所3000余平方米。

近三年来年均完成造价咨询额90余亿元，为国家和业主节约了大量建设资金。承担了东营市政府援建北川工程全过程造价跟踪审计任务，取得了显著成绩，被山东省住房和城乡建设厅授予2008、2009年度“A级信用造价咨询机构”，被省造价协会授予“2009年度先进会员单位”，被山东省援建北川领导小组授予“援建北川先进集体”，被东营市住建委授予“2010年度先进造价咨询企业”等荣誉称号。

东营市委常委、常务副市长曹连杰与公司援川人员在援川现场

部分员工三亚考察

东营市援川项目2亿元全过程跟踪审计一角

东营港全过程审计项目16.2亿元

内蒙古华汇购物广场2亿元结算审计项目

东营飞机场改造预算评审项目8亿余元

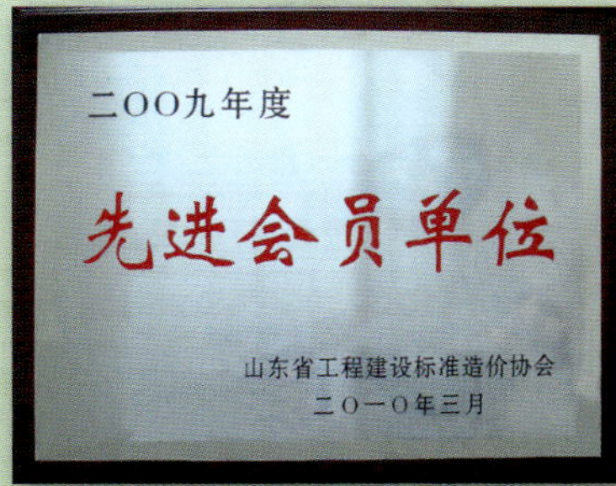

电话：0546—8221008、7777070

邮箱：zmd.sd@163.com

网址：http://www.zhongmingcpa.cn

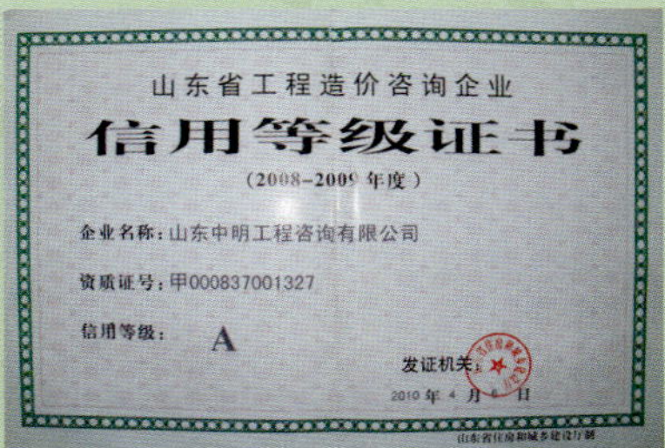

山东省工程造价咨询企业
信用等级证书
（2008–2009年度）
企业名称：山东中明工程咨询有限公司
资质证号：甲000837001327
信用等级：A
发证机关：
2010年4月

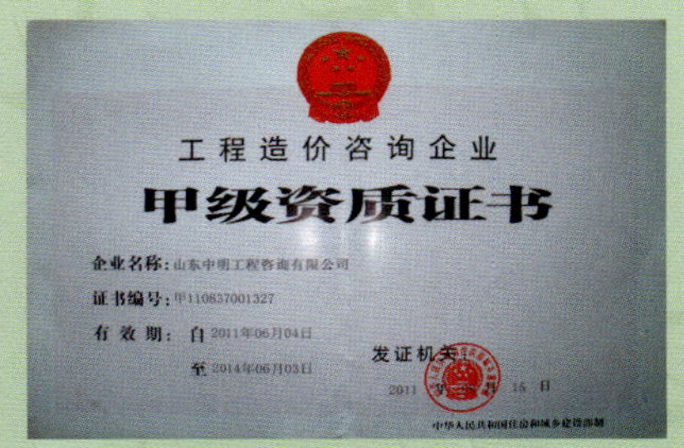

工程造价咨询企业
甲级资质证书
企业名称：山东中明工程咨询有限公司
证书编号：甲110837001327
有效期：自2011年06月04日
至2014年06月03日
发证机关：

胜利油田胜利建设监理有限责任公司

董事长、总经理　艾万发

胜利油田胜利建设监理有限责任公司，是一家集工程监理与工程技术咨询于一体的技术服务型企业。公司坚持品牌发展之路，2009年4月成为山东省首批取得国家工程监理综合资质的监理企业；2002年取得国家发改委工程咨询甲级资质；2009年取得山东省招投标代理乙级资质，2010年取得国家设备监理资格和山东省造价咨询资质，通过Q/HSE体系认证和监督审核。

公司执业人员专业配套齐全。具有总监理工程师执业资格48人，国家注册监理工程师81人，国家注册设备监理工程师19人，国家注册造价师7人，国家注册咨询工程师10人，国家注册一级建造师20人，国家注册一级结构师1人；省部级监理注册资格持证人员396人。

公司于1999年、2006年、2010年三度被评为全国“先进工程建设监理单位”，2000至2009年连续十年荣获中国石油化工集团公司“先进建设监理单位”称号，2005至2009年度获“省级守合同重信用企业”称号，2008年获得中国建设监理创新发展20年“工程监理先进企业”称号、山东省建设监理创新发展20年“工程监理先进企业”称号。

公司始终坚持以“科学监理，文明服务，信守合同，顾客满意”为宗旨，累计监理工程3100多项，项目总

追求卓越　永不止步

总投资近60亿元的滨州海洋化工工程

投资约570亿元，仅2010年监理工程总投资额约70亿元。公司监理的新疆牙哈凝析油气田产能建设项目等数十项工程分别被评为中国石油天然气集团公司优质工程金质奖、中华人民共和国国家质量金质奖、中国石油化工集团公司“优秀施工奖工程”、中华人民共和国国家质量银质奖、山东省建筑工程质量“泰山杯”奖、山东省装饰装修工程质量“泰山杯”奖、全国建筑工程装饰奖；胜利油田垦东12区块产能建设工程被评为山东省“新中国成立60周年60项”精品建设工程。

地址：山东省东营市西四路474-18号（华纳大厦）19-20楼
电话：0546-8782222
传真：0546-8798808
网址：http://www.sljl.cn
邮箱：jlgllyh@163.com

翻越高山的输油管道

垦东12区块海油陆采平台（人工岛）

夜晚的海上平台

金辰建设集团

专 注 品 质　用 心 建 设

董事长、总经理　周北平

山东金辰建设集团有限公司是一家综合性集团公司，公司集房地产开发、建筑施工、装饰装修、建设监理、房产代理、物业管理、市政工程于一体，拥有国家房地产开发一级资质。

公司位于东营市东城东三路237号，注册资金5187万元，法人代表周北平。公司拥有职工1780余人，技术人员占职工总数的80%，其中高中级专业技术人员186人。金辰员工凭着精湛的技术，诚实守信的原则，先后开发了文汇小区、府前小区、辉煌庄园、聚豪苑、龙熙新都豪苑、雅仕方舟俪墅、辰兴花园、瑞辰花园、永兴花园、东营市市直机关安居工程、市直二期企业经济适用房、辰兴花园针织副食批发市场、辉煌庄园商业街、辉煌商城C座G座、安慧商城A座B座、金辰美食大街、垦利辰兴商贸园等一系列优秀的住宅和商业。其中辉煌庄园荣获山东省城市优秀住宅小区、国家级物业管理优秀小区等荣誉称号；龙熙新都豪苑与雅仕方舟俪墅荣获市十大明星楼盘之首称号。目前正在开发的锦苑华府、书香门第、金辰富海广场等精品项目更是深受广大市民期待。

靠着过硬的产品质量和优秀的售后服务，金辰品牌深入人心，先后荣获省级“泰山杯”奖1项、省“质量诚信、用户满意”工程14项、省级安全文明工地13项、山东省花园式小区5项、市“金洲杯”奖工程22项、“中国质量万里行”定点单位、中国环渤海房地产环境友好企业、山东省“房地产开发综合实力50强”企业、山东省“AAA特级信誉”企业、山东省“第六、七、八届消费者满意单位”、山东省“建设工程质量管理先进单位”、2008年山东省最受业主尊敬的开发商”“2010中国服务业企业500强”、东营市首届建筑业总承包十强企业等诸多荣誉称号。

金辰改制十周年晚会合影

金辰·锦苑商业街

山东正大信工程管理咨询有限公司

渤海尚城全过程跟踪审计工程

广饶县民安路结算审计工程

春晖小学体育馆结算审计工程

格林风景住宅楼结算审计工程

山东正大信工程管理咨询有限公司是按照建设部关于资质分立的有关要求，由山东正大信会计师事务所有限公司派生分立而成。公司现有专职从事工程造价咨询业务的人员30人，其中注册造价工程师11人，中级以上职称专业人员24人。拥有自有产权办公场所1000余平方米。公司主要从事工程项目管理咨询、工程造价咨询、建设项目可行性研究、工程造价鉴定、建设工程及货物招标代理等业务。

在工程造价咨询业务方面，我们已经承办工程造价咨询业务2000余项，审核工程总金额30亿6仟多万元，审减值6亿2仟多万元，为建设单位节约了大量建设资金。我们已经先后审核东营市、区安居工程共62栋住宅楼、东营市第一中学公寓楼、东营市海洋与渔业局办公楼、东营市丽景小学综合楼、东营港经济开发区港北一路道路工程等多项大型工程项目，因此我们积累了丰富的审核大型工程项目的经验。还完成对铁路万鑫住宅楼、华安荣寓小高层住宅楼、东营港开发区、广利河综合治理文化公园片区等工程项目的全过程造价控制。我公司员工工作速度快、效率高，审核结果客观、公正、真实，从未出现过质量问题，得到了甲乙双方普遍认可，赢得了良好的社会信誉。

公司现具有以下执业资质：

1、中华人民共和国住房和城乡建设部工程造价咨询企业甲级资质；

2、山东省住房和城乡建设厅工程招标代理机构暂定资质；

3、山东省司法厅颁发的司法鉴定资质；

4、山东省高院企业破产案件管理人资格。。

公司所取得的荣誉：

（1）被东营市消费者协会授予“消费者满意单位”、“诚信单位”；

（2）被东营市地方税务局评为A级纳税信用单位；

（3）2003年度全市工程造价咨询单位信誉度评比中名列第一；

（4）2006年度建设执业资格注册工作先进单位；

（5）2007年度被东营市总工会评为“职工职业道德先进集体”；

（6）2004、2005、2006、2008年被东营市建设委员会评为“工程造价咨询先进单位”；

（7）2009年被山东省建设厅评为“A级信用等级”工程造价咨询企业；

（8）2009年被山东省工程建设标准造价协会评为省级“先进会员单位”；

（9）2010年被东营市工商行政管理局授予“守合同重信用企业”；

（10）2010年被评为东营市住房城乡建设行业“先进企业（造价咨询）”。

东营市海洋与渔业局办公楼结算审计工程

地址：东营市东城南一路280号
电话：0546-8316120　8312536　8312526
传真：0546-8316120
网址：www.zdx-cpa.com
邮箱：zyylcpa@sohu.com

东营港经济开发区港城路全过程造价控制工程

水岸华庭招标控制价、结算审计工程

建优质保障住房　圆百姓安居梦想

烟台市宏丰置业发展有限责任公司

总经理　李爱强

烟台市宏丰置业发展有限责任公司，隶属于烟台市住房和城乡建设局，成立于2001年，具有房地产开发一级资质，公司现有员工76人，其中专业技术人员58人，主要承担市区保障房建设、商品房开发、物业管理等业务。公司现为中国房地产开发商协会常务理事单位、ISO9001质量管理体系认证企业、山东房地产开发五十强企业、省级守合同重信用企业。

公司成立十年来，在省市住建部门的正确领导下，始终秉承“建优质保障住房，圆百姓安居梦想”的宗旨，严格贯彻精品意识、责任意识、服务意识，先后开

省住房城乡建设厅厅长杨焕彩视察锦绣好家项目

住房城乡建设部司长沈建忠、省住房城乡建设厅副厅长吴英视察烟台住房保障工作

省住房城乡建设厅副巡视员耿庆海视察锦绣好家项目

省住房城乡建设厅住房保障处处长王晓瑜视察锦绣新城项目

荣誉证书

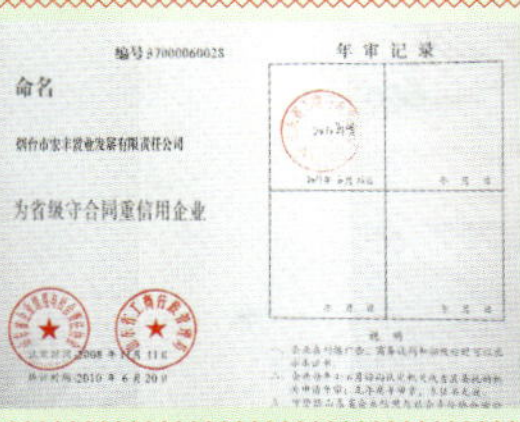

发建设了惠安小区一二期、凤凰台新建小区、珠玑春都花园，以及一系列以“锦绣”为品牌的锦绣新城、锦绣花园、锦绣好家、锦绣新天地等一系列保障性住房项目，累计开发面积达140余万平方米，工程质量合格率100%，累计向市区中低收入家庭提供经济适用房1.2万余套，向住房特困户提供廉租房1000多套，进一步完善了烟台市住房保障体系，为烟台市荣获联合国人居奖、中国最佳魅力城市、全国文明城市做出了突出的贡献。2011年公司计划开工项目为锦绣家园保障房项目。

公司在住房保障方面取得了突出的成绩，得到社会各界的广泛认可。2010年，公司跻身山东省房地产开发五十强企业，晋升了房地产开发一级资质。2010年烟台市住博会上，公司荣获“最佳形象展示奖”荣誉称号。2011年，公司再接再厉，荣获了“全省住房和城乡建设系统先进集体”“山东省建设系统文化建设先进单位”“全省建设系统‘工人先锋号’”等荣誉，在建的锦绣新天地保障房项目获得“省级安全文明小区”荣誉称号。2010年公司被烟台市委、市政府授予全市“骨干明星企业”称号，被芝罘区政府评为和谐稳定模范区建设先进单位和“计划生育”工作先进集体。

锦绣花园

锦绣新天地

锦绣新城1-4期

锦绣好家

董事长、总经理　卞学祥

天同宏基集团股份有限公司创建于1995年，2003年由国有企业改制为民营企业，2008年改制为股份制企业，公司现有职员126人，其中中高级职称46人，下辖4个控股公司，总注册资本金7400万元人民币，是国家一级房地产开发企业。

改制以来，天同宏基集团以“务实、创新、规范、卓越”为宗旨，积极实施“人才兴企，管理强企、创新富企”的三大发展战略，开拓创新，与时俱进，企业的诸方面经济技术指标实现了质的飞跃，2004年11月通过了ISO9001质量管理体系认证，2005年被中国经济发展研究中心授予“中国民营企业发展潜力500强”，2006—2010年连续荣获“山东省房地产开发企业综合实力50强”，2006年被中国企业联合会、中国企业家协会评为“中国优秀企业”，被中国民营企业家协会评为“和谐社会诚信企业单位”，2010年被山东省工商局授予省级“守合同重信用企业”，2011年天同房产被评为中国行业十大创新品牌，同年3月被中国房地产协会评为“中国房地产开发企业500强”。

“低碳、环保、精装修和可再生能源建筑应用”四大法宝的创新应用，使天同宏基集团近几年来异军突起，公司开发的天同·双羊新城等12个小区依靠科技进步和大力推进住宅产业产业化，取得了国家级三大荣誉

全国政协常委、中房协会长、原住建部副部长刘志峰视察天同宏基集团

2010年12月5日中央巡视组来双羊视察

奖项，2006年被建设部授予国家康居示范工程，2007年荣获全国房地产首届大奖“广厦奖”，2008年通过财政部、建设部国家可再生能源建筑应用示范项目验收，凭借出色的前期物管所开发的小区先后获得了一个国家优秀物业小区和两个省级、三个市级物管优秀小区。

省住房城乡建设厅厅长杨焕彩来双羊视察工作

省住房城乡建设厅副厅长李兴军一行来双羊召开全省低碳现场交流会

2011年4月27日，天同宏基集团股份有限公司作为全国第一个科技地产公司在天津股权交易所成功挂牌上市。天同宏基在挂牌上市后的三年规划仍将高举“科技、低碳、精细、诚信”这面大旗，坚持“低碳、科技、环保、全装修”的开发理念，以“诚信”统领企业的一切经营行为，以技术创新和管理创新作为企业发展的原动力，力争2013年跨入全国房地产100强企业行列；调结构、转方式，坚持“一体二翼”的发展思路，通过定向私募和增发两年内投资扩建工厂化产品木业生产厂和新能源经营中心，2013年将形成以新能源设备生产与服务为主的新型地产企业，力争2013年中小板上市；坚持精品住宅与商业地产并重的开发之路，立足山东，面向全国，“一年打基础，两年上水平，三年大发展”，三年力争销售收入过百亿元人民币并形成自主创新的天同地产品牌。

国家康居示范工程新闻发布会

市长许立全来双羊新城进行低碳项目调研

2010年11月18日全省可再生能源现场会

天同双羊新城通过可再生能源建筑应用示范项目验收

天同宏基集团十余年来，坚持以做精房地产专业为主线，多元经营为辅助的经营之路，先后举办了浙江义乌小商品城全国十大加盟市场，并与温州商团合作开发欧蓓莎家具广场等商业地产项目，并拟投资设立全装修工厂化产品木制生产厂和合同新能源经营中心，天同宏基集团已经走上了规范、快速发展的康庄大道。

中式徽派别墅、低碳全装修项目天同·宜江南

北海教育公司

潍坊绿达景观工程有限公司

总经理　岳同助

潍坊绿达景观工程有限公司（原名：潍坊绿达公路工程有限公司），成立于2000年7月，是一家专门从事园林设计与绿化、路桥工程和交通设施工程的专业公司。拥有国家绿化一级资质、公路路桥1.5亿元以下总承包资质和住建部颁发的交通安全设施资质，注册资金3118万元，固定资产1500万元。

公司下设工程科、绿化科、机务科、开发办以及财务、审计、人事科等12个部门，拥有专业的科研队伍、施工队伍、施工机械和丰富的施工经验。现有高级工程师17人、工程师45人，专业技术人员133人，各类施工机械200余台（套），年施工能力2亿元。2006年通过ISO9001：2000质量管理体系认证，是潍坊市最早从事园林绿化、路桥工程及交通安全设施工程施工的单位之一。

公司始终坚持“以人为本、科技领先、以质取胜”的经营理念，注重突出工程质量、施工工期、安全生产和文明管理，积极推进科技和管理创新，加强同外部科研单位的技术交流，加快科技人才的引进和培养。与山东农业大学和青岛农业大学合作，拥有苗木生产基地502亩，花卉栽培温室3000平方米，集科研、试验、示范、生产、销售为一体，为公司的发展奠定了坚实基础。2010年5月聘请青岛农业大学园林规划设计研究院院长、中国花卉协会理事、园林学会专家委员会委员刘庆华博士为公司顾问。

公司成立十多年来，共承建国家、省、市级重点工程60余项，其他工程30余项，且全部达到优良级。公司承建的潍坊市安顺路景观工程、寿光市东城公园绿化工程、白浪河下游景观工程、张面河生态景观工程、安顺广场景观工程、虞河景观工程等多个工程项目荣获“山东省园林绿化优质工程奖”和“潍坊市优质园林工程奖”；2010年承建的第七届园林花卉博览会潍坊园工程项目，一举荣获综合奖、设计奖、施工奖、植物配置奖、建筑小品奖等五项最高奖项。公司也多次荣获省市级“园林绿化建设先进单位”和“重合同守信用企业”荣誉称号，成为全省优良级工程最多、获奖最多的单位之一；公司法人代表岳同助荣获“山东省劳动绿化奖章”和“全国劳动绿化奖章”等多项荣誉。

公司本着“客户至上、诚信为本、科技领先、争创一流”的宗旨，愿与社会各界朋友精诚合作，共铸辉煌。

园博园工程实景

景观绿化

微表处

桥梁施工

微表处施工

SHAN DONG YONG SHENG JIAN SHE JI TUAN

山东永胜建设集团

董事长 叶 露

山东永胜建设集团，为国家壹级房屋建筑工程总承包企业，总部在山东省济宁市洸河路22号新闻大厦，年施工产值18.6亿元，资产2.8亿元。集团下设山东洪通水利施工有限公司、山东装饰工程有限公司、泗水永胜房地产开发有限公司、泗水信捷物业有限公司、济宁居都装饰设计有限公司、澳高新型建材厂等6个子公司及多个土建、安装、设备租赁等分公司；建筑市场覆盖山东、海南、四川等省市。并于2000年与北京城建集团实施联合经营，创造了多项品牌工程；注册了京投投资有限公司，开展BT、BOT业务，与建筑形成有机产业链，创造了巨大的经济效益。目前，公司具备了强大的经济实力，技术力量雄厚，施工设备先进，管理经验丰富，已经成为开放性、多层次、跨地区、跨行业的综合施工企业。

多年来，公司始终奉行“以质量求生存，靠信誉谋发展，抓管理促效益”的经营方针，信守“优质快速、安全低耗、质量第一、用户至上”的宗旨，在赢得良好社会信誉的同时，取得了优异的经营业绩，企业也得到快速发展。

公司始终坚持工程质量与安全文明齐抓共管，不断完善质量管理体系，近年来创建了多项国优、泰山

新闻大厦

济宁地税局办公楼

科苑综合楼

SHAN DONG YONG SHENG JIAN SHE JI TUAN 公司网址：www.sdysjt.com

曲阜国际会展中心

杯、省优工程，在济宁市同行业中名列前茅，连续被授予“济宁市综合实力十强总承包企业”及“十佳质量管理企业”称号，并荣获山东省质量管理先进单位、山东省安康杯优胜单位等称号。

拟申报鲁班奖项目——圣都国际会议中心

国优奖项目——济宁附院综合楼

随着信誉的不断提高，山东永胜建设集团有限公司被金融系统评为“AAA”诚信单位，被国家工商行政管理总局评为国家级“守合同、重信用”单位。

公司将一如既往地坚持“建一个工程，树一座丰碑；送一片真情，交一方朋友”的方针，与各界朋友共创美好明天。

公共服务中心效果图

鲁南质检中心

公司荣誉

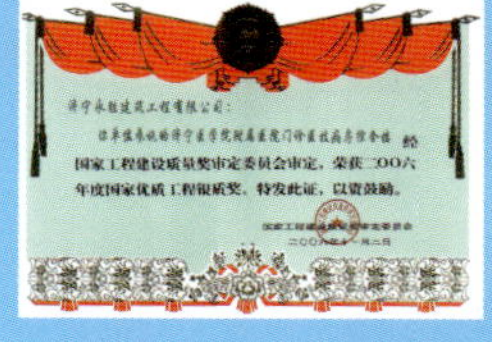

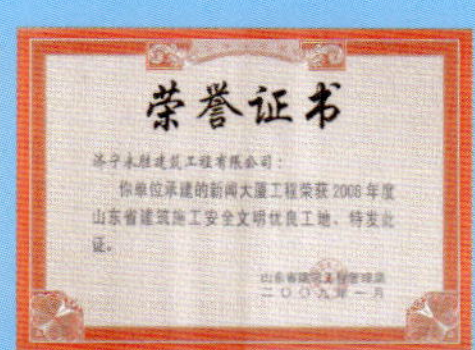

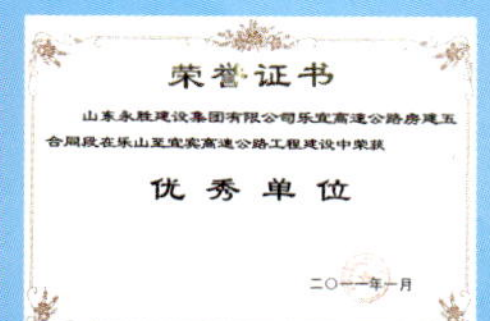

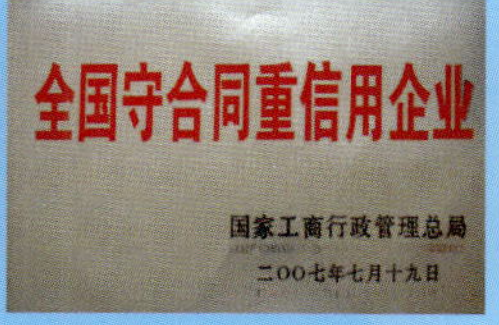

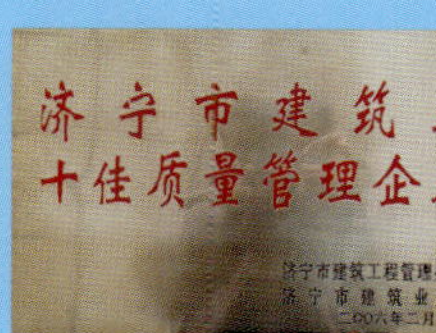

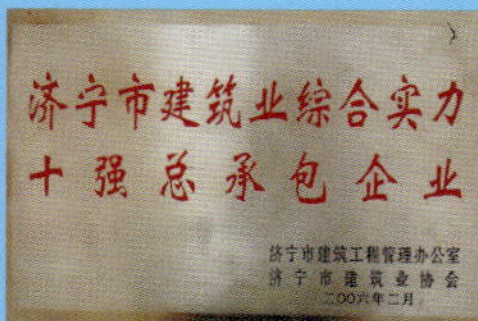

邮　箱：HYPERLINK "http://www.sdysjsjt@163.com" sdysjsjt@163.com　传　真：0537-3167007

山东华圣瑞德
SHANG DONG KUASHENG RUDE

雕塑时代精品 建设满意工程

山东华圣瑞德市政工程有限公司总经理刘德学（中）及领导班子成员

山东华圣瑞德市政工程有限公司成立于2001年10月，前身为济宁瑞德市政工程有限公司，隶属于济宁市住房和城乡建设委员会，以城市道路排水、路灯、桥梁、防洪、污水处理等市政工程的施工及城市测量以及水泥制品的生产经营为主，具有市政公用工程施工总承包壹级资质、城市道路照明工程专业承包贰级资质、堤防工程专业承包叁级资质，2007年9月获省级计量认证资质，并通过ISO9001质量管理体系、ISO4001环境管理体系、OHSAS18001职业健康安全管理体系三项认证。公司是山东省市政行业优秀施工企业、省级“守合同重信用”企业、市级精神文明单位、市税收贡献先进单位、市直建设系统先进单位。

公司现有职工373人，各类经济技术管理人员249人，其中高级专业职称20人，一级建造师14人，中级职称58人，专业技术人员占职工总数的66.7%。公司下设22个下属二级单位，拥有生产设备及各种配套施工机械150余台（套）。

“科学发展、以质求胜”是山东华圣瑞德公司的经营理念，自2006年以来公司累计完成产值10亿多元，连续投资2200余万元，购置了工程专用机械设备，极大地提高了公司的竞争实力。承建了200余项道路排水工程、13座桥梁工程的建设任务，新建维修道路面积200余万平方米，新建排水管道60余千米，新安路灯4000余盏。公司连续7年安全责任事故率为“零”，正是基于严格的质量管理体系，完善的监测手段以及精湛的施工工艺，使得工程一次验收合格率100%，优良品率在80%以上，新建道路全部达市级优良标准，其中有4项获山东省市政金杯示范奖。秉承“开拓进取、创造精品、服务社会”的企业精神，公司坚持以人为本实施人才战略，创新管理提升竞争，深化改革增强活力，在鲁西南这块土地上形成了山东华圣瑞德的品牌效应，以“一流的质量、一流的管理、一流的速度”在许多工程建设中赢得了同行的瞩目。公司将以雄厚的技术实力、精良的施工工艺、科学的管理经验，创更多精品服务于社会。

共青团路改造工程

洸河路改造工程

济邹路大桥工程

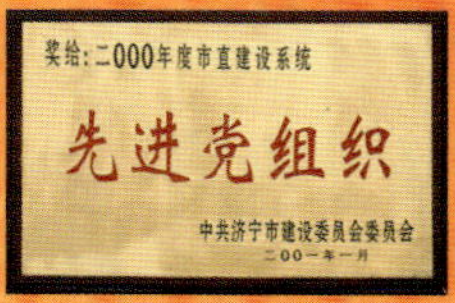

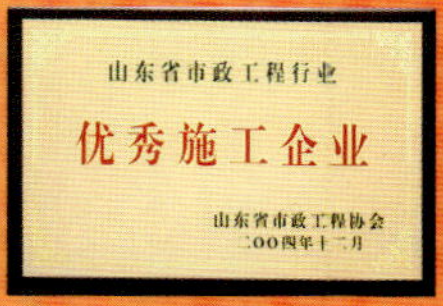

UMCE
2005中国(济南)城市市政建设博览会
施工企业形象展示
金 奖
山东省建设厅
中国市政工程协会
二〇〇五年十一月

奖给：二000年度市直建设系统
先进党组织
中共济宁市建设委员会委员会
二〇〇一年一月

市 级
文明单位
济宁市精神文明建设委员会

市直建设系统
先进集体
济宁市建设委员会
二00五年六月

二〇一〇年度市直建设系统
十佳单位
济宁市住房和城乡建设委员会
二〇一一年二月

山东省市政工程行业
优秀施工企业
山东省市政工程协会
二00四年十二月

全省市政行业职业技能竞赛
优秀组织奖
山东省住房和城乡建设厅

凯赛大桥工程

城市道路排水工程

城市道路亮化工程

地址：济宁市高新区火炬南路 1 号　电话：0537—2603077　邮编：272000　网址：www.rdszgs.com

济宁圣华集团

董事长　程福元

公司领导到工地检查指导工作

公司领导接受央视调研

济宁圣华房地产开发集团有限公司是济宁圣华集团的核心企业，成立于1998年9月，注册资金3164万元，拥有叁级房地产开发资质和三级建安装饰资质，公司位于济宁高新区菱花南路2号。经过几年的奋力拼搏，公司实现了跨越式的发展，现已成为集房地产综合开发建设、建安装饰装修、物业管理、高科技产业项目、旅游、餐饮服务为一体的集团公司。

济宁圣华集团公司以房地产开发为龙头，紧紧抓住都市开发建设这一机遇，不断创新思想、更新理念，先后成功打造了圣华园智能化小区、圣华工业园、梁山圣华游乐园、曲阜圣华科技园及圣华宾馆；在建的项目圣华宁苑花园小区，占地面积150余亩，建筑面积（含地下人防工程项目）21万平方米，规划设计建设档次均具一流，是安居兴业的一片乐土，且系省、市城中村改造民生工程。

圣华集团始终坚持以人为本、崇尚自然、诚实守信、利国利民的科学发展观，全体干部员工在“挑战自我，社会双赢”感召下，短短的几年内由一个单一企业发展成为现有八家独立法人资格的集团公司，企业拥有员工100多名，资产总值已突破5亿元，利税递增年年翻番，为国家做出了较大的贡献。

圣华集团用诚信铸造优质品牌，以品牌成就伟业。先后被市工商行政管理局评为“重合同守信誉单位”“工商免检企业”“消费者满意单位”、济宁市“百强企业”；被商务部评为首届“中国企业诚信建设示范单位”，被中国消协评为“确保消费者购买满意楼盘承诺企业”。董事长程福元被推选为中国企业家协会常务理事、山东省房地产协会常务理事、市纪委特聘纪检监察员、市工商局行风监察员；被评为国家级“诚信建设先进个人”“济宁市十大新闻人物”“优秀共产党员”“优秀民营企业家”。

今日的圣华在全体员工的奋力拼搏下，取得了一定成就，形成了一定规模，发展前景美好壮阔，真正走向了规模化、集团化、多元化、规范化、科学性、循环性、可持续性发展的良性轨道。圣华人坚信，在各级党委政府的关心支持下，济宁圣华集团的明天更灿烂。

济宁圣华宁苑花园小区：省级绿色家园

简介

由济宁圣华房地产开发集团有限公司中区分公司承建的济宁圣华宁苑花园小区位于城区西南片区三里屯、牛屯两居村，东接荷花大道，西临大运河，北靠车站西路，远眺小北湖，近拥王母阁，交通便利。小区投资4.5亿元，占地面积150余亩，总建筑面积18万平方米，目前片区拆迁工作已接近尾声。宁苑花园小区是集商业、旅游、度假、休闲、娱乐于一体的大型花园式小区。该小区在规划设计上注重"以人为本"，运用新城市主义概念，强调人与自然的和谐统一，加强住区的形象塑造，创造新颖流畅，不同趣味的社区空间环境，并融入丰富的城市文化内涵，体现"人、自然、健康、生态、文化"的有机统一，绿化与景观突出自然环境的优势。公建造型力求构思新颖，造型独特，具较强个性，突出该团组特色；住宅设计强调符合人的生活习惯和行为模式，强调住宅空间的舒适度和多样化，创造丰富的居住环境空间；道路设计力求以限定机动车的速度，减少机动车对居民心理压力为前提，形成环形路网，力求使其顺而不穿，通而不畅；绿地系统以中心绿地串联小块绿地及带状绿地，南北、东西贯通，形成组团特色，并与公共服务设施相结合，方便居民日常交往、休息、活动之用，绿化面积达38%。整个小区布局合理，环境优雅，设施齐全，是办公及居住的理想乐园。相信宁苑花园小区的建成，必将为中区西南片区城市化发展，为建设环境优美、生态宜居、人文和谐的新中区做出应有的贡献。

公司荣誉

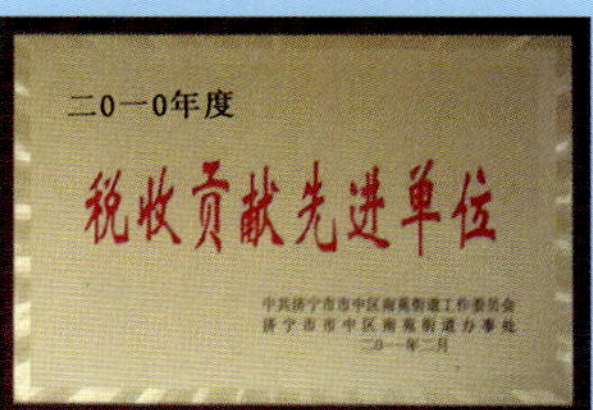

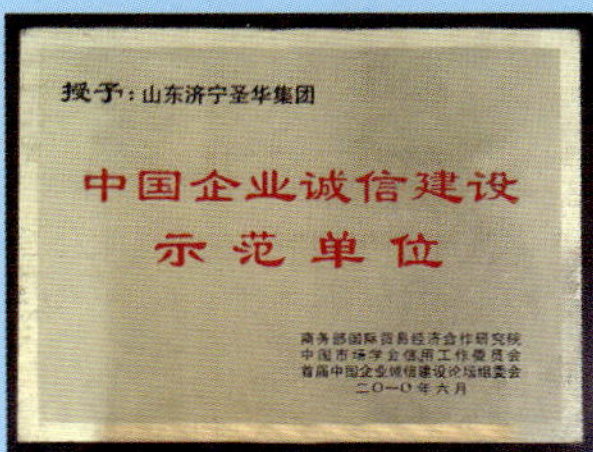

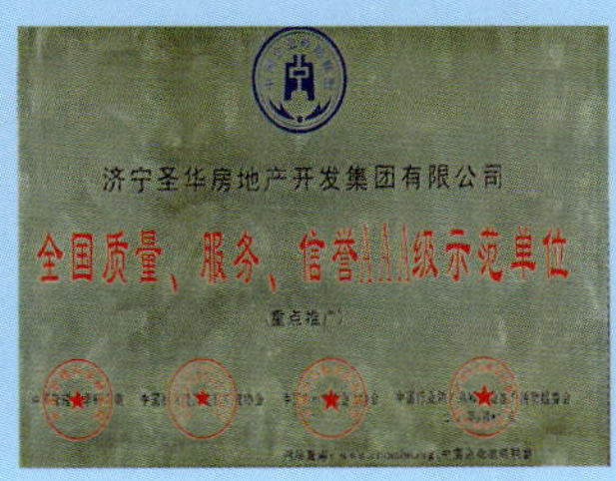

沿街效果

中心绿地

宁苑住宅楼效果图

山东济宁鑫源盛和置业有限公司

山东济宁鑫源盛和置业有限公司成立于2007年1月，是从事房地产开发、销售的私营企业，是一家正在发展中的新兴企业。公司注册资金5206万元，资质等级为叁级。公司坐落于济宁市红星路西段，现有职工20余人，其中高级职称3人，中级职称7人，初级职称8人。

现开发的鑫源花园小区，是市政府督导的重点、民生工程，小区内的几百户经济适用房、廉租房为解决济宁市低收入家庭的住房困难做出了应有的贡献。鑫源花园小区户型布局合理、使用设施功能齐全，受到住户及社会各界的一致好评。2010年中央扩大内需第二批检查组来小区检查廉租房时，对小区内的绿化、房屋的户型、结构等给予了高度评价。

鑫源花园小区的建设从开工到竣工，上级主管部门多次莅临现场指导检查，得到各界领导的广泛好评

2010年9月，公司举行鑫源花园小区摇号仪式

公司承建的鑫源花园小区经济适用房，可解决540户低收入家庭的住房困难

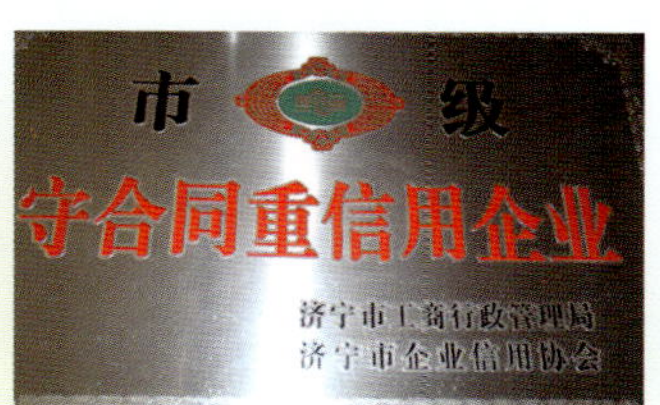

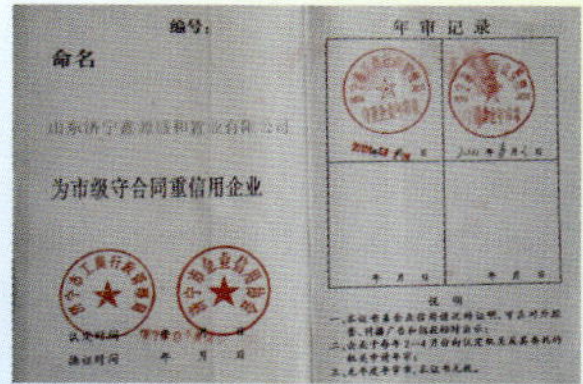

编号：

命名

为市级守合同重信用企业

年审记录

说明

公司获得的市级守合同重信用企业证书

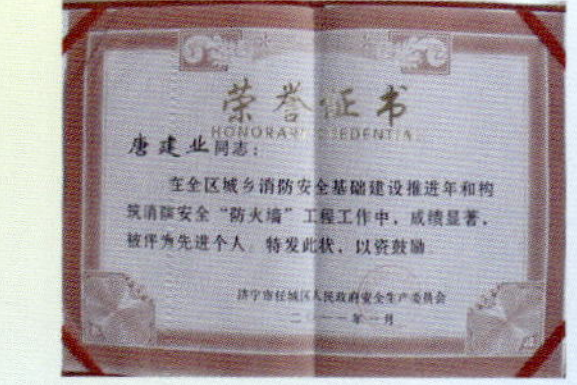

荣誉证书

唐建业同志：

在全区城乡消防安全基础建设推进年和构筑消防安全"防火墙"工程工作中，成绩显著，被评为先进个人，特发此状，以资鼓励。

公司员工在2011年全区消防安全工作中获先进个人

鑫源花园小区（2009年度的重点、民心工程）

小区内配建的智能化幼儿园

小区内经济适用房、廉租房均符合节能减排的要求

小区配有专业的物业管理及社区超市、医院，各项设施齐全

鑫源花园小区（容积率1.43，小区绿化率45.2%）

兖矿房地产开发有限公司

公司领导班子

兖矿房地产开发有限公司成立于2002年11月，注册资本3600万元，具备房地产开发“三级”资质。公司拥有山东天元置业有限公司、济宁泰和物业管理有限公司两家子公司，通过了ISO9001：2000质量管理体系认证，是集房地产开发、建筑材料、装饰、装潢经营，物业管理服务为一体的集团化公司。多年来，公司始终秉承“规范运作、诚信经营、效益优先、合力致远”的公司理念，科学管理、创新经营，现已成为省内特别是鲁西南地区房地产行业的一颗璀璨明珠。

几年来，公司成功开发了邹城市怡景苑小区、朝阳东小区、文圣小区、天泰家园北区、泗水“中兴新城”项目，累计开发面积近50万平方米。位于菏泽黄金地段的“和平新贵”项目，占地近7万平方米，规划建筑面积超过20万平方米，必将成为公司“走出去发展战略”的里程碑。

凫山街道周庄社区“城中村”改造奠基仪式

根据公司“十二五”规划，积极响应国家号召，投入巨资，支持当地政府的新农村改造项目，实现公司发展新跨越。

公司坚持“以质量铸品牌、以诚信促发展”的企业宗旨，恪守“眼光超前、设计精心、质量过硬、服务真诚”的经营方针，倡导“以人为本、团结共进、众志成城”的团队精神，谋求新发展，实现新超越，努力实现决策科学化、投资专业化、管理现代化、效益最优化的企业追求。

公司致力“臻于完善、和谐仁致”的目标追求，坚持“务实求新、雷厉风行”的干事风格，不断学习与探索，努力提高自身专业化能力和企业经营管理水平，造就一支敬业、专业、创新、高效的房地产开发队伍，致力打造“兖矿房地产”的恒久品牌，把更适合现代人居需求和更富温情的艺术精品奉献给广大业主，创造出良好的经济效益和社会效益。

天泰家园

规范运作　诚信经营　　效益优先　合力致远

和平新贵

中兴新城

怡景苑实景照片

又踏层峰辟新天　更扬云帆立潮头

——山东省新矿集团泰兴物业公司

董事长、总经理　史连池

团结奋进的领导班子

山东省新矿集团泰兴物业有限责任公司，是国家物业管理一级资质，山东省“守合同、重信用”企业，员工2200人。公司服务项目涵盖居住物业、工业园物业、商业物业、医院物业、酒店物业、写字楼物业等多个领域，管理服务面积达500余万平方米，形成了以新矿集团基地为中心，以泰安、济南、菏泽、德州等城市物业项目为依托，向新疆、内蒙、宁夏、贵州等地无限延伸的崭新服务格局。

近年来，新矿集团泰兴物业公司面对物业管理行业市场竞争日趋激烈的挑战，围绕省、市和上级一系列“转方式、调结构”工作主线，以开展创先争优活动为抓手，经营管理水平不断提高，内部管理机制日益完善，管理服务范围持续扩大，企业品牌影响力不断攀升，所辖多个物业项目先后被住房城乡建设部、省住房城乡建设厅评为“全国物业管理示范大厦”“山东省物业管理优秀住宅小区”，是中国物业管理协会常务理事单位。2010年，公司通过了ISO2001国际质量管理体系和ISO14001环境质量管理体系的复审，完成各类销售收入1.7亿元，实现了经济效益和社会效益双赢，有力推动了物业管理事业的健康发展。

站在“十二五”新的起点，泰兴物业公司将遵循“内强管理、外拓市场，品牌引领、服务创新”的新一轮发展战略，按照物业管理市场化运作、集约化发展、社会化服务的主基调，加大人才培养和市场开拓力度，持续提升企业核

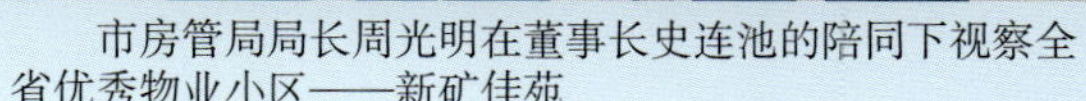

市房管局局长周光明在董事长史连池的陪同下视察全省优秀物业小区——新矿佳苑

公司员工上岗宣誓

心竞争力，努力实现企业发展速度更快、质量更高、效益更好、活力更强。

以内强管理为支撑，创新经营机制。结合物业管理行业市场化发展模式，按照现代企业制度及ISO9001国际质量管理体系作业文件，应用市场规律，建立市场主体，形成竞争格局，实行各领域专业化管理、集约化经营和市场化运作，适应企业跨地域、跨行业发展形势需要，完成从“重规模、重市场、重区域”的粗放型管理向“重品牌、重人才、重效益”的职业化管理转化，努力构建管理制度标准化、经营运行流程化、服务质量精细化、言行举止规范化的物业服务崭新格局。

以外拓市场为重点，培植发展优势。在做精、做优新矿集团中心区、新巨龙公司、新阳能源公司、赵官能源公司、内蒙能源公司、新疆伊利能源公司、泰安市嘉和新城等省内外物业服务项目的同时，经营好新矿会所、山东矿业管理服务集团办公楼、泰安兴海商务酒店、泰安市检察官培训基地等项目，加大对城市物业、写字楼物业、工业园物业、商业物业等项目的调研和接管，逐步拓宽服务范围，推动企业向集团化、集约化方向发展。

以品牌引领为动力，提升社会形象。泰兴物业公司在继续保持国家物业管理一级资质和ISO9001国际质量体系认证的基础上，积极引进各类高技能人才，努力构建先进服务理念、科学管控模式、完备运作体系、浓厚企业文化、精湛人才队伍现代服务业“五大产业板块”，力争将管理服务的泰安市嘉和新城小区打造为省级物业管理优秀住宅小区，将多个综合办公楼创建为省级物业管理示范大厦，在确保物业保值增值的同时，实现从技术形象、服务形象到以文化为核心的社会形象的升华，完成从地域品牌、行业品牌到国内品牌的跨越。

以服务创新为保障，构建和谐矿区。把和谐社区建设作为物业管理服务的基础性工程，创新服务方法，优化服务质量，拓宽服务渠道，大力开展科技创新和设备技术改造，逐步加强中心社区公共设施的建设和维修。在此基础上，抓住国家城乡一体化改造的有利契机，加快推进社区危房改造，加大社区环境综合治理力度，为广大业主营造良好舒适的生活环境，推动和谐社区建设不断走向深入。

历经风雨，一路凯歌；创新拼搏，几度辉煌。站在“十二五”新的起点，奋发有为的泰兴物业人正致力于强化内部改革、创新服务模式，在打造和谐企业、全面构建和谐社会的征程中实现崭新的跨越。

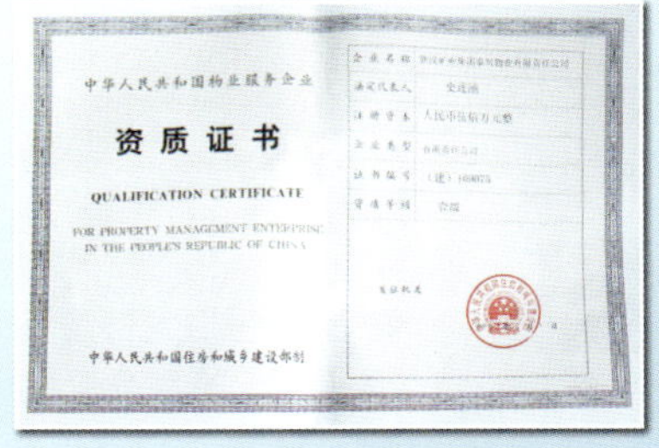

新泰市市中第一建筑工程公司

新泰市市中第一建筑工程公司始建于1964年，是集工程总承包、房地产开发、物业管理、压力管道设备安装、对外承包工程等于一体的综合性企业。现拥有房屋建筑工程总承包壹级、房地产开发贰级、物业管理贰级、特种设备压力管道安装GB2级、GC3级和对外承包工程资质，以及机电设备安装工程、建筑装修装饰工程、起重设备安装工程等多项专业承包资质。

公司下设6委会、7中心、17部室，13个工程项目部，下属房产开发公司、置业投资公司、物业管理公司、压力容器公司、路桥工程公司。现有员工3725人，其中一级注册建造师14人，高级职称26人，中级技术职称191人。企业注册资金5200万元，主营工业与民用建筑工程的施工安装与装饰，开发年建设能力达5亿多元。2007年相继通过ISO9001：2000质量管理、ISO14001环境管理和OHSAS18001职业健康安全管理三大体系认证，是全省讲诚信、重信誉、创品牌、重安全的优秀建筑企业。

近五年来，公司共创省级安全文明小区2项，计43个工程，省级安全文明示范工地4项，省级安全文明优良工地12项，泰安市级安全文明工地39项；省优和质量诚信、用户满意工程16项，泰安市级优良工程58项，山东省建筑业最高质量奖“泰山杯”小区1项计20栋楼和“泰山杯”工程1项。其中，新泰市秀水花园小区先后被评为省级安全文明小区、省级节能环保示范小区、省级物业管理优秀住宅小区和山东省建筑业最高质量奖“泰山杯”小区工程；福田花园北区工程获得省级安全文明小区和全国AAA级安全文明标准化诚信工地荣誉称号。

近五年来，公司连年被新泰市、泰安市授予建筑业先进单位、纳税先进单位、工会先进单位等荣誉称号；先后获得山东省文明单位、山东省诚信企业、山东省建筑工程安全管理先进单位、山东省“十佳安全管理”企业、山东省安康杯竞赛优胜企业、山东省建筑业质量管理先进企业、山东省“守合同、重信用”企业、山东省管理创新优秀企业、山东省资金信用AAA级企业、支持省体育局棋类事业先进单位、“恒丰杯”世界象棋锦标赛“支持象棋事业奖”、全国AAA级诚信经营企业、全国优秀施工企业等荣誉称号。

新泰市人力资源大厦（省级质量诚信用户满意工程）

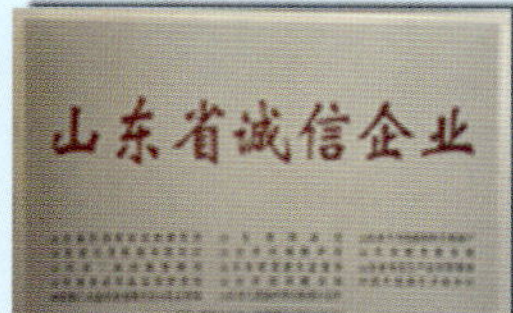

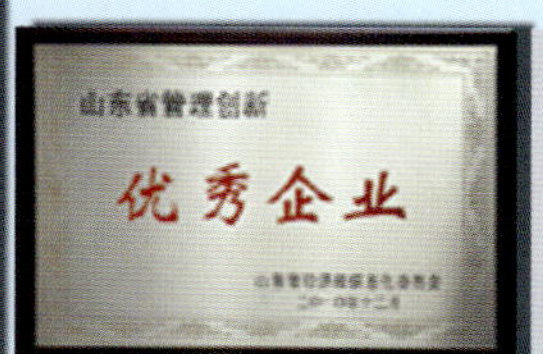

新泰市桃园商务大酒店综合楼（“泰山杯”工程、省级安全文明示范工地）

新泰市青云街道办事处办公楼（泰安市优良工程）

新泰市人力资源大厦（省级质量诚信用户满意工程）

新泰市福田花园北区一期工程（省级安全文明小区）

新泰市秀水花园小区（“泰山杯”、省级安全文明小区、省级节能环保示范小区、市“花园式”小区工程）

山东省昆仑路桥工程有限公司

党委书记、董事长　许丰财

山东省昆仑路桥工程有限公司，具有公路工程施工总承包一级资质和爆破与拆除二级资质，拥有对国外工程的直接承包经营权。在数十年的创业和提升历程中，奉行“专注本业、不求做大、倾力做强”的发展理念，坚持以“队伍精干、设备精良、管理精细、运营精准”为企业建设目标，努力提高团队素质，不断增强公司实力，年施工能力10亿元以上，施工业务遍布全国二十多个省市，并跨出国门进入了非洲市场。

公司在高等级公路工程施工、地基与基础处理、爆破与拆除及水利水电、公路养护工程施工等方面，善于攻坚破难，积累了不凡的业绩，被誉为“凭实力履约，靠诚信经营”的团队。

长期以来，昆仑路桥按照国际惯例运行工程施工总承包管理体制，形成了“总部服务控制、项目授权管理、专业施工保障、全员通力合作”的项目管理模式，针对路桥产业特点，完善项目经理负责制，使每项工程目标具体，责任分明，大大提高了履约水平。公司先后获ISO9001国际质量体系认证，省级“AAA特级信誉企业”“AAA资信企业”，省总工会“工人先锋号”，省级“重合同、守信用”单位，市级“百佳诚信单位”“精神文明建设先进单位”“纳税先进企业”“劳动关系和谐企业”等荣誉称号。

呼和浩特市绕城互通立交施工现场

吉草C08标箱梁预制现场

呼和浩特市绕城高速施工现场

拔地而起的高架桥立柱

吉林吉草高速桥梁铺装现场

江西梨温高速路面施工现场

安徽京沪高铁混凝土拌和站

公司地址：山东省乳山市浦东路南首
法人代表：许丰财
电　　话：0631-6627008（办公室）　0631-6630018（经营部）
传　　真：0631-6631008
公司网址：http://www.sdkunlun.cn

威海市园林建设集团

2010年集团元旦联欢晚会

威海市园林建设集团是一家拥有园林工程施工一级资质、景观规划设计甲级资质、市政公用工程施工总承包三级资质以及市政公用工程监理丙级资质的多元化集团公司，产业涉及园林科研、景观规划设计、园林工程建设、市政工程监理、绿地系统养护、花卉苗木生产、地产咨询策划、旅游餐饮服务等，先后取得了国际质量管理体系认证、环境体系认证和职业健康安全管理体系认证等标准认证。

作为中国园林50强企业、全国十佳园林科研企业以及山东服务名牌企业，多年来，集团承揽的各项工程获得了多项国家级及省市大奖，拥有众多骄人的业绩。承建的威海公园为威

威海公园（2001年荣获建设部"中国建筑工程鲁班奖"）

援川启动仪式

环翠楼公园（2011年威海市重点改造工程项目）

海市赢得了第一个中国建设工程领域最高奖——鲁班奖，承建的幸福公园、悦海公园荣获建设部优秀工程金奖和银奖，承建的四川省援建工程项目获得四川省最高工程质量奖——“天府杯优质工程奖”和“绵阳杯优质工程奖”。

集团倡导现代化企业管理模式和人尽其才的人才激励制度。现拥有员工300余人，大专以上学历人才达80%，拥有中高级职称人数达20%以上。集团还与中国农业大学、北京林业大学、山东农业大学、中央美术学院、山东大学等众多重点高校保持密切联系，在大型高端项目上寻求合作支持。

威海市园林建设集团一直坚守“敬安共济、和谐家园”的核心经营理念，立志打造“‘生态人居’缔造专家”第一品牌，在中国园林景观建设和生态保护事业上，我们将不懈努力，不断演绎华彩乐章。

威海公园画中画雕塑

悦海公园（2010年荣获中国风景园林学会“优秀园林绿化工程”银奖）

威海园（2009年荣获第七届中国（济南）国际园林花卉博览会“综合奖金奖”）

环翠楼公园雪景

威海港华燃气有限公司

董事长尹德春视察施工现场

总经理张卫东在城中村改造总结表彰会上接受奖牌

2010年，威海港华燃气有限公司坚持“客户满意、员工自豪、股东信任、政府放心”的经营方针，秉承“以客为尊、安全至上”的服务理念，以“让政府放心、让用户满意”为目标，在市场拓展、工程建设、优质服务、安全管理等方面取得长足发展。年内，公司获得“山东省文明单位”“山东省百姓口碑最佳荣誉单位”“山东省厂务公开民主管理工作先进单位”“富民兴鲁劳动奖状”“山东省优秀交通安全单位”“威海市安全生产工作先进单位”“港华集团安全及风险审核优秀奖”“威海市A级纳税信用等级单位”等荣誉称号。

在市场拓展方面，积极做好城中村改造燃气配套，加快威海环翠旅游度假区、威海工业新区及文登开发区用户的发展速度，全年新增居民用户34215户、工商业用户158户、并网管道液化气用户3000多户，销售天然气5000多万立方米。在工程建设上，进一步加大投资、加快进度，完成了文登虎山路12公里及荣成至港西52公里次高压等管线工程，年内新增各类管线230公里，并全部实现通气。在优质服务方面，以“服务提升年”活动为载体，以实现零投诉为目标，进一步规范员工的服务行为，推行“服务标准阳光化、服务措施多样化、服务效率快速化、服务监督常态化”四化管理目标，服务品质和效率明显提升，

客户赠送锦旗

员工SQS活动

以服务创品牌　以规范树形象

在行风政风评议中获得优良单位称号。在安全管理方面，以实现零事故为目标，认真贯彻落实“六查、三改、三监控”的安全监管长效机制，加强各种紧急应变预案的处置演练和消防安全演练，提高应对各类险情的处置能力。

威海港华燃气有限公司董事长尹德春、总经理张卫东热诚欢迎社会各界光临指导，携手共赴美好未来！

威海港华客户服务热线：0631-5207779

报警抢修电话：0631-5321111（24小时）

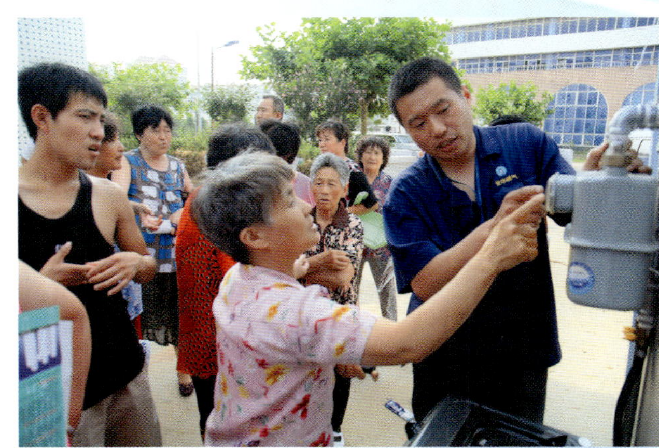

安全进社区宣传活动

管网安全巡查

城区管网改造施工现场

LNG备用气源场站

威海建设集团
WEIHAI CONSTRUCTION GROUP

SDC 山东省建设集团
SHANDONG PROVINCIAL CONSTRUCTION GROUP

您理想的合作伙伴

追求卓越 创造精品

威海建设集团股份有限公司始建于1952年，是具有国家建筑施工总承包一级资质的大型企业集团，公司经营范围包括：建筑设计、房屋建筑施工、机电设备安装、建筑装饰装修、地基与基础施工、建筑建材研发生产及房地产开发等。2008年，公司成功并购山东省建筑工程总公司，改组成立了山东省建设集团，形成了以威海本部为核心，辐射济南天津以及非洲博茨瓦纳、赤道几内亚的建筑市场网络，公司年施工面积达到400万平方米，年产值超过30亿元。

多年来，公司始终恪守“筑百年精品，创千秋基业”的经营理念，诚信经营，精细管理，先后荣获了“全国先进建筑施工企业”、“全国重合同守信用企业”、“全国用户满意施工企业”、“全国工程质量管理优秀企业”及“全国模范职工之家”、“全国建设系统精神文明建设先进单位”等荣誉称号100多项。先后创出了“鲁班奖”、“国家优质工程奖”、“全国用户满意工程”、山东省“泰山杯”、天津市“海河杯”等名优工程100多项。

公司地址：山东省威海市昆明路13号
联系电话：0631—5224880
传　　真：0631—5233334
公司网址：www.whbuilding.com

- 拥有2个国家建筑施工总承包一级资质；
- 横跨本地、国内及海外三大建筑市场；
- 涉及建筑施工、房产开发和建筑产业工业化三大产业；
- 荣获鲁班奖、国优奖、泰山杯、天府杯、海河杯等100多项；

文化名居

北海新城二期

北海新城一期

韩国风情街

蓝湾怡庭

威建集团天津制造业基地

勇创大业　追求卓越

——在改革创新中崛起的威海水务集团

水务集团办公楼外景

威海市水务集团有限公司于2003年8月组建，主要负责城市供水、污水处理、中水回用等涉水事务的经营管理，并承担市区15条主要河道的综合管理。历经七年艰苦创业，公司总资产由4.43亿元增加到22亿元，服务面积由43平方公里拓展到280平方公里，日供水能力由11万立方米提高到31万立方米，二级污水处理能力由2.5万吨/日提升到20万吨/日，污水集中处理率达到92.39%。现下设34个部室和分（子）公司，职工1034人，公司先后获得全国五一劳动奖状、全国劳动关系和谐企业、全国模范职工之家、中国最具创新力企业、中国城镇供排水突出贡献奖、省级文明企业、省级服务名牌、省政风行风建设先进单位等100多项荣誉称号。

组建水务集团是威海市政公用事业改革首次破冰之举。威海水务集团按照“在改革中重组，在平稳中分流，在发展中推进”的思路，以产权改革为突破口，先后对10多个供排水企事业单位进行了成功的改制重组，对市区及周边供排水市场进行了理顺整合，全面构建了一个覆盖市区、对接周边县市的大水务格局，威海城市供排水由此步入了一体化管理、市场化运行、企业化经营的历史新阶段。

河道治理

水务服务走进社区

水务热线中心

供排水调度中心

水厂沉淀池

为从根本上保障供排水安全，强化载体支撑功能，威海水务集团把供排水基础设施建设作为总抓手，掀起了一场轰轰烈烈、前所未有的大建设热潮，先后实施供排水重点工程70多项，完成投资18亿多元，威海市区及周边的供排水基础设施实现了由滞后型向超前型、补缺型向功能型的历史性转变，城市供排水呈现出前所未有的安全性，为全市经济社会发展提供了有力支撑。污水治理卓有成效的大气势推进，使得市区河流及海域生态环境实现根本性改观，为人居威海增添了新的浓墨重彩。

服务是城市供排水行业的永久性课题。威海水务集团以“替政府分忧、为市民解难”为宗旨，以“诚信水务，情润万家”为理念，在高标准打造服务硬件设施的同时，健全完善了一站式办理、首问负责、服务承诺等服务机制，全面推行了以快捷化、亲情化为特色的水务服务模式，受到了社会各界的高度评价，在威海市民主评议行风活动中，连续七年名列前茅。

职工书屋

污水处理厂

兴业房产
XINGYE REAL ESTATE

品/质/生/活　渐/行/渐/进

城市品质地产领跑者 The leader of Quility urban Real estate

兴业房产在日照

XINGYE REAL ESTATE IN 

日照兴业房地产开发有限公司是兴业集团旗下的一家具有二级资质的房地产开发企业，拥有雄厚的开发实力、精良的人才队伍、良好的品牌形象和丰富的土地资源储备，是日照市房地产业的龙头企业之一。公司先后荣获 “山东省消费者满意单位” “齐鲁房地产品牌企业50强” “山东省房地产开发综合实力50强企业” “日照百姓十大最喜爱房地产品牌企业” 等荣誉称号。

“做品牌地产，做有社会责任感的开发商”是兴业房产一贯坚持的开发理念。近年来，公司坚持高起点、高标准的经营思路，始终以“建消费者满意的房子，做投资者信赖的企业”为宗旨，树立了“建一流社区、做星级物业、铸兴业品牌”的经营理念，先后开发建设了兴业富华园、兴业山海天花园、兴业世纪城、兴业王府花园、兴业春天、兴业王府金座、兴业富贵园、兴业四季春城、兴业金海花园、兴业友谊家园、兴业玫瑰山庄、兴业银河华府等16个精品楼盘，引领了日照房地产开发和居住消费的新潮流，得到了省内外客户和港城人民的青睐，为日照的城市建设做出了卓越的贡献。

自2001年成立以来，兴业房产用不断的产品、服务和管理创新完成了跨越式的发展，同时也在日照人乃至外地人的心里树起了“买房子，去兴业”的金字招牌。截至目前，兴业房产已经成为日照市规模最大的房地产公司之一。然而，这并不是兴业房产的终极目标。立足日照、面向全国的发展蓝图已经写进了公司的品牌战略规划当中，最终将兴业的品牌推向全省，乃至全国。

热销项目

兴业玫瑰山庄

项目位于山海天旅游度假区山海天路（兖矿疗养院西侧），距海500米；第三海水浴场、奥林匹克水上运动公园近在咫尺，绝版向阳坡地，东南双向观海，尽揽一线壮阔海景。

兴业银河华府

日照中央商务区首席公园豪宅，建筑面积近26万平方米，位居济南路东段，与银河公园隔路相望，面瞰市政府，知名学府环绕周边、商业娱乐配套齐全。

兴业四季春城

城市中央，29万平方米生态宜居高尚社区，由多层住宅、高层住宅和沿街商业组成，周边社会环境优越，生活条件成熟，是新市区中心区域一块具有显赫地位的开发地块。

兴业友谊家园

项目占据日照石臼商业圈核心地段；距海5分钟车程；由4栋小高层住宅和部分沿街商业组成，现房发售，品质看得见。

即将公开项目

兴业蔚蓝海岸（规划中）

项目位于日照·奥林匹克水上公园，紧邻世帆赛基地、万平口广场、万平口海水浴场等国际水准旅游休闲景区，具有极高的人气和海景资源。

兴业新营华府（即将公开）

位于新市区文登路和泰安路交会处，与新营小学、新营中学一路之隔，距市政府、新玛特购物广场、银河公园仅500米，奥林匹克水上运动公园、植物园近在咫尺，都市核心区域高档学府大宅。

兴业王府花园二期（即将公开）

位于日照市中心地带——海曲东路和北京路交会处，北依市政府，西临王府大街、银座商城、面瞰清风湖；二期由多层住宅、高层住宅及部分沿街商业组成,是市府前庭绝版贵族领地。

兴业春天二期（即将公开）

位于日照开发区临沂路与大连路交会处，总建筑面积25万平方米，“中低价位，中小户型，精品大盘”，一期已经入驻，生活配套设施完善。

山东省房地产开发综合实力50强

日照兴业房地产开发有限公司　客服热线：4006 022 777　公司地址：日照市北京路211号　http://www.rzxyfc.com

兴业房产楼盘分布图
XINGYE REAL ESTATE

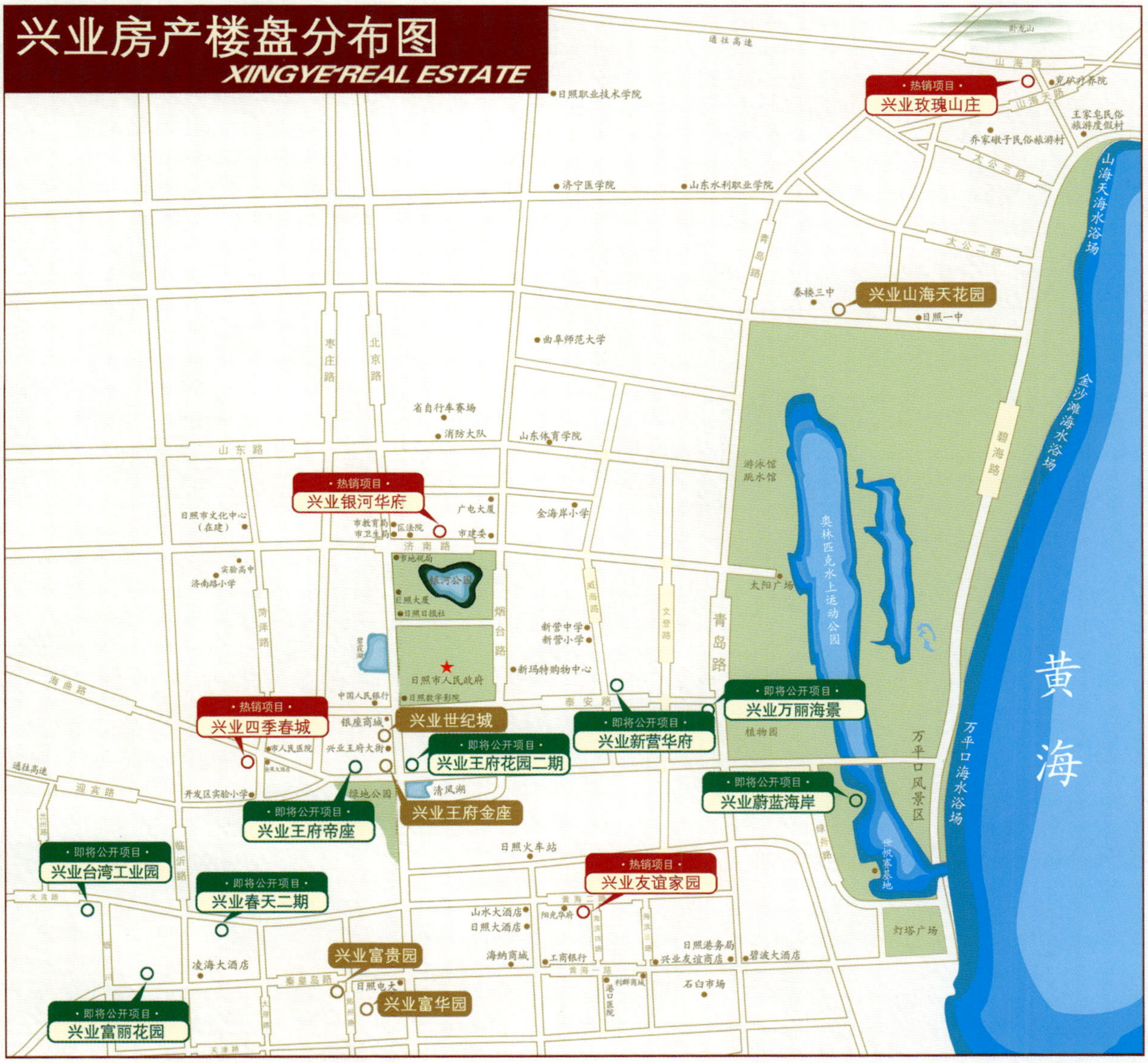

热销项目 兴业玫瑰山庄
兴业山海天花园
热销项目 兴业银河华府
热销项目 兴业四季春城
兴业世纪城
即将公开项目 兴业王府花园二期
即将公开项目 兴业新营华府
即将公开项目 兴业万丽海景
即将公开项目 兴业王府帝座
兴业王府金座
即将公开项目 兴业蔚蓝海岸
即将公开项目 兴业台湾工业园
即将公开项目 兴业春天二期
热销项目 兴业友谊家园
兴业富贵园
兴业富华园
即将公开项目 兴业富丽花园

黄海
山海天海水浴场
金沙滩海水浴场
万平口海水浴场
万平口风景区
奥林匹克水上运动公园
日照职业技术学院
济宁医学院
山东水利职业学院
曲阜师范大学
山东体育学院
日照市人民政府
日照火车站
北京路
山东路
济南路
泰安路
烟台路
青岛路
碧海路
海曲路

兴业房产精品楼盘

日照城建建设工程有限公司

董事长、总经理：郭红章

日照城建建设工程有限公司成立于1992年6月，具有房屋建筑施工总承包一级资质，注册资金5000万元，下设子公司日照益源房地产开发有限公司（注册资金3000万元）。公司现拥有各类专业技术人员320人，其中国家一级注册建造师18人，二级建造师30人，高级工程师20人，具有雄厚的经济实力和专业技术保障。现已发展成为集房地产开发、房屋建筑施工、水电设备安装、装饰装修、地基基础工程施工、钢结构制作安装、金属门窗生产与安装、市政工程等于一体的多元化公司。

公司自成立以来积极采用现代化管理机制，运用先进管理模式，建立了完善的管理服务体系，并先后通过ISO9001质量管理体系、ISO14001环境管理体系、GB/T28001-2001职业健康安全管理体系三大体系认证。始终坚持“诚实守信、和谐共赢、精益求精、追求卓越”的经营理念，秉承“科学管理、质量为本、优质高效、铸就精良”的质量方针，立足于建筑业，竭诚打造“城建建设”服务品牌，努力开拓省内外市场，承建了大量的群体小区及公用和民用建筑项目，赢得了社会各界的信赖和好评。

近年来，公司先后创“山东省质量诚信、用户满意示范工程”、“日照市港城杯工程”、“日照市优良工程”60项，“山东省安全文明工地”、“日照市安全文明示范工地”和“日照市安全文明工地”50项，省市级群众性质量管理成果奖20余项。2009年和2010年分别获得全市建筑业技能大赛团体金奖和铜奖，连续多年荣获“日照市建筑业先进企业”、“日照市十佳建筑施工企业”、“山东省守合同重信用企业”等荣誉称号。

地址：日照市遵义路16号
信箱：cjkfjg@163.com
电话：0633-3983286
传真：0633-3963739
网址：www.rzcjjs.com

城建熙园

城建沁园

荷兰新城住宅工程

城建花园

城建花园别墅

枣矿集团中兴建安公司

枣庄矿业集团中兴建安工程有限公司拥有建设部颁发的矿山工程施工总承包、房屋建筑工程、机电安装工程施工总承包、钢结构工程专业承包壹级资质，山东省建筑工程管理局颁发的地基与基础工程专业承包一级，公路工程、管道工程、送变电工程专业承包贰级和商品混凝土二级资质，混凝土预制构件三级资质。下辖矿建工程分公司、建筑工程分公司、机电安装分公司、地质勘探分公司、房地产公司、工程承包公司、资源开发公司、综合管理公司（设计、监理、物业）、柳海矿业公司、海南兴安置业公司、商品混凝土公司、物流公司、呼伦贝尔分公司等13个分公司。2004年11月通过了质量管理体系GB/T19001－2000 idt ISO9001:2000认证、职业健康安全管理体系GB/T28001－2001认证，2009年1通过了环境管理体系GB/T24001－2004 idt ISO14001－2004体系认证。

党委书记　翟建峰

团结奋进的领导班子

香舍里花园奠基仪式

职工文化生活丰富多彩

枣庄矿业集团中兴建安工程有限公司前身是中国人民解放军基建工程兵部队，组建于1966年，1983年集体改编划归枣庄矿务局。历经45年的发展历程，公司发扬了部队能征善战、敢打硬仗的作风，为国家煤炭和地方建设做出了积极贡献。先后建成矿井61对，总设计生产能力超过1亿吨，其中：深度达800米以下矿井2对，平洞4对，斜井8对；建成大中型矿井25对，总设计生产能力达5000万吨，其中150万吨至300万吨矿井23对，500万吨2对；建选煤厂26座，总设计入洗能力5000多万吨，其中150万吨以上的15座，500万吨的2座；建设房屋近1000万平方米；在井架制作安装、井筒装备安装上，公司始终以高超的技术、精湛的工艺和快速优质的信誉，先后完成井架制安36个，赢得业主的信赖和好评。特别是房地产开发发展迅速，在短短7年时间就形成200多万平方米的开发能力，成为枣庄地区最具影响力的房地产企业。

中兴建安工程有限公司在建筑市场激烈竞争的环境下，大力实施“走出去”战略，拓宽建筑业区域，目前业务拓展至全国12省、28地市。《急倾斜工作面综采设备安装施工技术》和盛隆煤焦化焦炉基础工程《大型焦炉基础喷管模具控制预埋施工施工技术》获部级科技成果奖。荣获多项太阳杯、泰山杯、榴花杯工程质量奖，2007年承建的枣矿集团滨湖煤矿项目工程荣获国家最高质量奖——鲁班奖。2010年建筑和机电安装名列全国煤炭大集团施工企业前10名。

枣矿集团中兴建安公司秉承“建一项工程、创一项精品、交一方朋友、树一座丰碑”的合作理念，与社会各界共创辉煌。

临沂中裕燃气有限公司

总经理　李燕峰

临沂中裕燃气有限公司是由临沂市燃气工程筹建处和中裕燃气控股有限公司共同出资成立的合资企业，2005年1月1日正式运营，是临沂市首家经省建设厅审查批准，颁发燃气特许经营许可证的企业，其特许经营范围是临沂市兰山区、罗庄区部分区域以及临沂高新技术产业开发区内俄黄路以西区域，经营业务为承担天然气的市场开发、工程设计、安装维修、供气和用户安全管理工作，为客户提供相关的配套服务，并向以CNG为燃料的社会车辆提供技术改造和加气服务。

2010年，临沂中裕燃气有限公司秉承“发展清洁能源、成就美好生活”的使命，健全机制，加强管理，正确把握和引导用户需求，发展居民用户21806户，公福用户92户，工业用户5户，建设CNG加气站3座，敷设市区燃气中压管线25公里，截至2010年底，安全生产供气累计达3902天，超额完成各项预算指标。目前累计发展居民用户12万户，公福用户300户，工业用户10户，建成市区中压干支管线400余公里，各类调压站（箱）300余台，汽车加气站4座，总资产达1.87亿元。实现十一年安全生产供气无责任事故，在全省同行业同规模企业中处于领先水平。

公司连续10年分获省建设厅、市政府和省市主管部门授予的安全生产先进单位、燃气行业先进单位，先后获得全省燃气行业“十佳诚信单位”、省市两级“花园式单位”“临沂市重信誉经营示范单位”“临沂市政务公开示范点”“临沂最具影响力品牌企业”等称号，服务窗口连续5年被评为省市两级“青年文明号”。

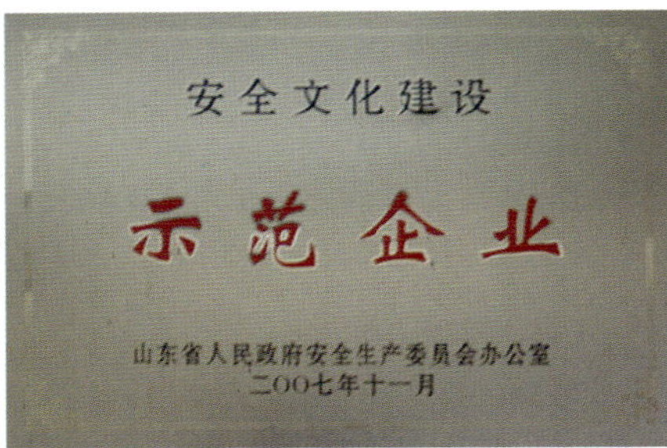

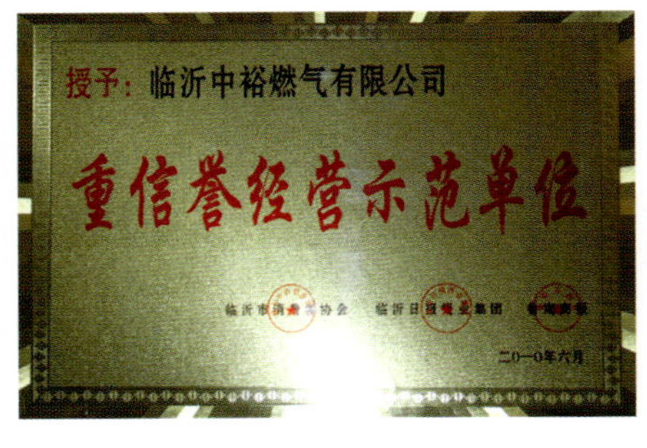

临沂市委常委、市总工会主席林祥余在总经理李燕峰的陪同下视察公司

荣获山东省“十佳诚信企业”

燃气安全进社区活动

春节联欢晚会

汽车加气站

公司厂区风貌

临沂市新宏基房地产发展有限公司

临沂市河东区政府副区长管细如，住建局局长冯正新，九曲办事处党委书记赵杰等领导莅临银丰佳园检查指导

临沂市新宏基房地产发展有限公司，始建于2000年，是经省住建厅批准的三级资质房地产开发企业，现有干部职工122人，其中专业技术人员50人。

公司自成立以来，在省、市、区建设行政主管部门的正确领导和关心支持下，先后开发建设了“风景嘉园”、“新城花园”、“绿景苑”、“天弘苑”、“银丰佳园” 开发建设总建筑面积达36万余平方米。其中2007年开发建设的天弘苑高层商住楼，被市住建委评为“优质结构工程奖”。 2009年，开发建设的银丰佳园规划占地196亩，建设了48栋多层住宅楼，建筑总面积为19.6万平方米，按照统一规划，配套建设的原则，本着高标准绿化，低密度建设，为更好的营造小区环境，加大了多层住宅间距，使小区中心绿地与楼宇之间绿地

.银丰佳园小区人工湖、廊架雕塑及镶嵌浮雕的鹅卵石步行街道丰富了小区的文化内涵。

银丰佳园居住小区铺设塑胶图案、沙池的儿童乐园及健身器材一应俱全。

连为一体。在小区绿化建设方面，设计堆积了高低起伏地形。选择了四季分明的乔木，灌本，花卉植物搭配种植，达到了四季常青，三季有花，绿树成荫的季节性变化特色。建设了雕梁画柱的仿古凉亭、树池、景墙全部镶贴了花鸟浮雕，利用塑胶拼制了卡通人物及动物图像儿童活动广场，奇石雕塑小品点缀，栩栩如生的十二生肖花岗岩雕塑，花架、人工湖水面、小桥溪水、健身器械一应俱全，彩色鹅卵石步行道分段镶嵌了花鸟浮雕，充分体现了小区的人文景观和文化内涵。其规划布局，设施配套，施工质量，在河东区住宅小区开发建设中名列前茅，受到市、区规划建设主管部门的一致好评，被市住房保障局、市房产协会、市消费协会、临沂日报社评为“消费者满意楼盘”，成为业主信赖的房地产开发企业。2004年至2011年9月，在积极偿还银行贷款的情况下，累计纳税达6000余万元，为此，先后被河东区委、区政府授予“先进企业”、“明星企业”、“纳税模范企业”、“纳税功臣”、“财政贡献功勋企业”、“贡献河东先进企业”、“企业管理先进单位”、“企业安全管理先进单位”、“质量管理先进单位”、“房地产开发先进集体”、“综合考评先进单位”、“突出贡献企业”等17个荣誉称号，同时多次被市、区住建局、人事局评为“先进单位”等荣誉称号。

面对新形势、新竞争，立足未来可持续发展战略，把握宏观导向和市场需求，进一步提高企业管理水平，积极开拓创新致力打造河东区乃至临沂市房地产行业的旗舰，“诚信天下，一诺千金”是新宏基人永远承诺，“更高、更快、更强盛”是新宏基人永恒追求，“一流的房产质量、一流的售后服务”是新宏基人核心价值观。公司领导班子将携全体员工积极争创一流团队、一流品牌、一流服务、一流业绩，努力打造具有较强竞争力的房地产开发企业。为建设大美临沂做出更大的贡献。

银丰佳园居住小区规划布局合理，功能分区明显，设施配套齐全。三季有花，四季常青。假山、仿古凉亭、水溪、人工湖、小桥流水雕塑点缀。

坚决打赢"汽改水"攻坚战　在服务民生中实现新发展

临沂市恒源热力有限公司

时任市委副书记、市长张少军来公司检查指导"汽改水"工程

董事长马建广与技术人员探讨技改方案

董事长马建广与技术人员探讨技改方案

恒源热力公司是临沂市热力规划中城区主要热源之一，现有3台35t/h、3台75t/h锅炉及4台供热发电机组，装机容量为3.9万千瓦时，年发电能力3亿千瓦时，年供汽能力160万吨，供热主管网线六条，长达2×50km，用热单位及小区330家，集中供热面积440万平方米。企业现有职工575人，其中工程技术人员140人。截至2010年底，公司拥有总资产3.3亿元，固定资产2.6亿元。目前公司六台锅炉全部采用先进的静电除尘器，使烟气排放浓度达到国家规定的标准。城区实施集中供热以来，共关停小锅炉440余台套，减少烟尘及SO_2等有害气体排放1.1万吨，取得了良好的社会效益和经济效益。

2010年，恒源热力公司为落实国家节能减排政策，加快实施城市供热系统节能改造，提高冬季供热保障能力，改善人民群众生活条件，根据省政府办公厅下发《关于加快推进全省城市供热节能工作的通知》精神，进一步结合企业发展规划，走节能降耗之路，全年热网改造及供热设备节能改造总投入达到1亿元，完成了三条蒸汽管网改造，建成了供热能力300万平方米的换热首站一座，完成了主、支线及二级管网建设2×28.5km，完成了用户二级站混水改造77座。在供热任务艰巨、资金不能及时到位的形势下，全体干部员工齐心协力、迎难而上、统一调度、协作配合，不断加强供热管理和提升供热服务水平。

"汽改水"工程完工后，给企业带来了强大的生命力，为企业在新时期得以生存及健康发展提供了空间，经济效益和社会效益已经逐步显现出来。

安全稳定，供热质量得到不断提升。进一步推广了"混水"供热技术，取消了补水泵及热交换器，循环泵实施变频运行，整体节电达67%，减少人力100多个，每个采暖期节电500万千瓦时，可降低用户费用500余万元；利用远程自控系统，根据天气变化情况随时调整供水温度，供热温度同期提高了2～3℃，有效保证了用户的供热质量。

节能降耗，为企业发展注入活力。“汽改水”完工后，热水管网损失比蒸汽管网损失减少25%。经测算，2010～2011年采暖期，厂用电较去年同期节约1.0%，减少原煤消耗1.12万吨，同比降低10.12%，减少酸碱消耗321吨，公司综合热效率从70.3%提高到75.9%，折算每个采暖期综合节约标煤1.88万吨，减少煤炭开支1840万元，有效地降低了生产成本，提高了企业效益。

提高效益，不断满足居民供热需求。工程结束后，已经达成供热意向的用户达到72.5万平方米，新增面积42.7万平方米，现已供10余万平方米，收取管网建设费1700万元，不仅增加了企业效益，还满足了居民供热需求。

“汽改水”工程在恒源热力公司的工程史上，创造了六个“第一”：工程量第一，即在同样时间内，工程量前所未有；资金筹集第一，即在公司以往的热网工程中，一次性筹集资金最多；施工长度第一，即一次性施工战线最长；组织规模第一，即工程施工队伍最多；工程工期第一，同样的工程完成的时间最短；安全施工第一，即在工程时间紧，任务重的情况下，未发生任何安全事故。每项工程的第一，在向前推进的背后都彰显了恒源人勇于接受挑战，敢于战胜困难，全力以赴完成使命的精神。

“汽改水”工程的建设，集中体现了恒源人审慎求证、大胆决策的冒险精神，锲而不舍、敢打硬仗的创业精神，顾全大局、协同合作的团队精神，一丝不苟、精益求精的科学精神和艰苦奋斗、忠于职守的奉献精神。“汽改水”工程让我们看到了企业发展的强大凝聚力，让这股力量永驻在我们身上，以保持特有的信心和决心，努力把集中供热事业干得更好。

七一文艺汇演

生产区

“汽改水”施工现场

临沂市三阳房地

临沂市兰山区银雀山街道东苗庄社区党委书记兼居委主任、临沂市三阳房地产开发有限公司董事长兼总经理　段友清

临沂市市委书记张少军来公司视察工作

临沂市三阳房地产开发有限公司，成立于2004年7月，注册资金3000万元，固定资产2.6亿元，拥有省建设厅核定批准的房地产开发二级资质，企业实力雄厚，现有管理人员60人，员工100多人。公司自成立以来本着质量第一、安全第一、服务第一的宗旨，为消费者提供了高质量、环保型的绿色住宅，以高效的工作、优质的建设受到有关部门的赞誉。

已投资8000万元筹建了启阳小区16栋住宅楼，建筑面积10万平方米，实现营业收入9000万元，利税1400万元。投资6000万元开发建设19层金阳大厦，建筑面积5万平方米，已实现收入6000万元，利税1000万元。投资1000万元开发建设启阳超市，建筑面积1万平方米，实现销售收入2000万元，利税300万元。2006年在王庄路以东、银雀山路以南、启阳路以北征地6万平方米，投资4.8亿元开发建设荣华园小区11栋商住楼，建筑面积23万平方米，其中可供经营的住宅面积17万平方米。2010年3月份投资10亿元开发建设了金阳花园，占地182亩，总建筑面积39万平方米，为大美临沂建设做出了积极贡献，并取得了较好的经济效益和社会效益。

公司在社区党委书记兼三阳房地产开发有限公司董事长段友清的带领下，在积极发展房地产企业的同时，深入开拓市场，培育相关产业，不断提高科技水平，领导和员工团结协作、与时俱进、重合同守信誉，公司被国家建设部评为“中国房地产创新企业”，所开发的荣华园小区被国家建设部授予“中国房地产精品楼盘”荣誉称号。

公司开发建设的荣华园小区一角

公司开发建设的荣华园小区一角

产 开 发 有 限 公 司

公司开发建设的金阳花园全景

公司开发建设的金阳大厦

公司正在开发建设的金阳花园一角

临沂桃源房地产开发有限公司

临沂桃源房地产开发有限公司系临沂桃源集团有限责任公司独资法人股东企业，成立于2000年12月，注册资本2000万元，三级房地产开发资质。

多年来，公司始终遵循“努力超越，追求卓越”的企业精神，按照“超凡脱俗、物超所值、缔造精品”的开发理念，实现“品质、品味、品牌”的有机统一。先后开发了建筑面积6万平方米、453户的桃源明德花园，建筑面积20万平方米、918户的陶然·水榭华庭A区，建筑面积3万平方米、87户的B区别墅，建筑面积6.5万平方米、24栋住宅楼的阳光维也纳项目等标志性的高档住宅小区，以先进新颖的规划、智能完善的配套、优美适宜的绿化，展示了公司良好的品牌效应，实现了经济效益和社会效益的双丰收。开发的水榭华庭获得市级物业管理小区、明德花园获得省级花园式小区荣誉称号，公司获得 “二零一零年度临沂市城乡建设工作先进集体”荣誉称号。

水榭华庭
陶然
TAORAN
SHUIXIEHUATING
临沂第一墅
水榭华庭，在水之湄。鹤鸣九皋，
声闻于野，鱼潜在渊，或在于渚。
孔子曰：智者乐水。
归还·院落的记忆
最能还原你记忆中纯粹的中国味，似是故人归。你之所忆，是否正是你之所见？
临沂第一墅水榭华庭，中式风格，庭院记忆，将带给你最初的感动。
中式别墅 20 套，样板间恭迎品鉴！
豪礼送不停：赠送 90–264m² 超大庭院！
特定房源赠送 10 万元装修基金

水榭华庭
陶然
TAORAN
SHUIXIEHUATING
水榭华庭 中式别墅

临沂东华置业有限公司

东华花园项目简介

地理位置 东华花园小区位于临沂经济开发区管委会大楼以东，鲁信国际会展中心以北，汇海隆家具市场以西，东是香港路，西为温州路，南为沂河路（原金九路、老327国道），北面是皇山路，直通滨河东路，沿滨河东路向北是亚洲第一长的小埠东橡胶坝与小皇山公园相接，小皇山公园中可与著名的黄鹤楼媲美的宝塔正在修建之中，该地段是临沂经济开发区的行政、政治、文化、金融中心的核心区。

工程概况 项目占地面积362亩（其中九州超市、临沂宾馆为62亩），小区总建筑面积约30万平方米，建筑密度为25.7%，容积率为1.17，绿化率为35.6%；为确保居者“优”其屋和抗震要求，均为框架多层结构，是一个绿地面积大、容积率低、室内利用率高、室室采光、户户有景、家家透绿的理想居所。工程分两期建设，一期约13万平方米，2011年6月竣工。

设计原则及理念

1. 设计依据与原则：

依据批准的规划条件和设计规范要求进行设计，注意中西、南北结合并吸纳了西方园林的开放性与东方

园林移步异景，层次递进的意境相融和手法，将东方的居住文化有效的融入到中西建筑之中，使整个小区在建筑风格与环境构思上体现风格各异、各具特色、简洁典雅，强调对自然和人的尊重，创造人性化空间。尊重民风民俗，吸纳了开宅和坤宅的传统宜居宜商的理念，属吉祥聚财之宝地。同时迎合人们“喜水”的居住嗜好，借用水的灵气，依托中心水面为核心，向南北延伸，通过水系的围绕形成半岛，让景观空间得以有效延续，使小桥、流水、建筑物、亭台、树木、花草、绿地相互穿插，映衬组合，线条柔美流畅、形成自然韵律的高品味人文景观。

2. 运用书法手法体现临沂历史文化：

在整个设计中充分注重体现临沂光辉灿烂的历史文化，运用书法中行云流水的手法，以中心水系为基点，环绕建筑物，喷泉、流水、小桥、亭阁、架廊依次排开，像东晋书圣王羲之、唐代颜真卿的书法一样点缀其中，绿色亲水并富有灵感的园林式小区。

周边公共资源及交通　小区会所配有超市、餐饮、泳池、健身等商娱设施以及周边的经济开发区第一实验小学、冠亚星城的双语学校、临沂一中南校区、汇海隆家居广场、九州超市、皇山农贸批发市场、百易家装饰城、医院、银行和15、35、38、39路公交车都会给您的生活和出行带来方便。

物业管理　物业管理暂采用“贴心管家”的人性化管理模式进行管理，待广大业主入住后由业主委员会再自行决定选用物业管理公司。

户型面积及价格定位　以80～117平米为主，120平米以上占6%；价格定位面向广大普通客户。

荣誉

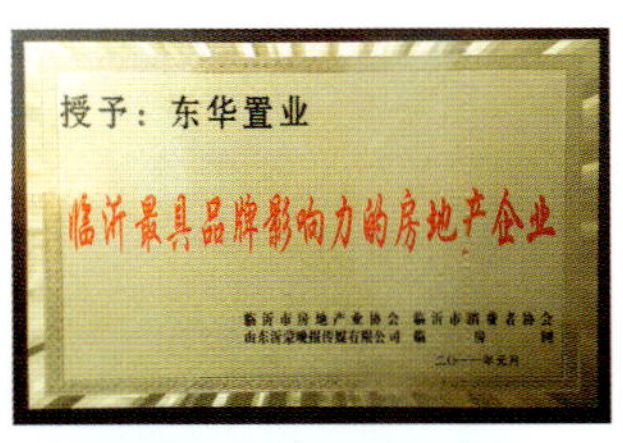

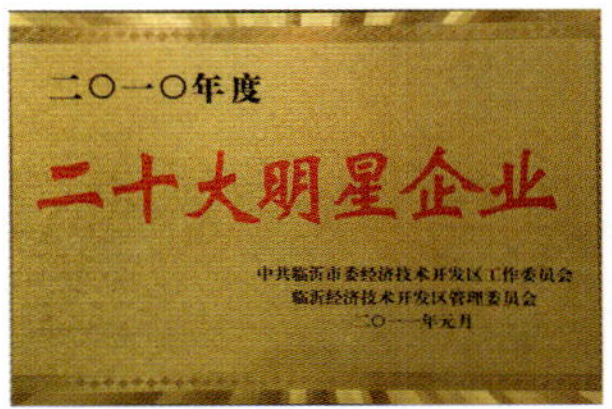

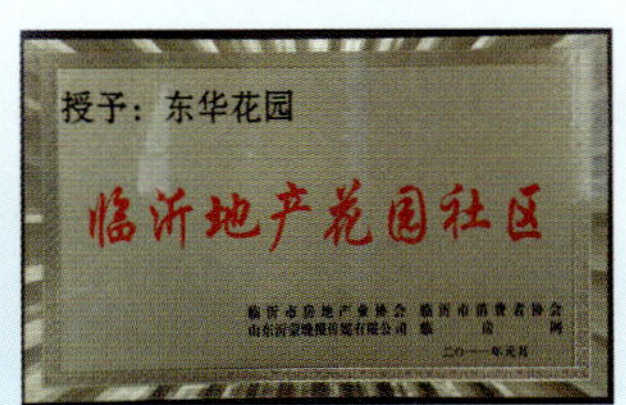

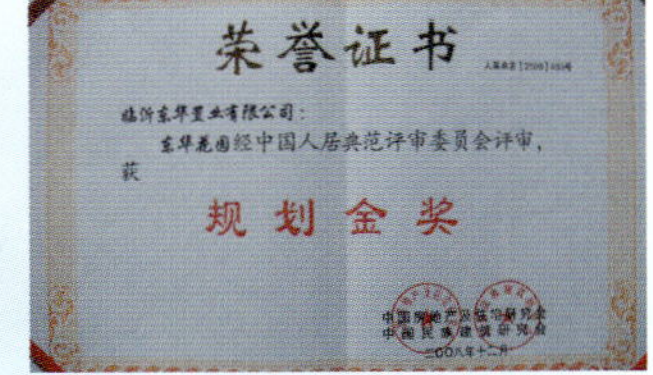

山东志华建设集团
SHANDONGZHIHUAJIANSHEJITUAN

立信天地 志存高远

——发展中的山东志华建设工程集团有限公司

董事长、总经理　汪立志

公司位于智圣诸葛亮、书圣王羲之的故里沂南县城，始建于1969年，其前身是沂南县广厦建筑安装工程有限公司，2008年晋升为房建一级资质，并更名为山东志华建设集团，系集土木建筑、装饰装璜、房地产开发、劳务分包、钢结构施工、设备管道、电器线路、电梯安装、市政园林、道路桥涵、设备租赁为一体的企业集团。集团公司注册总资本8717万元，下设9个子公司、7个分公司。

公司自成立以来，以质安百年大计为己任，弘扬“立信天地，志存高远”的企业精神，全面实施了志华品牌战略，做到质安并举，构筑大厦千万间；与时俱进，赢得广众俱开颜。充分发挥管理优势、技术优势、人才优势、资金优势，不断开拓了外埠建筑市场，先后在辽宁、吉林、河北、安徽阜阳、东营胜利油田、滨州、德州、日照、青岛、济南、潍坊等地承揽了各类大中型工程施工。

经过40多年的建设工程实践，公司已建立了一整套完善的管理制度、考核标准与安全保障措施体系，健全了内容完善、考核严格、责任到人的质量跟踪制。严格按标准操作、验收，夯实了安全文明施工管理，严

荣誉证书

沂南广厦建筑安装公司：

你单位施工的利津鑫鑫花园150型住宅工程被评为2005年度东营市“质量诚信、用户满意”示范工程，特发此证。

二〇〇六年五月二十九日

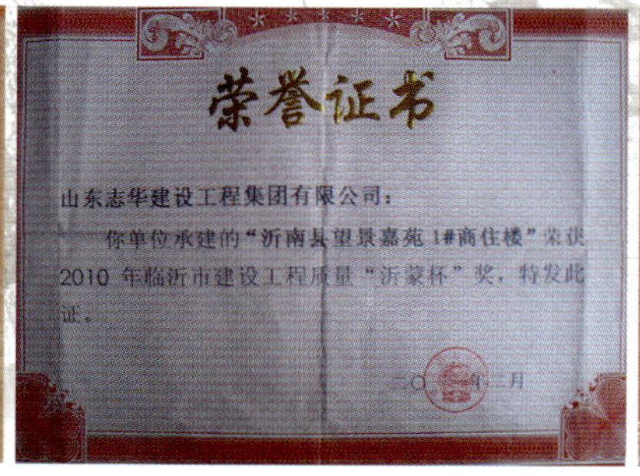

荣誉证书

山东志华建设工程集团有限公司：

你单位承建的“沂南县望景嘉苑1#商住楼”荣获2010年临沂市建设工程质量“沂蒙杯”奖，特发此证。

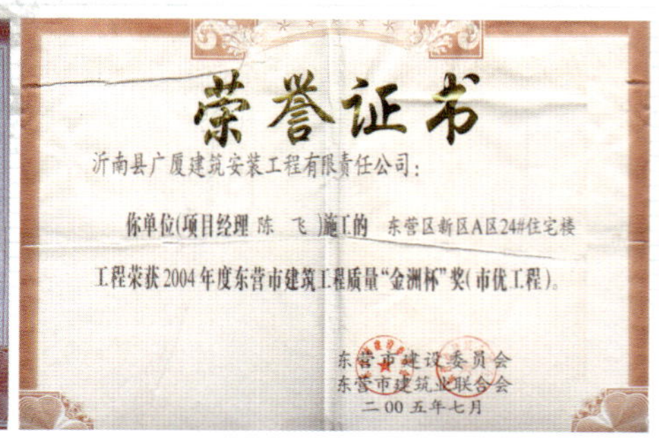

荣誉证书

沂南县广厦建筑安装工程有限责任公司：

你单位(项目经理 陈 飞)施工的 东营区新区A区24#住宅楼工程荣获2004年度东营市建筑工程质量“金洲杯”奖(市优工程)。

东营市建设委员会
东营市建筑业联合会
二〇〇五年七月

清华同方鲁颖电子装配车间

东营市利津津苑小区

日照莒县晨曦花园

沂南县检察院技侦大楼（“沂蒙杯”优质工程奖）

格按质量、职业健康安全、环境管理体系认证标准运行。公司因此已连续九年被省工商局评为“省级重合同、守信用企业”，被市建行评为“一级信用企业”；连续十年被市建设局评为“先进施工企业”，被临沂市人民政府评为“外出施工明星企业”，被省建管局评为“建筑工程安全生产管理先进单位”。 正在建设中的清华同方鲁颖电子陶瓷电容扩建工程，将争创山东省“泰山杯”优质工程奖。

公司网址：www.sdzhihua.cn
邮　　箱：sdzhihua@163.com　**传真：**0539-3222383

沂南县工人文化宫改造工程（一品龙都）

安徽阜阳临沂商城

营口市聚源大酒店

德州市供水总公司

党委书记、总经理　平建强

德州市供水公司始建于1956年，拥有固定资产总值1.4亿元，在职员工近720人，其中中专以上学历334人，有职称人员261人，高级职称7人，中级职称62人，具有雄厚的技术力量。公司下设14个职能科室，下属一、二、三水厂等10个基层单位。公司建有一座地表水厂、两座地下水厂和一座600万吨的调蓄水库，设计日供水能力13.5万吨，直径75毫米以上的供水管网近300公里，担负着城区50多平方公里、55万人口及企事业单位的供水任务。经过五十多年的发展，德州市供水总公司形成了以供水为龙头，集勘察、设计、工程施工、水质检测、水表生产与校验、供水设备研发、自来水深度处理为一体的综合性企业。

近年来，德州市供水总公司立足于“以质量图生存，以服务求发展”，以提高经济和社会效益为中心，以服务地方经济发展和社会安定为己任，做到让政府放心，让用户放心。进一步深化企业内部改革，健全和完善各项管理制度，紧紧抓住供水安全这一重点，加大资金投入，对供水设施进行改造和扩建，确保了水质符合标准要求。同时，确立了以客户发展服务为龙头的理念，进一步完善社会服务制度，形成了一条龙式社会服务体系，服务质量有了很大提高。2001年，德州市供水总公司在省内同行业中率先通过了ISO9000质量管理体系的认证。

总公司营业处先进的计算机收费系统

总公司客户发展服务中心2278111承诺服务热线

德州市供水总公司三水厂及水库概貌

总公司组织党员干部到革命老区参观学习

三水厂V型滤池

公司控股的鲁北供水工程公司，具备国家市政Ⅱ级资质，可承揽5万吨/日以下自来水厂以及污水处理厂的新建以及改造项目，并能承担机电设备安装和土石方工程。2004年，公司投资1000万元成立沃特净水有限公司，以先进的工艺设备和雄厚的技术力量为基础，生产"九衢泉"牌系列矿泉水、小分子团活性水、直饮水等优质品牌，先后荣获国家轻工部优质产品，第四届世界太阳城大会指定饮用水等荣誉称号，在鲁西北、冀东南地区享有良好的口碑。

鲁北供水工程公司承揽的三八路过岔河顶管工程

一分耕耘，一分收获。德州市供水总公司先后获得山东省城镇供水先进集体、山东省思想政治工作优秀企业、省级青年文明号、全省建设系统工会工作先进单位、山东省建设系统诚信服务示范单位、山东省妇联和省建设厅巾帼文明示范岗等荣誉称号；2004—2010年连续七年被市政府评为全市安全生产先进单位，2004－2006年度建设工作先进单位、市级文明服务窗口单位；2006年被市委、市府授予文明诚信十佳企业，"心水相牵"服务品牌荣膺省级服务名牌；2008年被省建设厅评为规范化管理先进单位；2010年被评为全市"劳动和谐关系企业"，国家生活饮用水卫生达标A级单位。

公司投资1000万元成立的沃特净水有限公司

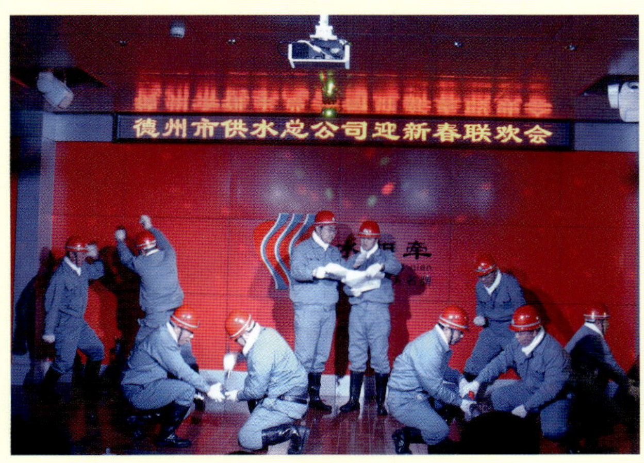

总公司每年举办丰富多彩的文艺节目

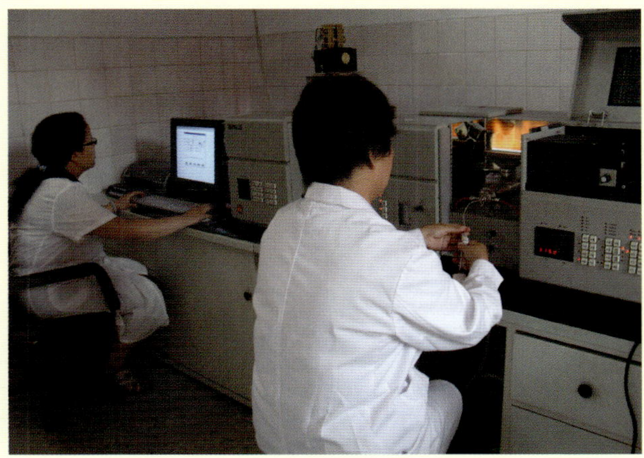
化验人员操作先进仪器

德州良建集团有限公司

董事长 吕宏举

良建万兴庄园

德州良建集团有限公司，成立于1982年。以“团结、求实、开拓、奉献”为企业宗旨，发展成为以建筑业为龙头的集团企业。集团连年被省、市工商局授予重合同守信用企业，2003年被人民日报社新闻信息中心列为“全国诚信单位光荣榜”上榜荣誉单位，2005、2007年度连续被评为“德州市建筑业综合实力10强”企业，已通过了质量、职业健康安全、环境管理体系认证。集团现为房屋建筑总承包贰级资质，地基基础工程、建筑装饰装修工程、机电设备安装叁级资质，集团下设建筑工程施工公司、机电设备安装公司、建筑装饰工程公司、机械设备租赁公司、房地产开发公司、铝合金制品等多个分公司；集团公司注册资金3280万元，年施工能力25万平方米，施工产值达1.8亿元。积极打造企业质量品牌，工程质量合格率100％，优良率100%，多项工程被评为优良工程，其中德州交警支队车管所办公楼被评为“天衢杯”工程，德州邮政局办公楼被评为“泰山杯”奖，且多项工程被评为省级、市级安全文明工地。集团以高质量的产品、竭诚周到的服务，得到了社会各界的好评。集团现在开发建设的“良建万兴庄园”项目，建筑面积10万平方米，是高标准、大体量、低密度的多层高档住宅小区，为人民奉献幸福生活的体验住宅。公司目标是“塑企业形象、展企业风姿、力创精品工程、争创一流企业”。

国家储备库36米跨储粮仓

德州学院留学生公寓

良建万兴庄园鸟瞰图

公司荣誉

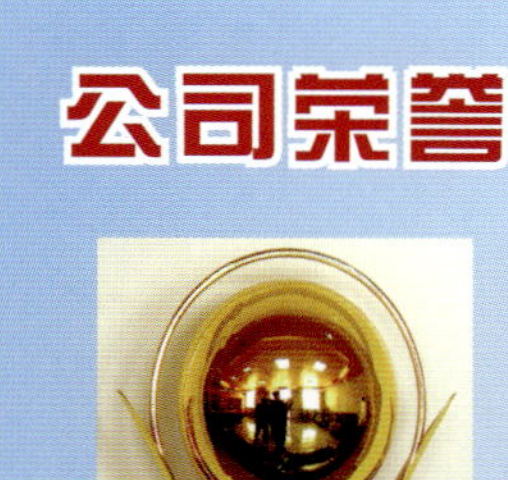

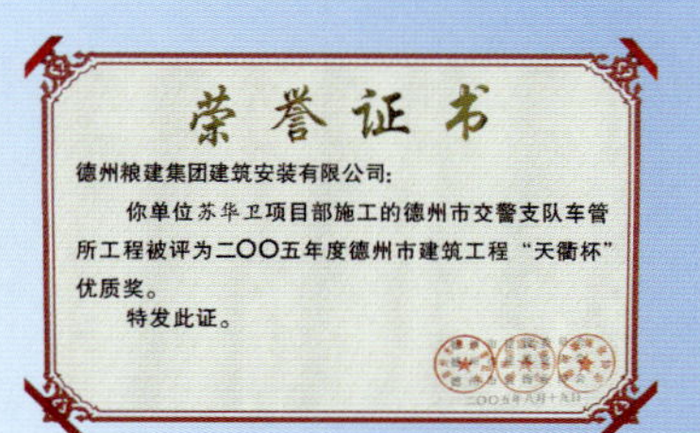

荣誉证书

德州粮建集团建筑安装有限公司：

你单位苏华卫项目部施工的德州市交警支队车管所工程被评为二〇〇五年度德州市建筑工程"天衢杯"优质奖。

特发此证。

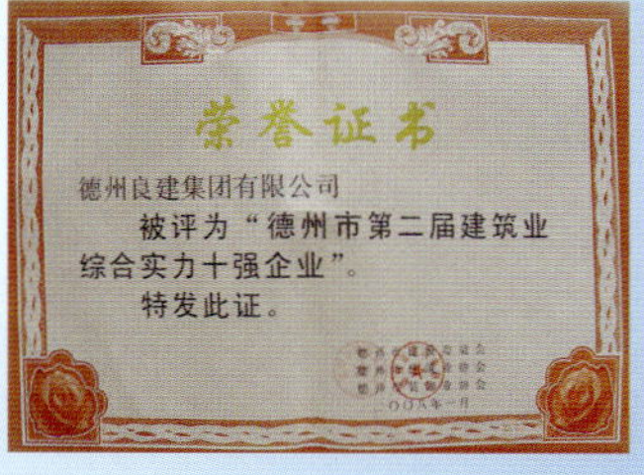

荣誉证书

德州良建集团有限公司

被评为"德州市第二届建筑业综合实力十强企业"。

特发此证。

德州市中心医院（省级安全文明工地）

扬帆三十载

德州市房屋建设综合开发公司

集团党委书记、总经理　贺延军

1981年6月，为适应城市住宅开发统一建设，德州市政府成立了德州市房屋统建办公室。从统建办公室成立（后更名为德州市房屋建设综合开发公司）到2000年的20年里，开发公司为推进城市综合开发实施了一系列旧城改造项目及老城区居民的拆迁安置项目，累计开发各类建筑180多万平方米，建设商品住房1.7万套，为德州市房地产业的起步和发展做出了重要贡献。1987年建成的北园小区，是我省当时设计最先进、配套最完善、最早的一批精品住宅工程，受到了时任建设部部长侯捷的高度赞扬，称赞其为鲁西北的 “一颗明珠”。这20年也是德州市的商品房市场从福利分房—单位补贴 （额度逐渐减少）—成本价购房—完全商品化的住房制度改革阶段，1992年建成的育新小区解决了新华书店、建行等单位干部职工的住房问题，1998年建成的市直小区一期改善和提高了广大市直机关干部职工的住房条件，为加速德州市城市化进程和人民安居做出了应有的贡献。

2001年4月，为响应国家“政企分开”的改革目标，房管局所属的房屋建设综合开发总公司等七个单位组建德州市房屋建设综合开发集团总公司，为市属中型（一）企业，具有一级房地产开发资质、一级拆迁资质、乙级设计资质、乙级监理资质、二级物业管理资质和二级施工资质，中级以上各类技术人员200余人，注册资本7418万元。

组建集团的10年，是房地产市场转型和大发展的10年，也是集团总公司三十年来综合实力增长最快的时期，资产总值是改企前二十年的10倍；职工收入是改企时的近3倍，开发量达到70万平方米。2009年开工建设的领秀天衢小区占地21万平方米，规划建筑面积38万平方米，分四期建设完成，目前已经完成了前两期的开发建设。

三十年来，集团总公司在各级党委及政府的领导下，在社会各界的大力支持下，企业经济取得了长足发展，累积开发各类建筑250万平方米，具备了年开发商品房20万平方米、拆迁房屋10万平方米、完成建筑设计30万平方米、建安施工20万平方米和管理各类物业100万平方米以上的综合能力。1994年取得国家一级开发资质并获得“首届中国房地产企业综合效益百强”荣誉称号。三十年来先后荣获过“山东省房地产企业综合效益百强”“山东省房地产开发综合效益八十强企业”“德州市房地产业综合实力十强企业”及“山东省

再铸新辉煌

房地产开发综合实力五十强企业”等荣誉称号，总经理贺延军多次荣获德州市及山东省建设系统“劳动模范”荣誉称号。

站在新的历史起点上，让我们继续唱响“创新、有为、稳健、和谐”的企业主旋律，向着建百年基业，建百年名企奋勇前进！

2003年5月22日，贺延军董事长陪同郭作赋市长视察开发项目建设工地

积极参与“我爱我的祖国”庆祝新中国成立60周年群众歌咏比赛活动

集团公司办公楼

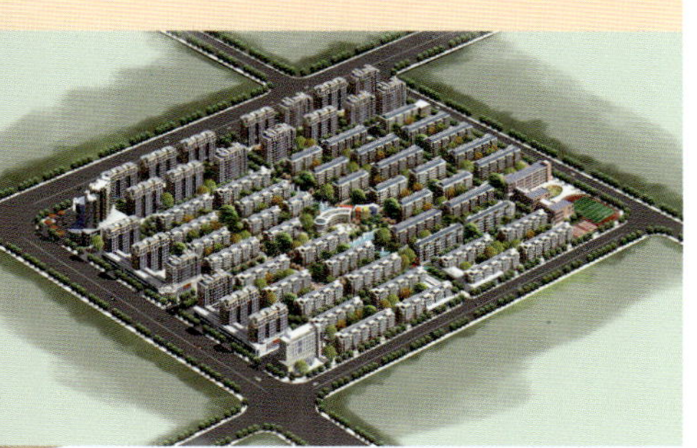

领秀天衢小区鸟瞰图

集团总公司近几年获得的部分荣誉

丹若园小区鸟瞰图。2009年建成的丹若园小区，改善了240多户职工的住房条件，被称为建设者的家园。

德州振华建安集团

董事长张廷宝（右）带领公司高管在上海参加绩效增长模式培训学习

张廷宝，中共党员，高级工程师，高级经济师，德州市政协委员；现任德州振华建安集团董事长、总经理，山东省建筑业协会理事，山东省中小企业、民营企业（乡镇企业）协会理事，德州市工商联建筑业商会副会长、政协文化艺术交流联谊会副会长、运河文化艺术促进会理事。多次得到上级主管部门和社会各界的奖励和表彰，被山东省建设厅、山东省建管局授予“山东省先进个人”荣誉称号，荣立三等功一次；德州市五一劳动奖章获得者，德州市优秀政协委员，连续三届被德州市建委、德州市建筑业协会授予“十强企业家”荣誉称号。

张廷宝积极投身社会公益事业，扶贫济困，近几年仅捐助西藏贫困学生，捐助孤儿求学，为四川灾区捐款、捐献板房，为残疾人捐助保障金，捐助家乡建设等累计达上百万元。

德州振华建安集团自1976年创业至今，在董事长张廷宝的带领下从一个小建筑公司发展成为以建筑施工为基础产业，以房地产开发为主导，钢结构生产安装、预制构件生产、设备租赁、物业管理、齐鲁古玩城市场等多元化发展的企业集团，下设多个分公司和分支机构。施工资质为房屋建筑工程总承包贰级，开发资质为叁级，年开发施工能力五十余万平方米。

振华建安集团秉承“质量兴业”的管理理念，内强素质，外树形象，在行业内率先通过了ISO9001、GB/T28001、ISO14001、GB/T50430“三体系一规范”国际管理体系认证。集团多年来精心建造了上百项省、市级优质工程和多处“双优”小区，创“泰山杯”工程4项，荣获126项省优、市样板、“天衢杯”“质量诚信，用户满意”、无质量通病工程及省、市级安全文明工地等各项荣誉；集团重视新技术的开发和应用，荣获两项省级工法、十余项科技进步奖和QC优秀成果奖。集团以雄厚的资产、技术、开发施工能力，被同行誉为“建筑铁军”。

振华房地产始终专注于优质房产品的开发，坚持现代化建筑的自然与舒适性相融合，寻求建筑与自然、人与建筑、人与人之间的和谐共生，诠释"和谐生活，自然舒适"的新开发理念。近几年来成功开发了聚鑫园高档住宅小区、振华九龙尚城小区、幸福里小区、新城市花园等项目。 2011年振华地产荣誉钜献河北东光“世家官邸”20万平方米高档住宅项目为客户倾力打造都市田园，再次展示了集团的综合开发建设实力。

在企业做大做强的同时，始终不忘奉献社会。为支持德州市文化公益事业发展，2001年集团投资开发建设了德州齐鲁古玩城大市场，填补了德州市文化市场的空白。经过几年的发展，现已成为鲁西北最大的古玩文化市场，汇集北京、天津、沈阳、石家庄、太原、济南等地的客商，交易活跃，声名远播，为经济文化交流搭建了良好平台。德州齐鲁古玩城已成功举办了九届古玩艺术品交易展览会，三届古玩艺术品拍卖会，成为德州的文化名片，同时解决了部分下岗职工再就业，对周边餐饮、宾馆、客运业都有较大的促进作用。

集团先后被授予山东省建筑系统先进集体，山东省省级守合同重信用企业，全国质量、服务诚信示范单位，山东省建筑施工安全生产管理先进单位，山东省建设工程质量管理先进单位，德州市一级信用民营企业、建筑业综合实力十强企业、劳动关系和谐企业等荣誉称号。

在未来的日子里，集团将继续发扬“团结、拼搏、务实、创新”的企业精神，以精诚服务保市场、精品战略求发展、精细管理要效益，实现观念创新，管理创新，技术创新，品质创新，与社会各界同仁携手共创美好未来！

建筑业

东光世家官邸高档社区（20万平方米）

德州市燃气公司综合业务楼项目获得2010年“山东省安全文明示范工地”荣誉称号

平原县客运总站项目获得2009年“山东省安全文明优良工地”荣誉称号

振华建安集团已获得4项“泰山杯”工程荣誉

古玩城

北京荣宝斋首席拍卖师左安平，故宫博物院研究员、中国古陶瓷协会主席李辉柄，故宫博物院首席研究员、古陶瓷专家叶佩兰都是这里的常客。图为故宫博物院专家叶佩兰来德州齐鲁古玩城拍卖会现场鉴宝

2001年12月28日，经全国政协原副秘书长、国家文物局原局长孙轶青先生题名的德州齐鲁古玩城正式开业

每周五上午古玩城集中交易，各地玩友来此寻宝，不亦乐乎。

山东聊建集

董事长、研究员　赵西久

全国建设系统劳动模范　“富民兴鲁”劳动奖章获得者　山东省有突出贡献中青年专家

“十一五”期间，山东聊建集团有限公司认真落实科学发展观，不断创新进取，各项工作成绩显著，两个文明建设同步发展，企业综合实力、市场竞争力又跃升到一个新的台阶，现已发展成为跨行业、跨地区、多元化经营的现代化大型企业集团，涉足工程施工、装饰装修、勘察科研设计、房地产开发、节能建材、商贸物流等领域，具有年开发面积100万平方米、施工面积400万平方米、施工产值50亿元的综合能力。

“十一五”期间，集团公司以兴业报国为己任，把企业的发展与聊城经济发展紧紧联系在一起，承建了聊城几乎所有标志性建筑，先后施工了一大批代表聊城形象和体现聊城跨跃式发展的高层群体优质建筑项目，均以施工速度快、质量高，赢得了聊城广大人民群众的好评。集团公司每年给社会提供了上万个就业岗位，上交税金6000多万元。集团公司内部设立了慈善救助基金会，每年积极向社会捐助大量现金和实物。特别是在2008年支援四川抗震救灾活动中，集团公司第一时间捐款捐物60多万元，并派出精干队伍奔赴灾区一线，日夜奋战，为当地灾民搭建起一批批高质量板房，确保了灾区民众生活、学习的需要。2009年，集团公司又积极投入到四川灾后重建工作中，先后承建了我市对口援建片口乡、北川新县城的施工任务，受到了四川省、绵阳市各级政府、群众的高度评价，为山东省、聊城市赢得了荣誉，打响了聊建品牌。在牢牢巩固本地市场的同时，积极开拓外地市场，结合企业实际，设立了北京、宁夏、哈尔滨、河南、武汉、济南、青岛等驻外办事机构，施工足迹遍布省内外，外出施工产值达到总产值的40%以上。

“十一五”期间，集团公司逐步形成以工程施工为基础，以房地产开发为龙头，多业并举、优势互补、齐头并进、跨越发展的良好局面。集团公司不断强化综合施工实力，成功开发了建工大厦、阳谷综合大市场和荣获全国康居示范工程及全国最适宜人居综合奖的聊建金柱·水城华府小区，以及正在建设的聊城文苑小区、聊建金柱·月亮湾等开发项目，年开发面积达到100万平方米。房产开发项目的大发展，提供了大量的施工任务，为建筑业的发展提供了支持。在搞好两大主导产业的同时，集团公司结合实际，深挖企业资源，加强创新力度，在节能环保、防腐保温、冶金化工、道路桥梁、建材生产等领域寻求新突破，承接了一批环保、桥梁、钢构、防腐保温工程，为社会贡献了一批批节能环保、低耗优质建材，为集团公司的发展培植出新的经济增长点。

“十一五”期间，集团公司创出鲁班奖、国家优

聊建集团领导班子

 有   

质奖、泰山杯、水城杯、省优良工程、省级安全文明施工优良示范工地几百项，荣获了全国建筑业综合实力百强企业、全国先进建筑施工企业、国家级守合同重信用企业、中国质量万里行全国先进企业、中国企业最佳生命力团队、全国优秀施工企业、全国“安康杯”优胜企业、全国科技创新质量管理先进单位、全国人居品牌房地产企业等荣誉称号，连年被评为山东省建设系统优秀企业、山东省质量安全管理先进单位、山东省金融系统(AAA)特级信用企业。

面对未来，勇于攻坚克难、创新进取、以兴业报国为己任的聊建人，有信心以科学、规范的管理和开拓创新、干事创业的精神，为江北水城·运河古都建设发展做出新的贡献，为实现我省建设事业又好又快发展再立新功。

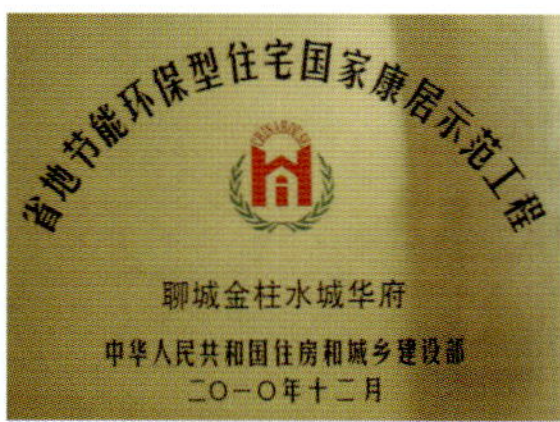

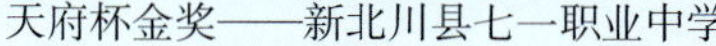
天府杯金奖——新北川县七一职业中学

泰山杯工程——聊城大学综合实验楼

聊城市标志工程——水城明珠大剧院

康居示范工程——金柱·水城华府小区

泰山杯工程——聊城市污水处理厂

国家优质工程——聊城市体育馆

鲁班奖工程——聊城市医疗保健中心

做城市的领跑者

打造滨州地产开发领域第一高度

BIN ZHOU XIANG TAI ZHI YE

滨州祥泰置业把“领先一步，做城市的领跑者”作为企业的经营理念，把“扎根滨州、建设滨州、服务滨州”作为企业的经营宗旨。近年来，祥泰置业在滨州市的房地产开发领域，市场份额和影响不断扩大。公司为山东省房地产协会常务理事单位和滨州市房地产协会副会长单位，并被评为2008年度滨州市十佳房地产开发企业，公司自成立至今累计为地方缴税收4000多万元，连续三年位列滨城区规模企业纳税前三位。2009年祥泰·麒麟阁、祥泰·新河湾双盘联动，不断刷新和创造滨州楼市奇迹，在滨州市房地产行业各项成绩名列前茅。

祥泰置业依托于祥泰实业强大资本实力，一直保持滨州市场20%的市场占有率，是滨州唯一一家省级社会责任企业20强。祥泰·麒麟阁、祥泰·新河湾双盘联动，2009年度楼市销售冠军，单日成交最高纪录，创造30小时客户抢购的热销奇迹。迄今为止，滨州祥泰置业未收到过一起因延期交房引起的顾客投诉。一流的履约能力打造一流的开发团队，一流的开发团队铸就一流的楼盘品质，祥泰人以诚实、务实的精神赢得了社会各界的广泛认可，更赢得了业内同行的尊重，真正做到了“领先一步，做城市的领跑者”。

祥泰·麒麟阁

32万平米 原生深水湖畔祥泰人文社区

祥泰·麒麟阁2010大事记

与国庆同行 为和谐干杯
祥泰·麒麟阁39#楼开盘几近清盘庆贺晚会

祥泰·麒麟阁38#楼开盘2小时抢购现场

“血荒”牵动人心 祥泰员工无偿献血

基本情况

祥泰·麒麟阁位于滨州市渤海十一路与黄河十二路交叉口东南角，占地355亩，总建筑面积32万平方米，容积率1.97，车户比1比1，绿地率40%。

社区特色

小区建设本着“高起点规划、高水平设计、生态园林型”城市建设思路和“以人为本”的理念，最终将会达到“大水面、大绿化、大空间”的居住环境和体现“生态性、亲人性、有机性、安全性”的和谐空间以及形成“布局合理、环境优美、配套齐全、结构新颖”的标准化居住小区。

青州市城市建设投资开发有限公司

中国花卉博览园一角

青州市国际会展中心

海岱花园

青州市城市建设投资开发有限公司成立于2006年5月，具有国家三级房地产开发资质，是以房地产开发、工程管理、物业管理为主的国有独资企业。

公司坚持“抓质量就是抓生存，抓安全就是抓效益”理念，科学规范经营，为青州现代化中等城市建设提供了强大动力。投资20多亿元，开发建设了衡王府花园、海岱花园、益王府花园、旗城家园、东店富贵苑等18个现代化生态宜居花园小区。2011年开发建设的裕丰家园、北海花园和衡王府路片区改造项目，总投资4.87亿元，建筑面积34.5万平方米。经典的楼盘、良好的业绩、诚信的品牌，得到了各级领导的肯定和社会各界的高度赞誉，被授予潍坊市文明和谐单位和青州市百家诚信企业荣誉称号。

企业发展归功社会，企业壮大回报人民。公司在发展壮大的同时，投资10多亿元，为青州市建设了新党校、旗城学校、实验中学、南阳河综合治理等社会公益工程和衡王府路提升改造、北海路、镇武庙街等社会基础设施工程，提升了青州市城市承载能力和综合竞争力。2009年，为迎接第七届中国花卉博览会开发建设了青州国际会展中心、体育中心及配套工程，其中会展中心规划设计获得了全国人居经典建筑设计方案竞赛环境金奖。

“长风破浪会有时，直挂云帆济沧海”。扎实、创新、务实的青州城建人，将秉承“诚信经营、民生至上、和谐城建、造福社会”宗旨，以质量为企业发展的生命线，勇于挑战，敢于拼搏，为青州的城市建设事业谱写新的篇章。

南阳河秀丽风光

衡王府路与东店富贵苑相映成趣

青州市城市建设鸟瞰图

山东三箭建设工程股份有限公司

三箭大厦

济南奥体中心

山东三箭建设工程股份有限公司是具有三十多年历史，经国家建设部审定具有房屋建筑工程施工总承包一级、市政公用工程施工总承包一级、建筑装修装饰工程专业承包一级、钢结构工程专业承包一级资建筑施工企业。下设十一个项目公司、水电设备安装总公司、建筑工程装饰总公司、钢结构网架工程公司、配套工程公司等。公司遵循市场经济和WTO新形势下的经济运行规律，坚持“科学民主决策、健康有序发展、认真快乐工作、构建和谐三箭”的企业工作方针，发挥“诚信、创新、团结、奉献”的企业精神，深化改革，开拓创新，实现了企业经济效益和社会效益的全面发展。

公司坚持“建一个工程，塑一座丰碑；建一批工程，交一批朋友”的经营理念，在国内外先后承建了一大批重点工程和品牌工程，荣获“鲁班奖”3项、“国家优质工程”银质奖1项、“詹天佑奖”1项、全国示范工程3项、建国六十年建设精品工程2项、山东省“泰山杯”工程16项、济南市“泉城杯”工程47项、市政工程“金杯奖”1项、山东省安全文明示范及优良工地39项等。其中获“鲁班奖”的日喀则山东大厦创出中国近代建筑史上唯一的一项大世界吉尼斯纪录，济南泉城广场被联合国教科文组织评为中国唯一文化艺术广场。全国示范工程三箭·银苑花园被评为山东省首例“AAA”级住宅。

泉城广场

公司是山东省建筑业最早通过ISO9001质量管理体系、ISO14001环境管理体系和OHSMS18001职业健康安全管理体系国际国内认证的企业，建立起质量管理、环保、安全网络等完善的保证体系，使企业走上国际化、科学化、规范化管理轨道。公司先后获全国先进施工企业、全国建筑工程质量管理优秀企业、全国企业信用等级“AAA”级企业、全国“重合同、守信用”企业、山东省质量管理先进企业、山东省安全生产先进企业、山东省“富民兴鲁”获奖单位，“三箭”商标被评为山东省著名商标。

地　　址：济南市七里河路36号
邮　　编：250100
电　　话：（0531）58795659 58795660
传　　真：（0531）58795655
电子邮件：gfbgs@sdsj.com
网　　址：http://www.sjcec.com

邮政大厦

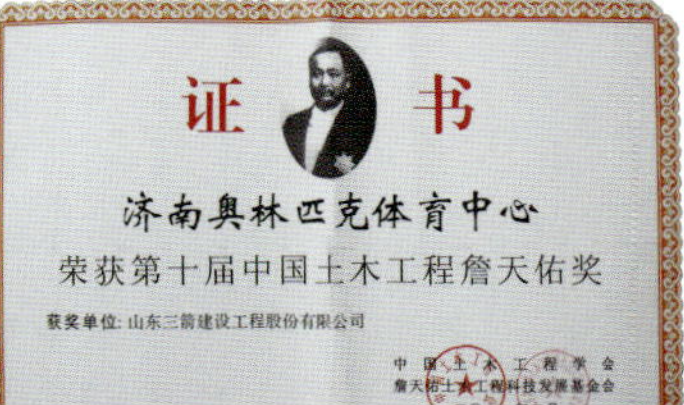

山东省建设发展研究院是省住房城乡建设厅直属的公益型社会科学研究事业单位，成立于1979年，主要职责是承担全省城镇化、建筑节能、生态城镇、绿色建筑等可持续发展理论、政策与技术研究；住房和城乡建设事业中长期发展规划、行业发展政策和专项发展规划等综合性课题研究；开展城镇化发展和建筑节能监测评价、建设技术标准规程编制、建设项目技术评估论证、建设科技成果推广应用等工作。与山东省建设科技中心、山东省住宅产业化中心为一个单位，三块牌子，下设城镇化发展研究所、墙改建筑节能研究所、房地产经济研究所、建设管理标准研究所、建筑节能监督检验站等部门。

地址：济南市经六路三里庄17号　邮编：250001　电话：0531-83180900　传真：83180932

第六篇

统计资料

第六章

[illegible]

6-1 全省及设区市城市规划主要统计数据一览表

城市名称	城市规划经费使用（万元）	分区规划编制数（项）	专业规划编制数（项）	控制性详规		修建性详规	
				编制数（项）	面积（公顷）	编制数（项）	面积（公顷）
山东省	89501.62	25	285	270	104769.90	3339	43899.38
济南市	4774	0	10	3	353	45	1347.81
青岛市	3446	7	28	34	8478.84	219	1910.30
淄博市	1709	1	7	16	1754.65	92	1004.70
枣庄市	2726	0	15	8	2688	77	1182
东营市	2365	0	14	28	18884.50	35	9270
烟台市	7071	1	19	24	17372.10	803	4499.79
潍坊市	10631.80	2	17	18	5591.50	359	3572.67
济宁市	15667.70	3	44	19	12004.59	193	2478.10
泰安市	4525	4	17	51	2410	283	7907.74
威海市	2530	0	11	2	1900	223	2030
日照市	2908.20	0	4	1	876	157	1552.35
莱芜市	865.06	0	1	0	0	52	563
临沂市	4042.26	2	30	35	7369.95	320	1647.64
德州市	4293.85	2	14	8	17286.95	66	485.96
聊城市	4798.35	1	25	1	350	168	1726
滨州市	4464.40	1	17	12	3075.82	164	1184.82
菏泽市	12954	1	12	10	4374	83	1536.50

6－1 续表

城市名称	城市设计		开发区规划						规划管理规章件数（件）
			总体规划		控制性详规		修建性详规		
	编制数（项）	面积（公顷）	编制数（项）	面积（平方公里）	编制数（项）	面积（公顷）	编制数（项）	面积（公顷）	
山东省	143	294532.80	11	979.30	32	25035.36	313	3526.82	4
济南市	9	3397.97	0	0	1	238.40	3	81.70	0
青岛市	12	22282	0	0	0	0	0	0	0
淄博市	2	1610	0	0	4	1038	0	0	0
枣庄市	11	1148	0	0	0	0	0	0	0
东营市	14	221500	1	153	4	44.26	0	0	1
烟台市	8	9247.30	0	0	5	5608	116	577.18	1
潍坊市	23	849.39	1	523.17	1	1000	0	0	0
济宁市	13	17189.20	4	166.25	4	2489	56	891.94	0
泰安市	12	835	0	0	6	2538	34	250	0
威海市	3	820	0	0	0	0	39	321.40	0
日照市	5	562.74	0	0	0	0	17	193.30	0
莱芜市	1	3.70	0	0	0	0	2	28.70	0
临沂市	4	1478.90	2	38.65	4	3623	24	760	0
德州市	8	7580	0	0	2	7850	1	307	0
聊城市	6	3227	0	0	0	0	0	0	0
滨州市	8	2688	3	98.23	1	606.70	0	0	0
菏泽市	4	113.60	0	0	0	0	21	115.60	0

6－2 全省及设区市城市建设主要统计数据一览表

城市名称	人口密度（人/平方公里）	人均日生活用水量（升）	用水普及率（%）	燃气普及率（%）	建成区供水管道密度（公里/平方公里）	人均城市道路面积（平方米）
山东省	1314	127.29	98.09	95.78	9.39	21.10
济南市	1867	114.10	98.59	95.54	8.11	20.59
青岛市	1545	168.12	100.00	99.93	14.41	22.61
淄博市	1681	132.93	99.99	97.82	9.66	17.24
枣庄市	1877	120.98	99.31	99.40	12.20	18.75
东营市	577	140.93	96.67	94.87	7.84	27.57
烟台市	1136	112.37	99.15	99.12	9.91	19.50
潍坊市	1033	105.89	99.91	99.82	7.31	25.70
济宁市	1610	143.49	96.57	92.45	7.56	20.07
泰安市	1438	143.81	99.98	99.86	11.35	23.25
威海市	1261	121.18	100.00	99.43	13.78	27.25
日照市	1532	97.93	98.88	95.29	10.95	20.90
莱芜市	1045	129.52	100.00	99.68	11.79	28.91
临沂市	1163	125.96	100.00	97.48	7.25	18.41
德州市	1442	110.57	89.41	79.02	6.68	16.96
聊城市	1165	130.91	99.30	95.47	11.19	24.63
滨州市	1311	114.21	100.00	100.00	7.22	18.79
菏泽市	1451	130.60	89.06	82.91	4.74	16.56

6-2 续表

城市名称	排水管道密度（公里/平方公里）	污水处理率（%）	污水处理厂集中处理率（%）	人均公园绿地面积（平方米）	建成区绿化覆盖率（%）	建成区绿地率（%）	生活垃圾处理率（%）	生活垃圾无害化处理率（%）
山东省	8.76	89.64	87.85	14.82	39.37	34.59	91.96	79.65
济南市	6.09	95.06	89.60	11.28	36.89	33.45	84.61	84.61
青岛市	15.43	90.31	85.14	14.66	43.23	38.84	100.00	100.00
淄博市	7.77	94.26	92.26	15.95	42.20	36.30	100.00	100.00
枣庄市	7.86	92.04	92.04	12.51	38.24	34.26	89.76	73.53
东营市	6.97	89.28	88.23	18.72	40.22	36.85	100.00	100.00
烟台市	8.86	91.74	91.74	15.90	41.10	37.57	100.00	93.64
潍坊市	10.18	92.43	92.43	18.60	40.48	35.77	94.09	86.48
济宁市	8.07	82.83	82.83	14.24	36.14	32.39	87.07	52.65
泰安市	7.40	86.94	86.94	18.59	44.25	39.17	93.00	90.08
威海市	7.78	92.23	92.23	22.28	46.24	41.64	100.00	100.00
日照市	9.60	89.33	87.51	18.26	42.16	38.58	100.00	100.00
莱芜市	13.76	92.00	89.62	18.87	44.22	42.16	100.00	100.00
临沂市	8.83	91.55	90.09	15.63	42.05	36.08	96.16	70.95
德州市	5.94	80.47	80.47	9.89	26.68	19.44	65.90	40.06
聊城市	10.35	87.83	84.60	12.13	41.76	32.67	82.89	52.07
滨州市	6.52	90.02	90.02	14.67	34.94	31.08	90.33	85.54
菏泽市	6.13	76.40	76.40	8.33	32.22	26.76	82.07	47.48

6－3　县级市城市建设主要统计数据一览表

城市名称	人口密度（人/平方公里）	人均日生活用水量（升）	用水普及率（%）	燃气普及率（%）	建成区供水管道密度（公里/平方公里）	人均城市道路面积（平方米）
章丘市	699	127.34	100.00	100.00	6.22	21.87
胶州市	1882	142.71	100.00	99.84	10.57	26.15
即墨市	1358	151.09	100.00	99.58	11.64	24.21
平度市	1009	150.54	100.00	100.00	9.18	23.89
胶南市	980	147.03	100.00	99.71	7.32	23.31
莱西市	864	162.09	100.00	99.96	16.94	27.96
滕州市	1629	129.36	99.83	99.70	16.89	18.52
龙口市	2007	79.70	99.96	99.43	8.07	25.01
莱阳市	1147	103.81	99.34	99.51	7.18	11.68
莱州市	896	82.86	100.00	99.70	13.88	20.42
蓬莱市	1036	103.20	93.67	99.03	12.05	25.69
招远市	1286	108.00	100.00	100.00	11.93	17.74
栖霞市	4369	126.00	97.21	95.57	5.71	10.24
海阳市	343	116.80	97.03	96.79	7.38	15.54
青州市	1185	98.75	100.00	100.00	10.74	26.19
诸城市	958	93.36	100.00	100.00	6.97	29.43
寿光市	993	110.72	100.00	100.00	7.29	30.06
安丘市	759	104.46	100.00	100.00	6.27	20.46
高密市	1511	130.85	98.58	100.00	4.22	25.75
昌邑市	1300	152.09	100.00	99.74	3.90	19.01
曲阜市	3283	82.05	100.00	98.88	14.02	23.32
兖州市	1989	124.32	100.00	97.00	7.69	20.04
邹城市	2785	150.27	95.99	99.38	7.69	17.45
新泰市	987	116.93	99.98	99.59	12.07	20.80
肥城市	1699	132.87	100.00	100.00	5.97	24.48
文登市	1003	133.90	100.00	99.48	10.97	25.38
荣成市	790	116.08	100.00	98.94	16.23	22.08
乳山市	1201	104.79	100.00	98.99	17.52	30.22
乐陵市	2761	83.90	100.00	91.95	1.89	18.35
禹城市	2613	103.30	98.21	89.92	3.99	20.18
临清市	1141	141.68	99.53	99.53	18.68	27.12

6-3 续表

城市名称	排水管道密度（公里/平方公里）	污水处理率（%）	污水处理厂集中处理率（%）	人均公园绿地面积（平方米）	建成区绿化覆盖率（%）	建成区绿地率（%）	生活垃圾处理率（%）	生活垃圾无害化处理率（%）
章丘市	6.03	88.15	82.61	13.77	41.00	37.97	100.00	100.00
胶州市	11.21	88.38	84.57	16.01	43.79	38.07	100.00	100.00
即墨市	11.12	88.57	87.33	14.14	42.08	38.04	100.00	100.00
平度市	12.03	97.13	86.89	10.14	39.46	35.87	100.00	100.00
胶南市	15.20	99.32	92.80	17.21	45.11	38.65	100.00	100.00
莱西市	22.36	98.70	94.81	16.27	45.27	39.80	100.00	100.00
滕州市	7.99	93.36	93.36	12.20	40.23	37.73	95.50	95.50
龙口市	10.34	94.97	94.97	12.08	42.21	36.61	100.00	100.00
莱阳市	6.43	93.61	93.61	11.53	39.43	33.21	100.00	100.00
莱州市	9.65	89.99	89.99	9.39	39.30	35.50	100.00	100.00
蓬莱市	9.67	94.00	94.00	13.63	40.78	36.51	100.00	100.00
招远市	10.96	94.25	94.25	17.31	38.50	34.54	100.00	100.00
栖霞市	7.12	90.32	90.32	11.09	35.40	33.05	100.00	0.00
海阳市	8.21	93.92	93.92	15.98	40.88	38.82	100.00	100.00
青州市	11.05	93.72	93.72	25.34	45.98	41.52	100.00	100.00
诸城市	10.80	94.97	94.97	15.16	38.79	35.67	83.66	83.66
寿光市	13.97	94.97	94.97	21.48	44.03	37.55	100.00	100.00
安丘市	10.64	89.41	89.41	25.67	40.00	31.89	100.00	0.00
高密市	9.73	92.82	92.82	16.21	35.54	30.41	89.87	89.87
昌邑市	5.33	91.92	91.92	18.78	42.16	38.52	100.00	100.00
曲阜市	7.76	89.29	89.29	23.30	35.37	34.99	100.00	0.00
兖州市	7.05	93.38	93.38	12.78	36.17	31.88	69.23	69.23
邹城市	5.67	67.84	67.84	18.68	38.24	30.45	94.29	94.29
新泰市	7.38	80.44	80.44	17.82	44.58	42.19	79.95	79.95
肥城市	7.45	88.85	88.85	18.76	45.91	43.25	100.00	69.68
文登市	7.49	91.75	91.75	21.17	46.30	41.50	100.00	100.00
荣成市	7.70	92.51	92.51	22.08	46.28	41.93	100.00	100.00
乳山市	7.79	92.04	92.04	17.11	42.08	39.17	100.00	100.00
乐陵市	2.32	78.94	78.94	4.23	25.02	7.15	0.00	0.00
禹城市	6.91	92.02	92.02	12.44	38.21	29.76	100.00	0.00
临清市	15.46	97.00	92.71	14.98	48.15	38.99	100.00	100.00

6-4 县城市建设主要统计数据一览表

城市名称	人口密度（人/平方公里）	人均日生活用水量（升）	用水普及率（%）	燃气普及率（%）	建成区供水管道密度（公里/平方公里）	人均城市道路面积（平方米）
平阴县	1870	122.87	88.24	85.56	4.67	23.26
济阳县	2552	113.88	79.05	52.10	3.80	14.74
商河县	780	142.13	85.71	22.68	5.95	12.65
桓台县	1649	120.81	100.00	84.96	13.44	17.97
高青县	732	153.18	100.00	100.00	8.09	28.59
沂源县	890	170.27	99.93	83.79	9.89	21.55
垦利县	267	108.49	96.50	90.41	7.22	39.20
利津县	600	241.10	93.98	90.23	2.72	26.57
广饶县	1089	179.98	100.00	97.15	4.95	16.80
长岛县	1828	61.35	98.29	81.20	6.59	14.96
临朐县	1034	92.09	100.40	100.00	5.34	22.31
昌乐县	855	105.80	99.96	98.00	7.31	31.19
微山县	936	129.71	93.84	71.23	4.56	12.08
鱼台县	1970	146.93	88.12	87.31	8.50	13.20
金乡县	1732	133.04	89.67	91.87	7.58	23.28
嘉祥县	1493	134.10	88.86	93.79	3.48	15.09
汶上县	1997	117.95	91.41	90.59	4.23	11.57
泗水县	1078	92.65	97.83	93.26	11.79	12.96
梁山县	1531	155.93	98.37	58.98	6.42	10.58
宁阳县	2105	132.08	99.91	99.91	8.17	26.96
东平县	1026	151.61	99.93	99.93	10.19	20.04
五莲县	791	67.75	96.45	96.45	4.71	11.94
莒　县	2515	115.01	97.29	82.49	5.75	15.13
沂南县	1404	81.76	100.00	92.72	3.73	21.21
郯城县	1016	85.18	100.00	95.43	5.87	15.39
沂水县	939	159.48	100.00	94.24	7.14	17.40
苍山县	1256	83.72	100.00	95.05	5.19	12.82
费　县	818	127.49	100.00	95.64	4.22	13.60
平邑县	1007	107.88	100.00	98.32	10.00	14.67
莒南县	1085	108.54	100.00	97.20	11.86	17.30

6-4 续表一

城市名称	人口密度（人/平方公里）	人均日生活用水量（升）	用水普及率（%）	燃气普及率（%）	建成区供水管道密度（公里/平方公里）	人均城市道路面积（平方米）
蒙阴县	601	110.58	100.00	94.09	5.20	10.95
临沭县	954	91.71	100.00	93.90	5.10	11.05
陵　县	2324	84.02	71.72	91.87	17.88	15.71
宁津县	2797	188.45	84.85	25.45	11.02	16.36
庆云县	2070	139.76	76.68	91.41	0.16	12.35
临邑县	2694	109.59	90.43	29.11	4.06	17.10
齐河县	612	66.01	63.77	62.26	4.05	16.98
平原县	2172	61.99	90.41	91.15	8.06	18.47
夏津县	1322	70.53	99.36	90.96	5.90	0.00
武城县	1287	92.73	90.16	91.80	4.43	22.30
阳谷县	1162	142.50	99.15	98.63	9.79	24.17
莘县	1166	83.68	97.11	93.28	7.13	14.64
茌平县	923	101.59	100.00	97.16	10.66	22.87
东阿县	908	159.95	97.95	97.20	4.92	18.54
冠　县	991	113.57	98.98	98.19	18.11	23.23
高唐县	1059	166.46	99.12	95.69	4.64	22.83
惠民县	2186	96.33	100.00	100.00	11.50	18.73
阳信县	1056	143.23	100.00	100.00	7.88	32.01
无棣县	962	115.83	100.00	100.00	6.26	25.38
沾化县	387	103.99	100.00	100.00	3.65	22.69
博兴县	1515	111.05	100.00	100.00	4.27	22.07
邹平县	2913	139.87	100.00	100.00	2.65	15.92
曹　县	1267	161.11	92.05	80.00	2.66	15.53
单　县	1567	135.02	91.75	88.10	7.54	18.99
成武县	1350	152.38	80.40	64.14	4.90	17.52
巨野县	1443	151.54	89.51	67.35	6.11	18.21
郓城县	1268	119.65	84.75	76.48	5.07	17.64
鄄城县	845	101.42	80.45	47.99	8.24	14.76
定陶县	1341	92.55	77.62	73.56	4.55	16.87
东明县	1234	146.52	85.50	79.61	3.90	20.35

6-4 续表二

城市名称	排水管道密度（公里/平方公里）	污水处理率（%）	污水处理厂集中处理率（%）	人均公园绿地面积（平方米）	建成区绿化覆盖率（%）	建成区绿地率（%）	生活垃圾处理率（%）	生活垃圾无害化处理率（%）
平阴县	5.13	86.40	86.40	16.44	33.33	30.13	77.61	77.61
济阳县	3.75	83.61	83.61	23.14	35.16	29.13	7.41	7.41
商河县	6.08	79.13	79.13	16.80	29.48	27.47	0.00	0.00
桓台县	8.97	92.56	92.56	19.92	41.86	38.30	100.00	100.00
高青县	9.42	91.26	91.26	20.75	41.96	35.53	100.00	100.00
沂源县	3.32	92.80	92.80	19.90	42.62	37.76	100.00	100.00
垦利县	6.71	88.44	88.44	16.84	47.48	44.77	100.00	100.00
利津县	6.88	89.99	89.99	14.66	39.46	32.46	100.00	100.00
广饶县	7.20	93.21	93.21	28.83	42.00	38.00	100.00	100.00
长岛县	9.30	73.91	73.91	29.06	45.35	43.99	100.00	0.00
临朐县	7.58	90.57	90.57	18.47	38.32	26.58	73.63	73.63
昌乐县	9.35	78.70	78.70	14.15	39.72	30.33	93.78	93.78
微山县	9.09	64.31	64.31	7.53	32.86	31.23	49.02	49.02
鱼台县	5.92	90.84	90.84	5.38	23.25	18.25	100.00	0.00
金乡县	7.40	77.75	77.75	21.06	35.87	32.27	100.00	0.00
嘉祥县	5.96	82.00	82.00	20.45	30.90	28.88	100.00	0.00
汶上县	3.86	90.58	90.58	9.00	26.00	23.23	100.00	0.00
泗水县	9.50	79.46	79.46	13.32	27.14	19.14	100.00	0.00
梁山县	9.17	61.71	61.71	6.33	29.00	21.08	49.32	49.32
宁阳县	7.22	85.90	85.90	16.12	43.22	37.50	100.00	100.00
东平县	7.15	86.18	86.18	17.66	44.01	38.10	100.00	100.00
五莲县	6.68	88.47	88.47	10.85	45.39	41.39	100.00	100.00
莒　县	6.16	85.66	85.66	14.50	43.75	36.43	100.00	100.00
沂南县	7.12	88.14	77.12	15.63	35.16	30.14	100.00	0.00
郯城县	6.52	87.57	76.32	13.46	38.06	30.85	100.00	0.00
沂水县	7.28	93.95	93.95	16.60	38.44	33.81	100.00	100.00
苍山县	7.39	89.21	82.01	7.81	29.89	22.61	31.82	31.82
费　县	5.34	87.93	85.20	8.22	40.84	31.76	100.00	0.00
平邑县	7.78	87.02	87.02	13.19	37.89	33.40	100.00	100.00
莒南县	7.07	92.72	92.72	10.82	41.55	35.47	100.00	0.00

6－4 续表三

城市名称	排水管道密度（公里/平方公里）	污水处理率（%）	污水处理厂集中处理率（%）	人均公园绿地面积（平方米）	建成区绿化覆盖率（%）	建成区绿地率（%）	生活垃圾处理率（%）	生活垃圾无害化处理率（%）
蒙阴县	6.44	83.80	83.26	12.78	40.91	36.71	100.00	100.00
临沭县	7.94	86.19	86.19	9.76	40.78	36.18	100.00	100.00
陵　县	5.06	71.43	71.43	10.79	18.24	13.03	0.00	0.00
宁津县	8.71	84.59	84.59	6.06	29.66	10.61	0.00	0.00
庆云县	2.81	44.02	44.02	14.40	19.85	23.81	0.00	0.00
临邑县	3.61	80.50	80.50	5.75	27.42	12.90	91.95	91.95
齐河县	3.08	79.43	79.43	1.32	10.14	7.00	100.00	0.00
平原县	4.32	90.46	90.46	6.41	29.24	17.16	91.37	0.00
夏津县	4.45	87.38	87.38	8.33	25.25	18.77	0.00	0.00
武城县	4.91	55.88	55.88	3.20	20.29	18.57	59.55	0.00
阳谷县	7.83	66.29	64.52	9.39	42.74	27.46	100.00	0.00
莘　县	7.88	89.31	89.31	10.73	32.94	30.23	91.33	0.00
茌平县	10.71	83.76	67.41	12.18	41.00	32.68	35.64	21.82
东阿县	4.61	78.43	78.43	14.46	36.56	32.39	48.48	48.48
冠　县	9.20	85.31	78.61	11.13	47.20	26.16	100.00	20.00
高唐县	7.50	87.61	87.61	12.82	36.54	36.54	31.34	31.34
惠民县	6.95	90.07	90.07	19.52	34.18	29.08	80.00	80.00
阳信县	6.71	90.99	90.99	12.35	22.71	20.00	50.00	0.00
无棣县	5.08	79.47	79.47	17.59	35.81	31.06	71.26	71.26
沾化县	6.26	92.16	92.16	8.92	32.50	25.99	100.00	100.00
博兴县	6.51	90.38	90.38	10.00	37.75	37.45	100.00	100.00
邹平县	6.54	87.79	87.79	12.07	31.52	30.81	100.00	100.00
曹　县	4.58	78.31	78.31	6.83	23.65	18.21	49.85	49.85
单　县	6.43	82.03	82.03	8.35	21.83	16.00	100.00	0.00
成武县	7.37	87.11	87.11	8.13	26.02	19.75	88.02	0.00
巨野县	5.21	81.74	81.74	10.68	41.93	37.23	98.39	0.00
郓城县	6.88	83.99	83.99	4.54	35.72	20.53	49.44	49.44
鄄城县	5.37	73.39	73.39	6.00	16.03	13.88	72.41	0.00
定陶县	6.87	85.26	85.26	4.37	34.89	30.37	50.00	50.00
东明县	6.20	81.47	81.47	8.93	38.23	32.90	100.00	100.00

6－5 全省村镇建设主要统计数据一览表

指标	数值
村镇人口（万人）	7008.58
户籍人口（万人）	6733.76
暂住人口（万人）	274.82
建成区及村庄现状用地面积（平方公里）	14958.06
人均用地面积（平方米）	213.00
年末实有住宅建筑面积（万平方米）	206945.17
本年竣工住宅建筑面积（万平方米）	7075.20
年末人均住宅建筑面积（平方米/人）	30.73
年末实有公共建筑面积（万平方米）	23512.64
本年竣工公共建筑面积（万平方米）	1207.62
年末实有生产性建筑面积（万平方米）	35298.96
本年竣工生产性建筑面积（万平方米）	2887.76
本年新增供水管道长度（公里）	15530.25
本年新增排水管道长度（公里）	7214.07
本年新增排水暗渠长度（公里）	1041.31
本年新增铺装道路长度（公里）	12652.52
年生活用水量（万立方米）	147007.13
用水人口（万人）	5991.01
人均日生活用水量（升）	67.23
村镇建设总投资（亿元）	1250.96
住宅建设投资（亿元）	634.10
公共建筑建设投资（亿元）	118.24
生产性建筑建设投资（亿元）	252.32
公用设施建设投资（亿元）	246.29
供水设施建设投资	27.07
道路桥梁建设投资（亿元）	100.06
人均建设投资（元/人·年）	1785.00
人均公用设施建设投资（元/人·年）	351.00

6－6　全省及设区市建制镇主要统计数据一览表

地区名称	建制镇个数（个）	人口密度（人/平方公里）	有总体规划的建制镇个数（个）	本年规划编制投入（万元）	人均日生活用水量（升）	用水普及率（%）	燃气普及率（%）	人均住宅建筑面积（平方米）
山东省	1065	4461	1029	32308.14	68.91	88.70	41.81	30.70
济南市	48	4354	48	1383.49	85.31	84.66	60.04	32.96
青岛市	77	4196	71	1100.58	64.75	86.84	42.00	27.99
淄博市	51	4426	48	1357.50	58.75	97.38	61.35	34.35
枣庄市	42	6423	42	1174.00	65.71	91.32	45.53	31.38
东营市	23	3994	23	380.00	80.05	97.78	38.71	29.37
烟台市	86	3893	83	4049.50	68.22	96.61	59.94	31.81
潍坊市	63	4220	62	1608.96	76.47	96.52	73.06	29.85
济宁市	90	4890	83	2752.12	74.65	95.77	31.64	29.39
泰安市	57	5505	55	1186.78	49.96	98.80	28.03	31.88
威海市	42	2755	42	2511.00	90.75	100.00	96.34	36.87
日照市	40	4443	40	928.80	66.62	90.69	24.49	28.31
莱芜市	15	4784	15	2215.00	66.16	63.94	25.45	37.97
临沂市	122	5122	118	1003.00	55.44	77.34	24.60	27.34
德州市	75	3930	75	2648.22	77.32	73.01	44.24	29.73
聊城市	80	4644	74	6245.73	78.43	86.80	22.19	29.30
滨州市	55	3531	54	821.86	94.88	94.89	41.20	41.31
菏泽市	99	4526	96	941.60	59.19	71.91	11.38	26.49

6－6 续表

地区名称	人均道路面积（平方米）	排水管道密度（公里/平方公里）	污水处理率（%）	污水处理厂集中处理率（%）	人均公园绿地面积（平方米）	绿化覆盖率（%）	绿地率（%）	生活垃圾处理率（%）	生活垃圾无害化处理率（%）
山东省	17.19	6.19	25.81	21.30	4.17	23.81	13.62	77.04	24.49
济南市	17.54	5.32	4.54	2.57	8.94	21.66	11.35	68.97	21.72
青岛市	18.44	7.16	25.16	21.74	5.73	25.05	15.05	88.62	10.21
淄博市	19.68	5.93	31.54	26.69	5.70	28.23	17.27	99.38	43.27
枣庄市	17.94	5.10	10.31	10.19	1.49	22.08	5.94	54.93	0.00
东营市	16.39	8.74	18.82	18.82	6.20	21.08	14.53	87.02	23.69
烟台市	19.69	4.77	40.87	19.64	8.55	32.77	23.43	91.16	23.76
潍坊市	20.27	8.44	53.42	43.44	8.56	29.82	16.31	92.13	55.38
济宁市	14.88	6.78	17.39	13.51	1.66	21.12	12.93	54.08	8.53
泰安市	16.26	7.00	32.94	31.51	3.59	26.17	13.50	98.69	28.87
威海市	23.68	6.12	77.89	65.59	10.31	33.32	26.76	100.00	67.21
日照市	17.04	3.97	0.00	0.00	2.03	24.30	15.16	20.78	1.56
莱芜市	11.16	5.77	15.25	9.88	1.13	10.99	4.09	100.00	100.00
临沂市	15.65	5.63	17.53	15.92	1.70	19.82	10.97	66.45	12.42
德州市	14.18	3.28	1.63	1.03	2.23	22.77	9.95	49.31	2.00
聊城市	15.40	6.98	8.19	7.74	0.62	12.57	4.44	42.42	23.00
滨州市	19.08	7.27	40.00	35.55	3.79	25.09	15.85	91.55	0.01
菏泽市	13.82	4.69	3.19	2.26	0.47	14.73	4.28	42.67	0.00

6－7 全省及设区市建筑业主要统计数据一览表

城市名称	企业个数（个）	建筑业总产值（亿元）	房屋建筑竣工面积（万平方米）	住宅（万平方米）	年末从业人员（万人）	资产合计（亿元）
全省	6482	5496.59	19179.70	12400.19	314.75	4830.59
济南市	739	894.30	1305.62	772.85	47.30	886.50
青岛市	640	813.71	2158.30	1342.35	34.92	726.72
淄博市	477	505.34	1799.91	1083.16	32.72	307.80
枣庄市	262	159.22	778.32	550.48	13.13	140.24
东营市	211	238.34	440.07	312.80	9.78	239.15
烟台市	932	500.90	1814.54	1206.48	26.63	431.11
潍坊市	581	447.40	2133.34	1361.52	28.04	527.34
济宁市	372	289.54	1293.37	840.05	17.75	255.64
泰安市	346	485.95	2322.71	1524.21	29.86	197.69
威海市	380	166.84	831.60	557.88	11.21	175.97
日照市	227	147.87	316.04	216.10	8.11	162.20
莱芜市	151	45.12	221.33	176.53	4.36	44.64
临沂市	360	287.61	1540.40	986.44	18.61	325.22
德州市	198	129.54	516.86	348.21	8.37	104.16
聊城市	201	102.79	561.75	306.21	5.43	107.69
滨州市	216	148.04	348.33	237.39	6.81	117.86
菏泽市	189	134.07	797.21	577.55	11.74	80.67

6－7 续表

城市名称	负债合计（亿元）	所有者权益（亿元）	工程结算收入（亿元）	工程结算成本（亿元）	工程结算利润（亿元）	管理费用（亿元）	财务费用（亿元）	利润总额（亿元）
全省	3274.58	1556.02	5172.79	4480.21	484.99	183.62	38.46	266.48
济南市	690.12	196.38	900.78	786.20	81.30	34.82	4.36	41.48
青岛市	523.56	203.16	790.25	709.10	50.13	23.05	7.52	21.97
淄博市	175.39	132.41	506.65	439.68	46.15	21.15	5.83	18.66
枣庄市	91.14	49.10	140.06	119.02	14.36	6.16	1.25	7.68
东营市	155.03	84.13	213.07	185.11	20.08	7.15	2.31	11.32
烟台市	255.72	175.39	496.78	417.06	58.88	17.12	3.34	37.87
潍坊市	376.20	151.14	479.17	424.72	38.42	13.71	2.68	22.23
济宁市	172.78	82.87	264.69	233.69	20.71	9.34	1.57	10.31
泰安市	108.99	88.70	357.99	284.00	57.05	18.21	1.72	36.99
威海市	116.62	59.35	153.57	121.88	23.17	6.60	1.54	14.07
日照市	109.05	53.15	128.48	113.23	10.43	3.78	1.62	5.34
莱芜市	20.47	24.16	41.05	34.46	4.62	1.24	0.37	2.84
临沂市	234.62	90.60	261.98	232.38	19.29	7.73	1.52	11.02
德州市	58.55	45.61	120.61	104.49	11.33	3.28	0.88	7.29
聊城市	68.67	39.02	90.74	81.61	5.76	3.68	0.54	2.15
滨州市	79.92	37.94	106.27	86.76	14.79	4.13	0.86	9.71
菏泽市	37.76	42.91	120.65	106.83	8.54	2.46	0.55	5.55

6－8　全省及设区市勘察设计咨询业主要统计数据一览表

城市名称	企业个数（个）	工程勘察完成合同额（万元）	工程设计完成合同额（万元）	工程技术管理服务完成合同额（万元）	工程承包完成合同额（万元）	境外工程完成合同额（万元）	期末从业人员（人）
全省	1193	103781	934556.02	93537.49	2269172.43	242132.55	80338
济南市	104	3576.59	73225	7890.10	70048.11	1385	5161
青岛市	164	23971.20	268713.53	21713.70	411358.94	82040.54	13273
淄博市	81	3288.82	48377.66	6885.24	61023.51	0	4111
枣庄市	20	284.63	6615.62	16.80	67582	11580	1784
东营市	41	8671.64	50358.24	9803.24	120350.50	6079	3172
烟台市	128	5635.33	38505.44	837.86	518274.38	70029	10299
潍坊市	71	2723.17	24099.67	334.10	37755.99	0	4548
济宁市	73	1280.77	14630.21	323.70	95875.31	1	4131
泰安市	40	2280.19	9066.50	47	10392.10	50	1627
威海市	66	2509.71	22543.39	123	12845	0	2189
日照市	29	1141.12	5283.51	0	26617	0	1472
莱芜市	16	247.25	2178.38	65	2639.30	0	710
临沂市	37	865.39	23145.62	120	19354.83	0	1192
德州市	42	372.04	15058.77	5396.31	13646	127.01	1375
聊城市	41	2159.93	16349.48	36.50	24549	0	1290
滨州市	25	403.74	33063.62	205.50	12384.10	0	926
菏泽市	21	1362.35	5009.71	484.08	9463	0	841

6-8 续表

城市名称	期末专业技术人员（人）	期末注册执业人次（人）	科技活动费用支出总额（万元）	科技成果转让收入总额（万元）	企业累计拥有专利（项）	企业累计拥有专有技术（项）	企业获国家级省部级奖（项）	参加编制国家行业地方技术标准（项）	参加编制国家行业地方标准设计（册）
全省	55493	10724	61558.68	17167.75	786	372	480	104	28
济南市	3813	781	947.78	0	30	5	38	5	2
青岛市	9674	1869	6897.30	10105	159	79	91	14	3
淄博市	2955	731	1448.60	839.71	38	28	77	0	0
枣庄市	951	172	90.22	0	0	0	0	0	0
东营市	2560	551	7085.30	4857	75	6	22	14	0
烟台市	5878	1303	13247.50	26.50	32	11	42	11	0
潍坊市	2739	754	7632.42	0	34	56	36	5	0
济宁市	2326	357	440.40	10	10	1	5	2	2
泰安市	1356	227	221	20	3	0	1	2	0
威海市	1713	331	77.74	0	0	0	13	4	2
日照市	954	153	25.68	24.04	7	13	15	0	0
莱芜市	528	45	26.24	0	9	5	0	0	0
临沂市	1117	207	4.80	0	0	0	0	0	0
德州市	1243	192	297.94	0	5	0	5	0	2
聊城市	1152	156	512.66	245	52	6	0	0	2
滨州市	843	119	36.40	0	11	4	1	2	2
菏泽市	624	130	38.60	0	5	0	0	0	0

获 奖 名 单

2010年度中国建设工程鲁班奖(国家优质工程)获奖工程名单

胶建蒙东商贸中心
菏泽大剧院
德州市新城综合楼
济南奥林匹克体育中心体育场
济南奥林匹克体育中心体育馆
济南奥林匹克体育中心网球馆
济南奥林匹克体育中心游泳馆
临沂市博爱家园
第七届中国(济南)国际园林花卉博览园
山东新矿龙固矿井及选煤厂
山东广播电视中心综合业务楼

2010年度国家优质工程(银质)奖获奖工程名单

华能日照电厂二期扩建工程
华能寿光风力发电项目工程(一期)
寿光站—莱州站—烟台站500千伏输电线路工程
国道104济南零点立交至燕山立交高架桥工程
青岛市体育中心游泳跳水馆工程
信息大厦工程(青岛)
青岛中级人民法院审判综合楼工程
青岛国际商务港
山东齐鲁国际康复中心综合大楼
寿光市文化中心
鲁商国奥城山东国电发电运营中心工程
桓台县人民医院门诊医技、病房楼
潍坊奥体中心体育场
烟台火车站站房工程
滕州市中心人民医院外系大楼
滨州市奥林匹克公园暨第十一届全运会体育馆
邹平天兴城商场
淄博鲁信花园
烟台南山皇冠假日酒店

2010年全国建筑工程装饰奖获奖工程名单

（公共建筑装饰类）

青岛市行政审批服务大厦（青岛信息大厦）
青岛麦岛居住区改造（B区）中组团西段装饰工程
胶济铁路青岛客站改造装饰装修工程
临沂天元商务大厦会议中心
日照海纳君豪公寓
菏泽大剧院
青岛市中级人民法院审判综合楼
济宁运河城商业摩尔装饰装修
青岛黄海饭店会议中心改造工程
诸城市栗园宾舍
济宁机场新建民航航站区航站楼
赤山大酒店（威海）
烟台市老年大学老干部活动中心
利群集团蓬莱华玺大酒店
山东省政协委员活动室内部装饰装修工程
中信银行青岛分行装修改造工程

（公共建筑装饰设计类）

青岛市行政审批服务大厦（青岛信息大厦）
中信银行青岛分行装修改造工程
青岛黄海饭店会议中心改造工程
胶济铁路青岛客站改造装饰装修工程
淄博金晶科技研发综合楼

（建筑幕墙类）

威海市民中心幕墙工程
聊城东昌华庭住宅1#、7#楼幕墙工程
潍坊海关报关中心幕墙工程
海纳君豪公寓幕墙工程
滕州奥体中心幕墙工程
青岛市中级法院综合楼幕墙工程
寿光交通物流中心幕墙工程
山东重点科技大厦2#楼幕墙工程
青岛警备区办公楼幕墙工程
东图大厦幕墙工程
金晶科技研发楼幕墙工程
济南龙奥公司综合楼幕墙工程

2010年山东省建筑工程"泰山杯"奖获奖工程名单

工程名称	承建单位
山东大学南新区综合实验楼	济南一建集团总公司
齐鲁商会大厦	中建八局第一建设有限公司
海尔绿城奥体酒店1#楼	江苏南通三建集团有限公司
山东地质资料(科研测试)中心综合服务楼	中建八局第二建设有限公司
济南大学引进人才(专家)公寓1#楼	济南长兴建设集团有限公司
山大南新区高速公路研发中心工程	山东平安建设集团有限公司
山东大学南新区工程训练中心	山东天齐置业集团股份有限公司
济南历山名郡二期C3办公楼工程	山东三箭建设工程股份有限公司
中共济南市委党校教学综合楼	济南四建(集团)有限责任公司
济南商河县人民医院新建病房楼	山东省建设建工(集团)有限责任公司
山东交通学院长清校区文体馆	济南二建集团工程有限公司
山东省肿瘤防治研究科研医技综合楼工程	中国建筑股份有限公司
济南章丘市体育公园体育馆	济南建工总承包集团有限公司
济南历山名郡H8#楼	山东中恒建设集团有限公司
济南汇富商务楼B座	济南汇富建筑安装工程有限公司
济南正大时代广场	山东万正房屋建设有限公司
济南平阴县福源小区18#住宅楼	济南铸诚建筑工程集团有限公司
济南道通·府南花园A区4#楼	章丘市第二建筑安装(集团)有限责任公司
济南道通·府南花园A区7#楼	山东港基建设集团有限公司
济南济北现代城10#住宅楼	济南舜联建设集团有限公司
中国海洋大学崂山校区文学新闻外语学院楼	青岛市胶州建设集团有限公司
青岛欧地希机电(青岛)有限公司厂房工程	青建集团股份公司
青岛千禧龙花园10#楼	莱西市建筑总公司
青岛奥帆博物馆	中建八局第四建设有限公司
青岛四方机电车辆股份有限公司表面处理联合厂房及不锈钢车体厂房	青岛市胶州建设集团有限公司
青岛开发区创业园一期创业大厦	青岛市胶州建设集团有限公司
中国海洋大学崂山校区综合体育馆	青岛一建集团有限公司
青岛岔河综合治理工程	青岛瑞源工程集团有限公司

	山东兴华建设集团有限公司
	青岛九鼎峰建设集团有限公司
青岛金地花园二期工程 16#、18#楼	江苏南通三建集团有限公司
青岛奥帆赛场 31 号东地块商业配套项目	中建八局第四建设有限公司
青岛南京路 118 号住宅工程	青岛海川建设集团有限公司
青岛国家海洋局第一海洋研究所科研楼	青岛胶州湾建设集团有限公司
胶南市商城农贸市场改扩建工程	青岛亿联集团股份有限公司
青岛中海熙岸二标段 13#楼	青建集团股份公司
青岛福麟海景丽园 5#楼	青岛新城发展建筑工程有限公司
山东鸿嘉办公楼	山东万鑫建设有限公司
中国人民解放军第一四八医院门诊综合楼	山东黄河建工有限公司
中润华侨城三组团 29#住宅楼	山东万鑫建设有限公司
淄博齐馨园综合楼	山东天齐置业集团股份有限公司
北苑居住区东南组团 5#住宅楼	山东起凤建工股份有限公司
滕州市东兴小区住宅 1#楼	滕州市建筑安装工程集团公司
滕州市奥林匹克体育中心体育场	中国建筑第八工程局有限公司
枣庄市公安局交警指挥中心工程	中铁十四局集团有限公司
滕州市妇幼保健院病房楼	滕州市第四建筑安装工程公司
枣庄市四季菁华－夏荷 2#住宅楼	山东枣庄长城建筑集团有限公司
滕州市奥林匹克体育中心体育馆	山东圣大建设集团有限公司
东营市人民医院综合病房楼	江苏省苏中建设集团股份有限公司
东营胜利农村合作银行办公楼	山东益达建设有限公司
东营辛兴小区 2#楼	山东天泰建工有限公司
老 168 进海路及海油陆采平台工程	胜利油田胜利工程建设(集团)有限责任公司
东营东赵综合楼	山东金达源建工有限公司
烟台市公安局综合楼	烟建集团有限公司
山东商务职业学院图书信息教学楼	烟台市鑫和建筑装饰有限公司
莱州市公安局刑警、巡警专业技术用房	山东中昌开发建设集团有限公司
烟台新时代健康产业生产办公楼	烟台开发区金桥建筑安装有限责任公司
烟台汽车工程职业学院大专生宿舍 B－5－b#	烟台市红旗置业有限公司
烟台城乡建设学校综合楼	烟台市飞鸿建筑工程有限公司
烟台开发区天马相城二期 8#楼	山东德信建设集团股份有限公司
烟台市莱山区天合城 9 号楼	烟建集团有限公司
烟台开发区市政环卫基地配套楼	山东广源集团有限公司
烟台市飞龙建筑开发集团有限公司办公楼	烟台市飞龙建筑开发集团有限公司
滨州医学院大学生活动中心工程	烟台市清泉建筑建材有限公司
潍坊高新区创新大厦 1#、2#、3#楼	潍坊昌大建设集团有限公司

山东瑞森华光光电子研发综合楼	潍坊高新建设集团有限公司
山东省高密市文体中心—体育馆工程	中建八局第二建设有限公司
潍坊畜牧兽医职业学院教学楼	济南四建(集团)有限责任公司
安丘青云花园82#住宅楼	山东景芝建设股份有限公司
潍坊东方花园小区5#、6#楼	山东寿光第一建筑有限公司
高密市人民医院综合病房大楼	山东高密市广安第一建筑工程公司
潍坊科技学院C16住宅楼	潍坊科技学院建筑安装公司
济宁市中级人民法院拆迁安置F栋	山东宁建建设集团有限公司
济宁军分区干休二所沿街住宅物业军人服务楼	山东鸿顺集团有限公司
济宁新闻大厦	山东永胜建设集团有限公司
济宁嘉和新苑2#住宅楼	山东诚祥建安集团有限公司
济宁市铁塔寺小区综合楼工程	山东圣大建设集团有限公司
泰山学院3#实验楼	山东泰山普惠建工有限公司
泰山学院2#综合教学楼	泰安市东城建筑工程有限公司
肥城市锦绣城10#、18#住宅楼	山东兴润建设有限公司
泰安公路科研大厦	山东泰安建筑工程集团有限公司
肥城市特钢住宅小区11#楼	山东华建建筑安装工程有限公司
新泰市新水公寓1#住宅楼	新泰市建筑安装工程总公司
泰安银座城市广场银座商城二期工程	山东泰安建筑工程集团有限公司
威海东山宾馆3#楼更新改造工程	威海建设集团股份有限公司
威海市人力资源市场	威海建设集团股份有限公司
威海市旅游开发大厦	山东万鑫建设有限公司
伊萨焊接器材(威海)有限公司工程	威海建设集团股份有限公司
荣成文化中心工程	山东荣城建筑集团有限公司
威海地矿科技大厦工程	山东省建设集团有限公司
威海自由东方SOHO综合楼工程	山东省建设集团有限公司
日照市建设工程质量检测科研中心	山东西湖建设有限公司
日照市新城花园C段商住楼	山东日建建设集团有限公司
威亚二期二厂房工程	日照港建筑安装工程有限公司
日照莒州博物馆	日照通力建设集团有限公司
莱芜正顺.新东方华庭11#、18#住宅楼工程	山东正顺建设集团有限公司
莱芜福莱佳园4－10#住宅楼	莱芜方圆建设有限公司
德州天元大厦	德州天元集团有限责任公司
德州市项目规划建设管理综合楼	山东天齐置业集团股份有限公司
德州市天和蓝韵3#楼	山东德建集团有限公司
德州中茂家园15#楼	德州天元集团有限责任公司

德州市津德利购物中心	山东德建集团有限公司
莒南金都.上城10#、11#住宅楼	山东华泉建筑安装工程有限公司
临沂天元商务大厦会议中心	天元建设集团有限公司
山东齐鲁医疗康复中心1#、2#住宅楼	山东冠鲁股份有限公司
临沂祥和家园17#住宅楼	山东鲁班建设集团总公司
临沂陶然水榭华庭居住小区14#楼	山东华泰建设集团有限公司
临沂鲁南制药厂1#住宅楼	山东冠蒙建设集团有限公司
茌平县建设局综合办公楼	茌平恒兴建筑安装有限公司
东阿阿胶股份有限公司技术中心综合楼	东阿县建筑工程有限责任公司
聊城联通分公司通信综合楼	山东聊城建工集团第二建筑工程有限公司
聊城昌华小区东昌华庭组团1# - 7#住宅楼	山东聊建集团有限公司
聊城三中信息技术中心	山东聊建第四建设有限公司
沾化县金海地热资源服务中心大楼	沾化二建建筑安装有限责任公司
滨州市农技推广中心及农产品检测中心大楼	山东省博兴县建筑工程总公司
滨州学院工科教学楼	山东滨州城建集团公司
滨州学院学生公寓16#楼	滨州市财源建工有限责任公司
菏泽市食品药品监督检验楼	山东菏建集团白云建筑有限公司
菏泽市演武楼	长春建工集团有限公司
菏泽山海天泰商务物流中心	菏泽市鲁杰建筑工程有限公司
菏泽市荷清园小区2#住宅楼	山东菏建建筑集团有限公司
山东省德州至商丘(鲁豫界)干线公路菏泽至曹县高速公路HCLM1、HCTJ2合同段	中铁十局集团第二工程有限公司
潍坊管公(宏图)220千伏变电站工程	山东五洲电气股份有限公司
青岛邱博沉淀法二氧化硅项目机电仪(MEI)安装工程	青岛安装建设股份有限公司
山东胜利钢管有限公司φ610 - φ620mm螺旋焊管生产线项目	山东淄建集团有限公司
山东菏泽开发220千伏变电站工程	山东天润电气集团有限公司
兖煤菏泽能化有限公司赵楼矿井选煤厂工程	兖矿集团东华建设有限公司 兖矿新陆建设发展有限公司
山东东岳氟硅材料有限公司80000t/a甲烷氯化物项目安装工程	山东万鑫建设有限公司
山东晨曦石油化工有限公司40万吨/年焦化装置及配套公用工程	盛安建设集团有限公司
莱钢银山型钢冷轧薄板一期配套工程	中国第一冶金建设有限责任公司
唐山开滦唐家庄坑口热电厂三期(2×150MW)工程	迪尔集团有限公司

工程名称	承(参)建单位
奎屯锦疆热电有限公司2×125MW热电联产工程	迪尔集团有限公司
岳阳纸业股份有限公司年产40万吨含机械浆印刷纸项目热电厂安装工程	盛安建设集团有限公司
衡水市经济开发区创业大厦	山东新城建工股份有限公司
青海格茫公路格尔木至老茫崖段改建工程K合同段	胜利油田胜利工程建设(集团)有限责任公司
甘肃黄土湾水电站土建(2标)	中铁十四局集团有限公司
四川双江口水电站【右岸上游上坝公路】	中铁十四局集团有限公司
安徽沿江高速公路朱村至毛竹园段	中铁十四局集团第五工程有限公司
云南成昆线危岩落石整治工程新江棚洞	中铁十局集团有限公司
青岛高新区生态水系景观工程	青岛海川建设集团有限公司 上海市园林工程有限公司 宁波鄞州园林市政公司 无锡市园林古建筑有限公司 杭州市园林工程有限公司
烟台市文化中心工程	烟建集团有限公司

2010年度山东省建筑装饰装修工程质量"泰山杯"奖获奖工程名单

工程名称	承(参)建单位
山东省气象局防灾减灾指挥中心大楼室内装饰工程	山东省永隆装饰工程有限公司
中国联通聊城分公司通讯枢纽楼室内装饰工程	山东省装饰集团总公司
济南奥体中心体育馆及网球馆室内精装修工程	山东福缘来装饰有限公司 山东国宸装饰工程有限公司
德州市新城综合楼室内装饰装修工程	山东万得福装饰工程有限公司
山东省广电中心综合业务楼室内装饰工程	中建八局第二建设有限公司
山东省地质资料(科研测试)中心综合服务楼室内装饰工程	山东福缘来装饰有限公司 中建八局第二建设有限公司 山东万得福装饰有限公司

工程名称	施工单位
莱商银行营业大楼室内装饰工程	山东莱芜创艺装饰集团有限公司
泰安公路局科研大厦室内装饰工程	泰安市新方圆装饰有限责任公司
	山东鲁泉建设工程公司
	山东精英装饰有限公司
济南市儿童医院外科病房楼室内装饰工程	山东天齐置业集团股份有限公司
	山东齐鲁装饰设计院
河北唐山市人民检察院办案侦察技术指挥中心建筑幕墙工程	山东雄狮建筑装饰工程有限公司
北京市门头沟区人民检察院办公业务用房幕墙工程	山东省鲁美建材装饰有限公司
锡林浩特机场侯机楼幕墙工程	山东省鸿鑫工程有限公司
北京市石景山区财政培训中心综合楼建筑幕墙工程	山东雄狮建筑装饰工程有限公司
北京友谊医院干部保健楼幕墙工程	山东雄狮建筑装饰工程有限公司
泰安市图书馆建筑幕墙工程	山东临亚装饰有限公司
青岛海关办公楼室内装饰工程	青岛东亚建筑装饰有限公司
青岛国际发展中心A栋综合办公楼室内装饰工程	天津市昆仑工程装饰公司
	青岛德才装饰安装工程有限公司
	青岛雅托装饰有限公司
绿城千岛湖喜来登酒店二标段精装修工程	青岛海尔家居集成股份有限公司
青岛润丰铝箔有限公司综合后勤办公楼装饰工程	青岛市胶州建设集团有限公司
莱西宾馆装饰装修改造工程	青岛鑫鸿飞装饰工程有限公司
麦岛居住区改造(B区)中组团西段B27#、B33#楼室内装饰工程	莱西市建筑总公司
	苏州金螳螂建筑装饰有限公司
	青岛金楷装饰工程有限公司
利群集团胶州购物广场室内装饰工程	青岛金楷装饰工程有限公司
青岛市口腔医院搬迁改造工程	青岛东亚建筑装饰有限公司
中国银行股份有限公司平度支行营业楼装修改造工程	青岛德才装饰安装工程有限公司
青岛市崂山区人力资源大厦(三标段)室内装饰工程	青建集团股份公司
	青岛建设装饰集团有限公司
	青岛德才装饰安装工程有限公司
中国银行股份有限公司胶州支行本部办公楼	青岛德才装饰安装工程有限公司

装饰改造工程

工程名称	施工单位
泰州市第三水厂综合楼室内装饰工程	青岛德才装饰安装工程有限公司
寿光市交警服务中心建筑幕墙工程	山东鑫泽装饰工程有限公司
青岛市体育中心游泳跳水馆屋盖幕墙工程	山东津单幕墙有限公司
淄博丽莎大酒店室内装饰工程	淄博美达装饰设计工程有限公司
无棣县海丰大厦室内外装饰工程	中铁十四局集团有限公司
胜利宾馆二号楼室内装饰工程	胜利油田胜利工程建设(集团)有限责任公司
淄川区会务接待中心室内装饰工程	山东金城装饰工程有限公司
临淄区建设局办公楼室内装饰工程	山东三德装饰工程有限公司
河北省衡水开发区创业大厦室内装饰工程	山东新城装饰工程有限公司
上海浦东发展银行淄博支行室内装饰工程	山东德泰装饰有限公司
金达源大厦幕墙工程	临沂市鲁源装饰有限公司
济宁市全民健身广场体育馆室内装饰工程	山东圣大建设集团有限公司
陕西旬邑县虎豪沟煤业有限公司办公楼室内装饰工程	山东恒远装饰设计工程有限公司
天元商务大厦会议中心室内装饰工程	山东天元装饰工程有限公司
济宁上河影城及美食城室内装饰工程	青岛颐金建筑装饰工程有限公司
山东拓博塑料制品有限公司研发楼室内装饰工程	山东鲁班装饰设计工程有限公司
山东省日照市水产研究所科技研发中心室内装饰工程	日照国美建筑装饰工程有限公司
济宁市第二人民医院综合外科病房楼室内装饰工程	山东宁建建设集团有限公司
	山东宁辉装饰有限公司
日照市建设工程质量检测科研中心室内装饰工程	山东恒远装饰设计工程有限公司
	山东德坤建筑装饰工程有限公司
中国人民银行济南分行日照培训中心室内装饰工程	山东深装总装饰工程工业有限公司
新兖经贸有限公司综合服务楼	兖州市四建建筑安装有限公司
一汽大众奥迪3S店室内装饰工程	山东香山装饰工程有限公司
临沂城建时代广场建筑幕墙工程	临沂长城装饰工程有限公司
日照市国家税务局办公楼建筑幕墙工程	山东德泰装饰有限公司
临沂市亿利达集团办公楼建筑幕墙工程	临沂市鲁源装饰有限公司
五莲县国家税务局办公楼建筑幕墙工程	山东恒远装饰设计工程有限公司
青岛警备区办公楼室内装饰工程	山东富达装饰工程有限公司
诸城利群华玺大酒店室内装饰工程	青岛金楷装饰工程有限公司

建行潍坊市分行办公大楼室内装饰工程　潍坊建业装饰工程有限公司
荣成华鹏大酒店室内装饰工程　荣成市森源装饰工程有限公司
烟台市文化中心大楼室内装饰工程　山东富达装饰工程有限公司
华夏银行股份有限公司潍坊支行室内装饰工程　山东创艺装饰工程有限公司
天润曲轴有限公司办公楼室内装饰工程　威海新世纪装饰工程有限公司
烟台广电中心大楼室内装饰工程　山东文艺建筑装饰工程有限公司
广东省装饰总公司
哈尔滨理工大学荣成学院图书馆室内装饰工程　山东成龙装饰工程有限公司
乳山国际大酒店室内装饰工程　乳山市正华装饰有限公司
潍坊军分区征兵接待楼室内装饰工程　青建集团股份公司
潍坊圣凯商务楼建筑幕墙工程　山东沈潍幕墙装饰工程有限公司
威海市公安局科技大楼建筑幕墙工程　威海建设集团股份有限公司

2008北京奥运、第十一届全运会工程获奖工程名单

（公共建筑装饰类）

第十一届全运会青岛体育中心游泳跳水馆
青岛奥帆博物馆室内装修及展示工程
济南龙奥资产运营有限公司综合服务楼

（公共建筑装饰设计类）

十一届全运会青岛体育中心游泳跳水馆
青岛奥帆博物馆室内装修及展示工程

《山东建设年鉴》2011特邀编委名单

（按姓氏笔画排序）

丁　杰	丁建国	于祖军	马邵华	马建广
王东兴	王立言	王永文	王亚军	王传波
王华明	王华鹏	王兆连	王安年	王林山
王迪生	王　凯	卞学祥	尹德春	巴树青
艾万发	平建强	叶　路	田　民	田志刚
史连池	付文曲	丛刚滋	巩宜海	吕宏举
庄青峰	刘士合	刘卫国	刘贞坚	刘志良
刘国生	刘明德	刘炳俊	刘家昌	刘德学
汤吉庆	汤继沂	汤德华	许丰财	孙宝范
杜昌伟	杜建宏	杨玉泉	杨庆绪	李占辰
李观军	李作良	李忠生	李学海	李宗文
李洪顺	李爱强	李嘉才	李燕峰	吴永强
汪立志	沈剑锋	宋文通	宋永祥	张永江
张廷宝	张传良	张会亭	张沛方	张启荣
张　波	张保全	张　勇	张铭联	张敏君
张　猛	张新汶	张　镇	陈书明	陈国华
陈厚诚	邵茂智	苗在善	郁万裕	欧　成
岳同助	周北平	练建军	封　盛	赵　颙
赵久成	赵西久	赵　峰	赵瑞田	胡嘉聪
段友清	侯光军	贺延军	贾聪友	柴宝贵
徐友全	徐化国	徐东高	徐茂盛	徐　涛
高亚利	郭红章	唐长冉	曹晓岩	戚海峰
鹿斌佐	彭清军	董　波	韩　华	遇功民
程福元	傅明先	靳明华	蔡文厚	翟建峰
魏建国				

《山东建设年鉴》2011协办单位名单

青岛市城乡建设委员会
东营市建设局
烟台市住房和城乡建设局
泰安规划局
东营市城乡规划局
弘盛地产有限公司

《山东建设年鉴》2011
工作执行委员会成员名单

闫卓然　济南市城乡建设委员会办公室主任
宋道勇　济南市住房保障和房产管理局办公室主任
刘庆祝　济南市市政公用事业局办公室主任
赵　奕　济南市规划局办公室主任
尼志坚　济南市城市管理局（济南市城管执法局）办公室主任
周兴安　济南市住房公积金管理中心办公室主任
林祥龙　济南市园林局办公室主任
田　峰　青岛市城乡建设委员会办公室主任
马晓晖　青岛市市政公用局办公室主任
盛世栋　青岛市规划局办公室主任
赵建军　青岛市国土资源和房屋管理局办公室主任
葛永平　青岛市城市管理执法局办公室主任
李雪燕　青岛市住房公积金管理中心办公室主任
沈　刚　淄博市住房和城乡建设局办公室主任
宋汝辉　淄博市房产管理局办公室主任
薛　原　淄博市规划局办公室主任
王　慧　淄博市公用事业管理局办公室主任
迟庆峰　淄博市城市管理行政执法局办公室主任
秦先刚　淄博市住房公积金管理中心办公室主任
李厚兴　枣庄市住房和城乡建设局办公室主任
崔国华　枣庄市规划局办公室主任
孙传标　枣庄市城市管理局办公室主任
肖　娟　枣庄市住房公积金管理中心办公室主任
李海江　东营市住房和城乡建设委员会办公室主任
高　峰　东营市城乡规划局办公室主任
韩明鑫　东营市城市管理局办公室主任
李仕刚　东营市住房公积金管理中心办公室主任
刘新海　烟台市住房和城乡建设局办公室主任

赵　杰　烟台市规划局办公室主任
张文兵　烟台市城市管理局办公室主任
孙兴军　烟台市住房公积金管理中心办公室主任
李　鹏　潍坊市住房和城乡建设局办公室主任
徐永海　潍坊市规划局办公室主任
张贵森　潍坊市城市管理行政执法局办公室主任
常怀新　潍坊市住房公积金管理中心办公室主任
王　力　济宁市住房城乡建设委员会办公室主任
张　平　济宁市城乡规划局办公室主任
刘　庚　济宁市城市管理综合执法局办公室主任
陈　通　济宁市住房公积金管理中心办公室主任
王　尧　泰安市住房和城乡建设委员会办公室主任
孙启冰　泰安市规划局办公室主任
杨　皓　泰安市住房公积金管理中心办公室主任
于年洪　威海市城乡建设委员会办公室主任
张志伟　威海市规划局办公室主任
赵　鑫　威海市房地产管理局办公室主任
毕崇征　威海市住房公积金管理中心办公室主任
宋　君　日照市住房和城乡规划建设委员会办公室主任
袁宏文　日照市城市管理行政执法局办公室主任
孙　波　日照市住房公积金管理中心办公室主任
王培水　莱芜市住房和城乡建设委员会办公室主任
郝成国　莱芜市房地产管理局办公室主任
刘　萍　莱芜市城市规划局办公室主任
周　兴　莱芜市城市管理局行政执法局办公室主任
李　航　莱芜市住房公积金管理中心办公室主任
宋振宇　临沂市住房和城乡建设委员会办公室主任
李尊章　临沂市城市管理局办公室主任
李　杰　临沂市规划局办公室主任
郭　晓　临沂市房产和住房保障局办公室主任
季　敏　临沂市园林局办公室主任
李兴群　临沂市住房公积金管理中心办公室主任
孙金鑫　德州市住房和城乡建设局办公室主任
翟立春　德州市规划局办公室主任

李胜军　德州市城市管理行政执法局办公室主任
杨胜志　德州市房地产管理中心办公室主任
张英杰　德州市公用事业管理局办公室主任
牛中水　德州市住房公积金管理中心办公室主任
李春荣　聊城市住房和城乡建设委员会办公室主任
梁　军　聊城市规划局办公室主任
张九阳　聊城市城市管理行政执法局办公室主任
岳通昌　聊城市市政公用事业管理局办公室主任
梁振华　聊城市住房公积金管理中心办公室主任
张海民　滨州市住房和城乡建设局办公室主任
孟祥东　滨州市规划局办公室主任
初学晖　滨州市城市管理行政执法局办公室主任
苏向华　滨州市住房公积金管理中心办公室主任
丁兆明　菏泽市城乡建设局办公室主任
刘洪柱　菏泽市规划局办公室主任
范永景　菏泽市城市管理局办公室主任
徐龙灿　菏泽市住房保障和房产管理局办公室主任
孔庆浩　菏泽市城市综合开发办公室办公室主任
李现省　菏泽市住房公积金管理中心办公室主任

《山东建设年鉴》2011 主要撰稿人员名单

于秀敏　汤　群　张玉蕙　王小强　张金城　类　红　孙　淦
南　楠　麻鹏飞　刘建平　史永鹏　朱亚东　宫晓芳　郁志伟
程　锦　金纯龙　朱文汇　杨振同　赵　松　闫　民　张尚杰
王志强　李晓南　姜经文　王晓飞　潘　峰　杨　阳　李　岳
刘　健　马交国　任世红　冯　蕾　曲连英　王　波　释　冰
徐伟勤　冯向平　王　冬　丁明启　葛永平　赵　峰　陆　洋
宗风刚　李　凯　李　杰　刘永辉　闫志刚　徐思宏　王德强
崔　杰　肖　娟　苏园园　赵砚新　耿勇斌　马向东　李仕刚
王东风　曹振鹏　赵　杰　刘　平　陈修锐　李　鹏　李志鹏
徐永海　孙长欣　季书庭　凌晓峰　常怀新　于继进　马鲲鹏
颜　斌　苏建钢　董　超　陈　通　王　珂　邱海燕　时立强
杜继祥　姜晓飞　张艳红　赵　鑫　毕崇征　王漓江　徐　伟
袁宏文　高　鹏　孙　波　杨智宏　亓艳斌　唐　锰　吴长征
陈茂田　吕明昌　柏建亮　王富国　高希江　韩　蕾　郇　蕾
刘云鹏　张　斌　王甫亚　李金华　赵焕冲　朱孟才　王向华
张　鹏　王登利　崔志恩　郝荣强　张英杰　牛中水　尚桂忠
蒋　涛　张　蕴　岳同昌　靖鹏程　王立中　许　可　屈文娟
张新勇　赵晓志　苏向华　李　清　周金福　杨存生　蒋宝府
高冠山　蔡孝磊　周朝义　孙家强　李新强　李现省

《山东建设年鉴》编辑部

主　　编：崔秀顺　朱洪祥
副 主 编：于秀敏　雷　刚
编纂人员：朱洪祥　雷　刚　张振国　周建滨　吴先华　刘亚莉
王志燕　李文茂　刘阳强　彭山桂　邵大伟
地　　址：山东省济南市经六路三里庄 17 号
邮　　编：250001
电　　话：0531－83180941　83180942
传　　真：0531－83180941
邮箱地址：sdjstszb@163.com